실력 수학의 정석®

수학 I

홍성대 지음

동영상 강의 ▶
www.sungji.com

성지출판(주)

머 리 말

중학교와 고등학교에서 수학을 가르치고 배우는 목적은 크게 두 가지로 나누어 말할 수 있다.

첫째, 수학은 논리적 사고력을 길러 준다. "사람은 생각하는 동물" 이라고 할 때 그 '생각한다'는 것은 논리적 사고를 이르는 말일 것이다. 우리는 학문의 연구나 문화적 행위에서, 그리고 개인적 또는 사회적인 여러 문제를 해결하는 데 있어서 논리적 사고 없이는 어느 하나도 이루어 낼 수가 없는데, 그 논리적 사고력을 기르는 데는 수학이 으뜸가는 학문인 것이다. 초등학교와 중 · 고등학교 12년간 수학을 배웠지만 실생활에 쓸모가 없다고 믿는 사람들은, 비록 공식이나 해법은 잊어버렸을 망정 수학 학습에서 얻어진 논리적 사고력은 그대로 남아서, 부지불식 중에 추리와 판단의 발판이 되어 일생을 좌우하고 있다는 사실을 미처 깨닫지 못하는 사람들이다.

둘째, 수학은 모든 학문의 기초가 된다는 것이다. 수학이 물리학 · 화학 · 공학 · 천문학 등 이공계 과학의 기초가 된다는 것은 상식에 속하지만, 현대에 와서는 경제학 · 사회학 · 정치학 · 심리학 등은 물론, 심지어는 예술의 각 분야에까지 깊숙이 파고들어 지대한 영향을 끼치고 있고, 최근에는 행정 · 관리 · 기획 · 경영 등에 종사하는 사람들에게도 상당한 수준의 수학이 필요하게 됨으로써 수학의 바탕 없이는 어느 학문이나 사무도 이루어지지 않는다는 사실을 실감케 하고 있다.

나는 이 책을 지음에 있어 이러한 점들에 바탕을 두고서 제도가 무시험이든 유시험이든, 출제 형태가 주관식이든 객관식이든, 문제 수준이 높든 낮든 크게 구애됨이 없이 적어도 고등학교에서 연마해 두어야 할 필요충분한 내용을 담는 데 내가 할 수 있는 최대한의 정성을 모두 기울였다.

따라서, 이 책으로 공부하는 제군들은 장차 변모할지도 모르는 어떤 입시에도 소기의 목적을 달성할 수 있음은 물론이거니와 앞으로 대학에 진학해서도 대학 교육을 받을 수 있는 충분한 기본 바탕을 이루리라는 것이 나에게는 절대적인 신념으로 되어 있다.

이제 나는 담담한 마음으로 이 책이 제군들의 장래를 위한 좋은 벗이 되기를 빌 뿐이다.

끝으로 이 책을 내는 데 있어서 아낌없는 조언을 해주신 서울대학교 윤옥경 교수님을 비롯한 수학계의 여러분들께 감사드린다.

1966. 8. 31.

지은이 홍 성 대

개정판을 내면서

지금까지 수학Ⅰ, 수학Ⅱ, 확률과 통계, 미적분Ⅰ, 미적분Ⅱ, 기하와 벡터로 세분되었던 고등학교 수학 과정은 2018학년도 고등학교 입학생부터 개정 교육과정이 적용됨에 따라

수학, 수학Ⅰ, 수학Ⅱ, 미적분, 확률과 통계,
기하, 실용 수학, 경제 수학, 수학과제 탐구

로 나뉘게 된다. 이 책은 그러한 새 교육과정에 맞추어 꾸며진 것이다.

특히, 이번 개정판이 마련되기까지는 우선 남진영 선생님과 박재희 선생님의 도움이 무척 컸음을 여기에 밝혀 둔다. 믿음직스럽고 훌륭한 두 분 선생님이 개편 작업에 적극 참여하여 꼼꼼하게 도와준 덕분에 더욱 좋은 책이 되었다고 믿어져 무엇보다도 뿌듯하다.

또한, 개정판을 낼 때마다 항상 세심한 조언을 아끼지 않으신 서울대학교 김성기 명예교수님께는 이 자리를 빌려 특별히 깊은 사의를 표하며, 아울러 편집부 김소희, 송연정, 박지영, 오명희 님께도 감사한 마음을 전한다.

「수학의 정석」은 1966년에 처음으로 세상에 나왔으니 올해로 발행 51주년을 맞이하는 셈이다. 거기다가 이 책은 이제 세대를 뛰어넘은 책이 되었다. 할아버지와 할머니가 고교 시절에 펼쳐 보던 이 책이 아버지와 어머니에게 이어졌다가 지금은 손자와 손녀의 책상 위에 놓여 있다.

이처럼 지난 반세기를 거치는 동안 이 책은 한결같이 학생들의 뜨거운 사랑과 성원을 받아 왔고, 이러한 관심과 격려는 이 책을 더욱 좋은 책으로 다듬는 데 큰 힘이 되었다.

이 책이 학생들에게 두고두고 사랑 받는 좋은 벗이요 길잡이가 되기를 간절히 바라마지 않는다.

2017. 3. 1.

지은이 홍 성 대

차 례

12. 등차수열

13. 등비수열

14. 수열의 합

15. 수학적 귀납법

1. 지　　수

§ 1. 거듭제곱과 거듭제곱근

기본정석

1 거듭제곱

임의의 실수 a와 양의 정수 n에 대하여

$$a^n = a \times a \times a \times \cdots \times a \ (a\text{를 } n\text{번 곱한 것})$$

를 a의 **n제곱**이라고 한다. 특히 a^2을 a의 제곱, a^3을 a의 세제곱, $\cdots$이라 하고, $a^1(=a)$, a^2, a^3, $\cdots$을 통틀어서 a의 거듭제곱이라고 한다.

또, a^n에서 a를 거듭제곱의 밑, n을 거듭제곱의 지수라고 한다.

2 거듭제곱근

n이 2 이상의 정수일 때 n제곱하여 실수 a가 되는 수, 곧 $x^n=a$를 만족시키는 수 x를 a의 **n제곱근**이라고 한다.

특히 $x^2=a$인 x를 a의 제곱근, $x^3=a$인 x를 a의 세제곱근이라 하고, a의 제곱근, 세제곱근, $\cdots$을 통틀어서 a의 거듭제곱근이라고 한다.

(1) **n이 홀수인 경우**

a의 n제곱근 중에서 실수는 오직 한 개 있으며, 이것을 $\sqrt[n]{a}$로 나타낸다.

(2) **n이 짝수인 경우**

$a>0$일 때 : a의 n제곱근 중에서 실수는 양수 한 개, 음수 한 개가 있으며, 양수를 $\sqrt[n]{a}$, 음수를 $-\sqrt[n]{a}$로 나타낸다.

$a=0$일 때 : 0의 n제곱근은 0 하나뿐이다. 곧, $\sqrt[n]{0}=0$이다.

$a<0$일 때 : a의 n제곱근 중에서 실수는 없다.

3 거듭제곱근의 계산 법칙

$a>0$, $b>0$이고 m, n은 2 이상의 정수일 때,

① $\sqrt[n]{a}\sqrt[n]{b}=\sqrt[n]{ab}$

② $\dfrac{\sqrt[n]{a}}{\sqrt[n]{b}}=\sqrt[n]{\dfrac{a}{b}}$

③ $\left(\sqrt[n]{a}\right)^m=\sqrt[n]{a^m}$

④ $\sqrt[m]{\sqrt[n]{a}}=\sqrt[mn]{a}=\sqrt[n]{\sqrt[m]{a}}$

⑤ $\sqrt[np]{a^{mp}}=\sqrt[n]{a^m}$ (단, p는 양의 정수)

Advice 1° a의 n제곱근

a의 제곱, 세제곱 등 a의 거듭제곱에 대해서는 이미 중학교에서 공부하였다. 또, a의 제곱근, 세제곱근에 대해서도 수학(상)에서 공부하였다.

여기서는 일반적으로 a의 n제곱근에 대해서 생각해 보자.

a의 n제곱근은 방정식 $x^n=a$의 해와 같고, 그중에서 실수는 함수 $y=x^n$의 그래프와 직선 $y=a$의 교점의 x좌표와 같다. 이제 함수 $y=x^n$의 그래프를 이용하여 a의 n제곱근 중에서 실수인 것을 구해 보자.

**Note* 함수 $y=x^n$의 그래프에 대해서는 수학Ⅱ에서 자세히 공부한다.

▶ $x^n=a$에서 n이 홀수인 경우

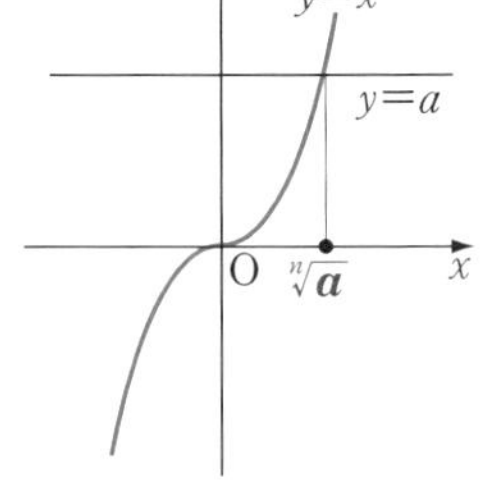

이를테면 $y=x^3$, $y=x^5$, $\cdots$과 같이 n이 홀수인 경우의 함수 $y=x^n$의 그래프는 오른쪽 그림과 같이 원점에 대하여 대칭인 곡선이다.

이때, 이 곡선과 직선 $y=a$의 교점은 실수 a의 값에 관계없이 항상 한 개 존재한다.

따라서 a의 n제곱근 중에서 실수는 하나뿐이며, 이것을 $\sqrt[n]{a}$로 나타낸다. 곧,

$$\{x \mid x^3=2,\ x\in\mathrm{R}\}=\{\sqrt[3]{2}\},$$
$$\{x \mid x^5=2,\ x\in\mathrm{R}\}=\{\sqrt[5]{2}\},\ \cdots$$

▶ $x^n=a$에서 n이 짝수인 경우

이를테면 $y=x^2$, $y=x^4$, $\cdots$과 같이 n이 짝수인 경우의 함수 $y=x^n$의 그래프는 오른쪽 그림과 같이 y축에 대하여 대칭인 곡선이다.

$a>0$일 때, 이 곡선과 직선 $y=a$의 교점은 두 개 있고, 그 교점의 x좌표는 양수와 음수이다.

따라서 a의 n제곱근 중에서 실수는 양수와 음수 한 개씩 있으며, 이것을 각각 $\sqrt[n]{a}$, $-\sqrt[n]{a}$로 나타낸다. 곧,

$$\{x \mid x^2=2,\ x\in\mathrm{R}\}=\{\sqrt{2},\ -\sqrt{2}\},$$
$$\{x \mid x^4=2,\ x\in\mathrm{R}\}=\{\sqrt[4]{2},\ -\sqrt[4]{2}\},\ \cdots$$

$a=0$일 때, 이 곡선과 직선 $y=a$의 교점의 x좌표는 0 하나뿐이므로 0의 n제곱근은 0이다. 곧, $\sqrt[n]{0}=0$이다.

$a<0$일 때, 이 곡선과 직선 $y=a$는 만나지 않으므로 a의 n제곱근 중에서 실수는 없다. 곧,

$$\{x \mid x^2=-2,\ x\in\mathrm{R}\}=\varnothing,\ \{x \mid x^4=-2,\ x\in\mathrm{R}\}=\varnothing,\ \cdots$$

Advice 2° 거듭제곱근의 계산 법칙

거듭제곱근의 정의에 의하여

$$x^n=a\,(x>0,\ a>0)\text{이면} \Longrightarrow x=\sqrt[n]{a}\text{이고, } \left(\sqrt[n]{a}\right)^n=a$$

이다. 이것과 중학교에서 공부한 지수법칙을 이용하면 p. 7의 거듭제곱근의 계산 법칙 ①~⑤는 다음과 같이 증명할 수 있다.

① 지수법칙으로부터 $\left(\sqrt[n]{a}\sqrt[n]{b}\right)^n=\left(\sqrt[n]{a}\right)^n\left(\sqrt[n]{b}\right)^n=ab$

$a>0$, $b>0$이므로 $\sqrt[n]{a}\sqrt[n]{b}>0$, $ab>0$

따라서 $\sqrt[n]{a}\sqrt[n]{b}$는 ab의 양의 n제곱근이다. $\therefore\ \sqrt[n]{a}\sqrt[n]{b}=\sqrt[n]{ab}$

② $\left(\dfrac{\sqrt[n]{a}}{\sqrt[n]{b}}\right)^n=\dfrac{\left(\sqrt[n]{a}\right)^n}{\left(\sqrt[n]{b}\right)^n}=\dfrac{a}{b}$

$a>0$, $b>0$이므로 $\dfrac{\sqrt[n]{a}}{\sqrt[n]{b}}>0$, $\dfrac{a}{b}>0$ $\therefore\ \dfrac{\sqrt[n]{a}}{\sqrt[n]{b}}=\sqrt[n]{\dfrac{a}{b}}$

③ $\left\{\left(\sqrt[n]{a}\right)^m\right\}^n=\left\{\left(\sqrt[n]{a}\right)^n\right\}^m=a^m$ ⇦ $(a^m)^n=(a^n)^m$

$a>0$이므로 $\left(\sqrt[n]{a}\right)^m>0$, $a^m>0$ $\therefore\ \left(\sqrt[n]{a}\right)^m=\sqrt[n]{a^m}$

④ $\left(\sqrt[m]{\sqrt[n]{a}}\right)^{mn}=\left\{\left(\sqrt[m]{\sqrt[n]{a}}\right)^m\right\}^n=\left(\sqrt[n]{a}\right)^n=a$,

$\left(\sqrt[n]{\sqrt[m]{a}}\right)^{mn}=\left\{\left(\sqrt[n]{\sqrt[m]{a}}\right)^n\right\}^m=\left(\sqrt[m]{a}\right)^m=a$

$a>0$이므로 $\sqrt[m]{\sqrt[n]{a}}>0$, $\sqrt[n]{\sqrt[m]{a}}>0$

$\therefore\ \sqrt[m]{\sqrt[n]{a}}=\sqrt[mn]{a}$, $\sqrt[n]{\sqrt[m]{a}}=\sqrt[mn]{a}$

⑤ $\left(\sqrt[np]{a^{mp}}\right)^n=\left(\sqrt[n]{\sqrt[p]{a^{mp}}}\right)^n=\sqrt[p]{a^{mp}}=\sqrt[p]{\left(a^m\right)^p}=\left(\sqrt[p]{a^m}\right)^p=a^m$

$a>0$이므로 $\sqrt[np]{a^{mp}}>0$, $a^m>0$ $\therefore\ \sqrt[np]{a^{mp}}=\sqrt[n]{a^m}$

보기 1 다음을 간단히 하여라.

(1) $\sqrt[4]{\sqrt[3]{16}}\times\sqrt{\sqrt[3]{16}}$ (2) $\sqrt[5]{a^2}\times\sqrt[3]{a}$ (단, $a>0$)

연구 (1) $\sqrt[4]{\sqrt[3]{16}}\times\sqrt{\sqrt[3]{16}}=\sqrt[3]{\sqrt[4]{16}}\times\sqrt[3]{\sqrt{16}}=\sqrt[3]{2}\times\sqrt[3]{4}=\sqrt[3]{8}=\mathbf{2}$

(2) $\sqrt[5]{a^2}\times\sqrt[3]{a}=\sqrt[15]{a^6}\times\sqrt[15]{a^5}=\sqrt[15]{a^6a^5}=\sqrt[15]{\boldsymbol{a}^{11}}$

보기 2 다음 수들의 대소를 비교하여라.

(1) $\sqrt[3]{5}$, $\sqrt[4]{10}$ (2) $\sqrt{2}$, $\sqrt[3]{3}$, $\sqrt[6]{10}$

연구 (1) 3, 4의 최소공배수가 12인 것에 착안한다.

$\sqrt[3]{5}=\sqrt[12]{5^4}=\sqrt[12]{625}$, $\sqrt[4]{10}=\sqrt[12]{10^3}=\sqrt[12]{1000}$ $\therefore\ \sqrt[3]{\mathbf{5}}<\sqrt[4]{\mathbf{10}}$

(2) 2, 3, 6의 최소공배수가 6인 것에 착안한다.

$\sqrt{2}=\sqrt[6]{2^3}=\sqrt[6]{8}$, $\sqrt[3]{3}=\sqrt[6]{3^2}=\sqrt[6]{9}$ $\therefore\ \sqrt{\mathbf{2}}<\sqrt[3]{\mathbf{3}}<\sqrt[6]{\mathbf{10}}$

필수 예제 1-1 다음을 간단히 하여라. 단, $a>0$, $x>0$이다.

(1) $\sqrt{\sqrt{2}+1}\times\sqrt[4]{3-2\sqrt{2}}$ (2) $\sqrt[3]{\sqrt{2+\sqrt{3}}-\sqrt{2-\sqrt{3}}}$

(3) $\sqrt[3]{\dfrac{\sqrt{a}}{\sqrt[4]{a}}}\times\sqrt{\dfrac{\sqrt[6]{a}}{\sqrt[3]{a}}}$ (4) $\sqrt[5]{\dfrac{\sqrt[3]{x}}{\sqrt{x}}}\times\sqrt[3]{\dfrac{\sqrt{x}}{\sqrt[5]{x}}}\times\sqrt{\dfrac{\sqrt[5]{x}}{\sqrt[3]{x}}}$

정석연구 (1) 일반적으로 $\sqrt[4]{a}=\sqrt{\sqrt{a}}$ 이므로 $\sqrt[4]{3-2\sqrt{2}}=\sqrt{\sqrt{3-2\sqrt{2}}}$ 로 고쳐 쓸 수 있다. 먼저 $\sqrt{3-2\sqrt{2}}$ 의 이중근호를 풀도록 하여라.

(2) 먼저 $\sqrt{2+\sqrt{3}}-\sqrt{2-\sqrt{3}}$ 을 간단히 하여라.

(3), (4) 모두 유리수 지수로 고쳐서 간단히 할 수도 있으나, 이러한 방법은 뒤에 가서 공부하기로 하고, 우선 여기에서는

거듭제곱근의 계산 법칙을 이용

해 보아라.

여기에서 $\sqrt[4]{\text{음수}}$, $\sqrt[6]{\text{음수}}$ 등은 실수가 아니므로 문제의 조건에 '$a>0$, $x>0$'이라는 단서가 붙은 것이지만, '주어진 식이 실수'라는 전제에서 이러한 단서를 생략하는 경우도 있다.

모범답안 (1) $\sqrt[4]{3-2\sqrt{2}}=\sqrt{\sqrt{3-2\sqrt{2}}}=\sqrt{\sqrt{2}-1}$ 이므로

$$\sqrt{\sqrt{2}+1}\times\sqrt[4]{3-2\sqrt{2}}=\sqrt{\sqrt{2}+1}\times\sqrt{\sqrt{2}-1}$$
$$=\sqrt{(\sqrt{2}+1)(\sqrt{2}-1)}=\mathbf{1}$$ ← 답

(2) $\sqrt{2\pm\sqrt{3}}=\sqrt{\dfrac{4\pm2\sqrt{3}}{2}}=\dfrac{\sqrt{3}\pm1}{\sqrt{2}}$ (복부호동순)이므로

$$\sqrt[3]{\sqrt{2+\sqrt{3}}-\sqrt{2-\sqrt{3}}}=\sqrt[3]{\sqrt{2}}=\sqrt[6]{\mathbf{2}}$$ ← 답

(3) $$\sqrt[3]{\dfrac{\sqrt{a}}{\sqrt[4]{a}}}\times\sqrt{\dfrac{\sqrt[6]{a}}{\sqrt[3]{a}}}=\dfrac{\sqrt[3]{\sqrt{a}}}{\sqrt[3]{\sqrt[4]{a}}}\times\dfrac{\sqrt{\sqrt[6]{a}}}{\sqrt{\sqrt[3]{a}}}=\dfrac{\sqrt[6]{a}}{\sqrt[12]{a}}\times\dfrac{\sqrt[12]{a}}{\sqrt[6]{a}}=\mathbf{1}$$ ← 답

(4) $$\sqrt[5]{\dfrac{\sqrt[3]{x}}{\sqrt{x}}}\times\sqrt[3]{\dfrac{\sqrt{x}}{\sqrt[5]{x}}}\times\sqrt{\dfrac{\sqrt[5]{x}}{\sqrt[3]{x}}}=\dfrac{\sqrt[5]{\sqrt[3]{x}}}{\sqrt[5]{\sqrt{x}}}\times\dfrac{\sqrt[3]{\sqrt{x}}}{\sqrt[3]{\sqrt[5]{x}}}\times\dfrac{\sqrt{\sqrt[5]{x}}}{\sqrt{\sqrt[3]{x}}}$$
$$=\dfrac{\sqrt[15]{x}}{\sqrt[10]{x}}\times\dfrac{\sqrt[6]{x}}{\sqrt[15]{x}}\times\dfrac{\sqrt[10]{x}}{\sqrt[6]{x}}=\mathbf{1}$$ ← 답

유제 **1**-1. 다음을 간단히 하여라. 단, $a>0$, $x>0$이다.

(1) $\sqrt[4]{17+2\sqrt{72}}+\sqrt[4]{17-2\sqrt{72}}$ (2) $\sqrt{a\sqrt{a\sqrt{a}}}$ (3) $\sqrt[4]{a\sqrt[3]{a\sqrt{a}}}$

(4) $\sqrt{\dfrac{\sqrt[3]{a}}{\sqrt[4]{a}}}\times\sqrt[4]{\dfrac{\sqrt{a}}{\sqrt[3]{a}}}$ (5) $\sqrt[3]{\dfrac{\sqrt[5]{x}}{\sqrt[4]{x}}}\times\sqrt[4]{\dfrac{\sqrt[3]{x}}{\sqrt[5]{x}}}\times\sqrt[5]{\dfrac{\sqrt[4]{x}}{\sqrt[3]{x}}}$

답 (1) $\mathbf{2\sqrt{2}}$ (2) $\sqrt[8]{\boldsymbol{a}^7}$ (3) $\sqrt[8]{\boldsymbol{a}^3}$ (4) $\sqrt[12]{\boldsymbol{a}}$ (5) **1**

§ 2. 지수의 확장

기본정석

1 영(0), 음의 정수, 유리수 지수의 정의

(1) $a^0=1$ (단, $a\neq0$)
(2) $a^{-n}=\dfrac{1}{a^n}$ (단, $a\neq0$, n은 양의 정수)
(3) $a^{\frac{m}{n}}=\sqrt[n]{a^m}$ (단, $a>0$, m은 정수, n은 2 이상의 정수)

2 확장된 지수법칙

$a>0$, $b>0$이고 x, y가 실수일 때,

(1) $a^x\times a^y=a^{x+y}$
(2) $a^x\div a^y=a^{x-y}$
(3) $(a^x)^y=a^{xy}$
(4) $(ab)^x=a^xb^x$

Advice 1° 영(0), 음의 정수, 유리수 지수의 정의

▶ 지수가 0 또는 음의 정수인 경우

$a\neq0$이고 m, n이 $m>n$인 양의 정수일 때, 지수법칙

$$a^m\div a^n=a^{m-n} \qquad \cdots\cdots①$$

이 성립한다. 이제 $m=n$, $m<n$인 경우를 생각해 보자.

(i) ①에서 $m=n$일 때,

$$(\text{좌변})=a^n\div a^n=1, \qquad (\text{우변})=a^{n-n}=a^0$$

이므로 $a^0=1$로 정의하면 ①은 $m=n$인 경우에도 성립한다.

(ii) ①에서 $m<n$일 때,

$$(\text{좌변})=\frac{a^m}{a^n}=\frac{1}{a^{n-m}}, \qquad (\text{우변})=a^{-(n-m)}$$

이므로 $a^{-n}=\dfrac{1}{a^n}$로 정의하면 ①은 $m<n$인 경우에도 성립한다.

▶ 지수가 유리수인 경우

$a>0$이고 m, $n\,(n\geq2)$이 정수일 때, 지수법칙

$$(a^m)^n=a^{mn} \qquad \cdots\cdots②$$

가 성립한다. 이제 지수가 유리수인 경우를 생각해 보자.

$\left(a^{\frac{m}{n}}\right)^n$에서 $a^{\frac{m}{n}}=\sqrt[n]{a^m}$으로 정의하면

$$\left(a^{\frac{m}{n}}\right)^n=\left(\sqrt[n]{a^m}\right)^n=a^m=a^{\frac{m}{n}\times n}$$

이므로 ②는 지수가 유리수인 경우에도 성립한다.

이와 같은 정의에 따르면

$$2^0=1,\ (-2)^0=1,\ 2^{-1}=\frac{1}{2},\ 3^{-2}=\frac{1}{3^2},\ 3^{\frac{1}{2}}=\sqrt{3},\ 2^{\frac{2}{3}}=\sqrt[3]{2^2}$$

*Note 0^0, 0^{-1}, 0^{-2}, ⋯은 정의하지 않는다. 따라서 $a\neq0$일 때에만 a^0, a^{-1} 등과 같은 표현을 할 수 있다는 것에 주의해야 한다.

Advice 2° 확장된 지수법칙

앞서 공부한 바와 같이

정 의 $\boldsymbol{a^0=1\ (a\neq0),\quad a^{-n}=\frac{1}{a^n}\ (a\neq0),\quad a^{\frac{m}{n}}=\sqrt[n]{a^m}\ (a>0)}$

으로 정의하면 다음 지수법칙은

(i) $a\neq0$, $b\neq0$이고 m, n이 정수인 경우

(ii) $a>0$, $b>0$이고 m, n이 유리수인 경우

에도 그대로 성립한다.

① $a^m\times a^n=a^{m+n}$ ② $a^m\div a^n=a^{m-n}$

③ $(a^m)^n=a^{mn}$ ④ $(ab)^n=a^nb^n$ ⑤ $\left(\dfrac{a}{b}\right)^n=\dfrac{a^n}{b^n}$

보기 1 지수의 정의를 써서 $a>0$이고 $m=\dfrac{1}{2}$, $n=\dfrac{1}{3}$일 때, 지수법칙 $a^ma^n=a^{m+n}$이 성립함을 보여라.

연구 $a^ma^n=a^{\frac{1}{2}}a^{\frac{1}{3}}=\sqrt{a}\,\sqrt[3]{a}=\sqrt[6]{a^3}\,\sqrt[6]{a^2}=\sqrt[6]{a^3a^2}=\sqrt[6]{a^5}$,

$a^{m+n}=a^{\frac{1}{2}+\frac{1}{3}}=a^{\frac{5}{6}}=\sqrt[6]{a^5}$ $\quad\therefore\ a^ma^n=a^{m+n}$

보기 2 다음을 간단히 하여라. 단, $a>0$, $b>0$이다.

(1) $\left(-\dfrac{1}{3}\right)^{-3}$ (2) $\left\{(a^{-3}b^2)^{-2}\right\}^{-1}$ (3) $a^{\frac{3}{2}}\times a^2\div a^{\frac{1}{4}}$

(4) $\left(a^{\frac{1}{2}}-a^{-\frac{1}{2}}\right)^2$ (5) $\left\{\left(\dfrac{9}{16}\right)^{-\frac{4}{3}}\right\}^{\frac{3}{8}}$ (6) $\left\{(-3)^2\right\}^{1.5}$

연구 (1) $\left(-\dfrac{1}{3}\right)^{-3}=(-3)^3=\boldsymbol{-27}$

(2) $\left\{(a^{-3}b^2)^{-2}\right\}^{-1}=(a^{-3}b^2)^2=(a^{-3})^2(b^2)^2=a^{-6}b^4=\boldsymbol{\dfrac{b^4}{a^6}}$

(3) $a^{\frac{3}{2}}\times a^2\div a^{\frac{1}{4}}=a^{\frac{3}{2}+2-\frac{1}{4}}=\boldsymbol{a^{\frac{13}{4}}}$

(4) $\left(a^{\frac{1}{2}}-a^{-\frac{1}{2}}\right)^2=\left(a^{\frac{1}{2}}\right)^2-2a^{\frac{1}{2}}a^{-\frac{1}{2}}+\left(a^{-\frac{1}{2}}\right)^2=a-2+a^{-1}=\boldsymbol{a-2+\dfrac{1}{a}}$

(5) $\left\{\left(\dfrac{9}{16}\right)^{-\frac{4}{3}}\right\}^{\frac{3}{8}}=\left(\dfrac{9}{16}\right)^{-\frac{4}{3}\times\frac{3}{8}}=\left(\dfrac{9}{16}\right)^{-\frac{1}{2}}=\left\{\left(\dfrac{3}{4}\right)^2\right\}^{-\frac{1}{2}}=\left(\dfrac{3}{4}\right)^{-1}=\boldsymbol{\dfrac{4}{3}}$

(6) $\left\{(-3)^2\right\}^{1.5}=(3^2)^{1.5}=3^{2\times1.5}=3^3=\boldsymbol{27}$

*Note (6) $-3<0$이므로 지수법칙 $(a^m)^n=a^{mn}$을 직접 써서는 안 된다.

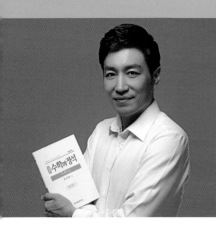

보기 3 다음을 간단히 하여라. 단, $a>0$, $b>0$, $c>0$이다.

(1) $\left(\sqrt[3]{2}\times 2^2\div\sqrt{2^3}\right)^{-6}$　　(2) $2\sqrt[3]{54}-\left(\dfrac{1}{2}\right)^{-\frac{1}{3}}-\sqrt[3]{16}$

(3) $\sqrt{a^{\frac{5}{3}}b^3c^{-\frac{2}{3}}}\times\sqrt[3]{a^{\frac{1}{2}}b^{-4}c}$　　(4) $\sqrt{\dfrac{\sqrt{a}}{\sqrt[3]{a}}\times\sqrt[4]{a}}$

연구 (3), (4)는 거듭제곱근의 성질을 써서 간단히 할 수도 있지만

정의 $\sqrt[n]{a^m}=a^{\frac{m}{n}}$

을 이용하여 우선 유리수 지수로 고쳐서 간단히 할 수도 있다.

(1) (준 식)$=\left(2^{\frac{1}{3}}\times 2^2\div 2^{\frac{3}{2}}\right)^{-6}=\left(2^{\frac{1}{3}+2-\frac{3}{2}}\right)^{-6}=\left(2^{\frac{5}{6}}\right)^{-6}=2^{\frac{5}{6}\times(-6)}=2^{-5}=\boldsymbol{\dfrac{1}{32}}$

(2) (준 식)$=2\times(2\times 3^3)^{\frac{1}{3}}-(2^{-1})^{-\frac{1}{3}}-(2^4)^{\frac{1}{3}}$

$=2\times 2^{\frac{1}{3}}\times(3^3)^{\frac{1}{3}}-2^{\frac{1}{3}}-2^{\frac{4}{3}}=(2\times 3-1-2)2^{\frac{1}{3}}=\boldsymbol{3\sqrt[3]{2}}$

(3) (준 식)$=\left(a^{\frac{5}{6}}b^{\frac{3}{2}}c^{-\frac{1}{3}}\right)\times\left(a^{\frac{1}{6}}b^{-\frac{4}{3}}c^{\frac{1}{3}}\right)=a^{\frac{5}{6}+\frac{1}{6}}b^{\frac{3}{2}-\frac{4}{3}}c^{-\frac{1}{3}+\frac{1}{3}}=ab^{\frac{1}{6}}=\boldsymbol{a\sqrt[6]{b}}$

(4) (준 식)$=\left(a^{\frac{1}{2}}\div a^{\frac{1}{3}}\times a^{\frac{1}{4}}\right)^{\frac{1}{2}}=\left(a^{\frac{1}{2}-\frac{1}{3}+\frac{1}{4}}\right)^{\frac{1}{2}}=\left(a^{\frac{5}{12}}\right)^{\frac{1}{2}}=a^{\frac{5}{24}}=\boldsymbol{\sqrt[24]{a^5}}$

Advice 3° 지수가 실수일 때의 지수법칙

이를테면 무리수 $\sqrt{2}=1.41421\times\times\times$에 대하여 $\sqrt{2}$에 가까워지는 유리수

$1,\ 1.4,\ 1.41,\ 1.414,\ 1.4142,\ \cdots$

를 지수로 하는 수

$3^1,\ 3^{1.4},\ 3^{1.41},\ 3^{1.414},\ 3^{1.4142},\ \cdots$

을 계산하면 오른쪽과 같다.

$3^1=3$
$3^{1.4}\fallingdotseq 4.65554$
$3^{1.41}\fallingdotseq 4.70697$
$3^{1.414}\fallingdotseq 4.72770$
$3^{1.4142}\fallingdotseq 4.72873$
$3^{1.41421}\fallingdotseq 4.72879$
$\cdots$

이 계산을 계속하면 일정한 수에 한없이 가까워진다는 것을 알 수 있다. 이 수를 $3^{\sqrt{2}}$으로 정의한다.

일반적으로 a가 양의 실수이고 x가 무리수일 때, a^x을 위와 같은 방법으로 정의한다.

이와 같이 지수를 실수의 범위까지 확장해도 다음과 같은 지수법칙이 성립함이 알려져 있다.

정석 $\boldsymbol{a>0}$, $\boldsymbol{b>0}$이고 $\boldsymbol{x}$, $\boldsymbol{y}$가 실수일 때,

① $\boldsymbol{a^x\times a^y=a^{x+y}}$　　② $\boldsymbol{a^x\div a^y=a^{x-y}}$

③ $\boldsymbol{(a^x)^y=a^{xy}}$　　④ $\boldsymbol{(ab)^x=a^xb^x}$

필수 예제 1-2 $x^{\frac{1}{2}}+x^{-\frac{1}{2}}=3$(단, $x>0$)일 때, 다음 식의 값을 구하여라.

(1) $\dfrac{x^{\frac{3}{2}}+x^{-\frac{3}{2}}+2}{x^2+x^{-2}+3}$ (2) $x^{\frac{1}{4}}+x^{-\frac{1}{4}}$

정석연구 조건이 식으로 주어진 경우,

조건식과 구하려는 식을 비교

하여 어떻게 변형해야 할지를 결정해야 한다. 이 문제는

$$x^{\frac{1}{4}} \xrightarrow{\text{제 곱}} x^{\frac{1}{2}} \xrightarrow{\text{제 곱}} x \xrightarrow{\text{제 곱}} x^2$$

$$x^{\frac{1}{2}} \xrightarrow{\text{세제곱}} x^{\frac{3}{2}}$$

에 착안하여

(1)은 조건식의 양변을 제곱, 세제곱하면 되고,

(2)는 $x^{\frac{1}{4}}+x^{-\frac{1}{4}}$을 제곱한 값을 먼저 구하면 된다.

모범답안 (1) $x^{\frac{1}{2}}+x^{-\frac{1}{2}}=3$ ……①

(i) ①의 양변을 세제곱하면 $x^{\frac{3}{2}}+3xx^{-\frac{1}{2}}+3x^{\frac{1}{2}}x^{-1}+x^{-\frac{3}{2}}=27$

$x^{\frac{3}{2}}+3\left(x^{\frac{1}{2}}+x^{-\frac{1}{2}}\right)+x^{-\frac{3}{2}}=27$ $\therefore$ $x^{\frac{3}{2}}+x^{-\frac{3}{2}}=18$

(ii) ①의 양변을 제곱하면 $x+2x^{\frac{1}{2}}x^{-\frac{1}{2}}+x^{-1}=9$

$\therefore$ $x+x^{-1}=7$ ……②

②의 양변을 제곱하면 $x^2+2xx^{-1}+x^{-2}=49$

$\therefore$ $x^2+x^{-2}=47$

(i), (ii)로부터 $\dfrac{x^{\frac{3}{2}}+x^{-\frac{3}{2}}+2}{x^2+x^{-2}+3}=\dfrac{18+2}{47+3}=\mathbf{\dfrac{2}{5}}$ ← 답

(2) $\left(x^{\frac{1}{4}}+x^{-\frac{1}{4}}\right)^2=x^{\frac{1}{2}}+2x^{\frac{1}{4}}x^{-\frac{1}{4}}+x^{-\frac{1}{2}}=x^{\frac{1}{2}}+x^{-\frac{1}{2}}+2=3+2=5$

그런데 $x^{\frac{1}{4}}+x^{-\frac{1}{4}}>0$이므로 $x^{\frac{1}{4}}+x^{-\frac{1}{4}}=\sqrt{5}$ ← 답

유제 **1**-2. $\sqrt{x}+\dfrac{1}{\sqrt{x}}=\sqrt{7}$(단, $x>0$)일 때, 다음 식의 값을 구하여라.

(1) $x+\dfrac{1}{x}$ (2) $\dfrac{x^2+x^{-2}-2}{x+x^{-1}+2}$ (3) $x\sqrt{x}+\dfrac{1}{x\sqrt{x}}$

답 (1) **5** (2) **3** (3) $4\sqrt{7}$

유제 **1**-3. $x+x^{-1}=4$(단, $x>0$)일 때, $x^{\frac{1}{2}}+x^{-\frac{1}{2}}$의 값을 구하여라.

답 $\sqrt{6}$

필수 예제 1-3 다음 식의 값을 구하여라.

(1) $2^{x+2}=3$일 때, $\left(\frac{1}{8}\right)^{\frac{x}{2}}$ (2) $4^{2x}=3-2\sqrt{2}$일 때, $\frac{2^{5x}+2^{-3x}}{2^x+2^{-x}}$

정석연구 (1) $2^{x+2}=3$에서 $2^x2^2=3$이므로 2^x의 값을 구할 수 있다.

따라서 준 식을 2^x을 포함한 식으로 변형한다.

(2) 준 식을 4^{2x}을 포함한 식으로 변형하기는 약간 복잡하다.

그런데 $4^{2x}=3-2\sqrt{2}$에서 2^{2x}의 값을 구할 수 있다는 점에 착안하여 준 식을 2^{2x}을 포함한 식으로 변형한다.

정석 분모, 분자에 $\boldsymbol{a^{-x}}$, $\boldsymbol{a^{-2x}}$ 등을 포함한 식의 변형
$\Longrightarrow$ 분모, 분자에 $\boldsymbol{a^x}$, $\boldsymbol{a^{2x}}$ 등을 곱한다.

모범답안 (1) $2^{x+2}=3$에서 $2^x2^2=3$ $\therefore 2^x=\frac{3}{4}$

$$\therefore \left(\frac{1}{8}\right)^{\frac{x}{2}}=(2^{-3})^{\frac{x}{2}}=(2^x)^{-\frac{3}{2}}=\left(\frac{3}{4}\right)^{-\frac{3}{2}}=\left(\frac{4}{3}\right)^{\frac{3}{2}}=\frac{4}{3}\sqrt{\frac{4}{3}}=\boldsymbol{\frac{8\sqrt{3}}{9}} \longleftarrow \text{답}$$

(2) $4^{2x}=3-2\sqrt{2}$에서 $(2^{2x})^2=3-2\sqrt{2}$

$2^{2x}>0$이므로 $2^{2x}=\sqrt{3-2\sqrt{2}}=\sqrt{2}-1$

따라서 준 식의 분자, 분모에 2^x을 곱하면

$$(\text{준 식})=\frac{2^{6x}+2^{-2x}}{2^{2x}+1}=\frac{(2^{2x})^3+\frac{1}{2^{2x}}}{2^{2x}+1}=\frac{(\sqrt{2}-1)^3+\frac{1}{\sqrt{2}-1}}{(\sqrt{2}-1)+1}$$

$$=\frac{2\sqrt{2}-6+3\sqrt{2}-1+\sqrt{2}+1}{\sqrt{2}}=\boldsymbol{6-3\sqrt{2}} \longleftarrow \text{답}$$

유제 **1**-4. $e^{2x}=3$일 때, 다음 식의 값을 구하여라. 단, $e>0$이다.

(1) $\left(\frac{1}{e^3}\right)^{-4x}$ (2) $\frac{e^x-e^{-x}}{e^x+e^{-x}}$ (3) $\frac{e^{3x}-e^{-3x}}{e^x-e^{-x}}$

답 (1) **729** (2) $\boldsymbol{\frac{1}{2}}$ (3) $\boldsymbol{\frac{13}{3}}$

유제 **1**-5. $a^{-2}=5$일 때, $\frac{a^3-a^{-3}}{a^3+a^{-3}}$의 값을 구하여라. 단, $a>0$이다.

답 $\boldsymbol{-\frac{62}{63}}$

유제 **1**-6. 다음 식의 값을 구하여라. 단, $a>0$이다.

(1) $a^{4x}=2$일 때, $\frac{a^{6x}+a^{-6x}}{a^{2x}+a^{-2x}}$ (2) $a^{2x}=\sqrt{2}-1$일 때, $\frac{a^{5x}+a^{-5x}}{a^x+a^{-x}}$

답 (1) $\boldsymbol{\frac{3}{2}}$ (2) $\boldsymbol{7-2\sqrt{2}}$

필수 예제 1-4 $f(x)=\dfrac{e^x-e^{-x}}{e^x+e^{-x}}$에서 $f(a)=\dfrac{1}{2}$, $f(b)=\dfrac{1}{3}$이다.
이때, $f(a+b)$의 값을 구하여라. 단, e는 양의 실수이다.

정석연구 $f(x)=\dfrac{e^x-e^{-x}}{e^x+e^{-x}}$의 분자, 분모에 e^x을 곱하여

$$f(x)=\frac{e^xe^x-e^{-x}e^x}{e^xe^x+e^{-x}e^x}=\frac{e^{2x}-1}{e^{2x}+1}$$

과 같이 변형한 다음, 나머지 조건을 이용해 보아라.

정석 주어진 식을 이용하기 편리한 식으로 변형한다.

모범답안 $f(x)=\dfrac{e^{2x}-1}{e^{2x}+1}$이므로 $f(a)=\dfrac{1}{2}$에서 $\dfrac{e^{2a}-1}{e^{2a}+1}=\dfrac{1}{2}$

$\therefore\ 2(e^{2a}-1)=e^{2a}+1 \quad \therefore\ e^{2a}=3$

같은 방법으로 하면 $f(b)=\dfrac{1}{3}$에서 $e^{2b}=2$

$$\therefore\ f(a+b)=\frac{e^{2(a+b)}-1}{e^{2(a+b)}+1}=\frac{e^{2a}e^{2b}-1}{e^{2a}e^{2b}+1}=\frac{3\times2-1}{3\times2+1}=\mathbf{\frac{5}{7}}$$ ← 답

Advice 1° e^{2a}, e^{2b}의 값을 다음과 같이 구할 수도 있다.

$f(x)=\dfrac{e^{2x}-1}{e^{2x}+1}$이므로 $e^{2x}f(x)+f(x)=e^{2x}-1 \quad \therefore\ e^{2x}=\dfrac{1+f(x)}{1-f(x)}$

$$\therefore\ e^{2a}=\frac{1+f(a)}{1-f(a)}=\frac{1+\frac{1}{2}}{1-\frac{1}{2}}=3,\quad e^{2b}=\frac{1+f(b)}{1-f(b)}=\frac{1+\frac{1}{3}}{1-\frac{1}{3}}=2$$

2° $y=\dfrac{e^x-e^{-x}}{e^x+e^{-x}}=\dfrac{e^{2x}-1}{e^{2x}+1}$

에서 $e^{2x}=t$로 놓으면

$$y=\frac{t-1}{t+1}=1+\frac{-2}{t+1}$$

그런데 e가 양의 실수이므로 $t=e^{2x}>0$이다.

따라서 오른쪽 그래프에서 $-1<y<1$ 임을 알 수 있다.

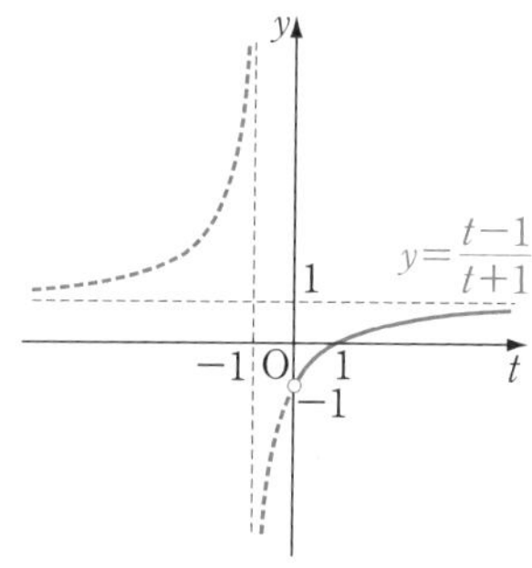

유제 **1**-7. $f(x)=\dfrac{a^x-a^{-x}}{a^x+a^{-x}}$ (단, $a>0$)에 대하여 $f(k)=\dfrac{1}{2}$일 때, $f(2k)$의 값을 구하여라.

답 $\mathbf{\dfrac{4}{5}}$

연습문제 1

기본 **1-1** $f(x)=a^x$(단, $a>0$)일 때, 다음 등식을 증명하여라.

(1) $f(x)\times f(y)=f(x+y)$ (2) $f(x)\div f(y)=f(x-y)$

(3) $f(2x)=\{f(x)\}^2$ (4) $\{f(x)\}^y=f(xy)$

1-2 $2^{10}>1000$임을 이용하여 두 수 5^{-999}, 2^{-2331}의 대소를 비교하여라.

1-3 $x^3+y^4=z^5$을 만족시키는 세 자연수 x, y, z가 있다.
$x=2^{20n+8}$, $z=2^{12n+5}$일 때, $x^3y^{-16}z^{15}$의 값을 구하여라.

1-4 $a=2^{\sqrt{2}}$일 때, 다음 중 옳은 것만을 있는 대로 골라라.

ㄱ. $\sqrt{(\sqrt{a}\,)^{\sqrt{2}}}=2$	ㄴ. $a>2\sqrt[5]{4}$	ㄷ. $2^a<a^2$

1-5 양수 a, b, c에 대하여 $a^{2x}=b^{3y}=c^{4z}=5$이고 $abc=\sqrt[6]{5}$일 때, $\dfrac{6}{x}+\dfrac{4}{y}+\dfrac{3}{z}$의 값을 구하여라.

1-6 $x=\dfrac{1}{3}\left(2^{\frac{1}{n}}-2^{-\frac{1}{n}}\right)$ (단, $n\neq0$)일 때, $\left\{\dfrac{3}{2}\left(x+\sqrt{\dfrac{4}{9}+x^2}\right)\right\}^n$의 값을 구하여라.

실력 **1-7** $\mathrm{P}=\left(x^{\frac{a}{a-b}}\right)^{\frac{a}{c-a}}\times\left(x^{\frac{b}{b-c}}\right)^{\frac{b}{a-b}}\times\left(x^{\frac{c}{c-a}}\right)^{\frac{c}{b-c}}$을 간단히 하여라.
단, $x>0$이다.

1-8 $m>n$인 자연수 m, n에 대하여 $3^{\frac{n}{m}}$은 유리수가 아님을 증명하여라.

1-9 1이 아닌 양수 t에 대하여 $x=t^{\frac{1}{t-1}}$, $y=t^{\frac{t}{t-1}}$일 때, x와 y의 관계식을 구하여라.

1-10 $a>0$, $a\neq1$일 때, $f(x)=a^x-a^{-x}$, $g(x)=a^x+a^{-x}$이라고 하자.
$f(x)f(y)=4$, $g(x)g(y)=8$일 때, $g(x+y)$, $g(x-y)$의 값을 구하여라.

1-11 $x^m+x^{-m}=3$(단, $x>0$)일 때, $\mathrm{P}=\dfrac{x^{3m}+x^{-3m}+2}{x^{2m}-x^{-2m}}$의 값을 구하여라.

1-12 m, n은 자연수이다. mn^2이 4자리 수이고, $\dfrac{n}{m}$은 소수 둘째 자리에서 처음으로 0이 아닌 숫자가 나타날 때, m과 n은 각각 몇 자리 수인가?

1-13 $x>0$, $y>0$일 때, 두 식 $x^{\frac{2}{3}}+y^{\frac{2}{3}}$, $(x+y)^{\frac{2}{3}}$의 대소를 비교하여라.

2. 로 그

§1. 로그의 정의

기본정석

로그의 정의

$a>0$, $a\neq1$일 때, 임의의 양수 b에 대하여 $a^x=b$를 만족시키는 실수 x는 오직 하나 존재한다. 이때, x를 a를 밑으로 하는 b의 로그라 하고, $\boldsymbol{x=\log_a b}$로 나타낸다.

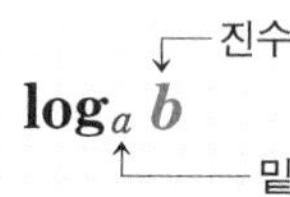

또, b를 $\log_a b$의 진수라고 한다. 곧,

정의 $a>0$, $a\neq1$, $b>0$일 때, $a^x=b \iff x=\log_a b$

Advice 1° 이를테면 $2^x=8$을 만족시키는 실수 x의 값은 $8=2^3$이므로 $x=3$이고, 하나뿐임이 알려져 있다. 곧,

$$2^x=8 \iff 2^x=2^3 \iff x=3$$

그러나 이를테면 $2^x=3$을 만족시키는 실수 x의 값은 유리수의 범위에서는 구할 수 없다.

이런 경우에는 기호 log를 써서

$$2^x=3 \iff x=\log_2 3$$

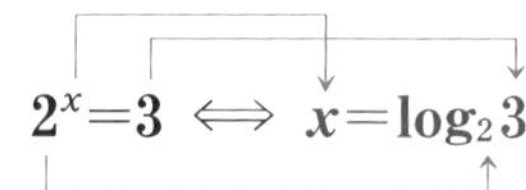

으로 나타내고,

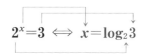

x는 2를 밑으로 하는 3의 로그

라고 한다.

Advice 2° $\boldsymbol{\log_a b}$에서 특히 주의해야 할 것은

첫째 — 밑 a는 1이 아닌 양수라는 것이다. 곧, $a>0$, $a\neq1$이다.

그러므로 $\log_1 3$, $\log_{-3}5$, $\log_0 x$ 등은 정의되지 않는다.

둘째 — 진수 b는 양수라는 것이다. 곧, $b>0$이다.

그러므로 $\log_a 0$, $\log_3(-2)$, $\log_2(-2)^3$ 등은 정의되지 않는다.

그래서 $\log_a b$라고 쓸 때에는 $a>0$, $a\neq1$, $b>0$이어야 한다.

앞으로는 이 조건을 밝히지 않아도 이것을 포함한 것이라고 본다.

필수 예제 2-1 다음 등식을 만족시키는 x의 값을 구하여라.

(1) $\log_{2\sqrt{3}}144=x$ (2) $\log_8\left(\sqrt{2+\sqrt{3}}-\sqrt{2-\sqrt{3}}\right)=x$

(3) $\log_x 2\sqrt{2}=\dfrac{3}{8}$ (4) $\log_{10}(\log_{32}x)=-1$

정석연구 (1)은 $\log_{2\sqrt{3}}144$의 값, (2)는 $\log_8\left(\sqrt{2+\sqrt{3}}-\sqrt{2-\sqrt{3}}\right)$의 값을 구하라는 것이고, (3), (4)는 간단한 로그방정식이라고도 볼 수 있다.

이 문제와 같이 로그에서 밑, 진수, 로그값 중 어느 두 값을 알고 나머지 한 값을 구하고자 할 때에는 로그의 정의

정 의 $\log_a b=x \iff a^x=b$

에 따라 지수 꼴로 고쳐서 생각한다.

모범답안 (1) $\log_{2\sqrt{3}}144=x$에서 $(2\sqrt{3})^x=144$ $\therefore (\sqrt{12})^x=12^2$

$\therefore 12^{\frac{1}{2}x}=12^2$ $\therefore \dfrac{1}{2}x=2$ $\therefore$ $\boldsymbol{x=4}$ ← 답

(2) $\sqrt{2+\sqrt{3}}-\sqrt{2-\sqrt{3}}=\sqrt{\dfrac{4+2\sqrt{3}}{2}}-\sqrt{\dfrac{4-2\sqrt{3}}{2}}=\dfrac{\sqrt{3}+1}{\sqrt{2}}-\dfrac{\sqrt{3}-1}{\sqrt{2}}$
$=\sqrt{2}$

이므로 준 식은 $\log_8\sqrt{2}=x$

$\therefore 8^x=\sqrt{2}$ $\therefore 2^{3x}=2^{\frac{1}{2}}$ $\therefore 3x=\dfrac{1}{2}$ $\therefore$ $\boldsymbol{x=\dfrac{1}{6}}$ ← 답

(3) $\log_x 2\sqrt{2}=\dfrac{3}{8}$에서 $x^{\frac{3}{8}}=2\sqrt{2}$ $\therefore \left(x^{\frac{3}{8}}\right)^{\frac{8}{3}}=(2\sqrt{2})^{\frac{8}{3}}$

$\therefore x=\left(2^{\frac{3}{2}}\right)^{\frac{8}{3}}=2^4=\boldsymbol{16}$ ← 답

(4) $\log_{10}(\log_{32}x)=-1$에서 $\log_{32}x=10^{-1}$ $\therefore 32^{\frac{1}{10}}=x$

$\therefore x=(2^5)^{\frac{1}{10}}=2^{\frac{1}{2}}=\boldsymbol{\sqrt{2}}$ ← 답

유제 **2**-1. 다음을 간단히 하여라.

(1) $\log_2(\sin 45°)$ (2) $\log_4 32\times\log_{0.1}100$ (3) $\log_8 2^5+\log_7\left(\dfrac{1}{49}\right)^{\frac{1}{3}}$

(4) $\log_{10}\dfrac{10^6+10^5}{11}$

답 (1) $-\dfrac{1}{2}$ (2) -5 (3) 1 (4) 5

유제 **2**-2. 다음 등식을 만족시키는 양수 x의 값을 구하여라.

(1) $\log_6(\log_{64}x)=-1$ (2) $\log_x 625=4$ (3) $4\log_{x^2}2=x$

답 (1) $x=2$ (2) $x=5$ (3) $x=2$

유제 **2**-3. $\log_3\left(\log_4(\log_5 x)\right)=\log_4\left(\log_5(\log_3 y)\right)=\log_5\left(\log_3(\log_4 z)\right)=0$일 때, x, y, z의 값을 구하여라.

답 $x=5^4$, $y=3^5$, $z=2^6$

필수 예제 **2**-2 다음 물음에 답하여라.

(1) 이차방정식 $x^2-4x+1=0$의 두 근을 α, β라고 할 때,

$\log_4\left|\dfrac{1}{\sqrt{\alpha}}-\dfrac{1}{\sqrt{\beta}}\right|$의 값을 구하여라.

(2) $x=\sqrt{10}+\sqrt{2}$, $y=\sqrt{10}-\sqrt{2}$일 때, $\log_{64}(x^2+xy+y^2)$의 값을 구하여라.

정석연구 (1) 이차방정식의 근과 계수의 관계와 로그의 융합 문제이다.

정석 $\boldsymbol{ax^2+bx+c=0\,(a\neq0)}$의 두 근을 $\boldsymbol{\alpha}$, $\boldsymbol{\beta}$라고 할 때,

$$\boldsymbol{\alpha+\beta=-\frac{b}{a},\quad \alpha\beta=\frac{c}{a}}$$

를 이용하여라.

(2) x^2+xy+y^2의 값을 구할 때에는 먼저 $x+y$, xy의 값을 구하고,

정석 $\boldsymbol{x^2+y^2=(x+y)^2-2xy}$

를 이용하는 것이 능률적이다.

모범답안 (1) $x^2-4x+1=0$의 두 근이 α, β이므로 $\alpha+\beta=4$, $\alpha\beta=1$이다.

$$\therefore \left|\frac{1}{\sqrt{\alpha}}-\frac{1}{\sqrt{\beta}}\right|^2=\frac{1}{\alpha}-2\times\frac{1}{\sqrt{\alpha}}\times\frac{1}{\sqrt{\beta}}+\frac{1}{\beta}=\frac{\alpha+\beta}{\alpha\beta}-\frac{2}{\sqrt{\alpha\beta}}$$

$$=\frac{4}{1}-\frac{2}{1}=2 \qquad \therefore \left|\frac{1}{\sqrt{\alpha}}-\frac{1}{\sqrt{\beta}}\right|=\sqrt{2}$$

따라서 $\log_4\left|\dfrac{1}{\sqrt{\alpha}}-\dfrac{1}{\sqrt{\beta}}\right|=\log_4\sqrt{2}=k$로 놓으면

$$4^k=\sqrt{2} \quad \therefore 2^{2k}=2^{\frac{1}{2}} \quad \therefore 2k=\frac{1}{2} \quad \therefore k=\boldsymbol{\frac{1}{4}} \leftarrow \text{답}$$

(2) $x+y=(\sqrt{10}+\sqrt{2})+(\sqrt{10}-\sqrt{2})=2\sqrt{10}$,

$xy=(\sqrt{10}+\sqrt{2})\times(\sqrt{10}-\sqrt{2})=10-2=8$

$\therefore x^2+xy+y^2=(x+y)^2-xy=(2\sqrt{10})^2-8=32$

따라서 $\log_{64}(x^2+xy+y^2)=\log_{64}32=k$로 놓으면

$$64^k=32 \quad \therefore 2^{6k}=2^5 \quad \therefore 6k=5 \quad \therefore k=\boldsymbol{\frac{5}{6}} \leftarrow \text{답}$$

유제 **2**-4. 이차방정식 $x^2-3x+1=0$의 두 근을 α, β라고 할 때,

$\log_{\frac{3}{7}}\left(\dfrac{\beta}{\alpha^2+1}+\dfrac{\alpha}{\beta^2+1}\right)$의 값을 구하여라. 답 **−1**

유제 **2**-5. $x=\dfrac{\sqrt{2}-1}{\sqrt{2}+1}$일 때, $\log_3(x^2-6x+10)$의 값을 구하여라. 답 **2**

§ 2. 로그의 성질

기본정석

1 로그의 기본 성질

$a>0,\ a\neq1$이고 $\mathrm{M}>0,\ \mathrm{N}>0$일 때,

(1) $\log_a a=1,\ \log_a 1=0$

(2) $\log_a \mathrm{MN}=\log_a \mathrm{M}+\log_a \mathrm{N}$

(3) $\log_a \dfrac{\mathrm{M}}{\mathrm{N}}=\log_a \mathrm{M}-\log_a \mathrm{N}$

(4) $\log_a \mathrm{M}^n=n\log_a \mathrm{M}$ (단, n은 실수)

2 밑의 변환 공식

$a>0,\ a\neq1$이고 $b>0$일 때,

(5) $\log_a b=\dfrac{\log_c b}{\log_c a}$ (단, $c>0,\ c\neq1$)

(6) $\log_a b=\dfrac{1}{\log_b a}$ (단, $b\neq1$)

Advice 1° 로그의 성질

지수법칙과 다음 로그의 정의를 이용하여 증명한다.

정의 $a^x=b \iff x=\log_a b$ ⇦ $a>0,\ a\neq1,\ b>0$

(1) $a^1=a$이므로 $\log_a a=1$, $a^0=1$이므로 $\log_a 1=0$

(예) $\log_2 2=1,\ \log_{\sqrt{3}}\sqrt{3}=1,\ \log_2 1=0,\ \log_{\sqrt{3}}1=0$

(2) $\log_a \mathrm{M}=m,\ \log_a \mathrm{N}=n$으로 놓으면 로그의 정의에 의하여

$$a^m=\mathrm{M},\ a^n=\mathrm{N} \quad \therefore\ a^m\times a^n=\mathrm{MN} \quad \text{곧, } a^{m+n}=\mathrm{MN}$$

다시 로그의 정의에 의하여

$$\log_a \mathrm{MN}=m+n \quad \text{곧, } \log_a \mathrm{MN}=\log_a \mathrm{M}+\log_a \mathrm{N}$$

(예) $\log_3 12=\log_3(3\times4)=\log_3 3+\log_3 4=1+\log_3 4$

(3) $\log_a \mathrm{M}=m,\ \log_a \mathrm{N}=n$으로 놓으면 로그의 정의에 의하여

$$a^m=\mathrm{M},\ a^n=\mathrm{N} \quad \therefore\ \frac{a^m}{a^n}=\frac{\mathrm{M}}{\mathrm{N}} \quad \text{곧, } a^{m-n}=\frac{\mathrm{M}}{\mathrm{N}}$$

다시 로그의 정의에 의하여

$$\log_a \frac{\mathrm{M}}{\mathrm{N}}=m-n \quad \text{곧, } \log_a \frac{\mathrm{M}}{\mathrm{N}}=\log_a \mathrm{M}-\log_a \mathrm{N}$$

(예) $\log_3 \dfrac{3}{2}=\log_3 3-\log_3 2=1-\log_3 2$

(4) $\log_a \mathrm{M}=p$로 놓으면 $a^p=\mathrm{M} \quad \therefore\ a^{np}=\mathrm{M}^n$

로그의 정의에 의하여 $\log_a \mathrm{M}^n=np$ 곧, $\log_a \mathrm{M}^n=n\log_a \mathrm{M}$

(예) $\log_a \mathrm{M}^3=3\log_a \mathrm{M}$, $\log_2 8=\log_2 2^3=3\log_2 2=3\times1=3$

(5) $\log_a b=x$로 놓으면 $a^x=b$

$c>0,\ c\neq1$일 때 $\log_c a^x=\log_c b$ $\quad\therefore\ x\log_c a=\log_c b$

$\therefore\ x=\dfrac{\log_c b}{\log_c a}$ 곧, $\boldsymbol{\log_a b=\dfrac{\log_c b}{\log_c a}}$

(예) $\log_3 7=\dfrac{\log_2 7}{\log_2 3}$, $\log_3 7=\dfrac{\log_{10} 7}{\log_{10} 3}$, $\log_2 3=\dfrac{\log_6 3}{\log_6 2}$

***Note** 위와 같이 A=B의 꼴을 $\log_c A=\log_c B$의 꼴로 변형하는 것을

양변의 c를 밑으로 하는 로그를 잡는다

고 말한다.

정석 $A>0,\ B>0$일 때, $A=B \iff \log_c A=\log_c B$

(6) $\log_a b=x$로 놓으면 $a^x=b$

양변의 $b(b>0,\ b\neq1)$를 밑으로 하는 로그를 잡으면

$\log_b a^x=\log_b b$ $\quad\therefore\ x\log_b a=1$ $\quad\therefore\ x=\dfrac{1}{\log_b a}$ 곧, $\boldsymbol{\log_a b=\dfrac{1}{\log_b a}}$

(예) $\log_2 3=\dfrac{1}{\log_3 2}$, $\log_2 10=\dfrac{1}{\log_{10} 2}$, $\log_{10} 2=\dfrac{1}{\log_2 10}$

***Note** (5)에서 특히 $c=b$일 때 $\log_a b=\dfrac{\log_b b}{\log_b a}=\dfrac{1}{\log_b a}$

Advice 2° $f(x)=\log_a x$라 하면 로그의 기본 성질에서 다음이 성립한다.

$x>0,\ y>0$이고 n은 실수일 때,

$$f(xy)=f(x)+f(y),\quad f\left(\frac{x}{y}\right)=f(x)-f(y),\quad f(x^n)=nf(x)$$

이를테면 $f(xy)=\log_a xy=\log_a x+\log_a y=f(x)+f(y)$

Advice 3° 로그의 성질에서는 특히 다음에 주의해야 한다.

$\log_a(\mathrm{M}+\mathrm{N})\neq\log_a\mathrm{M}+\log_a\mathrm{N}$, $\quad\log_a(\mathrm{M}-\mathrm{N})\neq\log_a\mathrm{M}-\log_a\mathrm{N}$

$\log_a\mathrm{MN}\neq\log_a\mathrm{M}\times\log_a\mathrm{N}$, $\quad\log_a\dfrac{\mathrm{M}}{\mathrm{N}}\neq\dfrac{\log_a\mathrm{M}}{\log_a\mathrm{N}}$

$(\log_a\mathrm{M})^n\neq\log_a\mathrm{M}^n$ $\quad\log_{ab}\mathrm{M}\neq\log_a\mathrm{M}+\log_b\mathrm{M}$

보기 1 다음을 $\log_a x$, $\log_a y$, $\log_a z$로 나타내어라.

단, $x>0,\ y>0,\ z>0,\ x^2y\neq1,\ a>0,\ a\neq1$이다.

(1) $\log_a x^2y^3z^4$ (2) $\log_a\dfrac{x^4}{y^2z}$ (3) $\log_{x^2y} z$

연구 (1) $\log_a x^2y^3z^4=\log_a x^2+\log_a y^3+\log_a z^4=\boldsymbol{2\log_a x+3\log_a y+4\log_a z}$

(2) $\log_a\dfrac{x^4}{y^2z}=\log_a x^4-\log_a y^2z=\boldsymbol{4\log_a x-2\log_a y-\log_a z}$

(3) $\log_{x^2y} z=\dfrac{\log_a z}{\log_a x^2y}=\boldsymbol{\dfrac{\log_a z}{2\log_a x+\log_a y}}$

Advice 4° $\log_a b$는 진수 b가 양수일 때에만 정의된다. 따라서 $\log_3 5^2$, $\log_3(-5)^2$ 등은 모두 의미 있는 수들이지만 이를 변형할 때에는

$$\log_3 5^2=2\log_3 5, \quad \log_3(-5)^2=\log_3 5^2=2\log_3 5$$

라고 해야 한다. 일반적으로 다음과 같이 변형해야 한다.

정석 $\log_a x^2=2\log_a|x|$

보기 2 $\log_{10}2=a$, $\log_{10}3=b$라고 할 때, 다음을 a, b로 나타내어라.

(1) $\log_{10}5$ (2) $\log_{10}600$ (3) $\log_{10}\sqrt{30}$ (4) $\log_{10}0.72$

연구 (1) $\log_{10}5=\log_{10}\dfrac{10}{2}=\log_{10}10-\log_{10}2=\boldsymbol{1-a}$

(2) $\log_{10}600=\log_{10}(2\times3\times10^2)=\log_{10}2+\log_{10}3+\log_{10}10^2$
$=\log_{10}2+\log_{10}3+2\log_{10}10=\boldsymbol{a+b+2}$

(3) $\log_{10}\sqrt{30}=\log_{10}30^{\frac{1}{2}}=\dfrac{1}{2}\log_{10}(3\times10)=\dfrac{1}{2}(\log_{10}3+\log_{10}10)=\boldsymbol{\dfrac{1}{2}(b+1)}$

(4) $\log_{10}0.72=\log_{10}\dfrac{72}{100}=\log_{10}\dfrac{2^3\times3^2}{10^2}=\log_{10}2^3+\log_{10}3^2-\log_{10}10^2$
$=3\log_{10}2+2\log_{10}3-2\log_{10}10=\boldsymbol{3a+2b-2}$

보기 3 다음을 간단히 하여라.

(1) $\log_2 3\times\log_3 2$ (2) $\log_2 3\times\log_3 4\times\log_4 2$ (3) $\log_2 6-\log_4 9$

연구 밑이 다를 때에는 밑의 변환 공식을 이용하여 밑을 같게 한다.

정석 $\boldsymbol{a>0,\ a\neq1,\ b>0}$이고 $\boldsymbol{c>0,\ c\neq1}$일 때,

$$\boldsymbol{\log_a b=\frac{\log_c b}{\log_c a}}, \quad \boldsymbol{\log_a b=\frac{1}{\log_b a}\ (b\neq1)}$$

(1) $\log_2 3\times\log_3 2=\dfrac{\log_{10}3}{\log_{10}2}\times\dfrac{\log_{10}2}{\log_{10}3}=\boldsymbol{1}$ ⇦ 또는 $\log_3 2=\dfrac{1}{\log_2 3}$을 이용

(2) $\log_2 3\times\log_3 4\times\log_4 2=\dfrac{\log_{10}3}{\log_{10}2}\times\dfrac{\log_{10}4}{\log_{10}3}\times\dfrac{\log_{10}2}{\log_{10}4}=\boldsymbol{1}$

(3) $\log_4 9=\dfrac{\log_2 9}{\log_2 4}=\dfrac{\log_2 3^2}{\log_2 2^2}=\dfrac{2\log_2 3}{2}=\log_2 3$이므로
$\log_2 6-\log_4 9=\log_2(2\times3)-\log_2 3=\log_2 2+\log_2 3-\log_2 3=\boldsymbol{1}$

Advice 5° $\log_a b\times\log_b a=\dfrac{\log_x b}{\log_x a}\times\dfrac{\log_x a}{\log_x b}=1$

$$\log_a b\times\log_b c\times\log_c a=\frac{\log_x b}{\log_x a}\times\frac{\log_x c}{\log_x b}\times\frac{\log_x a}{\log_x c}=1$$

이므로 이것도 공식처럼 기억해 두면 좋다. 단, $x>0$, $x\neq1$이다.

정석 $\boldsymbol{\log_a b\times\log_b a=1}$, $\quad\boldsymbol{\log_a b\times\log_b c\times\log_c a=1}$

필수 예제 **2**-3 다음 물음에 답하여라.

(1) $\log_3 6=a$일 때, $\log_3 24$를 a로 나타내어라.

(2) $\log_{10}\left(2+\dfrac{2}{3}\right)=p$, $\log_{10}\left(5+\dfrac{5}{9}\right)=q$일 때, $\log_{10}2$, $\log_{10}3$을 p, q로 나타내어라.

(3) $a^3b^2=1$ (단, $a>0$, $a\neq1$, $b>0$)일 때, $\log_a a^2b^3$의 값을 구하여라.

정석연구 (3) $a^3b^2=1$에서 양변의 a를 밑으로 하는 로그를 잡는다.

정석 $\mathbf{A>0,\ B>0}$일 때, $\mathbf{A=B \iff \log_a A=\log_a B}$

모범답안 (1) $\log_3 6=\log_3(2\times3)=\log_3 2+\log_3 3=\log_3 2+1$

그런데 문제의 조건에서 $\log_3 6=a$이므로

$$a=\log_3 2+1 \qquad \therefore\ \log_3 2=a-1$$

$$\therefore\ \log_3 24=\log_3(3\times2^3)=\log_3 3+\log_3 2^3=1+3\log_3 2$$
$$=1+3(a-1)=\mathbf{3a-2} \longleftarrow \text{답}$$

(2) $\log_{10}\left(2+\dfrac{2}{3}\right)=\log_{10}\dfrac{8}{3}=\log_{10}2^3-\log_{10}3=3\log_{10}2-\log_{10}3=p$ ……①

$\log_{10}\left(5+\dfrac{5}{9}\right)=\log_{10}\dfrac{50}{9}=\log_{10}\dfrac{10^2}{3^2\times2}=2-2\log_{10}3-\log_{10}2=q$ ……②

(①×2−②)÷7, (②×3+①)÷7하면

$$\mathbf{\log_{10}2=\frac{1}{7}(2p-q+2),\ \log_{10}3=\frac{1}{7}(-p-3q+6)} \longleftarrow \text{답}$$

(3) $a^3b^2=1$에서 양변의 a를 밑으로 하는 로그를 잡으면

$$\log_a a^3b^2=\log_a 1 \qquad \therefore\ \log_a a^3+\log_a b^2=0 \qquad \therefore\ 3+2\log_a b=0$$

$$\therefore\ \log_a b=-\frac{3}{2}$$

$$\therefore\ \log_a a^2b^3=\log_a a^2+\log_a b^3=2+3\log_a b$$
$$=2+3\times\left(-\frac{3}{2}\right)=-\mathbf{\frac{5}{2}} \longleftarrow \text{답}$$

Note $a^3b^2=1$에서 $b=a^{-\frac{3}{2}}$이므로

$$\log_a a^2b^3=\log_a a^2\left(a^{-\frac{3}{2}}\right)^3=\log_a a^{-\frac{5}{2}}=-\frac{5}{2}\log_a a=-\mathbf{\frac{5}{2}}$$

유제 **2**-6. $\log_2 12=a$일 때, $\log_2 9$를 a로 나타내어라. 답 $\mathbf{2(a-2)}$

유제 **2**-7. $\log_{10}1.4=a$, $\log_{10}3.5=b$일 때, $\log_{10}7$을 a, b로 나타내어라.

답 $\mathbf{\dfrac{1}{2}(a+b+1)}$

유제 **2**-8. $a^4b^3=1$ (단, $a>0$, $a\neq1$, $b>0$)일 때, $\log_a a^5b^6$의 값을 구하여라. 답 $\mathbf{-3}$

필수 예제 **2**-4 다음을 간단히 하여라.

(1) $\log_3\sqrt{6}-\dfrac{1}{2}\log_3\dfrac{1}{5}-\dfrac{3}{2}\log_3\sqrt[3]{30}$ (2) $\dfrac{\log_7\sqrt{2}+\log_7 3-\log_7\sqrt{10}}{\log_7 1.8}$

(3) $\sqrt{\log_{10}100a-\sqrt{\log_{10}a^8}}$ (단, $a\ge100$)

모범답안 (1) (준 식) $=\log_3\sqrt{6}-\log_3\left(\dfrac{1}{5}\right)^{\frac{1}{2}}-\log_3\left\{(30)^{\frac{1}{3}}\right\}^{\frac{3}{2}}$

$$=\log_3\sqrt{6}-\log_3\frac{1}{\sqrt{5}}-\log_3\sqrt{30}$$

$$=\log_3\left(\sqrt{6}\times\sqrt{5}\times\frac{1}{\sqrt{30}}\right)=\log_3 1=\mathbf{0}$$ ← 답

(2) (분자) $=\log_7\left(\sqrt{2}\times3\times\dfrac{1}{\sqrt{10}}\right)=\log_7\dfrac{3}{\sqrt{5}}$, (분모) $=\log_7\dfrac{18}{10}=\log_7\dfrac{9}{5}$

$$\therefore \text{(준 식)}=\frac{\log_7\frac{3}{\sqrt{5}}}{\log_7\frac{9}{5}}=\frac{\log_7\frac{3}{\sqrt{5}}}{\log_7\left(\frac{3}{\sqrt{5}}\right)^2}=\frac{\log_7\frac{3}{\sqrt{5}}}{2\log_7\frac{3}{\sqrt{5}}}=\mathbf{\frac{1}{2}}$$ ← 답

(3) (준 식) $=\sqrt{\log_{10}100+\log_{10}a-\sqrt{8\log_{10}a}}=\sqrt{2+\log_{10}a-2\sqrt{2\log_{10}a}}$

$$=\sqrt{(\sqrt{\log_{10}a}-\sqrt{2})^2}$$

그런데 $a\ge100$이므로 $\log_{10}a\ge\log_{10}100$ $\therefore \log_{10}a\ge2$

$$\therefore \text{(준 식)}=\sqrt{\log_{10}a}-\sqrt{2}$$ ← 답

Advice | 위의 (3)에서

정석 $\mathbf{A>B>0 \iff \log_{10}A>\log_{10}B}$

가 이용되었다. 이 성질은

「$y=\log_{10}x \iff 10^y=x$」이므로 x가 증가하면 y도 증가한다

는 성질로부터 쉽게 확인할 수 있다. 또, 이 성질은 p. 42에서 공부하는 로그함수의 그래프의 성질로부터 보다 명확하게 확인할 수 있다.

유제 **2**-9. 다음을 간단히 하여라.

(1) $\log_2\left(4^{\frac{3}{4}}\times\sqrt{2^5}\right)^{\frac{1}{2}}$ (2) $\log_{10}2+\log_{10}\sqrt{15}-\dfrac{1}{2}\log_{10}0.6$

(3) $3\log_a\dfrac{x^2}{y^3}+2\log_a\dfrac{y^2}{x^3}-5\log_a\dfrac{1}{y}$ (4) $\dfrac{\log_8\sqrt{810}+\log_8\sqrt{3.6}+\frac{1}{6}}{\log_8 63-\log_8 3.5}$

(5) $\sqrt{\log_{10}20-\sqrt{\log_{10}16}}$

답 (1) **2** (2) **1** (3) **0** (4) $\mathbf{\frac{3}{2}}$ (5) $\mathbf{1-\sqrt{\log_{10}2}}$

필수 예제 2-5 다음 물음에 답하여라.

(1) $1.23^x=100$, $0.00123^y=100$일 때, $\dfrac{1}{x}-\dfrac{1}{y}$의 값을 구하여라.

(2) $2^x=3^y=6^z$일 때, $\dfrac{(x+y)z}{xy}$의 값을 구하여라. 단, $xy\neq0$이다.

모범답안 (1) $1.23^x=100$에서 양변의 10을 밑으로 하는 로그를 잡으면

$$\log_{10}1.23^x=\log_{10}100 \quad \therefore\ x\log_{10}1.23=2 \quad \therefore\ x=\frac{2}{\log_{10}1.23}$$

$0.00123^y=100$에서 양변의 10을 밑으로 하는 로그를 잡으면

$$\log_{10}0.00123^y=\log_{10}100 \quad \therefore\ y\log_{10}0.00123=2 \quad \therefore\ y=\frac{2}{\log_{10}0.00123}$$

$$\therefore\ \frac{1}{x}-\frac{1}{y}=\frac{\log_{10}1.23}{2}-\frac{\log_{10}0.00123}{2}=\frac{1}{2}\log_{10}\frac{1.23}{0.00123}$$

$$=\frac{1}{2}\log_{10}1000=\mathbf{\frac{3}{2}} \longleftarrow \boxed{\text{답}}$$

(2) $2^x=3^y=6^z$에서 각 변의 10을 밑으로 하는 로그를 잡고 k로 놓으면

$$\log_{10}2^x=\log_{10}3^y=\log_{10}6^z=k \quad 곧,\ x\log_{10}2=y\log_{10}3=z\log_{10}6=k$$

$$\therefore\ x=\frac{k}{\log_{10}2},\quad y=\frac{k}{\log_{10}3},\quad z=\frac{k}{\log_{10}6}$$

$$\therefore\ \frac{(x+y)z}{xy}=\left(\frac{1}{x}+\frac{1}{y}\right)z=\left(\frac{\log_{10}2}{k}+\frac{\log_{10}3}{k}\right)\times\frac{k}{\log_{10}6}$$

$$=\frac{\log_{10}6}{k}\times\frac{k}{\log_{10}6}=\mathbf{1} \longleftarrow \boxed{\text{답}}$$

Advice | $\log_{10}N$과 같이 10을 밑으로 하는 로그를 특히 **상용로그**라 하고, 흔히 밑 10을 생략하여 $\log N$으로 나타낸다. 앞으로 이 책에서는

정의 $\log N$은 $\log_{10}N$을 뜻하는 것으로 한다. ⇦ p. 31

유제 **2**-10. $67^x=27$, $603^y=81$일 때, $\dfrac{3}{x}-\dfrac{4}{y}$의 값을 구하여라. 답 **−2**

유제 **2**-11. $5^x=2^y=\sqrt{10^z}$일 때, $\dfrac{1}{x}+\dfrac{1}{y}-\dfrac{2}{z}$의 값을 구하여라.
단, $xyz\neq0$이다. 답 **0**

유제 **2**-12. a, b, c는 양수이고, $a^x=b^y=c^z=8$, $abc=8$일 때,
$\dfrac{1}{x}+\dfrac{1}{y}+\dfrac{1}{z}$의 값을 구하여라. 답 **1**

필수 예제 2-6 $a=2\log_8 3+\log_8 6-\log_8 2$이고, $f(x)=(\sqrt{2})^x$일 때, $f(a)$의 값을 구하여라.

정석연구 다음 성질은 자주 이용되므로 기억해 두는 것이 좋다.

(i) $a^{\square}=b$를 만족시키는 $\square$를 $\log_a b$로 나타내기로 약속했으므로

정석 $a^{\log_a b}=b$

$a^{\square}=b$ → $\log_a b$

이다. 이를테면

$2^{\log_2 10}=10,\quad 10^{\log_{10}2}=2$

(ii) $a>0$, $b>0$일 때 $\log_{a^m} b^n=\dfrac{\log_a b^n}{\log_a a^m}=\dfrac{n\log_a b}{m}=\dfrac{n}{m}\log_a b$ 곧,

정석 $\log_{a^m} b^n=\dfrac{n}{m}\log_a b$

이다. 이를테면

$\log_{2^5} 3^4=\dfrac{4}{5}\log_2 3,\quad \log_8 125=\log_{2^3} 5^3=\dfrac{3}{3}\log_2 5=\log_2 5$

모범답안 $a=\log_8 3^2+\log_8 6-\log_8 2=\log_8\left(9\times6\times\dfrac{1}{2}\right)=\log_8 27$

$=\log_{2^3} 3^3=\dfrac{3}{3}\log_2 3=\log_2 3$

$\therefore\ f(a)=(\sqrt{2})^a=(\sqrt{2})^{\log_2 3}=2^{\frac{1}{2}\log_2 3}=2^{\log_2\sqrt{3}}=\sqrt{3}$ ← 답

Advice | 다음 성질도 함께 기억해 두고서 활용하여라.

$\log_b a^{\log_b c}=\log_b c\times\log_b a=\log_b a\times\log_b c=\log_b c^{\log_b a}$

곧, $\log_b a^{\log_b c}=\log_b c^{\log_b a}$로부터

정석 $a^{\log_b c}=c^{\log_b a}$ ⇦ a, c를 교환해도 된다.

유제 **2**-13. $f(x)=\log_a x$, $g(x)=a^{2x}$일 때, $g\big(f(x)\big)$를 구하여라.

답 x^2

유제 **2**-14. 다음을 간단히 하여라.

(1) $3^{2\log_3 4+\log_3 5-3\log_3 2}$ (2) $10^{\log(\log 3)+\log\left(1+\frac{\log 2}{\log 3}\right)}$

답 (1) **10** (2) **log6**

유제 **2**-15. 다음 중 $5^{\log_3 2}$과 같은 것은?

① $2^{\log_5 3}$ ② $2^{\log_3 5}$ ③ $3^{\log_2 5}$ ④ $5^{\log_2 3}$

답 ②

유제 **2**-16. $x=(\sqrt{3})^{\log_9 4}$, $y=2^{\log_8 27}$일 때, x^2+y^2의 값을 구하여라.

답 **11**

필수 예제 2-7 다음 물음에 답하여라.

(1) $3^x=a$, $3^y=b$, $3^z=c$일 때, $\log_{\sqrt{a}} b^2c$를 x, y, z로 나타내어라.

(2) $\log_2 5=a$일 때, $\log_5\sqrt{10\sqrt{10}}+\log_{10}\sqrt{5\sqrt{5}}$를 a로 나타내어라.

(3) $\log_{16}3=a$, $\log_9 625=b$일 때, $\log_{15}36$을 a, b로 나타내어라.

정석연구 다음 성질을 써서 조건식과 구하려는 식의 밑을 같게 한다.

$$\textbf{정석}\quad \log_a b=\frac{\log_c b}{\log_c a},\qquad \log_a b=\frac{1}{\log_b a}$$

모범답안 (1) $3^x=a$, $3^y=b$, $3^z=c$에서

$$\log_3 a=x,\qquad \log_3 b=y,\qquad \log_3 c=z$$

$$\therefore\ \log_{\sqrt{a}} b^2c=\frac{\log_3 b^2c}{\log_3\sqrt{a}}=\frac{2\log_3 b+\log_3 c}{\frac{1}{2}\log_3 a}=\frac{2y+z}{\frac{1}{2}x}=\boldsymbol{\frac{2(2y+z)}{x}}\ \leftarrow\ \boxed{답}$$

*Note $a=3^x$, $b=3^y$, $c=3^z$을 $\log_{\sqrt{a}} b^2c$에 바로 대입해도 된다.

(2) $\sqrt{10\sqrt{10}}=\sqrt{\sqrt{10^3}}=\sqrt[4]{10^3}=10^{\frac{3}{4}}$, $\sqrt{5\sqrt{5}}=\sqrt{\sqrt{5^3}}=\sqrt[4]{5^3}=5^{\frac{3}{4}}$

$$\therefore\ (\text{준 식})=\log_5 10^{\frac{3}{4}}+\log_{10}5^{\frac{3}{4}}=\frac{3}{4}(\log_5 10+\log_{10}5)$$

$$=\frac{3}{4}\left(\frac{\log_2 10}{\log_2 5}+\frac{\log_2 5}{\log_2 10}\right)=\frac{3}{4}\left(\frac{1+\log_2 5}{\log_2 5}+\frac{\log_2 5}{1+\log_2 5}\right)$$

$$=\frac{3}{4}\left(\frac{1+a}{a}+\frac{a}{1+a}\right)=\boldsymbol{\frac{3(2a^2+2a+1)}{4a(a+1)}}\ \leftarrow\ \boxed{답}$$

(3) $\log_{16}3=a$에서 $\dfrac{1}{\log_3 16}=a$ $\therefore\ 4a\log_3 2=1$ $\therefore\ \log_3 2=\dfrac{1}{4a}$

또, $\log_9 625=b$에서 $\dfrac{\log_3 625}{\log_3 9}=b$ $\therefore\ 4\log_3 5=2b$ $\therefore\ \log_3 5=\dfrac{b}{2}$

$$\therefore\ \log_{15}36=\frac{\log_3 36}{\log_3 15}=\frac{\log_3(3^2\times2^2)}{\log_3(3\times5)}=\frac{2\log_3 3+2\log_3 2}{\log_3 3+\log_3 5}$$

$$=\frac{2+\frac{2}{4a}}{1+\frac{b}{2}}=\boldsymbol{\frac{4a+1}{ab+2a}}\ \leftarrow\ \boxed{답}$$

유제 **2**-17. $10^x=a$, $10^y=b$일 때, 다음을 x, y로 나타내어라.
단, $x\neq0$, $y\neq-x$이다.

(1) $\log_a b$ (2) $\log_a ab-4\log_{ab}a$

답 (1) $\boldsymbol{\dfrac{y}{x}}$ (2) $\boldsymbol{\dfrac{-3x^2+2xy+y^2}{x(x+y)}}$

유제 **2**-18. $\log_2 3=a$, $\log_3 11=b$일 때, $\log_{66}44$를 a, b로 나타내어라.

답 $\boldsymbol{\dfrac{2+ab}{1+a+ab}}$

연습문제 2

기본 **2-1** $\log_p(x^2+px+p)$가 모든 실수 x에 대하여 정의되기 위한 실수 p의 값의 범위를 구하여라.

2-2 $0<a<1$인 a에 대하여 10^a을 3으로 나눌 때, 몫이 정수이고 나머지가 2인 모든 a의 값의 합을 구하여라.

2-3 다음을 간단히 하여라.

(1) $\log_2\left(1+\sqrt{2}+\sqrt{3}\right)+\log_2\left(1+\sqrt{2}-\sqrt{3}\right)$

(2) $\log_2\sqrt{\sqrt{3}-1}+\log_2\sqrt[4]{4+2\sqrt{3}}$ (3) $(\log 2)^3+(\log 5)^3+\log 5\times\log 8$

2-4 이차방정식 $x^2-5x+5=0$의 두 근을 α, $\beta\,(\alpha>\beta)$라고 하자. $d=\alpha-\beta$일 때, $\log_d(\alpha+2\beta)+\log_d(\beta+2\alpha)-\log_d 11$의 값을 구하여라.

2-5 $\log_2 12$의 정수부분을 x, 소수부분을 y라고 할 때, $\dfrac{2^{x+y}-2^{x-y}}{4^x+1}$의 값을 구하여라.

2-6 $\log_4 31$에 가장 가까운 정수를 a라고 할 때,
$\log_2\left(\sqrt{1+a^3}+1\right)-\log_2\left(\sqrt{1+a^3}-1\right)^{-1}$의 값을 구하여라.

2-7 $x>0$, $x\neq1$일 때, 다음 등식을 만족시키는 a의 값을 구하여라.

$$\frac{1}{\log_2 x}+\frac{1}{\log_4 x}+\frac{1}{\log_8 x}=\frac{1}{\log_a x}$$

2-8 다음을 간단히 하여라. 단, $a>1$, $b>1$이다.

(1) $(\log_2 3+\log_4 9)(\log_3 4+\log_9 2)$ (2) $(\log_2 a+2\log_4 b)\times\log_{\sqrt{ab}} 8$

(3) $3\log_{27}70-\log_3 231-3\log_3 5-2\log_9 22+2\log_3 55$

2-9 다음 값을 구하여라.

(1) $\log\left(1+\dfrac{1}{1}\right)+\log\left(1+\dfrac{1}{2}\right)+\log\left(1+\dfrac{1}{3}\right)+\cdots+\log\left(1+\dfrac{1}{n}\right)$

(2) $\log_5(\log_2 3)+\log_5(\log_3 4)+\log_5(\log_4 5)+\cdots+\log_5(\log_{31} 32)$

2-10 $1<a<b$인 실수 a, b가 $\dfrac{3a}{\log_a b}=\dfrac{b}{2\log_b a}=\dfrac{3a+b}{3}$를 만족시킬 때, $\log_a b$의 값을 구하여라.

2-11 이차방정식 $x^2-3x+1=0$의 두 근이 $\log a$, $\log b$일 때, $\log_a(\sqrt{a}\,b^2)+\log_b a^2$의 값을 구하여라.

2-12 삼각형의 세 변의 길이 a, b, c 사이에

$$\log_{a+b} c+\log_{a-b} c=2\log_{a+b} c\times\log_{a-b} c$$

가 성립할 때, 이 삼각형은 어떤 삼각형인가? 단, $c\neq1$이다.

2-13 $[x]$는 x보다 크지 않은 최대 정수를 나타낼 때, 다음 값을 구하여라.

$$[\log_3 1]+[\log_3 2]+[\log_3 3]+\cdots+[\log_3 100]$$

실력 **2-14** 다음 물음에 답하여라.

(1) $\log_{10}2$가 유리수가 아님을 보여라.

(2) $p\log_{10}2+q\log_{10}5=2$를 만족시키는 유리수 p, q의 값을 구하여라.

2-15 a, b는 같은 부호이고, $a^2-2ab-9b^2=0$일 때, $\log(a^2+ab-6b^2)-\log(a^2+4ab+15b^2)$의 값을 구하여라.

2-16 이차방정식 $x^2+2x\log 5+\log 5-\log 2=0$의 두 근을 α, β라고 할 때, $10^\alpha+10^\beta$의 값을 구하여라.

2-17 자연수 k에 대하여 b_k가 0 또는 1이고

$$\log_7 2=\frac{b_1}{2}+\frac{b_2}{2^2}+\frac{b_3}{2^3}+\frac{b_4}{2^4}+\cdots$$

일 때, b_1, b_2, b_3의 값을 구하여라.

2-18 a, b, c는 1이 아닌 양수이고 $x=\log_a b$, $y=\log_b c$, $z=\log_c a$일 때, $\dfrac{x}{xy+x+1}+\dfrac{y}{yz+y+1}+\dfrac{z}{zx+z+1}$의 값을 구하여라.

2-19 $\log_6 15=a$, $\log_{12}18=b$일 때, $\log_{25}24$를 a, b로 나타내어라.

2-20 x, y, z는 1이 아닌 양수이고,

$$\log_y z+\log_z y=a, \quad \log_z x+\log_x z=b, \quad \log_x y+\log_y x=c$$

일 때, $a^2+b^2+c^2-abc$의 값을 구하여라.

2-21 $\log_a \mathrm{M}+\log_b \mathrm{N}=\log_a \mathrm{N}+\log_b \mathrm{M}$이면 $a=b$ 또는 $\mathrm{M}=\mathrm{N}$임을 증명하여라.

2-22 100 이하의 자연수의 집합을 S라고 할 때, $n\in \mathrm{S}$에 대하여 집합 $\{k \mid k\in\mathrm{S}$이고 $\log_2 n-\log_2 k$는 정수$\}$의 원소의 개수를 $f(n)$이라고 하자.

(1) $f(10)$, $f(60)$, $f(99)$의 값을 구하여라.

(2) $f(n)=1$을 만족시키는 n의 개수를 구하여라.

2-23 $u>0$, $u\neq1$, $v>0$, $v\neq1$일 때, 다음을 만족시키는 점 (x, y)의 자취의 방정식을 구하여라.

$$x=\log_u v+\log_v u, \qquad y=(\log_u v)^2+(\log_v u)^2$$

2-24 $0\le x\le 4$에서 함수 $y=-x^2+2(\log_2 a)x+\log_2 b$의 최댓값이 5, 최솟값이 -4일 때, 상수 a, b의 값을 구하여라. 단, $1<a<16$이다.

3. 상용로그

§ 1. 상용로그의 성질

기본정석

1 상용로그

양수 N의 상용로그의 값을

$$\log N = n + \alpha \ (\text{단, } n\text{은 정수, } 0 \le \alpha < 1)$$

의 꼴로 나타낼 때, n을 $\log N$의 정수부분, α를 $\log N$의 소수부분이라고 부르기로 한다.

2 상용로그의 성질

$\log N$의 정수부분과 소수부분의 성질은 다음과 같다.

(1) 상용로그의 정수부분의 성질

① 양수 N의 정수부분이 n자리 수이면 $\log N$의 정수부분은 $(n-1)$이다.

$$\log \underbrace{\square\square\square\cdots\square}_{n\text{자리}}.\square\square\square\cdots = (n-1) + 0.\times\times\times\times$$

② 양수 N이 소수 n째 자리에서 처음으로 0이 아닌 숫자가 나타나면 $\log N$의 정수부분은 $-n$이다.

$$\log 0.000\cdots0\overset{\text{소수 } n\text{째 자리}}{\square}\square\square\cdots = -n + 0.\times\times\times\times$$

(2) 상용로그의 소수부분의 성질

진수의 숫자 배열이 같은 수들의 상용로그의 소수부분은 같다.

Advice 1° 상용로그

$\log_{10} N$과 같이 10을 밑으로 하는 로그를 상용로그라 하고, 흔히 밑 10을 생략하여 $\log N$으로 나타낸다. ⇦ p. 26

이를테면 $\log 10000$, $\log 0.000001$과 같이 10^n의 꼴로 나타내어지는 수에 대한 상용로그의 값은 다음과 같이 로그의 성질을 이용하여 쉽게 구할 수 있다.

$\log 10000 = \log 10^4 = 4\log 10 = 4\times1 = 4$ ⇦ $\log 10 = \log_{10} 10 = 1$

$\log 0.000001 = \log 10^{-6} = -6\log 10 = -6\times1 = -6$

그러나 log4.25와 같은 상용로그의 값을 쉽게 구할 수 있는 일반적인 방법은 없다. 이런 경우에는 이 책의 부록에 있는 **상용로그표** (p. 348, 349)를 이용하여 구할 수 있다. 상용로그표는 0.01의 간격으로 1.00부터 9.99까지의 수에 대한 상용로그의 값을 반올림하여 소수 넷째 자리까지 나타낸 것이다.

이를테면 log4.25의 값은 상용로그표에서 4.2의 가로줄과 5의 세로줄이 만나는 곳에 있는 수 0.6284이다. 이 값은 반올림하여 구한 것이지만 편의상 등호를 사용하여 $\log 4.25=0.6284$로 나타낸다.

수	0	1	2	3	4	5	6	7	8	9
1.0	.0000	.0043	.0086	.0128	.0170	.0212	.0253	.0294	.0334	.0374
⋮	⋮	⋮	⋮	⋮	⋮	⋮	⋮	⋮	⋮	⋮
4.1	.6128	.6138	.6149	.6160	.6170	.6180	.6191	.6201	.6212	.6222
4.2	.6232	.6243	.6253	.6263	.6274	.6284	.6294	.6304	.6314	.6325
4.3	.6335	.6345	.6355	.6365	.6375	.6385	.6395	.6405	.6415	.6425
⋮	⋮	⋮	⋮	⋮	⋮	⋮	⋮	⋮	⋮	⋮
9.9	.9956	.9961	.9965	.9969	.9974	.9978	.9983	.9987	.9991	.9996

역으로 $\log N=0.6284$와 같이 상용로그의 값을 알고 진수 N의 값을 구할 때에는 0.6284의 가로줄의 4.2에 세로줄의 5를 이어 쓰면 된다.

보기 1 상용로그표를 이용하여 다음 값을 구하여라.

(1) log56700 (2) log0.00567

연구 상용로그표에서 $\log 5.67=0.7536$이므로

(1) $\log 56700=\log(5.67\times10^4)=\log 5.67+\log 10^4=0.7536+4=\mathbf{4.7536}$

(2) $\log 0.00567=\log(5.67\times10^{-3})=\log 5.67+\log 10^{-3}=0.7536-3$
$=-\mathbf{2.2464}$

보기 2 상용로그표를 이용하여 다음을 만족시키는 N의 값을 구하여라.

(1) $\log N=3.5527$ (2) $\log N=-2.4473$

연구 상용로그표에는 $1\le N<10$인 N에 대한 $\log N$의 값이 계산되어 있기 때문에 상용로그의 값은 0.5527과 같이 0 이상 1 미만의 값이 나타나 있다.

따라서 상용로그의 값이 3.5527, −2.4473과 같은 수는 다음과 같이 정수부분과 소수부분으로 나누어 구한다.

곧, 상용로그표에서 $\log 3.57=0.5527$이므로

(1) $\log N=3.5527=3+0.5527=\log 10^3+\log 3.57=\log(10^3\times3.57)$
$\therefore N=3.57\times10^3=\mathbf{3570}$

(2) $\log N=-2.4473=-3+0.5527=\log 10^{-3}+\log 3.57=\log(10^{-3}\times3.57)$
$\therefore N=3.57\times10^{-3}=\mathbf{0.00357}$

Advice 2° 상용로그의 성질

상용로그표에 의하면 1.43의 상용로그의 값은

$$\log 1.43 = 0.1553$$

이다. 그런데 이 값 하나만 알면 1.43과 숫자 배열은 같고 소수점의 위치만 달리하는 수들, 곧

$$14.3,\ 143,\ 1430,\ 0.143,\ 0.0143,\ \cdots$$

의 상용로그의 값은 로그의 성질을 이용하면 모두 구할 수 있다.

① $\log 1.43 = 0 + 0.1553 = 0.1553$

② $\log 14.3 = \log(10\times1.43) = \log 10 + \log 1.43 = 1 + 0.1553 = 1.1553$

③ $\log 143 = \log(10^2\times1.43) = \log 10^2 + \log 1.43 = 2 + 0.1553 = 2.1553$

④ $\log 1430 = \log(10^3\times1.43) = \log 10^3 + \log 1.43 = 3 + 0.1553 = 3.1553$

⑤ $\log 0.143 = \log(10^{-1}\times1.43) = \log 10^{-1} + \log 1.43 = -1 + 0.1553 = -0.8447$

⑥ $\log 0.0143 = \log(10^{-2}\times1.43) = \log 10^{-2} + \log 1.43 = -2 + 0.1553 = -1.8447$

이와 같이 양수 N의 상용로그 $\log N$을

$$\log N = n + \alpha \quad (\text{단, } n\text{은 정수, } 0 \le \alpha < 1)$$

의 꼴로 나타낼 수 있다.

이때, 앞의 정수 n을 $\log N$의 **지표**라 하고, 뒤의 0 또는 1보다 작은 양의 소수 α를 $\log N$의 **가수**라고 한다. 그러나 고등학교 교육과정에서는 이러한 용어를 쓰지 않고 있으므로 이 단원에서는 지표를 **상용로그의 정수부분**, 가수를 **상용로그의 소수부분**이라고 부르기로 한다.

위의 ①~⑥을 관찰해 보면 **기본정석**(p. 31)에 정리해 놓은 상용로그의 정수부분과 소수부분의 성질을 알 수 있다.

첫째 : ①~④와 같이 진수가 1 이상일 때에는 진수의 정수부분의 자릿수에 의하여 상용로그의 정수부분이 결정된다. 곧, 진수의 정수부분이 1자리 수이면 상용로그의 정수부분은 0이고, 2자리 수이면 상용로그의 정수부분은 1이며, 3자리 수이면 상용로그의 정수부분은 2, $\cdots$이다.

일반적으로 진수 N $(N\ge1)$의 정수부분이 n자리 수이면 $\log N$의 정수부분은 $(n-1)$이다. 곧,

$N = a\times10^{n-1}$ $(1\le a<10)$이면

$\log N = \log(a\times10^{n-1}) = \log a + \log 10^{n-1} = (n-1) + \log a$ ⇦ $0 \le \log a < 1$

이다.

둘째 : ⑤, ⑥과 같이 진수가 1보다 작을 때에는 진수가 소수 몇째 자리에서 처음으로 0이 아닌 숫자가 나타나느냐에 따라 상용로그의 정수부분이 결정된다. 곧, 소수 첫째 자리이면 상용로그의 정수부분은 -1, 둘째 자리이면 상용로그의 정수부분은 -2, $\cdots$ 이다.

일반적으로 진수 $\mathrm{N}(0<\mathrm{N}<1)$이 소수 n째 자리에서 처음으로 0이 아닌 숫자가 나타나면 상용로그의 정수부분은 $-n$이다. 곧,

$\mathbf{N}=\boldsymbol{a}\times\mathbf{10}^{-n}$ $(\mathbf{1}\le\boldsymbol{a}<\mathbf{10})$이면

$\log\mathbf{N}=\log(\boldsymbol{a}\times\mathbf{10}^{-n})=\log\boldsymbol{a}+\log\mathbf{10}^{-n}=-\boldsymbol{n}+\log\boldsymbol{a}$ ⇦ $0\le\log a<1$

셋째 : ①~⑥과 같이 진수의 숫자 배열만 같으면 소수점의 위치에 관계없이 상용로그의 소수부분은 항상 같은 값 0.1553이다.

보기 3 $\log 63.4=1.8021$로 계산할 때, 다음 수의 상용로그의 값을 구하여라.

(1) 63400 (2) 0.00634 (3) 0.634^3

연구 $\log 63.4$의 소수부분이 0.8021이고, 문제에서 주어진 수의 숫자 배열은 모두 63.4의 숫자 배열과 같다는 것을 이용한다.

정석 상용로그의 정수부분은 진수의 소수점의 위치를 조사하여 구한다.
상용로그의 소수부분은 진수의 숫자 배열을 조사하여 구한다.

(1) 63400은 5자리 수이므로 $\log 63400$의 정수부분은 $5-1=4$

$\therefore \log 63400=4+0.8021=\mathbf{4.8021}$

(2) 0.00634는 소수 셋째 자리에서 처음으로 0이 아닌 숫자가 나타나므로 $\log 0.00634$의 정수부분은 -3

$\therefore \log 0.00634=-3+0.8021=\mathbf{-2.1979}$

(3) $\log 0.634^3=3\log 0.634$이고, 0.634는 소수 첫째 자리에서 처음으로 0이 아닌 숫자가 나타나므로 $\log 0.634$의 정수부분은 -1

$\therefore \log 0.634^3=3\times(-1+0.8021)=\mathbf{-0.5937}$

보기 4 $\log 412=2.6149$로 계산할 때, 다음을 만족시키는 N의 값을 구하여라.

(1) $\log\mathrm{N}=3.6149$ (2) $\log\mathrm{N}=-0.3851$

연구 (1) $\log\mathrm{N}=3.6149$에서 상용로그의 정수부분이 3이므로 N은 정수부분이 4자리 수이다. 또, $\log 412$와 상용로그의 소수부분이 같으므로 진수 N의 숫자 배열은 412의 숫자 배열과 같다. $\therefore \mathbf{N=4120}$

(2) $\log\mathrm{N}=-0.3851=-1+0.6149$에서 상용로그의 정수부분이 -1이므로 N은 소수 첫째 자리에서 처음으로 0이 아닌 숫자가 나타난다. 또, $\log 412$와 상용로그의 소수부분이 같으므로 진수 N의 숫자 배열은 412의 숫자 배열과 같다. $\therefore \mathbf{N=0.412}$

필수 예제 3-1 $\log 2=0.3010$, $\log 3=0.4771$로 계산할 때,

(1) 6^{100}은 몇 자리 수인가?

(2) $(\cos 45°)^{25}$은 소수 몇째 자리에서 처음으로 0이 아닌 숫자가 나타나는가?

(3) $27^{100} \div 5^{200}$의 정수부분의 자릿수와 가장 높은 자리의 숫자를 구하여라.

정석연구 먼저 상용로그의 값을 구한 다음, 아래 **정석**을 이용한다.

정석 n이 양의 정수일 때,

$\log \mathrm{N}=n+0.\times\times\times\times \iff$ N은 정수부분이 $(n+1)$자리 수

$\log \mathrm{N}=-n+0.\times\times\times\times \iff$ N은 소수 n째 자리에서 처음으로 0이 아닌 숫자가 나타난다.

(3)에서 $27^{100} \div 5^{200}$의 가장 높은 자리의 숫자는 $\log(27^{100} \div 5^{200})$의 소수부분과 $\log 2=0.3010$, $\log 3=0.4771$의 소수부분을 비교하여 구한다.

모범답안 (1) $\log 6^{100}=100(\log 2+\log 3)=100(0.3010+0.4771)=77.81$

곧, $\log 6^{100}$의 정수부분이 77이므로 6^{100}은 78자리 수이다.

(2) $\log(\cos 45°)^{25}=\log\left(\frac{1}{\sqrt{2}}\right)^{25}=\log 2^{-\frac{25}{2}}=-\frac{25}{2}\log 2=-\frac{25}{2}\times 0.3010$

$=-3.7625=-4+0.2375$

따라서 소수 넷째 자리에서 처음으로 0이 아닌 숫자가 나타난다.

(3) $\log(27^{100} \div 5^{200})=\log 27^{100}-\log 5^{200}=300\log 3-200(1-\log 2)$

$=300\times 0.4771-200(1-0.3010)=3.33$

따라서 $27^{100} \div 5^{200}$의 정수부분의 자릿수는 4이다.

또, $\log 2000=3.3010$, $\log 3000=3.4771$이므로

$\log 2000<\log(27^{100} \div 5^{200})<\log 3000$

따라서 $27^{100} \div 5^{200}$의 가장 높은 자리의 숫자는 2이다.

답 (1) **78**자리 수 (2) 소수 넷째 자리 (3) **4**, 가장 높은 자리의 숫자 **2**

유제 **3**-1. $\log 2=0.3010$, $\log 3=0.4771$로 계산할 때, 다음 물음에 답하여라.

(1) 다음 수의 정수부분은 몇 자리 수인가?

① 2^{100} ② 5^{20} ③ 1.25^{100} ④ $(\tan 60°)^{100}$

(2) 다음 수는 소수 몇째 자리에서 처음으로 0이 아닌 숫자가 나타나는가?

① 5^{-30} ② $\frac{1}{3^{20}}$ ③ $\sqrt[5]{0.0009}$ ④ $(\sin 60°)^{100}$

답 (1) ① **31**자리 수 ② **14**자리 수 ③ **10**자리 수 ④ **24**자리 수

(2) ① **21**째 자리 ② **10**째 자리 ③ 첫째 자리 ④ **7**째 자리

필수 예제 **3**-2 다음 물음에 답하여라.

(1) 47^{100}이 168자리 수일 때, 47^{17}은 몇 자리 수인가?

(2) 양수 a, b에 대하여 a^{50}의 정수부분은 42자리 수이고, b^{-50}은 소수 36째 자리에서 처음으로 0이 아닌 숫자가 나타난다고 할 때, $(ab)^{10}$의 정수부분은 몇 자리 수인가?

정석연구 상용로그의 정수부분의 성질을 이용한다.

정석 $\mathbf{N}$은 정수부분이 $\boldsymbol{n}$자리 수 $\iff$ $\mathbf{log\,N}$의 정수부분은 $\boldsymbol{n-1}$
$\iff$ $\boldsymbol{n-1\le \log N < n}$

모범답안 (1) 47^{100}이 168자리 수이므로 $\log 47^{100}$의 정수부분은 167이다.

$\therefore\ 167\le\log 47^{100}<168 \quad \therefore\ 167\le 100\log 47<168$

$\therefore\ 1.67\le\log 47<1.68$

각 변에 17을 곱하면 $1.67\times17\le17\log47<1.68\times17$

$\therefore\ 28.39\le\log 47^{17}<28.56$

곧, $\log 47^{17}$의 정수부분이 28이므로 47^{17}은 **29**자리 수 ← 답

(2) a^{50}의 정수부분이 42자리 수이므로 $\log a^{50}$의 정수부분은 41이다.

$\therefore\ 41\le\log a^{50}<42 \quad \therefore\ 41\le 50\log a<42$

$\therefore\ 0.82\le\log a<0.84$ ……①

또, b^{-50}은 소수 36째 자리에서 처음으로 0이 아닌 숫자가 나타나므로 $\log b^{-50}$의 정수부분은 -36이다. $\therefore\ -36\le\log b^{-50}<-35$

$\therefore\ -36\le-50\log b<-35 \quad \therefore\ 0.70<\log b\le0.72$ ……②

①+②하면 $1.52<\log a+\log b<1.56 \quad \therefore\ 1.52<\log ab<1.56$

각 변에 10을 곱하면 $15.2<\log(ab)^{10}<15.6$

곧, $\log(ab)^{10}$의 정수부분이 15이므로 $(ab)^{10}$의 정수부분은

16자리 수 ← 답

유제 **3**-2. 7^{100}은 85자리 수이고, 11^{100}은 105자리 수이다.
이때, 다음 수는 몇 자리 수인가?

(1) 7^{25} (2) 77^{20} 답 (1) **22**자리 수 (2) **38**자리 수

유제 **3**-3. 자연수 n에 대하여 n^{39}은 92자리 수라고 한다.

(1) n은 몇 자리 수인가?

(2) n^{-28}은 소수 몇째 자리에서 처음으로 0이 아닌 숫자가 나타나는가?

답 (1) **3**자리 수 (2) 소수 **66**째 자리 또는 소수 **67**째 자리

필수 예제 3-3 $100 \le x < 1000$이고, $\log x^2$의 소수부분과 $\log \frac{1}{x}$의 소수부분이 같을 때, x의 값을 구하여라.

모범답안 $100 \le x < 1000$이므로 $\log x$의 정수부분은 2이다.

따라서 $\log x$의 소수부분을 α라고 하면 $\log x = 2 + \alpha \ (0 \le \alpha < 1)$ …①

$\therefore \log x^2 = 2\log x = 2(2+\alpha) = 4 + 2\alpha$

$\log \frac{1}{x} = -\log x = -(2+\alpha) = -2-\alpha$ ⇦ $0<\alpha<1$일 때 $\log \frac{1}{x} = -3+(1-\alpha)$

(i) $\alpha=0$일 때, ①에서 $\log x = 2$ $\therefore x=100$

(ii) $0<\alpha<\frac{1}{2}$일 때 $2\alpha = 1-\alpha$ $\therefore 3\alpha=1$ $\therefore \alpha=\frac{1}{3}$

①에 대입하면 $\log x = 2+\frac{1}{3}$ $\therefore x=10^{\frac{7}{3}}=100\sqrt[3]{10}$

(iii) $\frac{1}{2} \le \alpha < 1$일 때 $2\alpha-1=1-\alpha$ $\therefore 3\alpha=2$ $\therefore \alpha=\frac{2}{3}$

①에 대입하면 $\log x = 2+\frac{2}{3}$ $\therefore x=10^{\frac{8}{3}}=100\sqrt[3]{100}$

답 $\boldsymbol{x=100,\ 100\sqrt[3]{10},\ 100\sqrt[3]{100}}$

Advice 1° $\log x^2 = 4+2\alpha$에서

$0<\alpha<\frac{1}{2}$일 때 $0<2\alpha<1$이므로 $\log x^2$의 소수부분은 2α이고,

$\frac{1}{2} \le \alpha < 1$일 때 $1 \le 2\alpha < 2$이므로 $\log x^2$의 소수부분은 $2\alpha-1$이다.

또, $\log \frac{1}{x} = -2-\alpha$에서 $\log \frac{1}{x} = -3+(1-\alpha)$이므로

$0<\alpha<1$일 때 $\log \frac{1}{x}$의 소수부분은 $1-\alpha$이다.

2° 이를테면 $\log 300 = 2.4771$, $\log 30 = 1.4771$과 같이 상용로그의 소수부분이 같을 때에는

$$\log 300 - \log 30 = 1, \quad \log 30 - \log 300 = -1$$

과 같이 한쪽 값에서 다른 쪽 값을 뺀 것이 정수임을 이용할 수도 있다. 곧,

$$\log x^2 - \log \frac{1}{x} = 2\log x + \log x = 3\log x$$

는 정수이다. 그런데 $100 \le x < 1000$이므로

$$\log 100 \le \log x < \log 1000 \quad \therefore 2 \le \log x < 3$$

$6 \le 3\log x < 9$에서 $3\log x = 6, 7, 8$ $\therefore \log x = 2, \frac{7}{3}, \frac{8}{3}$

$\therefore \boldsymbol{x=100,\ 100\sqrt[3]{10},\ 100\sqrt[3]{100}}$

유제 **3**-4. $10<x<100$이고, $\log x$의 소수부분과 $\log x^3$의 소수부분이 같을 때, x의 값을 구하여라. 답 $\boldsymbol{x=10\sqrt{10}}$

§ 2. 상용로그의 활용

필수 예제 3-4 원금 1억 원을 연이율 1%, 1년마다 복리로 20년 동안 예금했을 때, 원리합계를 구하여라.

단, $\log 1.01=0.0043$, $\log 1.22=0.0860$으로 계산한다.

정석연구 원금 a원을 연이율 r, 1년마다 복리로 계산하면 원리합계는

1년 후 $a+ar=a(1+r)$, ⇦ 원금+이자

2년 후 $a(1+r)+a(1+r)r=a(1+r)^2$,

3년 후 $a(1+r)^2+a(1+r)^2r=a(1+r)^3$, $\cdots$

같은 방법으로 계속하면 n년 후의 원리합계는 $a(1+r)^n$원이다.

정석 원금 $\boldsymbol{a}$를 연이율 $\boldsymbol{r}$, 1년마다 복리로 $\boldsymbol{n}$년 동안 예금할 때,
원리합계 S는 $\Longrightarrow$ $\mathrm{S}=\boldsymbol{a}(1+\boldsymbol{r})^{\boldsymbol{n}}$

모범답안 1억 원의 20년 후의 원리합계는 $1\times(1+0.01)^{20}=1.01^{20}$(억 원)

$x=1.01^{20}$으로 놓으면 $\log x=\log 1.01^{20}=20\log 1.01=20\times0.0043=0.0860$

문제의 조건에서 $\log 1.22=0.0860$이므로 $x=1.22$

따라서 구하는 원리합계는 1.22억 원 답 **1억 2천 2백만 원**

Advice | 단리법과 복리법

은행에 예금한 돈에 대한 이자는 일반적으로 단리 또는 복리로 계산한다.

단리는 원금에 대한 이자만을 지급하는 것으로, 이를테면 원금 a를 연이율 r로 계산할 때 1년 후에는 $a+ar$, 2년 후에는 $(a+ar)+ar=a+2ar$, 3년 후에는 $(a+2ar)+ar=a+3ar$, $\cdots$이다.

곧, n년 후의 원리합계 S_1은 $\mathrm{S}_1=a+nar=a(1+nr)$이다.

한편 복리는 위의 **정석연구**에서 계산한 방법으로, n년 후의 원리합계 S_2는 $\mathrm{S}_2=a(1+r)^n$이다.

정석 원금 $\boldsymbol{a}$를 연이율 $\boldsymbol{r}$로 $\boldsymbol{n}$년 동안 예금할 때, 원리합계는
단리법 $\Longrightarrow$ $\boldsymbol{a}(1+\boldsymbol{nr})$, 복리법 $\Longrightarrow$ $\boldsymbol{a}(1+\boldsymbol{r})^{\boldsymbol{n}}$

유제 **3**-5. 원금 1억 원을 연이율 2%로 30년 동안 예금했을 때, 원리합계를 단리법과 복리법으로 각각 구하여라.

단, $\log 1.02=0.0086$, $\log 1.81=0.2580$으로 계산한다.

답 단리법 : **1**억 **6**천만 원, 복리법 : **1**억 **8**천 **1**백만 원

필수 예제 3-5 A, B 두 도시에서 A시의 인구를 x, B시의 인구를 y라고 할 때, 두 도시의 쌀 소비량 S는 다음과 같다.

$$\mathrm{S}=kx^{\alpha}y^{1-\alpha} \ (\text{단, } k\text{는 양의 상수, } 0<\alpha<1)$$

2008년도에 비하여 2016년도에는 A시의 인구가 21%, B시의 인구가 10% 증가함에 따라 쌀 소비량이 15% 증가했다고 할 때, α의 값을 구하여라. 단, $\log 1.1=0.0414$, $\log 1.15=0.0607$로 계산한다.

[정석연구] 2008년도 A시의 인구를 a라고 하면 2016년도 인구는

$$a+a\times\frac{21}{100}=\left(1+\frac{21}{100}\right)a=1.21a$$

이다.

정석 $\boldsymbol{a}$가 $\boldsymbol{r}$% 증가하면 $\Longrightarrow$ $\left(1+\dfrac{r}{100}\right)a$

[모범답안] 2008년도의 A시, B시의 인구를 각각 a, b라 하고, 쌀 소비량을 S라고 하면

$$\mathrm{S}=ka^{\alpha}b^{1-\alpha} \qquad \cdots\cdots ①$$

또한 문제의 조건으로부터 2016년도의 A시, B시의 인구는 각각 $1.21a$, $1.1b$이고, 쌀 소비량은 1.15S이므로

$$1.15\mathrm{S}=k(1.21a)^{\alpha}(1.1b)^{1-\alpha}$$
$$=ka^{\alpha}b^{1-\alpha}\times1.21^{\alpha}\times1.1^{1-\alpha}=ka^{\alpha}b^{1-\alpha}\times1.1^{\alpha+1} \quad \Leftarrow 1.21=1.1^2$$

여기에 ①을 대입하면

$$1.15\mathrm{S}=\mathrm{S}\times1.1^{\alpha+1} \qquad \therefore\ 1.1^{\alpha+1}=1.15$$

양변의 상용로그를 잡으면 $(\alpha+1)\log 1.1=\log 1.15$

$$\therefore\ \alpha+1=\frac{\log 1.15}{\log 1.1} \qquad \therefore\ \alpha=\frac{0.0607}{0.0414}-1=\mathbf{\frac{193}{414}} \longleftarrow \text{[답]}$$

**Note* 주어진 상용로그의 값을 이용할 수 있도록 중간 계산을 정리할 수 있어야 한다. 이를테면 이 문제에서는 $\log 1.21=\log 1.1^2$이 계산의 핵심이다.

[유제] **3**-6. 어떤 산업에서 노동의 투입량을 x, 자본의 투입량을 y라고 할 때, 그 산업의 생산량 z는 다음과 같다.

$$z=2x^{\alpha}y^{1-\alpha} \ (\text{단, } \alpha\text{는 } 0<\alpha<1\text{인 상수})$$

자료에 의하면 2016년도의 노동과 자본의 투입량은 2003년도보다 각각 2배, 4배이고, 2016년도 산업 생산량은 2003년도 산업 생산량의 2.5배이다. 이때, 상수 α의 값을 구하여라. 단, $\log 2=0.3$으로 계산한다. [답] $\dfrac{2}{3}$

연습문제 3

기본 **3-1** a, b, c가 각각 2자리, 3자리, 4자리 자연수일 때, abc는 몇 자리 자연수인가?

3-2 양의 정수 a, b에 대하여 a^2이 7자리 수, ab^3이 20자리 수일 때, a, b는 각각 몇 자리 수인가?

3-3 x에 관한 삼차방정식 $2x^3-11x^2+ax+b=0$의 한 근이 3이고, 나머지 두 근이 $\log A$의 정수부분과 소수부분일 때, 상수 a, b의 값을 구하여라.

3-4 $\log x$, $\log x^2$, $\log x^3$의 소수부분의 합이 2이고, 정수부분의 비가 $1:3:5$라고 한다. 이때, x의 값을 구하여라.

3-5 양수 x에 대하여 $\log x$의 정수부분을 $f(x)$라고 할 때, $f(2n)=f(n)$을 만족시키는 1000 이하의 자연수 n의 개수를 구하여라.

3-6 양수 x에 대하여 $\log x$의 정수부분과 소수부분을 각각 $f(x)$, $g(x)$라고 할 때, 다음 중 옳은 것만을 있는 대로 골라라.

> ㄱ. $f(x)=g(x)$이기 위한 필요충분조건은 $x=1$이다.
> ㄴ. $10^{f(50)}\times10^{g(50)}=50$
> ㄷ. $f(10x)g(10x)=f(x)g(x)+g(x)$

3-7 어떤 농산물은 유통 과정을 한 번 거칠 때마다 가격이 10 %씩 인상된다. 농산물이 생산되어 소비자가 구입하기까지 5번의 유통 과정을 거친다고 할 때, 이 농산물의 가격은 처음의 몇 %가 되는가?

단, $\log 1.1=0.0414$, $\log 1.61=0.2070$으로 계산한다.

3-8 어느 나라의 기상청에서는 기온이 $\mathrm{T}(^\circ\mathrm{C})$이고 풍속이 $v(\mathrm{km/h})$일 때, 체감 온도 $\mathrm{B}(^\circ\mathrm{C})$를

$$\mathrm{B}=14+0.6\mathrm{T}+(0.4\mathrm{T}-12)v^{0.16}$$

으로 계산하여 발표한다. 기온이 $-15\,^\circ\mathrm{C}$인 날 체감 온도를 $-25\,^\circ\mathrm{C}$로 발표했을 때, 이 날 풍속을 구하여라.

단, 다음 로그표를 이용하고, 계산은 소수 셋째 자리에서 반올림한다.

x	2.0	2.2	2.4	2.6	2.8	3.0
$\log x$	0.30	0.34	0.38	0.42	0.45	0.48

3-9 디지털 사진을 압축할 때, 원본 사진과 압축한 사진의 다른 정도를 나타내는 지표인 최대 신호 대 잡음비를 P, 원본 사진과 압축한 사진의 평균제곱오차를 E라고 하면 $\mathrm{P}=20\log 255-\log \mathrm{E}$ (단, $\mathrm{E}>0$)가 성립한다고 한다.

두 원본 사진 A, B를 압축했을 때 최대 신호 대 잡음비를 각각 $\mathrm{P_A}$, $\mathrm{P_B}$라 하고, 평균제곱오차를 각각 $\mathrm{E_A}(\mathrm{E_A}>0)$, $\mathrm{E_B}(\mathrm{E_B}>0)$라고 하자.

$\mathrm{P_A}-\mathrm{P_B}=k$일 때, $\mathrm{E_A}=f(k)\mathrm{E_B}$를 만족시키는 $f(k)$를 구하여라.

실력 **3-10** 자연수 x, y에 대하여 $\log x$와 $\log y$의 정수부분을 각각 m, n이라고 할 때, $m^2+n^2=4$를 만족시키는 x, y의 순서쌍 (x, y)의 개수를 구하여라.

3-11 계수가 실수인 x에 관한 이차방정식 $x^2-ax+b=0$의 두 근이 $\log u$의 정수부분과 소수부분이다. u가 정수부분이 3자리인 양수일 때, 점 (a, b)의 자취의 길이를 구하여라.

3-12 x^2의 정수부분은 6자리 수이고, $\log x^2$의 소수부분과 $\log\sqrt{x}$의 소수부분의 합은 1이다. 이때, $\log\sqrt{x}$의 소수부분을 구하여라.

3-13 $\log 10a$의 정수부분과 $\log a^3$의 정수부분이 같을 때, 양수 a의 값의 범위를 구하여라.

3-14 양수 A에 대하여 $\log \mathrm{A}$의 소수부분을 $f(\mathrm{A})$라고 하자. 또, $1\le x<100$일 때 자연수 n에 대하여 $f(x^n)+2f(x)=1$을 만족시키는 x의 개수를 $g(n)$이라고 하자. $g(5)+g(6)$의 값을 구하여라.

3-15 1보다 큰 실수 x, y가 다음 세 조건을 만족시킬 때, x, y의 값을 구하여라. 단, $[x]$는 x보다 크지 않은 최대 정수이다.

(가) $\log x^2y^3=12.4$
(나) x와 y의 정수부분의 자릿수가 같다.
(다) $\log x-[\log x]=\log\dfrac{1}{y}-\left[\log\dfrac{1}{y}\right]$

3-16 부피의 비가 4 : 3인 두 구 A, B가 있다. 구 A의 겉넓이가 27일 때, 구 B의 겉넓이를 소수 첫째 자리에서 반올림하여 구하여라.

단, $\log 2=0.3010$, $\log 3=0.4771$, $\log 2.229=0.3480$으로 계산한다.

3-17 어느 세라믹 재료의 열전도 계수(κ)는 적절한 실험 조건에서 일정하고, $\kappa=\mathrm{C}\dfrac{\log t_2-\log t_1}{\mathrm{T}_2-\mathrm{T}_1}$로 계산한다. 이때, C는 양의 상수, T_1(°C), T_2(°C)는 실험을 시작한 후 각각 t_1(초), t_2(초)일 때 세라믹의 측정 온도이다.

이 세라믹 재료의 열전도 계수를 구하는 실험을 시작한 후 10초일 때와 20초일 때의 측정 온도가 각각 200 °C, 202 °C이었다. 실험을 시작한 후 몇 초에서 측정 온도가 206 °C인지 구하여라.

4. 지수함수와 로그함수

§ 1. 지수함수와 로그함수

기본정석

1 지수함수 $y=a^x(a>0,\ a\neq1)$의 성질

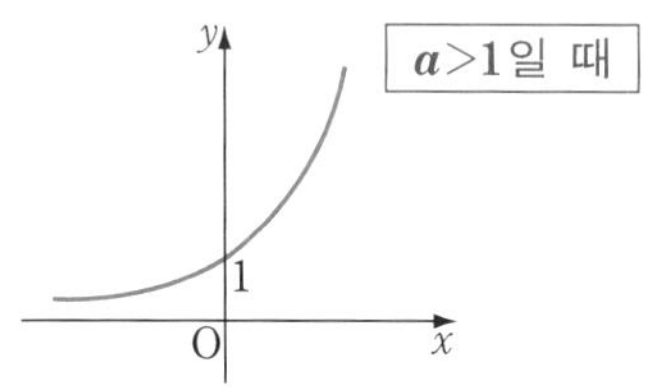

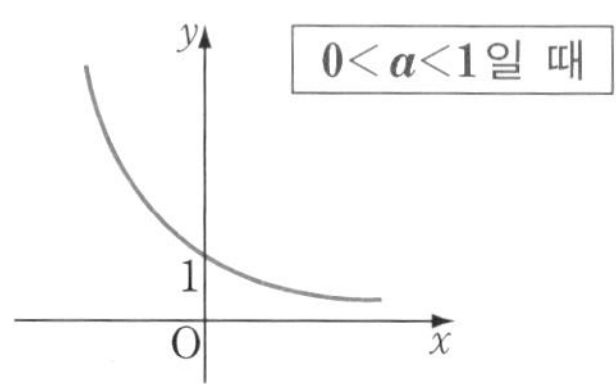

(1) 정의역은 실수 전체의 집합 R이고, 치역은 $\{y\,|\,y>0\}$이다.
(그래프는 x축의 위쪽에 존재한다.)

(2) 그래프는 점 $(0,\ 1)$을 지난다.

(3) 직선 $y=0$(x축)이 그래프의 점근선이다.

(4) $a>1$일 때 증가하고, $0<a<1$일 때 감소한다.

2 로그함수 $y=\log_a x(a>0,\ a\neq1)$의 성질

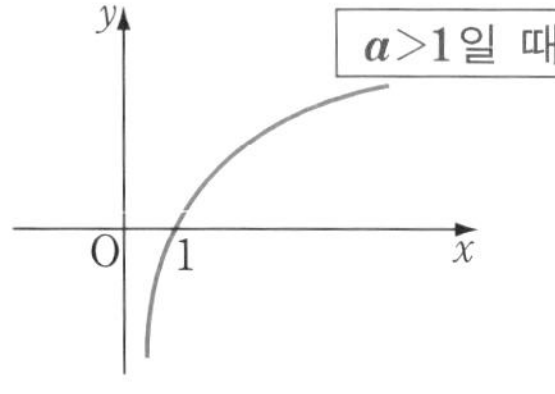

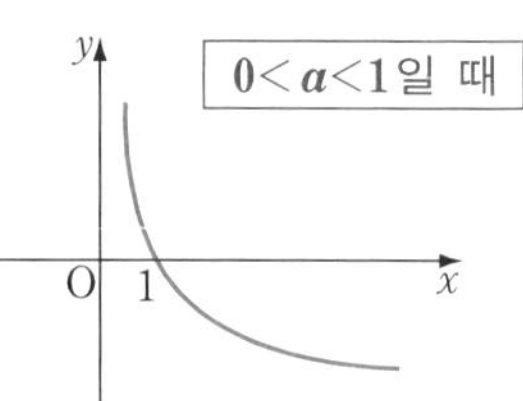

(1) 정의역은 $\{x\,|\,x>0\}$이고, 치역은 실수 전체의 집합 R이다.
(그래프는 y축의 오른쪽에 존재한다.)

(2) 그래프는 점 $(1,\ 0)$을 지난다.

(3) 직선 $x=0$(y축)이 그래프의 점근선이다.

(4) $a>1$일 때 증가하고, $0<a<1$일 때 감소한다.

3 $y=a^x$과 $y=\log_a x$ 사이의 관계

(1) 두 함수는 서로 역함수이다.

(2) 두 함수의 그래프는 직선 $y=x$에 대하여 대칭이다.

Advice 1° 지수함수의 성질

실수 x에 a^x을 대응시키는 함수

$$y=a^x\ (a>0,\ a\neq1)$$

을 a를 밑으로 하는 x의 지수함수라 한다.

이를테면 지수함수

$y=2^x$, $y=3^x$, $y=\left(\frac{1}{2}\right)^x$, $y=\left(\frac{1}{3}\right)^x$

을 생각해 보자.

여러 가지 실수 x에 대응하는 y의 값을 구하여 이들 x, y의 순서쌍 (x, y)의 집합을 좌표평면 위에 나타내면 오른쪽 그림의 곡선을 얻는다.

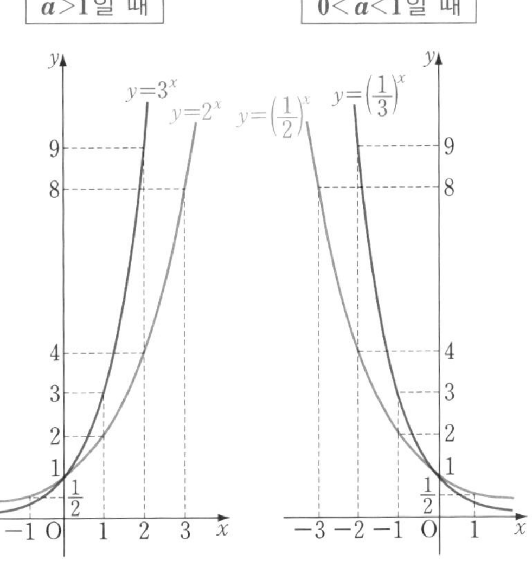

이와 같이 지수함수 $y=a^x$에서는

$$a>1\text{인 경우},\quad 0<a<1\text{인 경우}$$

의 증감 상태가 다르다는 것에 특히 주의해야 한다.

Note $\left(\frac{1}{2}\right)^x=2^{-x}$이므로 $y=\left(\frac{1}{2}\right)^x$의 그래프와 $y=2^x$의 그래프는 y축에 대하여 대칭이다.

Advice 2° 로그함수의 성질

a가 1이 아닌 양수일 때, 지수함수

$$y=a^x\ \left(\text{정의역은 } \mathrm{R}=\{x\mid x\text{는 실수}\},\ \text{치역은 } \mathrm{R}^+=\{y\mid y>0\}\right)$$

은 R에서 R^+로의 일대일대응이므로 이 함수의 역함수가 존재한다.

$y=a^x$의 역함수를 구하기 위해 로그의 정의를 이용하면

$$y=a^x \iff x=\log_a y\ (a>0,\ a\neq1)$$

x와 y를 바꾸면

$$y=\log_a x\ (a>0,\ a\neq1)$$

이때, 함수 $y=\log_a x$를 a를 밑으로 하는 x의 로그함수라고 한다.

로그함수의 그래프는 지수함수의 그래프와 같은 방법으로 그린다.

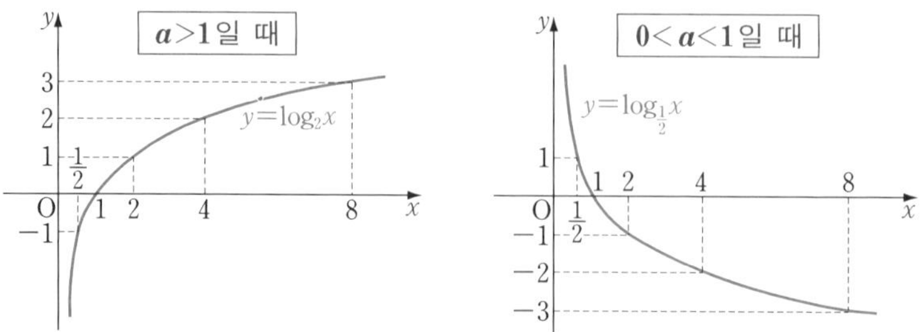

*Note $\log_{\frac{1}{2}}x=-\log_2 x$이므로 $y=\log_{\frac{1}{2}}x$의 그래프와 $y=\log_2 x$의 그래프는 x축에 대하여 대칭이다.

또, $y=\log_a x$와 $y=a^x$은 서로 역함수이므로

정석 $\boldsymbol{y=\log_a x}$의 그래프와 $\boldsymbol{y=a^x}$의 그래프는
$\Longrightarrow$ 직선 $\boldsymbol{y=x}$에 대하여 대칭이다.

이 성질을 활용하면 $y=\log_a x$의 그래프는 $y=a^x$의 그래프를 이용하여 다음과 같이 그릴 수 있다.

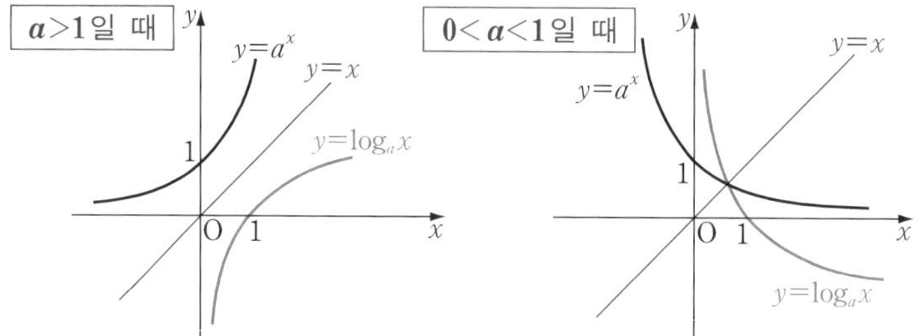

보기 1 함수 $y=2^x$의 역함수를 구하고, 그 그래프를 그려라.

연구 R에서 R^+로의 일대일대응이므로

$$y=2^x \ (y>0) \qquad \cdots\cdots ①$$

의 역함수가 존재한다.

①에서 $x=\log_2 y \ (y>0)$

x와 y를 바꾸면 구하는 역함수는

$$\boldsymbol{y=\log_2 x} \ (x>0) \qquad \cdots\cdots ②$$

또, 역함수의 그래프는 직선 $y=x$에 대하여 서로 대칭이므로 ①의 그래프를 직선 $y=x$에 대하여 대칭이동하면 ②의 그래프를 얻는다.

*Note 로그에서 (진수)>0이므로 ②에서 '$x>0$'은 생략해도 된다.

필수 예제 4-1 평행이동 T : $(x,\ y) \longrightarrow (x+2,\ y-1)$이 있다.

(1) 곡선 $y=2^x$이 T에 의하여 평행이동된 곡선의 방정식을 구하고, 그 그래프를 그려라.

(2) 곡선 $y=2^x$이 직선 $y=x$에 대하여 대칭이동된 다음, T에 의하여 평행이동된 곡선의 방정식을 구하고, 그 그래프를 그려라.

정석연구 (1) 평행이동된 도형의 방정식은 다음을 이용하여 구한다.

정석 도형 $f(x,\ y)=0$을 x축의 방향으로 m, y축의 방향으로 n만큼 평행이동하면 $\Longrightarrow$ $f(x-m,\ y-n)=0$

(2) 직선 $y=x$에 대하여 대칭이동된 도형의 방정식은 다음을 이용해 구한다.

정석 도형 $f(x,\ y)=0$을 직선 $y=x$에 대하여 대칭이동하면 $\Longrightarrow$ $f(y,\ x)=0$

모범답안 (1) T는 x축의 방향으로 2만큼, y축의 방향으로 -1만큼의 평행이동이므로 곡선 $y=2^x$이 T에 의하여 평행이동된 곡선의 방정식은

$$y+1=2^{x-2} \quad 곧,\ \boldsymbol{y=2^{x-2}-1} \longleftarrow \boxed{답}$$

(2) 곡선 $y=2^x$이 직선 $y=x$에 대하여 대칭이동된 곡선의 방정식은

$$x=2^y \quad \therefore\ y=\log_2 x$$

이 곡선이 T에 의하여 평행이동된 곡선의 방정식은

$$y+1=\log_2(x-2) \quad 곧,\ \boldsymbol{y=\log_2(x-2)-1} \longleftarrow \boxed{답}$$

(1)

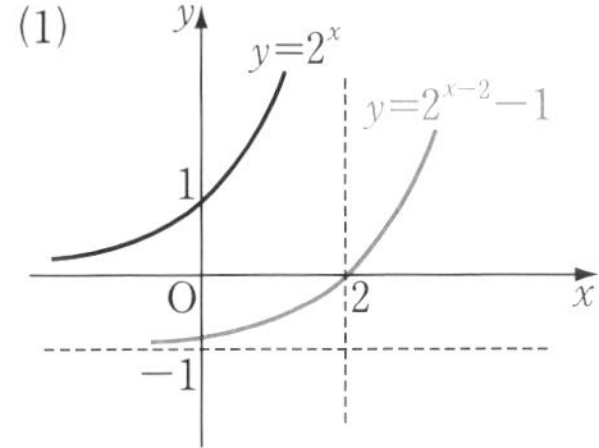

(2)

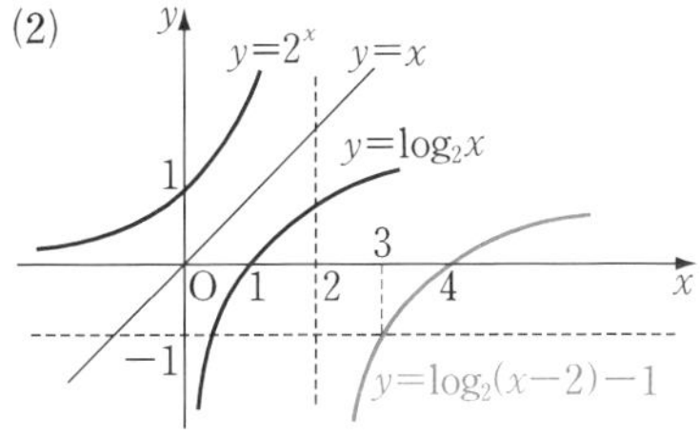

유제 **4**-1. 곡선 $y=\log_2(x+3)$을 직선 $y=x$에 대하여 대칭이동한 다음, 다시 x축의 방향으로 2만큼, y축의 방향으로 -3만큼 평행이동한 곡선의 방정식을 구하여라. 답 $\boldsymbol{y=2^{x-2}-6}$

유제 **4**-2. 곡선 $y=\log_2 3x$를 x축의 방향으로 m만큼, y축의 방향으로 n만큼 평행이동했더니 곡선 $y=\log_2(6x-24)$와 겹쳐졌다.
이때, 상수 m, n의 값을 구하여라. 답 $\boldsymbol{m=4,\ n=1}$

필수 예제 4-2 다음 방정식의 그래프를 그려라.

(1) $y=2^{|x|}$ (2) $|y|=\log_2|x|$ (3) $y=\dfrac{1}{2}(3^x+3^{-x})$

정석연구 (1) $x\ge0$인 경우와 $x<0$인 경우로 나누어 생각한다.

(2) $(x>0,\ y\ge0)$, $(x>0,\ y<0)$, $(x<0,\ y\ge0)$, $(x<0,\ y<0)$인 경우로 나누어 그리는 것이 일반적인 방법이지만,

$|y|=f(|x|)$ 꼴의 그래프를 그리는 방법

을 따르는 것이 간편하다.

(3) $y=\dfrac{3^x}{2}+\dfrac{3^{-x}}{2}$이므로 $y=\dfrac{3^x}{2}$과 $y=\dfrac{3^{-x}}{2}$의 그래프를 그린 다음, y좌표가 두 함수의 y의 값의 합인 점을 찾아 연결하면 된다. 또는

$y_1=3^x$, $y_2=3^{-x}$으로 놓을 때 y는 y_1과 y_2의 평균

이므로 y_1과 y_2의 그래프를 그린 다음, y좌표가 두 함수의 y의 값의 평균인 점을 찾아 연결하면 된다.

모범답안 (1) $y=2^{|x|}$에서 $x\ge0$일 때 $y=2^x$, $x<0$일 때 $y=2^{-x}$

여기에서 $y=2^{-x}$과 $y=2^x$의 그래프는 y축에 대하여 대칭이다.

(2) $|y|=\log_2|x|$에서 x 대신 $-x$를, y 대신 $-y$를 대입해도 같은 식이므로 이 식의 그래프는 곡선

$$y=\log_2 x\ (x>0,\ y\ge0)$$

와 이 곡선을 x축, y축, 원점에 대하여 대칭이동한 것과 같다.

(3) $y_1=3^x$, $y_2=3^{-x}$으로 놓으면 $y=\dfrac{1}{2}(y_1+y_2)$이므로 y는 y_1과 y_2의 평균이다. 따라서 먼저 y_1, y_2의 그래프를 그리고, x축에 수직인 직선이 두 그래프와 만나는 두 점을 잇는 선분의 중점을 잡아서 연결하면 된다.

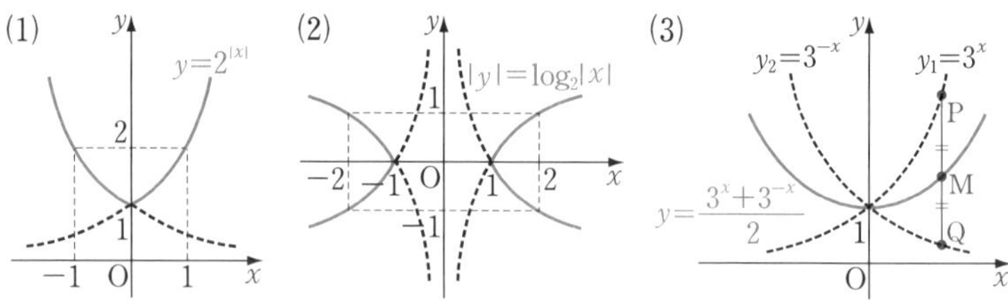

유제 4-3. 다음 방정식의 그래프를 그려라.

(1) $|y|=2^x$ (2) $|y|=\log_{\frac{1}{2}}|x|$ (3) $y=\dfrac{1}{2}(2^x-2^{-x})$

필수 예제 **4**-3 다음 함수의 역함수를 구하여라.

(1) $y=3\times 2^{x-1}$ (2) $y=\frac{1}{2}\left(a^x-a^{-x}\right)$ (단, $a>0$, $a\neq 1$)

(3) $y=\log_2\left(x+\sqrt{x^2-4}\right)-1$ (단, $x\geq 2$)

정석연구 역함수는 다음 순서에 따라 구한다.

정석 함수 $\boldsymbol{y=f(x)}$의 역함수를 구하는 순서

(i) 주어진 함수의 정의역과 치역을 조사한다.

(ii) $\boldsymbol{y=f(x)}$를 $\boldsymbol{x=g(y)}$ 꼴로 고친다.

(iii) $\boldsymbol{x}$와 $\boldsymbol{y}$를 바꾸어서 $\boldsymbol{y=g(x)}$로 한다.

(1) 정의역은 $X=\{x\,|\,x$는 실수$\}$이고, 치역은 $Y=\{y\,|\,y>0\}$이다.

(2) 정의역은 $X=\{x\,|\,x$는 실수$\}$이고, 치역은 $Y=\{y\,|\,y$는 실수$\}$이다.

(3) 정의역은 $X=\{x\,|\,x\geq 2\}$이고, 치역은 $Y=\{y\,|\,y\geq 0\}$이다.

모범답안 (1) $y=3\times 2^{x-1}\,(y>0)$에서 $y=3\times 2^{-1}\times 2^x$

$\therefore\ 2^x=\frac{2}{3}y \quad \therefore\ x=\log_2\frac{2}{3}y\ (y>0)$

x와 y를 바꾸면 $y=\log_2\frac{2}{3}x\ (x>0)$ 답 $\boldsymbol{y=\log_2\frac{2}{3}x}$

(2) $y=\frac{1}{2}\left(a^x-a^{-x}\right)$에서 $2y=a^x-\frac{1}{a^x}$

$\therefore\ 2ya^x=(a^x)^2-1 \quad \therefore\ (a^x)^2-2ya^x-1=0$

근의 공식에 대입하면 $a^x=y\pm\sqrt{y^2+1}$

$a^x>0$이므로 $a^x=y+\sqrt{y^2+1} \quad \therefore\ x=\log_a\left(y+\sqrt{y^2+1}\right)$

x와 y를 바꾸면 $y=\log_a\left(x+\sqrt{x^2+1}\right)$ 답 $\boldsymbol{y=\log_a\left(x+\sqrt{x^2+1}\right)}$

(3) $y=\log_2\left(x+\sqrt{x^2-4}\right)-1\,(y\geq 0)$에서 $y+1=\log_2\left(x+\sqrt{x^2-4}\right)$

$\therefore\ 2^{y+1}=x+\sqrt{x^2-4}$ 곧, $2^{y+1}-x=\sqrt{x^2-4}$

양변을 제곱하면 $2^{2y+2}-2\times 2^{y+1}\times x+x^2=x^2-4$

$\therefore\ 2^{2y}\times 2^2-2^2\times 2^y\times x=-4 \quad \therefore\ 2^y\times x=2^{2y}+1$

$\therefore\ x=2^y+2^{-y}\ (y\geq 0)$

x와 y를 바꾸면 $y=2^x+2^{-x}\ (x\geq 0)$ 답 $\boldsymbol{y=2^x+2^{-x}\ (x\geq 0)}$

유제 **4**-4. 다음 함수의 역함수를 구하여라.

(1) $y=1+\log_{10}(x-2)$ (2) $y=\log_2\frac{1}{x+1}$ (3) $y=\frac{2^x-2^{-x}}{2^x+2^{-x}}$

답 (1) $\boldsymbol{y=10^{x-1}+2}$ (2) $\boldsymbol{y=2^{-x}-1}$ (3) $\boldsymbol{y=\frac{1}{2}\log_2\frac{1+x}{1-x}}$

필수 예제 4-4 곡선 $y=\log_2 x$와 기울기가 1인 직선이 두 점 A, B에서 만난다고 하자. 두 점 A, B의 x좌표를 각각 a, $b\,(a<b)$라고 할 때, 다음 물음에 답하여라.

(1) a, b 사이의 관계식을 구하여라.

(2) 선분 AB의 길이를 a, b로 나타내어라.

(3) 선분 AB의 길이가 $\sqrt{2}$일 때, 상수 a, b의 값을 구하여라.

정석연구 (1) 기울기가 1인 직선을 $y=x+k$라 하고, 방정식 $\log_2 x=x+k$의 실근이 두 그래프의 교점의 x좌표임을 이용한다.

정석 $\boldsymbol{y=f(x)}$와 $\boldsymbol{y=g(x)}$의 그래프의 교점의 $\boldsymbol{x}$좌표
$\Longleftrightarrow$ 방정식 $\boldsymbol{f(x)=g(x)}$의 실근

(2) 다음의 두 점 사이의 거리를 구하는 공식을 이용한다.

정석 $\mathbf{A}(\boldsymbol{x_1},\ \boldsymbol{y_1})$, $\mathbf{B}(\boldsymbol{x_2},\ \boldsymbol{y_2})$일 때, $\overline{\mathbf{AB}}=\sqrt{(\boldsymbol{x_2-x_1})^2+(\boldsymbol{y_2-y_1})^2}$

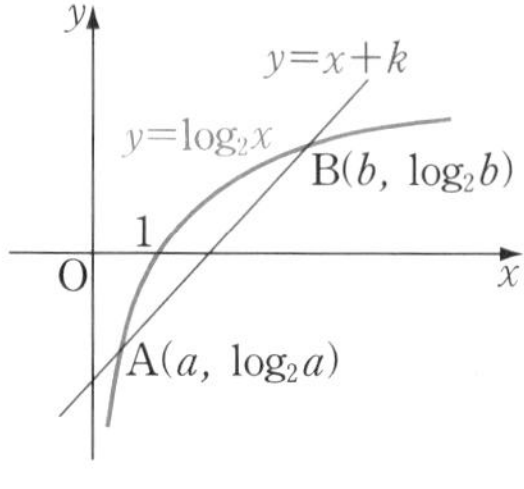

모범답안 $y=\log_2 x$ ……①

기울기가 1인 직선을 $y=x+k$ …②

라고 하면 ①과 ②에서

$\log_2 x=x+k$ 곧, $\log_2 x-x=k$ …③

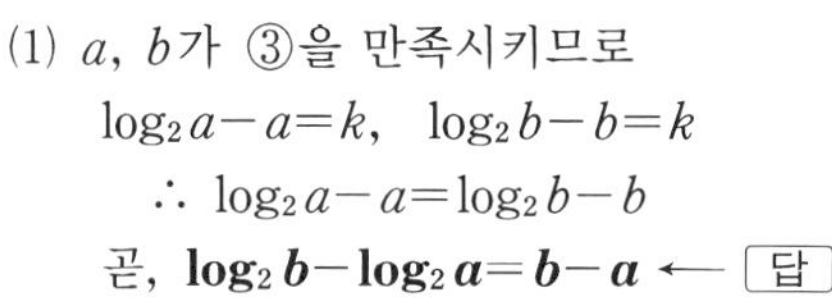

(1) a, b가 ③을 만족시키므로

$\log_2 a-a=k$, $\log_2 b-b=k$

$\therefore \log_2 a-a=\log_2 b-b$

곧, $\boldsymbol{\log_2 b-\log_2 a=b-a}$ ← 답

(2) $\mathrm{A}(a,\ \log_2 a)$, $\mathrm{B}(b,\ \log_2 b)$이므로

$\overline{\mathrm{AB}}=\sqrt{(b-a)^2+(\log_2 b-\log_2 a)^2}=\sqrt{(b-a)^2+(b-a)^2}$ ⇦ (1)

$=\boldsymbol{\sqrt{2}\,(b-a)}$ ← 답

(3) $\overline{\mathrm{AB}}=\sqrt{2}$이므로 $\sqrt{2}\,(b-a)=\sqrt{2}$ $\therefore b-a=1$ ……④

(1)의 결과에 대입하면 $\log_2\dfrac{b}{a}=1$ $\therefore \dfrac{b}{a}=2$ $\therefore b=2a$ ……⑤

④, ⑤를 연립하여 풀면 $\boldsymbol{a=1,\ b=2}$ ← 답

유제 **4**-5. $y=10^x$의 그래프를 x축의 방향으로 k만큼, $y=\log_{10}x$의 그래프를 y축의 방향으로 k만큼 평행이동했더니 두 함수의 그래프가 서로 다른 두 점에서 만났다. 이 두 점 사이의 거리가 $\sqrt{2}$일 때, 상수 k의 값을 구하여라.

답 $\boldsymbol{k=\dfrac{1}{9}+2\log_{10}3}$

필수 예제 4-5 오른쪽 그림과 같이 $y=\log_3(x+2)$의 그래프가 원점을 지나는 세 직선과 만나는 점을 각각 P, Q, R라 하고, 이 점들의 x좌표를 각각 a, 1, b라고 할 때, 다음 세 수의 대소를 비교하여라. 단, $0<a<1<b$이다.

$$3^{ab},\quad (a+2)^b,\quad (b+2)^a$$

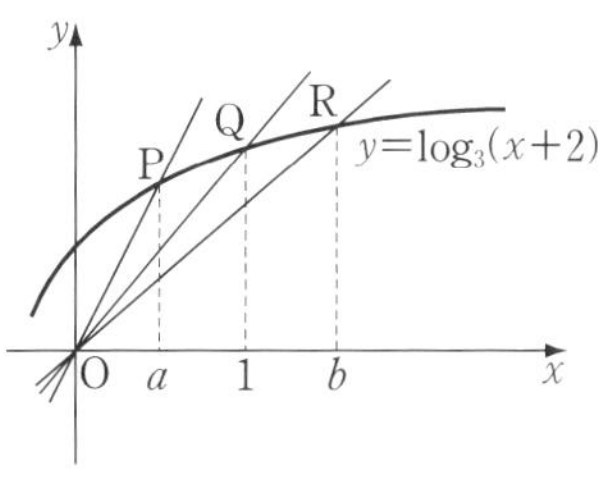

정석연구 두 수 $(a+2)^b$, $(b+2)^a$에서

$$(a+2)^b-(b+2)^a$$

의 부호를 조사하기가 쉽지 않다. 또, 두 수의 상용로그를 잡은 다음

$$\log(a+2)^b-\log(b+2)^a=b\log(a+2)-a\log(b+2)$$

의 부호를 조사하기도 쉽지 않다.

따라서 주어진 그래프를 이용하는 방법을 생각할 수 있어야 한다.

곧, a, b의 값이 그래프 위의 점의 x좌표로 주어져 있고, 세 직선 OP, OQ, OR의 기울기를 비교할 수 있다는 것에 착안하여 해법을 찾아보자.

정석 부등식의 증명 ⟹ 그래프의 기울기를 이용한다.

모범답안 세 점 P, Q, R가 모두 곡선 $y=\log_3(x+2)$ 위의 점이므로

$$P\big(a,\ \log_3(a+2)\big),\quad Q(1,\ 1),\quad R\big(b,\ \log_3(b+2)\big)$$

따라서 세 직선 OP, OQ, OR의 기울기를 각각 p, q, r라고 하면

$$p=\frac{\log_3(a+2)}{a},\quad q=1,\quad r=\frac{\log_3(b+2)}{b}$$

$p>q>r$이므로 $\dfrac{\log_3(a+2)}{a}>1>\dfrac{\log_3(b+2)}{b}$

$a>0$, $b>0$이므로 $b\log_3(a+2)>ab>a\log_3(b+2)$

$$\therefore\ \boldsymbol{(a+2)^b>3^{ab}>(b+2)^a} \longleftarrow \boxed{답}$$

유제 **4**-6. 오른쪽 그림과 같이 $y=\log(x+1)$의 그래프와 세 직선 l, m, n이 만날 때, 다음 세 수의 대소를 비교하여라. 단, $0<a<b$이다.

$$(a+1)^{\frac{1}{a}},\quad (b+1)^{\frac{1}{b}},\quad \left(\frac{b+1}{a+1}\right)^{\frac{1}{b-a}}$$

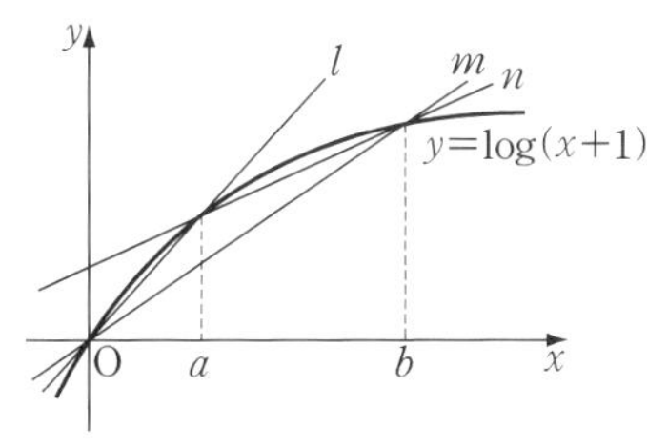

답 $\boldsymbol{\left(\frac{b+1}{a+1}\right)^{\frac{1}{b-a}}<(b+1)^{\frac{1}{b}}<(a+1)^{\frac{1}{a}}}$

§2. 지수·로그함수의 최대와 최소

필수 예제 **4**-6 다음 물음에 답하여라.

(1) $1\le x\le 3$일 때, $y=2^{x^2-2x+3}$의 최댓값과 최솟값을 구하여라.

(2) $0\le x\le 3$일 때, $y=\log_{\frac{1}{2}}(x^2-4x+8)$의 최댓값과 최솟값을 구하여라.

정석연구 함수 $y=a^x$, $y=\log_a x$는

$a>1$일 때 ⟹ 증가 $0<a<1$일 때 ⟹ 감소

한다.

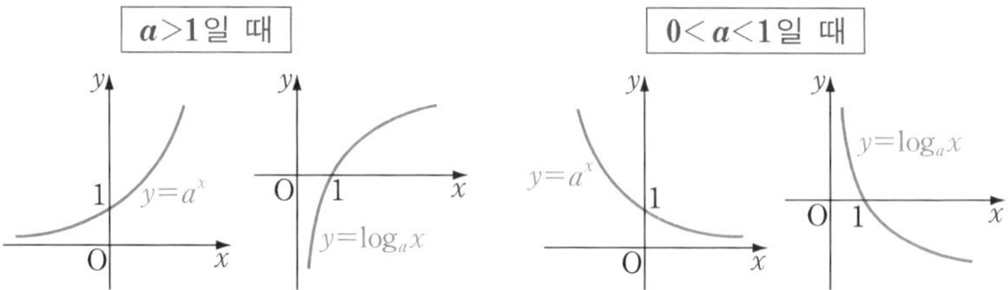

따라서 $0<a<1$의 경우 x가 최대일 때 y는 최소가 되고, x가 최소일 때 y는 최대가 된다는 것에 주의해야 한다.

모범답안 (1) $y=2^{x^2-2x+3}$에서

$$x^2-2x+3=(x-1)^2+2\ (1\le x\le 3)$$

이므로 x^2-2x+3의 최댓값은 $x=3$일 때 6, 최솟값은 $x=1$일 때 2이다.

따라서 y의 최댓값은 $y=2^6=64$이고, 최솟값은 $y=2^2=4$이다.

답 **최댓값 64, 최솟값 4**

(2) $y=\log_{\frac{1}{2}}(x^2-4x+8)$에서 $x^2-4x+8=(x-2)^2+4\ (0\le x\le 3)$

이므로 x^2-4x+8의 최댓값은 $x=0$일 때 8, 최솟값은 $x=2$일 때 4이다.

따라서 y의 최댓값은 $\log_{\frac{1}{2}}4=-2$이고, 최솟값은 $\log_{\frac{1}{2}}8=-3$이다.

답 **최댓값 −2, 최솟값 −3**

유제 **4**-7. 다음 함수의 최댓값과 최솟값을 구하여라.

(1) $y=2^x3^{-x}$ (단, $-3\le x\le 0$) (2) $y=\log_2(x-1)$ (단, $3\le x\le 5$)

답 (1) 최댓값 $\dfrac{27}{8}$, 최솟값 **1** (2) 최댓값 **2**, 최솟값 **1**

필수 예제 4-7 다음 함수의 최댓값과 최솟값을 구하여라.

(1) $y=2^{x+2}-4^x$ (단, $x\le3$)

(2) $y=2\left(\log_2\dfrac{x}{4}\right)^2+\log_{\sqrt{2}}2x-\log_2 2x^2-5$ (단, $1\le x\le4$)

정석연구 (1) $2^{x+2}=2^x2^2$, $4^x=(2^2)^x=(2^x)^2$이므로 $2^x=t$로 치환한다.

(2) $\log_2\dfrac{x}{4}=\log_2 x-2$, $\log_{\sqrt{2}}2x=2\log_2 2x=2(1+\log_2 x)$,

$\log_2 2x^2=1+2\log_2 x$이므로 $\log_2 x=t$로 치환한다.

특히 t로 치환할 때에는 t의 값의 범위에 주의해야 한다.

정 석 치환할 때에는 $\Longrightarrow$ 제한 범위에 주의하여라.

모범답안 (1) $y=4\times2^x-(2^x)^2$에서

$2^x=t$로 놓으면

$y=-t^2+4t=-(t-2)^2+4$ ……①

또, $x\le3$이므로 $0<2^x\le8$

$\therefore\ 0<t\le8$ ……②

②의 범위에서 ①의 최댓값과 최솟값은

$t=2\,(x=1)$일 때 최댓값 **4**

$t=8\,(x=3)$일 때 최솟값 **−32** ← 답

(2) $y=2(\log_2 x-2)^2+2(1+\log_2 x)-(1+2\log_2 x)-5$에서

$\log_2 x=t$로 놓으면

$y=2(t-2)^2+2(1+t)-(1+2t)-5$

$=2t^2-8t+4=2(t-2)^2-4$ ……①

또, $1\le x\le4$이므로 $0\le\log_2 x\le2$

$\therefore\ 0\le t\le2$ ……②

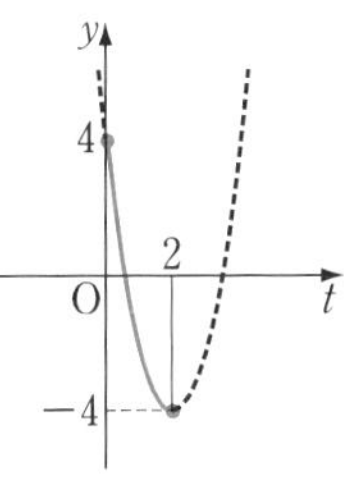

②의 범위에서 ①의 최댓값과 최솟값은

$t=0\,(x=1)$일 때 최댓값 **4**

$t=2\,(x=4)$일 때 최솟값 **−4** ← 답

유제 **4**-8. 다음 함수의 최댓값과 최솟값을 구하여라.

(1) $y=\left(\dfrac{1}{2}\right)^{2x}-8\left(\dfrac{1}{2}\right)^x+10$ (단, $-3\le x\le0$)

(2) $y=(\log_2 8x)^2-2\log_{\frac{1}{2}}\sqrt{2x}$ (단, $1\le x\le8$)

답 (1) 최댓값 **10**, 최솟값 **−6** (2) 최댓값 **40**, 최솟값 **10**

필수 예제 4-8 다음 물음에 답하여라.

(1) $1\le x\le 1000$일 때, $10x^{2-\log x}$의 최댓값과 최솟값을 구하여라.

(2) $x>0$, $y>0$이고 $y^3x^{\log x}=10$일 때, x^2y의 최댓값을 구하여라.

정석연구 (1) $y=10x^{2-\log x}$으로 놓고, 먼저 $\log y$의 최댓값과 최솟값을 구한다.

(2) 먼저 $\log x^2y$의 최댓값을 구한다.

정석 밑과 지수에 모두 미지수가 있으면 $\Longrightarrow$ 로그를 잡아라.

모범답안 (1) $y=10x^{2-\log x}$이라고 하면 $y>0$이므로 양변의 상용로그를 잡으면

$$\log y=\log(10x^{2-\log x})=\log 10+\log x^{2-\log x}$$
$$=1+(2-\log x)\log x$$
$$=-(\log x)^2+2\log x+1$$

한편 $1\le x\le 1000$에서 $0\le \log x\le 3$

여기에서 $\log x=t$로 놓으면 $0\le t\le 3$이고,

$$\log y=-t^2+2t+1=-(t-1)^2+2$$

따라서 오른쪽 위의 그림에서 $\log y$의 최댓값은 $t=1(x=10)$일 때 2, 최솟값은 $t=3(x=1000)$일 때 -2이므로

y의 최댓값 **100**, 최솟값 **0.01** ← 답

(2) $y^3x^{\log x}=10$에서 $x>0$, $y>0$이므로 양변의 상용로그를 잡으면

$$\log y^3+\log x^{\log x}=\log 10 \quad \therefore\ 3\log y+(\log x)^2=1$$

또, $\mathrm{M}=x^2y$로 놓으면 $\log \mathrm{M}=2\log x+\log y$

따라서 $\log x=\mathrm{X}$, $\log y=\mathrm{Y}$로 놓으면 $3\mathrm{Y}+\mathrm{X}^2=1$이고,

$$\log \mathrm{M}=2\mathrm{X}+\mathrm{Y}=2\mathrm{X}+\frac{1}{3}(1-\mathrm{X}^2)=-\frac{1}{3}(\mathrm{X}-3)^2+\frac{10}{3}$$

곧, $\log \mathrm{M}$의 최댓값은 $\frac{10}{3}$이므로 M의 최댓값은 $\mathbf{1000\sqrt[3]{10}}$ ← 답

유제 **4**-9. 다음 함수의 최댓값 또는 최솟값을 구하여라.

(1) $y=100x^{\log x}$ (2) $y=\sqrt[3]{\dfrac{x^5}{10}}\div x^{\log x}$

답 (1) 최솟값 **100**, 최댓값 없다. (2) 최댓값 $\mathbf{10^{\frac{13}{36}}}$, 최솟값 없다.

유제 **4**-10. $x>1$, $y>1$이고 $xy=100$일 때, $x^{\log y}$의 최댓값을 구하여라.

답 **10**

유제 **4**-11. $x\ge 2$, $y\ge 2$이고 $xy=1024$일 때, $(\log_2 xy^2)(\log_2 x)+1$의 최댓값과 최솟값을 구하여라. 답 최댓값 **100**, 최솟값 **20**

필수 예제 4-9 다음 물음에 답하여라.

(1) $x>0$일 때, 함수 $f(x)=2^x+2^{\frac{a}{x}}$의 최솟값은 8이다. 양수 a의 값을 구하여라.

(2) $x>1$일 때, 함수 $y=\log_5 x+\log_x 625$의 최솟값을 구하여라.

(3) $\frac{1}{4}<x<25$일 때, 함수 $y=\log 4x\times\log\frac{25}{x}$의 최댓값을 구하여라.

정석연구 합 또는 곱이 일정한 경우의 최대와 최소 문제이다.

정석 $a>0,\ b>0$일 때 $\frac{a+b}{2}\ge\sqrt{ab}$ (등호는 $a=b$일 때 성립)

모범답안 (1) $2^x>0,\ 2^{\frac{a}{x}}>0$이므로

$$f(x)=2^x+2^{\frac{a}{x}}\ge2\sqrt{2^x\times2^{\frac{a}{x}}}=2\sqrt{2^{x+\frac{a}{x}}}\ \text{(등호는 } x^2=a\text{일 때 성립)}$$

$x>0,\ a>0$이므로 $x+\frac{a}{x}\ge2\sqrt{x\times\frac{a}{x}}=2\sqrt{a}$ (등호는 $x^2=a$일 때 성립)

$$\therefore\ f(x)\ge2\sqrt{2^{2\sqrt{a}}}=2\sqrt{(2^{\sqrt{a}})^2}=2\times2^{\sqrt{a}}=2^{\sqrt{a}+1}$$

조건에서 $f(x)$의 최솟값이 8이므로 $2^{\sqrt{a}+1}=8$

$\therefore\ \sqrt{a}+1=3\quad\therefore\ a=4$ 답 4

(2) $x>1$이므로 $\log_5 x>0,\ \log_x 625>0$이다.

$$\therefore\ \log_5 x+\log_x 625\ge2\sqrt{\log_5 x\times\log_x 625}=2\sqrt{\frac{\log x}{\log 5}\times\frac{\log 5^4}{\log x}}$$

$=4$ (등호는 $x=25$일 때 성립) 답 4

(3) $\frac{1}{4}<x<25$이므로 $\log 4x>0,\ \log\frac{25}{x}>0$이다.

$$\therefore\ \log 4x+\log\frac{25}{x}\ge2\sqrt{\log 4x\times\log\frac{25}{x}}\ \left(\text{등호는 } x=\frac{5}{2}\text{일 때 성립}\right)$$

그런데 $\log 4x+\log\frac{25}{x}=\log\left(4x\times\frac{25}{x}\right)=\log 100=2$이므로

$2\ge2\sqrt{\log 4x\times\log\frac{25}{x}}\quad\therefore\ \log 4x\times\log\frac{25}{x}\le1$ 답 1

유제 **4**-12. $2x+y-2=0$일 때, 9^x+3^y의 최솟값을 구하여라. 답 6

유제 **4**-13. $\log_3 x+\log_3 y=2$일 때, $2x+3y$의 최솟값을 구하여라.
답 $6\sqrt{6}$

유제 **4**-14. $1<x<100$일 때, 함수 $y=\log x\times\log\frac{100}{x}$의 최댓값을 구하여라.
답 1

연습문제 4

기본 **4-1** 다음을 구하여라.

(1) $f(x)=3^{2x+1}$일 때, $f\big(g(x)\big)=3x^2$ (단, $x>0$)을 만족시키는 $g(x)$

(2) $f(x)=\log_3(2x+1)$일 때, $g\big(f(x)\big)=4x^2$을 만족시키는 $g(x)$

4-2 오른쪽 그림은 두 함수 $y=2^x$, $y=x$의 그래프이다. 점선은 좌표축에 평행하다고 할 때, 2^{a+b}의 값을 구하여라.

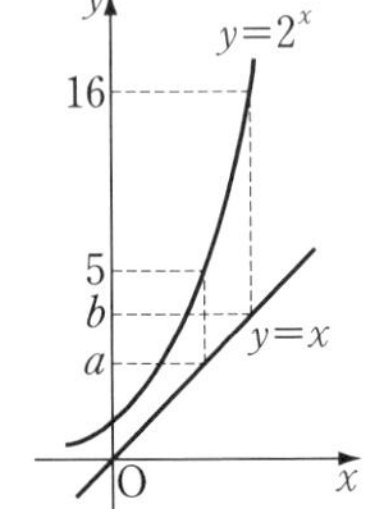

4-3 $x\neq1$인 모든 실수에서 정의된 함수 $f(x)=\dfrac{2^x}{2-2^x}$에 대하여 다음 물음에 답하여라.

(1) $f(x)$의 치역을 구하여라.

(2) $f(x)$의 역함수를 구하여라.

(3) $f(x)+f(2-x)$를 간단히 하여라.

(4) $f(-99)+f(-9)+f(11)+f(101)$의 값을 구하여라.

4-4 두 지수함수 $f(x)=a^{bx-1}$과 $g(x)=a^{1-cx}$의 그래프는 직선 $x=2$에 대하여 서로 대칭이다. $f(4)+g(4)=\dfrac{5}{2}$일 때, $a+b+c$의 값을 구하여라.
단, $0<a<1$이다.

4-5 함수 $f(x)$는 모든 실수 x에 대하여 $f(x+2)=f(x)$를 만족시키고, $-\dfrac{1}{2}\le x<\dfrac{3}{2}$에서 $f(x)=\left|x-\dfrac{1}{2}\right|+1$이다. 함수 $y=2^{\frac{x}{n}}$의 그래프와 함수 $y=f(x)$의 그래프의 교점이 5개가 되는 자연수 n의 값을 구하여라.

4-6 함수 $f(x)=2^{\log x}\times x^{\log 2}-4(2^{\log x}+x^{\log 2})$의 최솟값과 이때 x의 값을 구하여라.

4-7 $a>1$, $b>1$, $c>1$일 때, $\log_a b+2\log_b c+4\log_c a$의 최솟값을 구하여라.

4-8 $x>0$, $y>0$이고 $16x+y=16$일 때, $\log_4\sqrt{x}+\dfrac{1}{4}\log_{\frac{1}{2}}\dfrac{1}{y}$의 최댓값을 구하여라.

4-9 x가 실수일 때, 다음 식의 최댓값과 최솟값을 구하여라.

$$\log_3(x^2-x+1)-\log_3(x^2+x+1)$$

실력 **4-10** 함수 $f(x)=\begin{cases}\dfrac{71}{5}-\dfrac{19}{15}x & (x<12)\\ 1-2\log_3(x-9) & (x\ge12)\end{cases}$ 의 역함수를 $g(x)$라고 할 때, $(g\circ g\circ g\circ g\circ g)(x)=-3$을 만족시키는 x의 값을 구하여라.

4-11 오른쪽 그림은 함수 $f(x)=2^x-1$의 그래프와 직선 $y=x$이다. 곡선 $y=f(x)$ 위에 두 점을 잡고, x좌표를 각각 a, $b\,(0<a<b)$라고 할 때, 다음 부등식의 참, 거짓을 말하여라.

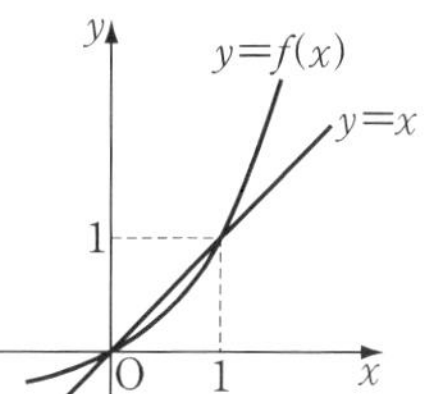

(1) $b-a<2^b-2^a$

(2) $b(2^a-1)<a(2^b-1)$

4-12 두 함수 $f(x)=|\log_2 x|$, $g(x)=\left(\dfrac{1}{2}\right)^x$의 그래프가 만나는 두 점을 $\mathrm{P}(x_1,\ y_1)$, $\mathrm{Q}(x_2,\ y_2)$(단, $x_1<x_2$)라 하고, 두 함수 $f(x)=|\log_2 x|$, $h(x)=2^x$의 그래프가 만나는 점을 $\mathrm{R}(x_3,\ y_3)$이라고 하자.

다음의 참, 거짓을 말하여라.

(1) $\dfrac{1}{2}<x_1<1$ (2) $x_2y_2-x_3y_3=0$ (3) $x_2(x_1-1)>y_1(y_2-1)$

4-13 2 이상 10 이하인 자연수 a, b에 대하여 두 곡선 $y=a^{x+1}$, $y=b^x$이 직선 $x=t$(단, $t\ge1$)와 만나는 점을 각각 P, Q라고 하자. $t\ge1$인 어떤 실수 t에 대하여 $\overline{\mathrm{PQ}}\le10$일 때, 가능한 순서쌍 $(a,\ b)$의 개수를 구하여라.

4-14 다음 함수의 최솟값을 구하여라.

(1) $y=4^x+4^{-x}-2a(2^x+2^{-x})$ 단, a는 상수이다.

(2) $y=(\log_2 x)^2+(\log_x 2)^2-2(\log_2 x+\log_x 2)-1$ 단, $x>1$이다.

4-15 양수 a에 대하여 실수 x, y가 $9^x+4^y=a^2$을 만족시킬 때, 3^x+2^{2y+1}의 최댓값을 구하여라.

4-16 $\log_a x+3\log_x a-\log_x y=3$(단, $a>1$)을 만족시키는 실수 x, y가 있다.

(1) $x=a^t$(단, $t\ne0$)으로 놓을 때, y를 a와 t로 나타내어라.

(2) t가 $t\ge1$의 범위에서 변할 때, y의 최솟값이 8이 되는 상수 a의 값과 y가 최소일 때 x의 값을 구하여라.

4-17 두 실수 x, y가 $\log_x y=\log x+2$를 만족시킬 때, x^2y의 최솟값을 구하여라.

4-18 a, b는 $a>b$, $ab=100$을 만족시키는 양수이다.
$y=\left(\log\dfrac{x}{a}\right)\left(\log\dfrac{x}{b}\right)$의 최솟값이 $-\dfrac{1}{4}$일 때, a, b의 값을 구하여라.

4-19 $x>1$, $y>1$일 때, $\dfrac{\log_x 2+\log_y 2}{\log_{xy} 2}$의 최솟값을 구하여라.

4-20 $x>1$, $y>1$이고 $\log_2 x+\log_3 y=2$일 때, $\log_x 2+4\log_y 3$의 최솟값을 구하여라.

5. 지수방정식과 로그방정식

§ 1. 지수방정식

기본정석

지수방정식의 해법

(1) 항이 두 개인 경우

(i) 밑을 같게 할 수 있을 때에는 $a^{f(x)}=a^{g(x)}$의 꼴로 정리한 다음, $f(x)=g(x)$를 푼다. (단, $a>0$, $a\neq1$)

(ii) 밑을 같게 할 수 없을 때에는 $a^{f(x)}=b^{g(x)}$의 꼴로 정리한 다음, 양변의 상용로그를 잡아 $\log a^{f(x)}=\log b^{g(x)}$을 푼다.
(단, $a>0$, $a\neq1$, $b>0$, $b\neq1$)

(2) 항이 세 개 이상인 경우

$a^x=\mathrm{X}(\mathrm{X}>0)$로 치환하여 X에 관한 다항방정식을 먼저 푼다.

Advice | 지수에 미지수를 포함한 방정식을 **지수방정식**이라고 한다. 다음 **보기**는 지수방정식의 기본 유형이다.

보기 1 다음 지수방정식을 풀어라.

(1) $4^x=\dfrac{1}{32}$ (2) $3^x=3\times2^{3x}$ (3) $2^{2x}-2^x-2=0$

연구 (1) $4^x=\dfrac{1}{32}$에서 $2^{2x}=2^{-5}$

$\therefore\ 2x=-5 \quad \therefore\ \boldsymbol{x=-\dfrac{5}{2}}$

(2) $3^x=3\times2^{3x}$에서 $3^{x-1}=2^{3x}$

양변의 상용로그를 잡으면 $\log3^{x-1}=\log2^{3x}$

$\therefore\ (x-1)\log3=3x\log2 \quad \therefore\ (\log3-3\log2)x=\log3$

$\therefore\ \boldsymbol{x=\dfrac{\log3}{\log3-3\log2}}$

(3) $2^x=\mathrm{X}(\mathrm{X}>0)$로 놓으면 $\mathrm{X}^2-\mathrm{X}-2=0 \quad \therefore\ (\mathrm{X}-2)(\mathrm{X}+1)=0$

$\mathrm{X}>0$이므로 $\mathrm{X}=2$ 곧, $2^x=2 \quad \therefore\ \boldsymbol{x=1}$

**Note* 일반적으로

$a>0$일 때 모든 실수 x에 대하여 $a^x>0$이다.

필수 예제 5-1 다음 방정식을 풀어라.

(1) $81^x=\dfrac{1}{27\sqrt[4]{3}}$ (2) $\left(\dfrac{5}{6}\right)^{x^2+3}=\left(\dfrac{6}{5}\right)^{5x+1}$

(3) $x^{x^x}=(x^x)^x$ (단, $x>0$) (4) $(x+1)^x=3^x$ (단, $x>-1$)

정석연구 (1), (2)는 밑을 같게 한 다음 푼다.

(3) 밑이 같을 때에는 밑이 1인가 아닌가를 조사해야 한다.

이를테면 $1^2=1^3$, $1^4=1^7$과 같이

밑이 **1**일 때에는 지수가 같지 않아도 등식은 성립한다.

일반적으로

정석 $a^{f(x)}=a^{g(x)} \Longrightarrow f(x)=g(x)$ 또는 $a=1$

(4) 지수가 같을 때에는 지수가 0인가 아닌가를 조사해야 한다.

이를테면 $2^0=3^0$, $5^0=7^0$과 같이

지수가 **0**일 때에는 밑이 같지 않아도 등식은 성립한다.

일반적으로

정석 $m>0,\ n>0,\ m^{f(x)}=n^{f(x)} \Longrightarrow m=n$ 또는 $f(x)=0$

모범답안 (1) $81^x=3^{4x}$, $27\sqrt[4]{3}=3^{\frac{13}{4}}$이므로

준 식에서 $3^{4x}=3^{-\frac{13}{4}}$ $\therefore 4x=-\dfrac{13}{4}$ $\therefore$ $\boldsymbol{x=-\dfrac{13}{16}}$ ← 답

(2) $\left(\dfrac{5}{6}\right)^{x^2+3}=\left(\dfrac{6}{5}\right)^{5x+1}$에서 $\left(\dfrac{5}{6}\right)^{x^2+3}=\left(\dfrac{5}{6}\right)^{-(5x+1)}$ ⇦ $\left(\dfrac{b}{a}\right)^{-n}=\left(\dfrac{a}{b}\right)^n$

$\therefore x^2+3=-(5x+1)$ $\therefore (x+1)(x+4)=0$ $\therefore$ $\boldsymbol{x=-1,\ -4}$ ← 답

(3) $x^{x^x}=(x^x)^x$ $(x>0)$에서 $x^{x^x}=x^{x^2}$

$x\neq1$일 때 $x^x=x^2$ $\therefore x=2$

$x=1$일 때 준 식은 $1^{1^1}=(1^1)^1$이므로 성립한다. 답 $\boldsymbol{x=1,\ 2}$

(4) $(x+1)^x=3^x$에서

$x\neq0$일 때 $x+1=3$ $\therefore x=2$

$x=0$일 때 준 식은 $1^0=3^0$이므로 성립한다. 답 $\boldsymbol{x=0,\ 2}$

유제 **5**-1. 다음 방정식을 풀어라.

(1) $\left(\dfrac{1}{2}\right)^{x-7}=16$ (2) $\left(\dfrac{1}{9}\right)^x=3\sqrt[4]{3}$ (3) $\dfrac{3^{x^2+1}}{3^{x-1}}=81$

(4) $x^{\sqrt{x}}=(\sqrt{x})^x$ (단, $x>0$) (5) $(x-2)^{x-3}=5^{x-3}$ (단, $x>2$)

답 (1) $\boldsymbol{x=3}$ (2) $\boldsymbol{x=-\dfrac{5}{8}}$ (3) $\boldsymbol{x=-1,\ 2}$ (4) $\boldsymbol{x=1,\ 4}$ (5) $\boldsymbol{x=3,\ 7}$

필수 예제 5-2 다음 방정식을 풀어라.

(1) $4^{x+1}-5\times2^{x+2}+16=0$ (2) $\sqrt{5^x}+3\sqrt{5^{-x}}=4$

(3) $\left(\sqrt{4+\sqrt{15}}\right)^x+\left(\sqrt{4-\sqrt{15}}\right)^x=8$

정석연구 (1) $4^{x+1}=4^x\times4=4(2^x)^2$, $2^{x+2}=2^x2^2$이므로 $2^x=t\ (t>0)$로 놓는다.

(2) $\sqrt{5^x}=t\ (t>0)$로 놓는다.

(3) $\sqrt{4+\sqrt{15}}\sqrt{4-\sqrt{15}}=\sqrt{(4+\sqrt{15})(4-\sqrt{15})}=\sqrt{16-15}=1$이므로

$\sqrt{4+\sqrt{15}}=t$로 놓으면 $\Longrightarrow$ $\sqrt{4-\sqrt{15}}=t^{-1}$

임을 이용하여 준 방정식을 치환한다.

정석 항이 세 개 이상인 지수방정식
$\Longrightarrow$ 공통부분을 만들어 치환하여라.

모범답안 (1) $4^{x+1}-5\times2^{x+2}+16=0$에서 $4(2^x)^2-20\times2^x+16=0$

여기에서 $2^x=t$로 놓으면 $t>0$이고,

$4t^2-20t+16=0$ $\therefore$ $t=1, 4$

$\therefore$ $2^x=1, 4$ $\therefore$ $\boldsymbol{x=0,\ 2}$ ← 답

(2) $\sqrt{5^x}=t$로 놓으면 $t>0$이고, $\sqrt{5^{-x}}=\left(\sqrt{5^x}\right)^{-1}=t^{-1}$

따라서 준 방정식은 $t+3t^{-1}=4$

$\therefore$ $t^2-4t+3=0$ $\therefore$ $t=1, 3$

$\therefore$ $\sqrt{5^x}=1, 3$ $\therefore$ $5^x=1, 9$ $\therefore$ $\boldsymbol{x=0,\ 2\log_5 3}$ ← 답

(3) $\sqrt{4+\sqrt{15}}=t$로 놓으면 $\sqrt{4-\sqrt{15}}=\dfrac{1}{\sqrt{4+\sqrt{15}}}=t^{-1}$

따라서 준 방정식은 $t^x+t^{-x}=8$ $\therefore$ $(t^x)^2-8t^x+1=0$

근의 공식에 대입하면 $t^x=4\pm\sqrt{15}$

$t^2=4+\sqrt{15}$, $t^{-2}=4-\sqrt{15}$이므로 $\boldsymbol{x=\pm2}$ ← 답

유제 **5**-2. 다음 x에 관한 방정식을 풀어라.

(1) $2^{2x+1}+2^{3x}=5\times2^{x+4}$ (2) $4^{x+1}+2^{x+2}-3=0$

(3) $2^x-2^{3-x}=2$ (4) $\sqrt{3^x}+2\sqrt{3^{-x}}=3$

(5) $2a^{2x}-5a^x-3=0$ (단, $a>0$, $a\neq1$) (6) $(2+\sqrt{3})^x+(2-\sqrt{3})^x=4$

답 (1) $\boldsymbol{x=3}$ (2) $\boldsymbol{x=-1}$ (3) $\boldsymbol{x=2}$
(4) $\boldsymbol{x=0,\ 2\log_3 2}$ (5) $\boldsymbol{x=\log_a 3}$ (6) $\boldsymbol{x=\pm1}$

유제 **5**-3. $2^x-2^{-x}=2$일 때, 8^x의 값을 구하여라. 답 $\boldsymbol{7+5\sqrt{2}}$

필수 예제 5-3 다음 연립방정식을 풀어라.

(1) $\begin{cases} 2^x+2^y=12 \\ 2^{x+y}=32 \end{cases}$ (2) $\begin{cases} 2^{x+3}+9^{y+1}=35 \\ 8^{\frac{x}{3}}+3^{2y+1}=5 \end{cases}$ (3) $\begin{cases} 5^{2x}4^{y+1}=25 \\ 4^x5^{2y}=1 \end{cases}$

정석연구 (1) $2^x=X$, $2^y=Y$로 치환하여 먼저 X, Y에 관한 연립방정식을 푼다.

(2) $2^x=X$, $9^y=Y$로 치환하여 먼저 X, Y에 관한 연립방정식을 푼다.

(3) 밑을 같게 할 수 없으므로 양변의 로그를 잡아서 푼다.

정석 밑을 같게 할 수 없을 때 $\Longrightarrow$ 양변의 로그를 잡아라.

모범답안 (1) $2^x=X(X>0)$, $2^y=Y(Y>0)$로 놓으면 $X+Y=12$, $XY=32$

연립하여 풀면 $X=4$, $Y=8$ 또는 $X=8$, $Y=4$

$X=4$, $Y=8$일 때 $2^x=4$, $2^y=8$ $\therefore$ $\boldsymbol{x=2,\ y=3}$

$X=8$, $Y=4$일 때 $2^x=8$, $2^y=4$ $\therefore$ $\boldsymbol{x=3,\ y=2}$ ← 답

(2) $2^x=X(X>0)$, $9^y=Y(Y>0)$로 놓으면 $8X+9Y=35$, $X+3Y=5$

연립하여 풀면 $X=4$, $Y=\dfrac{1}{3}$

$\therefore$ $2^x=4$, $9^y=\dfrac{1}{3}$ $\therefore$ $\boldsymbol{x=2,\ y=-\dfrac{1}{2}}$ ← 답

*Note $2^x=X$, $3^y=Y$로 놓고 풀어도 된다.

(3) $5^{2x}4^{y+1}=25$에서 양변의 상용로그를 잡으면

$2x\log5+(y+1)\log4=\log25$ $\therefore$ $x\log5+(y+1)\log2=\log5$

$\therefore$ $x\log5+y\log2=\log5-\log2$ ……①

$4^x5^{2y}=1$에서 양변의 상용로그를 잡으면

$x\log4+2y\log5=0$ $\therefore$ $x\log2+y\log5=0$ ……②

①$\times\log5-$②$\times\log2$하면

$x\left\{(\log5)^2-(\log2)^2\right\}=(\log5)(\log5-\log2)$

$\therefore$ $x(\log5+\log2)=\log5$ $\therefore$ $x=\log5$

이 값을 ②에 대입하면 $\log5\times\log2+y\log5=0$ $\therefore$ $y=-\log2$

답 $\boldsymbol{x=\log5,\ y=-\log2}$

유제 5-4. 다음 연립방정식을 풀어라.

(1) $\begin{cases} x+y=3 \\ 3^x+3^y=12 \end{cases}$ (2) $\begin{cases} 2^{9-8x}=8^{y-5} \\ 3^y=9^{x-3} \end{cases}$ (3) $\begin{cases} 2^x5^y=1 \\ 5^{x+1}2^y=2 \end{cases}$

답 (1) $\boldsymbol{x=1,\ y=2}$ 또는 $\boldsymbol{x=2,\ y=1}$ (2) $\boldsymbol{x=3,\ y=0}$

(3) $\boldsymbol{x=-\log5,\ y=\log2}$

필수 예제 5-4 다음 물음에 답하여라.

(1) 지수방정식 $3^x+3^{-x}=t$의 서로 다른 실근의 개수를 조사하여라.

(2) 지수방정식 $9^x+9^{-x}+2a(3^x+3^{-x})+2a^2-2=0$이 서로 다른 두 실근을 가질 때, 실수 a의 값의 범위를 구하여라.

[정석연구] (1) $y=3^x+3^{-x}$의 그래프를 이용한다.

정석 실근의 개수에 관한 문제 ⟹ 그래프를 이용한다.

(2) $9^x+9^{-x}=(3^x)^2+(3^{-x})^2=(3^x+3^{-x})^2-2\times3^x\times3^{-x}=(3^x+3^{-x})^2-2$

이므로 $3^x+3^{-x}=t$로 치환한 다음 (1)의 결과를 이용한다.

[모범답안] (1) $y_1=3^x+3^{-x}$과 $y_2=t$의 그래프의 교점의 개수를 조사하면 오른쪽 그림에서

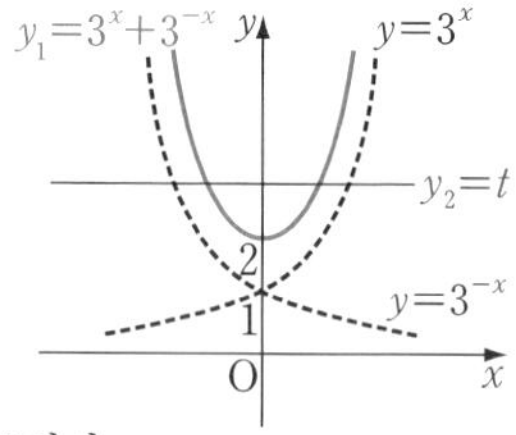

$t>2$일 때 **2**
$t=2$일 때 **1** ← [답]
$t<2$일 때 **0**

*Note $3^x+3^{-x}\ge2\sqrt{3^x\times3^{-x}}=2$이므로 $3^x+3^{-x}=t$의 실근이 존재하기 위한 조건은 $t\ge2$이다.

(2) $9^x+9^{-x}=(3^x+3^{-x})^2-2$이므로 $3^x+3^{-x}=t$로 놓으면

$$t^2-2+2at+2a^2-2=0 \quad \therefore\ t^2+2at+2a^2-4=0 \quad \cdots\cdots ①$$

(1)의 결과에 따라 준 방정식이 서로 다른 두 실근을 가지려면 ①이 2보다 큰 중근을 가지거나 2보다 큰 근과 2보다 작은 근을 가지면 된다.

(i) 2보다 큰 중근을 가질 때

$$-a>2\text{이고}\quad D/4=a^2-(2a^2-4)=0 \qquad ⇦\ 축 : t=-a$$

그런데 이 조건을 만족시키는 a의 값은 없다.

(ii) 2보다 큰 근과 2보다 작은 근을 가질 때

$f(t)=t^2+2at+2a^2-4$라고 하면 $f(2)<0$

$$\therefore\ 2^2+2a\times2+2a^2-4<0 \quad \therefore\ -2<a<0$$

(i), (ii)에서 $\boldsymbol{-2<a<0}$ ← [답]

[유제] **5**-5. 다음 지수방정식을 풀어라.

$6(4^x+4^{-x})-35(2^x+2^{-x})+62=0$ [답] $\boldsymbol{x=\pm1,\ \pm\log_2 3}$

[유제] **5**-6. x에 관한 지수방정식 $2^{2x}+2^{x+1}\times a+3-2a=0$이 서로 다른 두 실근을 가질 때, 실수 a의 값의 범위를 구하여라. [답] $\boldsymbol{a<-3}$

[유제] **5**-7. x에 관한 지수방정식 $4^{x+a}-2^{x+b}+2^{2a+2}=0$이 오직 하나의 실근을 가질 때, 이 실근을 구하여라. 단, a, b는 실수이다. [답] $\boldsymbol{x=1}$

§ 2. 로그방정식

기본정석

로그방정식의 해법

(1) $\log_a f(x)=\log_a g(x)$의 꼴 또는 $\log_a f(x)=b$의 꼴로 정리한 다음

정석 $\log_a f(x)=\log_a g(x) \iff f(x)=g(x)$ 단, $f(x)>0$, $g(x)>0$
$\log_a f(x)=b \iff a^b=f(x)$

를 이용하여 푼다.

(2) $\log_a x=X$로 치환하여 푼다.

(3) 양변의 로그를 잡아 푼다.

Advice | 로그의 진수 또는 밑에 미지수를 포함한 방정식을 **로그방정식**이라고 한다. 다음 **보기**는 로그방정식의 기본 유형이다.

보기 1 방정식 $\log x+\log(x-3)=1$을 풀어라.

첫째 — $\log_a X=b$ 꼴로 만들면	첫째 — $\log_a X=\log_a X'$ 꼴로 만들면
$\log x(x-3)=1$	$\log x(x-3)=\log 10$
둘째 — 지수 형식으로 변형하면	둘째 — log가 없는 꼴로 만들면
$x(x-3)=10^1 \quad \therefore x=-2, 5$	$x(x-3)=10 \quad \therefore x=-2, 5$

셋째 — 여기에서 구한 해가 원래 방정식을 만족시키는가 검토한다. 곧,

$x=-2$는 원래 방정식의 진수를 음수가 되게 하므로 해가 아니다.

따라서 구하는 해는 $\boldsymbol{x=5}$

**Note* 이와 같이 로그방정식에서는 구한 해가

(진수)>0, (밑)>0, (밑)$\neq 1$

을 만족시키는가를 확인해야 하고, 그 과정을 풀이 과정에서 밝혀야 한다.

보기 2 다음 방정식을 풀어라.

(1) $\log x^2=3-(\log x)^2$ (2) $x^{\log x}=x$

연구 (1) $\log x=X$로 놓으면 $2X=3-X^2 \quad \therefore X=-3, 1$

$\therefore \log x=-3, 1 \quad \therefore \boldsymbol{x=10^{-3}, 10}$

(2) 양변의 상용로그를 잡으면 $\log x^{\log x}=\log x$

$\therefore \log x\times\log x=\log x \quad \therefore (\log x)^2-\log x=0$

$\therefore (\log x)(\log x-1)=0 \quad \therefore \log x=0, 1 \quad \therefore \boldsymbol{x=1, 10}$

필수 예제 **5**-5 다음 방정식을 풀어라.

(1) $\log_3(x^2+6x+5)-\log_3(x+3)=1$

(2) $(1-\log_{20}x)\log_{10}x=\log_{20}2$

(3) $\log_x(x+1)-2\log_{x+1}x=1$ (단, $x>1$)

정석연구 (1) $-\log_3(x+3)$을 우변으로 이항하여 정리해 본다. 이때, 다음 **정석**에 유의한다.

정석 로그방정식에서는 ⟹ (진수)$>$**0**, (밑)$>$**0**, (밑)$\neq$**1**

(2) 밑을 10 또는 20으로 통일해 보자.

(3) $\log_x(x+1)=\mathrm{X}$로 놓으면 $\log_{x+1}x=\dfrac{1}{\mathrm{X}}$임을 이용해 보자.

정석 $\boldsymbol{\log_a b=\dfrac{\log_c b}{\log_c a}}$, $\boldsymbol{\log_a b=\dfrac{1}{\log_b a}}$

모범답안 (1) 준 방정식에서 $\log_3(x^2+6x+5)=1+\log_3(x+3)$

$\log_3(x^2+6x+5)=\log_3 3(x+3)$ $\quad\therefore\ x^2+6x+5=3(x+3)$

$\therefore\ (x+4)(x-1)=0$ $\quad\therefore\ x=-4,\ 1$

그런데 $x=-4$는 진수를 음수가 되게 하므로 해가 아니다. 답 $\boldsymbol{x=1}$

(2) $\log_{20}x=\dfrac{\log_{10}x}{\log_{10}20}=\dfrac{\log_{10}x}{1+\log_{10}2}$이므로 $\log_{10}x=\mathrm{X}$로 놓으면

$$\left(1-\frac{\mathrm{X}}{1+\log_{10}2}\right)\mathrm{X}=\frac{\log_{10}2}{1+\log_{10}2}$$

양변에 $1+\log_{10}2$를 곱하고 정리하면 $\mathrm{X}^2-(1+\log_{10}2)\mathrm{X}+\log_{10}2=0$

$\therefore\ (\mathrm{X}-1)(\mathrm{X}-\log_{10}2)=0$ $\quad\therefore\ \mathrm{X}=1,\ \log_{10}2$

$\therefore\ \log_{10}x=1,\ \log_{10}2$ $\quad\therefore\ \boldsymbol{x=10,\ 2}$ ← 답

(3) $\log_x(x+1)=\mathrm{X}$로 놓으면 $\mathrm{X}-\dfrac{2}{\mathrm{X}}=1$ $\quad\therefore\ \mathrm{X}^2-\mathrm{X}-2=0$

$\mathrm{X}>0$이므로 $\mathrm{X}=2$ ⇦ $x>1$이므로 $\log_x(x+1)>0$

$\therefore\ \log_x(x+1)=2$ $\quad\therefore\ x^2=x+1$ $\quad\therefore\ x^2-x-1=0$

$x>1$이므로 $\boldsymbol{x=\dfrac{1+\sqrt{5}}{2}}$ ← 답

유제 **5**-8. 다음 방정식을 풀어라.

(1) $\log_3(x-3)=\log_9(x-1)$

(2) $\log\sqrt{5x+5}=1-\dfrac{1}{2}\log(2x-1)$

(3) $2\log_2 x-3\log_x 2+5=0$

(4) $\log_3(\log_2 x)+2\log_9(\log_7 8)=9^{\log_9 2}$

답 (1) $\boldsymbol{x=5}$ (2) $\boldsymbol{x=3}$ (3) $\boldsymbol{x=\dfrac{1}{8},\ \sqrt{2}}$ (4) $\boldsymbol{x=343}$

필수 예제 **5**-6 다음 방정식을 풀어라.

(1) $x^{\log x}-\dfrac{1000}{x^2}=0$ (2) $9^{\log x}\times x^{\log 9}-2(9^{\log x}+x^{\log 9})+3=0$

정석연구 (1) $x^{\log x}$은 밑과 지수에 모두 미지수를 포함하고 있다. 따라서 $-\dfrac{1000}{x^2}$을 우변으로 이항한 다음 양변의 상용로그를 잡아 보아라.

정석 밑과 지수에 모두 미지수가 있으면 ⟹ 로그를 잡아라.

(2) $x^{\log 9}=9^{\log x}$임을 이용하면 쉽게 풀 수 있다.

정석 $a^{\log_b c}=c^{\log_b a}$

모범답안 (1) 준 방정식에서 $x^{\log x}=\dfrac{1000}{x^2}$

양변의 상용로그를 잡으면 $\log x^{\log x}=\log\dfrac{1000}{x^2}$

$\therefore \log x\times\log x=\log 1000-\log x^2$ $\therefore (\log x)^2+2\log x-3=0$

$\therefore (\log x-1)(\log x+3)=0$ $\therefore \log x=1,\ -3$

$\therefore$ $\boldsymbol{x=10,\ 0.001}$ ← 답

(2) $x^{\log 9}=9^{\log x}$이므로 $9^{\log x}\times 9^{\log x}-2(9^{\log x}+9^{\log x})+3=0$

$\therefore (9^{\log x})^2-4\times 9^{\log x}+3=0$ $\therefore (9^{\log x}-1)(9^{\log x}-3)=0$

$\therefore 9^{\log x}=1$ 또는 $9^{\log x}=3$

$9^{\log x}=1$일 때 $\log x=0$ $\therefore x=1$

$9^{\log x}=3$일 때 $3^{2\log x}=3$ $\therefore 2\log x=1$ $\therefore x=\sqrt{10}$

답 $\boldsymbol{x=1,\ \sqrt{10}}$

Advice | 일반적으로는 $\log x^2\neq 2\log x$이다. 왜냐하면 $\log x^2$은 $x^2>0$, 곧 $x\neq 0$일 때 정의되고, $2\log x$는 $x>0$일 때 정의되기 때문이다. 따라서 $\log x^2=2\log|x|$이다.

그러나 (1)에서는 문제의 식 중에 $\log x$가 있으므로 $x>0$인 조건이 주어진 것과 같다. 그러므로 $\log x^2=2\log x$로 풀어도 된다. p. 61의 **보기 2**의 (1)의 풀이도 마찬가지이다.

유제 **5**-9. 다음 방정식을 풀어라.

(1) $x^{\log_3 x-2}=27$ (2) $x^{2\log x}-100x^3=0$

(3) $10^{3\log x}=2x+1$ (4) $2^{\log x}\times x^{\log 2}-3x^{\log 2}-2^{1+\log x}+4=0$

답 (1) $\boldsymbol{x=\dfrac{1}{3},\ 27}$ (2) $\boldsymbol{x=100,\ \dfrac{1}{\sqrt{10}}}$ (3) $\boldsymbol{x=\dfrac{1+\sqrt{5}}{2}}$ (4) $\boldsymbol{x=1,\ 100}$

필수 예제 5-7 다음 x, y에 관한 방정식을 풀어라.

(1) $\begin{cases} \log_x 4-\log_y 2=2 \\ \log_x 16+\log_y 8=-1 \end{cases}$ (2) $\begin{cases} \log_x y^2+\log_y x^2=5 \\ \log_a xy=3 \end{cases}$

(3) $\log_x xy\times\log_y xy+\log_x(x-y)\times\log_y(x-y)=0$

정석연구 (1) $\log_x 4=\mathrm{X}$, $\log_y 2=\mathrm{Y}$로 놓는다.

(2) 주어진 식을 a를 밑으로 하는 로그로 변형하여 $\log_a x$, $\log_a y$에 관한 연립방정식을 생각한다.

(3) 부정방정식이다. 이때, $\log \mathrm{X}\,(\mathrm{X}>0)$는 실수이므로 다음을 이용한다.

정석 $\mathbf{A}$, $\mathbf{B}$가 실수일 때, $\mathbf{A^2+B^2=0 \iff A=0,\ B=0}$

모범답안 (1) $\log_x 4=\mathrm{X}$, $\log_y 2=\mathrm{Y}$로 놓으면

$\mathrm{X}-\mathrm{Y}=2$, $2\mathrm{X}+3\mathrm{Y}=-1$ $\quad\therefore\ \mathrm{X}=1,\ \mathrm{Y}=-1$

$\therefore\ \log_x 4=1,\ \log_y 2=-1$ $\quad\therefore\ \boldsymbol{x=4,\ y=\frac{1}{2}}$ ← 답

(2) 준 방정식에서 $\dfrac{2\log_a y}{\log_a x}+\dfrac{2\log_a x}{\log_a y}=5$, $\log_a x+\log_a y=3$

$\log_a x=\mathrm{X}$, $\log_a y=\mathrm{Y}$로 놓으면 $\dfrac{2\mathrm{Y}}{\mathrm{X}}+\dfrac{2\mathrm{X}}{\mathrm{Y}}=5$, $\mathrm{X}+\mathrm{Y}=3$

연립하여 풀면 $\mathrm{X}=1,\ \mathrm{Y}=2$ 또는 $\mathrm{X}=2,\ \mathrm{Y}=1$

$\therefore\ \boldsymbol{x=a,\ y=a^2}$ 또는 $\boldsymbol{x=a^2,\ y=a}$ ← 답

(3) 밑을 10으로 변형하면

$$\frac{\log xy}{\log x}\times\frac{\log xy}{\log y}+\frac{\log(x-y)}{\log x}\times\frac{\log(x-y)}{\log y}=0$$

$\therefore\ \dfrac{(\log xy)^2+\{\log(x-y)\}^2}{\log x\times\log y}=0$ $\quad\therefore\ (\log xy)^2+\{\log(x-y)\}^2=0$

$\therefore\ \log xy=0,\ \log(x-y)=0$ $\quad\therefore\ xy=1,\ x-y=1$

진수와 밑의 조건에서 $x>y>0$, $x\neq1$, $y\neq1$이므로

$\boldsymbol{x=\frac{\sqrt{5}+1}{2},\ y=\frac{\sqrt{5}-1}{2}}$ ← 답

유제 **5**-10. 다음 연립방정식을 풀어라.

(1) $\begin{cases} x-2y=8 \\ \log x+\log y=1 \end{cases}$ (2) $\begin{cases} \log_x 3+\log_y 9=3 \\ \log_x 27-\log_y 3=2 \end{cases}$ (3) $\begin{cases} \log_x y^2-\log_y x+1=0 \\ \log x\times\log y=8 \end{cases}$

답 (1) $\boldsymbol{x=10,\ y=1}$ (2) $\boldsymbol{x=3,\ y=3}$ (3) $\boldsymbol{x=10^4,\ y=10^2}$ 또는 $\boldsymbol{x=10^{-4},\ y=10^{-2}}$

유제 **5**-11. 방정식 $\{\log(x+y)-1\}^2+(\log x+\log y-\log 24)^2=0$을 풀어라.

답 $\boldsymbol{x=4,\ y=6}$ 또는 $\boldsymbol{x=6,\ y=4}$

필수 예제 5-8 x에 관한 방정식 $a\log x+b=c\log_x 10$에서 b를 잘못 보고 풀었더니 두 근이 $\sqrt{10}$, 0.01이었고, 또 c를 잘못 보고 풀었더니 두 근이 100, 0.01이었다. 옳은 근을 구하여라.

정석연구 $\log_x 10=\dfrac{1}{\log x}$이므로 준 방정식은 $a\log x+b=\dfrac{c}{\log x}$

곧, $a(\log x)^2+b\log x-c=0$

이 방정식의 두 근을 α, β라고 하면

$$a(\log\alpha)^2+b\log\alpha-c=0,\quad a(\log\beta)^2+b\log\beta-c=0$$

이므로 t에 관한 이차방정식 $at^2+bt-c=0$의 두 근은 $\log\alpha$, $\log\beta$이다.

정석 $\boldsymbol{a(\log x)^2+b\log x+c=0}$의 두 근을 $\boldsymbol{\alpha}$, $\boldsymbol{\beta}$라고 하면
$\boldsymbol{at^2+bt+c=0}$의 두 근은 $\boldsymbol{\log\alpha}$, $\boldsymbol{\log\beta}$이다.

모범답안 준 방정식을 변형하면 $a(\log x)^2+b\log x-c=0$

이 방정식의 두 근을 α, β라고 하면 이차방정식 $at^2+bt-c=0$ …① 의 두 근은 $\log\alpha$, $\log\beta$이다.

(i) b를 b'으로 잘못 보았다고 하면 $at^2+b't-c=0$ ……②

의 두 근은 $\log\sqrt{10}$, $\log 0.01$ 곧, $\dfrac{1}{2}$, -2

(ii) c를 c'으로 잘못 보았다고 하면 $at^2+bt-c'=0$ ……③

의 두 근은 $\log 100$, $\log 0.01$ 곧, 2, -2

위에서 ①과 ③은 두 근의 합이 같으므로

$\log\alpha+\log\beta=2+(-2)=0$ 곧, $\log\alpha\beta=0$ $\therefore\ \alpha\beta=1$ ……④

또, ①과 ②는 두 근의 곱이 같으므로

$\log\alpha\times\log\beta=\dfrac{1}{2}\times(-2)=-1$ 곧, $\log\alpha\times\log\beta=-1$ ……⑤

④에서의 $\beta=\dfrac{1}{\alpha}$을 ⑤에 대입하면 $\log\alpha\times\log\dfrac{1}{\alpha}=-1$

$\therefore\ (\log\alpha)^2=1$ $\therefore\ \log\alpha=\pm1$ $\therefore\ \alpha=10$ 또는 $\alpha=0.1$

$\alpha=10$일 때 $\beta=0.1$, $\alpha=0.1$일 때 $\beta=10$ 답 $\boldsymbol{x=10,\ 0.1}$

***Note** ④와 ⑤에서 연립방정식 $\begin{cases}\log\alpha+\log\beta=0\\ \log\alpha\times\log\beta=-1\end{cases}$을 풀어도 된다.

유제 **5**-12. x에 관한 방정식 $\log x+a\log_x 10=b$를 푸는데, A는 a를 잘못 보아 중근 100을, B는 b를 잘못 보아 두 근 $\sqrt{1000}$, 100을 얻었다. 옳은 근을 구하여라. 답 $\boldsymbol{x=10,\ 1000}$

연습문제 5

기본 **5-1** 다음 물음에 답하여라.

(1) $12^x 6^y = 288$을 만족시키는 정수 x, y의 값을 구하여라.

(2) $(x^2-x-1)^{x+2}=1$을 만족시키는 정수 x의 값을 구하여라.

5-2 지수방정식 $3^{x+1}+3^{x-1}+3^{x-2}=5^x+5^{x-1}+5^{x-2}$의 해를 구하여라.

5-3 다음 x에 관한 지수방정식의 두 근의 합을 구하여라. 단, $a>1$이다.

$$a^{2x+1}-2a^{x+2}+a=0$$

5-4 지수방정식 $(4^x+4^{-x})-(2^x+2^{-x})-4=0$의 두 근을 α, β라고 할 때, $2^\alpha+2^\beta$의 값을 구하여라.

5-5 다음 x에 관한 방정식을 풀어라.

(1) $\log_2\left|\log_2|\log_2 x|\right|=0$ (2) $2^{\log_4(\log_2 x+2)}=\log_2 x+2$

(3) $\log_a\dfrac{1}{3}(x+1)+\log_{a^2}(x^2+4x+4)=\log_a(\log_{a^3} a)$

(4) $(\log_2 x)^3+\log_2 x^3=4(\log_2 x)^2+\log_2 x$

(5) $x+\log(1+2^x)=x\log 5+\log 6$

5-6 다음 연립방정식을 풀어라.

(1) $\begin{cases} 3^x 2^y=576 \\ \log_{\sqrt{2}}(y-x)=4 \end{cases}$ (2) $\begin{cases} \log_{\sqrt{5}}(x-2y)=2 \\ \log_2(x-5)=\log_4(2y+3)+1 \end{cases}$

5-7 다음 연립방정식을 풀어라.

(1) $\begin{cases} xy=10^5 \\ x^{\log y}=10^6 \text{ (단, } x\ge y>0) \end{cases}$ (2) $\begin{cases} x^{2x+2y}=y^5 \\ y^{2x+2y}=x^5 \text{ (단, } x>0,\ y>0) \end{cases}$

(3) $\begin{cases} y^2 10^{1+\log x}=10^{2+\log 5} \\ 2^{2x+y}=8^{y-x} \end{cases}$ (4) $\begin{cases} 2\log x=\log y=-2\log z \\ xyz=10 \end{cases}$

5-8 다음 등식을 만족시키는 양의 정수 x, y의 값을 구하여라.

$$\log_2(x-y)+1=\log_2 x+\log_2 y-\log_2 3$$

5-9 x에 관한 방정식 $(\log x)^2+a\log x+a+2=0$의 한 근이 다른 근의 제곱과 같도록 상수 a의 값을 정하여라.

5-10 곡선 $y=\log_2 4x$ 위의 두 점 A, B와 곡선 $y=\log_2 x$ 위의 점 C에 대하여 선분 AC가 y축에 평행하고, △ABC가 정삼각형이다. 점 B의 y좌표를 q라고 할 때, 2^q의 값을 구하여라.

5-11 x에 관한 이차방정식 $x^2-4mx+m^2=0$의 두 양의 실근을 α, β라고 할 때, $\log_m \alpha+\log_{m^2}\beta=2$를 만족시키는 상수 m의 값을 구하여라.

실력 **5-12** 다음 방정식을 풀어라.

(1) $2^{|x+2|}-|2^{x+1}-1|=2^{x+1}+1$ (2) $2^{x^2}3^x=144$

(3) $(2^x-4)^3+(4^x-2)^3=(4^x+2^x-6)^3$

5-13 다음 등식을 만족시키는 양의 정수 m, n의 값을 구하여라.

$$3^n+117^2=m^2$$

5-14 다음 방정식의 실근의 개수를 구하여라.

$$4^x+5^x=9^x(4x-x^2)$$

5-15 지수방정식 $9^x+2a\times3^x+2a^2+a-6=0$이 양의 실근 한 개, 음의 실근 한 개를 가질 때, 실수 a의 값의 범위를 구하여라.

5-16 x에 관한 방정식 $|\log x|=ax+b$가 세 실근을 가지고, 세 실근의 비가 $1:2:3$일 때, 가장 작은 근을 구하여라.

5-17 다음 연립방정식을 풀어라.

(1) $\begin{cases} 5^z-2^{x+1}3^y=-139 \\ 4^x+9^y+5^z=150 \\ 2^x+5^z=13 \end{cases}$ (2) $\begin{cases} 4^x+(\log xy)^2=68 \\ 2^x+\log y=8+\log\dfrac{100}{x} \end{cases}$

5-18 다음 연립방정식을 풀어라.

(1) $\begin{cases} 13\times2^x-2^y+24=0 \\ \log_3(y+2)=1+\log_3 x \end{cases}$ (2) $\begin{cases} x^2\log_2 y+y\log_4 x=2 \\ \log_2 x+\log_4(\log_2 y)=\dfrac{1}{2} \end{cases}$

5-19 다음 세 등식을 동시에 만족시키는 1이 아닌 세 양수 x, y, z의 값을 구하여라. 단, $x\le y\le z$이다.

$$\log_y z+\log_z x+\log_x y=\frac{7}{2},\quad \log_z y+\log_x z+\log_y x=\frac{7}{2},\quad xyz=2^{10}$$

5-20 다음 방정식을 풀어라.

$$(\log y)^2+(2^{x+1}+2^{-x+1})\log y+2^{2x+1}+2^{-2x+1}=0$$

5-21 x에 관한 방정식 $x^{1-\log x}=\sqrt{a}$가 서로 다른 두 실근을 가지도록 하는 양수 a의 값의 범위와 이때 두 실근의 곱을 구하여라.

5-22 x에 관한 방정식 $\log_2 x-\log_4(x+a)=1$이 서로 다른 두 실근을 가질 때, 실수 a의 값의 범위를 구하여라.

5-23 다음 x에 관한 이차방정식이 공통근을 가지도록 상수 a의 값을 정하여라.

$$x^2+x\log 2a+\log(a+1)=0,\quad x^2+x\log(a+1)+\log 2a=0$$

⑥. 지수부등식과 로그부등식

§1. 지수부등식과 로그부등식

기본정석

1 지수부등식의 해법의 기본

(1) 지수방정식을 풀 때와 같은 방법으로 푼다.

(2) $a^{\mathrm{M}}>a^{\mathrm{N}}$에서 M, N의 대소는

$a>1$일 때 $a^{\mathrm{M}}>a^{\mathrm{N}} \Longleftrightarrow \mathrm{M}>\mathrm{N}$ ⇦ 부등호 방향이 그대로

$0<a<1$일 때 $a^{\mathrm{M}}>a^{\mathrm{N}} \Longleftrightarrow \mathrm{M}<\mathrm{N}$ ⇦ 부등호 방향이 반대로

2 로그부등식의 해법의 기본

(1) 로그방정식을 풀 때와 같은 방법으로 푼다.

(2) $\log_a \mathrm{M}>\log_a \mathrm{N}$에서 M, N의 대소는

$a>1$일 때 $\log_a \mathrm{M}>\log_a \mathrm{N} \Longleftrightarrow \mathrm{M}>\mathrm{N}\ (\mathrm{M}>0,\ \mathrm{N}>0)$

$0<a<1$일 때 $\log_a \mathrm{M}>\log_a \mathrm{N} \Longleftrightarrow \mathrm{M}<\mathrm{N}\ (\mathrm{M}>0,\ \mathrm{N}>0)$

Advice 1° 지수부등식의 해법

지수에 미지수를 포함한 부등식을 지수부등식이라고 한다. $a^{\mathrm{M}}>a^{\mathrm{N}}$에서 M, N의 대소 관계는 지수함수의 그래프의 성질에서 확인해 보아라.

보기 1 다음 지수부등식을 풀어라.

(1) $\dfrac{1}{4}\le\left(\dfrac{1}{8}\right)^x<16$ (2) $\left(\dfrac{1}{3}\right)^{3x+1}>\left(\dfrac{1}{3}\right)^{x+5}$

(3) $2^x>3$ (4) $2^{2x}+2^{x+3}-48<0$

연구 (1) $2^{-2}\le2^{-3x}<2^4 \quad \therefore -2\le-3x<4 \quad \therefore -\dfrac{4}{3}<x\le\dfrac{2}{3}$

(2) 준 부등식에서 $3x+1<x+5$ (부등호 방향이 반대로) $\quad \therefore x<2$

(3) 양변의 상용로그를 잡으면

$$\log 2^x>\log 3 \quad \therefore x\log 2>\log 3 \quad \therefore x>\frac{\log 3}{\log 2}$$

(4) $2^x=t\ (t>0)$로 놓으면 $t^2+8t-48<0 \quad \therefore (t+12)(t-4)<0$

$t>0$이므로 $t-4<0 \quad \therefore t<4$ 곧, $2^x<2^2 \quad \therefore x<2$

Advice 2° 로그부등식의 해법

로그의 진수 또는 밑에 미지수를 포함한 부등식을 로그부등식이라고 한다.

$\log_a M > \log_a N$에서 M, N의 대소 관계는 로그함수의 그래프의 성질에서 확인해 보아라.

로그부등식을 푸는 방법도 로그방정식을 푸는 방법과 비슷하지만, 로그부등식에서는 로그 조건(진수, 밑에 대한 조건)을 먼저 살피고 나서 이 조건에서 부등식을 푸는 것이 편리하다.

보기 2 다음 로그부등식을 풀어라.

(1) $\log_2(x-1) > \log_2(3-x)$ (2) $\log_{0.5}(x-4)^2 > \log_{0.5}(x-2)$

연구 $\log_a f(x) > \log_a g(x)$의 꼴

(1) 첫째 : 진수가 양수가 되는 x의 값의 범위를 구한다.

곧, $x-1>0,\ 3-x>0 \quad \therefore 1<x<3$ ……①

둘째 : 로그를 없앤 부등식을 만들고 이것을 푼다.

곧, $x-1>3-x \quad \therefore x>2$ ……②

셋째 : 첫째와 둘째의 공통 범위를 구한다.

곧, ①, ②의 공통 범위를 구하면 $\mathbf{2<x<3}$

(2) 진수는 양수이므로 ⇦ 위의 (1)의 순서에 따른다.

$(x-4)^2>0,\ x-2>0 \quad \therefore x\neq 4,\ x>2$ ……①

또, 준 부등식의 로그를 없애면 ⇦ 이때, 부등호의 방향이 바뀐다.

$(x-4)^2<x-2 \quad \therefore x^2-9x+18<0 \quad \therefore 3<x<6$ ……②

①, ②의 공통 범위를 구하면 $\mathbf{3<x<4,\ 4<x<6}$

보기 3 다음 부등식을 풀어라.

(1) $(\log x)^2 < \log x^2$ (2) $x^{\log x} > x$

연구 $\log_a x = t$로 치환하는 꼴, 양변의 로그를 잡는 꼴

(1) $\log_a x = t$로 치환하는 꼴이다.

$(\log x)^2 < 2\log x$이므로 $\log x = t$로 놓으면

$t^2 < 2t \quad \therefore 0<t<2$

곧, $0<\log x<2 \quad \therefore \log 1<\log x<\log 100 \quad \therefore \mathbf{1<x<100}$

**Note* 간단한 식일 때에는 치환하지 않고 그대로 풀어도 된다.

(2) 양변의 로그를 잡는 꼴이다.

양변의 상용로그를 잡으면 $\log x^{\log x} > \log x$

$\therefore \log x \times \log x > \log x \quad \therefore (\log x)(\log x-1)>0 \quad \therefore \log x<0,\ \log x>1$

$\therefore \log x<\log 1,\ \log x>\log 10 \quad \therefore \mathbf{0<x<1,\ x>10}$

필수 예제 6-1 다음 물음에 답하여라.

(1) 부등식 $\left(\dfrac{243}{32}\right)^{-1}<\left(\dfrac{2}{3}\right)^{x^2}<\dfrac{9}{4}\left(\dfrac{8}{27}\right)^{x}$을 풀어라.

(2) $\left(\dfrac{4}{15}\right)^{n}$을 소수로 나타낼 때, 소수 10째 자리에서 처음으로 0이 아닌 숫자가 나타난다고 한다. 정수 n의 값을 구하여라.

단, $\log 2=0.3010$, $\log 3=0.4771$로 계산한다.

정석연구 (1) 밑이 모두 같도록 변형한 다음 지수를 비교한다.

이때에는 밑이 1보다 큰가 작은가를 확인해야 한다.

정석 $a>1$일 때, $a^{\mathrm{M}}>a^{\mathrm{N}} \iff \mathrm{M}>\mathrm{N}$

$0<a<1$일 때, $a^{\mathrm{M}}>a^{\mathrm{N}} \iff \mathrm{M}<\mathrm{N}$

(2) 주어진 조건은 부등식 $\dfrac{1}{10^{10}}\le\left(\dfrac{4}{15}\right)^{n}<\dfrac{1}{10^{9}}$로 나타낼 수 있다. 이 부등식에서 각 변의 밑이 다르므로 각 변의 상용로그를 잡아 풀면 된다.

모범답안 (1) $\left(\dfrac{3}{2}\right)^{-5}<\left(\dfrac{2}{3}\right)^{x^2}<\left(\dfrac{3}{2}\right)^{2}\left(\dfrac{2}{3}\right)^{3x}$ $\quad\therefore \left(\dfrac{2}{3}\right)^{5}<\left(\dfrac{2}{3}\right)^{x^2}<\left(\dfrac{2}{3}\right)^{3x-2}$

$\therefore\ 5>x^2>3x-2$

$5>x^2$에서 $-\sqrt{5}<x<\sqrt{5}$, $x^2>3x-2$에서 $x<1,\ x>2$

이므로 이들의 공통 범위는 $-\sqrt{5}<x<1,\ 2<x<\sqrt{5}$ ← 답

(2) 주어진 조건에서 $\dfrac{1}{10^{10}}\le\left(\dfrac{4}{15}\right)^{n}<\dfrac{1}{10^{9}}$

각 변의 상용로그를 잡으면 $-10\le n\log\dfrac{4}{15}<-9$

그런데 $\log\dfrac{4}{15}=\log\dfrac{8}{30}=3\log 2-(\log 3+1)=-0.5741$이므로

$\dfrac{10}{0.5741}\ge n>\dfrac{9}{0.5741}$ $\quad\therefore\ n=16,\ 17$ ← 답

유제 **6**-1. 다음 부등식을 풀어라.

(1) $\left(\dfrac{125}{8}\right)^{x}<\dfrac{16}{625}$ (2) $\dfrac{1}{16}\le\left(\dfrac{1}{8}\right)^{x}<\dfrac{1}{4}$ 답 (1) $x<-\dfrac{4}{3}$ (2) $\dfrac{2}{3}<x\le\dfrac{4}{3}$

유제 **6**-2. 다음 부등식을 만족시키는 정수 n의 값을 구하여라.

(1) $2^{n+12}<10^{10}<3^{n}$ (2) $4000<\left(\dfrac{5}{4}\right)^{n}<5000$

단, $\log 2=0.3010$, $\log 3=0.4771$로 계산한다. 답 (1) $n=21$ (2) $n=38$

유제 **6**-3. 8^{n}이 11자리 수일 때, 자연수 n의 값을 구하여라.

단, $\log 2=0.3$으로 계산한다. 답 $n=12$

필수 예제 6-2 다음 x에 관한 부등식을 풀어라.

(1) $\log(x-1)+\log(2x-3)>\log(3x+27)$

(2) $\log_a(x^2-2x)>\log_a(2-x)+1$

(3) $\log_x(4x-3)>2$

정석연구 $\log_a f(x)>\log_a g(x)$의 꼴로 변형한 다음, 아래 성질을 이용한다.

정석 $\boldsymbol{a>1}$**일 때,** $\boldsymbol{\log_a \mathrm{M}>\log_a \mathrm{N} \iff \mathrm{M}>\mathrm{N}\ (\mathrm{M}>0,\ \mathrm{N}>0)}$

$\boldsymbol{0<a<1}$**일 때,** $\boldsymbol{\log_a \mathrm{M}>\log_a \mathrm{N} \iff \mathrm{M}<\mathrm{N}\ (\mathrm{M}>0,\ \mathrm{N}>0)}$

모범답안 (1) 진수는 양수이므로

$x-1>0,\ 2x-3>0,\ 3x+27>0 \quad \therefore\ x>\dfrac{3}{2}$ ……①

또, 주어진 부등식을 변형하면

$\log(x-1)(2x-3)>\log(3x+27)$

$\therefore\ (x-1)(2x-3)>3x+27 \quad \therefore\ x>6,\ x<-2$ ……②

①, ②의 공통 범위를 구하면 $\boldsymbol{x>6}$ ← 답

(2) $\log_a(x^2-2x)>\log_a a(2-x)$에서 진수는 양수이므로

$x^2-2x>0,\ 2-x>0 \quad \therefore\ x<0$ ……①

(i) $a>1$일 때 $x(x-2)>-a(x-2)$ 곧, $(x-2)(x+a)>0$

①에서 $x-2<0$이므로 $x+a<0 \quad \therefore\ x<-a$

(ii) $0<a<1$일 때 $x(x-2)<-a(x-2)$ 곧, $(x-2)(x+a)<0$

①에서 $x-2<0$이므로 $x+a>0 \quad \therefore\ -a<x<0$

답 $\boldsymbol{a>1}$**일 때** $\boldsymbol{x<-a}$**,** $\boldsymbol{0<a<1}$**일 때** $\boldsymbol{-a<x<0}$

(3) 로그의 진수는 양수, 밑은 1이 아닌 양수이므로

$4x-3>0,\ x\neq1,\ x>0 \quad \therefore\ x\neq1,\ x>\dfrac{3}{4}$ ……①

또, 주어진 부등식을 변형하면 $\log_x(4x-3)>\log_x x^2$

(i) $x>1$일 때 $4x-3>x^2 \quad \therefore\ 1<x<3$ ……②

①, ②의 공통 범위를 구하면 $1<x<3$

(ii) $0<x<1$일 때 $4x-3<x^2 \quad \therefore\ x<1,\ x>3$

그런데 $0<x<1$이므로 $0<x<1$ ……③

①, ③의 공통 범위를 구하면 $\dfrac{3}{4}<x<1$ 답 $\boldsymbol{\dfrac{3}{4}<x<1,\ 1<x<3}$

유제 **6**-4. 다음 x에 관한 부등식을 풀어라.

(1) $\log_a(x^2-19)-\log_a(x-5)<\log_a 5$ (2) $\log_x 2>2$

답 (1) $\boldsymbol{a>1}$ **일 때 해가 없다,** $\boldsymbol{0<a<1}$ **일 때** $\boldsymbol{x>5}$ (2) $\boldsymbol{1<x<\sqrt{2}}$

필수 예제 6-3 다음 부등식을 풀어라.

(1) $\log_{\frac{1}{4}}(6x+2)\le\log_{\frac{1}{2}}(3-x)-\frac{1}{2}$ (2) $(\log_{\frac{1}{3}}x)(\log_{\frac{1}{3}}x+2)\le 3$

(3) $x^{\log_{\frac{1}{2}}x}<\frac{1}{8}x^2$

정석연구 (1) 밑을 $\frac{1}{4}$, $\frac{1}{2}$, 2 중 어느 하나로 통일한다.

(2) $\log_{\frac{1}{3}}x$를 X로 치환하거나, 한 문자로 생각한다.

(3) 밑과 지수에 모두 미지수가 있으므로 양변의 로그를 잡는다.

모범답안 (1) 진수는 양수이므로

$$6x+2>0,\ 3-x>0 \quad \therefore\ -\frac{1}{3}<x<3 \qquad \cdots\cdots①$$

이때, 준 부등식의 밑을 2로 바꾸면

$$\frac{\log_2(6x+2)}{\log_2\frac{1}{4}}\le\frac{\log_2(3-x)}{\log_2\frac{1}{2}}-\frac{1}{2}\log_2 2 \quad \therefore\ \log_2(6x+2)\ge\log_2 2(3-x)^2$$

$$\therefore\ 6x+2\ge 2(3-x)^2 \quad \therefore\ x^2-9x+8\le 0 \quad \therefore\ 1\le x\le 8 \quad \cdots\cdots②$$

①, ②의 공통 범위를 구하면 $\mathbf{1\le x<3}$ ← 답

(2) $(\log_{\frac{1}{3}}x)(\log_{\frac{1}{3}}x+2)\le 3$에서 $(\log_{\frac{1}{3}}x)^2+2\log_{\frac{1}{3}}x-3\le 0$

$$\therefore\ (\log_{\frac{1}{3}}x+3)(\log_{\frac{1}{3}}x-1)\le 0 \quad \therefore\ -3\le\log_{\frac{1}{3}}x\le 1$$

$$\therefore\ \log_{\frac{1}{3}}\left(\frac{1}{3}\right)^{-3}\le\log_{\frac{1}{3}}x\le\log_{\frac{1}{3}}\frac{1}{3} \quad \therefore\ \mathbf{\frac{1}{3}\le x\le 27} \leftarrow \text{답}$$

(3) 진수는 양수이므로 $x>0$이고, 이때 준 부등식의 좌변과 우변은 모두 양수이므로 양변의 2를 밑으로 하는 로그를 잡으면

$$\log_2 x^{\log_{\frac{1}{2}}x}<\log_2\frac{1}{8}x^2 \quad \therefore\ \log_{\frac{1}{2}}x\times\log_2 x<\log_2\frac{1}{8}+\log_2 x^2$$

$$\therefore\ (\log_2 x)^2+2\log_2 x-3>0 \quad \therefore\ (\log_2 x+3)(\log_2 x-1)>0$$

$$\therefore\ \log_2 x<-3,\ \log_2 x>1 \quad \therefore\ \mathbf{0<x<\frac{1}{8},\ x>2} \leftarrow \text{답}$$

Advice | (3)에서 $\frac{1}{2}$을 밑으로 하는 로그를 잡아도 된다. 이때에는 부등호의 방향이 바뀐다는 것에 주의해야 한다.

정석 $0<a<1$일 때, $0<\mathrm{M}<\mathrm{N} \iff \log_a\mathrm{M}>\log_a\mathrm{N}$

유제 **6**-5. 다음 부등식을 풀어라.

(1) $x^x<(2x)^{2x}$ (단, $x>0$) (2) $(\log_3 2x)(\log_2 3x)\le 1$ (3) $x^{\log x}<1000x^2$

답 (1) $\mathbf{x>\frac{1}{4}}$ (2) $\mathbf{\frac{1}{6}\le x\le 1}$ (3) $\mathbf{\frac{1}{10}<x<1000}$

필수 예제 6-4 $f(x)=x^2-2(1+\log a)x+1-(\log a)^2$이 있다.

(1) 방정식 $f(x)=0$이 중근, 실근, 허근을 가지도록 실수 a의 값 또는 값의 범위를 각각 정하여라.

(2) 방정식 $f(x)=0$의 근이 모두 양수가 되도록 실수 a의 값의 범위를 정하여라.

(3) 모든 실수 x에 대하여 $f(x)>0$이 되도록 실수 a의 값의 범위를 정하여라.

정석연구 (1) 이차방정식의 판별식과 로그의 융합 문제이다.

(2) 이차방정식의 근의 부호와 로그의 융합 문제이다.

(3) 이차함수의 값의 양·음과 로그의 융합 문제이다.

기초가 되어 있지 않은 학생은 먼저 수학(상)에서 공부한

판별식의 성질, 근의 성질, 이차함수의 부호의 성질

에 대하여 확실하게 이해한 다음, 이 문제를 풀어 보길 바란다.

모범답안 (1) $x^2-2(1+\log a)x+1-(\log a)^2=0$에서

$$D/4=(1+\log a)^2-\{1-(\log a)^2\}=2(\log a)(\log a+1)$$

중근 조건 : $D/4=0$으로부터 $\log a=0,\ -1$ $\quad\therefore$ $\boldsymbol{a=1,\ 0.1}$ ← 답

실근 조건 : $D/4\ge 0$으로부터 $(\log a)(\log a+1)\ge 0$

$\therefore\ \log a\le -1,\ \log a\ge 0 \quad \therefore\ \boldsymbol{0<a\le 0.1,\ a\ge 1}$ ← 답

허근 조건 : $D/4<0$으로부터 $(\log a)(\log a+1)<0$

$\therefore\ -1<\log a<0 \quad \therefore\ \boldsymbol{0.1<a<1}$ ← 답

(2) 두 근을 $\alpha,\ \beta$라고 하면

$$D/4\ge 0,\quad \alpha+\beta=2(1+\log a)>0,\quad \alpha\beta=1-(\log a)^2>0$$

으로부터 $0\le \log a<1 \quad \therefore\ \boldsymbol{1\le a<10}$ ← 답

(3) $D/4<0$으로부터 $(\log a)(\log a+1)<0$

$\therefore\ -1<\log a<0 \quad \therefore\ \boldsymbol{0.1<a<1}$ ← 답

유제 **6**-6. $f(x)=x^2+2(\log_2 a-8)x+(\log_2 a)^2$이 있다.

(1) 곡선 $y=f(x)$가 x축에 접하도록 실수 a의 값을 정하여라.

(2) 곡선 $y=f(x)$가 x축과 서로 다른 두 점에서 만나도록 실수 a의 값의 범위를 정하여라.

(3) 곡선 $y=f(x)$가 x축과 만나지 않도록 실수 a의 값의 범위를 정하여라.

(4) 모든 실수 x에 대하여 $f(x)\ge 0$이 되도록 실수 a의 값의 범위를 정하여라.

답 (1) $\boldsymbol{a=16}$ (2) $\boldsymbol{0<a<16}$ (3) $\boldsymbol{a>16}$ (4) $\boldsymbol{a\ge 16}$

필수 예제 6-5 A, B 두 도시에서 현재 A시의 인구는 B시의 인구의 2배이고, A시는 연 5%, B시는 연 8%의 비율로 인구가 증가하고 있다. 앞으로도 이와 같은 비율로 인구가 증가한다고 할 때, B시의 인구가 A시의 인구보다 많아지는 것은 몇 년 후부터인가?

단, $\log 2=0.3010$, $\log 3=0.4771$, $\log 7=0.8451$로 계산한다.

정석연구 도시의 인구가 a명이고, 인구가 매년 5%의 비율로 증가하면

1년 후의 인구는 $a+(a\times 0.05)=a\times 1.05$(명),

2년 후의 인구는 $(a\times 1.05)+(a\times 1.05)\times 0.05=a\times 1.05^2$(명), $\cdots$

이므로 n년 후의 인구는 $a\times 1.05^n$명이다.

정석 현재의 인구를 $\boldsymbol{a}$, 매년 인구 증가율을 $\boldsymbol{r}$라고 하면
$\boldsymbol{n}$년 후의 인구 $\Longrightarrow$ $\boldsymbol{a(1+r)^n}$

모범답안 현재 B시의 인구를 a명이라고 하면 A시의 인구는 $2a$명이다.

따라서 n년 후에 B시의 인구가 A시의 인구보다 많아진다고 하면

$$a\times 1.08^n>2a\times 1.05^n \quad \text{곧,} \quad 1.08^n>2\times 1.05^n$$

양변의 상용로그를 잡으면 $\log 1.08^n>\log(2\times 1.05^n)$

$\therefore$ $n\log 1.08>\log 2+n\log 1.05$ $\quad\therefore$ $(\log 1.08-\log 1.05)n>\log 2$ $\cdots$①

$$\log 1.08-\log 1.05=\log\frac{2^2\times 3^3}{100}-\log\frac{3\times 7}{2\times 10}$$
$$=2\log 2+3\log 3-\log 100-(\log 3+\log 7-\log 2-\log 10)$$
$$=3\log 2+2\log 3-\log 7-1=0.0121$$

①에서 $0.0121n>0.3010$ $\quad\therefore$ $n>24.8\times\times\times$

따라서 B시의 인구가 A시의 인구보다 많아지는 것은 **25**년 후 ← 답

유제 **6**-7. 인구 증가율이 매년 5%일 때, 인구가 현재의 2배 이상이 되는 것은 몇 년 후부터인가?

단, $\log 2=0.3010$, $\log 1.05=0.0212$로 계산한다. 답 **15**년 후

유제 **6**-8. 30분마다 1회 분열하여 그 개수가 2배가 되는 박테리아가 있다. 100개의 박테리아가 1억 개 이상이 되는 것은 몇 시간 후부터인가?

단, $\log 2=0.3010$으로 계산한다. 답 **10**시간 후

유제 **6**-9. 여과할 때마다 음료수에 포함된 유해 물질의 20%를 제거할 수 있는 장치가 있다. 이 장치로 여과를 반복하여 유해 물질을 처음 포함하고 있던 양의 5% 이하로 하고 싶다. 최소 몇 회 반복하면 되는가?

단, $\log 2=0.3010$으로 계산한다. 답 **14**회

§2. 지수와 로그의 대소 비교

기본정석

1 $a^{\mathrm{M}}>a^{\mathrm{N}}$ 에서 **M, N** 의 대소

밑 a와 지수 M, N 사이에는 다음의 대소 관계가 있다.

$a>1$일 때 $a^{\mathrm{M}}>a^{\mathrm{N}} \iff \mathrm{M}>\mathrm{N}$

$0<a<1$일 때 $a^{\mathrm{M}}>a^{\mathrm{N}} \iff \mathrm{M}<\mathrm{N}$

2 $\log_a\mathrm{M}>\log_a\mathrm{N}$ 에서 **M, N** 의 대소

밑 a와 진수 M, N 사이에는 다음의 대소 관계가 있다.

$a>1$일 때 $\log_a\mathrm{M}>\log_a\mathrm{N} \iff \mathrm{M}>\mathrm{N}$ $(\mathrm{M}>0,\ \mathrm{N}>0)$

$0<a<1$일 때 $\log_a\mathrm{M}>\log_a\mathrm{N} \iff \mathrm{M}<\mathrm{N}$ $(\mathrm{M}>0,\ \mathrm{N}>0)$

Advice ∥ 위의 성질은 지수함수와 로그함수의 성질에서 이미 공부하였고, 지수부등식과 로그부등식을 풀 때에도 이미 이용하였다.

보기 1 $0<x<1$일 때, 다음 두 식의 대소를 비교하여라.

(1) $\sqrt[3]{x}$, $x^{\sqrt{3}}$ (2) 2^{x^2}, $(2^x)^2$

연구 (1) $\sqrt[3]{x}=x^{\frac{1}{3}}$이므로 $x^{\frac{1}{3}}$과 $x^{\sqrt{3}}$의 대소를 비교한다.

$0<x<1$, 곧 $0<(\text{밑})<1$이므로 지수가 큰 쪽의 값이 작다.

그런데 $\sqrt{3}>\dfrac{1}{3}$이므로 $x^{\sqrt{3}}<x^{\frac{1}{3}}$ 곧, $\boldsymbol{x^{\sqrt{3}}<\sqrt[3]{x}}$

(2) $(2^x)^2=2^{2x}$이므로 2^{x^2}과 2^{2x}의 대소를 비교한다.

$(\text{밑})>1$이므로 지수가 큰 쪽의 값이 크다.

그런데 $0<x<1$에서 $x^2-2x=x(x-2)<0$이므로 $x^2<2x$

$\therefore\ 2^{x^2}<2^{2x}$ 곧, $\boldsymbol{2^{x^2}<(2^x)^2}$

보기 2 다음 대소를 비교하여라.

필요하면 $\log 2=0.3010$, $\log 3=0.4771$을 이용하여라.

(1) 2^{30}, 3^{20} (2) $\log_{0.1}x^2$, $\log_{0.1}2x$ (단, $0<x<1$)

연구 (1) $\log 2^{30}=30\times0.3010=9.030$, $\log 3^{20}=20\times0.4771=9.542$

$\therefore\ \log 2^{30}<\log 3^{20}$ $\therefore\ \boldsymbol{2^{30}<3^{20}}$

(2) $0<(\text{밑})<1$이므로 진수가 큰 쪽의 값이 작다.

그런데 $x^2-2x=x(x-2)<0$ $\therefore\ x^2<2x$ $\therefore\ \boldsymbol{\log_{0.1}x^2>\log_{0.1}2x}$

필수 예제 6-6 다음 물음에 답하여라.

(1) 세 수 $6^{\sqrt{8}}$, $8^{\sqrt{6}}$, $12^{\sqrt{2}}$의 대소를 비교하여라.

단, $\log 2=0.3010$, $\log 3=0.4771$, $\sqrt{3}=1.7321$로 계산한다.

(2) $x>2$, $y>2$일 때, 다음 세 식의 대소를 비교하여라.

$\mathrm{A}=\log(x+y)-\log 2$, $\quad \mathrm{B}=\dfrac{1}{2}\log(x+y)$, $\quad \mathrm{C}=\dfrac{1}{2}(\log x+\log y)$

정석연구 (1) 각각의 상용로그의 값을 계산하여 다음 성질을 이용한다.

정석 $\log \mathrm{A}>\log \mathrm{B} \iff \mathrm{A}>\mathrm{B}>0$

(2) $\mathrm{A}=\log \mathrm{P}$, $\mathrm{B}=\log \mathrm{Q}$, $\mathrm{C}=\log \mathrm{R}$의 꼴로 정리하고, 위의 성질을 이용한다.

모범답안 (1) $\log 6^{\sqrt{8}}=\sqrt{8}\log 6=2\sqrt{2}(\log 2+\log 3)$

$=2\sqrt{2}(0.3010+0.4771)=1.5562\sqrt{2}$

$\log 8^{\sqrt{6}}=\sqrt{6}\log 8=\sqrt{2}\times\sqrt{3}\times 3\log 2$

$=\sqrt{2}\times 1.7321\times 3\times 0.3010\fallingdotseq 1.5641\sqrt{2}$

$\log 12^{\sqrt{2}}=\sqrt{2}\log 12=\sqrt{2}(2\log 2+\log 3)$

$=\sqrt{2}(2\times 0.3010+0.4771)=1.0791\sqrt{2}$

$\therefore \log 12^{\sqrt{2}}<\log 6^{\sqrt{8}}<\log 8^{\sqrt{6}}$ $\quad \therefore$ $\mathbf{12^{\sqrt{2}}<6^{\sqrt{8}}<8^{\sqrt{6}}}$ ← 답

(2) $\mathrm{A}=\log\dfrac{x+y}{2}$, $\quad \mathrm{B}=\log\sqrt{x+y}$, $\quad \mathrm{C}=\log\sqrt{xy}$

(i) (산술평균)≥(기하평균)의 관계로부터

$\dfrac{x+y}{2}\ge\sqrt{xy}$ $\quad \therefore$ $\mathrm{A}\ge\mathrm{C}$ (등호는 $x=y$일 때 성립)

(ii) B, C의 진수의 크기를 비교하면

$xy-(x+y)=(x-1)(y-1)-1>0$ ($\because$ $x>2$, $y>2$)

$\therefore$ $xy>x+y$ $\quad \therefore$ $\sqrt{xy}>\sqrt{x+y}$ $\quad \therefore$ $\mathrm{C}>\mathrm{B}$

(i), (ii)에서 $\mathbf{A\ge C>B}$ (등호는 $\boldsymbol{x=y}$일 때 성립) ← 답

유제 **6**-10. $\log 2=0.3010$, $\log 3=0.4771$이라 할 때, 다음 대소를 비교하여라.

(1) $\left(\dfrac{3}{2}\right)^{30}$, $\left(\dfrac{5}{3}\right)^{22}$ $\qquad$ (2) $\sqrt[7]{8}$, $\sqrt[6]{5}$, $\sqrt[5]{6}$

답 (1) $\left(\dfrac{3}{2}\right)^{30}>\left(\dfrac{5}{3}\right)^{22}$ (2) $\sqrt[6]{5}<\sqrt[7]{8}<\sqrt[5]{6}$

유제 **6**-11. a, b는 1이 아닌 양수이고, $a+b\ne 1$, $ab\ne 1$이다. 이때,

$\mathrm{A}=\dfrac{1}{\log_a 2}+\dfrac{1}{\log_b 2}$, $\quad \mathrm{B}=2\left(\dfrac{1}{\log_{a+b}2}-1\right)$, $\quad \mathrm{C}=2\left(1+\dfrac{1}{\log_{ab}2}-\dfrac{1}{\log_{a+b}2}\right)$

의 대소를 비교하여라. 답 $\mathbf{B\ge A\ge C}$ (등호는 $\boldsymbol{a=b}$일 때 성립)

필수 예제 **6**-7 $1<a<b<a^2$일 때,

$$\log_a b,\quad \log_b a,\quad \log_a \frac{a}{b},\quad \log_b \frac{b}{a}$$

의 대소 관계는 다음과 같다. ☐ 안에 알맞게 골라 써넣어라.

$$\square<\square<\frac{1}{2}<\square<\square$$

정석연구 두 수 A, B의 대소 관계는

정 석 $A>B \iff A-B>0$

과 같이 정의하므로 A−B의 부호를 조사하면 알 수 있다.

이를테면 $\log_a b$와 $\log_b a$의 대소 관계는 다음과 같이 확인할 수 있다.

$$\log_a b-\log_b a=\frac{\log b}{\log a}-\frac{\log a}{\log b}=\frac{(\log b+\log a)(\log b-\log a)}{\log a\times\log b}$$

$1<a<b$이므로 $0<\log a<\log b$

$$\therefore \log_a b-\log_b a>0 \qquad \therefore \log_a b>\log_b a$$

그런데 주어진 수가 많은 경우 이런 방법으로 모든 쌍의 대소를 비교하는 것은 무척 번거롭다. 따라서 아래 **모범답안**의 방법도 생각해 보아라.

정 석 문제에서 주어진 조건을 충분히 활용하여라.

모범답안 $a>1$이므로 $a<b<a^2$에서 $\log_a a<\log_a b<\log_a a^2$

$$\therefore 1<\log_a b<2 \qquad \cdots\cdots①$$

또, $b>1$이므로 $a<b<a^2$에서 $\log_b a<\log_b b<\log_b a^2$

$$\therefore \log_b a<1<2\log_b a \qquad \therefore \frac{1}{2}<\log_b a<1 \qquad \cdots\cdots②$$

$\log_a \frac{a}{b}=\log_a a-\log_a b=1-\log_a b$이고, ①에서 $-1<\log_a \frac{a}{b}<0$

$\log_b \frac{b}{a}=\log_b b-\log_b a=1-\log_b a$이고, ②에서 $0<\log_b \frac{b}{a}<\frac{1}{2}$

$$\therefore \boldsymbol{\log_a \frac{a}{b}<\log_b \frac{b}{a}<\frac{1}{2}<\log_b a<\log_a b} \longleftarrow \text{답}$$

유제 **6**-12. $a>1>b>0$, $ab>1$일 때, 다음 대소를 비교하여라.

$A=\log_{a^2} b$, $B=\log_a b^2$, $C=\log_b a^2$ 답 **C<B<A**

유제 **6**-13. $a>b>c>1$, $b^2=ac$일 때, 다음 대소를 비교하여라.

$A=\log_b c$, $B=\log_c a$, $C=\log_a b$ 답 **A<C<B**

유제 **6**-14. $0<x<y^2<x^2$, $y>0$일 때, 다음 대소를 비교하여라.

$A=\log_y y\sqrt{x}$, $B=\log_x \frac{x^2}{y}$, $C=\log_x y$, $D=\log_y x$ 답 **C<B<D<A**

연습문제 6

기본 **6-1** 다음 x에 관한 부등식을 풀어라.

(1) $27^x-9^{x+1}+3^x-9>0$ (2) $a\le a^x b^{1-x}\le b$ (단, $0<a<b$)

6-2 다음 부등식을 풀어라.

(1) $\log_{x-2}(2x^2-11x+14)>2$ (2) $\log_{\frac{1}{2}}|x|<\log_{\frac{1}{2}}|x+1|$

6-3 함수 $f(x)=\log\left[\log\left\{\log\left(\log\frac{1}{x}\right)\right\}\right]$의 정의역을 구하여라.

6-4 부등식 $a^{x-1}<a^{2x+b}$의 해가 $x<2$일 때, x에 관한 부등식

$$\log_a(3x-2b)>\log_a(x^2-4)$$

의 해를 구하여라.

6-5 모든 양수 x에 대하여 부등식 $x^{\log_2 x}\ge ax^2$이 성립할 때, 양수 a의 값의 범위를 구하여라.

6-6 U^{237}(우라늄 237)은 매일 일정한 비율로 붕괴되어 7일 후에는 절반이 된다고 한다. 며칠 후에 처음으로 처음 양의 $\frac{1}{10}$ 이하가 되겠는가?

단, $\log 2=0.3010$으로 계산한다.

6-7 실질 연봉은 연봉을 그해의 물가 지수로 나눈 값이라고 한다. A의 연봉은 매년 10%씩 인상되고, 물가 지수는 매년 3%씩 상승한다고 한다. 올해의 물가 지수를 1이라고 할 때, A의 실질 연봉이 처음으로 올해 실질 연봉의 2배 이상이 되는 해는 올해부터 몇 년 후인가?

단, $\log 1.1=0.0414$, $\log 1.03=0.0128$, $\log 2=0.3010$으로 계산한다.

6-8 전체 인구에서 65세 이상 인구가 차지하는 비율이 20% 이상인 사회를 초고령화 사회라고 한다. 2000년 1월 어느 나라의 총인구는 1000만 명이고, 65세 이상 인구는 50만 명이었다. 총인구는 매년 전년도보다 0.3%씩 증가하고, 65세 이상 인구는 매년 전년도보다 4%씩 증가한다고 할 때, 처음으로 초고령화 사회로의 진입이 예측되는 시기는 몇 년도인가?

단, $\log 1.003=0.0013$, $\log 1.04=0.0170$, $\log 2=0.3010$으로 계산한다.

6-9 $x>0$일 때, x, x^x, x^{x^x}의 대소를 비교하여라.

6-10 $0<a<b<c<1$일 때, 다음 세 식의 대소를 비교하여라.

$$\text{A}=a^a b^b c^c,\quad \text{B}=a^a b^c c^b,\quad \text{C}=a^b b^c c^a$$

6-11 $x>0$, $y>0$, $z>0$이고 $2^x=3^y=5^z$일 때, $2x$, $3y$, $5z$의 대소를 비교하여라.

6-12 1보다 큰 세 실수 a, b, c가 부등식 $1<\log_a b<2<\log_a c$를 만족시킬 때, 다음 중 옳은 것만을 있는 대로 골라라.

ㄱ. $c>b^2$	ㄴ. $c^a<c^b$
ㄷ. $a\log c<c\log a$	ㄹ. $2\log_b c>\log_a c$

6-13 1이 아닌 양수 a, b가 어떤 양수 x에 대하여 부등식

$$\log_a(x+1)-\log_a x>\log_b(x+1)-\log_b x>0$$

을 만족시킨다. 이때, 세 수 1, a, b의 대소를 비교하여라.

실력 **6-14** 다음 x에 관한 부등식을 풀어라.

(1) $(2x)^{8x^2-5x-3}>(2x)^{3x-4}$ (단, $0<x<1$) (2) $(x^2+x+1)^x<1$

(3) $a^{2x-1}-a^{x+2}-a^{x-2}+a\le 0$ (단, $a>0$, $a\ne 1$) (4) $\log_{x^2}|3x+1|<\dfrac{1}{2}$

6-15 다음 두 등식을 만족시키는 실수 x, y, z가 있다.

$$2^{x+1}+3^y-5^z=10, \quad 2^{x+3}+3^y+5^{z+1}=58$$

(1) 2^x의 값의 범위를 구하여라.

(2) $4^x+3^{y-1}+5^z$의 값의 범위를 구하여라.

6-16 x, y가 양수이고, $x\times y^{1+\log x}=1$을 만족시킬 때, xy의 값의 범위를 구하여라.

6-17 a, b는 양수이고, $\left(\dfrac{x}{a}\right)^{\log bx}=ab$를 만족시키는 양수 x가 존재할 때, ab의 값의 범위를 구하여라.

6-18 좌표평면에서 자연수 n에 대하여 집합

$$\left\{(x,\ y)\,\middle|\,2^x-n\le y\le\log_2(x+n),\ x\text{는 자연수}\right\}$$

의 원소 중 x, y좌표가 같은 것의 개수를 $f(n)$이라고 할 때,
$f(1)+f(2)+f(3)+\cdots+f(30)$의 값을 구하여라.

6-19 a, b, c, x, y가 양수일 때, 다음을 증명하여라.

(1) $x^x y^y\ge x^y y^x$ (2) $a^a b^b c^c\ge(abc)^{\frac{a+b+c}{3}}$

6-20 $a>0$, $b>0$, $a^2+b^2<1$일 때, 다음 세 식의 대소를 비교하여라.

$$\text{A}=(\log a^2)(\log b^2), \quad \text{B}=(\log ab)^2, \quad \text{C}=\left\{\log(a^2+b^2)\right\}^2$$

6-21 $1<x<100$일 때, 다음 세 식의 대소를 비교하여라.

$$\text{A}=\log x^2, \quad \text{B}=(\log x)^2, \quad \text{C}=\log(\log x)$$

7. 삼각함수의 정의

§ 1. 호 도 법

기본정석

1 호도법과 60분법의 관계

$\pi\,\text{rad}=180°$에서 $\begin{cases} 1\,\text{rad}=\dfrac{180°}{\pi}\fallingdotseq 57°17'45'' \\ 1°=\dfrac{\pi}{180}\,\text{rad}\fallingdotseq 0.017\,\text{rad} \end{cases}$

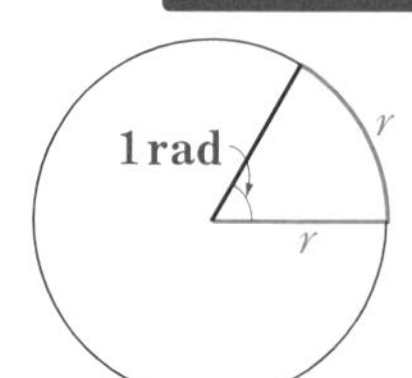

2 부채꼴의 호의 길이와 넓이

반지름의 길이가 r인 원에서 중심각의 크기가 θrad인 부채꼴의 호의 길이를 l, 넓이를 S라고 하면

$$l=r\theta,\quad S=\frac{1}{2}r^2\theta,\quad S=\frac{1}{2}rl$$

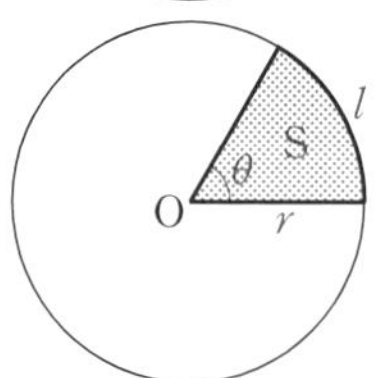

Advice 1° 호도법과 60분법의 관계

오른쪽 아래 그림과 같이 반지름의 길이가 r인 원 위에 길이가 r인 호 AB를 잡을 때, 이 호에 대한 중심각 AOB의 크기는 반지름의 길이 r에 관계없이 항상 일정하다.

이와 같이 반지름의 길이 r와 호 AB의 길이가 같을 때, ∠AOB의 크기를 **1**라디안(radian)이라 하고, 이것을 단위로 하는 각의 측정법을 호도법이라고 한다. 1라디안을 1rad으로 나타내기도 한다.

이제 1라디안은 일상에서 쓰고 있는 60분법 (15°, 25°, 100°, $\cdots$)으로 몇 도나 되는가 알아보자.

반지름의 길이가 r인 원의 둘레의 길이는 $2\pi r$이고, 이것은 반지름의 길이의 2π배이므로 2πrad은 360°에 해당한다. ⇦ $2\pi r\div r=2\pi$

$$\text{곧, } 2\pi\,\text{rad}=360° \qquad \therefore\ \pi\,\text{rad}=180°$$

이로부터 1rad을 60분법으로, 1°를 호도법으로 바꾸면 다음과 같다.

정석 $1\,\text{rad}=\dfrac{180°}{\pi}\fallingdotseq 57°17'45'',\qquad 1°=\dfrac{\pi}{180}\,\text{rad}\fallingdotseq 0.017\,\text{rad}$

이것은 60분법과 호도법을 환산하는 기본이 된다.

이를테면 $1\text{rad}=\dfrac{180°}{\pi}$이므로 $\quad \dfrac{4}{3}\pi\text{rad}=\dfrac{4}{3}\pi\times\dfrac{180°}{\pi}=\mathbf{240°}$

$1°=\dfrac{\pi}{180}\text{rad}$이므로 $\quad 60°=60\times\dfrac{\pi}{180}\text{rad}=\boldsymbol{\dfrac{\pi}{3}}\,\mathbf{rad}$

다음 표는 위와 같은 방법으로 얻은 것이다.

도	0°	30°	45°	60°	90°	120°	135°	150°	180°	270°	360°
rad	0	$\frac{\pi}{6}$	$\frac{\pi}{4}$	$\frac{\pi}{3}$	$\frac{\pi}{2}$	$\frac{2}{3}\pi$	$\frac{3}{4}\pi$	$\frac{5}{6}\pi$	π	$\frac{3}{2}\pi$	2π

**Note* 1° 위의 표는 특수각에 관한 것으로서, 계산할 때에는 $\pi\text{rad}=180°$를 기본으로 하여 양변에 $\dfrac{1}{6}$배, $\dfrac{1}{4}$배, $\cdots$, 2배를 하면 된다.

2° $\angle A$의 크기가 θrad이라는 것을 '$\angle A=\theta\text{rad}$' 또는 rad을 생략하고 '$\angle A=\theta$'로 나타낸다. 따라서 $\pi=180°$라는 말은 $\pi(\fallingdotseq 3.14)$가 180°와 같다는 뜻이 아니라, πrad이 180°와 같다는 뜻이다.

Advice 2° 부채꼴의 호의 길이와 넓이

반지름의 길이가 r, 중심각의 크기가 $\theta\,\text{rad}$인 부채꼴의 호의 길이를 l, 넓이를 S라고 하면

$\dfrac{l}{2\pi r}=\dfrac{\theta}{2\pi}$로부터 $\quad \boldsymbol{l=r\theta}$ $\quad\cdots\cdots$①

$\dfrac{S}{\pi r^2}=\dfrac{\theta}{2\pi}$로부터 $\quad \mathbf{S}=\boldsymbol{\dfrac{1}{2}r^2\theta}$ $\quad\cdots\cdots$②

또, ①, ②로부터 $\quad S=\dfrac{1}{2}r^2\theta=\dfrac{1}{2}r\times r\theta=\dfrac{1}{2}rl$ $\quad$ 곧, $\mathbf{S}=\boldsymbol{\dfrac{1}{2}rl}$

보기 1 오른쪽 그림과 같은 부채꼴이 있다.

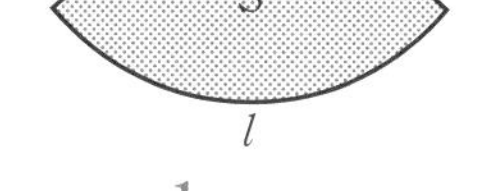

(1) $r=2\,\text{cm}$, $\theta=2\,\text{rad}$일 때, l과 S를 구하여라.

(2) $r=20\,\text{cm}$, $l=15\,\text{cm}$일 때, θ와 S를 구하여라.

(3) $\theta=30°$, $S=3\pi\,\text{cm}^2$일 때, r와 l을 구하여라.

(4) $l=\pi\,\text{cm}$, $S=\pi\,\text{cm}^2$일 때, θ와 r를 구하여라.

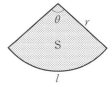

연구 $\boldsymbol{l=r\theta}$ $\cdots\cdots$① $\qquad S=\boldsymbol{\dfrac{1}{2}r^2\theta}$ $\cdots\cdots$② $\qquad S=\boldsymbol{\dfrac{1}{2}rl}$ $\cdots\cdots$③

(1) $r=2$, $\theta=2$를 ①, ②에 대입하면 $\quad \boldsymbol{l=4}\,\mathbf{(cm)}$, $\mathbf{S=4(cm^2)}$

(2) $r=20$, $l=15$를 ①, ③에 대입하면 $\quad \boldsymbol{\theta=\dfrac{3}{4}}\,\mathbf{(rad)}$, $\mathbf{S=150(cm^2)}$

(3) $\theta=\dfrac{\pi}{6}$, $S=3\pi$를 ②, ①에 대입하면 $\quad \boldsymbol{r=6}\,\mathbf{(cm)}$, $\boldsymbol{l=\pi}\,\mathbf{(cm)}$

(4) $l=\pi$, $S=\pi$를 ③, ①에 대입하면 $\quad \boldsymbol{r=2}\,\mathbf{(cm)}$, $\boldsymbol{\theta=\dfrac{\pi}{2}}\,\mathbf{(rad)}$

필수 예제 7-1 길이가 l인 철사를 모두 사용하여 점 O를 중심으로 하는 두 원과 점 O를 지나는 두 직선으로 둘러싸인 그림과 같은 도형을 만들 때, 이 도형의 넓이의 최댓값을 구하여라.

단, 큰 원의 반지름의 길이는 R, 작은 원의 반지름의 길이는 r라고 한다.

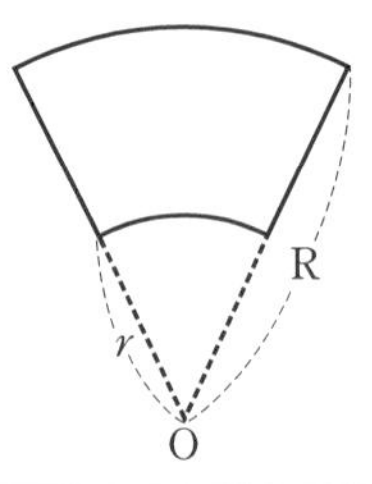

정석연구 반지름의 길이가 r인 원에서 중심각의 크기가 θrad인 부채꼴의 호의 길이를 l, 넓이를 S라고 할 때, 다음 관계가 성립한다.

정석 $l=r\theta,\quad \mathrm{S}=\dfrac{1}{2}r^2\theta$

모범답안 부채꼴의 중심각의 크기를 θ라 하고, 그림에서 실선으로 둘러싸인 도형의 넓이를 S라고 하면

$$\mathrm{S}=\frac{1}{2}\mathrm{R}^2\theta-\frac{1}{2}r^2\theta=\frac{1}{2}(\mathrm{R}-r)(\mathrm{R}+r)\theta$$

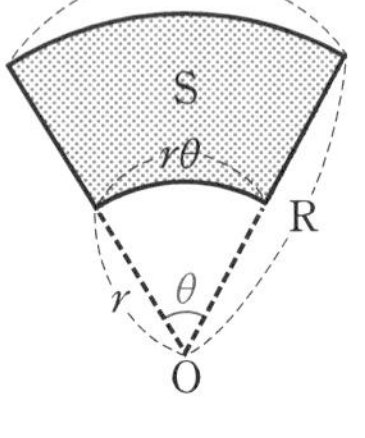

또, 실선으로 둘러싸인 도형의 둘레의 길이가 l이므로

$$2(\mathrm{R}-r)+\mathrm{R}\theta+r\theta=l$$

곧, $2(\mathrm{R}-r)+(\mathrm{R}+r)\theta=l$

여기에서 $\mathrm{R}-r=t$로 놓으면 $(\mathrm{R}+r)\theta=l-2t$이므로

$$\mathrm{S}=\frac{1}{2}t(l-2t)=-\left(t-\frac{1}{4}l\right)^2+\frac{1}{16}l^2\ \left(0<t<\frac{1}{2}l\right)$$

따라서 $t=\dfrac{1}{4}l$일 때 S의 최댓값은 $\dfrac{1}{16}l^2$이다. 답 $\boldsymbol{\dfrac{1}{16}l^2}$

유제 **7**-1. 둘레의 길이가 80 cm인 부채꼴의 넓이가 최대일 때, 이 부채꼴의 반지름의 길이와 넓이를 구하여라. 답 반지름 **20 cm**, 넓이 **400 cm²**

유제 **7**-2. 둘레의 길이가 일정한 부채꼴의 넓이가 최대가 될 때, 이 부채꼴의 반지름의 길이와 호의 길이의 비를 구하여라. 답 **1 : 2**

유제 **7**-3. 한 원에서 부채꼴의 둘레의 길이가 이 원둘레의 반과 같을 때,

(1) 부채꼴의 중심각의 크기는 몇 rad인가?

(2) 부채꼴의 반지름의 길이가 2 cm이면 부채꼴의 넓이는 몇 cm^2인가?

답 (1) $\boldsymbol{(\pi-2)}$**rad** (2) $\boldsymbol{(2\pi-4)}$$\mathbf{cm^2}$

§ 2. 일반각의 정의

기본정석

1 일반각

동경 OP가 시초선 OX와 이루는 한 각의 크기를 $\alpha°$라고 하면 일반각 $\theta°$는

$$\theta° = 360° \times n + \alpha° \text{ (단, } n\text{은 정수)}$$

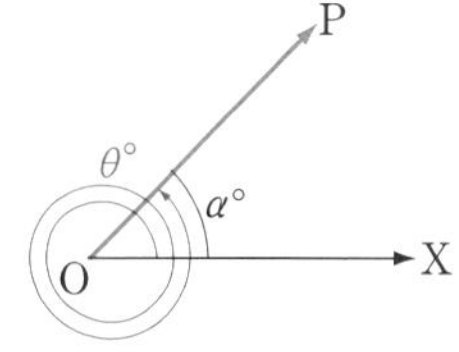

또, α, θ가 호도법으로 나타낸 각이면

$$\theta = 2n\pi + \alpha \text{ (단, } n\text{은 정수)}$$

*Note 보통 $\alpha°$는 $0° \le \alpha° < 360°$ 또는 $-180° < \alpha° \le 180°$인 것을, α는 $0 \le \alpha < 2\pi$ 또는 $-\pi < \alpha \le \pi$인 것을 택한다.

2 사분면의 각

좌표평면에서 동경 OP가 속하는 사분면에 따라 제**1**사분면의 각, 제**2**사분면의 각, 제**3**사분면의 각, 제**4**사분면의 각이라고 한다.

*Note $0°$, $\pm 90°$, $\pm 180°$, $\pm 270°$, $\pm 360°$, $\cdots$는 어느 사분면의 각도 아니다.

Advice | 양의 각, 음의 각, 일반각

오른쪽 그림은 반직선 OP가 반직선 OX를 출발하여 회전한 양을 나타낸 것이다.

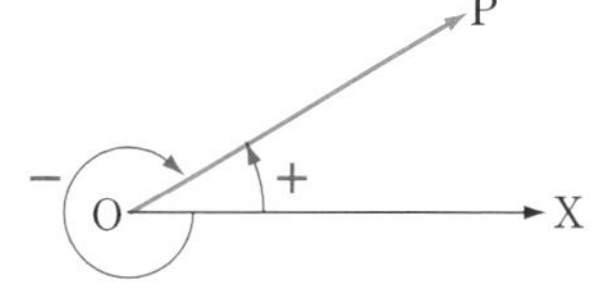

여기서 반직선 OX를 ∠XOP의 시초선, 반직선 OP를 ∠XOP의 동경이라고 한다.

또, 동경 OP가 시초선 OX를 출발하여 회전한 양을 **∠XOP의 크기**라 하고, 동경 OP가 시초선 OX로부터 시계 반대 방향으로 회전한 것을 양의 각, 시계 방향으로 회전한 것을 음의 각이라고 한다. 이를테면

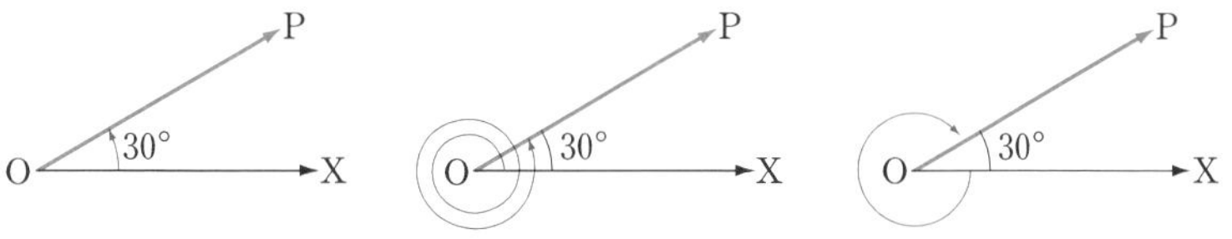

$\angle XOP = 360° \times 0 + 30°$ $\quad$ $\angle XOP = 360° \times 2 + 30°$ $\quad$ $\angle XOP = 360° \times (-1) + 30°$

따라서 동경 OP와 시초선 OX가 이루는 각의 크기를 $\theta°$라고 하면

$$\theta° = 360° \times n + 30° \text{ (} n\text{은 정수)}$$

로 나타낼 수 있다. 이것을 동경 OP의 일반각이라고 한다.

필수 예제 7-2 다음 물음에 답하여라.

(1) θ가 제2사분면의 각일 때, $\dfrac{1}{2}\theta$는 제몇 사분면의 각인가?

(2) θ의 동경과 6θ의 동경이 일직선 위에 있고 방향이 반대일 때, $\sin\left(\theta+\dfrac{2}{15}\pi\right)$의 값을 구하여라. 단, $0<\theta<\dfrac{\pi}{2}$이다.

정석연구 (1) θ가 제2사분면의 각이라고 해서 단순히 $\dfrac{\pi}{2}<\theta<\pi$라고 해서는 안 된다. 왜냐하면 θ가 일반각이기 때문이다.

정석 θ가 제2사분면의 각 $\Longrightarrow$ $\boldsymbol{\theta=2n\pi+\alpha}$ $\left(n\text{은 정수, } \dfrac{\pi}{2}<\alpha<\pi\right)$

(2) $6\theta-\theta=\pi$만을 생각하기 쉬우나, 일반적으로 $6\theta-\theta=2n\pi+\pi$(n은 정수)로 나타내야 한다.

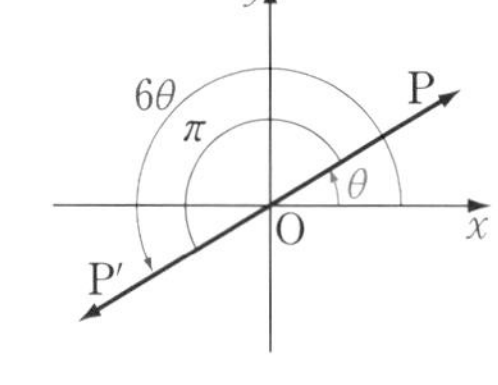

모범답안 (1) θ가 제2사분면의 각이므로

$$\theta=2n\pi+\alpha \left(n\text{은 정수, } \frac{\pi}{2}<\alpha<\pi\right)$$

$$\therefore\ \frac{\theta}{2}=n\pi+\frac{\alpha}{2}\ \left(\frac{\pi}{4}<\frac{\alpha}{2}<\frac{\pi}{2}\right)$$

따라서 n이 $2k+1$(k는 정수) 꼴일 때 제3사분면의 각, n이 $2k$(k는 정수) 꼴일 때 제1사분면의 각이다. 답 **제1사분면 또는 제3사분면**

(2) $6\theta-\theta=2n\pi+\pi$(n은 정수)이므로 $\theta=\dfrac{2n+1}{5}\pi$

$0<\theta<\dfrac{\pi}{2}$이므로 $0<\dfrac{2n+1}{5}\pi<\dfrac{\pi}{2}$ $\quad\therefore\ 0<\dfrac{2n+1}{5}<\dfrac{1}{2}$

n은 정수이므로 $n=0$이고, 이때 $\theta=\dfrac{\pi}{5}$이다.

$$\therefore\ \sin\left(\theta+\frac{2}{15}\pi\right)=\sin\left(\frac{\pi}{5}+\frac{2}{15}\pi\right)=\sin\frac{\pi}{3}=\boldsymbol{\frac{\sqrt{3}}{2}} \longleftarrow \text{답}$$

Advice | 위와 같은 그림을 그려서 다음 성질을 확인해 보길 바란다.

정석 두 각 α, β를 나타내는 동경 OP, OP′에 대하여 n이 정수일 때,
일치한다 $\Longleftrightarrow$ $\boldsymbol{\alpha-\beta=2n\pi}$
일직선 위에 있고 방향이 반대이다 $\Longleftrightarrow$ $\boldsymbol{\alpha-\beta=2n\pi+\pi}$
x축에 대하여 대칭이다 $\Longleftrightarrow$ $\boldsymbol{\alpha+\beta=2n\pi}$
y축에 대하여 대칭이다 $\Longleftrightarrow$ $\boldsymbol{\alpha+\beta=2n\pi+\pi}$

유제 **7**-4. 어떤 둔각을 6배 하면 이 각의 동경은 처음과 같은 위치에 온다고 한다. 이 둔각의 크기를 구하여라. 답 $\boldsymbol{\dfrac{4}{5}\pi}$

유제 **7**-5. m, n이 모두 정수일 때, 두 일반각 $360°\times n+90°$, $180°\times(2m-1)-90°$의 동경은 일치함을 보여라.

§ 3. 일반각의 삼각함수

기본정석

1 일반각의 삼각함수

오른쪽 그림에서 동경 OP가 x축의 양의 방향과 이루는 각을 θ라고 할 때, θ에 대한 삼각함수를

$$\sin\theta=\frac{y}{r},\quad \cos\theta=\frac{x}{r},\quad \tan\theta=\frac{y}{x}$$

와 같이 정의한다.

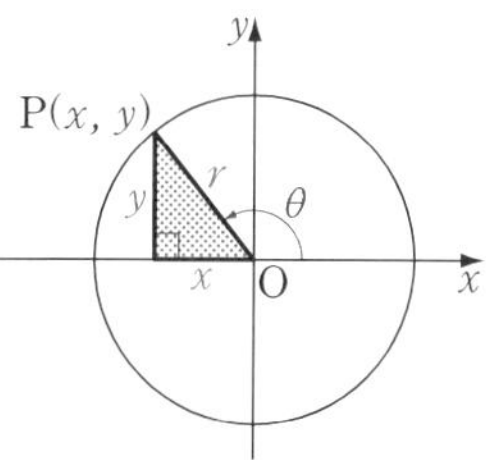

2 삼각함수의 값의 부호

$\overline{\mathrm{OP}}=r$는 양수이므로 삼각함수의 부호는 x와 y의 부호를 따른다.

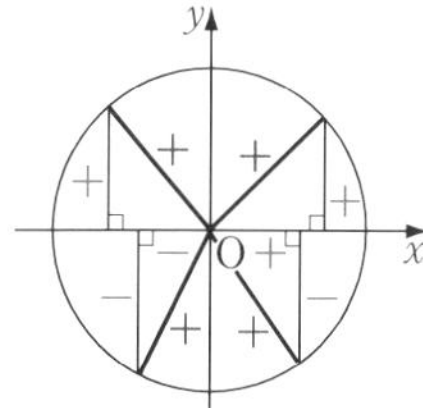

	제1사분면	제2사분면	제3사분면	제4사분면
sin	+	+	−	−
cos	+	−	−	+
tan	+	−	+	−

Advice 1° 삼각비

$\angle C=\frac{\pi}{2}$인 직각삼각형 ABC에서 $\angle A=\theta$라고 할 때, θ에 대한 삼각비를

$$\sin\theta=\frac{a}{c},\quad \cos\theta=\frac{b}{c},\quad \tan\theta=\frac{a}{b}$$

로 정의한다는 것은 이미 중학교에서 공부하였다.

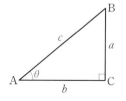

또, $\frac{\pi}{6}$, $\frac{\pi}{4}$, $\frac{\pi}{3}$와 같은 특수각의 삼각비의 값은 아래와 같이 정삼각형이나 정사각형을 이용하면 쉽게 얻을 수 있다는 것도 공부하였다.

	$\frac{\pi}{6}$	$\frac{\pi}{4}$	$\frac{\pi}{3}$
sin	$\frac{1}{2}$	$\frac{1}{\sqrt{2}}$	$\frac{\sqrt{3}}{2}$
cos	$\frac{\sqrt{3}}{2}$	$\frac{1}{\sqrt{2}}$	$\frac{1}{2}$
tan	$\frac{1}{\sqrt{3}}$	1	$\sqrt{3}$

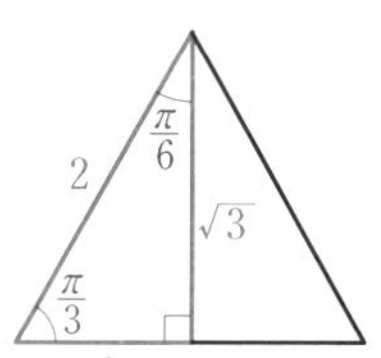

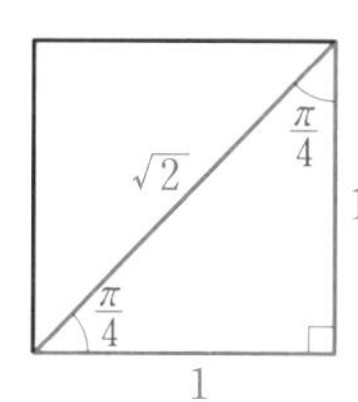

보기 1 △ABC에서 세 변의 길이 a, b, c 사이에 $a^2+b^2=c^2$, $c=3a$인 관계가 있을 때, $\sin A$, $\cos A$, $\tan A$의 값을 구하여라.

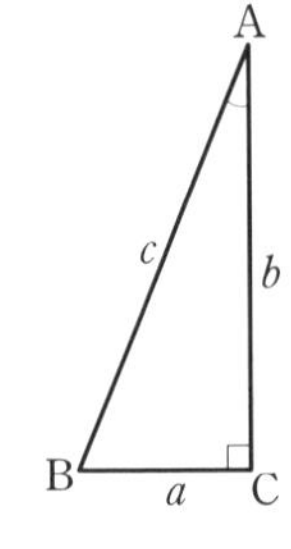

연구 $c=3a$를 $a^2+b^2=c^2$에 대입하면 $\quad a^2+b^2=(3a)^2$

$\therefore\ b^2=8a^2 \quad \therefore\ b=2\sqrt{2}\,a\ (\because\ a>0,\ b>0)$

$\therefore\ \sin A=\dfrac{a}{c}=\dfrac{a}{3a}=\mathbf{\dfrac{1}{3}}$, $\cos A=\dfrac{b}{c}=\dfrac{2\sqrt{2}\,a}{3a}=\mathbf{\dfrac{2\sqrt{2}}{3}}$,

$\tan A=\dfrac{a}{b}=\dfrac{a}{2\sqrt{2}\,a}=\mathbf{\dfrac{\sqrt{2}}{4}}$

Advice 2° 일반각의 삼각함수

오른쪽 그림에서 $\dfrac{y}{r}$, $\dfrac{x}{r}$, $\dfrac{y}{x}$의 값은 θ의 값에 따라 결정된다. 곧,

$$\theta \longrightarrow \frac{y}{r},\quad \theta \longrightarrow \frac{x}{r},\quad \theta \longrightarrow \frac{y}{x}$$

의 대응은 각각 함수이다.

따라서 이들을 각각 θ의 사인함수, 코사인함수, 탄젠트함수라 하고,

$$\sin\theta=\frac{y}{r},\quad \cos\theta=\frac{x}{r},\quad \tan\theta=\frac{y}{x}$$

로 나타내며, 이 세 함수를 θ의 **삼각함수**라고 한다.

이때, 선분 OP의 길이 r는 동경 OP가 어느 사분면에 있든 항상 양수이므로 삼각함수의 부호는 x, y의 부호에 따라 결정된다.

따라서 $\sin\theta$, $\cos\theta$, $\tan\theta$의 부호는 제1사분면에서는 모두(all) 양이고, 제2사분면에서는 $\sin\theta$만, 제3사분면에서는 $\tan\theta$만, 제4사분면에서는 $\cos\theta$만 양이다.

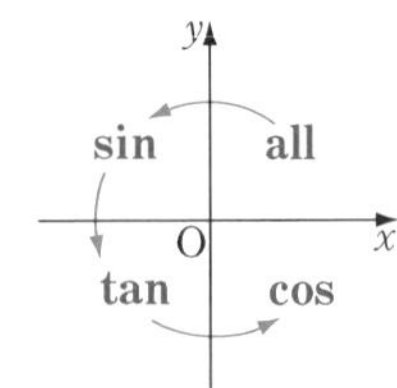

Note 각 사분면에서 함숫값이 양수인 것만을 나타낸 오른쪽 그림에서 화살표 방향을 따라가면 다음과 같다.

올, 사인, 탄, 코 ⟹ 얼싸안고

보기 2 원점과 점 P(4, −3)을 지나는 동경이 나타내는 각의 크기를 θ라고 할 때, $\sin\theta$, $\cos\theta$, $\tan\theta$의 값을 구하여라.

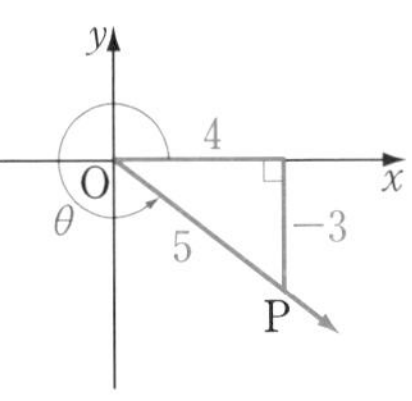

연구 $x=4$, $y=-3$, $r=\overline{\mathrm{OP}}=5$이므로

$\sin\theta=-\mathbf{\dfrac{3}{5}}$, $\cos\theta=\mathbf{\dfrac{4}{5}}$, $\tan\theta=-\mathbf{\dfrac{3}{4}}$

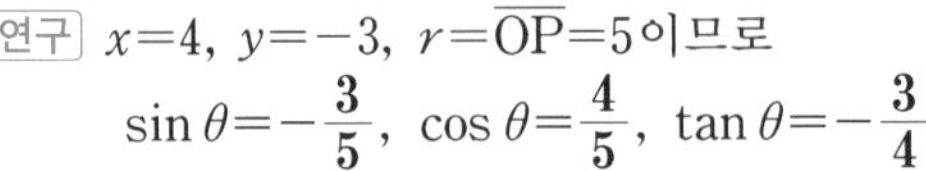

필수 예제 7-3 $\angle B=30°$, $\angle C=90°$인 $\triangle ABC$의 변 BC 위에 점 D가 있다. $\angle ADC=45°$일 때, 다음 물음에 답하여라.

(1) $\overline{AC}=a$일 때, $\overline{BD}$의 길이를 a로 나타내어라.

(2) $\sin 15°$의 값을 구하여라.

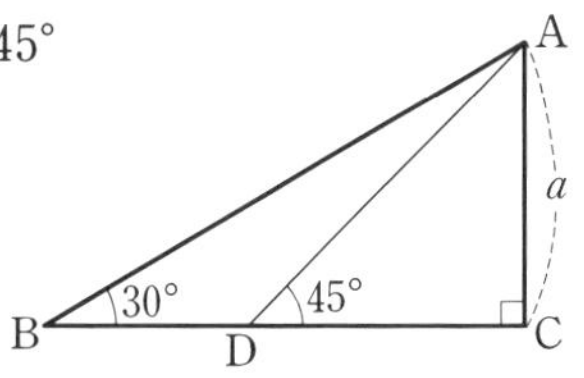

정석연구 (2) $\angle BAD=\angle BAC-\angle DAC=15°$이므로 점 D에서 변 AB에 내린 수선의 발을 E라고 하면

$$\sin 15°=\frac{\overline{DE}}{\overline{AD}}$$

임을 이용해 보자.

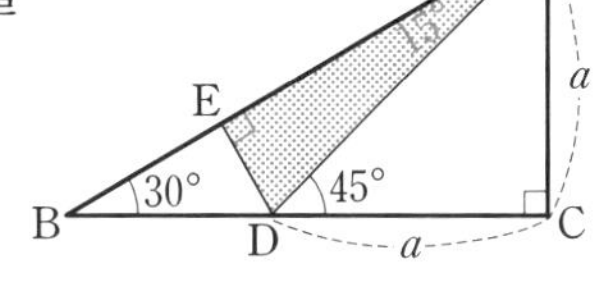

정석 삼각비 ⟹ 직각삼각형의 두 변의 길이의 비

모범답안 (1) $\triangle ABC$에서 $\angle C=90°$, $\angle ABC=30°$, $\overline{AC}=a$이므로 $\overline{BC}=\sqrt{3}a$

또, $\triangle ADC$는 직각이등변삼각형이므로 $\overline{DC}=a$

$$\therefore \overline{BD}=\overline{BC}-\overline{DC}=\sqrt{3}a-a=(\sqrt{3}-1)a \longleftarrow \boxed{답}$$

(2) 점 D에서 변 AB에 내린 수선의 발을 E라고 하면 $\triangle BDE$에서

$$\frac{\overline{DE}}{\overline{BD}}=\sin 30° \quad \therefore \overline{DE}=\frac{1}{2}(\sqrt{3}-1)a$$

또, $\triangle ADC$에서 $\overline{AD}=\sqrt{a^2+a^2}=\sqrt{2}a$이므로 직각삼각형 ADE에서

$$\sin 15°=\frac{\overline{DE}}{\overline{AD}}=\frac{(\sqrt{3}-1)a}{2\sqrt{2}a}=\frac{\sqrt{6}-\sqrt{2}}{4} \longleftarrow \boxed{답}$$

**Note* $\triangle ADE$에서 $\sin 75°$, $\cos 75°$, $\tan 75°$의 값을 구할 수 있다.

유제 **7**-6. 아래 그림을 보고 $\sin 15°$, $\cos 15°$, $\tan 15°$의 값을 구하여라.

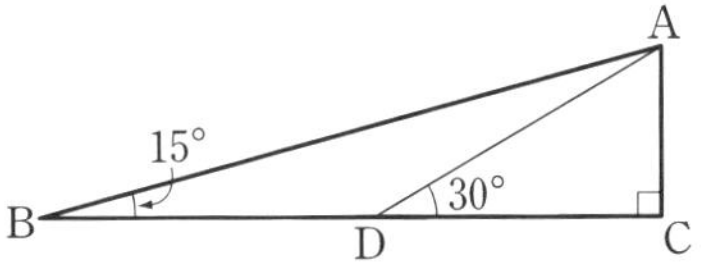

답 $\sin 15°=\frac{\sqrt{6}-\sqrt{2}}{4}$, $\cos 15°=\frac{\sqrt{6}+\sqrt{2}}{4}$, $\tan 15°=2-\sqrt{3}$

유제 **7**-7. $\angle B=\angle C=72°$, $\overline{BC}=1$인 $\triangle ABC$에서 $\angle B$의 이등분선과 변 AC의 교점을 D라고 할 때, 다음 물음에 답하여라.

(1) 변 AC의 길이를 구하여라.

(2) $\cos 72°$의 값을 구하여라.

답 (1) $\frac{1+\sqrt{5}}{2}$ (2) $\frac{\sqrt{5}-1}{4}$

필수 예제 7-4 다음 물음에 답하여라.

(1) $\pi<\theta<\dfrac{3}{2}\pi$일 때, 다음 식을 간단히 하여라.

$$\mathrm{P}=\sqrt{\sin^2\theta}+\sqrt[3]{(\sin\theta+\cos\theta)^3}-\sqrt[4]{(\cos\theta+\tan\theta+1)^4}$$

(2) 다음 값을 구하여라.

① $\sin\dfrac{13}{6}\pi$ ② $\cos\dfrac{29}{6}\pi$ ③ $\tan\left(-\dfrac{25}{4}\pi\right)$

정석연구 (1) $\pi<\theta<\dfrac{3}{2}\pi$일 때, $\tan\theta$의 값만 양수이다.

(2) 주어진 각의 동경을 좌표평면 위에 나타낸 다음 동경과 x축이 이루는 각에 대한 삼각함수의 값을 구한다. 이때, 특히 부호에 주의한다.

정석 일반각의 삼각함수의 값은 ⟹ 부호에 주의하여라.

모범답안 (1) $\pi<\theta<\dfrac{3}{2}\pi$일 때 $-1<\sin\theta<0,\ -1<\cos\theta<0,\ \tan\theta>0$

여기에서 $0<\cos\theta+1<1,\ \tan\theta>0$이므로 $\cos\theta+1+\tan\theta>0$

$$\therefore\ \mathrm{P}=(-\sin\theta)+(\sin\theta+\cos\theta)-(\cos\theta+\tan\theta+1)$$
$$=\boldsymbol{-\tan\theta-1} \longleftarrow \boxed{답}$$

(2) ① $\dfrac{13}{6}\pi=2\pi+\dfrac{\pi}{6}$이므로 $\dfrac{13}{6}\pi$와 $\dfrac{\pi}{6}$의 동경이 일치한다.

$$\therefore\ \sin\frac{13}{6}\pi=\sin\frac{\pi}{6}=\boldsymbol{\frac{1}{2}} \longleftarrow \boxed{답}$$

② $\dfrac{29}{6}\pi=2\pi\times2+\dfrac{5}{6}\pi$이므로 $\dfrac{29}{6}\pi$와 $\dfrac{5}{6}\pi$의 동경이 일치한다.

$$\therefore\ \cos\frac{29}{6}\pi=\cos\frac{5}{6}\pi=\boldsymbol{-\frac{\sqrt{3}}{2}} \longleftarrow \boxed{답}$$

③ $-\dfrac{25}{4}\pi=2\pi\times(-3)-\dfrac{\pi}{4}$이므로 $-\dfrac{25}{4}\pi$와 $-\dfrac{\pi}{4}$의 동경이 일치한다.

$$\therefore\ \tan\left(-\frac{25}{4}\pi\right)=\tan\left(-\frac{\pi}{4}\right)=\boldsymbol{-1} \longleftarrow \boxed{답}$$

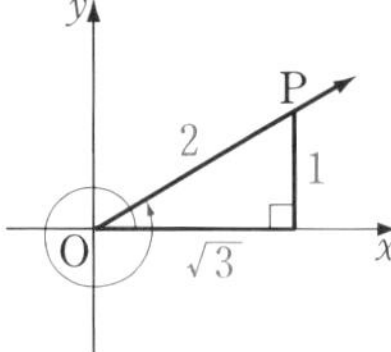

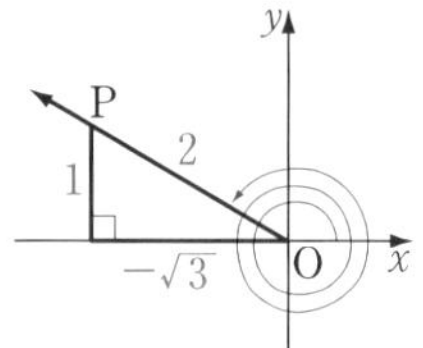

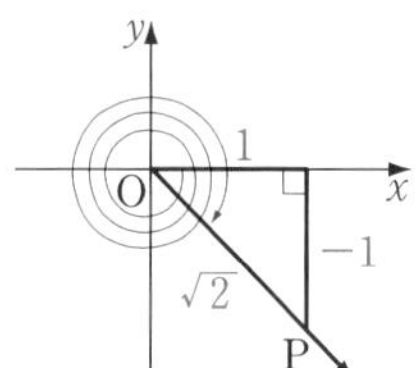

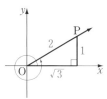

유제 **7**-8. $\sin(-1200^\circ)$, $\cos 585^\circ$, $\sin\dfrac{8}{3}\pi$, $\tan\dfrac{31}{6}\pi$의 값을 구하여라.

답 $-\dfrac{\sqrt{3}}{2},\ -\dfrac{1}{\sqrt{2}},\ \dfrac{\sqrt{3}}{2},\ \dfrac{1}{\sqrt{3}}$

연습문제 7

기본 **7-1** 반지름의 길이가 각각 2, $\sqrt{2}$ 인 두 원 O, O′이 두 점 A, B에서 만나고, $\angle$AOB, $\angle$AO′B의 크기가 각각 60°, 90°일 때, 두 원의 내부의 공통부분의 넓이를 구하여라. 단, 원 O′의 중심은 원 O의 외부에 있다.

7-2 반지름의 길이가 30인 구 위의 한 점 N에 길이가 5π인 실의 한쪽 끝을 고정한다. 실을 팽팽하게 유지하면서 구의 표면을 따라 실의 다른 한쪽 끝을 한 바퀴 돌릴 때, 구의 표면에 생기는 실 끝의 자취의 길이를 구하여라.

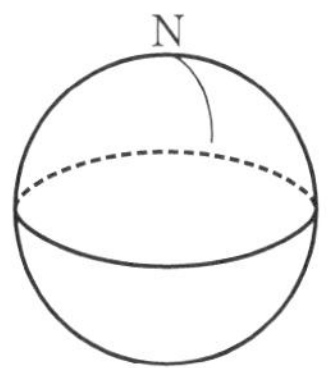

7-3 θ가 제4사분면의 각일 때, 다음 식을 간단히 하여라.

$$\left|\sin\theta+\cos\theta+\tan\theta+\sqrt{\sin^2\theta}+\sqrt[3]{\cos^3\theta}+\sqrt[4]{\tan^4\theta}\right|$$

실력 **7-4** 길이가 a인 선분 AB가 그 연장선 위의 점 O를 중심으로 θ(단, $0<\theta<2\pi$)만큼 회전하였다. 이때, 선분 AB가 통과한 부분의 넓이를 S라 하고, 선분 AB의 중점 M이 움직인 호의 길이를 l이라고 하면 S$=al$임을 보여라.

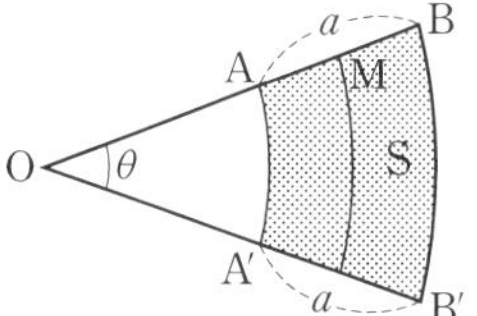

7-5 오른쪽 그림과 같이 반지름의 길이가 1인 원의 외부에 한 점 P가 있다.

$$\overset{\frown}{BQ}=0.29, \quad \overset{\frown}{QD}=0.31$$

일 때, $\angle$P$+\angle$Q의 값을 구하여라.

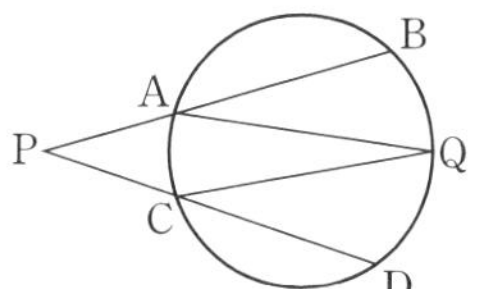

7-6 중심각의 크기가 2θ, 반지름의 길이가 1인 부채꼴에 반지름의 길이가 r인 원이 내접해 있다.

(1) r를 θ를 써서 나타내어라. 단, $0°<\theta<90°$이다.

(2) $\theta=30°$일 때, 내접원의 넓이와 부채꼴의 넓이의 비를 구하여라.

7-7 오른쪽 그림과 같이 직선 PQ가 점 P에서 중심이 원점 O이고 반지름의 길이가 1인 원에 접한다. $\overline{PQ}=\overset{\frown}{PA}$이고 $\angle$POA$=\dfrac{\pi}{3}$일 때, 점 Q의 좌표를 구하여라.

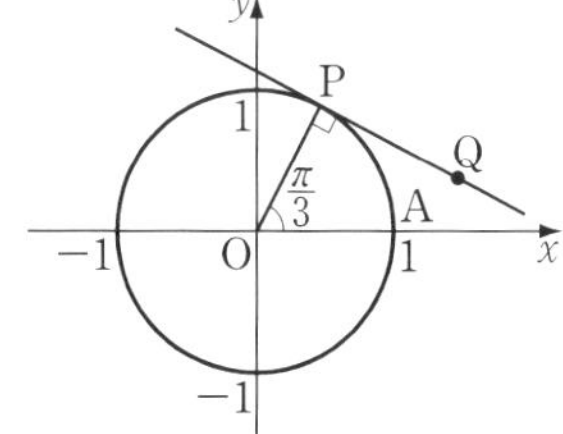

7-8 중심이 O인 단위원을 100등분한 점을 차례로 P_1, P_2, P_3, $\cdots$, P_{100}이라고 하자.

$\angle P_1OP_2=\theta$라 하고, $P_1(1, 0)$이라고 할 때, $\cos\theta+\cos2\theta+\cdots+\cos99\theta$의 값을 구하여라.

8. 삼각함수의 기본 성질

§1. 삼각함수의 기본 공식

기본정석

삼각함수 사이의 관계

실수 θ에 대하여 다음 관계가 성립한다.

(1) 상제 관계 $\boldsymbol{\tan\theta=\dfrac{\sin\theta}{\cos\theta}}$

(2) 제곱 관계 $\boldsymbol{\sin^2\theta+\cos^2\theta=1,\quad \tan^2\theta+1=\dfrac{1}{\cos^2\theta}}$

Advice | 오른쪽 그림과 같이 동경 OP가 x 축의 양의 방향과 이루는 각을 θ라고 할 때,

$$\sin\theta=\frac{y}{r},\ \cos\theta=\frac{x}{r},\ \tan\theta=\frac{y}{x}$$

따라서 $\cos\theta\neq0$일 때, 곧 $x\neq0$일 때

$$\frac{\sin\theta}{\cos\theta}=\frac{y/r}{x/r}=\frac{y}{x}=\tan\theta$$

한편 $\mathrm{P}(x,\ y)$가 원 $x^2+y^2=r^2$ 위의 점이므로

$$\sin^2\theta+\cos^2\theta=\left(\frac{y}{r}\right)^2+\left(\frac{x}{r}\right)^2=\frac{x^2+y^2}{r^2}=\frac{r^2}{r^2}=1$$

이 성립한다.

또, $\sin^2\theta+\cos^2\theta=1$의 양변을 $\cos^2\theta$로 나누면

$$\frac{\sin^2\theta}{\cos^2\theta}+1=\frac{1}{\cos^2\theta}\qquad 곧,\ \tan^2\theta+1=\frac{1}{\cos^2\theta}\qquad\cdots\cdots①$$

이 성립한다.

**Note* ①은 다음과 같이 보여도 된다.

$$\tan^2\theta+1=\left(\frac{y}{x}\right)^2+1=\frac{y^2+x^2}{x^2}=\frac{r^2}{x^2}=\left(\frac{r}{x}\right)^2=\frac{1}{\cos^2\theta}$$

보기 1 $(1-\sin^2\theta)(1+\tan^2\theta)$를 간단히 하여라.

연구 $\sin^2\theta+\cos^2\theta=1$에서 $1-\sin^2\theta=\cos^2\theta$, $1+\tan^2\theta=\dfrac{1}{\cos^2\theta}$이므로

$$(준\ 식)=\cos^2\theta\times\frac{1}{\cos^2\theta}=\mathbf{1}$$

필수 예제 8-1 다음 등식을 증명하여라.

(1) $\tan^2\theta-\sin^2\theta=\tan^2\theta\sin^2\theta$ (2) $\dfrac{1+2\sin\theta\cos\theta}{\cos^2\theta-\sin^2\theta}=\dfrac{1+\tan\theta}{1-\tan\theta}$

(3) $\dfrac{1+\sin\theta+\cos\theta}{1-\sin\theta+\cos\theta}=\dfrac{\cos\theta}{1-\sin\theta}$

정석연구 (1) 삼각함수의 기본 공식을 이용하여 좌변을 우변의 꼴로 변형한다.

정석 $\tan\theta=\dfrac{\sin\theta}{\cos\theta}$, $\sin^2\theta+\cos^2\theta=1$

(2) 우변을 좌변의 꼴로 변형한다.

(3) 양변에 $(1-\sin\theta+\cos\theta)(1-\sin\theta)$를 곱한 다음 양변이 같음을 보인다.

모범답안 (1) $\tan^2\theta-\sin^2\theta=\dfrac{\sin^2\theta}{\cos^2\theta}-\sin^2\theta=\dfrac{\sin^2\theta(1-\cos^2\theta)}{\cos^2\theta}$

$$=\frac{\sin^2\theta}{\cos^2\theta}\times\sin^2\theta=\tan^2\theta\sin^2\theta$$

(2) $\dfrac{1+\tan\theta}{1-\tan\theta}=\dfrac{1+\dfrac{\sin\theta}{\cos\theta}}{1-\dfrac{\sin\theta}{\cos\theta}}=\dfrac{\cos\theta+\sin\theta}{\cos\theta-\sin\theta}=\dfrac{(\cos\theta+\sin\theta)^2}{\cos^2\theta-\sin^2\theta}$

$$=\frac{\cos^2\theta+2\cos\theta\sin\theta+\sin^2\theta}{\cos^2\theta-\sin^2\theta}=\frac{1+2\sin\theta\cos\theta}{\cos^2\theta-\sin^2\theta}$$

(3) $(1+\sin\theta+\cos\theta)(1-\sin\theta)=\cos\theta(1-\sin\theta+\cos\theta)$를 보여도 된다.

(좌변)$=(1+\sin\theta)(1-\sin\theta)+\cos\theta(1-\sin\theta)$

$=1-\sin^2\theta+\cos\theta(1-\sin\theta)=\cos^2\theta+\cos\theta(1-\sin\theta)$

$=\cos\theta(\cos\theta+1-\sin\theta)=$(우변)

*Note (2)에서 좌변을 우변의 꼴로 변형할 때에는 다음을 이용한다.

$1+2\sin\theta\cos\theta=\sin^2\theta+\cos^2\theta+2\sin\theta\cos\theta=(\sin\theta+\cos\theta)^2$

유제 8-1. 다음 등식을 증명하여라.

(1) $(\sin\theta+\cos\theta)^2+(\sin\theta-\cos\theta)^2=2$

(2) $\cos^4\theta-\sin^4\theta=\cos^2\theta-\sin^2\theta=1-2\sin^2\theta$

(3) $(1-\sin^2\theta)(1-\cos^2\theta)(1+\tan^2\theta)\left(1+\dfrac{1}{\tan^2\theta}\right)=1$

(4) $\left(\sin\theta-\dfrac{1}{\sin\theta}\right)^2+\left(\cos\theta-\dfrac{1}{\cos\theta}\right)^2-\left(\tan\theta-\dfrac{1}{\tan\theta}\right)^2=1$

(5) $\dfrac{1+\sin\theta-\cos\theta}{1+\sin\theta+\cos\theta}+\dfrac{1+\sin\theta+\cos\theta}{1+\sin\theta-\cos\theta}=\dfrac{2}{\sin\theta}$

필수 예제 **8**-2 $\sin\theta+\cos\theta=\frac{1}{2}$일 때, 다음 식의 값을 구하여라.

(1) $\sin\theta\cos\theta$ (2) $\sin\theta-\cos\theta$ (3) $\sin^3\theta+\cos^3\theta$

(4) $\sin^6\theta+\cos^6\theta$ (5) $\tan\theta+\frac{1}{\tan\theta}$ (6) $\tan^3\theta+\frac{1}{\tan^3\theta}$

정석연구 조건식의 양변을 제곱하면 $\sin\theta\cos\theta$의 값을 구할 수 있다.

정석 $\boldsymbol{\sin\theta\pm\cos\theta=a}$의 변형은 ⟹ 양변을 제곱하여라.

모범답안 (1) $\sin\theta+\cos\theta=\frac{1}{2}$의 양변을 제곱하면

$\sin^2\theta+2\sin\theta\cos\theta+\cos^2\theta=\frac{1}{4}$ ∴ $\sin\theta\cos\theta=-\boldsymbol{\frac{3}{8}}$ ← 답

(2) $(\sin\theta-\cos\theta)^2=\sin^2\theta-2\sin\theta\cos\theta+\cos^2\theta=1-2\times\left(-\frac{3}{8}\right)=\frac{7}{4}$

∴ $\sin\theta-\cos\theta=\pm\boldsymbol{\frac{\sqrt{7}}{2}}$ ← 답

(3) $\sin^3\theta+\cos^3\theta=(\sin\theta+\cos\theta)^3-3\sin\theta\cos\theta(\sin\theta+\cos\theta)$

$=\left(\frac{1}{2}\right)^3-3\times\left(-\frac{3}{8}\right)\times\frac{1}{2}=\boldsymbol{\frac{11}{16}}$ ← 답

(4) $\sin^6\theta+\cos^6\theta=(\sin^2\theta)^3+(\cos^2\theta)^3$

$=(\sin^2\theta+\cos^2\theta)^3-3\sin^2\theta\cos^2\theta(\sin^2\theta+\cos^2\theta)$

$=1^3-3\times\left(-\frac{3}{8}\right)^2\times1=\boldsymbol{\frac{37}{64}}$ ← 답

(5) $\tan\theta+\frac{1}{\tan\theta}=\frac{\sin\theta}{\cos\theta}+\frac{\cos\theta}{\sin\theta}=\frac{\sin^2\theta+\cos^2\theta}{\sin\theta\cos\theta}=-\boldsymbol{\frac{8}{3}}$ ← 답

(6) $\tan^3\theta+\frac{1}{\tan^3\theta}=\left(\tan\theta+\frac{1}{\tan\theta}\right)^3-3\tan\theta\times\frac{1}{\tan\theta}\times\left(\tan\theta+\frac{1}{\tan\theta}\right)$

$=\left(-\frac{8}{3}\right)^3-3\times1\times\left(-\frac{8}{3}\right)=-\boldsymbol{\frac{296}{27}}$ ← 답

유제 **8**-2. $\sin\theta+\cos\theta=\frac{1}{3}$일 때, 다음 식의 값을 구하여라.

(1) $\tan\theta+\frac{1}{\tan\theta}$ (2) $\frac{1}{\cos\theta}\left(\tan\theta+\frac{1}{\tan^2\theta}\right)$

답 (1) $-\boldsymbol{\frac{9}{4}}$ (2) $\boldsymbol{\frac{39}{16}}$

유제 **8**-3. $\sin\theta\cos\theta=\frac{1}{4}$일 때, 다음 식의 값을 구하여라.

(1) $\sin\theta+\cos\theta$ (2) $\sin\theta-\cos\theta$ (3) $\sin^3\theta+\cos^3\theta$

(4) $\sin^4\theta+\cos^4\theta$ (5) $\tan\theta+\frac{1}{\tan\theta}$ (6) $\tan^3\theta+\frac{1}{\tan^3\theta}$

답 (1) $\pm\boldsymbol{\frac{\sqrt{6}}{2}}$ (2) $\pm\boldsymbol{\frac{\sqrt{2}}{2}}$ (3) $\pm\boldsymbol{\frac{3\sqrt{6}}{8}}$ (4) $\boldsymbol{\frac{7}{8}}$ (5) **4** (6) **52**

필수 예제 8-3 x에 관한 이차방정식 $x^2-ax+a=0$의 두 근이 $\sin\theta$, $\cos\theta$일 때, 다음 물음에 답하여라.

(1) 상수 a의 값을 구하여라.

(2) $\tan\theta$, $\dfrac{1}{\tan\theta}$을 두 근으로 하는 x에 관한 이차방정식을 구하여라.

정석연구 이차방정식의 성질과 삼각함수를 융합한 문제이다.

정석 (i) $\boldsymbol{ax^2+bx+c=0\,(a\neq0)}$의 두 근을 $\boldsymbol{\alpha}$, $\boldsymbol{\beta}$라고 하면

$$\boldsymbol{\alpha+\beta=-\frac{b}{a},\quad \alpha\beta=\frac{c}{a}}$$

(ii) $\boldsymbol{\alpha}$, $\boldsymbol{\beta}$를 두 근으로 하는 $\boldsymbol{x}$에 관한 이차방정식은

$$\boldsymbol{x^2-(\alpha+\beta)x+\alpha\beta=0}$$

모범답안 (1) 근과 계수의 관계로부터

$$\sin\theta+\cos\theta=a \quad \cdots\cdots①\qquad\qquad \sin\theta\cos\theta=a \quad \cdots\cdots②$$

①의 양변을 제곱하면

$$1+2\sin\theta\cos\theta=a^2 \qquad \therefore\ \sin\theta\cos\theta=\frac{a^2-1}{2} \qquad \cdots\cdots③$$

②와 ③에서 $a=\dfrac{a^2-1}{2}$ $\quad\therefore\ a^2-2a-1=0$ $\quad\therefore\ a=1\pm\sqrt{2}$

그런데 $-1\le\sin\theta\le1$, $-1\le\cos\theta\le1$이므로 ②에서 $|a|<1$이다.

$$\therefore\ \boldsymbol{a=1-\sqrt{2}} \longleftarrow \text{답}$$

(2) $\tan\theta$, $\dfrac{1}{\tan\theta}$을 두 근으로 하는 x에 관한 이차방정식은

$$x^2-\left(\tan\theta+\frac{1}{\tan\theta}\right)x+\tan\theta\times\frac{1}{\tan\theta}=0 \qquad \cdots\cdots④$$

$$\tan\theta+\frac{1}{\tan\theta}=\frac{\sin\theta}{\cos\theta}+\frac{\cos\theta}{\sin\theta}=\frac{1}{\sin\theta\cos\theta}=\frac{1}{1-\sqrt{2}}=-(1+\sqrt{2})$$

이 값을 ④에 대입하면 $\boldsymbol{x^2+(1+\sqrt{2})x+1=0} \longleftarrow$ 답

유제 8-4. x에 관한 이차방정식 $4x^2-4px+p^2-2=0$의 두 근이 $\sin\theta$, $\cos\theta$일 때, 상수 p의 값을 구하여라. 또, $\tan\theta$, $\dfrac{1}{\tan\theta}$을 두 근으로 하는 x에 관한 이차방정식을 구하여라.

답 $\boldsymbol{p=0}$, $\boldsymbol{x^2+2x+1=0}$

유제 8-5. $\sin\theta+\cos\theta=\dfrac{\sqrt{2}}{2}$일 때, 다음을 두 근으로 하는 x에 관한 이차방정식을 구하여라.

(1) $\sin^2\theta$, $\cos^2\theta$ (2) $\sin^3\theta$, $\cos^3\theta$ (3) $\tan\theta$, $\dfrac{1}{\tan\theta}$

답 (1) $\boldsymbol{16x^2-16x+1=0}$ (2) $\boldsymbol{64x^2-40\sqrt{2}x-1=0}$ (3) $\boldsymbol{x^2+4x+1=0}$

필수 예제 8-4 다음 물음에 답하여라.

(1) θ가 둔각이고 $\sin\theta=\dfrac{3}{5}$일 때, $\cos\theta$와 $\tan\theta$의 값을 구하여라.

(2) $\tan\theta=-\dfrac{5}{12}$일 때, $\sin\theta$와 $\cos\theta$의 값을 구하여라.

정석연구 $\sin\theta$, $\cos\theta$, $\tan\theta$ 중 어느 하나의 값을 알면 나머지 두 개의 값을 구할 수 있다. 이때에는 θ의 동경을 좌표평면 위에 나타내어 구할 수도 있고, 다음을 이용하여 구할 수도 있다.

정석 $\tan\theta=\dfrac{\sin\theta}{\cos\theta}$, $\sin^2\theta+\cos^2\theta=1$, $\tan^2\theta+1=\dfrac{1}{\cos^2\theta}$

모범답안 (1) $\cos^2\theta=1-\sin^2\theta=1-\left(\dfrac{3}{5}\right)^2=\dfrac{16}{25}$

θ는 둔각이므로 $\cos\theta=-\dfrac{4}{5}$

$\therefore \tan\theta=\dfrac{\sin\theta}{\cos\theta}=\dfrac{3/5}{-4/5}=-\dfrac{3}{4}$ 답 **$\cos\theta=-\dfrac{4}{5}$, $\tan\theta=-\dfrac{3}{4}$**

(2) $\tan^2\theta+1=\dfrac{1}{\cos^2\theta}$에서 $\dfrac{1}{\cos^2\theta}=\left(-\dfrac{5}{12}\right)^2+1=\dfrac{169}{144}$

$\therefore \dfrac{1}{\cos\theta}=\pm\dfrac{13}{12}$ $\therefore \cos\theta=\pm\dfrac{12}{13}$

$\sin^2\theta=1-\cos^2\theta=1-\left(\pm\dfrac{12}{13}\right)^2=\dfrac{25}{169}$ $\therefore \sin\theta=\pm\dfrac{5}{13}$

답 **$\sin\theta=\pm\dfrac{5}{13}$, $\cos\theta=\mp\dfrac{12}{13}$ (복부호동순)**

Advice 1° (2)에서 $\tan\theta<0$이므로 θ는 제2사분면 또는 제4사분면의 각이다. 제2사분면의 각일 때 $\sin\theta>0$, $\cos\theta<0$이고, 제4사분면의 각일 때 $\sin\theta<0$, $\cos\theta>0$이다.

Advice 2° 이를테면 (1)의 경우 θ가 둔각이므로 제2사분면에 $\sin\theta=\dfrac{3}{5}$인 θ의 동경 OP를 그리면 오른쪽과 같고, $\overline{\text{OH}}=\sqrt{5^2-3^2}=4$

$\therefore \cos\theta=-\dfrac{4}{5}$, $\tan\theta=-\dfrac{3}{4}$ ⇦ 부호에 주의

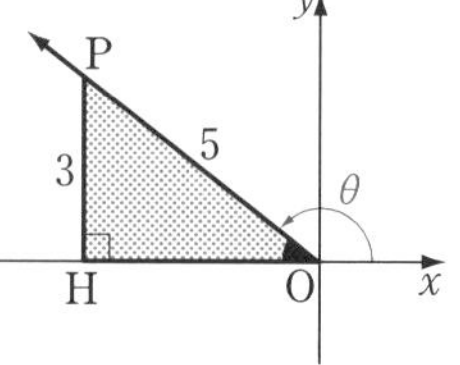

유제 **8-6.** $\cos\theta=\dfrac{12}{13}$일 때, $\sin\theta$와 $\tan\theta$의 값을 구하여라.

답 **$\sin\theta=\pm\dfrac{5}{13}$, $\tan\theta=\pm\dfrac{5}{12}$ (복부호동순)**

유제 **8-7.** θ가 제3사분면의 각이고 $\tan\theta=\dfrac{3}{4}$일 때, $\sin\theta$와 $\cos\theta$의 값을 구하여라.

답 **$\sin\theta=-\dfrac{3}{5}$, $\cos\theta=-\dfrac{4}{5}$**

필수 예제 8-5 다음 물음에 답하여라.

(1) $2\cos\theta-\sin\theta=1$일 때, $\sin\theta$, $\cos\theta$, $\tan\theta$의 값을 구하여라. 단, $0°<\theta<90°$이다.

(2) $6\sin^2\theta+\sin\theta\cos\theta-2\cos^2\theta=0$일 때, $\tan\theta$와 $\sin\theta+\cos\theta$의 값을 구하여라. 단, $90°<\theta<180°$이다.

정석연구 (1) $\sin\theta$, $\cos\theta$에 관한 일차의 관계식은 양변을 제곱하여

정석 $\sin^2\theta+\cos^2\theta=1$

을 이용하면 $\sin\theta$만의 식 또는 $\cos\theta$만의 식으로 변형된다.

(2) 다음 **정석**에 착안하여 양변을 $\cos^2\theta$로 나눈다.

정석 $\tan\theta=\dfrac{\sin\theta}{\cos\theta}$

모범답안 (1) $2\cos\theta-\sin\theta=1$로부터 $2\cos\theta=\sin\theta+1$

양변을 제곱하면 $4\cos^2\theta=\sin^2\theta+2\sin\theta+1$

$\cos^2\theta=1-\sin^2\theta$이므로 $4(1-\sin^2\theta)=\sin^2\theta+2\sin\theta+1$

$\therefore 5\sin^2\theta+2\sin\theta-3=0$ $\quad\therefore (\sin\theta+1)(5\sin\theta-3)=0$

$\therefore \sin\theta=-1,\ \dfrac{3}{5}$

그런데 $0°<\theta<90°$이므로 $\sin\theta=-1$은 적합하지 않다.

$\therefore$ $\boldsymbol{\sin\theta=\dfrac{3}{5}}$ $\quad\therefore$ $\boldsymbol{\cos\theta=\dfrac{4}{5},\ \tan\theta=\dfrac{3}{4}}$ ← 답

(2) $\cos\theta\neq0$이므로 준 식의 양변을 $\cos^2\theta$로 나누면

$6\left(\dfrac{\sin\theta}{\cos\theta}\right)^2+\dfrac{\sin\theta}{\cos\theta}-2=0$ $\quad\therefore 6\tan^2\theta+\tan\theta-2=0$

$\therefore (3\tan\theta+2)(2\tan\theta-1)=0$ $\quad\therefore \tan\theta=-\dfrac{2}{3},\ \dfrac{1}{2}$

그런데 $90°<\theta<180°$일 때 $\tan\theta<0$이므로 $\tan\theta=-\dfrac{2}{3}$

이때, $\sin\theta=\dfrac{2}{\sqrt{13}}$, $\cos\theta=-\dfrac{3}{\sqrt{13}}$ $\quad\therefore \sin\theta+\cos\theta=-\dfrac{1}{\sqrt{13}}$

답 $\boldsymbol{\tan\theta=-\dfrac{2}{3},\ \sin\theta+\cos\theta=-\dfrac{\sqrt{13}}{13}}$

유제 **8**-8. $2\sin\theta+\cos\theta=1$일 때, $\sin\theta$, $\cos\theta$, $\tan\theta$의 값을 구하여라. 단, $90°\le\theta\le180°$이다. 답 $\boldsymbol{\sin\theta=\dfrac{4}{5},\ \cos\theta=-\dfrac{3}{5},\ \tan\theta=-\dfrac{4}{3}}$

유제 **8**-9. $1+\sin^2\theta=3\sin\theta\cos\theta$일 때, $\tan\theta$의 값을 구하여라.

답 $\boldsymbol{\dfrac{1}{2},\ 1}$

필수 예제 8-6 다음 두 방정식에서 θ를 소거하여 a, b 사이의 관계식을 구하여라. 단, a, b는 실수이다.

$$\begin{cases} a\sin\theta - b\cos\theta = 1 \\ b\sin\theta + a\cos\theta = 1 + b\cos\theta \end{cases}$$

정석연구 삼각함수의 관계식에서 각 θ를 소거할 때에는 흔히

정석 $\boldsymbol{\sin^2\theta + \cos^2\theta = 1}$

을 이용한다.

먼저 주어진 두 방정식을 $\sin\theta$, $\cos\theta$를 미지수로 하여 푼 다음, 위의 공식을 이용해 보아라.

모범답안 $a\sin\theta - b\cos\theta = 1$ ……①

$b\sin\theta + (a-b)\cos\theta = 1$ ……②

로 놓으면

①$\times(a-b)+$②$\times b$에서 $(a^2-ab+b^2)\sin\theta = a$ ……③

②$\times a-$①$\times b$에서 $(a^2-ab+b^2)\cos\theta = a-b$ ……④

여기에서 a, b는 실수이고, a와 b는 동시에 0일 수 없으므로

$$a^2-ab+b^2=\left(a-\frac{b}{2}\right)^2+\frac{3}{4}b^2>0$$

따라서 ③에서 $\sin\theta = \dfrac{a}{a^2-ab+b^2}$,

④에서 $\cos\theta = \dfrac{a-b}{a^2-ab+b^2}$

$\sin^2\theta + \cos^2\theta = 1$에 대입하면 $\left(\dfrac{a}{a^2-ab+b^2}\right)^2+\left(\dfrac{a-b}{a^2-ab+b^2}\right)^2=1$

$$\therefore \boldsymbol{\frac{2a^2-2ab+b^2}{(a^2-ab+b^2)^2}=1} \longleftarrow \text{답}$$

유제 8-10. θ가 실수일 때, 다음 조건을 만족시키는 점 (x, y)의 자취의 방정식을 구하여라.

(1) $x=3\sin\theta$, $y=3\cos\theta$ (2) $x=4+3\cos\theta$, $y=5+3\sin\theta$

답 (1) $\boldsymbol{x^2+y^2=9}$ (2) $\boldsymbol{(x-4)^2+(y-5)^2=9}$

유제 8-11. 다음 식에서 θ를 소거하여라.

(1) $\begin{cases} x=\sin\theta-\cos\theta \\ y=\sin\theta+\cos\theta \end{cases}$ (2) $\begin{cases} x\sin\theta+\cos\theta=1 \\ y\sin\theta-\cos\theta=1 \end{cases}$

답 (1) $\boldsymbol{x^2+y^2=2}$ (2) $\boldsymbol{xy=1}$

§ 2. $\frac{n}{2}\pi\pm\theta$의 삼각함수

기본정석

실수 θ에 대하여 다음 공식이 성립한다.

(1) 주기 공식

$\sin(2n\pi+\theta)=\sin\theta,\quad \cos(2n\pi+\theta)=\cos\theta,\quad \tan(n\pi+\theta)=\tan\theta$

(단, n은 정수)

(2) 음각 공식

$\sin(-\theta)=-\sin\theta,\quad \cos(-\theta)=\cos\theta,\quad \tan(-\theta)=-\tan\theta$

(3) 보각 공식

$\sin(\pi-\theta)=\sin\theta,\quad \cos(\pi-\theta)=-\cos\theta,\quad \tan(\pi-\theta)=-\tan\theta$

(4) 여각 공식

$\sin\left(\frac{\pi}{2}-\theta\right)=\cos\theta,\quad \cos\left(\frac{\pi}{2}-\theta\right)=\sin\theta,\quad \tan\left(\frac{\pi}{2}-\theta\right)=\frac{1}{\tan\theta}$

Advice 1° 공식의 증명

(1) 주기 공식

n이 정수일 때, θ와 $2n\pi+\theta$를 나타내는 동경이 일치하므로 두 각에 대한 삼각함수의 값은 같다. 따라서

$$\sin(2n\pi+\theta)=\sin\theta,$$
$$\cos(2n\pi+\theta)=\cos\theta,$$
$$\tan(2n\pi+\theta)=\tan\theta \qquad \cdots\cdots①$$

또, θ와 $\pi+\theta$를 나타내는 동경은 원점에 대하여 대칭이므로

$$\tan(\pi+\theta)=\frac{-y}{-x}=\frac{y}{x}=\tan\theta$$

이다. 따라서 ①에서 $\tan(n\pi+\theta)=\tan\theta$

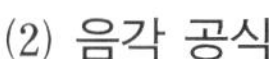

(2) 음각 공식

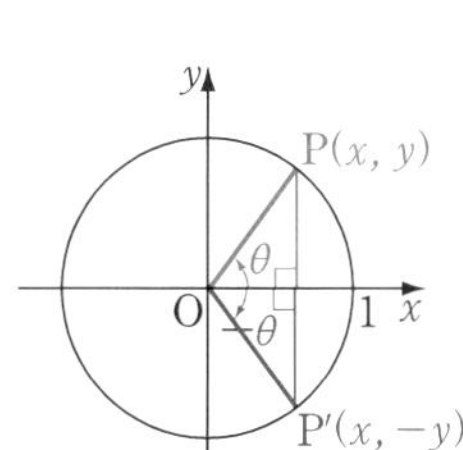

θ를 나타내는 동경 OP와 $-\theta$를 나타내는 동경 OP′은 x축에 대하여 대칭이다. 따라서

$$\sin(-\theta)=-y=-\sin\theta,$$
$$\cos(-\theta)=x=\cos\theta,$$
$$\tan(-\theta)=\frac{-y}{x}=-\frac{y}{x}=-\tan\theta$$

(3) 보각 공식, 여각 공식

보각 공식은 θ를 나타내는 동경과 $\pi-\theta$를 나타내는 동경이 y축에 대하여 대칭임을 이용하여 증명한다.

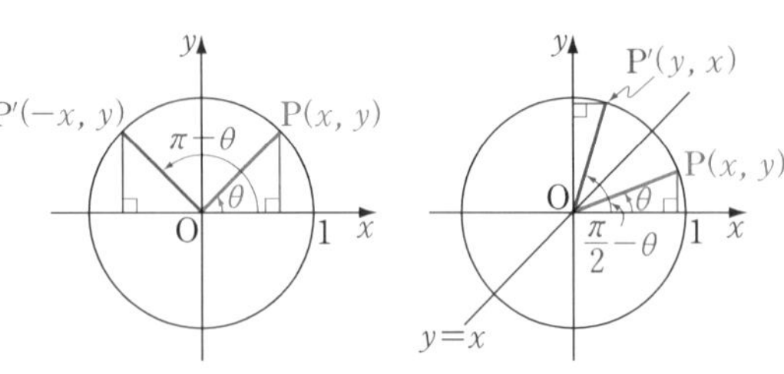

또, 여각 공식은 θ를 나타내는 동경과 $\dfrac{\pi}{2}-\theta$를 나타내는 동경이 직선 $y=x$에 대하여 대칭임을 이용하여 증명한다.

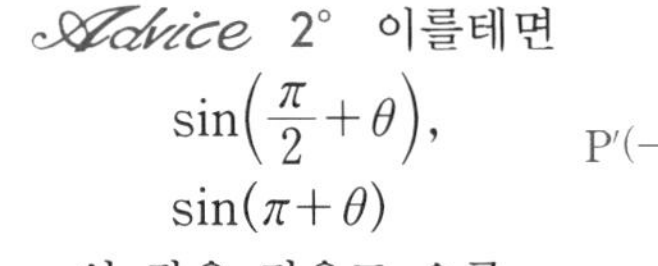

Advice 2° 이를테면

$\sin\left(\dfrac{\pi}{2}+\theta\right)$,

$\sin(\pi+\theta)$

와 같은 경우도 오른쪽 그림과 같이 x축의 양의 방향과 이루는 각의 크기가 각각 θ, $\dfrac{\pi}{2}+\theta$, $\pi+\theta$인 동경을 그려 보면

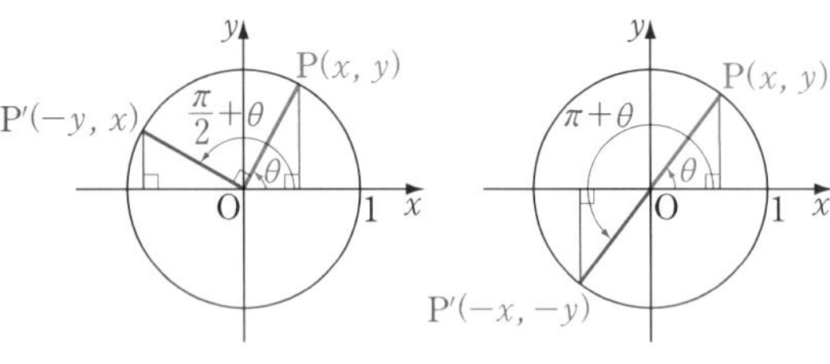

$$\sin\left(\frac{\pi}{2}+\theta\right)=x=\cos\theta, \qquad \sin(\pi+\theta)=-y=-\sin\theta$$

임을 알 수 있다.

Advice 3° $\boldsymbol{\dfrac{n}{2}\pi\pm\theta}$**의 삼각함수 공식의 암기 방법**

위의 모든 공식에서 좌변의 각은 모두 $\dfrac{n}{2}\pi\pm\theta$의 꼴로 변형할 수 있다.

$\boldsymbol{\dfrac{n}{2}\pi\pm\theta}$에서

첫째 : n이 짝수이면 sin ⟶ sin, cos ⟶ cos, tan ⟶ tan 그대로 두고,

n이 홀수이면 sin ⟶ cos, cos ⟶ sin, tan ⟶ $\dfrac{1}{\tan}$로 바꾼다.

둘째 : $\boldsymbol{\theta}$를 항상 예각으로 간주하고(설령 둔각이든, 어떤 각이든), $\dfrac{n}{2}\pi\pm\theta$가 나타내는 동경을 작도한다. 이때, 이 동경이 제몇 사분면에 존재하는가를 따져서 여기에서 원래 삼각함수의 부호가 양이면 '+'를, 음이면 '−'를 앞에 붙인다.

▶ $\boldsymbol{\sin(\pi-\theta)}$는

첫째 : $\pi-\theta=\dfrac{\pi}{2}\times2-\theta$에서 n이 짝수이므로 sin ⟶ sin 그대로 둔다.

곧, $\sin(\pi-\theta)=(+,\ -\ ?\ )\sin\theta$

둘째 : θ를 예각으로 간주하면 $\pi-\theta$의 동경은 제2사분면에 있다.

제2사분면에서 sin의 부호는 +이므로 $\boldsymbol{\sin(\pi-\theta)=\sin\theta}$

▶ $\tan\left(\dfrac{3}{2}\pi+\theta\right)$는

첫째 : $\dfrac{3}{2}\pi+\theta=\dfrac{\pi}{2}\times3+\theta$에서 n이 홀수이므로 tan $\longrightarrow \dfrac{1}{\tan}$로 바꾼다.

곧, $\tan\left(\dfrac{3}{2}\pi+\theta\right)=(+,\ -\ ?\ )\dfrac{1}{\tan\theta}$

둘째 : θ를 예각으로 간주하면 $\dfrac{3}{2}\pi+\theta$의 동경은 제4사분면에 있다.

제4사분면에서 tan의 부호는 −이므로 $\boldsymbol{\tan\left(\dfrac{3}{2}\pi+\theta\right)=-\dfrac{1}{\tan\theta}}$

이와 같은 방법을 알고 있으면 p. 97의 공식뿐만 아니라 다음 공식도 자유로이 이용할 수 있다.

$$\sin(\pi+\theta)=-\sin\theta,\ \cos(\pi+\theta)=-\cos\theta,\ \tan(\pi+\theta)=\tan\theta$$
$$\sin\left(\frac{\pi}{2}+\theta\right)=\cos\theta,\ \cos\left(\frac{\pi}{2}+\theta\right)=-\sin\theta,\ \tan\left(\frac{\pi}{2}+\theta\right)=-\frac{1}{\tan\theta}$$
$$\sin\left(\frac{3}{2}\pi+\theta\right)=-\cos\theta,\ \cos\left(\frac{3}{2}\pi+\theta\right)=\sin\theta,\ \tan\left(\frac{3}{2}\pi+\theta\right)=-\frac{1}{\tan\theta}$$

보기 1 다음 중에서 $\sin\theta$와 같은 것은?

① $\sin\left(\dfrac{\pi}{2}+\theta\right)$ ② $\cos\left(\dfrac{\pi}{2}+\theta\right)$ ③ $\sin(-\pi+\theta)$

④ $\cos\left(-\dfrac{3}{2}\pi-\theta\right)$ ⑤ $\cos\left(\dfrac{5}{2}\pi+\theta\right)$

연구 ① $\sin\left(\dfrac{\pi}{2}+\theta\right)=\cos\theta$ ② $\cos\left(\dfrac{\pi}{2}+\theta\right)=-\sin\theta$

③ $\sin(-\pi+\theta)=\sin\left\{\dfrac{\pi}{2}\times(-2)+\theta\right\}=-\sin\theta$

④ $\cos\left(-\dfrac{3}{2}\pi-\theta\right)=\cos\left\{\dfrac{\pi}{2}\times(-3)-\theta\right\}=\sin\theta$

⑤ $\cos\left(\dfrac{5}{2}\pi+\theta\right)=\cos\left(\dfrac{\pi}{2}\times5+\theta\right)=-\sin\theta$ 답 ④

보기 2 다음을 45°보다 작은 양의 각의 삼각함수로 나타내어라.

(1) $\sin250°$ (2) $\cos140°$ (3) $\tan290°$ (4) $\dfrac{1}{\tan65°}$

연구 (1) $\sin250°=\sin(90°\times3-20°)=-\cos(-20°)=\boldsymbol{-\cos20°}$

(2) $\cos140°=\cos(90°\times2-40°)=-\cos(-40°)=\boldsymbol{-\cos40°}$

(3) $\tan290°=\tan(90°\times3+20°)=\boldsymbol{-\dfrac{1}{\tan20°}}$

(4) $\dfrac{1}{\tan65°}=\dfrac{1}{\tan(90°-25°)}=\boldsymbol{\tan25°}$

필수 예제 8-7 다음 식의 값을 구하여라.

$$\cos\frac{59}{6}\pi\tan\frac{37}{6}\pi+\sin\left(-\frac{26}{3}\pi\right)\tan\frac{11}{4}\pi$$

정석연구 주어진 각의 동경을 좌표평면 위에 나타내고 특수각의 삼각형을 이용할 수도 있고, $\frac{n}{2}\pi+\theta$의 꼴로 변형하여 풀 수도 있다.

정석 $\frac{n}{2}\pi+\theta$의 삼각함수의 꼴로 변형한다.

모범답안 $\cos\frac{59}{6}\pi=\cos\left(\frac{19}{2}\pi+\frac{\pi}{3}\right)=\sin\frac{\pi}{3}=\frac{\sqrt{3}}{2}$

$\tan\frac{37}{6}\pi=\tan\left(\frac{12}{2}\pi+\frac{\pi}{6}\right)=\tan\frac{\pi}{6}=\frac{1}{\sqrt{3}}$

$\sin\left(-\frac{26}{3}\pi\right)=-\sin\frac{26}{3}\pi=-\sin\left(\frac{17}{2}\pi+\frac{\pi}{6}\right)=-\cos\frac{\pi}{6}=-\frac{\sqrt{3}}{2}$

$\tan\frac{11}{4}\pi=\tan\left(\frac{5}{2}\pi+\frac{\pi}{4}\right)=-\frac{1}{\tan\frac{\pi}{4}}=-1$

$\therefore$ (준 식)$=\frac{\sqrt{3}}{2}\times\frac{1}{\sqrt{3}}+\left(-\frac{\sqrt{3}}{2}\right)\times(-1)=\mathbf{\frac{1}{2}(1+\sqrt{3})}$ ← 답

**Note* p. 97의 주기 공식과 음각 공식을 이용하여 풀어도 된다.

유제 **8**-12. 다음 식의 값을 구하여라.

(1) $\tan 225^\circ\cos 405^\circ+\tan 765^\circ\sin 675^\circ$

(2) $\dfrac{\sin 120^\circ-\cos 150^\circ}{\sin 510^\circ-\cos 480^\circ}$

(3) $\sin\frac{8}{3}\pi+\cos\frac{31}{6}\pi+\tan\left(-\frac{7}{4}\pi\right)$

답 (1) **0** (2) $\sqrt{3}$ (3) **1**

유제 **8**-13. 다음 식의 값을 구하여라.

(1) $\sin^2\theta+\sin^2(90^\circ+\theta)+\sin^2(90^\circ-\theta)+\sin^2(180^\circ-\theta)$

(2) $\cos^2\theta+\cos^2\left(\frac{\pi}{2}+\theta\right)+\cos^2(\pi+\theta)+\cos^2\left(\frac{3}{2}\pi+\theta\right)$

(3) $(a+b)\tan\left(\frac{\pi}{2}-\theta\right)\tan(\pi-\theta)+(a-b)\tan\left(\frac{\pi}{2}+\theta\right)\tan(\pi+\theta)$

(4) $\dfrac{1+\cos\left(\frac{\pi}{2}-\theta\right)}{\sin\left(\frac{\pi}{2}-\theta\right)}+\dfrac{\sin\left(\frac{\pi}{2}+\theta\right)}{1+\cos\left(\frac{3}{2}\pi+\theta\right)}+\dfrac{2}{\cos(\pi-\theta)}$

답 (1) **2** (2) **2** (3) $\mathbf{-2a}$ (4) **0**

필수 예제 8-8 다음 S의 값을 구하여라. 단, n은 정수이다.

$$S=\sin\left\{\frac{n}{2}\pi+(-1)^n\frac{\pi}{6}\right\}$$

정석연구 $n=1, 2, 3, 4, 5, \cdots$를 대입하면

$n=1$일 때 $S=\sin\left(\frac{\pi}{2}-\frac{\pi}{6}\right)=\cos\frac{\pi}{6}=\frac{\sqrt{3}}{2}$,

$n=2$일 때 $S=\sin\left(\pi+\frac{\pi}{6}\right)=-\sin\frac{\pi}{6}=-\frac{1}{2}$,

$n=3$일 때 $S=\sin\left(\frac{3}{2}\pi-\frac{\pi}{6}\right)=-\cos\frac{\pi}{6}=-\frac{\sqrt{3}}{2}$,

$n=4$일 때 $S=\sin\left(2\pi+\frac{\pi}{6}\right)=\sin\frac{\pi}{6}=\frac{1}{2}$,

$n=5$일 때 $S=\sin\left(\frac{5}{2}\pi-\frac{\pi}{6}\right)=\cos\frac{\pi}{6}=\frac{\sqrt{3}}{2}$, $\cdots$

이므로 S의 값이 4를 주기로 반복된다는 것을 알 수 있다.

이와 같은 경우 n을

$$n=4k,\quad n=4k+1,\quad n=4k+2,\quad n=4k+3\ (k\text{는 정수})$$

과 같이 4를 기준으로 분류하여 대입하면 된다.

또, 위와 같이 일일이 n의 값을 대입하지 않더라도 다음 삼각함수의 주기 공식에서 S의 값이 4를 주기로 반복된다는 것을 알 수 있다.

정석 $\sin(2n\pi+\theta)=\sin\theta,\quad \cos(2n\pi+\theta)=\cos\theta$

모범답안 $n=4k$일 때 $S=\sin\left(\frac{\pi}{2}\times4k+\frac{\pi}{6}\right)=\sin\frac{\pi}{6}=\frac{1}{2}$

$n=4k+1$일 때 $S=\sin\left\{\frac{\pi}{2}\times(4k+1)-\frac{\pi}{6}\right\}=\cos\frac{\pi}{6}=\frac{\sqrt{3}}{2}$

$n=4k+2$일 때 $S=\sin\left\{\frac{\pi}{2}\times(4k+2)+\frac{\pi}{6}\right\}=-\sin\frac{\pi}{6}=-\frac{1}{2}$

$n=4k+3$일 때 $S=\sin\left\{\frac{\pi}{2}\times(4k+3)-\frac{\pi}{6}\right\}=-\cos\frac{\pi}{6}=-\frac{\sqrt{3}}{2}$

답 **$n=4k$일 때 $S=\frac{1}{2}$, $n=4k+1$일 때 $S=\frac{\sqrt{3}}{2}$,
$n=4k+2$일 때 $S=-\frac{1}{2}$, $n=4k+3$일 때 $S=-\frac{\sqrt{3}}{2}$ (k는 정수)**

유제 **8**-14. n이 양의 정수일 때, $\sin\left\{5n\pi+(-1)^n\frac{\pi}{6}\right\}$의 값을 구하여라.

답 $\frac{1}{2}$

유제 **8**-15. n이 정수일 때, $\cos\left\{n\pi+(-1)^n\frac{\pi}{3}\right\}$의 값을 구하여라.

답 $\frac{(-1)^n}{2}$

연습문제 8

기본 **8-1** $\dfrac{1}{\sin\theta}+\dfrac{1}{\cos\theta}=2\sqrt{2}$ 일 때, $\sin^3\theta+\cos^3\theta$의 값을 구하여라.
단, $0<\theta<\dfrac{\pi}{2}$이다.

8-2 $\tan\theta=\sqrt{\dfrac{1-a}{a}}$ (단, $0<a<1$)일 때, $\dfrac{\sin^2\theta}{a+\cos\theta}+\dfrac{\sin^2\theta}{a-\cos\theta}$의 값을 구하여라.

8-3 $\dfrac{\cos\theta+\sin\theta}{\cos\theta-\sin\theta}=3$일 때, $\tan\theta$와 $\sin\theta+\cos\theta$의 값을 구하여라.
단, $0<\theta<\pi$이다.

8-4 $x\neq0$, 1인 모든 실수 x에 대하여 $f\left(\dfrac{x}{x-1}\right)=\dfrac{1}{x}$일 때, $f(\cos^2\theta)$를 구하여라.

8-5 다음 식의 값을 구하여라.

(1) $\sin^2(45°+\mathrm{A})+\sin^2(45°-\mathrm{A})$ (2) $\sin^2 27°+\sin^2 63°$

(3) $\tan\left(\dfrac{\pi}{4}+\mathrm{A}\right)\tan\left(\dfrac{\pi}{4}-\mathrm{A}\right)$ (4) $\tan\dfrac{\pi}{12}\tan\dfrac{5}{12}\pi$

8-6 다음 물음에 답하여라.

(1) $\sin 70°=a$일 때, $\sin 20°$를 a로 나타내어라.

(2) $\sin\dfrac{\pi}{5}=a$일 때, $\cos\dfrac{3}{10}\pi$를 a로 나타내어라.

8-7 다음 식의 값을 구하여라.

(1) $\tan 80°+\tan 100°+\tan 190°+\tan 350°$

(2) $\sin^2 1°+\sin^2 2°+\sin^2 3°+\cdots+\sin^2 90°$

8-8 $\triangle\mathrm{ABC}$에서 $\sin^2\dfrac{\mathrm{A}}{2}+4\cos\dfrac{\mathrm{A}}{2}=2$가 성립할 때, $\sin\dfrac{\mathrm{B}+\mathrm{C}-2\pi}{2}$의 값을 구하여라.

8-9 좌표평면에 다음 규칙에 따라 오른쪽 그림과 같이 점 A_n(단, $n=0, 1, 2, \cdots$)을 정해 나간다.

(가) 점 A_0은 원점이고, 점 A_1의 좌표는
$(\cos\alpha, \sin\alpha)$ 단, $0<\alpha<\dfrac{\pi}{2}$이다.

(나) 음이 아닌 정수 n에 대하여
$\angle\mathrm{A}_n\mathrm{A}_{n+1}\mathrm{A}_{n+2}=\dfrac{\pi}{2}$, $\overline{\mathrm{A}_n\mathrm{A}_{n+1}}=n+1$

이때, 점 A_5와 원점 사이의 거리를 구하여라.

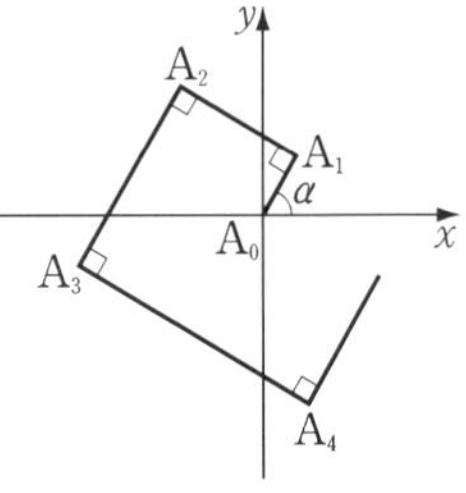

8-10 y축 위의 점 A(0, 1)과 x축 위의 점 $P_1, P_2, \cdots, P_{89}$를 잡아

$$\angle OAP_1=\angle P_1AP_2=\cdots=\angle P_{88}AP_{89}=1°$$

가 되게 할 때, $\overline{OP_1}\times\overline{OP_2}\times\cdots\times\overline{OP_{89}}$의 값을 구하여라. 단, O는 원점이다.

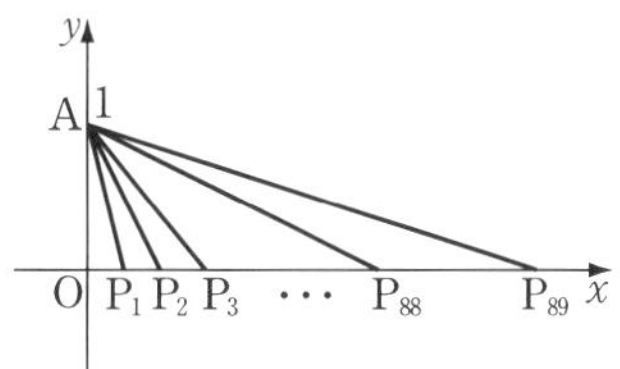

실력 **8**-11 $0<\theta<\pi$이고 $\sin\theta+\dfrac{1}{\sin\theta}=a$일 때, $\sin\theta-\dfrac{1}{\sin\theta}$을 a로 나타내어라.

8-12 $\dfrac{\sin^4x}{\sin^2y}+\dfrac{\cos^4x}{\cos^2y}=1$일 때, $\dfrac{\sin^4y}{\sin^2x}+\dfrac{\cos^4y}{\cos^2x}$의 값을 구하여라.

8-13 $\cos x+\cos^2x=1$일 때, $\sin^2x+\sin^4x+\sin^6x$의 값을 구하여라.

8-14 $\sin^3x+\cos^3x=-1$일 때, 다음 식의 값을 구하여라.

(1) $\sin x+\cos x$ (2) $\sin^5x+\cos^5x$

8-15 $\sin\theta-\cos\theta=\dfrac{1}{2}$(단, $0\le\theta\le\pi$)일 때, x에 관한 이차방정식

$$x^2-8(2\sin^2\theta-1)x+8\sin\theta\cos\theta=0$$

의 두 근의 제곱의 합을 구하여라.

8-16 점 P(x, y)는 중심이 원점이고 반지름의 길이가 2인 원 위의 점이다. $x\sin\theta+y\cos\theta=1$일 때, $x\cos\theta-y\sin\theta$의 값을 구하여라.

8-17 직각삼각형의 직각인 꼭짓점에서 빗변의 삼등분점에 이르는 거리가 각각 $\cos\theta+\sin\theta$, $\cos\theta-\sin\theta$일 때, 이 삼각형의 빗변의 길이를 구하여라.

8-18 좌표평면 위에 원점을 지나지 않는 직선 l이 있다. 원점 O에서 직선 l에 내린 수선의 발 H에 대하여 선분 OH가 x축의 양의 방향과 이루는 각의 크기가 α이고 $\overline{OH}=p$일 때, 직선 l의 방정식은 $x\cos\alpha+y\sin\alpha=p$로 나타내어짐을 증명하여라.

8-19 $a>0$, $0<\theta<2\pi$인 두 실수 a, θ에 대하여 등식

$$\sin\theta+\cos\theta=\frac{a}{2}+\frac{1}{a}$$

이 성립할 때, $a\tan\theta$의 값을 구하여라.

8-20 상수 a와 임의의 실수 θ에 대하여 점 $\left(a+\cos\theta,\ \dfrac{a}{2}+\sin\theta\right)$가 나타내는 도형이 원 $x^2+y^2=4$의 내부에 있을 때, a의 값의 범위를 구하여라.

⑨. 삼각함수의 그래프

§1. 삼각함수의 그래프

기본정석

(1) $y=\sin\theta$, $y=\cos\theta$, $y=\tan\theta$의 그래프

① $y=\sin\theta$의 그래프 : 아래 단위원에서 $\sin\theta$는 점 P의 y좌표

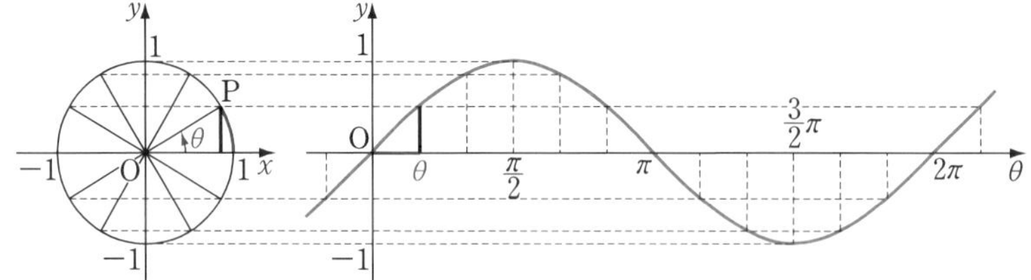

② $y=\cos\theta$의 그래프 : 아래 단위원에서 $\cos\theta$는 점 P의 x좌표

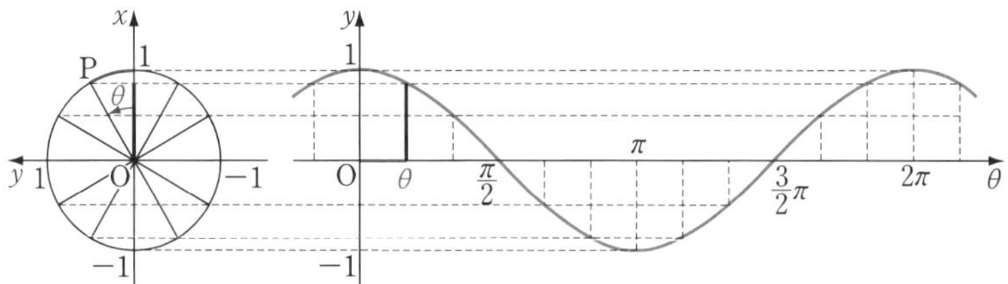

③ $y=\tan\theta$의 그래프 : 아래 단위원에서 $\tan\theta$는 점 T의 y좌표

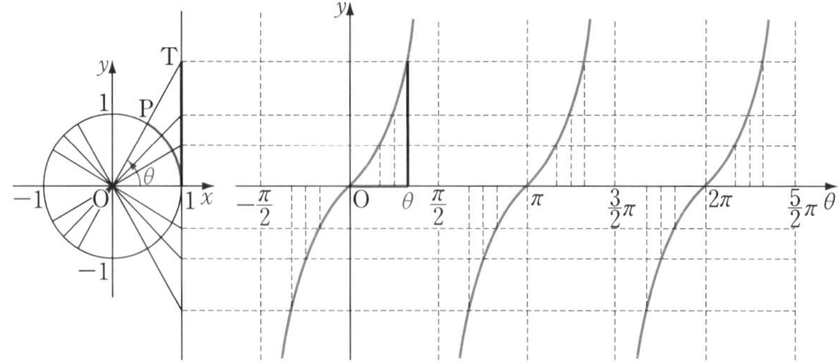

(2) $\boldsymbol{y=\sin x}$, $\boldsymbol{y=\cos x}$, $\boldsymbol{y=\tan x}$의 성질

① 정의역 : $y=\sin x$, $y=\cos x \Longrightarrow \{x \mid x$는 실수$\}$

$y=\tan x \Longrightarrow \left\{x \,\middle|\, x\text{는 실수, } x\neq n\pi+\frac{\pi}{2},\ n\text{은 정수}\right\}$

② 치　역 : $y=\sin x$, $y=\cos x \Longrightarrow \{y \mid -1\le y\le 1\}$

$y=\tan x \Longrightarrow \{y \mid y$는 실수$\}$

③ 주　기 : $y=\sin x$, $y=\cos x \Longrightarrow 2\pi(=360°)$

$y=\tan x \Longrightarrow \pi(=180°)$

④ 대칭성 : $y=\sin x$, $y=\tan x \Longrightarrow$ 원점에 대하여 대칭

$y=\cos x \Longrightarrow y$축에 대하여 대칭

Advice 1° 삼각함수의 그래프

(1) $\boldsymbol{y=\sin\theta}$의 그래프

오른쪽 그림과 같이 중심이 원점인 단위 원 위의 동점 P에 대하여 $\angle\mathrm{POA}=\theta(\mathrm{rad})$이면

$\sin\theta$는 점 P의 y좌표

따라서 θ의 값(곧, 호 AP의 길이)을 가로축에 나타내고, 이에 대응하는 $\sin\theta$의 값을 세로축에 나타내면 함수 $y=\sin\theta$의 그래프를 그릴 수 있다.

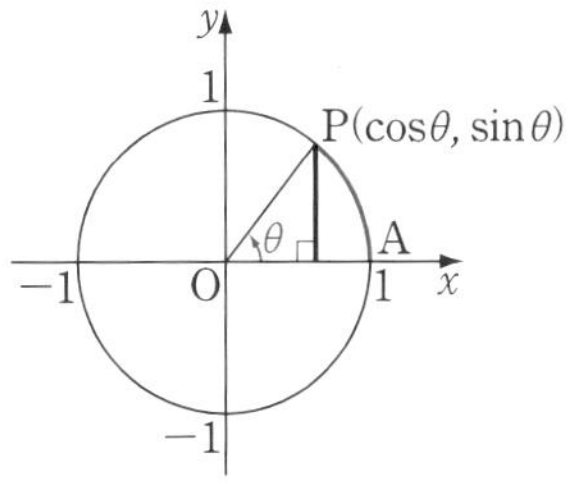

(2) $\boldsymbol{y=\cos\theta}$의 그래프

오른쪽 그림과 같이 $\angle\mathrm{POB}=\theta(\mathrm{rad})$이면

$\cos\theta$는 점 P의 x좌표

따라서 θ의 값(곧, 호 BP의 길이)을 가로축에 나타내고, 이에 대응하는 $\cos\theta$의 값을 세로축에 나타내면 함수 $y=\cos\theta$의 그래프를 그릴 수 있다.

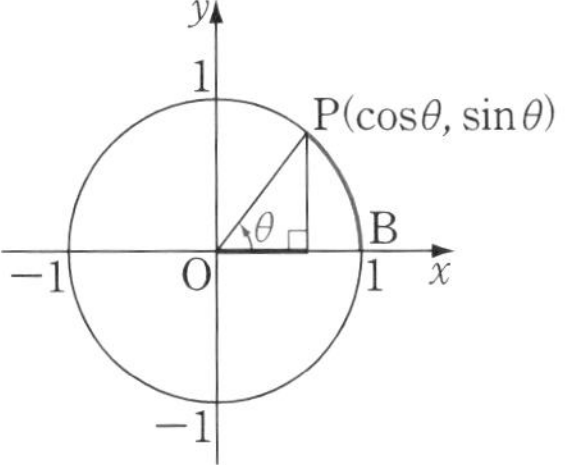

(3) $\boldsymbol{y=\tan\theta}$의 그래프

오른쪽 그림과 같이 $\angle\mathrm{POA}=\theta(\mathrm{rad})$, 선분 OP의 연장선과 점 A(1, 0)을 지나고 x축과 수직인 직선이 만나는 점을 $\mathrm{T}(1,\ t)$라고 하면

$$\tan\theta=\frac{t}{1}=t$$

따라서 위와 같은 방법으로 하면 함수 $y=\tan\theta$의 그래프를 그릴 수 있다.

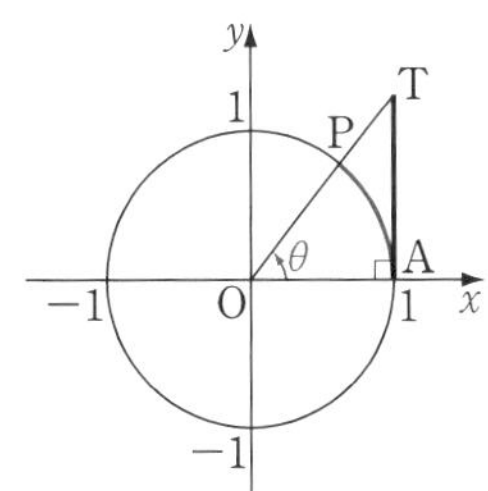

Advice 2° 삼각함수의 성질

(i) 주기 : n이 정수일 때,

$\sin(x+2n\pi)=\sin x$, $\cos(x+2n\pi)=\cos x$, $\tan(x+n\pi)=\tan x$

이다.

이와 같이 0이 아닌 상수 T가 있어 모든 실수 x에 대하여

$$\boldsymbol{f(x+\mathrm{T})=f(x)}$$

가 성립하면 함수 $f(x)$를 주기함수라고 한다. 또, 이러한 T 중에서 가장 작은 양수를 주기라고 한다.

(ii) 대칭성 : $\sin(-x)=-\sin x$, $\cos(-x)=\cos x$, $\tan(-x)=-\tan x$

따라서 $y=\sin x$와 $y=\tan x$는 기함수이고, $y=\cos x$는 우함수이다.

$\boldsymbol{y=\cos x}$ ⟹ 우함수 ⟹ $\boldsymbol{y}$축에 대하여 대칭

$\boldsymbol{y=\sin x}$, $\boldsymbol{y=\tan x}$ ⟹ 기함수 ⟹ 원점에 대하여 대칭

**Note* $\cos x=\sin\left(x+\dfrac{\pi}{2}\right)$이므로 $y=\cos x$의 그래프는 $y=\sin x$의 그래프를 x축의 방향으로 $-\dfrac{\pi}{2}$만큼 평행이동한 것이라고 생각해도 좋다.

보기 1 다음 함수의 그래프를 그리고, 최댓값, 최솟값과 주기를 구하여라.

(1) $y=2\sin x$ (2) $y=\sin 2x$

연구 (1) $y=\sin x$의 그래프를 y축의 방향으로 2배 한 것이다.

따라서 최댓값 **2**, 최솟값 **−2**, 주기 $\boldsymbol{2\pi}$(=**360°**)

(2) $y=\sin x$의 그래프를 x축의 방향으로 $\dfrac{1}{2}$배 한 것이다.

따라서 최댓값 **1**, 최솟값 **−1**, 주기 $\boldsymbol{\pi}$(=**180°**)

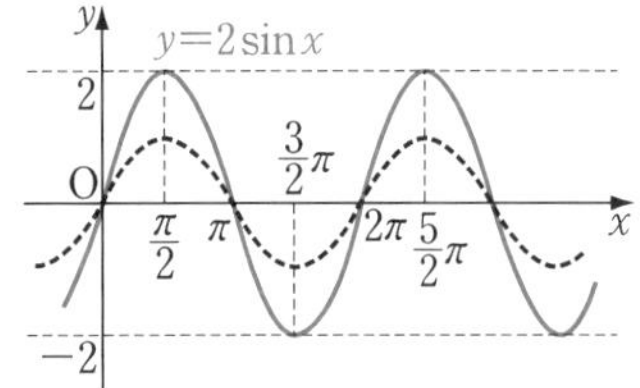

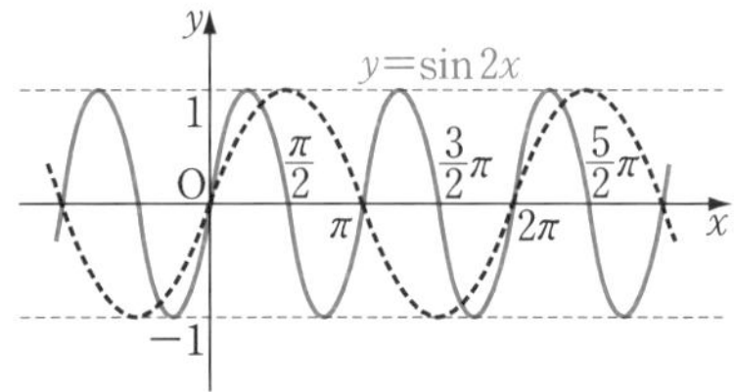

Advice 3° 위의 **보기**로부터 다음 사실을 알 수 있다.

정석 $\boldsymbol{y=r\sin(\omega x+\alpha)}$에서

(i) 최댓값 : $|\boldsymbol{r}|$, 최솟값 : $-|\boldsymbol{r}|$ ⇦ $\boldsymbol{r}$가 최댓값과 최솟값을 결정

(ii) 주기 : $\boldsymbol{2\pi\div|\omega|}$ ⇦ $\boldsymbol{\omega}$가 주기를 결정

$y=r\cos(\omega x+\alpha)$에서도 이와 같은 성질이 성립한다.

필수 예제 9-1 다음 함수의 그래프를 그리고, 최댓값, 최솟값과 주기를 구하여라.

(1) $y=2\sin 3x$ (2) $y=\frac{1}{2}\cos\left(3x-\frac{3}{4}\pi\right)$ (3) $y=2\tan\frac{1}{3}x$

정석연구 삼각함수의 그래프를 그릴 때에는 먼저

$$y=r\sin\omega x,\qquad y=r\cos\omega x,\qquad y=r\tan\omega x$$

꼴의 그래프를 그린 다음, 필요에 따라 적당히 평행이동하면 된다.

또한 이와 같은 그래프를 그릴 때에는

주기, 최댓값과 최솟값

을 알아보는 것이 중요하다. 다음 **정석**을 익혀 두길 바란다.

정석 $y=r\sin\omega x \Longrightarrow$ 최댓값 $|r|$, 최솟값 $-|r|$, 주기 $2\pi\div|\omega|$
$y=r\cos\omega x \Longrightarrow$ 최댓값 $|r|$, 최솟값 $-|r|$, 주기 $2\pi\div|\omega|$
$y=r\tan\omega x \Longrightarrow$ 최댓값, 최솟값 없다. 주기 $\pi\div|\omega|$

모범답안 (1) $y=2\sin 3x$

최댓값 : **2**, 최솟값 : **−2**,

주기 : $\boldsymbol{\frac{2}{3}\pi}$

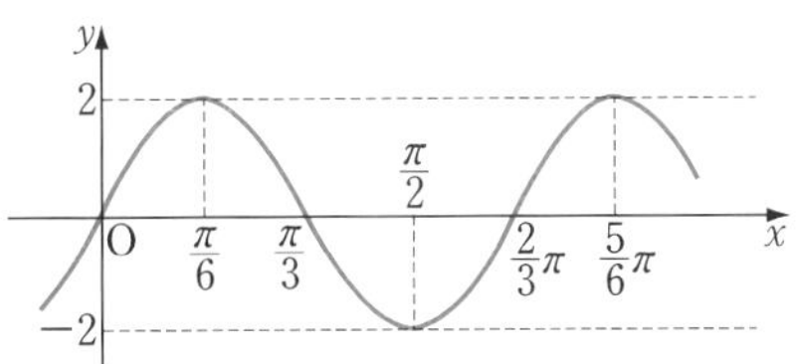

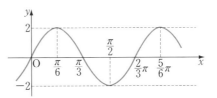

(2) $y=\frac{1}{2}\cos\left(3x-\frac{3}{4}\pi\right)$

$=\frac{1}{2}\cos 3\left(x-\frac{\pi}{4}\right)$

따라서 $y=\frac{1}{2}\cos 3x$ 의 그래프를 x축의 방향으로 $\frac{\pi}{4}$ 만큼 평행이동한 것이다.

최댓값 : $\boldsymbol{\frac{1}{2}}$, 최솟값 : $\boldsymbol{-\frac{1}{2}}$,

주기 : $\boldsymbol{\frac{2}{3}\pi}$

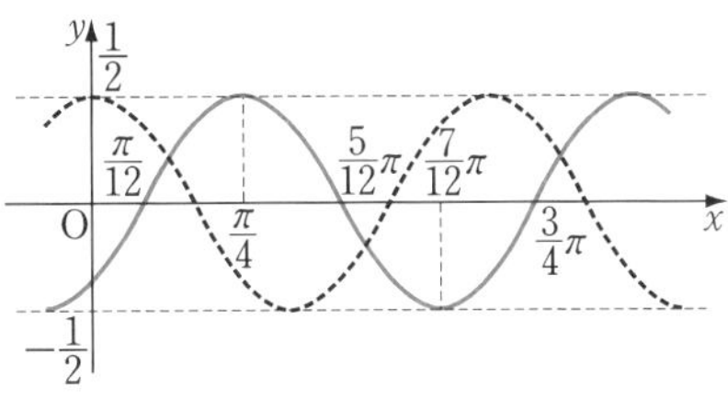

(3) $y=2\tan\frac{1}{3}x$

최댓값, 최솟값 없다.

주기 : $\pi\div\frac{1}{3}=\boldsymbol{3\pi}$

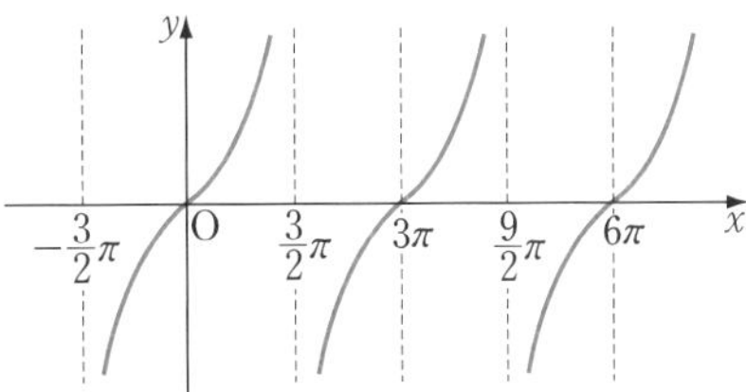

유제 **9**-1. 다음 함수의 그래프를 그려라.

(1) $y=1+\sin 2x$ (2) $y=\frac{1}{2}\cos(3x-\pi)$

필수 예제 9-2 다음 함수의 그래프를 그려라.

(1) $y=\sin|x|$　　(2) $y=|\tan x|$　　(3) $y=\cos x+|\sin x|$

정석연구 (1)은 $y=f(|x|)$의 꼴, (2)는 $y=|f(x)|$의 꼴이므로

$$y=f(|x|)\text{의 꼴},\qquad y=|f(x)|\text{의 꼴}$$

의 그래프를 그리는 방법을 따른다. ⇦ 실력 수학(하) p. 196, 203

(3)은 $y=\cos x$와 $y=|\sin x|$의 그래프를 이용하여 그린다.

모범답안 (1) $y=\sin|x|$

x 대신 $-x$를 대입해도 같은 식이므로 그래프는 y축에 대하여 대칭이다. 따라서 먼저

$x\ge0$일 때 $y=\sin x$

의 그래프를 그리고, $x<0$인 부분은 $x\ge0$인 부분을 y축에 대하여 대칭이동하여 그린다.

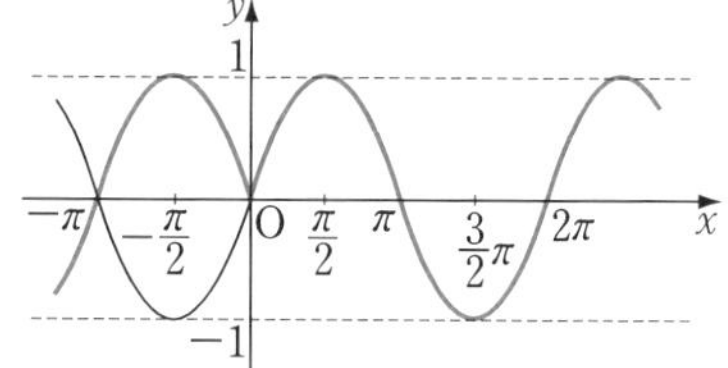

(2) $y=|\tan x|$

$y=\tan x$의 그래프를 그린 다음, x축 윗부분은 그대로 두고 x축 아랫부분은 x축을 대칭축으로 하여 위로 꺾어 올려 그린다.

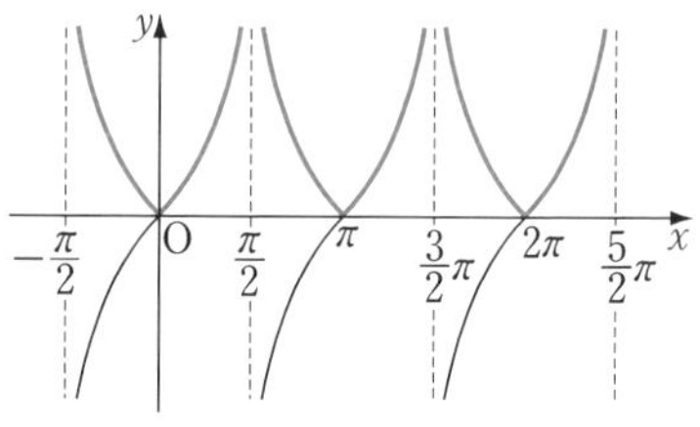

(3) $y=\cos x+|\sin x|$

$y_1=\cos x$, $y_2=|\sin x|$로 놓고 y_1, y_2의 그래프를 그린 다음, y_1과 y_2의 합을 나타낸다.

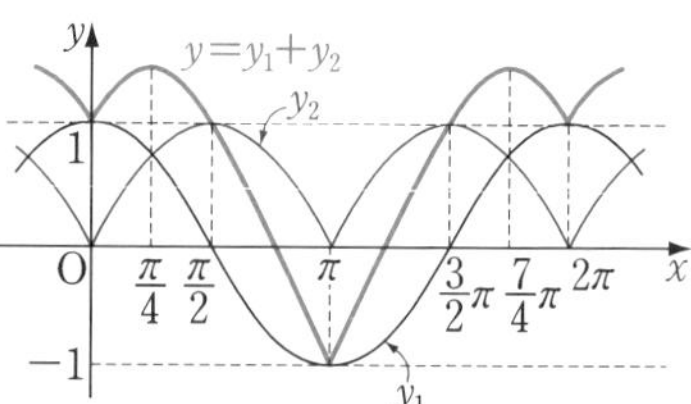

Advice | 일반적으로 절댓값 기호가 있는 함수의 그래프는

정석 $A\ge0$일 때 $|A|=A$, $A<0$일 때 $|A|=-A$

를 이용하여 절댓값 기호가 없는 식으로 만든 다음 그린다.

이를테면 (1)의 $y=\sin|x|$의 그래프는 다음 두 경우로 나누어 그린다.

$$x\ge0\text{일 때 } y=\sin x,\quad x<0\text{일 때 } y=\sin(-x)=-\sin x$$

유제 **9**-2. 다음 함수의 그래프를 그려라.

(1) $y=\sin x+\sin|x|$　　(2) $y=\cos x+|\cos x|$

필수 예제 9-3 Max$\{a,\ b,\ c,\ \cdots\}$는 집합 $\{a,\ b,\ c,\ \cdots\}$의 원소 중에서 가장 큰 수를 나타낸다. 실수 x에 대하여

$$f(x)=\text{Max}\left\{m \,\middle|\, m\le\sin x,\ m\text{은 정수}\right\}$$

라고 할 때, $0<x<2\pi$에서 $y=f(x)$의 그래프를 그려라.

정석연구 기호 Max$\{a,\ b,\ c,\ \cdots\}$는

$$\text{Max}\{1,\ 2,\ 3\}=3, \quad \text{Max}\{-1,\ 0,\ 2,\ 5\}=5$$

와 같이 집합의 원소 중에서 가장 큰 수를 나타낸다.

또, $\left\{m \,\middle|\, m\le\sin x,\ m\text{은 정수}\right\}$는 $\sin x$의 값보다 크지 않은 정수들의 모임을 뜻한다. 따라서

$$\text{Max}\left\{m \,\middle|\, m\le\sin x,\ m\text{은 정수}\right\}$$

는 $\sin x$의 값보다 크지 않은 정수 중에서 가장 큰 수를 뜻한다.

따라서 $y=\sin x$의 그래프를 이용하여 $y=f(x)$를 구해 본다.

정석 기호의 정의를 확실하게 이해하자!

모범답안 $y=\sin x$의 그래프를 이용하면 $y=f(x)$의 그래프는 아래와 같다.

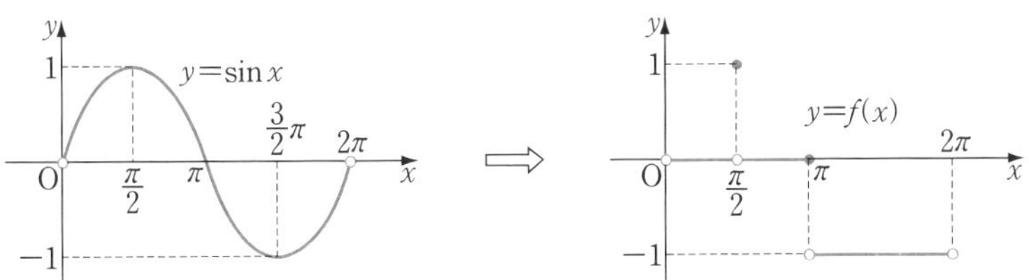

Advice | $f(x)$를 가우스 기호를 써서 $f(x)=[\sin x]$로 나타낼 수도 있다.

유제 **9**-3. 함수 $y=[\sin \pi x]$ (단, $0\le x\le 4$)의 그래프를 그려라.
단, $[x]$는 x보다 크지 않은 최대 정수이다.

유제 **9**-4. 실수 전체의 집합에서 정의된 두 함수

$$f(x)=1+2\sin x, \quad g(x)=\langle x\rangle$$

에 대하여 합성함수 $g\circ f$의 치역을 구하여라.
단, $\langle x\rangle$는 x보다 큰 최소의 정수이다. 답 $\{0,\ 1,\ 2,\ 3,\ 4\}$

유제 **9**-5. 실수 전체의 집합에서 정의된 함수 $y=f(x)$의 그래프가 오른쪽과 같다. $g(x)=\sin x$일 때, $y=(g\circ f)(x)$의 그래프를 그려라.

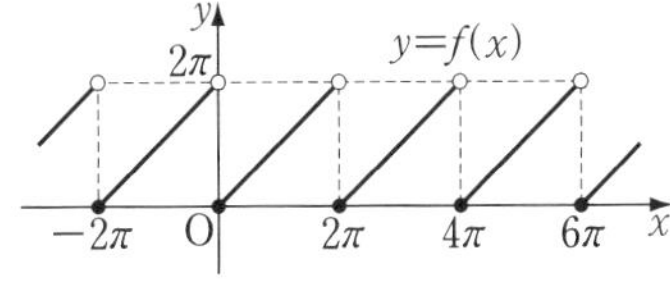

필수 예제 9-4 다음 물음에 답하여라.

(1) 주기함수 $f(x)$의 주기를 T라고 할 때, 모든 실수 x에 대하여 $f(x-\mathrm{T})=f(x)$임을 보여라.

(2) 모든 실수 x에 대하여 $f(x+\mathrm{T}_1)=f(x)$, $f(x+\mathrm{T}_2)=f(x)$일 때, $f(x+\mathrm{T}_1+\mathrm{T}_2)=f(x)$임을 보여라.

(3) a, b가 상수이고 $a\neq0$일 때, $f(x)$가 주기함수이면 $f(ax+b)$도 주기함수임을 보여라.

(4) $f(x)$는 주기가 2인 주기함수이고, $-1\le x\le1$에서 $f(x)=|x|$이다. $f(13.2)$와 $f(-6.7)$의 값을 구하여라.

정석연구 주기함수, 주기에 관한 다음 성질을 이용한다.

정석 **T가 함수 $f(x)$의 주기이면**
$\Longrightarrow$ 모든 실수 x에 대하여 $f(x+\mathrm{T})=f(x)$

모범답안 (1) 주기가 T이므로 모든 실수 x에 대하여 $f(x+\mathrm{T})=f(x)$이다.
x에 $x-\mathrm{T}$를 대입하면 $f\big((x-\mathrm{T})+\mathrm{T}\big)=f(x-\mathrm{T})$ $\quad\therefore\ f(x)=f(x-\mathrm{T})$

(2) 모든 실수 x에 대하여 $f(x+\mathrm{T}_1)=f(x)$, $f(x+\mathrm{T}_2)=f(x)$이므로

$$f(x+\mathrm{T}_1+\mathrm{T}_2)=f\big((x+\mathrm{T}_2)+\mathrm{T}_1\big)=f(x+\mathrm{T}_2)=f(x)$$

따라서 모든 실수 x에 대하여 $f(x+\mathrm{T}_1+\mathrm{T}_2)=f(x)$

(3) $f(x)$가 주기함수이므로 모든 실수 x에 대하여 $f(x+\mathrm{T})=f(x)$인 0이 아닌 T가 있다. 따라서 $g(x)=f(ax+b)$라고 하면 모든 실수 x에 대하여

$$g\Big(x+\frac{\mathrm{T}}{a}\Big)=f\Big(a\Big(x+\frac{\mathrm{T}}{a}\Big)+b\Big)=f(ax+b+\mathrm{T})=f(ax+b)=g(x)$$

따라서 $g(x)$는 주기함수이다.

(4) $f(x)=f(x-2\times7)$이므로 ⇦ (1)의 결과
$f(13.2)=f(13.2-2\times7)=f(-0.8)=|-0.8|=\mathbf{0.8}$ ← 답
또, $f(x)=f(x+2\times3)$이므로 ⇦ (2)의 결과
$f(-6.7)=f(-6.7+2\times3)=f(-0.7)=|-0.7|=\mathbf{0.7}$ ← 답

Advice | (4)에서 함수 $y=f(x)$의 그래프는 오른쪽과 같다.
여기에서 $f(13.2)$, $f(-6.7)$의 의미를 생각해 보아라.

유제 **9**-6. 함수 $f(x)$는 주기가 2인 주기함수이고, $-1\le x\le1$에서 $f(x)=x^2-1$이다. $f(4.5)$의 값을 구하여라. 답 $\mathbf{-0.75}$

§2. 삼각함수의 최대와 최소

필수 예제 **9**-5 다음 함수의 최댓값과 최솟값을 구하여라.

(1) $y=2\sin^2 x+4\cos x+3$ $\left(단,\ 0\le x\le\dfrac{\pi}{2}\right)$

(2) $y=\tan^2 x-\tan x-1$ $\left(단,\ -\dfrac{\pi}{4}\le x\le\dfrac{\pi}{4}\right)$

정석연구 (1) $\sin^2 x=1-\cos^2 x$ 이므로 $\cos x$ 만의 식으로 나타낼 수 있다.

따라서 $\cos x=t$ 로 치환하여 풀 수 있다. 이때, $0\le x\le\dfrac{\pi}{2}$ 이므로 $0\le\cos x\le 1$, 곧 $0\le t\le 1$ 임에 주의한다.

(2) $\tan x=t$ 로 치환하여 풀 수 있다. 이때, 제한 범위에 주의한다.

정석 치환할 때에는 ⟹ 항상 제한 범위에 주의하여라.

모범답안 (1) $y=2\sin^2 x+4\cos x+3$

$=2(1-\cos^2 x)+4\cos x+3$

$=-2\cos^2 x+4\cos x+5$

에서 $\cos x=t$ 로 놓으면

$$y=-2t^2+4t+5=-2(t-1)^2+7$$

그런데 $0\le x\le\dfrac{\pi}{2}$ 이므로 $0\le t\le 1$

따라서 오른쪽 그림으로부터

최댓값 7, 최솟값 5 ← 답

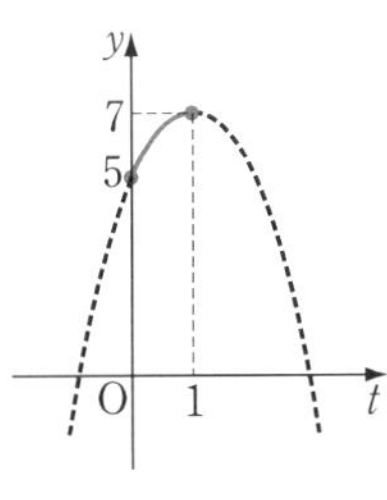

(2) $y=\tan^2 x-\tan x-1$ 에서 $\tan x=t$ 로 놓으면

$$y=t^2-t-1=\left(t-\frac{1}{2}\right)^2-\frac{5}{4}$$

그런데 $-\dfrac{\pi}{4}\le x\le\dfrac{\pi}{4}$ 이므로 $-1\le t\le 1$

따라서 오른쪽 그림으로부터

최댓값 1, 최솟값 $-\dfrac{5}{4}$ ← 답

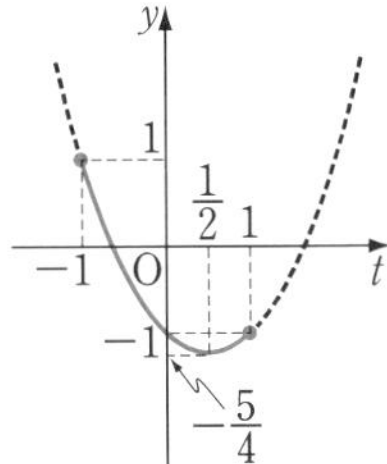

유제 **9**-7. 다음 함수의 최댓값과 최솟값을 구하여라. 단, $0\le x\le\pi$ 이다.

(1) $y=2\cos^2 x-4\sin x+3$

(2) $y=\sin^2\left(\dfrac{\pi}{2}+x\right)+\sqrt{3}\sin(\pi-x)+1$

답 (1) **5, −1** (2) $\mathbf{\dfrac{11}{4}}$, **2**

필수 예제 9-6 다음 x의 함수의 최댓값과 최솟값을 구하여라.

$$y=a\cos x-\sin^2 x$$

정석연구 $y=a\cos x-\sin^2 x=a\cos x-(1-\cos^2 x)=\cos^2 x+a\cos x-1$에서

$$\cos x=t \text{로 놓으면} \quad -1\le t\le 1,\ y=t^2+at-1$$

이므로 $-1\le t\le 1$에서 $y=t^2+at-1$의 최댓값과 최솟값을 구하는 문제가 된다.

이런 문제는 이차함수의 최대와 최소에서와 같이

정석 꼭짓점이 제한 범위의 안에 있을 때와 없을 때로 나누어 생각한다.

모범답안 $y=a\cos x-(1-\cos^2 x)=\cos^2 x+a\cos x-1$

여기에서 $\cos x=t$로 놓으면 $-1\le t\le 1$이고,

$$y=t^2+at-1=\left(t+\frac{a}{2}\right)^2-\frac{a^2}{4}-1 \quad \therefore \text{ 꼭짓점 } \left(-\frac{a}{2},\ -\frac{a^2}{4}-1\right)$$

(i) $-\frac{a}{2}\le -1$, 곧 $\boldsymbol{a\ge 2}$일 때　⇦ 아래 그림 (i)

최댓값 $\boldsymbol{a}$ ($t=1$일 때), 최솟값 $\boldsymbol{-a}$ ($t=-1$일 때)

(ii) $-1<-\frac{a}{2}\le 0$, 곧 $\boldsymbol{0\le a<2}$일 때　⇦ 아래 그림 (ii)

최댓값 $\boldsymbol{a}$ ($t=1$일 때), 최솟값 $\boldsymbol{-\frac{a^2}{4}-1}$ (꼭짓점의 y좌표)

(iii) $0<-\frac{a}{2}\le 1$, 곧 $\boldsymbol{-2\le a<0}$일 때　⇦ 아래 그림 (iii)

최댓값 $\boldsymbol{-a}$ ($t=-1$일 때), 최솟값 $\boldsymbol{-\frac{a^2}{4}-1}$ (꼭짓점의 y좌표)

(iv) $-\frac{a}{2}>1$, 곧 $\boldsymbol{a<-2}$일 때　⇦ 아래 그림 (iv)

최댓값 $\boldsymbol{-a}$ ($t=-1$일 때), 최솟값 $\boldsymbol{a}$ ($t=1$일 때)

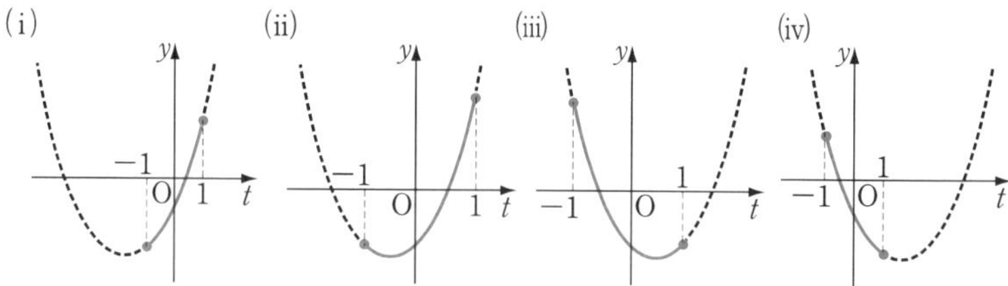

유제 **9**-8. θ의 함수 $y=\cos^2\theta+a\sin\theta-2$가 $0\le\theta\le\frac{\pi}{2}$에서 최댓값 3을 가지도록 양수 a의 값을 정하여라.　답 $\boldsymbol{a=5}$

연습문제 9

기본 **9-1** 다음 함수의 최댓값, 최솟값과 주기를 구하여라.

(1) $y=-2\sin\left(x-\frac{\pi}{6}\right)$ (2) $y=\sqrt{2}\cos(2x-3\pi)$

(3) $y=3\tan\left(\frac{x}{2}+\frac{\pi}{3}\right)$ (4) $y=|\sin x|$

(5) $y=|\cos 2x|$ (6) $y=|\tan 3x|$

9-2 오른쪽 그림은 $y=a\cos(bx+c)$의 그래프의 일부이다.

상수 a, b, c의 값을 구하여라.

단, $a>0$, $b>0$, $-\pi<c\leq\pi$이다.

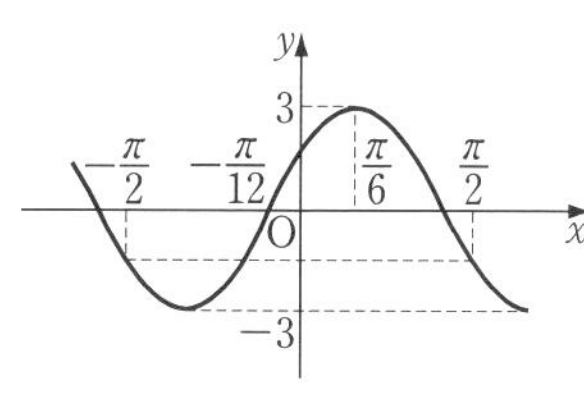

9-3 $f(x)=a\sin\frac{x}{p}+b$의 최댓값은 5이고, $f\left(\frac{\pi}{3}\right)=\frac{7}{2}$이며, 주기가 4π일 때, 상수 a, b, p의 값을 구하여라.

단, $a>0$, $p>0$이다.

9-4 다음 함수의 주기를 구하여라.

$$f(x)=\sin\frac{\pi}{3}x+\cos\frac{\pi}{2}x+\sin\pi x+\cos 2\pi x+\sin 3\pi x$$

9-5 다음과 같은 평행이동 f와 대칭이동 g가 있다.

$$f:(x,\ y)\longrightarrow\left(x+\frac{\pi}{2},\ y+2\right),\qquad g:(x,\ y)\longrightarrow(x,\ -y)$$

$g\circ f$에 의하여 다음을 이동한 곡선의 방정식을 구하여라.

(1) $y=\sin x$ (2) $y=\cos 2x$ (3) $y=3\tan 2x$

9-6 두 함수 $f(x)=a\sin x+b$, $g(x)=\cos^2 x-2\sin x$가 있다.

함수 $f(x)$의 치역 A와 함수 $g(x)$의 치역 B에 대하여 $\mathrm{A}\cap\mathrm{B}=\mathrm{B}$이고 $\mathrm{A}-\mathrm{B}=\{y\,|\,2<y\leq 4\}$일 때, 상수 a, b의 값을 구하여라. 단, $a<0$이다.

9-7 오른쪽 그림과 같이 함수

$f(x)=2\cos x$ (단, $x\geq 0$)

의 그래프와 직선 $y=1$의 교점의 x좌표를 작은 것부터 차례로 x_1, x_2, x_3, $\cdots$이라고 하자. n이 양의 정수일 때, $f(x_{2n-1}+x_{2n}+x_{2n+1})$의 값을 구하여라.

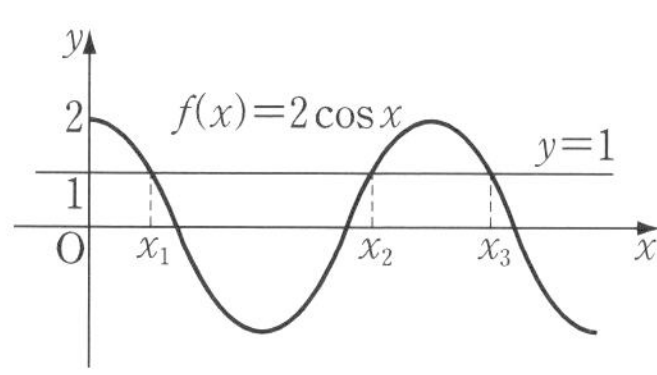

9-8 다음 함수의 최댓값과 최솟값을 구하여라.

(1) $y=\left|\sin x-\frac{1}{2}\right|-3$ (2) $y=2-|3\cos x+1|$

9-9 $a^2+b^2=3ab\cos\gamma$일 때, $\sin^2(\pi+\alpha+\beta)+\cos\gamma$의 최댓값을 구하여라. 단, a, b는 양수이고, $\alpha+\beta+\gamma=\pi$이다.

실력 **9-10** 다음을 만족시키는 점 (x, y)의 자취의 방정식을 구하여라. 단, $0\le\theta\le2\pi$이다.

$$x=2\cos\theta+1, \qquad y=2\sin^2\theta-\frac{2}{\tan^2\theta+1}$$

9-11 좌표평면에서 원 $x^2+y^2=1$ 위의 두 점 P, Q가 점 A(1, 0)을 동시에 출발하여 원 위를 시계 반대 방향으로 각각 매초 $\frac{\pi}{2}$, $\frac{\pi}{3}$의 속력으로 움직인다. 출발 후 120초가 될 때까지 두 점에서 x축에 이르는 거리가 같고, 두 점에서 y축에 이르는 거리도 같아지는 횟수를 구하여라.

9-12 함수 $f(x)$가 모든 실수 x에 대하여 $f(x+\pi)=f(x)$를 만족시키고, $0\le x<\pi$에서 $f(x)=\begin{cases}\sin4x & \left(0\le x<\frac{\pi}{2}\right)\\ -\sin4x & \left(\frac{\pi}{2}\le x<\pi\right)\end{cases}$일 때, 함수 $y=f(x)$의 그래프와 직선 $y=\frac{1}{\pi}x$가 만나는 점의 개수를 구하여라.

9-13 $y=\cos^2x+2a\sin x+b$의 최댓값이 9, 최솟값이 6이 되도록 상수 a, b의 값을 정하여라.

9-14 다음 함수의 치역을 구하여라.

(1) $y=\dfrac{3\sin x+1}{3\sin x-1}$ (2) $y=\dfrac{2\sin x-\cos^2x+3}{\sin x+2}$

9-15 다음 물음에 답하여라.

(1) 함수 $y=\dfrac{\sin x+3}{\cos x-4}$의 최댓값과 최솟값을 구하여라.

(2) 함수 $y=\dfrac{\sin^4x+2}{\sin^2x+1}+\dfrac{\cos^4x+2}{\cos^2x+1}$의 최솟값을 구하여라.

9-16 $0\le x\le\pi$에서 $f(x)=\sin(\cos x)$, $g(x)=\cos(\sin x)$일 때,

(1) $f(x)$의 최댓값과 최솟값을 구하여라.

(2) $g(x)$의 최댓값과 최솟값을 구하여라.

(3) (1), (2)에서 구한 네 개의 값을 큰 것부터 차례로 나열하여라.

9-17 함수 $f(x)=\sin x\left(\text{단, } -\frac{\pi}{2}\le x\le\frac{\pi}{2}\right)$의 역함수를 $g(x)$라고 할 때,

(1) $y=g(x)$의 정의역을 구하여라. (2) $y=g(x)$의 그래프를 그려라.

(3) $g(0)$, $g\left(\frac{1}{2}\right)$, $g\left(\frac{1}{\sqrt{2}}\right)$, $g(1)$의 값을 구하여라.

(4) $\cos g(x)$를 구하여라.

10. 삼각방정식과 삼각부등식

§1. 삼각방정식

기본정석

1 삼각방정식

삼각함수의 각의 크기를 미지수로 하는 방정식을 삼각방정식이라고 한다. 삼각방정식은 그래프나 단위원을 이용하여 푼다.

삼각방정식의 해법 ⟹ 그래프나 단위원을 이용한다.

2 특수해와 일반해

삼각방정식에서 미지수 x에 제한 범위가 있는 경우의 해를 특수해라 하고, x에 제한 범위가 없는 경우의 해를 일반해라고 한다.

삼각방정식의 일반해

$\sin x=\sin\alpha$ ⟹ $x=2n\pi+\alpha,\ (2n+1)\pi-\alpha$ (n은 정수)

$\cos x=\cos\alpha$ ⟹ $x=2n\pi\pm\alpha$ (n은 정수)

$\tan x=\tan\alpha$ ⟹ $x=n\pi+\alpha$ (n은 정수)

Advice 1° 삼각방정식의 해법

▶ 그래프를 이용한 해법 : 특수각의 삼각비와 삼각함수의 그래프의 대칭성을 이용한다.

이를테면 $0\le x<2\pi$에서 $\sin x=\dfrac{1}{2}$의 해를 구해 보자.

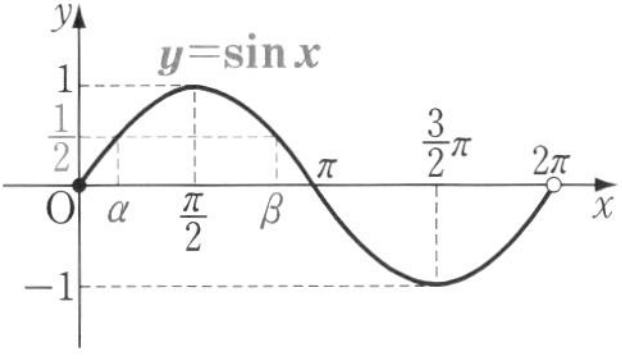

$0\le x<2\pi$에서 곡선 $y=\sin x$와 직선 $y=\dfrac{1}{2}$은 두 점에서 만난다. 이 두 점의 x좌표를 각각 $\alpha,\ \beta\ (\alpha<\beta)$라고 하자.

그런데 $\sin\dfrac{\pi}{6}=\dfrac{1}{2}$이므로 $\alpha=\boldsymbol{\dfrac{\pi}{6}},\ \beta=\pi-\dfrac{\pi}{6}=\boldsymbol{\dfrac{5}{6}\pi}$

**Note* 오른쪽 위의 그래프에서 $\sin x=-\dfrac{1}{2}$의 해는 $x=\pi+\dfrac{\pi}{6},\ 2\pi-\dfrac{\pi}{6}$이다.

이 그래프를 이용하여 $\sin x=\pm\dfrac{\sqrt{3}}{2},\ \sin x=\pm\dfrac{1}{\sqrt{2}}$의 해도 구해 보아라.

보기 1 $0 \le x < 2\pi$일 때, $\cos x = -\dfrac{1}{\sqrt{2}}$의 해를 구하여라.

연구 $\cos\dfrac{\pi}{4} = \dfrac{1}{\sqrt{2}}$이므로 오른쪽 그림

에서 $\quad \alpha = \pi - \dfrac{\pi}{4} = \boldsymbol{\dfrac{3}{4}\pi},$

$\qquad\quad \beta = \pi + \dfrac{\pi}{4} = \boldsymbol{\dfrac{5}{4}\pi}$

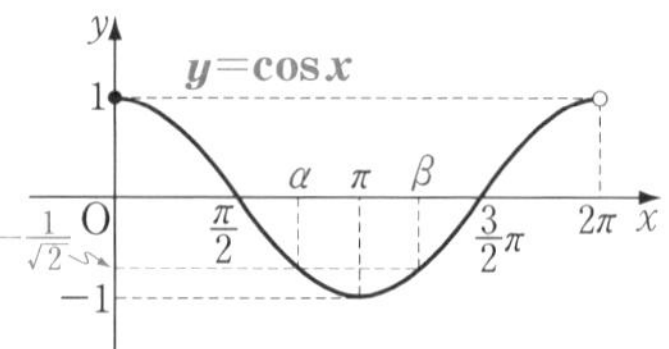

보기 2 $0 \le x < 2\pi$일 때, $\tan x = \sqrt{3}$의 해를 구하여라.

연구 $\tan\dfrac{\pi}{3} = \sqrt{3}$이므로 오른쪽 그림에서

$$\alpha = \boldsymbol{\frac{\pi}{3}}, \quad \beta = \pi + \frac{\pi}{3} = \boldsymbol{\frac{4}{3}\pi}$$

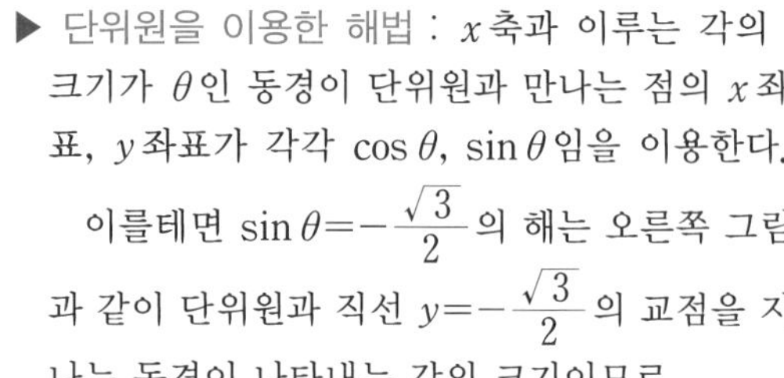

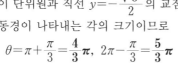

▶ 단위원을 이용한 해법 : x축과 이루는 각의 크기가 θ인 동경이 단위원과 만나는 점의 x좌표, y좌표가 각각 $\cos\theta$, $\sin\theta$임을 이용한다.

이를테면 $\sin\theta = -\dfrac{\sqrt{3}}{2}$의 해는 오른쪽 그림과 같이 단위원과 직선 $y = -\dfrac{\sqrt{3}}{2}$의 교점을 지나는 동경이 나타내는 각의 크기이므로

$$\theta = \pi + \frac{\pi}{3} = \boldsymbol{\frac{4}{3}\pi}, \quad 2\pi - \frac{\pi}{3} = \boldsymbol{\frac{5}{3}\pi}$$

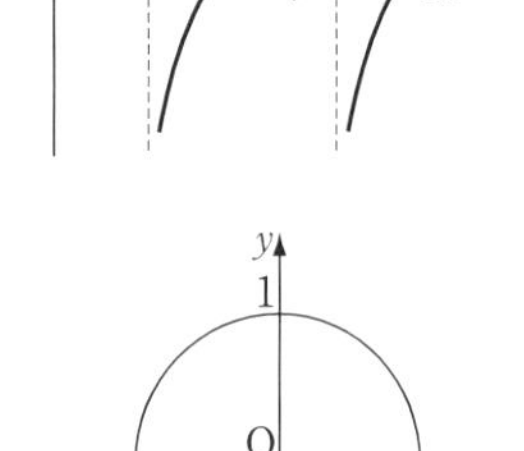

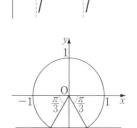

보기 3 $0 \le \theta < 2\pi$일 때, 다음 삼각방정식의 해를 구하여라.

(1) $\cos\theta = \dfrac{1}{2}$ $\qquad$ (2) $\tan\theta = -\dfrac{1}{\sqrt{3}}$

연구 (1) 단위원과 직선 $x = \dfrac{1}{2}$의 교점을 지나는 동경이 나타내는 각의 크기를 생각하면

$$\theta = \boldsymbol{\frac{\pi}{3}}, \quad 2\pi - \frac{\pi}{3} = \boldsymbol{\frac{5}{3}\pi}$$

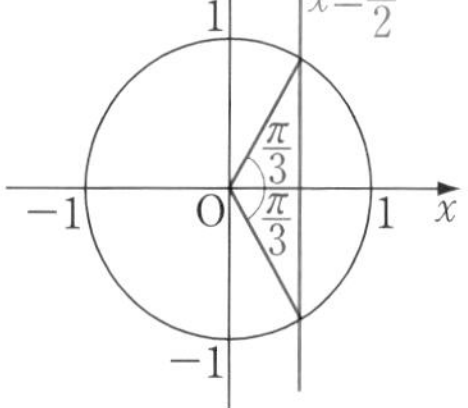

(2) 점 $\left(-1, \dfrac{1}{\sqrt{3}}\right)$, $\left(1, -\dfrac{1}{\sqrt{3}}\right)$을 각각 지나는 동경이 나타내는 각의 크기를 생각하면

$$\theta = \pi - \frac{\pi}{6} = \boldsymbol{\frac{5}{6}\pi}, \quad 2\pi - \frac{\pi}{6} = \boldsymbol{\frac{11}{6}\pi}$$

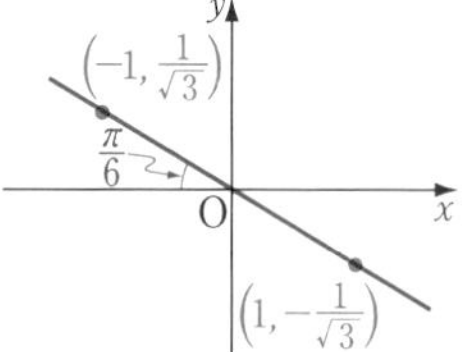

**Note* $\tan\theta = a$이면 x축과 이루는 각의 크기가 θ인 동경은 점 $(-1, -a)$, $(1, a)$를 지난다.

Advice 2° 특수해와 일반해

고등학교 교육과정에서는 특수해만 구할 수 있으면 충분하다. 그러나 일반해를 공부하면 삼각방정식의 해의 특징을 잘 이해할 수 있고, 일반해를 이용하여 특수해를 구하는 것이 더 편리할 때가 있어 소개한다.

▶ $\sin x=a$ $(|a|\le 1)$의 일반해

오른쪽 그림과 같이 $0\le x<2\pi$에서 $\sin\alpha=a$이면 $\sin(\pi-\alpha)=a$이다.

이때, 사인함수의 주기는 2π이므로 모든 해는

$$x=2n\pi+\alpha,\ (2n+1)\pi-\alpha\ (n\text{은 정수})$$

와 같이 나타낼 수 있다. 이를

$$x=n\pi+(-1)^n\alpha\ (n\text{은 정수})$$

와 같이 하나의 식으로 나타낼 수도 있다.

▶ $\cos x=a$ $(|a|\le 1)$의 일반해

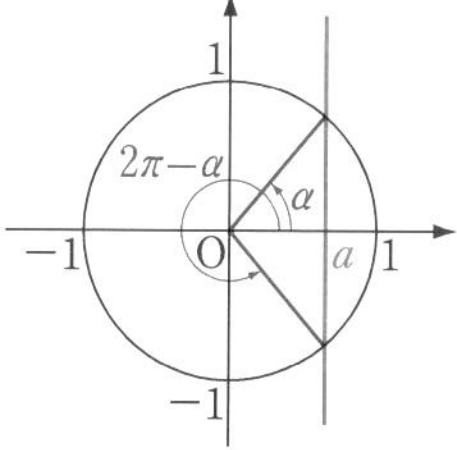

오른쪽 그림과 같이 $0\le x<2\pi$에서 $\cos\alpha=a$이면 $\cos(2\pi-\alpha)=a$이다.

이때, 코사인함수의 주기는 2π이므로 모든 해는 다음과 같이 나타낼 수 있다.

$$x=2n\pi\pm\alpha\ (n\text{은 정수})$$

▶ $\tan x=a$의 일반해

$0\le x<\pi$에서 $\tan x=a$의 해는 하나이다. 이 해를 α라고 하면 탄젠트함수의 주기는 π이므로 모든 해는 다음과 같이 나타낼 수 있다.

$$x=n\pi+\alpha\ (n\text{은 정수})$$

보기 4 다음 삼각방정식의 일반해를 구하여라.

(1) $\sin x=-\dfrac{1}{2}$ (2) $\cos x=\dfrac{1}{\sqrt{2}}$ (3) $\tan x=-\sqrt{3}$

연구 먼저 특수해를 하나 구한다.

(1) $\sin\left(-\dfrac{\pi}{6}\right)=-\sin\dfrac{\pi}{6}=-\dfrac{1}{2}$이므로 $\boldsymbol{x=2n\pi-\dfrac{\pi}{6},\ 2n\pi+\dfrac{7}{6}\pi}$ (n은 정수)

(2) $\cos\dfrac{\pi}{4}=\dfrac{1}{\sqrt{2}}$이므로 $\boldsymbol{x=2n\pi\pm\dfrac{\pi}{4}}$ (n은 정수)

(3) $\tan\left(-\dfrac{\pi}{3}\right)=-\tan\dfrac{\pi}{3}=-\sqrt{3}$이므로 $\boldsymbol{x=n\pi-\dfrac{\pi}{3}}$ (n은 정수)

**Note* 일반해는 특수해를 어느 것으로 하는가에 따라 다른 표현이 가능하다. 이를테면 (3)은 $\tan\dfrac{2}{3}\pi=-\sqrt{3}$이므로 $x=n\pi+\dfrac{2}{3}\pi$라고 해도 된다.

필수 예제 10-1 다음 삼각방정식을 풀어라. 단, $0\le x\le 2\pi$이다.

(1) $2\sin^2 x+\cos x=1$ (2) $\tan x-\dfrac{\sqrt{3}}{\tan x}+1-\sqrt{3}=0$

(3) $\cos x\tan x=2\cos^2 x-1$

정석연구 (1) 다음 삼각함수의 기본 공식을 이용하여 $\sin x$ 또는 $\cos x$만의 식으로 고친 다음 $\sin x$나 $\cos x$의 값부터 구한다.

정석 $\sin^2 x+\cos^2 x=1$

(2) 양변에 $\tan x$를 곱하여 정리하면 $\tan x$에 관한 이차방정식이 된다.

(3) $\tan x=\dfrac{\sin x}{\cos x}$를 이용하여 준 식을 $\sin x$와 $\cos x$만의 식으로 만든 다음 (1)과 같이 풀면 된다.

이 경우 $\cos x=0$일 때 $\tan x$가 정의되지 않으므로 $\cos x=0$이 되는 x의 값은 버려야 한다는 것에 주의한다.

정석 $\cos x=0$이면 $\tan x$는 정의되지 않는다.

모범답안 (1) $2\sin^2 x+\cos x=1$에서 $2(1-\cos^2 x)+\cos x=1$

$\therefore (2\cos x+1)(\cos x-1)=0 \quad \therefore \cos x=-\dfrac{1}{2},\ 1$

$\cos x=-\dfrac{1}{2}$에서 $x=\dfrac{2}{3}\pi,\ \dfrac{4}{3}\pi$, $\cos x=1$에서 $x=0,\ 2\pi$

답 $x=0,\ \dfrac{2}{3}\pi,\ \dfrac{4}{3}\pi,\ 2\pi$

(2) 준 방정식의 양변에 $\tan x$를 곱하고 정리하면

$\tan^2 x+(1-\sqrt{3})\tan x-\sqrt{3}=0 \quad \therefore (\tan x+1)(\tan x-\sqrt{3})=0$

$\therefore \tan x=-1,\ \sqrt{3} \quad \therefore x=\dfrac{\pi}{3},\ \dfrac{3}{4}\pi,\ \dfrac{4}{3}\pi,\ \dfrac{7}{4}\pi$ ← 답

(3) $\cos x\times\dfrac{\sin x}{\cos x}=2\cos^2 x-1 \quad \therefore \sin x=2(1-\sin^2 x)-1$

$\therefore (\sin x+1)(2\sin x-1)=0$

그런데 $\sin x=-1$이면 $\cos x=0$이 되어 $\tan x$가 정의되지 않는다.

$\therefore \sin x=\dfrac{1}{2} \quad \therefore x=\dfrac{\pi}{6},\ \dfrac{5}{6}\pi$ ← 답

유제 **10-1.** 다음 삼각방정식을 풀어라. 단, $0<x<\pi$이다.

(1) $2\sin^2 x+3\cos x=0$ (2) $\tan x+\dfrac{1}{\tan x}=2$

답 (1) $x=\dfrac{2}{3}\pi$ (2) $x=\dfrac{\pi}{4}$

필수 예제 10-2 다음 삼각방정식을 풀어라. 단, $0\le x<2\pi$이다.

(1) $\cos x+\sqrt{3}\sin x+1=0$ (2) $4\sin x\cos x=\sqrt{3}$

정석연구 $\sin x$와 $\cos x$로 이루어진 방정식에서는 다음 공식을 이용해 보아라.

정석 $\sin^2 x+\cos^2 x=1$

모범답안 $\sin x=a$, $\cos x=b$로 놓으면 $a^2+b^2=1$ ……①

(1) 준 방정식에서 $b+\sqrt{3}a+1=0$ ……②

①, ②를 연립하여 풀면 $(a,\ b)=(0,\ -1),\ \left(-\frac{\sqrt{3}}{2},\ \frac{1}{2}\right)$

$\therefore (\sin x,\ \cos x)=(0,\ -1),\ \left(-\frac{\sqrt{3}}{2},\ \frac{1}{2}\right)$ $\therefore$ $\boldsymbol{x=\pi,\ \frac{5}{3}\pi}$ ← 답

(2) 준 방정식에서 $4ab=\sqrt{3}$

또, $(a+b)^2=a^2+b^2+2ab$에서 $(a+b)^2=1+\frac{\sqrt{3}}{2}$ ⇦ ①

$$\therefore a+b=\pm\sqrt{1+\frac{\sqrt{3}}{2}}=\pm\frac{\sqrt{4+2\sqrt{3}}}{2}=\pm\left(\frac{\sqrt{3}}{2}+\frac{1}{2}\right)$$

따라서 a, b는 이차방정식 $t^2\pm\left(\frac{\sqrt{3}}{2}+\frac{1}{2}\right)t+\frac{\sqrt{3}}{4}=0$의 두 근이다.

$$\therefore (a,\ b)=\left(\frac{1}{2},\ \frac{\sqrt{3}}{2}\right),\ \left(\frac{\sqrt{3}}{2},\ \frac{1}{2}\right),\ \left(-\frac{1}{2},\ -\frac{\sqrt{3}}{2}\right),\ \left(-\frac{\sqrt{3}}{2},\ -\frac{1}{2}\right)$$

$$\therefore (\sin x,\ \cos x)=\left(\frac{1}{2},\ \frac{\sqrt{3}}{2}\right),\ \left(\frac{\sqrt{3}}{2},\ \frac{1}{2}\right),\ \left(-\frac{1}{2},\ -\frac{\sqrt{3}}{2}\right),\ \left(-\frac{\sqrt{3}}{2},\ -\frac{1}{2}\right)$$

$\therefore$ $\boldsymbol{x=\frac{\pi}{6},\ \frac{\pi}{3},\ \frac{7}{6}\pi,\ \frac{4}{3}\pi}$ ← 답

Advice | (1)은 다음과 같은 방법도 생각할 수 있다.

$\cos x+\sqrt{3}\sin x+1=0$에서 $\cos x+1=-\sqrt{3}\sin x$ ……③

양변을 제곱하면 $(\cos x+1)^2=(-\sqrt{3}\sin x)^2$ ……④

이 식을 정리하여 인수분해하면 $(\cos x+1)(2\cos x-1)=0$

$\therefore \cos x=-1,\ \frac{1}{2}$ $\therefore x=\frac{\pi}{3},\ \pi,\ \frac{5}{3}\pi$

그런데 $x=\frac{\pi}{3}$를 ③에 대입하면 $\frac{1}{2}+1=-\sqrt{3}\times\frac{\sqrt{3}}{2}$이 되어 성립하지 않는다. 곧, 이 값은 ③을 제곱한 식 ④의 해는 되지만, ③의 해는 될 수 없다.

이렇게 양변을 제곱하여 방정식을 푸는 경우, 구한 결과를 반드시 제곱하기 전의 방정식에 대입하여 성립하는지 확인해야 한다.

유제 **10**-2. 다음 삼각방정식을 풀어라. 단, $0\le x\le\pi$이다.

$\sin x+\cos x=1$ 답 $\boldsymbol{x=0,\ \frac{\pi}{2}}$

필수 예제 10-3 $0<x<2\pi$일 때, 다음 삼각방정식의 해를 구하여라.

(1) $\sin 2x=\sin\left(x-\frac{\pi}{5}\right)$ (2) $\cos 3x-\sin\left(\frac{\pi}{6}-x\right)=0$

정석연구 (1) $\sin x=\sin\alpha$에서 해를 단순히 $x=\alpha$라고 해서는 안 된다. 왜냐하면

$$\sin(2n\pi+\alpha)=\sin\alpha,\ \sin(2n\pi+\pi-\alpha)=\sin\alpha\ (n\text{은 정수})$$

이므로 해는

$$x=2n\pi+\alpha,\ (2n+1)\pi-\alpha\ (n\text{은 정수})$$

이기 때문이다.

따라서 이런 문제를 풀 때에는 일반해를 구한 다음 제한 범위를 만족시키는 n의 값을 대입하는 것이 편리하다.

정석 $\sin x=\sin\alpha \implies x=2n\pi+\alpha,\ (2n+1)\pi-\alpha$
$\cos x=\cos\alpha \implies x=2n\pi\pm\alpha$
$\tan x=\tan\alpha \implies x=n\pi+\alpha$ (n은 정수)

(2) 먼저 $\sin\alpha=\cos\left(\frac{\pi}{2}-\alpha\right)$, $\cos\alpha=\sin\left(\frac{\pi}{2}-\alpha\right)$를 이용하여 sin이나 cos만의 식으로 고친 다음 위의 **정석**을 이용한다.

모범답안 (1) $2x=2n\pi+x-\frac{\pi}{5}$ 또는 $2x=(2n+1)\pi-\left(x-\frac{\pi}{5}\right)$ (n은 정수)

$\therefore\ x=2n\pi-\frac{\pi}{5}$ 또는 $x=\frac{2n+1}{3}\pi+\frac{\pi}{15}$

$0<x<2\pi$이므로 $x=2\pi-\frac{\pi}{5},\ \frac{\pi}{3}+\frac{\pi}{15},\ \pi+\frac{\pi}{15},\ \frac{5}{3}\pi+\frac{\pi}{15}$

$\therefore\ \boldsymbol{x=\frac{2}{5}\pi,\ \frac{16}{15}\pi,\ \frac{26}{15}\pi,\ \frac{9}{5}\pi}$ ← 답

(2) $\sin\left(\frac{\pi}{6}-x\right)=\cos\left\{\frac{\pi}{2}-\left(\frac{\pi}{6}-x\right)\right\}=\cos\left(\frac{\pi}{3}+x\right)$이므로 준 방정식은

$\cos 3x=\cos\left(x+\frac{\pi}{3}\right)$ $\therefore\ 3x=2n\pi\pm\left(x+\frac{\pi}{3}\right)$ (n은 정수)

$\therefore\ x=n\pi+\frac{\pi}{6}$ 또는 $x=\frac{n}{2}\pi-\frac{\pi}{12}$

$0<x<2\pi$이므로 $\boldsymbol{x=\frac{\pi}{6},\ \frac{5}{12}\pi,\ \frac{11}{12}\pi,\ \frac{7}{6}\pi,\ \frac{17}{12}\pi,\ \frac{23}{12}\pi}$ ← 답

유제 **10**-3. $0<x<2\pi$일 때, 다음 삼각방정식의 해를 구하여라.

(1) $\sin 3x=\cos 2x$ (2) $\tan\left(x-\frac{\pi}{5}\right)=\tan\left(\frac{\pi}{10}-x\right)$

답 (1) $\boldsymbol{x=\frac{\pi}{10},\ \frac{\pi}{2},\ \frac{9}{10}\pi,\ \frac{13}{10}\pi,\ \frac{17}{10}\pi}$ (2) $\boldsymbol{x=\frac{3}{20}\pi,\ \frac{13}{20}\pi,\ \frac{23}{20}\pi,\ \frac{33}{20}\pi}$

필수 예제 10-4 $0\le x\le\pi$일 때, x에 관한 삼각방정식

$$\sin^2 x+\cos x+a=0$$

이 서로 다른 두 실근을 가지기 위한 실수 a의 값의 범위를 구하여라.

[정석연구] 정의역이 $\{x\,|\,0\le x\le\pi\}$이고 치역이 $\{y\,|\,-1\le y\le 1\}$일 때, 함수 $y=\cos x$는 일대일대응이다.

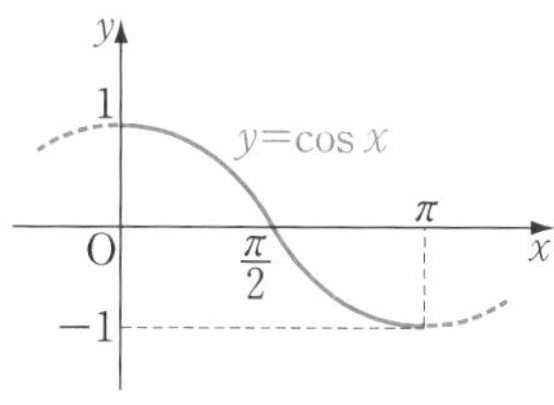

따라서 이를테면 x에 관한 삼각방정식

$$\cos^2 x-\cos x+a=0\ (0\le x\le\pi)$$

의 실근의 개수와 t에 관한 이차방정식

$$t^2-t+a=0\ (-1\le t\le 1)$$

의 실근의 개수는 같다.

정석 제한 범위에서의 실근 문제 ⟹ 그래프를 활용하여라.

[모범답안] $\sin^2 x=1-\cos^2 x$이므로 준 식은 $1-\cos^2 x+\cos x+a=0$ …①

$\cos x=t$로 놓으면 $-1\le t\le 1$이고, $t^2-t-a-1=0$ …②

한편 $\{x\,|\,0\le x\le\pi\}$에서 $\{t\,|\,-1\le t\le 1\}$로의 함수 $t=\cos x$는 일대일대응이므로 방정식 ①과 방정식 ②의 실근의 개수는 같다.

따라서 방정식 ②가 $-1\le t\le 1$에서 서로 다른 두 실근을 가지려면

$$f(t)=t^2-t-a-1$$

로 놓을 때, $y=f(t)$의 그래프가 $-1\le t\le 1$에서 t축과 서로 다른 두 점에서 만나야 한다. 그런데

$$f(t)=\left(t-\frac{1}{2}\right)^2-a-\frac{5}{4}$$

이므로 오른쪽 그림에서

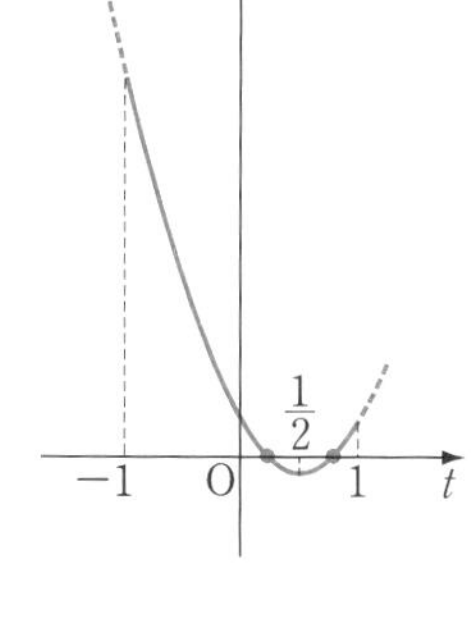

$$f(1)=1-1-a-1\ge 0,\ f\left(\frac{1}{2}\right)=-a-\frac{5}{4}<0$$

$$\therefore\ -\frac{5}{4}<a\le -1 \leftarrow \text{답}$$

Advice | 방정식 ②에서 $t^2-t-1=a$이므로 $-1\le t\le 1$에서 두 함수 $y=t^2-t-1$, $y=a$의 그래프가 서로 다른 두 점에서 만나기 위한 a의 값의 범위를 구해도 된다.

[유제] **10**-4. $0<x<\dfrac{\pi}{2}$일 때, x에 관한 삼각방정식 $4\cos^2 x+2a\cos x-1=0$이 실근을 가지기 위한 실수 a의 값의 범위를 구하여라. [답] $a>-\dfrac{3}{2}$

§2. 삼각부등식

기본정석

삼각부등식의 해법

삼각함수의 각의 크기를 미지수로 하는 부등식을 삼각부등식이라고 한다. 삼각부등식은 그래프나 단위원을 이용하여 푼다.

삼각부등식의 해법 ⟹ 그래프나 단위원을 이용한다.

Advice | 삼각부등식에서도 삼각방정식의 경우와 같이 미지수 x에 제한 범위가 있는 경우에 대해서만 다루기로 한다.

보기 1 다음 삼각부등식을 풀어라. 단, $0 \le x < 2\pi$이다.

(1) $\sin x \ge -\dfrac{1}{\sqrt{2}}$ (2) $\cos x < \dfrac{1}{2}$ (3) $\tan x \ge -1$

연구 $y=\sin x$, $y=\cos x$, $y=\tan x$의 그래프를 그려서 해결한다.

(1) $y=\sin x$의 그래프가 $y=-\dfrac{1}{\sqrt{2}}$의 그래프보다 아래쪽에 있지 않은 x의 범위를 구하면 되므로

$$\boldsymbol{0 \le x \le \frac{5}{4}\pi,\ \frac{7}{4}\pi \le x < 2\pi}$$

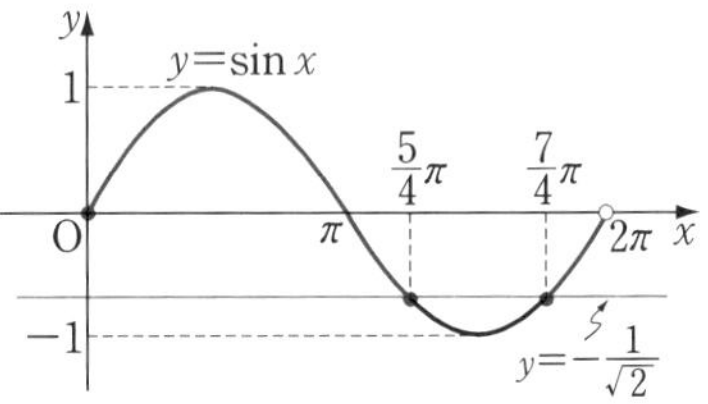

(2) $y=\cos x$의 그래프가 $y=\dfrac{1}{2}$의 그래프보다 아래쪽에 있는 x의 범위를 구하면 되므로

$$\boldsymbol{\frac{\pi}{3} < x < \frac{5}{3}\pi}$$

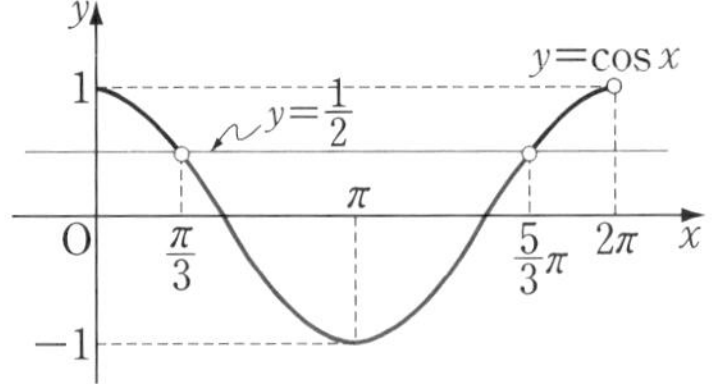

(3) $y=\tan x$의 그래프가 $y=-1$의 그래프보다 아래쪽에 있지 않은 x의 범위를 구하면 되므로

$$\boldsymbol{0 \le x < \frac{\pi}{2},\ \frac{3}{4}\pi \le x < \frac{3}{2}\pi,}$$

$$\boldsymbol{\frac{7}{4}\pi \le x < 2\pi}$$

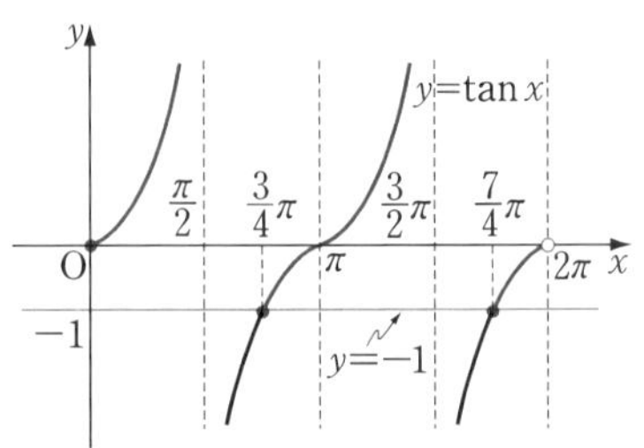

필수 예제 10-5 다음 삼각부등식을 풀어라. 단, $0\le x\le 2\pi$이다.

(1) $\sin x>\cos x$ (2) $2\sin^2 x\ge 3\cos x$

(3) $\tan^2 x-(\sqrt{3}-1)\tan x-\sqrt{3}<0$

정석연구 (1)은 $y_1=\sin x$, $y_2=\cos x$로 놓고 두 함수의 그래프를 그린 다음, y_1이 y_2보다 위쪽에 있는 x의 범위를 구한다.

정석 삼각부등식 ⟹ 삼각함수의 그래프를 이용한다.

모범답안 (1) 오른쪽 그림에서

$y_1=\sin x$가 $y_2=\cos x$보다 위쪽에 있는 x의 범위를 구하면

$$\frac{\pi}{4}<x<\frac{5}{4}\pi \leftarrow \text{답}$$

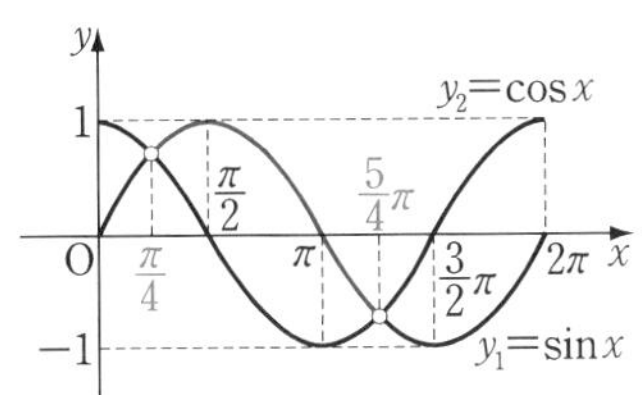

(2) 준 식에서 $2(1-\cos^2 x)\ge 3\cos x$

$\therefore\ (\cos x+2)(2\cos x-1)\le 0$

그런데 $\cos x+2>0$이므로

$$\cos x\le\frac{1}{2}$$

따라서 오른쪽 그림에서

$y_1=\cos x$가 $y_2=\frac{1}{2}$보다 위쪽에 있지 않은 x의 범위를 구하면

$$\frac{\pi}{3}\le x\le\frac{5}{3}\pi \leftarrow \text{답}$$

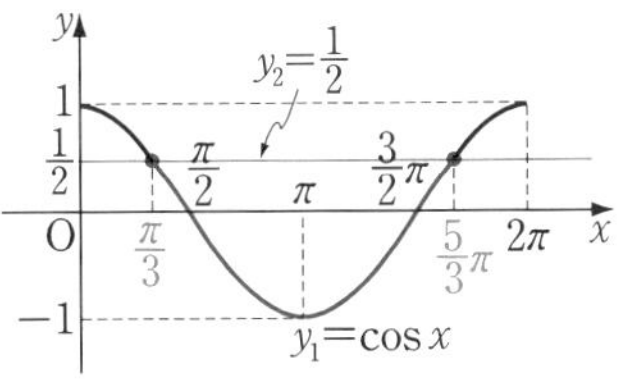

(3) 준 식에서

$(\tan x+1)(\tan x-\sqrt{3})<0$

$\therefore\ -1<\tan x<\sqrt{3}$

따라서 오른쪽 그림에서

$y_1=\tan x$가 $y_2=-1$과 $y_3=\sqrt{3}$ 사이에 있는 x의 범위를 구하면

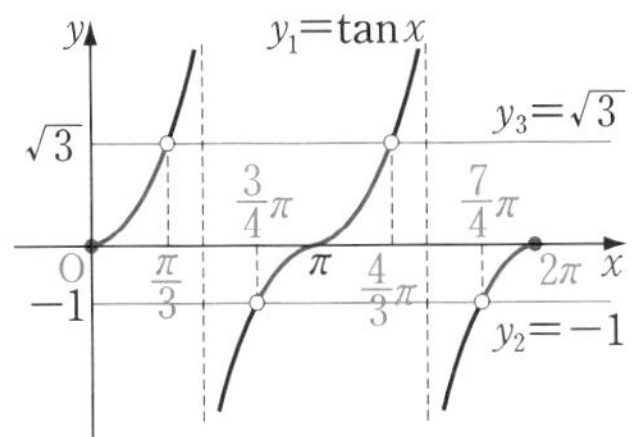

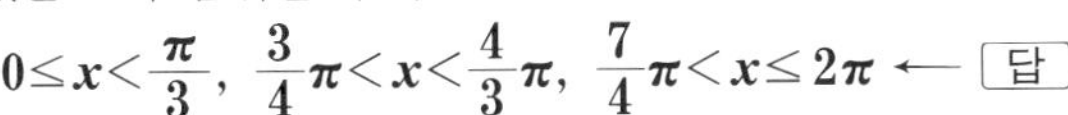

$$0\le x<\frac{\pi}{3},\ \frac{3}{4}\pi<x<\frac{4}{3}\pi,\ \frac{7}{4}\pi<x\le 2\pi \leftarrow \text{답}$$

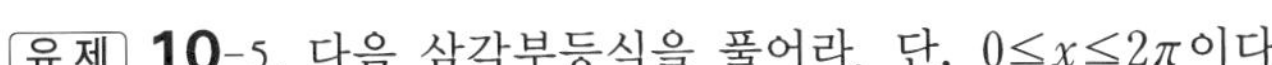

유제 **10**-5. 다음 삼각부등식을 풀어라. 단, $0\le x\le 2\pi$이다.

(1) $\sin x\le\cos x$ (2) $\cos^2 x>1-\sin x$

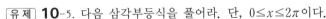

답 (1) $0\le x\le\frac{\pi}{4},\ \frac{5}{4}\pi\le x\le 2\pi$ (2) $0<x<\frac{\pi}{2},\ \frac{\pi}{2}<x<\pi$

필수 예제 10-6 두 함수 $f(x)=2x$, $g(x)=x^2+2(\sin\theta+1)x+3\cos^2\theta$ 의 그래프에 대하여 다음 물음에 답하여라. 단, $0\le\theta\le2\pi$ 이다.

(1) 두 그래프가 접할 때, θ의 값을 구하여라.

(2) 두 그래프가 서로 다른 두 점에서 만날 때, θ의 값의 범위를 구하여라.

(3) 모든 실수 x에 대하여 $g(x)>0$이 되도록 θ의 값의 범위를 정하여라.

정석연구 판별식과 삼각방정식, 삼각부등식의 혼합 문제이다. 무엇보다

판별식 $\mathrm{D}=b^2-4ac$의 성질을 확실히 이해

해 두어야 한다.

모범답안 두 그래프의 교점의 x좌표는 이차방정식

$$x^2+2(\sin\theta+1)x+3\cos^2\theta=2x,\ \text{곧}\ x^2+2(\sin\theta)x+3\cos^2\theta=0$$

의 실근이다. 이때, 이 방정식의 판별식을 D_1이라고 하면

(1) $\mathrm{D}_1/4=\sin^2\theta-3\cos^2\theta=\sin^2\theta-3(1-\sin^2\theta)=4\sin^2\theta-3$

$=(2\sin\theta+\sqrt{3})(2\sin\theta-\sqrt{3})=0$

$\therefore\ \sin\theta=-\dfrac{\sqrt{3}}{2},\ \dfrac{\sqrt{3}}{2}\qquad\therefore\ \boldsymbol{\theta=\dfrac{\pi}{3},\ \dfrac{2}{3}\pi,\ \dfrac{4}{3}\pi,\ \dfrac{5}{3}\pi}$ ← 답

(2) $\mathrm{D}_1/4=(2\sin\theta+\sqrt{3})(2\sin\theta-\sqrt{3})>0$

$\therefore\ \sin\theta<-\dfrac{\sqrt{3}}{2},\quad \sin\theta>\dfrac{\sqrt{3}}{2}$

$\therefore\ \boldsymbol{\dfrac{\pi}{3}<\theta<\dfrac{2}{3}\pi,\ \dfrac{4}{3}\pi<\theta<\dfrac{5}{3}\pi}$ ← 답

(3) $g(x)=x^2+2(\sin\theta+1)x+3\cos^2\theta=0$의 판별식을 D_2라고 하면

$\mathrm{D}_2/4=(\sin\theta+1)^2-3\cos^2\theta=\sin^2\theta+2\sin\theta+1-3(1-\sin^2\theta)$

$=4\sin^2\theta+2\sin\theta-2=2(\sin\theta+1)(2\sin\theta-1)<0$

$\therefore\ -1<\sin\theta<\dfrac{1}{2}$

$\therefore\ \boldsymbol{0\le\theta<\dfrac{\pi}{6},\ \dfrac{5}{6}\pi<\theta<\dfrac{3}{2}\pi,\ \dfrac{3}{2}\pi<\theta\le2\pi}$ ← 답

유제 **10**-6. $f(x)=x^2+(2\cos\theta+1)x+1$ (단, $0\le\theta\le2\pi$)에 대하여

(1) 방정식 $f(x)=0$이 실근을 가지도록 θ의 값의 범위를 정하여라.

(2) 방정식 $f(x)=0$이 중근을 가지도록 θ의 값을 정하여라.

(3) 모든 실수 x에 대하여 $f(x)>0$이 되도록 θ의 값의 범위를 정하여라.

답 (1) $\boldsymbol{0\le\theta\le\dfrac{\pi}{3},\ \dfrac{5}{3}\pi\le\theta\le2\pi}$ (2) $\boldsymbol{\theta=\dfrac{\pi}{3},\ \dfrac{5}{3}\pi}$ (3) $\boldsymbol{\dfrac{\pi}{3}<\theta<\dfrac{5}{3}\pi}$

연습문제 10

기본 **10-1** 다음 삼각방정식을 풀어라. 단, $0 \le x < 2\pi$이다.

(1) $\sin 2x = -\dfrac{1}{2}$ (2) $\tan\dfrac{x}{2} = 1$ (3) $\sin\left(x+\dfrac{\pi}{3}\right) = \dfrac{1}{\sqrt{2}}$

(4) $\sin\dfrac{3}{4}\pi\cos\dfrac{\pi}{6}\tan x = \dfrac{3}{2\sqrt{2}}$ (5) $\cos(\pi\cos x) = 0$

10-2 다음 삼각방정식을 풀어라. 단, $0 < x < \dfrac{\pi}{2}$이다.

(1) $3\tan x + \dfrac{1}{\tan x} = \dfrac{5}{\sin x}$ (2) $\sin^2 x + \sin x = \cos^2 x + \cos x$

10-3 다음 방정식을 풀어라. 단, $0 \le x < 2\pi$이다.

(1) $2\log\sin x - \log\cos x + \log 2 - \log 3 = 0$

(2) $\log_{\sin x}\cos x + \log_{\cos x}\tan x = 1$

10-4 다음 삼각방정식의 실근의 개수를 구하여라.

(1) $\sin\pi x = \dfrac{3}{10}x$ (2) $\sin x = \dfrac{1}{10\pi^2}x^2$

10-5 다음 두 방정식을 동시에 만족시키는 r, θ의 값을 구하여라.

$$r\cos\theta = 5\sqrt{3}, \quad r\sin\theta = 5 \quad \left(\text{단, } -\frac{\pi}{2} < \theta < \frac{\pi}{2}\right)$$

10-6 x에 관한 삼차방정식 $x^3 + px + q = 0$의 해가 1, $\sin\theta$, $\cos\theta$일 때, θ, p, q의 값을 구하여라. 단, $0 \le \theta < 2\pi$이다.

10-7 $\left(\dfrac{2-\sin\theta + i\cos\theta}{\cos\theta + i\sin\theta}\right)^2$이 실수가 되도록 θ의 값을 정하여라.

단, $i = \sqrt{-1}$이고, $0 \le \theta \le \pi$이다.

10-8 다음 삼각부등식을 풀어라.

(1) $2\cos x > 3\tan x$ $\left(\text{단, } 0 < x < \dfrac{\pi}{2}\right)$ (2) $\cos^4 x > \sin^4 x$ (단, $0 < x < \pi$)

(3) $\sin^2 x + (2-\cos x)\sin x - 2\cos x > 0$ (단, $0 \le x \le 2\pi$)

10-9 다음 삼각부등식을 풀어라. 단, $0 \le x \le 2\pi$이다.

$$\left|\cos x + \frac{1}{2}\right| + |\cos x| \le \frac{1}{2}$$

10-10 1, $\sin\alpha$, $\sin\beta$가 삼각형의 세 변의 길이를 나타내기 위한 α의 값의 범위를 구하여라. 단, $\alpha > 0$, $\beta > 0$, $\alpha + \beta = \pi$이다.

10-11 이차방정식 $x^2 - 2x\tan\theta + \sqrt{3}\tan\theta - 1 = 0$ $\left(\text{단, } 0 < \theta < \dfrac{\pi}{2}\right)$의 두 근이 모두 $0 < x < 1 + \sqrt{3}$의 범위에 존재하기 위한 θ의 값의 범위를 구하여라.

10-12 다음 부등식이 모든 실수 θ에 대하여 성립할 때, 실수 a의 값의 범위를 구하여라.

(1) $\cos^2\theta-3\cos\theta-a+9\geq 0$ (2) $\cos^2\theta+(a+2)\sin\theta-(2a+1)\geq 0$

실력 **10-13** 연립방정식 $\begin{cases}\sqrt{2}\sin y=\sin x \\ \sqrt{3}\tan y=\tan x\end{cases}$ 를 풀어라.

단, $0<x<\dfrac{\pi}{2}$, $0<y<\dfrac{\pi}{2}$ 이다.

10-14 다음 x에 관한 삼각방정식이 $0\leq x\leq\dfrac{5}{6}\pi$에서 오직 하나의 실근을 가질 때, 실수 a의 값의 범위를 구하여라.

$$4a\cos^2 x+(4a+2)\sin x-a+1=0$$

10-15 다음 x에 관한 이차방정식이 실근을 가질 때, 실수 θ의 값과 실근을 구하여라. 단, $i=\sqrt{-1}$ 이고, $0<\theta<2\pi$ 이다.

$$(1+i)x^2+(\sin^2\theta-i\cos^2\theta)x-(1-i\tan^2\theta)=0$$

10-16 다음 x에 관한 방정식이 적어도 하나의 공통인 실근을 가질 때, θ의 값을 구하여라. 단, $0\leq\theta\leq 2\pi$ 이다.

$$x^2+x\cos\theta+\sin\theta=0,\quad x^2+x\sin\theta+\cos\theta=0$$

10-17 x에 관한 이차방정식 $x^2+2x\cos\theta+\sin^2\theta-\sin\theta+1=0$이 두 양의 실근을 가질 때, θ의 값의 범위를 구하여라. 단, $0\leq\theta\leq\pi$ 이다.

10-18 부등식 $\sin^2\theta-2a\sin\theta-a^2+3\geq 0$이 모든 실수 θ에 대하여 성립할 때, 실수 a의 값의 범위를 구하여라.

10-19 직선 $y=x$와 포물선 $y=x^2+2x\cos\theta+1$ (단, $0\leq\theta\leq 2\pi$)이 만나는 두 점 사이의 거리의 최댓값과 이때의 θ의 값을 구하여라.

10-20 $x\sin\theta=\sin^2\theta+1$, $y\sin^2\theta=\sin^4\theta+1$에 대하여

(1) y를 x로 나타내어라.

(2) $0<\theta\leq\dfrac{\pi}{2}$ 일 때, 점 (x, y)의 자취를 구하여라.

10-21 오른쪽 그림에서

$\overline{OP_1}=1$, $\overline{P_1P_2}=\overline{P_2P_3}=a$, $\overline{P_3P_4}=2a$,

$\angle XOP_1=\theta$, $\angle OP_1P_2=\theta+\dfrac{\pi}{3}$,

$\angle P_1P_2P_3=\angle P_2P_3P_4=\dfrac{2}{3}\pi$

라고 한다. 단, $0<\theta<\dfrac{\pi}{2}$ 이다.

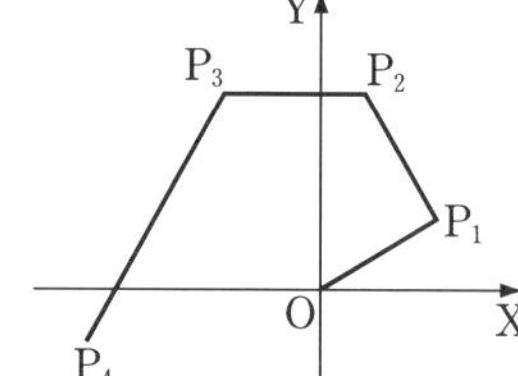

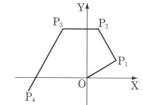

(1) 점 P_4의 좌표를 a, θ로 나타내어라.

(2) 점 P_4의 좌표가 $(-2, 0)$이 되도록 a, θ의 값을 정하여라.

11. 삼각형과 삼각함수

§1. 사인법칙

기본정석

사인(**Sine**)법칙

삼각형 ABC의 세 각의 크기 A, B, C와 세 변의 길이 a, b, c, 외접원의 반지름의 길이 R 사이에는 다음 관계가 성립한다.

$$\frac{a}{\sin A}=\frac{b}{\sin B}=\frac{c}{\sin C}=2R$$

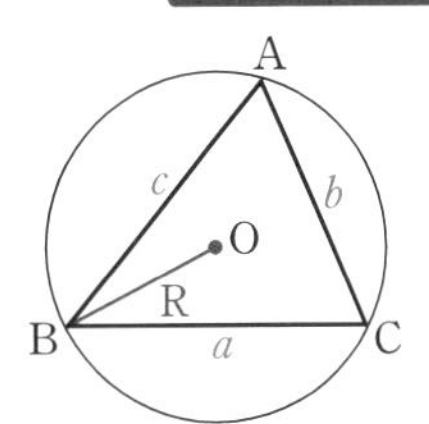

Advice | 사인법칙의 증명

△ABC에서 보통 각 A와 각 A의 크기를 구별하지 않고 모두 ∠A로 나타낸다.

특히 삼각함수에서는 ∠A, ∠B, ∠C의 크기를 간단히 각각 A, B, C로 나타내고, 그 대변 BC, CA, AB의 길이를 각각 a, b, c로 나타내기도 한다(이 책에서는 특별한 말이 없는 한 이와 같이 나타내기로 한다). 이때,

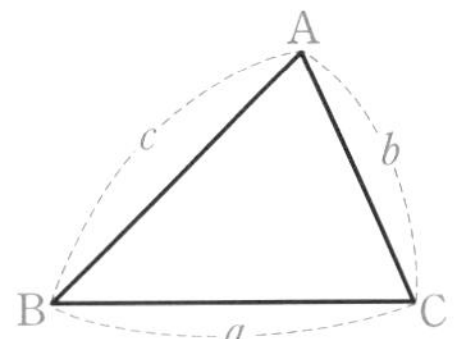

$$\mathbf{A,\ B,\ C,\ }\boldsymbol{a,\ b,\ c}$$

를 삼각형의 **6**요소라고 한다.

(증명) △ABC의 외접원의 중심을 O라 하고, 선분 BO의 연장선이 원 O와 만나는 점을 A′이라고 하면 선분 BA′은 지름이므로 $\overline{BA'}=2R$이다.

①
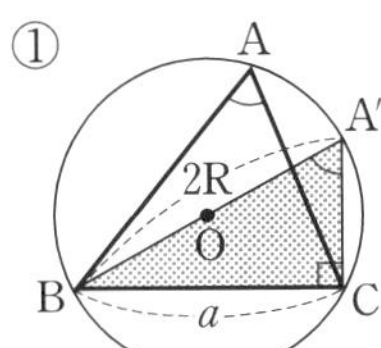

②
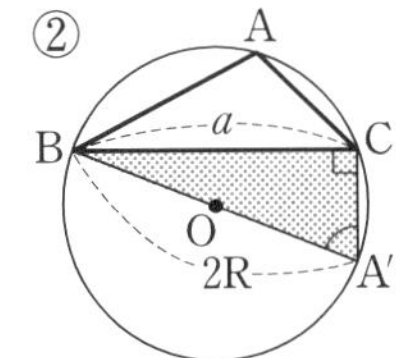

③
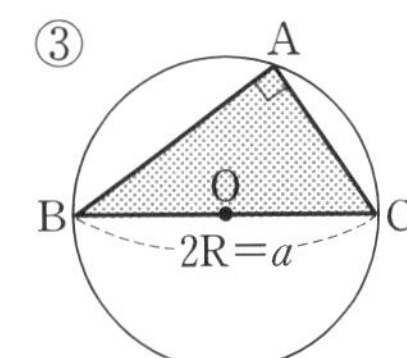

① **A<90°**일 때 A=A′, ∠A′CB=90°이므로

$$\sin A=\sin A'=\frac{\overline{BC}}{\overline{BA'}}=\frac{a}{2R} \qquad \therefore \frac{a}{\sin A}=2R$$

② $\mathbf{A>90^\circ}$일 때 $\quad$ $A=180^\circ-A'$, $\angle A'CB=90^\circ$이므로

$$\sin A=\sin(180^\circ-A')=\sin A'=\frac{a}{2R} \qquad \therefore \frac{a}{\sin A}=2R$$

③ $\mathbf{A=90^\circ}$일 때 $\quad$ $\sin A=1$, $a=2R$이므로 $\dfrac{a}{\sin A}=2R$

같은 방법으로 하면 $\dfrac{b}{\sin B}=2R$, $\dfrac{c}{\sin C}=2R$임을 보일 수 있다.

보기 1 오른쪽 그림에서 다음을 구하여라.

(1) $\theta=60^\circ$, $R=10\text{ cm}$일 때, a

(2) $\theta=45^\circ$, $a=4\text{ cm}$일 때, R

연구 (1) $\dfrac{a}{\sin\theta}=2R$에서 $\dfrac{a}{\sin 60^\circ}=2\times10$

$\therefore$ $\boldsymbol{a=10\sqrt{3}}$ **(cm)**

(2) $\dfrac{a}{\sin\theta}=2R$에서 $\dfrac{4}{\sin 45^\circ}=2R$ $\quad\therefore$ $\mathbf{R=2\sqrt{2}}$ **(cm)**

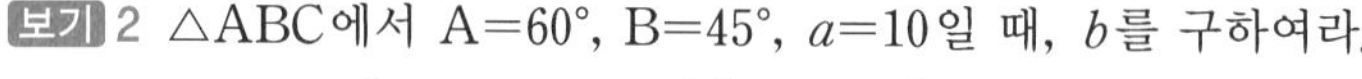

보기 2 △ABC에서 $A=60^\circ$, $B=45^\circ$, $a=10$일 때, b를 구하여라.

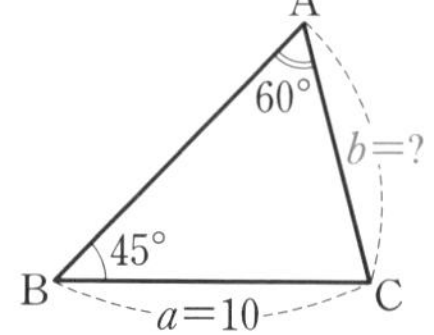

연구 $\dfrac{a}{\sin A}=\dfrac{b}{\sin B}$이므로 $\dfrac{10}{\sin 60^\circ}=\dfrac{b}{\sin 45^\circ}$

$$\therefore\ b=\frac{10\sin 45^\circ}{\sin 60^\circ}=\boldsymbol{\frac{10\sqrt{6}}{3}}$$

보기 3 △ABC에서 다음 물음에 답하여라.

(1) $\sin A+\sin B>\sin C$임을 증명하여라.

(2) $2b=a+c$일 때, $\sin A$, $\sin B$, $\sin C$ 사이의 관계식을 구하여라.

(3) $A:B:C=3:4:5$일 때, $a:b:c$를 구하여라.

단, $\sin 75^\circ=\dfrac{\sqrt{6}+\sqrt{2}}{4}$이다.

연구 $\dfrac{a}{\sin A}=\dfrac{b}{\sin B}=\dfrac{c}{\sin C}=2R$로부터 다음 관계를 얻는다.

정석 ① $\boldsymbol{\sin A=\dfrac{a}{2R},\ \sin B=\dfrac{b}{2R},\ \sin C=\dfrac{c}{2R}}$ ⇦ 각을 변으로

② $\boldsymbol{a=2R\sin A,\ b=2R\sin B,\ c=2R\sin C}$ ⇦ 변을 각으로

③ $\boldsymbol{a:b:c=\sin A:\sin B:\sin C}$ ⇦ 변의 비와 사인의 비

(1) $\sin A+\sin B-\sin C=\dfrac{a}{2R}+\dfrac{b}{2R}-\dfrac{c}{2R}=\dfrac{a+b-c}{2R}>0$

곧, $\sin A+\sin B-\sin C>0$ $\quad\therefore$ $\sin A+\sin B>\sin C$

(2) $2\times2R\sin B=2R\sin A+2R\sin C$ $\quad\therefore$ $\mathbf{2\sin B=\sin A+\sin C}$

(3) $A=180^\circ\times\dfrac{3}{12}=45^\circ$, $B=180^\circ\times\dfrac{4}{12}=60^\circ$, $C=180^\circ\times\dfrac{5}{12}=75^\circ$

$$\therefore\ a:b:c=\sin 45^\circ:\sin 60^\circ:\sin 75^\circ=\boldsymbol{\frac{1}{\sqrt{2}}:\frac{\sqrt{3}}{2}:\frac{\sqrt{6}+\sqrt{2}}{4}}$$

필수 예제 11-1 다음 x에 관한 이차방정식이 중근을 가질 때, △ABC는 어떤 삼각형인가?

$$(\sin C+\cos A)x^2+2(\cos B)x-(\sin C-\cos A)=0$$

정석연구 x에 관한 이차방정식 $ax^2+bx+c=0$에서

정석 $\mathbf{D}=\boldsymbol{b}^2-4\boldsymbol{ac}=0 \iff$ 중근

임을 이용한다.

모범답안 준 방정식이 중근을 가지므로

$$\begin{aligned} D/4&=\cos^2 B+(\sin C+\cos A)(\sin C-\cos A) \\ &=\cos^2 B+\sin^2 C-\cos^2 A=0 \end{aligned}$$

여기에 $\cos^2 B=1-\sin^2 B$, $\cos^2 A=1-\sin^2 A$를 대입하면

$$1-\sin^2 B+\sin^2 C-(1-\sin^2 A)=0 \qquad \therefore \sin^2 A+\sin^2 C=\sin^2 B$$

사인법칙으로부터

$$\left(\frac{a}{2R}\right)^2+\left(\frac{c}{2R}\right)^2=\left(\frac{b}{2R}\right)^2 \qquad \therefore a^2+c^2=b^2$$

따라서 △ABC는 **B=90°**인 직각삼각형 ← 답

Advice | 위에서 $\sin^2 A+\sin^2 C=\sin^2 B$에

정석 사인법칙 : $\dfrac{\boldsymbol{a}}{\sin \mathbf{A}}=\dfrac{\boldsymbol{b}}{\sin \mathbf{B}}=\dfrac{\boldsymbol{c}}{\sin \mathbf{C}}=\mathbf{2R}$

에서 얻은

$$\sin A=\frac{a}{2R}, \quad \sin B=\frac{b}{2R}, \quad \sin C=\frac{c}{2R}$$

를 대입함으로써 각의 관계를 변의 관계로 유도하였다.

정석 삼각형의 꼴을 묻는 문제는

각의 관계만으로 유도하든가, 변의 관계만으로 유도하여라.

유제 **11**-1. 다음 등식을 만족시키는 △ABC는 어떤 삼각형인가?

(1) $\sin^2 A+\sin^2 B=\sin^2 C$ (2) $a\sin^2 A=b\sin^2 B$

(3) $a\sin A=b\sin B=c\sin C$ (4) $\cos^2 B+\cos^2 C-\cos^2 A=1$

답 (1) **C=90°**인 직각삼각형 (2) $\boldsymbol{a}=\boldsymbol{b}$인 이등변삼각형
(3) 정삼각형 (4) **A=90°**인 직각삼각형

유제 **11**-2. x에 관한 이차방정식

$$(\sin A)x^2+2(\sin B)x+\sin A+\frac{\sin^2 C}{\sin A}=0$$

이 중근을 가질 때, △ABC는 어떤 삼각형인가?

답 **B=90°**인 직각삼각형

필수 예제 11-2 다음 △ABC를 풀어라.

(1) $a=100$, $\mathrm{B}=60^\circ$, $\mathrm{C}=75^\circ$ 단, $\sin 75^\circ=\dfrac{\sqrt{6}+\sqrt{2}}{4}$이다.

(2) $b=15$, $c=15\sqrt{3}$, $\mathrm{B}=30^\circ$

정석연구 삼각형의 6요소 A, B, C, a, b, c 중에서 몇 개의 값이 주어졌을 때, 나머지 요소의 값을 구하는 것을 삼각형을 푼다고 한다.

정석 $\dfrac{a}{\sin \mathrm{A}}=\dfrac{b}{\sin \mathrm{B}}=\dfrac{c}{\sin \mathrm{C}}$

를 활용하여라.

모범답안 (1) $\mathrm{A}=180^\circ-(\mathrm{B}+\mathrm{C})=180^\circ-(60^\circ+75^\circ)=45^\circ$

$\dfrac{b}{\sin \mathrm{B}}=\dfrac{a}{\sin \mathrm{A}}$이므로 $\dfrac{b}{\sin 60^\circ}=\dfrac{100}{\sin 45^\circ}$

$\therefore\ b=\dfrac{100\sin 60^\circ}{\sin 45^\circ}=50\sqrt{6}$

또, $\dfrac{c}{\sin \mathrm{C}}=\dfrac{b}{\sin \mathrm{B}}$이므로 $\dfrac{c}{\sin 75^\circ}=\dfrac{50\sqrt{6}}{\sin 60^\circ}$

$\therefore\ c=\dfrac{50\sqrt{6}\sin 75^\circ}{\sin 60^\circ}=50(\sqrt{3}+1)$

답 $\mathbf{A=45^\circ}$, $\boldsymbol{b=50\sqrt{6}}$, $\boldsymbol{c=50(\sqrt{3}+1)}$

(2) $\dfrac{b}{\sin \mathrm{B}}=\dfrac{c}{\sin \mathrm{C}}$이므로 $\dfrac{15}{\sin 30^\circ}=\dfrac{15\sqrt{3}}{\sin \mathrm{C}}$

$\therefore\ \sin \mathrm{C}=\sqrt{3}\sin 30^\circ=\dfrac{\sqrt{3}}{2}$

$\therefore\ \mathrm{C}=60^\circ$ 또는 120°

(i) $\mathrm{C}=60^\circ$인 경우 :

$\mathrm{A}=180^\circ-(\mathrm{B}+\mathrm{C})=180^\circ-(30^\circ+60^\circ)=90^\circ$

$\dfrac{a}{\sin \mathrm{A}}=\dfrac{b}{\sin \mathrm{B}}$이므로 $\dfrac{a}{\sin 90^\circ}=\dfrac{15}{\sin 30^\circ}$ $\therefore\ a=30$

(ii) $\mathrm{C}=120^\circ$인 경우 : 같은 방법으로 하면 $\mathrm{A}=30^\circ$, $a=15$

답 $\boldsymbol{a=30}$, $\mathbf{A=90^\circ}$, $\mathbf{C=60^\circ}$ 또는 $\boldsymbol{a=15}$, $\mathbf{A=30^\circ}$, $\mathbf{C=120^\circ}$

유제 **11**-3. 다음 △ABC를 풀어라.

단, $\sin 15^\circ=\dfrac{\sqrt{6}-\sqrt{2}}{4}$, $\sin 75^\circ=\dfrac{\sqrt{6}+\sqrt{2}}{4}$이다.

(1) $a=2$, $\mathrm{B}=105^\circ$, $\mathrm{C}=30^\circ$ (2) $b=1$, $c=\sqrt{3}+1$, $\mathrm{B}=15^\circ$

답 (1) $\mathbf{A=45^\circ}$, $\boldsymbol{b=\sqrt{3}+1}$, $\boldsymbol{c=\sqrt{2}}$

(2) $\mathbf{A=30^\circ}$, $\mathbf{C=135^\circ}$, $\boldsymbol{a=\dfrac{\sqrt{6}+\sqrt{2}}{2}}$ 또는 $\mathbf{A=120^\circ}$, $\mathbf{C=45^\circ}$, $\boldsymbol{a=\dfrac{\sqrt{6}+3\sqrt{2}}{2}}$

§ 2. 코사인법칙

기본정석

1 제일 코사인법칙

$$a=b\cos C+c\cos B$$
$$b=c\cos A+a\cos C$$
$$c=a\cos B+b\cos A$$

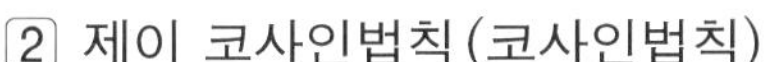
2 제이 코사인법칙(코사인법칙)

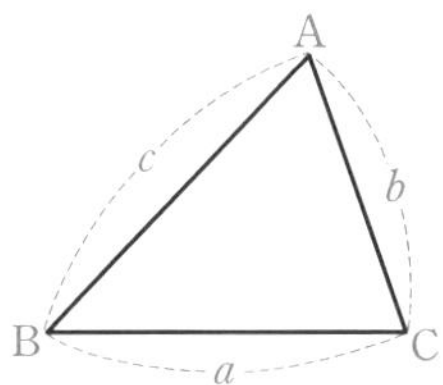

$$a^2=b^2+c^2-2bc\cos A$$
$$b^2=c^2+a^2-2ca\cos B$$
$$c^2=a^2+b^2-2ab\cos C$$

Advice 1° 제일 코사인법칙의 증명

△ABC의 꼭짓점 A에서 대변 BC 또는 그 연장선에 내린 수선의 발을 D라고 하자.

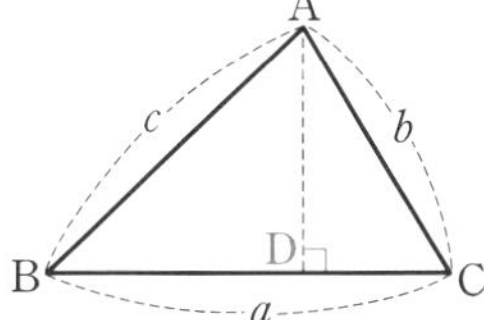

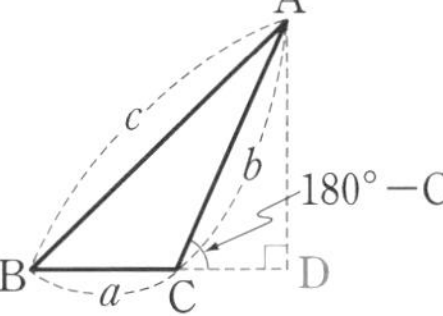

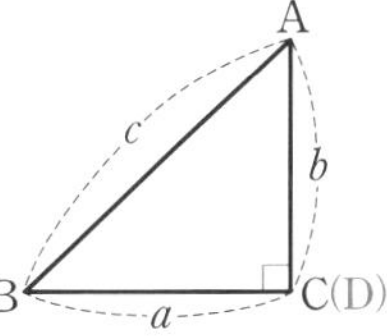

(i) 각 B, C가 모두 예각인 경우 : $a=\overline{BD}+\overline{CD}=c\cos B+b\cos C$

(ii) 각 C가 둔각인 경우 :

$$a=\overline{BD}-\overline{CD}=c\cos B-b\cos(180°-C)=c\cos B+b\cos C$$

각 B가 둔각인 경우에도 마찬가지이다.

(iii) 각 C가 직각인 경우 : $a=c\cos B$

그런데 $\cos C=0$이므로 이때에도 $a=c\cos B+b\cos C$가 성립한다.

각 B가 직각인 경우에도 마찬가지이다.

같은 방법으로 하면 $b=c\cos A+a\cos C$, $c=a\cos B+b\cos A$

보기 1 △ABC에서 다음 등식이 성립함을 증명하여라.

$$(b+c)\cos A+(c+a)\cos B+(a+b)\cos C=a+b+c$$

연구 (좌변)$=(c\cos B+b\cos C)+(a\cos C+c\cos A)+(b\cos A+a\cos B)$

$=a+b+c$

Advice 2° 제이 코사인법칙(코사인법칙)의 증명

제이 코사인법칙을 간단히 코사인법칙이라고 한다. 이를 증명해 보자.

(i) 제일 코사인법칙을 이용하여 증명하는 방법

$$a=b\cos C+c\cos B \quad \cdots\cdots①$$
$$b=c\cos A+a\cos C \quad \cdots\cdots②$$
$$c=a\cos B+b\cos A \quad \cdots\cdots③$$

①$\times a$에서 $a^2=ab\cos C+ac\cos B$ ……④

②$\times b$에서 $b^2=bc\cos A+ab\cos C$ ……⑤

③$\times c$에서 $c^2=ac\cos B+bc\cos A$ ……⑥

④−⑤−⑥에서 $a^2-b^2-c^2=-2bc\cos A$

$$\therefore\ \boldsymbol{a^2=b^2+c^2-2bc\cos A}$$

같은 방법으로 하면 $b^2=c^2+a^2-2ca\cos B$, $c^2=a^2+b^2-2ab\cos C$

(ii) 도형을 이용하여 증명하는 방법

$0°<A<90°$일 때, 오른쪽 그림에서

$$a^2=\overline{CH}^2+\overline{BH}^2=(b\sin A)^2+(c-b\cos A)^2$$
$$=b^2\sin^2 A+c^2-2bc\cos A+b^2\cos^2 A$$
$$=b^2(\sin^2 A+\cos^2 A)+c^2-2bc\cos A$$
$$=b^2+c^2-2bc\cos A$$

$90°\le A<180°$일 때에도 같은 방법으로 증명할 수 있다.

또, b^2, c^2에 대해서도 같은 방법으로 증명할 수 있다.

Note* 좌표를 이용하여 증명할 수도 있다. 앞에서 다룬 사인법칙도 마찬가지이다. 이에 대해서는 p. 149의 연습문제 **11-17을 참조하여라.

보기 2 두 변의 길이가 8 cm, 7 cm이고 끼인각의 크기가 120°인 삼각형의 나머지 한 변의 길이를 구하여라.

연구 오른쪽 그림에서 a를 구하는 문제이다.

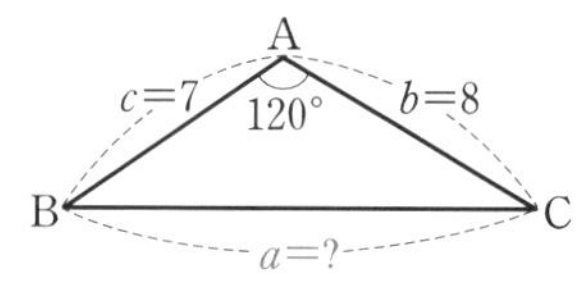

$$a^2=b^2+c^2-2bc\cos A$$
$$=8^2+7^2-2\times8\times7\cos 120°=169$$
$$\therefore\ a=\mathbf{13\,(cm)}$$

보기 3 △ABC에서 다음 관계가 성립함을 보여라.

(1) $0°<A<90°$이면 $a^2<b^2+c^2$ (2) $90°<A<180°$이면 $a^2>b^2+c^2$

연구 $a^2=b^2+c^2-2bc\cos A$에서 $2bc\cos A=b^2+c^2-a^2$

(1) $0°<A<90°$이면 $\cos A>0$ $\therefore\ b^2+c^2-a^2>0$ $\therefore\ a^2<b^2+c^2$

(2) $90°<A<180°$이면 $\cos A<0$ $\therefore\ b^2+c^2-a^2<0$ $\therefore\ a^2>b^2+c^2$

필수 예제 11-3 다음 △ABC를 풀어라.

(1) $b=40,\ c=20(\sqrt{3}+1),\ \mathrm{A}=60^\circ$

(2) $a=\sqrt{6},\ b=2\sqrt{3},\ c=3+\sqrt{3}$

정석연구 (1) △ABC에서 두 변의 길이와 끼인각의 크기를 알 때, 나머지 한 변의 길이는

정석 코사인법칙 : $\boldsymbol{a^2=b^2+c^2-2bc\cos\mathrm{A}}$

에서 구하고, 나머지 각의 크기는 사인법칙으로부터 구한다.

(2) △ABC에서 세 변의 길이를 알고, 세 각의 크기를 구할 때에는

$$a^2=b^2+c^2-2bc\cos\mathrm{A} \Longrightarrow \cos\mathrm{A}=\frac{b^2+c^2-a^2}{2bc}$$

을 이용하여 cos A의 값부터 구한다.

모범답안 (1) 코사인법칙으로부터

$$a^2=40^2+\{20(\sqrt{3}+1)\}^2-2\times40\times20(\sqrt{3}+1)\cos60^\circ=2400$$

$a>0$이므로 $a=\sqrt{2400}=20\sqrt{6}$

또, 사인법칙으로부터

$\dfrac{b}{\sin\mathrm{B}}=\dfrac{a}{\sin\mathrm{A}}$이므로 $\dfrac{40}{\sin\mathrm{B}}=\dfrac{20\sqrt{6}}{\sin60^\circ}$

$\therefore\ \sin\mathrm{B}=\dfrac{40\sin60^\circ}{20\sqrt{6}}=\dfrac{1}{\sqrt{2}}$

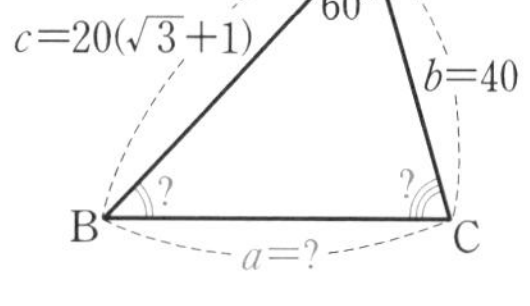

여기에서 $\mathrm{B}=45^\circ$ 또는 $\mathrm{B}=135^\circ$이지만 $\mathrm{B}=45^\circ$만이 적합하다.

$\therefore\ \mathrm{C}=180^\circ-(60^\circ+45^\circ)=75^\circ$ 답 $\boldsymbol{a=20\sqrt{6},\ \mathrm{B}=45^\circ,\ \mathrm{C}=75^\circ}$

(2) 코사인법칙으로부터

$$\cos\mathrm{A}=\frac{(2\sqrt{3})^2+(3+\sqrt{3})^2-(\sqrt{6})^2}{2\times2\sqrt{3}\times(3+\sqrt{3})}=\frac{\sqrt{3}}{2},$$

$$\cos\mathrm{B}=\frac{(3+\sqrt{3})^2+(\sqrt{6})^2-(2\sqrt{3})^2}{2\times(3+\sqrt{3})\times\sqrt{6}}=\frac{\sqrt{2}}{2}$$

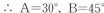

$\therefore\ \mathrm{A}=30^\circ,\ \mathrm{B}=45^\circ$

$\therefore\ \mathrm{C}=180^\circ-(30^\circ+45^\circ)=105^\circ$ 답 $\boldsymbol{\mathrm{A}=30^\circ,\ \mathrm{B}=45^\circ,\ \mathrm{C}=105^\circ}$

유제 **11**-4. 다음 △ABC를 풀어라.

(1) $b=\sqrt{3}+1,\ c=1,\ \mathrm{A}=30^\circ$ (2) $a=\sqrt{3}+1,\ b=2,\ c=\sqrt{6}$

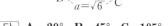

답 (1) $\boldsymbol{a=\dfrac{\sqrt{6}+\sqrt{2}}{2},\ \mathrm{B}=135^\circ,\ \mathrm{C}=15^\circ}$ (2) $\boldsymbol{\mathrm{A}=75^\circ,\ \mathrm{B}=45^\circ,\ \mathrm{C}=60^\circ}$

Advice | 삼각형의 해법에 관한 종합 정리

삼각형의 6요소 중에서 다음 ①, ②, ③ 중의 어느 한 조건이 주어지면 그 삼각형은 하나로 정해진다(그림에서 초록 문자가 주어진 요소).

① 세 변 ② 한 변과 두 각 ③ 두 변과 끼인각

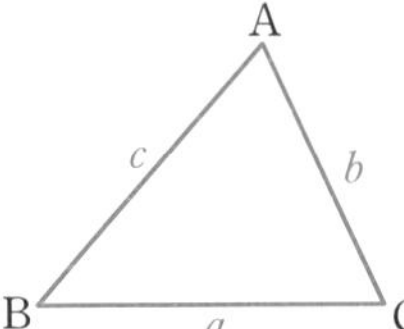

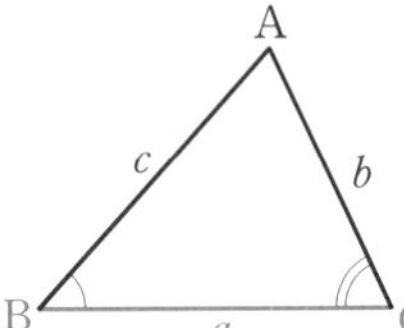

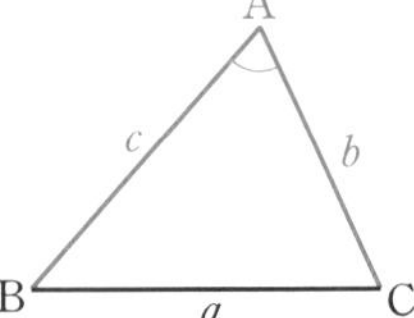

▶ ① 세 변의 길이가 주어질 때

세 변의 길이 a, b, c가 주어질 때에는

$$\cos \mathrm{A}=\frac{b^2+c^2-a^2}{2bc}, \quad \cos \mathrm{B}=\frac{c^2+a^2-b^2}{2ca}, \quad \cos \mathrm{C}=\frac{a^2+b^2-c^2}{2ab}$$

을 써서 어느 두 각의 크기를 구하고, $\mathrm{A}+\mathrm{B}+\mathrm{C}=180°$를 써서 나머지 한 각의 크기를 구한다.

(예) p. 133의 **필수 예제 11-3**의 (2)

▶ ② 한 변의 길이와 두 각의 크기가 주어질 때

A, B, C 중에서 어느 두 각의 크기를 알면 $\mathrm{A}+\mathrm{B}+\mathrm{C}=180°$로부터 나머지 한 각의 크기를 쉽게 구할 수 있다. 따라서 한 변의 길이와 양 끝 각의 크기가 주어진 형태의 문제가 된다.

이때, 나머지 두 변의 길이는 사인법칙 또는 제일 코사인법칙

$$\frac{a}{\sin \mathrm{A}}=\frac{b}{\sin \mathrm{B}}=\frac{c}{\sin \mathrm{C}}, \quad a=b\cos \mathrm{C}+c\cos \mathrm{B}, \quad \cdots$$

를 써서 구한다.

(예) p. 130의 **필수 예제 11-2**의 (1), p. 140의 **필수 예제 11-7**의 (1)

▶ ③ 두 변의 길이와 끼인각의 크기가 주어질 때

두 변의 길이 b, c와 끼인각의 크기 A가 주어질 때, 나머지 한 변의 길이 a는

코사인법칙 : $a^2=b^2+c^2-2bc\cos \mathrm{A}$

를 써서 구하고, 나머지 두 각의 크기는 사인법칙을 써서 구한다.

(예) p. 133의 **필수 예제 11-3**의 (1)

▶ 두 변의 길이와 한 각의 크기가 주어질 때(주어진 각이 끼인각이 아닐 때)

p. 130의 **필수 예제 11-2**의 (2)와 같이 삼각형이 하나로 정해지지 않는 경우가 있다. 나머지 요소는 사인법칙으로 구할 수 있다.

필수 예제 11-4 다음 등식을 만족시키는 △ABC는 어떤 삼각형인가?

(1) $\sin A=2\cos B\sin C$ (2) $a\cos A=b\cos B$

(3) $(b-c)\cos^2 A=b\cos^2 B-c\cos^2 C$

정석연구 사인법칙, 코사인법칙을 적절히 활용하여 변의 관계로 유도한다.

정석 삼각형의 꼴을 묻는 문제는

(i) 각만의 식으로 유도한다. (ii) 변만의 식으로 유도한다.

는 두 가지 방법이 있다. 이 중 각만의 식으로 변형할 때에는 삼각함수의 덧셈정리를 이용하기도 하는데, 이는 미적분에서 공부한다.

모범답안 (1) 사인법칙과 코사인법칙으로부터

$$\frac{a}{2R}=2\times\frac{c^2+a^2-b^2}{2ca}\times\frac{c}{2R} \quad \therefore\ a^2=c^2+a^2-b^2 \quad \therefore\ b^2=c^2$$

$b>0$, $c>0$이므로 $b=c$ ∴ $\boldsymbol{b=c}$인 이등변삼각형 ← 답

(2) 코사인법칙으로부터

$$a\times\frac{b^2+c^2-a^2}{2bc}=b\times\frac{c^2+a^2-b^2}{2ca} \quad \therefore\ (a^2-b^2)c^2-(a^4-b^4)=0$$

$$\therefore\ (a^2-b^2)(c^2-a^2-b^2)=0 \quad \therefore\ a=b \text{ 또는 } c^2=a^2+b^2$$

∴ $\boldsymbol{a=b}$인 이등변삼각형 또는 $\mathbf{C=90^\circ}$인 직각삼각형 ← 답

(3) 준 식에서 $(b-c)(1-\sin^2 A)=b(1-\sin^2 B)-c(1-\sin^2 C)$

$$\therefore\ (c-b)\sin^2 A=-b\sin^2 B+c\sin^2 C$$

사인법칙으로부터

$$(c-b)\left(\frac{a}{2R}\right)^2=-b\times\left(\frac{b}{2R}\right)^2+c\times\left(\frac{c}{2R}\right)^2$$

$$\therefore\ (c-b)a^2=c^3-b^3 \quad \therefore\ (c-b)(b^2+bc+c^2-a^2)=0$$

$$\therefore\ b=c \text{ 또는 } a^2=b^2+c^2+bc$$

$a^2=b^2+c^2+bc$일 때, 코사인법칙 $a^2=b^2+c^2-2bc\cos A$와 비교하면

$$-2\cos A=1 \quad \therefore\ \cos A=-\frac{1}{2} \quad \therefore\ A=120^\circ$$

∴ $\boldsymbol{b=c}$인 이등변삼각형 또는 $\mathbf{A=120^\circ}$인 삼각형 ← 답

유제 **11**-5. 다음 등식을 만족시키는 △ABC는 어떤 삼각형인가?

(1) $2\sin B\cos C=\sin A$ (2) $a\cos A+b\cos B=c\cos C$

(3) $c=2a\cos B$ (4) $(a-b)\sin^2 C=a\sin^2 A-b\sin^2 B$

답 (1) $\boldsymbol{b=c}$인 이등변삼각형 (2) $\mathbf{A=90^\circ}$ 또는 $\mathbf{B=90^\circ}$인 직각삼각형

(3) $\boldsymbol{a=b}$인 이등변삼각형

(4) $\boldsymbol{a=b}$인 이등변삼각형 또는 $\mathbf{C=120^\circ}$인 삼각형

필수 예제 **11**-5 삼각형의 세 변의 길이가 x^2+x+1, x^2-1, $2x+1$일 때,

(1) x의 값의 범위를 구하여라.

(2) 최대각의 크기를 구하여라.

정석연구 (1) 삼각형의 세 변의 길이에 관한 다음 성질을 이용한다.

a, b, c가 삼각형의 세 변의 길이를 나타내기 위한 조건은

첫째 — 각 변의 길이는 모두 양수이다. 곧, $a>0$, $b>0$, $c>0$

둘째 — 어느 두 변의 길이의 합도 나머지 한 변의 길이보다 크다. 곧,

$$a+b>c, \quad b+c>a, \quad c+a>b$$

특히 a가 최대변일 때에는 위의 둘째에서 $b+c>a$만으로 충분하다.

이 문제의 경우, 세 변의 길이가 모두 양수이기 위한 x의 값의 범위를 구하고, 이때 최대변이 어느 것인가를 알아보는 것이 좋다.

(2) 최대변의 대각이 최대각이다. 세 변의 길이를 알고 있으므로 코사인법칙을 이용하여 이 각에 대한 코사인값부터 구한다.

정석 세 변의 길이를 알고 각의 크기를 구할 때에는

$\Longrightarrow$ 코사인법칙을 이용하여라.

모범답안 (1) 각 변의 길이는 모두 양수이므로

$x^2+x+1>0$, $x^2-1>0$, $2x+1>0$ $\quad \therefore\ x>1$ ……①

①의 범위에서

$(x^2+x+1)-(x^2-1)=x+2>0$, ⇦ $x>1$

$(x^2+x+1)-(2x+1)=x^2-x=x(x-1)>0$ ⇦ $x>1$

이므로 최대변의 길이는 x^2+x+1이다.

$\therefore\ (x^2-1)+(2x+1)>x^2+x+1$ $\quad \therefore\ x>1$ 답 $\boldsymbol{x>1}$

(2) 최대각은 최대변의 대각이므로 그 각의 크기를 θ라고 하면

$$\cos\theta=\frac{(x^2-1)^2+(2x+1)^2-(x^2+x+1)^2}{2(x^2-1)(2x+1)}=-\frac{1}{2} \quad \therefore\ \theta=\mathbf{120^\circ} \longleftarrow \text{답}$$

유제 **11**-6. 세 변의 길이가 $2\sqrt{6}$, $4\sqrt{3}$, $6+2\sqrt{3}$인 삼각형에서 최소각의 크기를 구하여라. 답 **30°**

유제 **11**-7. 세 변의 길이가 a, b, $\sqrt{a^2-ab+b^2}$인 삼각형에서 크기가 중간인 각의 크기를 구하여라. 단, $a>b$이다. 답 **60°**

유제 **11**-8. 세 변의 길이가 x^2-x+1, x^2-2x, $2x-1$인 삼각형에서 최대각의 크기를 구하여라. 답 **120°**

필수 예제 11-6 △PQR에서 다음 물음에 답하여라.

(1) $\overline{PQ}=12$, $\overline{QR}=18$, $\overline{RP}=15$이고, 각 P의 이등분선이 변 QR와 만나는 점을 S라고 할 때, 선분 PS의 길이를 구하여라.

(2) 변 QR 위의 점 S에 대하여 $\overline{PQ}=a$, $\overline{PS}=b$, $\overline{PR}=c$라고 하자. $\overline{QS}=1$, $\overline{SR}=2$일 때, a, b, c 사이의 관계식을 구하여라.

정석연구 삼각형에서 세 변의 길이가 주어진 꼴이므로 다음 코사인법칙을 적절히 이용한다.

정석 $a^2=b^2+c^2-2bc\cos A$, $\quad \cos A=\dfrac{b^2+c^2-a^2}{2bc}$

모범답안 (1) △PQR에서 코사인법칙으로부터

$$\cos Q=\frac{12^2+18^2-15^2}{2\times12\times18}=\frac{9}{16}$$

또, 선분 PS가 각 P의 이등분선이므로

$$\overline{PQ}:\overline{PR}=\overline{QS}:\overline{SR}$$

여기서 $\overline{QS}=x$로 놓으면

$$12:15=x:(18-x) \qquad \therefore\ x=8$$

따라서 △PQS에서 코사인법칙으로부터

$$\overline{PS}^2=12^2+8^2-2\times12\times8\cos Q=208-192\times\frac{9}{16}=100$$

$\therefore$ $\overline{\mathbf{PS}}=\mathbf{10}$ ← 답

(2) △PQR에서 코사인법칙으로부터

$$c^2=a^2+3^2-2\times a\times3\times\cos Q \quad \cdots①$$

△PQS에서 코사인법칙으로부터

$$b^2=a^2+1^2-2\times a\times1\times\cos Q \quad \cdots②$$

②×3−①하면 $3b^2-c^2=2a^2-6$

$\therefore$ $\boldsymbol{2a^2-3b^2+c^2-6=0}$ ← 답

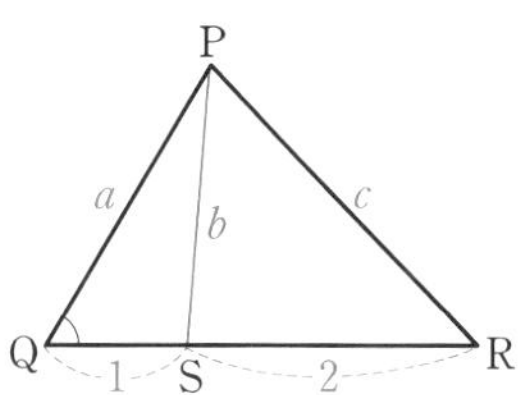

유제 **11**-9. △ABC에서 $\overline{BC}=7\text{ cm}$, $\overline{CA}=5\text{ cm}$, $\overline{AB}=6\text{ cm}$이다.

(1) 변 BC의 중점을 M이라고 할 때, 선분 AM의 길이를 구하여라.

(2) 각 A의 이등분선이 변 BC와 만나는 점을 D라고 할 때, 선분 AD의 길이를 구하여라.

답 (1) $\dfrac{\sqrt{73}}{2}$ **cm** (2) $\dfrac{12\sqrt{15}}{11}$ **cm**

유제 **11**-10. $B=60^\circ$인 △ABC의 각 B의 이등분선이 변 AC와 만나는 점을 D라고 하자. $\overline{AD}:\overline{DC}=1:2$일 때, 다음을 구하여라.

(1) $\overline{AB}:\overline{AC}$ (2) A

답 (1) $\mathbf{1:\sqrt{3}}$ (2) $\mathbf{90^\circ}$

§ 3. 삼각형의 넓이

기본정석

① 두 변과 끼인각을 알 때의 넓이

두 변의 길이가 b, c이고 끼인각의 크기가 A일 때, △ABC의 넓이 S는

$$\mathrm{S}=\frac{1}{2}bc\sin\mathrm{A}$$

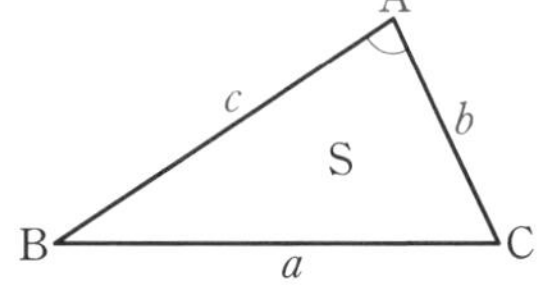

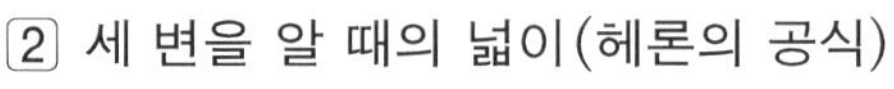

② 세 변을 알 때의 넓이(헤론의 공식)

△ABC의 넓이를 S라고 하면

$$\mathrm{S}=\sqrt{s(s-a)(s-b)(s-c)} \quad (\text{단, } 2s=a+b+c)$$

Advice 1° 두 변의 길이와 끼인각의 크기를 알 때의 삼각형의 넓이

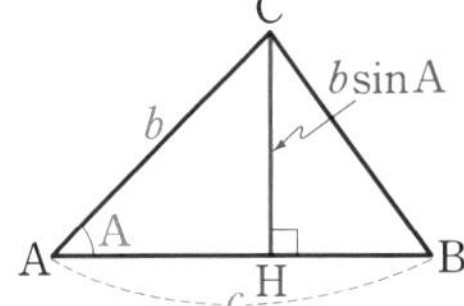

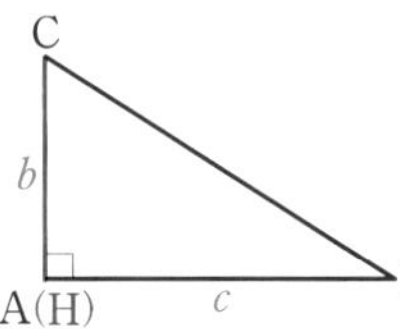

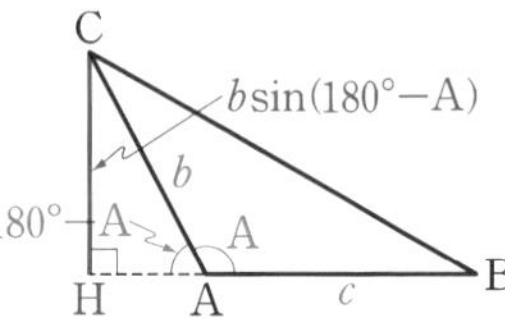

△ABC의 점 C에서 변 AB 또는 그 연장선에 내린 수선의 발을 H라 하면

$\mathrm{A}<90^\circ$일 때 $\overline{\mathrm{CH}}=b\sin\mathrm{A}$,

$\mathrm{A}=90^\circ$일 때 $\overline{\mathrm{CH}}=b=b\sin\mathrm{A}$,

$\mathrm{A}>90^\circ$일 때 $\overline{\mathrm{CH}}=b\sin(180^\circ-\mathrm{A})=b\sin\mathrm{A}$

이므로 각 A의 크기에 관계없이 △ABC의 넓이 S는 다음과 같다.

$$\mathrm{S}=\frac{1}{2}\times\overline{\mathrm{AB}}\times\overline{\mathrm{CH}}=\frac{1}{2}bc\sin\mathrm{A}$$

보기 1 한 변의 길이가 a인 정삼각형의 넓이 S를 구하여라.

연구 $\mathrm{S}=\frac{1}{2}\times a\times a\times\sin 60^\circ=\frac{\sqrt{3}}{4}a^2$

보기 2 두 변의 길이가 3, 5이고 끼인각의 크기가 120°인 평행사변형의 넓이를 구하여라.

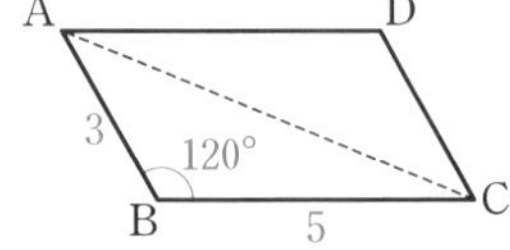

연구 오른쪽 그림에서

$$\square\mathrm{ABCD}=2\times\triangle\mathrm{ABC}$$

$$=2\times\frac{1}{2}\times3\times5\sin120^\circ=\frac{15\sqrt{3}}{2}$$

Advice 2° 세 변의 길이를 알 때의 삼각형의 넓이

삼각형의 세 변의 길이 a, b, c를 알 때, 그 넓이 S를 구해 보자.

$$\mathrm{S}=\frac{1}{2}bc\sin\mathrm{A} \qquad \cdots\cdots①$$

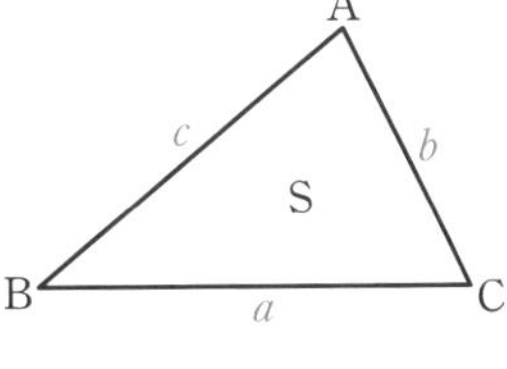

그런데

$$\begin{aligned}\sin^2\mathrm{A}&=1-\cos^2\mathrm{A}=(1+\cos\mathrm{A})(1-\cos\mathrm{A})\\&=\left(1+\frac{b^2+c^2-a^2}{2bc}\right)\left(1-\frac{b^2+c^2-a^2}{2bc}\right)\\&=\frac{(b+c)^2-a^2}{2bc}\times\frac{a^2-(b-c)^2}{2bc}\\&=\frac{1}{4b^2c^2}(a+b+c)(-a+b+c)(a-b+c)(a+b-c)\end{aligned}$$

여기서 $a+b+c=2s$로 놓으면

$$-a+b+c=2(s-a),\ \ a-b+c=2(s-b),\ \ a+b-c=2(s-c)$$

$$\begin{aligned}\therefore\ \sin^2\mathrm{A}&=\frac{1}{4b^2c^2}\times2s\times2(s-a)\times2(s-b)\times2(s-c)\\&=\frac{4}{b^2c^2}\times s(s-a)(s-b)(s-c)\end{aligned}$$

$\sin\mathrm{A}>0$이므로 $\quad\sin\mathrm{A}=\dfrac{2}{bc}\sqrt{s(s-a)(s-b)(s-c)}$

이것을 ①에 대입하면 $\quad\mathrm{S}=\sqrt{s(s-a)(s-b)(s-c)}$

이것을 헤론(**Heron**)의 공식이라고 한다.

보기 3 세 변의 길이가 4 cm, 5 cm, 7 cm인 삼각형의 넓이를 구하여라.

연구 $s=\dfrac{1}{2}(4+5+7)=8$이므로 넓이 S는

$$\mathrm{S}=\sqrt{8(8-4)(8-5)(8-7)}=\mathbf{4\sqrt{6}}\ (\mathbf{cm^2})$$

보기 4 $\overline{\mathrm{AB}}=7$ cm, $\overline{\mathrm{BC}}=8$ cm, $\overline{\mathrm{CD}}=10$ cm, $\overline{\mathrm{DA}}=9$ cm, $\angle\mathrm{B}=120°$인 볼록 사각형 ABCD의 넓이 S를 구하여라.

연구 △ABC에 코사인법칙을 쓰면

$$\overline{\mathrm{AC}}^2=7^2+8^2-2\times7\times8\cos120°=169$$

$$\therefore\ \overline{\mathrm{AC}}=13$$

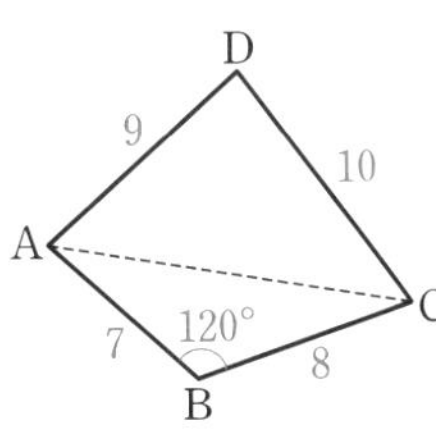

$$\begin{aligned}\therefore\ \mathrm{S}&=\triangle\mathrm{ABC}+\triangle\mathrm{ACD}\\&=\frac{1}{2}\times7\times8\sin120°\\&\qquad+\sqrt{16(16-13)(16-10)(16-9)}\\&=\mathbf{14\sqrt{3}+12\sqrt{14}}\ (\mathbf{cm^2})\end{aligned}$$

필수 예제 11-7 △ABC에서 A=60°, C=45°, c=10이다.

(1) △ABC를 풀어라. (2) △ABC의 넓이 S를 구하여라.

정석연구 (1) a, b를 구할 때에는

정석 $\dfrac{a}{\sin A}=\dfrac{c}{\sin C}$,

$b=c\cos A+a\cos C$

를 이용한다.

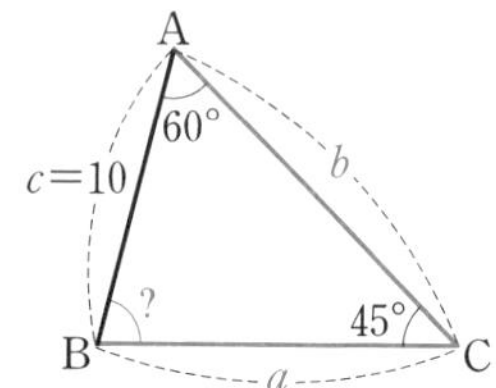

(2) 두 변의 길이와 끼인각의 크기를 알고 있으므로

정석 $S=\dfrac{1}{2}bc\sin A$

를 이용한다.

모범답안 (1) B=180°−(60°+45°)=75°

$\dfrac{a}{\sin A}=\dfrac{c}{\sin C}$이므로 $\dfrac{a}{\sin 60°}=\dfrac{10}{\sin 45°}$ $\therefore\ a=5\sqrt{6}$

또, $b=c\cos A+a\cos C=10\cos 60°+5\sqrt{6}\cos 45°=5(\sqrt{3}+1)$

답 **B=75°, $a=5\sqrt{6}$, $b=5(\sqrt{3}+1)$**

(2) $S=\dfrac{1}{2}bc\sin A=\dfrac{1}{2}\times 5(\sqrt{3}+1)\times 10\sin 60°=\dfrac{25(3+\sqrt{3})}{2}$ ← 답

Advice | 사인법칙 $\dfrac{b}{\sin B}=\dfrac{c}{\sin C} \Longrightarrow \dfrac{b}{\sin 75°}=\dfrac{10}{\sin 45°}$

으로부터 b를 구하려면 sin 75°의 값을 알아야 한다. 그러나 이 문제에서는 이 값이 주어지지 않았으므로 제일 코사인법칙을 이용하였다.

한편 미적분에서 공부하는 삼각함수의 덧셈정리를 이용하면 sin 75°의 값을 구할 수 있다.

유제 **11**-11. △ABC에서 A=45°, B=60°, c=8이다.

(1) △ABC를 풀어라. (2) △ABC의 넓이를 구하여라.

답 (1) **C=75°, $a=8(\sqrt{3}-1)$, $b=4(3\sqrt{2}-\sqrt{6})$** (2) **$16(3-\sqrt{3})$**

유제 **11**-12. 반지름의 길이가 4인 원에 내접하는 △ABC에서 A=60°, B=45°이다.

(1) △ABC를 풀어라. (2) △ABC의 넓이를 구하여라.

답 (1) **C=75°, $a=4\sqrt{3}$, $b=4\sqrt{2}$, $c=2(\sqrt{6}+\sqrt{2})$** (2) **$4(3+\sqrt{3})$**

필수 예제 11-8 사각형 ABCD에서

$$\overline{AB}=2\sqrt{2},\ \overline{BC}=\sqrt{6}+\sqrt{2},\ \overline{CD}=2,\ \angle B=60°,\ \angle C=75°$$

일 때, 이 사각형의 넓이를 구하여라.

정석연구 두 개의 삼각형 ABC와 ACD로 나누어 넓이의 합을 구한다.

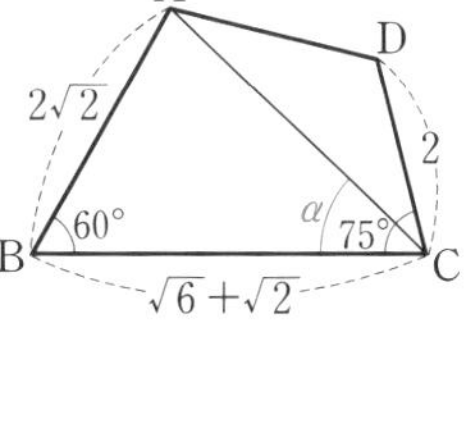

두 변의 길이 c, a와 끼인각의 크기 B를 아는 경우이므로 △ABC의 넓이 S는

정석 $S=\frac{1}{2}ca\sin B$

를 이용하면 구할 수 있다.

또, △ABC를 풀어 선분 AC의 길이와 ∠ACB의 크기를 구하면 ∠ACD의 크기와 △ACD의 넓이도 구할 수 있다.

모범답안 $\triangle ABC=\frac{1}{2}\times 2\sqrt{2}\times(\sqrt{6}+\sqrt{2})\sin 60°=3+\sqrt{3}$

△ABC에 코사인법칙을 쓰면

$$\overline{AC}^2=(2\sqrt{2})^2+(\sqrt{6}+\sqrt{2})^2-2\times 2\sqrt{2}\times(\sqrt{6}+\sqrt{2})\cos 60°$$

$$=8+8+2\sqrt{12}-2\sqrt{12}-4=12 \qquad \therefore\ \overline{AC}=2\sqrt{3}$$

∠ACB$=\alpha$로 놓고, △ABC에 사인법칙을 쓰면

$$\frac{\overline{AC}}{\sin 60°}=\frac{2\sqrt{2}}{\sin\alpha} \qquad \therefore\ \sin\alpha=\frac{2\sqrt{2}\sin 60°}{\overline{AC}}=\frac{1}{\sqrt{2}}$$

$0°<\alpha<75°$이므로 $\alpha=45°$ $\quad\therefore\ \angle ACD=75°-45°=30°$

$$\therefore\ \triangle ACD=\frac{1}{2}\times 2\sqrt{3}\times 2\sin 30°=\sqrt{3}$$

$\therefore\ \square ABCD=\triangle ABC+\triangle ACD=(3+\sqrt{3})+\sqrt{3}=$ **$3+2\sqrt{3}$** ← 답

유제 **11**-13. $\overline{AB}=6$, $\overline{BC}=10$, $\overline{CD}=5$, $\angle B=60°$, $\angle C=60°$인 볼록사각형 ABCD의 넓이를 구하여라. 답 **$20\sqrt{3}$**

유제 **11**-14. 오른쪽 그림과 같은 사각형 ABCD에서

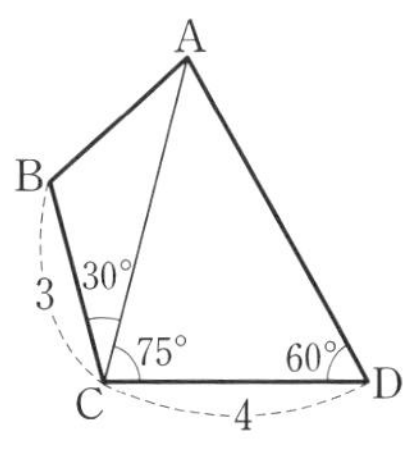

$$\overline{BC}=3,\ \overline{CD}=4,$$

$$\angle ACB=30°,\ \angle ACD=75°,\ \angle ADC=60°$$

일 때, 다음을 구하여라.

(1) $\overline{AC}$, $\overline{AB}$, $\overline{AD}$ (2) □ABCD의 넓이

답 (1) **$\overline{AC}=2\sqrt{6}$, $\overline{AB}=3\sqrt{3}-\sqrt{6}$, $\overline{AD}=2\sqrt{3}+2$**

(2) **$\frac{1}{2}(12+3\sqrt{6}+4\sqrt{3})$**

필수 예제 11-9 $\overline{\text{AB}}=10$, $\overline{\text{BC}}=2\sqrt{17}$, $\overline{\text{CA}}=8$인 △ABC의 두 변 AB, AC 위에 각각 점 P, Q를 잡아 $\overline{\text{AP}}=x$, $\overline{\text{AQ}}=y$라고 하자.

△APQ의 넓이가 △ABC의 넓이의 $\dfrac{1}{2}$이 되도록 할 때,

(1) xy의 값을 구하여라.

(2) 선분 PQ의 길이의 최솟값을 구하여라.

정석연구 다음 두 공식을 이용한다.

정석 $\triangle\text{ABC}=\dfrac{1}{2}bc\sin\text{A}$,

$a^2=b^2+c^2-2bc\cos\text{A}$

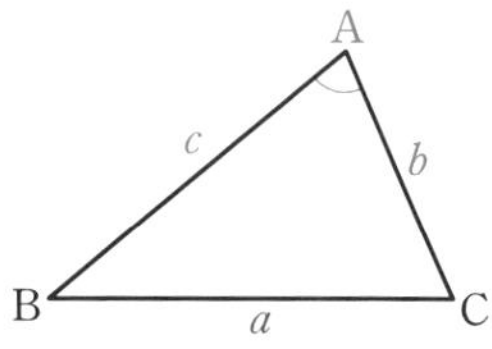

모범답안 (1) $\triangle\text{APQ}=\dfrac{1}{2}\triangle\text{ABC}$로부터

$$\frac{1}{2}xy\sin\text{A}=\frac{1}{2}\times\frac{1}{2}\times10\times8\sin\text{A}$$

$\therefore$ $\boldsymbol{xy=40}$ ← 답

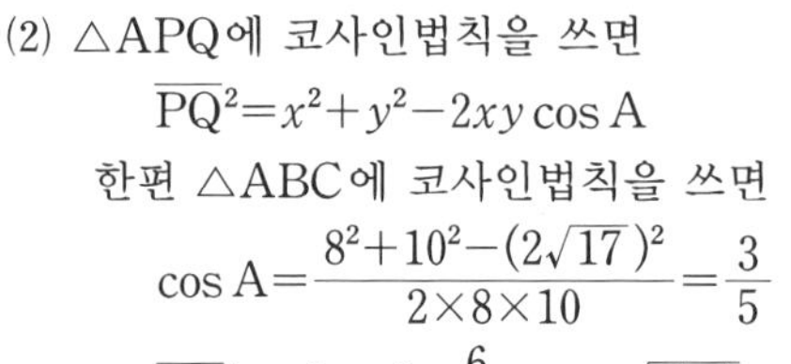

(2) △APQ에 코사인법칙을 쓰면

$$\overline{\text{PQ}}^2=x^2+y^2-2xy\cos\text{A}$$

한편 △ABC에 코사인법칙을 쓰면

$$\cos\text{A}=\frac{8^2+10^2-(2\sqrt{17})^2}{2\times8\times10}=\frac{3}{5}$$

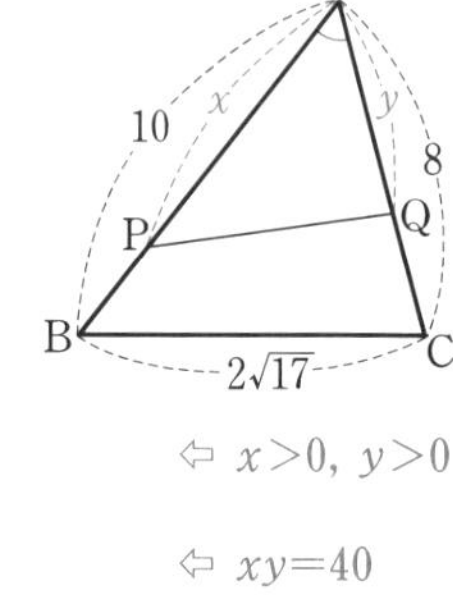

$$\therefore\ \overline{\text{PQ}}^2=x^2+y^2-\frac{6}{5}xy\ge2\sqrt{x^2y^2}-\frac{6}{5}xy$$ ⇦ $x>0,\ y>0$

$$=2xy-\frac{6}{5}xy=\frac{4}{5}xy=32$$ ⇦ $xy=40$

따라서 $x=y=2\sqrt{10}$일 때 $\overline{\text{PQ}}^2$은 최소이고, 최솟값은 32이므로 선분 PQ의 길이의 최솟값은 $\sqrt{32}$, 곧 $4\sqrt{2}$이다. 답 $\boldsymbol{4\sqrt{2}}$

유제 11-15. 넓이가 4이고 B=30°인 △ABC가 있다. 변 AC의 길이가 최소일 때, $\overline{\text{AB}}+\overline{\text{BC}}$의 값을 구하여라. 답 **8**

유제 11-16. △ABC에서 $\overline{\text{AB}}=\overline{\text{AC}}=3a$, $\overline{\text{BC}}=2a$라고 한다.

변 BC 위의 점 D와 변 AB 위의 점 E를 잇는 선분이 △ABC의 넓이를 이등분할 때, 선분 DE의 길이의 최솟값을 a로 나타내어라. 답 $\boldsymbol{2a}$

유제 11-17. $\overline{\text{AB}}=2$, $\overline{\text{BC}}=3$, $\overline{\text{CA}}=4$인 △ABC가 있다. 반직선 AB 위에 점 P를, 반직선 AC 위에 점 Q를 잡아 △ABC의 넓이와 □PBCQ의 넓이가 같도록 할 때, 선분 PQ의 길이의 최솟값을 구하여라. 답 $\boldsymbol{\sqrt{10}}$

필수 예제 11-10 $\triangle$ABC의 넓이를 S, 외접원의 반지름의 길이를 R, 내접원의 반지름의 길이를 r라고 하자.

(1) 다음 관계식이 성립함을 보여라.

$$r=\frac{2S}{a+b+c},\quad S=\frac{abc}{4R},\quad R=\frac{abc}{4S},\quad S=2R^2\sin A\sin B\sin C$$

(2) $a=13$, $b=14$, $c=15$일 때, r, R를 구하여라.

정석연구 (1) 오른쪽 그림에서

$$\triangle ABC=\triangle AOB+\triangle BOC+\triangle COA$$

인 관계를 이용하면 r를 a, b, c와 S로 나타낼 수 있다. 또,

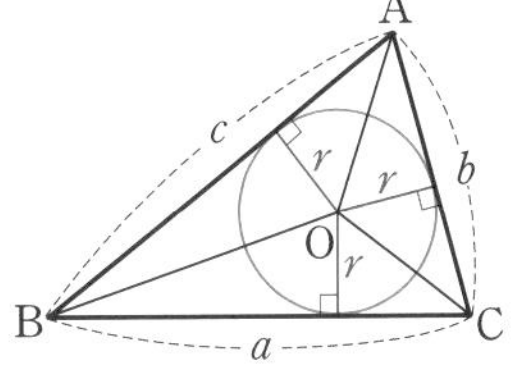

정 석 $S=\frac{1}{2}bc\sin A$

에 사인법칙을 쓰면 나머지도 증명할 수 있다.

(2) 먼저 헤론의 공식을 써서 $\triangle$ABC의 넓이 S를 구한 다음, 위의 결과를 이용하면 된다.

모범답안 (1) 내심을 O라고 하면 $\triangle ABC=\triangle AOB+\triangle BOC+\triangle COA$

$$\therefore\ S=\frac{1}{2}cr+\frac{1}{2}ar+\frac{1}{2}br \qquad \therefore\ r=\frac{2S}{a+b+c}$$

또, $S=\frac{1}{2}bc\sin A$ ……①

①에 $\sin A=\frac{a}{2R}$를 대입하면

$$S=\frac{1}{2}bc\times\frac{a}{2R} \qquad \therefore\ S=\frac{abc}{4R} \qquad \therefore\ R=\frac{abc}{4S}$$

①에 $b=2R\sin B$, $c=2R\sin C$를 대입하면

$$S=\frac{1}{2}\times 2R\sin B\times 2R\sin C\times\sin A=2R^2\sin A\sin B\sin C$$

(2) $s=\frac{13+14+15}{2}=21 \qquad \therefore\ S=\sqrt{21(21-13)(21-14)(21-15)}=84$

$$\therefore\ r=\frac{2S}{a+b+c}=\frac{2\times 84}{13+14+15}=\mathbf{4} \longleftarrow \text{답}$$

$$R=\frac{abc}{4S}=\frac{13\times 14\times 15}{4\times 84}=\mathbf{\frac{65}{8}} \longleftarrow \text{답}$$

유제 **11**-18. $a=5$, $b=6$, $c=7$인 $\triangle$ABC의 내접원의 반지름의 길이 r와 외접원의 반지름의 길이 R를 구하여라. 답 $r=\frac{2\sqrt{6}}{3}$, $R=\frac{35\sqrt{6}}{24}$

유제 **11**-19. $\triangle$ABC에서 $a:b:c=2:3:4$이고 내접원의 반지름의 길이가 2일 때, $\triangle$ABC의 넓이를 구하여라. 답 $\frac{36\sqrt{15}}{5}$

§ 4. 삼각함수의 활용

필수 예제 11-11 공중에 정지되어 있는 기구가 있다. 태양이 정남에서 85° 동에 있을 때의 그림자를 A라고 할 때, A에서 기구를 올려본각의 크기가 30°이었다. 또, 태양이 정남에서 65° 서에 있을 때의 그림자를 B라고 할 때, B에서 기구를 올려본각의 크기가 45°이었다. A, B 사이의 거리가 140 m일 때, 이 기구의 지면으로부터의 높이를 구하여라.

정석연구 문제의 뜻에 알맞게 그림을 그려 보면 아래와 같다. 그림에서 P는 기구이고, H는 기구 바로 밑의 지면의 점이며, △ABH는 지면에 있는 삼각형이다.

이와 같이 문제의 뜻에 알맞게 그림을 그린 다음, 어느 삼각형이 중요 삼각형인가를 찾아서, 그 삼각형에

사인법칙, 코사인법칙, 중선정리

등을 활용해 본다.

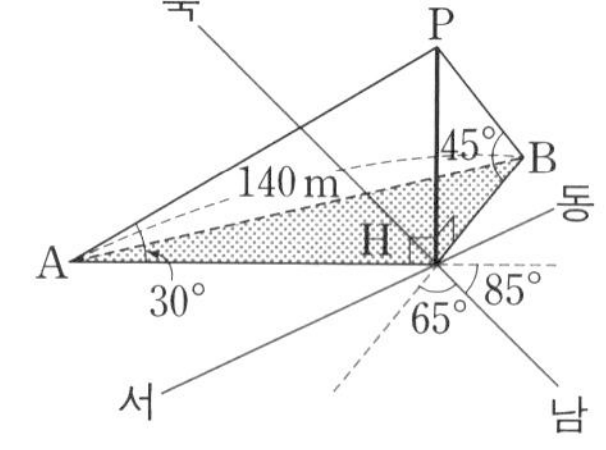

모범답안 기구 바로 밑의 지점을 H라 하고, $\overline{\mathrm{PH}}=x$라고 하자.

△PAH에서 ∠PAH=30°이므로 $\overline{\mathrm{AH}}=\sqrt{3}\,x$

△PBH에서 ∠PBH=45°이므로 $\overline{\mathrm{BH}}=x$

따라서 △ABH에 코사인법칙을 쓰면 ⇦ ∠AHB=85°+65°=150°

$$140^2=\overline{\mathrm{AH}}^2+\overline{\mathrm{BH}}^2-2\times\overline{\mathrm{AH}}\times\overline{\mathrm{BH}}\times\cos 150°$$

$$=(\sqrt{3}\,x)^2+x^2-2\times\sqrt{3}\,x\times x\times\left(-\frac{\sqrt{3}}{2}\right)=7x^2$$

$\therefore\ \sqrt{7}\,x=140 \qquad \therefore\ x=\mathbf{20\sqrt{7}\ (m)}$ ← 답

유제 **11**-20. 해수면 위의 A지점에서 한 비행기를 볼 때 그 방위는 정북이고, 올려본각의 크기는 45°이었다. 또, A지점에서 서쪽으로 500 m 떨어진 해수면 위의 B지점에서 이 비행기를 동시에 볼 때 올려본각의 크기는 30°이었다.

이 비행기의 해수면으로부터의 높이를 구하여라. 답 **$250\sqrt{2}$ m**

유제 **11**-21. 해수면으로부터 120 m의 높이를 비행하고 있는 헬리콥터 P에서 동쪽에 있는 배 Q를 내려본각의 크기가 30°이었고, 정동에서 30° 남에 있는 배 R를 내려본각의 크기가 45°이었다.

Q, R 사이의 거리를 구하여라. 답 **120 m**

필수 예제 11-12 10노트의 속력으로 직선 경로를 항해하는 배에서 두 개의 등대 P와 Q를 관측하였다. 처음에 진행 방향에 대해서 오른쪽 $15°$ 쪽으로 P를, 왼쪽 $30°$ 쪽으로 Q를 보았다. 그리고 30분 후에 관측할 때에는 오른쪽 $45°$ 쪽으로 P를, 왼쪽 $75°$ 쪽으로 Q를 보았다. P, Q 사이의 거리를 구하여라.

단, 1노트는 1852 m/h, $\sin 15°=\dfrac{\sqrt{6}-\sqrt{2}}{4}$ 이다.

또, $\sqrt{\dfrac{4-\sqrt{3}}{2}}=1.065$ 로 계산하고, 1 m 미만은 반올림한다.

정석연구 오른쪽 아래 그림에 표시된 각의 크기와 선분 AB의 길이를 알 때, 선분 PQ의 길이를 구하는 문제이다.

따라서 사인법칙을 이용하여 △ABQ와 △APB를 적당히 푼 다음, △APQ나 △BPQ에 코사인법칙을 쓰면 $\overline{PQ}$를 구할 수 있다.

정석 그림을 그린 다음 필요한 삼각형을 차례로 푼다.

모범답안 처음의 배의 위치를 A, 30분 후의 배의 위치를 B라고 하면 △ABP에서 ∠APB$=30°$이므로

$$\frac{\overline{BP}}{\sin 15°}=\frac{\overline{AB}}{\sin 30°} \qquad \therefore\ \overline{BP}=\frac{\sqrt{3}-1}{\sqrt{2}}\overline{AB}$$

또, △ABQ에서 ∠AQB$=45°$이므로

$$\frac{\overline{BQ}}{\sin 30°}=\frac{\overline{AB}}{\sin 45°} \qquad \therefore\ \overline{BQ}=\frac{1}{\sqrt{2}}\overline{AB}$$

그런데 △PBQ에서 ∠PBQ$=120°$이므로

$$\begin{aligned}\overline{PQ}^2&=\overline{BP}^2+\overline{BQ}^2-2\times\overline{BP}\times\overline{BQ}\times\cos 120°\\&=\left\{\left(\frac{\sqrt{3}-1}{\sqrt{2}}\right)^2+\left(\frac{1}{\sqrt{2}}\right)^2-2\times\frac{\sqrt{3}-1}{\sqrt{2}}\times\frac{1}{\sqrt{2}}\times\left(-\frac{1}{2}\right)\right\}\overline{AB}^2\\&=\frac{4-\sqrt{3}}{2}\overline{AB}^2\end{aligned}$$

$$\therefore\ \overline{PQ}=\sqrt{\frac{4-\sqrt{3}}{2}}\,\overline{AB}=1.065\times\left(1852\times\frac{10}{2}\right)\fallingdotseq \mathbf{9862\,(m)}$$ ← 답

유제 **11**-22. 30분 전에 항구 O의 서쪽 12 km 지점 P에서 출발한 선박 A가 일정한 속력으로 진행하여 지금 항구 O의 북쪽 12 km 지점 Q를 지나고 있다.

지금 항구 O를 출발한 선박 B가 시속 48 km로 진행하여 선박 A와 만나려면 북에서 동으로 몇 도의 항로를 잡아야 하는가? 단, 두 배는 모두 직선 경로를 항해한다.

답 북 **30°** 동

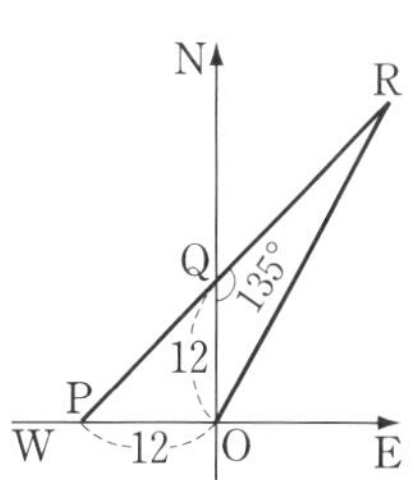

필수 예제 11-13 오른쪽 그림은 직사각형 모양의 어느 극장의 평면도이다. 중앙 무대의 폭이 6 m이고, 무대의 좌우 양 끝 점 A, B와 객석 안의 한 점 X를 이은 선분이 이루는 각의 크기를 θ라 고 하자. 이때, θ가 $15°$ 이상 $30°$ 이하가 되는 영역에 일등석을 놓으려고 한다.

이 영역의 넓이를 구하여라.

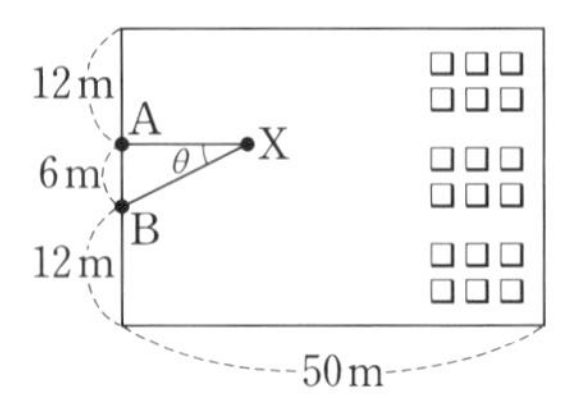

정석연구 원 O에서 현 AB에 대한 원주각의 크기를 θ라고 하면 중심각의 크기는 2θ이다.

따라서 두 점 A, B에 대하여 $\angle APB=\theta$를 만족시키는 점 P의 자취는

현 AB에 대한 중심각의 크기가 2θ인 원

의 일부분이다.

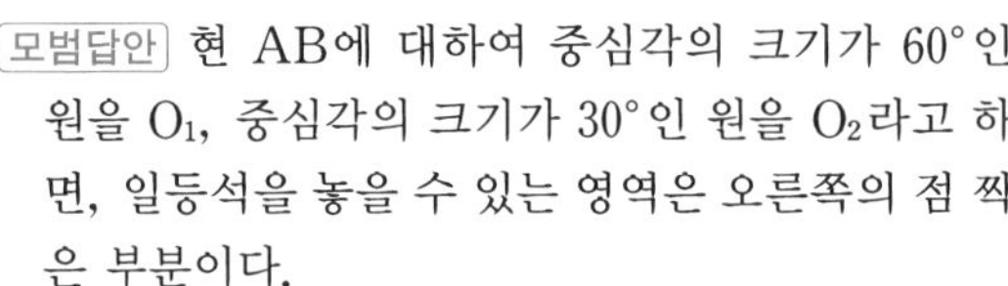

모범답안 현 AB에 대하여 중심각의 크기가 $60°$인 원을 O_1, 중심각의 크기가 $30°$인 원을 O_2라고 하면, 일등석을 놓을 수 있는 영역은 오른쪽의 점 찍은 부분이다.

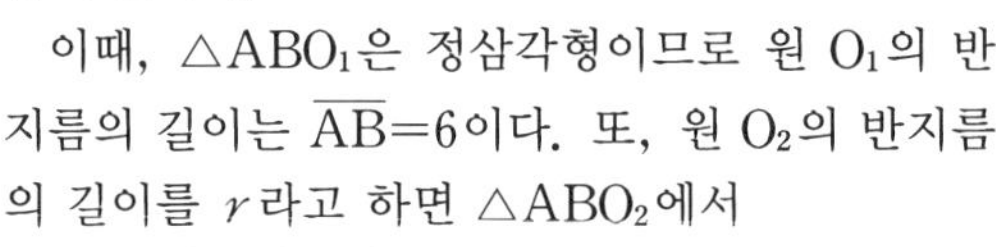

이때, $\triangle ABO_1$은 정삼각형이므로 원 O_1의 반지름의 길이는 $\overline{AB}=6$이다. 또, 원 O_2의 반지름의 길이를 r라고 하면 $\triangle ABO_2$에서

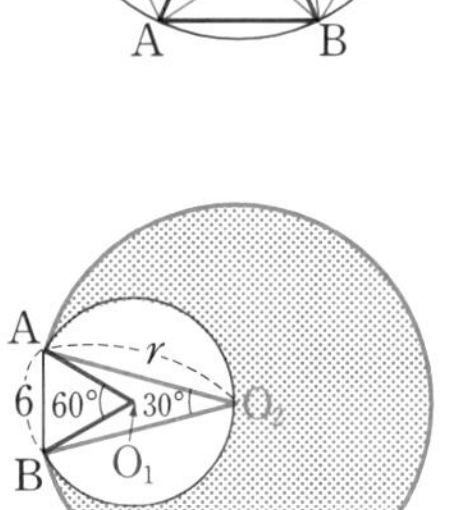

$$6^2=r^2+r^2-2\times r\times r\cos 30°$$

$$\therefore\ r^2=36(2+\sqrt{3})$$

원 O_1의 활꼴의 넓이를 S_1, 원 O_2의 활꼴의 넓이를 S_2라고 하면

$$S_1=\frac{1}{2}\times 6^2\times\frac{5}{3}\pi+\frac{1}{2}\times 6^2\times\sin\frac{\pi}{3}=30\pi+9\sqrt{3},$$

$$S_2=\frac{1}{2}\times r^2\times\frac{11}{6}\pi+\frac{1}{2}\times r^2\times\sin\frac{\pi}{6}=33(2+\sqrt{3})\pi+9(2+\sqrt{3})$$

따라서 구하는 영역의 넓이를 S라고 하면

$$S=S_2-S_1=\mathbf{3(12+11\sqrt{3})\pi+18\,(m^2)} \longleftarrow \boxed{답}$$

유제 **11**-23. 원에 내접하는 볼록팔각형이 있다. 네 변의 길이는 각각 3이고, 다른 네 변의 길이는 각각 2일 때, 이 팔각형의 넓이를 구하여라.

답 $\mathbf{13+12\sqrt{2}}$

필수 예제 11-14 오른쪽 그림과 같이 75°의 각을 이루면서 점 O에서 만나는 두 개의 강 사이에 두 마을 P, Q가 있다. $\overline{OP}=\overline{OQ}=30\,\text{km}$, $\angle POQ=30^\circ$일 때, 다음 물음에 답하여라.

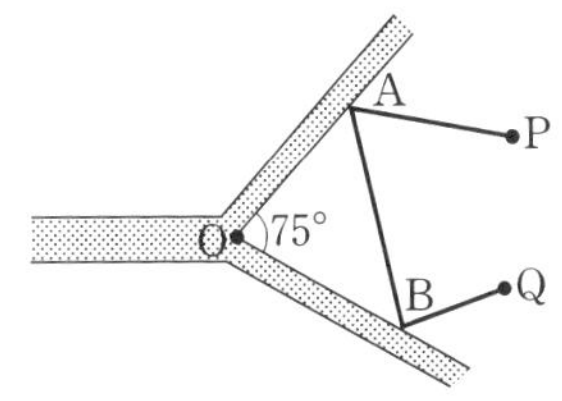

(1) P, Q 사이의 거리를 구하여라.

(2) 강변의 두 점 A, B를 잡아 P, A, B, Q를 연결하는 직선 도로 PA, AB, BQ를 만들 때, $\overline{PA}+\overline{AB}+\overline{BQ}$의 최솟값을 구하여라.

정석연구 이와 같은 유형의 문제는 수학(하)에서 공부하였다.

정석 최단 거리 작도 ⟹ 대칭성을 생각하여라.

모범답안 (1) $\overline{PQ}^2=30^2+30^2-2\times30\times30\cos30^\circ=30^2(2-\sqrt{3})$

$\therefore\ \overline{PQ}=30\sqrt{2-\sqrt{3}}=\mathbf{15(\sqrt{6}-\sqrt{2})\,(km)}$ ← 답

(2) 오른쪽 그림과 같이 강변에 대하여 점 P, Q의 대칭점을 각각 P′, Q′이라고 할 때, 직선 P′Q′이 강변과 만나는 점을 각각 A, B라고 하면 $\overline{PA}+\overline{AB}+\overline{BQ}$가 최소이고, 최소의 길이는 $\overline{P'Q'}$이다. (증명은 아래 *Advice*)

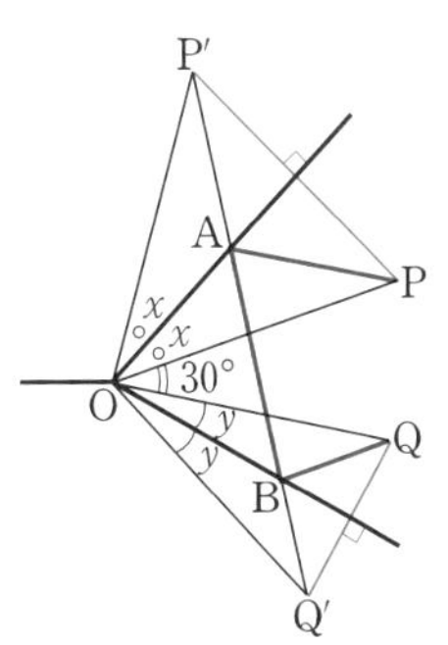

그림에서 $\angle AOB=75^\circ$이므로

$x+y+30^\circ=75^\circ \qquad \therefore\ x+y=45^\circ$

$\therefore\ \angle P'OQ'=\angle AOB+x+y=75^\circ+45^\circ=120^\circ$

$\therefore\ \overline{P'Q'}^2=30^2+30^2-2\times30\times30\cos120^\circ=30^2\times3$

$\therefore\ \overline{P'Q'}=\mathbf{30\sqrt{3}\,(km)}$ ← 답

Advice | 오른쪽 그림과 같이 A가 아닌 점 A′과 B가 아닌 점 B′을 각각 잡으면

$$\begin{aligned}\overline{PA'}+\overline{A'B'}+\overline{B'Q}&=\overline{P'A'}+\overline{A'B'}+\overline{B'Q'}\\&>\overline{P'Q'}\\&=\overline{P'A}+\overline{AB}+\overline{BQ'}\\&=\overline{PA}+\overline{AB}+\overline{BQ}\end{aligned}$$

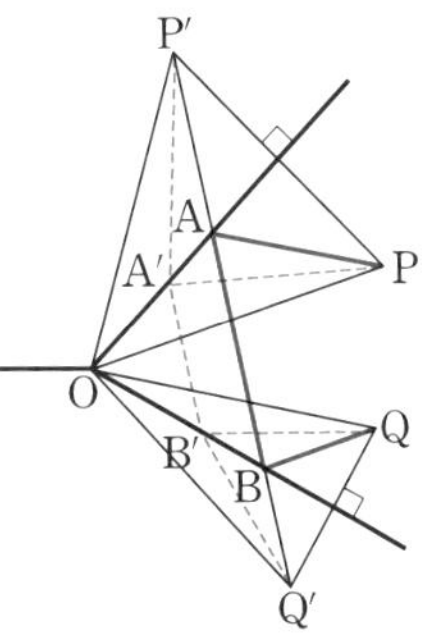

유제 **11**-24. 위의 **필수 예제**에서 P, A, B를 연결하는 도로를 만들 때, $\overline{PA}+\overline{AB}+\overline{BP}$의 최솟값을 구하여라.

답 $\mathbf{15(\sqrt{6}+\sqrt{2})\,km}$

연습문제 11

기본 **11-1** 반지름의 길이가 4인 원에 내접하는 △ABC에서 $2\sin(A+B)\sin C=1$이 성립할 때, C, c를 구하여라.

11-2 △ABC에서 $\overline{AB}=\overline{AC}$일 때, $\log_2\sin A-\log_2\cos B-\log_2\sin C$의 값을 구하여라.

11-3 $\overline{AB}=4$, $\overline{AC}=6$인 △ABC의 변 BC 위에 꼭짓점 B, C가 아닌 점 P가 있다. △ABP의 외접원의 반지름의 길이를 R_1, △ACP의 외접원의 반지름의 길이를 R_2라고 할 때, $R_1 : R_2$를 구하여라.

11-4 한 변의 길이가 14인 정삼각형 ABC의 둘레를 점 P는 꼭짓점 A를 출발하여 꼭짓점 B를 향하고, 점 Q는 동시에 꼭짓점 B를 출발하여 꼭짓점 C를 향하며, 점 P의 속력은 점 Q의 속력의 2배이다.

점 P가 점 B에 도착하기 전, 선분 PQ의 길이의 최솟값을 구하여라.

11-5 △ABC에서 다음 물음에 답하여라.

(1) $a : b : c=2 : 3 : 4$일 때, $\cos A$, $\sin A$, $\tan A$의 값을 구하여라.

(2) $(b+c) : (c+a) : (a+b)=4 : 5 : 6$일 때, A를 구하여라.

(3) $6\sin A=2\sqrt{3}\sin B=3\sin C$일 때, A를 구하여라.

11-6 오른쪽 그림과 같이 △ABC의 세 꼭짓점 A, B, C에서 세 직선 BC, CA, AB에 내린 수선의 발을 각각 D, E, F라고 하자.

$\overline{AD} : \overline{BE} : \overline{CF}=4 : 3 : 2$이고 $\angle ABC=\theta$일 때, $\cos\theta$의 값을 구하여라.

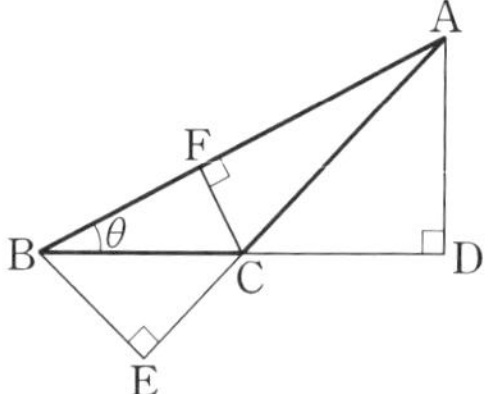

11-7 △ABC에서 $a=2$, $c=1$일 때, C의 범위를 구하여라.

11-8 사각형 ABCD에서 $\overline{AD}/\!/\overline{BC}$이고, $\overline{AB}=5$, $\overline{BC}=11$, $\overline{CD}=7$, $\overline{DA}=5$일 때, 다음 물음에 답하여라.

(1) 대각선 AC의 길이를 구하여라.

(2) 꼭짓점 A에서 변 BC에 내린 수선의 발을 H라고 할 때, 선분 AH의 길이를 구하여라.

(3) 사각형 ABCD의 넓이를 구하여라.

11-9 사각형 ABCD의 외접원에 대하여 호 AB, BC, CD, DA의 길이가 각각 2, 2, 3, 5일 때, 이 사각형의 넓이를 구하여라.

11-10 원에 내접하는 사각형 ABCD에서 $\overline{AB}=1$, $\overline{BC}=2$, $\overline{CD}=3$, $\overline{DA}=4$일 때, 다음을 구하여라.

(1) $\overline{AC}$ (2) $\sin(\angle ABC)$ (3) $\sin(\angle ACB)$ (4) □ABCD의 넓이

11-11 △ABC에서 $b=2$, $c=3$, $A=60^\circ$이다. 각 A의 이등분선이 변 BC와 만나는 점을 P라고 할 때, 선분 BC, AP, BP의 길이를 구하여라.

11-12 △ABC에서 $b=7$, $c=3$, $B=120^\circ$일 때, 다음 물음에 답하여라.

(1) a를 구하여라.

(2) △ABC의 넓이 S를 구하여라.

(3) 내접원의 반지름의 길이 r와 외접원의 반지름의 길이 R를 구하여라.

(4) 내접원의 중심을 O라고 할 때, 선분 AO의 길이를 구하여라.

11-13 두 대각선의 길이가 a, b이고, 두 대각선이 이루는 각의 크기가 θ인 사각형에 대하여 다음 물음에 답하여라.

(1) 이 사각형의 넓이 S를 a, b, θ로 나타내어라.

(2) $a+b=4$, $\theta=60^\circ$일 때, 넓이 S의 최댓값을 구하여라.

11-14 해발 150 m인 지점 A에서 산꼭대기 P를 올려본각의 크기가 30°이었다. 다음에 P를 향하여 수평 거리가 600 m이고 해발 250 m인 지점 B에 올라가서 P를 올려본각의 크기가 45°이었다. 이 산은 해발 몇 m인지 구하여라.

11-15 오른쪽 그림과 같이 직선거리가 500 m이고, 경사도가 37°인 두 지점 A, B를 연결하는 우회 도로를 만들려고 한다. 우회 도로의 경사도가 12°일 때, 이 도로의 길이를 구하여라.

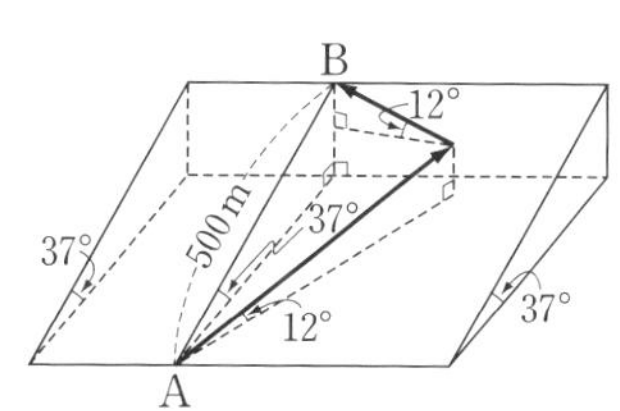

단, $\sin 12^\circ=0.2$, $\sin 37^\circ=0.6$으로 계산한다.

실력 **11-16** 중심이 O인 원에 내접하는 사각형 ABCD에서 $\angle AOB=3\angle COD$, $\overline{CD}=10$, $\overline{AC}\perp\overline{BD}$일 때, 이 원의 넓이를 구하여라.

단, $\sin\dfrac{\pi}{8}=\dfrac{\sqrt{2-\sqrt{2}}}{2}$이다.

11-17 △ABC에서 다음이 성립함을 좌표를 이용하여 증명하여라.

(1) $\dfrac{a}{\sin A}=\dfrac{b}{\sin B}=\dfrac{c}{\sin C}$ (2) $a^2=b^2+c^2-2bc\cos A$

11-18 다음 등식을 만족시키는 $\triangle$ABC는 어떤 삼각형인가?

(1) $\tan A \sin^2 B = \tan B \sin^2 A$

(2) $\sin B(a - c\cos B) = \sin A(b - c\cos A)$

(3) $b^2\sin^2 C + c^2\sin^2 B = 2bc\cos B\cos C$

(4) $\dfrac{2\cos A - 1}{\sin A} + \dfrac{2\cos B - 1}{\sin B} + \dfrac{2\cos C - 1}{\sin C} = 0$

11-19 $\triangle$ABC에서 $\dfrac{c}{a+b} + \dfrac{b}{c+a} = 1$이 성립할 때, 다음 물음에 답하여라.

(1) A를 구하여라.

(2) $a = \sqrt{7}\,c$일 때, $\sin B$, $\sin C$의 값을 구하여라.

11-20 정사각형 ABCD의 내부에 있는 점 P에 대하여 $\overline{PA} = 5$, $\overline{PB} = 3$, $\overline{PC} = 7$일 때, 이 정사각형의 한 변의 길이를 구하여라.

11-21 정삼각형 ABC의 외부에 있는 점 P에 대하여 $\overline{AP} = 2$, $\overline{BP} = \sqrt{2}$, $\angle APB = 45°$일 때, 선분 PC의 길이를 구하여라.

11-22 오른쪽 그림과 같이 한 변의 길이가 1인 정삼각형의 꼭짓점 A에서 쏘아진 빛이 변 BC, AB, CA에 차례로 반사된 후 꼭짓점 B에 도달할 때, $\sin\theta$의 값을 구하여라.

단, 빛의 입사각과 반사각의 크기는 같다.

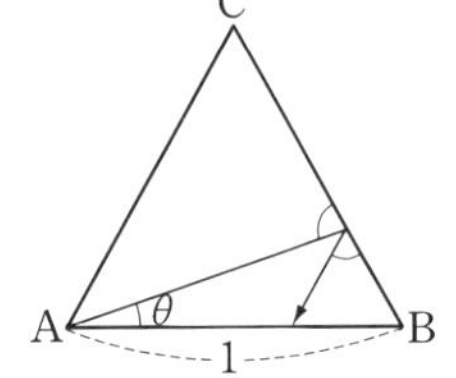

11-23 $\triangle$ABC의 변 BC, CA, AB 위에 각각 동점 P, Q, R가 있다.

A$=60°$이고, 점 A에서 변 BC에 내린 수선의 발을 H라고 할 때, $\overline{AH} = 4$이다. $\triangle$PQR의 둘레의 길이의 최솟값을 구하여라.

11-24 넓이가 $\sqrt{3}$이고 A$=60°$인 $\triangle$ABC가 반지름의 길이가 2인 원에 내접할 때, 다음을 구하여라.

(1) $\overline{BC}$ (2) $\overline{AB} + \overline{BC} + \overline{CA}$

11-25 오른쪽 그림의 점선과 같이 삼각형(실선)의 한 변의 길이를 10% 줄이는 대신 다른 한 변의 길이를 p% 늘임으로써 같은 넓이의 삼각형이 되도록 할 때, p의 값을 구하여라.

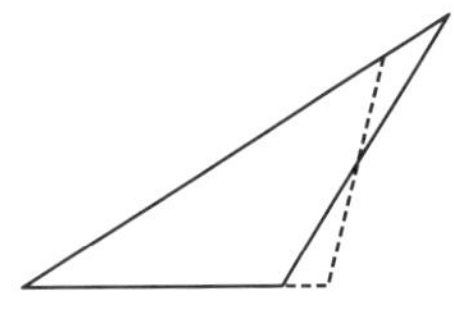

11-26 한 변의 길이가 4인 정삼각형 ABC의 변 BC 위의 점 P에서 변 AB, AC에 내린 수선의 발을 각각 M, N이라고 하자.

(1) $\angle MPN$의 크기를 구하여라.

(2) $\triangle$PMN의 넓이의 최댓값을 구하여라.

11-27 오른쪽 그림과 같이 $\overline{AB}=\overline{AD}=1$, $\overline{BC}=2$, $\angle A=\angle B=90°$인 사다리꼴 ABCD가 있다. 변 AD 위를 움직이는 점 P에 대하여 $\overline{PB}=x$, $\overline{PC}=y$라고 할 때, xy의 최댓값과 최솟값을 구하여라.

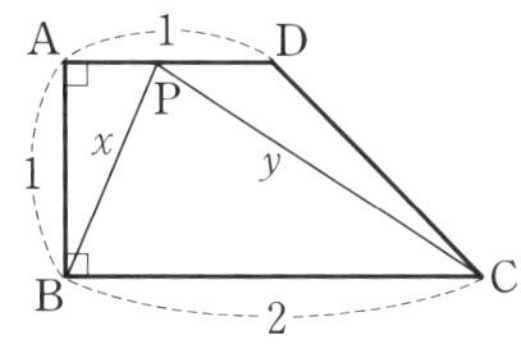

11-28 $A=120°$인 △ABC의 두 변 AB, AC에 대하여 $\overline{AB}\times\overline{AC}=1$이다.
각 A의 이등분선이 변 BC와 만나는 점을 D라 하고, $\overline{AB}=x$라고 할 때,
(1) 선분 AD의 길이를 x로 나타내어라.
(2) 선분 AD의 길이의 최댓값과 이때의 x의 값을 구하여라.

11-29 사각형 ABCD에서 두 대각선의 교점을 O라고 할 때, △ABO의 넓이가 4, △CDO의 넓이가 9이다. 사각형 ABCD의 넓이의 최솟값을 구하여라.

11-30 △ABC에서 $a=8$, $b+c=12$일 때, 이 삼각형의 넓이의 최댓값을 구하여라.

11-31 두 섬의 P지점과 Q지점 사이의 거리를 구하기 위해 육지 위의 두 지점 A, B에서 $\overline{AB}=900\text{ m}$, $\angle PAB=122°$, $\angle QAB=28°$, $\angle ABP=33°$, $\angle ABQ=93°$를 측정하였다. 이때, 두 지점 P, Q 사이의 거리를 구하여라.

단, 네 지점 A, B, P, Q의 해수면으로부터의 높이는 모두 같고, $\sin 25°=0.4$, $\sin 28°=0.5$, $\sin 58°=0.8$, $\sin 59°=0.9$, $\sqrt{259}=16.1$로 계산한다.

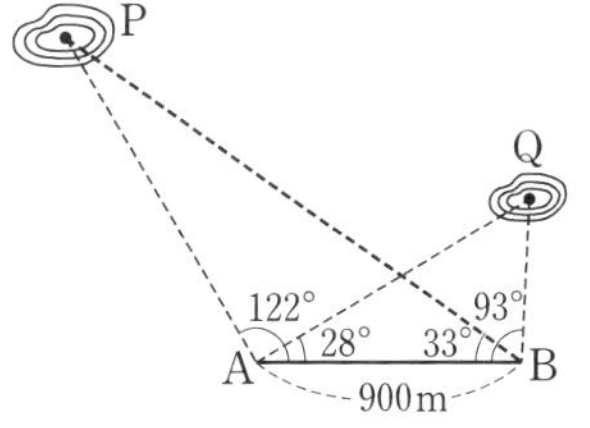

11-32 7 m 떨어진 두 지점 A, B에 높이가 각각 3.5 m, 2.75 m인 가로등이 있다. 키가 1.5 m인 사람이 지점 C에 섰을 때, 가로등 A, B에 의한 그림자의 끝을 각각 D, E라고 하자. △CDE가 정삼각형일 때, 그림자의 길이를 구하여라. 단, 세 지점 A, B, C의 해수면으로부터의 높이는 모두 같다.

11-33 일직선 위에 있는 해수면 위의 세 지점 P, Q, R에서 산꼭대기 T를 올려본각의 크기가 각각 30°, 45°, 60°이었다. $\overline{PQ}=1\text{ km}$, $\overline{QR}=2\text{ km}$일 때, 이 산의 해수면으로부터의 높이를 구하여라.

11-34 어떤 산꼭대기를 해수면 위의 세 지점 A, B, C에서 관측했더니 올려본각의 크기가 모두 15°이었다. 지점 A에서 지점 B, C를 바라본 각의 크기가 30°이고, 지점 B, C 사이의 거리가 1000 m일 때, 이 산의 해수면으로부터의 높이를 구하여라. 단, $\tan 15°=2-\sqrt{3}$이다.

12. 등차수열

§1. 등차수열의 일반항

기본정석

1 등차수열, 등차수열의 일반항

(1) 첫째항에 차례로 일정한 수를 더하여 얻어지는 수열을 등차수열이라 하고, 더하는 일정한 수를 공차라고 한다.

일반적으로 수열 $a_1, a_2, a_3, \cdots, a_n, a_{n+1}, \cdots$이 첫째항이 a, 공차가 d인 등차수열을 이룰 때,

$$a_1=a,$$
$$a_{n+1}-a_n=d \text{ (단, } n=1, 2, 3, \cdots) \qquad \Leftarrow a_{n+1}=a_n+d$$

가 성립한다.

(2) 첫째항이 a, 공차가 d인 등차수열의 일반항(제 n항)을 a_n이라고 하면

정석 $a_n=a+(n-1)d$

2 등차중항

세 수 a, x, b가 이 순서로 등차수열을 이룰 때, x를 a와 b의 등차중항이라고 한다.

(1) a, x, b가 등차수열 $\Longleftrightarrow 2x=a+b \Longleftrightarrow x=\dfrac{a+b}{2}$ ⇦ 산술평균

(2) 수열 $\{a_n\}$이 등차수열 $\Longleftrightarrow 2a_{n+1}=a_n+a_{n+2}$ $(n=1, 2, 3, \cdots)$

Advice 1° 수열에 관한 여러 가지 용어

▶ 수열 · 항 · 일반항 — 이를테면 $2n$의 n에 $1, 2, 3, \cdots, n, \cdots$을 차례로 대입하면

$$2, 4, 6, \cdots, 2n, \cdots \qquad \cdots\cdots①$$

이다. 이와 같이 어떤 일정한 규칙에 따라 차례로 얻어지는 수를 순서대로 나열한 것을 수열이라 하고, 수열을 이루는 각 수를 그 수열의 항이라고 한다.

일반적으로 수열을 나타낼 때에는 각 항의 번호를 써서

$$a_1, a_2, a_3, \cdots, a_n, \cdots \qquad \cdots\cdots②$$

와 같이 나타내고, 앞에서부터 차례로

첫째항, 둘째항, 셋째항, $\cdots$, n째항, $\cdots$

또는

첫째항(제1항), 제2항, 제3항, $\cdots$, 제n항, $\cdots$

이라고 한다.

또, 수열의 제n항 a_n을 이 수열의 일반항이라 하고, 앞면의 수열 ②를 일반항 a_n을 써서 간단히 $\{a_n\}$과 같이 나타낸다. 이에 따르면 앞면의 수열 ①은 간단히 $\{2n\}$으로 나타낼 수 있다.

***Note** 수의 범위를 복소수까지 확장하여 생각하면, 이를테면 i, $3i$, $5i$, $7i$, $\cdots$ 와 같은 수의 나열도 수열로 볼 수 있다.

보기 1 수열 $\{3^n-2n\}$의 첫째항부터 제3항까지 구하여라.

연구 $a_n=3^n-2n$으로 놓으면

$$a_1=3^1-2\times1=1, \quad a_2=3^2-2\times2=5, \quad a_3=3^3-2\times3=21$$

이므로 구하는 세 항은 **1, 5, 21**이다.

Advice 2° 수열과 함수

수열 $\{a_n\}$은 각 항의 번호에 그 항이 대응하는 함수로 생각할 수 있다.

이를테면 앞면의 수열 ①은 자연수 전체의 집합 N에서 실수 전체의 집합 R로의 함수 f : N $\longrightarrow$ R가 있어 N의 임의의 원소 n에 대하여

$$f : n \longrightarrow 2n \qquad \text{곧, } f(n)=2n$$

으로 정의할 때, 그 함숫값을

$$f(1),\ f(2),\ f(3),\ \cdots,\ f(n),\ \cdots$$

과 같이 차례로 나열한 것이라고 생각할 수 있다.

보기 2 함수 $f(n)=n^2-1$로 정의된 수열의 첫째항과 제5항을 구하여라.

연구 첫째항은 $f(1)=1^2-1=\mathbf{0}$, 제5항은 $f(5)=5^2-1=\mathbf{24}$

▶ 유한수열 · 무한수열 — 수열에서 항이 유한개인 수열을 **유한수열**이라 하고, 항이 무한히 계속되는 수열을 **무한수열**이라고 한다.

수열 $\{a_n\}$이 유한수열일 때 마지막 항이 a_l이면

$$a_1,\ a_2,\ a_3,\ \cdots,\ a_l$$

과 같이 나타내고, 수열 $\{a_n\}$이 무한수열일 때에는

$$a_1,\ a_2,\ a_3,\ \cdots,\ a_n,\ \cdots$$

과 같이 a_n의 다음에 세 개의 점을 찍어 유한수열과 구별해서 나타낸다.

***Note** 고등학교 교육과정에서는 유한수열을 따로 정의하고 있지 않다.

Advice 3° 등차수열의 일반항

이를테면 수열 1, 4, 7, 10, $\cdots$ ……①

은 첫째항 1에 차례로 3을 더하여 얻어지는 수열이다. 이와 같은 수열을 첫째항이 1이고 공차가 3인 등차수열이라고 한다.

일반적으로 첫째항이 a, 공차가 d인 등차수열의 제 n항을 a_n이라고 하면

$$\begin{array}{ccccccc} a_1, & a_2, & a_3, & \cdots, & a_{n-1}, & a_n, & \cdots \\ \| & \| & \| & & \| & \| & \\ a, & a+d, & a+2d, & \cdots, & a+(n-2)d, & a+(n-1)d, & \cdots \end{array}$$

(이웃한 두 항의 차: $+d$, $+d$, $+d$)

이므로 다음 사실을 알 수 있다.

정석 $\boldsymbol{a_n=a+(n-1)d}$, $\quad \boldsymbol{a_{n+1}-a_n=d}$

수열 ①에서 $a=1$, $d=3$이므로 $a_n=a+(n-1)d$를 써서 제 n항을 구하면

$$a_n=1+(n-1)\times 3=3n-2$$

보기 3 다음 물음에 답하여라.

(1) 등차수열 0.97, 1.00, 1.03, $\cdots$에서 5.02는 제몇 항인가?

(2) 첫째항이 12이고, 제10항이 3인 등차수열의 공차를 구하여라.

(3) 공차가 -1이고, 제11항이 60인 등차수열의 첫째항을 구하여라.

(4) 제 n항이 $3n-1$인 등차수열의 공차를 구하여라.

연구 (1) 첫째항이 0.97, 공차가 0.03인 등차수열이므로 제 n항이 5.02라 하면

$$0.97+(n-1)\times 0.03=5.02 \quad \therefore n=136 \quad \therefore \text{제 }\mathbf{136}\text{항}$$

(2) 공차를 d라고 하면 $12+(10-1)\times d=3 \quad \therefore d=\mathbf{-1}$

(3) 첫째항을 a라고 하면 $a+(11-1)\times(-1)=60 \quad \therefore a=\mathbf{70}$

(4) 일반항 a_n은 $a_n=3n-1$이므로 공차를 d라고 하면

$$d=a_{n+1}-a_n=\{3(n+1)-1\}-(3n-1)=\mathbf{3}$$

*Note 등차수열(Arithmetic Progression)을 **A.P.**로 나타내기도 한다.

Advice 4° 등차수열이 되기 위한 조건

세 수 a, x, b가 이 순서로 등차수열을 이룰 때,

$$a,\ x,\ b\ (\text{A.P.}) \Longleftrightarrow x-a=b-x \Longleftrightarrow 2x=a+b$$

이므로

정석 $\boldsymbol{a}$, $\boldsymbol{x}$, $\boldsymbol{b}$가 이 순서로 등차수열 $\Longleftrightarrow \boldsymbol{2x=a+b}$

일반적으로 수열 a_1, a_2, a_3, $\cdots$, a_n, a_{n+1}, a_{n+2}, $\cdots$에 대하여

$$\{a_n\}\text{이 A.P.} \Longleftrightarrow a_{n+1}-a_n=a_{n+2}-a_{n+1} \Longleftrightarrow 2a_{n+1}=a_n+a_{n+2}$$

이므로

정석 수열 $\{\boldsymbol{a_n}\}$이 등차수열 $\Longleftrightarrow \boldsymbol{2a_{n+1}=a_n+a_{n+2}}$

필수 예제 **12**-1 등차수열 $\{a_n\}$에 대하여 다음 물음에 답하여라.

(1) $a_{59}=70$, $a_{66}=84$일 때, a_{100}을 구하여라.

또, $a_k=100$을 만족시키는 k의 값을 구하여라.

(2) 첫째항과 공차가 모두 정수이고, $a_5a_7-a_3{}^2=2$일 때, a_n을 구하여라.

정석연구 등차수열 $\{a_n\}$의 첫째항을 a, 공차를 d라고 하면 제n항은

정석 $\boldsymbol{a_n=a+(n-1)d}$

이다. 조건을 써서 a와 d의 관계식을 구한다.

모범답안 첫째항을 a, 공차를 d라고 하자.

(1) $a_{59}=70$이므로 $a+58d=70$

$a_{66}=84$이므로 $a+65d=84$

두 식을 연립하여 풀면 $a=-46$, $d=2$

$\therefore\ a_{100}=-46+(100-1)\times 2=\mathbf{152}$ ← 답

또, $a_k=-46+(k-1)\times 2=100$에서 $\boldsymbol{k=74}$ ← 답

(2) $a_5=a+4d$, $a_7=a+6d$, $a_3=a+2d$이므로

$(a+4d)(a+6d)-(a+2d)^2=2\qquad \therefore\ d(3a+10d)=1$

a와 d는 모두 정수이므로 $3a+10d$도 정수이다.

$\therefore\ d=1,\ 3a+10d=1$ 또는 $d=-1,\ 3a+10d=-1$

$\therefore\ a=-3,\ d=1$ 또는 $a=3,\ d=-1$

$a=-3,\ d=1$일 때 $a_n=-3+(n-1)\times 1=n-4$

$a=3,\ d=-1$일 때 $a_n=3+(n-1)\times(-1)=-n+4$

답 $\boldsymbol{a_n=n-4}$ 또는 $\boldsymbol{a_n=-n+4}$

Advice | 등차수열의 일반항 a_n은 $a_n=dn+a-d$와 같이 $d\neq 0$일 때 n에 관한 일차식으로 나타내어지고, n의 계수가 공차임을 알 수 있다.

정석 $\boldsymbol{a_n=pn+q}$ ⟹ 수열 $\{\boldsymbol{a_n}\}$은 공차가 $\boldsymbol{p}$인 등차수열

유제 **12**-1. 제2항과 제6항은 절댓값이 같고 부호가 반대이며, 제3항이 1인 등차수열 $\{a_n\}$의 첫째항과 공차를 구하여라. 답 첫째항 **3**, 공차 **−1**

유제 **12**-2. 제5항이 5, 제3항과 제9항의 비가 4 : 7인 등차수열 $\{a_n\}$의 첫째항과 공차를 구하여라. 답 첫째항 **3**, 공차 $\boldsymbol{\frac{1}{2}}$

유제 **12**-3. 등차수열 $\{a_n\}$에서 $a_8+a_{14}=24$, $a_5+a_{19}=68$일 때, $a_k=-10$을 만족시키는 k의 값을 구하여라. 답 $\boldsymbol{k=10}$

필수 예제 **12**-2 첫째항이 3, 공차가 4인 등차수열 $\{a_n\}$과 첫째항이 7, 공차가 3인 등차수열 $\{b_n\}$에 공통으로 나타나는 수를 작은 것부터 차례로 나열하여 얻은 수열 $\{c_n\}$의 제 n항을 구하여라.

정석연구 수열 $\{a_n\}$, $\{b_n\}$의 처음 몇 항을 실제로 나열해 보면 다음과 같다.

$$\{a_n\} : 3,\ 7,\ 11,\ 15,\ 19,\ 23,\ 27,\ 31,\ 35,\ \cdots$$
$$\{b_n\} : 7,\ 10,\ 13,\ 16,\ 19,\ 22,\ 25,\ 28,\ 31,\ \cdots$$

곧, 수열 $\{c_n\}$은

$$\{c_n\} : 7,\ 19,\ 31,\ \cdots$$

과 같이 첫째항이 7, 공차가 12인 등차수열이다. 따라서 제 n항은

$$c_n=7+(n-1)\times12=12n-5$$

이다. 일반적으로 다음 **모범답안**과 같이 구한다.

모범답안 문제의 조건으로부터

$$a_n=3+(n-1)\times4=4n-1, \quad b_m=7+(m-1)\times3=3m+4$$

$a_n=b_m$으로 놓으면 $4n-1=3m+4$ 곧, $4n=3m+5$ ……①

이 식을 변형하면 $4(n-2)=3(m-1)$ ……②

여기에서 4와 3은 서로소이므로

$$n-2=3k \quad 곧,\ n=3k+2\ (k=0,\ 1,\ 2,\ \cdots)$$

로 놓을 수 있다. 이때,

$$4n-1=4(3k+2)-1=12k+7\ (k=0,\ 1,\ 2,\ \cdots)$$

이것은 첫째항이 7, 공차가 12인 등차수열이므로

$$c_n=7+(n-1)\times12=\mathbf{12n-5} \longleftarrow \text{답}$$

Advice 1° ①을 만족시키는 자연수 중 하나인 $m=1$, $n=2$에 대하여 $4\times2=3\times1+5$ ……③이 성립하므로 ①−③하여 ②를 얻을 수 있다.

2° $\{a_n\}$은 4로 나눈 나머지가 3인 자연수를, $\{b_n\}$은 3으로 나눈 나머지가 1인 7 이상의 자연수를 나열한 것이다. 따라서 $\{c_n\}$은 4로 나눈 나머지가 3이고 3으로 나눈 나머지가 1인 자연수를 작은 것부터 차례로 나열한 것이므로 실력 수학(상) p. 67의 방법으로도 풀 수 있다.

유제 **12**-4. 두 등차수열

$$\{a_n\} : 3,\ 10,\ 17,\ 24,\ \cdots \qquad \{b_n\} : 5,\ 9,\ 13,\ 17,\ \cdots$$

에 공통으로 나타나는 수를 작은 것부터 차례로 나열하여 얻은 수열의 일반항을 구하여라.

답 $\mathbf{28n-11}$

필수 예제 12-3 다음 물음에 답하여라.

(1) a, b, c가 이 순서로 등차수열을 이루고, a^2, b^2, $-c^2$도 이 순서로 등차수열을 이룰 때, $a : b : c$를 구하여라. 단, $b \neq 0$이다.

(2) 첫째항부터 제4항까지의 합이 4이고, 제곱의 합이 24인 등차수열의 첫째항부터 제4항까지 구하여라.

정석연구 (1) $a, b, c\,(\text{A.P.}) \iff b-a=c-b \iff 2b=a+c$임을 이용한다.

정석 $\boldsymbol{a}$, $\boldsymbol{b}$, $\boldsymbol{c}$가 이 순서로 등차수열 $\iff \boldsymbol{2b=a+c}$

(2) 등차수열을 이루는 세 수, 네 수를

정석 세 수가 등차수열 $\Longrightarrow$ $\boldsymbol{a-d,\ a,\ a+d}$
네 수가 등차수열 $\Longrightarrow$ $\boldsymbol{a-3d,\ a-d,\ a+d,\ a+3d}$

와 같이 놓으면 중간 계산이 간편할 때가 있다.

모범답안 (1) a, b, c가 등차수열을 이루므로 $2b=a+c$ ……①

또, a^2, b^2, $-c^2$이 등차수열을 이루므로 $2b^2=a^2+(-c^2)$ ……②

②÷①하면 $b=a-c$ ……③

③을 ①에 대입하면 $2(a-c)=a+c$ $\therefore a=3c$

③에 대입하면 $b=3c-c=2c$

$\therefore a : b : c=3c : 2c : c=\mathbf{3 : 2 : 1}$ ← 답

(2) 구하는 네 항을 $a-3d$, $a-d$, $a+d$, $a+3d$로 놓으면

$(a-3d)+(a-d)+(a+d)+(a+3d)=4$ ……①

$(a-3d)^2+(a-d)^2+(a+d)^2+(a+3d)^2=24$ ……②

①에서 $4a=4$ $\therefore a=1$

이 값을 ②에 대입하고 정리하면 $d^2=1$ $\therefore d=\pm1$

따라서 구하는 네 항은 **−2, 0, 2, 4** 또는 **4, 2, 0, −2** ← 답

유제 **12**-5. 네 수 1, x, y, z가 이 순서로 등차수열을 이룬다. $x^2+2y^2-z^2=6$일 때, x, y, z의 값을 구하여라. 답 $\boldsymbol{x=2,\ y=3,\ z=4}$

유제 **12**-6. $\dfrac{1}{b+c}$, $\dfrac{1}{c+a}$, $\dfrac{1}{a+b}$이 이 순서로 등차수열을 이루면 a^2, b^2, c^2도 이 순서로 등차수열을 이룬다. 이것을 증명하여라.

유제 **12**-7. 서로 다른 세 정수 a, b, c에 대하여 a, b, c와 b^2, c^2, a^2이 각각 이 순서로 등차수열을 이룬다. $0<a<10$일 때, a, b, c의 값을 구하여라. 답 $\boldsymbol{a=7,\ b=1,\ c=-5}$

§2. 조화수열

기본정석

① 조화수열

어떤 수열의 각 항의 역수가 등차수열을 이룰 때, 그 수열을 조화수열이라고 한다. 곧,

정의 $\dfrac{1}{a_1}, \dfrac{1}{a_2}, \dfrac{1}{a_3}, \cdots, \dfrac{1}{a_n}, \cdots$ (등차수열)

$\iff a_1, a_2, a_3, \cdots, a_n, \cdots$ (조화수열)

② 조화중항

0이 아닌 세 수 a, x, b가 이 순서로 조화수열을 이룰 때, x를 a와 b의 조화중항이라고 한다.

(1) a, x, b가 조화수열 $\iff \dfrac{2}{x}=\dfrac{1}{a}+\dfrac{1}{b} \iff x=\dfrac{2ab}{a+b}$ ⇦ 조화평균

(2) 수열 $\{a_n\}$이 조화수열 $\iff \dfrac{2}{a_{n+1}}=\dfrac{1}{a_n}+\dfrac{1}{a_{n+2}}$ $(n=1, 2, 3, \cdots)$

Advice | (고등학교 교육과정 밖의 내용) 조화수열은 고등학교 교육과정에서 제외된 내용이지만, 등차수열의 응용으로 다루어 본다. 이를테면 수열

$$\frac{1}{1},\quad \frac{1}{4},\quad \frac{1}{7},\quad \frac{1}{10},\quad \cdots \qquad\cdots\cdots①$$

의 각 항의 역수는

$$1,\quad 4,\quad 7,\quad 10,\quad \cdots \qquad\cdots\cdots②$$

와 같이 등차수열을 이룬다. 이때, 수열 ①을 조화수열이라고 한다. 따라서 조화수열 ①의 제 n항은 등차수열 ②의 제 n항의 역수와 같다.

Note* 조화수열(Harmonic Progression)을 **H.P.로 나타내기도 한다.

보기 1 다음 조화수열에서 일반항 a_n을 구하여라.

$$6,\quad 3,\quad 2,\quad \frac{3}{2},\quad \cdots,\quad a_n,\quad \cdots$$

연구 각 항의 역수는

$$\frac{1}{6}, \frac{1}{3}, \frac{1}{2}, \frac{2}{3}, \cdots, \frac{1}{a_n}, \cdots$$ ⇦ 공차가 $\dfrac{1}{6}$인 등차수열

$$\therefore \frac{1}{a_n}=\frac{1}{6}+(n-1)\times\frac{1}{6}=\frac{n}{6} \qquad \therefore a_n=\frac{6}{n}$$

정석 수열의 규칙 ⟹ 각 항의 역수가 이루는 규칙도 찾아본다.

필수 예제 12-4 다음 물음에 답하여라.

(1) 다섯 개의 수 $\frac{1}{15}$, x, y, z, $\frac{1}{3}$이 이 순서로 조화수열을 이루도록 x, y, z의 값을 정하여라.

(2) $a_1=7$, $a_2=\alpha$이고,

$$a_n>0,\quad a_{n+1}a_{n+2}-2a_na_{n+2}+a_na_{n+1}=0 \text{ (단, } n=1, 2, 3, \cdots)$$

을 만족시키는 수열 $\{a_n\}$이 있다.

모든 자연수 n에 대하여 a_n이 정수가 되는 α의 값을 구하여라.

정석연구 (1) $\frac{1}{15}$, x, y, z, $\frac{1}{3}$이 조화수열을 이루도록 하는 것이므로

정의 조화수열을 이룬다 ⟺ 역수가 등차수열을 이룬다

에 착안하여, 먼저 역수의 수열을 생각한다.

(2) 이런 유형의 조건식을 변형하는 방법은 공식처럼 기억해 두어야 한다.

정석 양변을 $a_na_{n+1}a_{n+2}$로 나누어 본다.

모범답안 (1) $\frac{1}{15}$, x, y, z, $\frac{1}{3}$이 이 순서로 조화수열을 이루려면

$$15,\quad \frac{1}{x},\quad \frac{1}{y},\quad \frac{1}{z},\quad 3$$

은 이 순서로 등차수열을 이루어야 한다.

공차를 d라고 하면 제5항이 3이므로 $15+(5-1)d=3$ $\quad\therefore d=-3$

$$\therefore \frac{1}{x}=12,\ \frac{1}{y}=9,\ \frac{1}{z}=6 \quad \therefore \boldsymbol{x=\frac{1}{12},\ y=\frac{1}{9},\ z=\frac{1}{6}} \leftarrow \text{답}$$

(2) 조건식의 양변을 $a_na_{n+1}a_{n+2}$로 나누면

$$\frac{1}{a_n}-\frac{2}{a_{n+1}}+\frac{1}{a_{n+2}}=0 \quad \therefore \frac{2}{a_{n+1}}=\frac{1}{a_n}+\frac{1}{a_{n+2}}$$

따라서 수열 $\left\{\frac{1}{a_n}\right\}$은 등차수열이므로 공차를 d라고 하면

$$\frac{1}{a_n}=\frac{1}{a_1}+(n-1)d=\frac{1}{7}+(n-1)\left(\frac{1}{\alpha}-\frac{1}{7}\right)=\frac{(n-1)(7-\alpha)+\alpha}{7\alpha}$$

$$\therefore a_n=\frac{7\alpha}{(n-1)(7-\alpha)+\alpha}$$

모든 자연수 n에 대하여 a_n이 정수이려면

$$7-\alpha=0 \quad \therefore \boldsymbol{\alpha=7} \leftarrow \text{답}$$

유제 **12**-8. $a_1=1$이고, $2a_na_{n+1}=a_n-a_{n+1}$(단, $n=1, 2, 3, \cdots$)일 때, 수열 $\{a_n\}$의 일반항 a_n을 구하여라. 답 $\boldsymbol{a_n=\frac{1}{2n-1}}$

§3. 등차수열의 합

기본정석

등차수열의 합의 공식

첫째항이 a, 공차가 d, 제 n항이 l인 등차수열의 첫째항부터 제 n항까지의 합을 S_n이라고 하면

(1) $S_n=\dfrac{n(a+l)}{2}$ (2) $S_n=\dfrac{n\{2a+(n-1)d\}}{2}$

Advice | 등차수열의 첫째항을 a, 공차를 d, 제 n항을 l이라고 할 때, 첫째항부터 제 n항까지의 합 S_n은

$$S_n= a + a+d + a+2d + \cdots + l-2d + l-d + l$$

이고, 우변의 각 항을 역순으로 나열하면

$$S_n= l + l-d + l-2d + \cdots + a+2d + a+d + a$$

이다. 여기에서 두 식을 변변 더하면 좌변은 $2S_n$이고, 우변은 서로 대응하는 각 항의 합이 $a+l$이며 이것이 n개이다. 곧,

$$2S_n=\underbrace{(a+l)+(a+l)+(a+l)+\cdots+(a+l)}_{n\text{개}}=n(a+l)$$

$$\therefore\ S_n=\frac{n(a+l)}{2}$$

한편 l은 제 n항으로서 $l=a+(n-1)d$이므로

$$S_n=\frac{n\{a+a+(n-1)d\}}{2}=\frac{n\{2a+(n-1)d\}}{2}$$

보기 1 다음 물음에 답하여라.

(1) 첫째항이 3, 제10항이 27인 등차수열의 제10항까지의 합을 구하여라.

(2) 첫째항이 3, 공차가 2인 등차수열의 제10항까지의 합을 구하여라.

연구 첫째항과 제 n항이 주어질 때에는 아래 첫 번째 공식을, 첫째항과 공차가 주어질 때에는 아래 두 번째 공식을 주로 이용한다.

정석 $S_n=\dfrac{n(a+l)}{2}$, $S_n=\dfrac{n\{2a+(n-1)d\}}{2}$

(1) $S_{10}=\dfrac{10(3+27)}{2}=\mathbf{150}$ (2) $S_{10}=\dfrac{10\{2\times3+(10-1)\times2\}}{2}=\mathbf{120}$

필수 예제 **12**-5 다음 등차수열의 합을 구하여라.

(1) $5\frac{1}{2}+7\frac{1}{2}+9\frac{1}{2}+\cdots+$(제 100 항)

(2) $\frac{1}{\sqrt{2}+1}+\sqrt{2}+\frac{1}{\sqrt{2}-1}+\cdots+$(제 10 항)

(3) $\log_9 3+\log_9 3^3+\log_9 3^5+\cdots+\log_9 3^{2n-1}$

정석연구 등차수열의 합을 구할 때, 첫째항 a와 공차 d를 구하여 아래 첫 번째 공식을 이용하는 것이 보통이지만, 특히 제 n항 l을 알 수 있을 때에는 아래 두 번째 공식을 이용하는 것이 편리하다.

정석 $\mathrm{S}_n=\dfrac{n\{2a+(n-1)d\}}{2}$, $\quad \mathrm{S}_n=\dfrac{n(a+l)}{2}$

모범답안 (1) 첫째항이 $5\frac{1}{2}$, 공차가 2인 등차수열이므로 ⇦ $a=5\frac{1}{2}$, $d=2$

$$(\text{준 식})=\frac{100\left\{2\times5\frac{1}{2}+(100-1)\times2\right\}}{2}=\mathbf{10450} \longleftarrow \boxed{답}$$

(2) 분모를 유리화하면 $(\sqrt{2}-1)+\sqrt{2}+(\sqrt{2}+1)+\cdots+$(제 10 항)

첫째항이 $\sqrt{2}-1$, 공차가 1인 등차수열이므로 ⇦ $a=\sqrt{2}-1$, $d=1$

$$(\text{준 식})=\frac{10\{2(\sqrt{2}-1)+(10-1)\times1\}}{2}=\mathbf{35+10\sqrt{2}} \longleftarrow \boxed{답}$$

(3) $(\text{준 식})=\{1+3+5+\cdots+(2n-1)\}\times\log_9 3$ ⇦ $a=1$, $l=2n-1$

$$=\frac{n\{1+(2n-1)\}}{2}\times\frac{1}{2}=\frac{1}{2}n^2 \longleftarrow \boxed{답}$$

***Note** 첫째항이 $\log_9 3$, 공차가 $2\log_9 3$인 등차수열의 첫째항부터 제 n항까지의 합이므로 $(\text{준 식})=\dfrac{n\{2\log_9 3+(n-1)\times2\log_9 3\}}{2}=\dfrac{1}{2}n^2$

유제 **12**-9. 다음을 구하여라.

(1) 등차수열 $\frac{2}{3}, \frac{5}{3}, \frac{8}{3}, \cdots$의 제 10 항까지의 합

(2) 등차수열 $\frac{1}{2+\sqrt{3}}, 2, \frac{1}{2-\sqrt{3}}, \cdots$의 제 10 항까지의 합

(3) 등차수열 $\log 10, \log 20, \log 40, \cdots$의 제 10 항까지의 합

(4) 등차수열 $7, 4, 1, \cdots, -80$의 합

(5) 등차수열 $5, 10, 15, \cdots, 5n$의 합

답 (1) $\frac{155}{3}$ (2) $20+35\sqrt{3}$ (3) $10+45\log 2$ (4) -1095 (5) $\frac{5}{2}n(n+1)$

필수 예제 12-6 다음 수가 이 순서로 등차수열을 이룰 때, 물음에 답하여라.

$$-5,\quad a_1,\quad \cdots,\quad a_m,\quad 10,\quad b_1,\quad \cdots,\quad b_n,\quad 15$$

(1) $n=1$일 때, m의 값을 구하여라.

(2) m과 n의 관계식을 구하여라.

(3) 주어진 수의 총합이 205일 때, n의 값을 구하여라.

정석연구 (1), (2) 주어진 수열을

$$(-5,\ a_1,\ \cdots,\ a_m,\ 10)\text{과 } (10,\ b_1,\ \cdots,\ b_n,\ 15)$$

의 둘로 나누어 생각하면 이들은 공차가 같은 등차수열을 이룬다.

(3) 첫째항이 -5, 제 $m+n+3$항이 15인 등차수열이므로

정석 $S_n=\dfrac{n(a+l)}{2}$ 을 이용!

모범답안 (1) $n=1$일 때

$$(-5,\ a_1,\ \cdots,\ a_m,\ 10)\text{과 } (10,\ b_1,\ 15)$$

는 각각 등차수열을 이루며 공차가 같으므로

$$\frac{10-(-5)}{m+1}=\frac{15-10}{2} \qquad \Leftarrow (\text{공차})=\frac{(\text{마지막 항})-(\text{첫째항})}{(\text{항의 개수})-1}$$

$\therefore\ 5(m+1)=15\times2 \qquad \therefore\ \boldsymbol{m=5}$ ← 답

(2) $(-5,\ a_1,\ \cdots,\ a_m,\ 10)$과 $(10,\ b_1,\ \cdots,\ b_n,\ 15)$

는 각각 등차수열을 이루며 공차가 같으므로

$$\frac{10-(-5)}{m+1}=\frac{15-10}{n+1} \qquad \therefore\ \boldsymbol{m-3n-2=0} \leftarrow \text{답}$$

(3) 첫째항이 -5, 제 $m+n+3$항이 15인 등차수열의 첫째항부터 제 $m+n+3$항까지의 합이 205이므로

$$\frac{(m+n+3)(-5+15)}{2}=205 \qquad \therefore\ m+n-38=0$$

(2)의 결과와 연립하여 풀면 $m=29,\ n=9$ 답 $\boldsymbol{n=9}$

*Note (1)에서 세 수 10, b_1, 15가 이 순서로 등차수열을 이루므로 공차를 d라고 하면

$$10+2d=15 \qquad \therefore\ d=\frac{5}{2}$$

유제 **12**-10. 다음 수가 이 순서로 등차수열을 이루고, 그 합이 48일 때, n의 값과 공차 d를 구하여라.

$$-8,\quad a_1,\quad a_2,\quad a_3,\quad \cdots,\quad a_n,\quad 20$$

답 $\boldsymbol{n=6,\ d=4}$

필수 예제 12-7 등차수열 $\dfrac{2}{\sqrt{21}-1}$, $\dfrac{\sqrt{21}}{10}$, $\dfrac{2}{\sqrt{21}+1}$, $\cdots$에 대하여 다음 물음에 답하여라. 단, $\sqrt{21}=4.583$으로 계산한다.

(1) 제몇 항에서 처음으로 음수가 되는가?

(2) 첫째항부터 제몇 항까지의 합이 최대가 되는가?

(3) 첫째항부터 제몇 항까지의 합이 처음으로 음수가 되는가?

정석연구 이를테면

등차수열 $7,\ 5,\ 3,\ 1,\ -1,\ -3,\ -5,\ \cdots$ ……①

등차수열 $6,\ 4,\ 2,\ 0,\ -2,\ -4,\ -6,\ \cdots$ ……②

에서 각각 첫째항부터 차례로 더해 보면 ①은 제4항까지의 합이 최대이고, ②는 제3항 또는 제4항까지의 합이 최대임을 알 수 있다.

모범답안 이 수열의 각 항의 분모를 유리화하면

$$\frac{\sqrt{21}+1}{10},\ \frac{\sqrt{21}}{10},\ \frac{\sqrt{21}-1}{10},\ \cdots$$

이므로 첫째항이 $\dfrac{\sqrt{21}+1}{10}$, 공차가 $-\dfrac{1}{10}$인 등차수열이다.

(1) 이 수열의 제n항이 음수가 되는 n의 범위를 구하면

$$\frac{\sqrt{21}+1}{10}+(n-1)\times\left(-\frac{1}{10}\right)<0 \quad \therefore\ \frac{n}{10}>\frac{\sqrt{21}+2}{10}$$

$$\therefore\ n>\sqrt{21}+2=6.583$$

따라서 제7항에서 처음으로 음수가 된다. 답 제**7**항

(2) 일반항을 a_n이라고 하면 $a_1>a_2>a_3>\cdots>a_6>0>a_7>\cdots$

따라서 첫째항부터 제6항까지의 합이 최대이다. 답 제**6**항

(3) 첫째항부터 제n항까지의 합이 음수가 되는 n의 범위를 구하면

$$\frac{1}{2}n\left\{2\times\frac{\sqrt{21}+1}{10}+(n-1)\times\left(-\frac{1}{10}\right)\right\}<0 \quad \therefore\ n(n-2\sqrt{21}-3)>0$$

$n>0$이므로 $n-2\sqrt{21}-3>0$ $\quad\therefore\ n>12.166$ 답 제**13**항

**Note* 합 S_n이 n에 관한 이차식이므로 이를 완전제곱의 꼴로 변형하여 (2)를 해결할 수도 있다. 이때, n은 자연수라는 것에 주의해야 한다.

유제 **12**-11. 첫째항이 50이고, 제7항부터 제27항까지의 합이 42인 등차수열 $\{a_n\}$에 대하여 다음 물음에 답하여라.

(1) 제몇 항에서 처음으로 음수가 되는가?

(2) 첫째항부터 제몇 항까지의 합이 최대가 되는가? 또, 이때의 최댓값을 구하여라.

답 (1) 제**18**항 (2) 제**17**항, 최댓값 **442**

필수 예제 12-8 오른쪽 그림과 같이 삼각형 ABC의 한 변 AB를 99등분한 다음, 각 분점에서 변 BC에 평행한 직선을 그어 생긴 부분을 위에서부터 교대로 색칠하였다.

색칠한 부분의 넓이와 색칠하지 않은 부분의 넓이의 비를 구하여라.

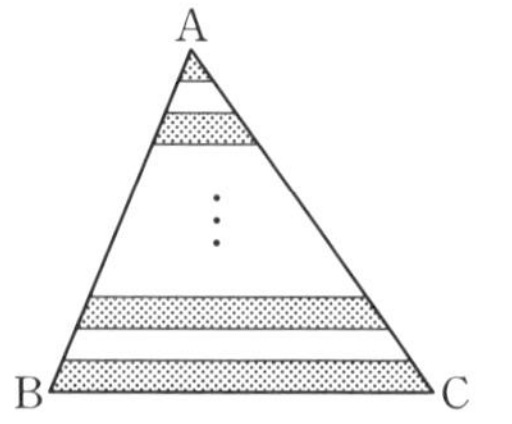

[정석연구] 등차수열의 합의 공식을 유도할 때와 같은 방법을 이용한다.

정석 도형에서 등차수열의 합은 ⟹ 공식의 유도 과정을 응용해 본다.

[모범답안] 오른쪽과 같이 △ABC를 두 개 붙이면 합동인 평행사변형을 99개 얻고, 이 중 색칠한 것은 50개, 색칠하지 않은 것은 49개이다.

따라서 문제의 그림에서 색칠한 부분의 넓이를 S, 색칠하지 않은 부분의 넓이를 S′이라고 하면

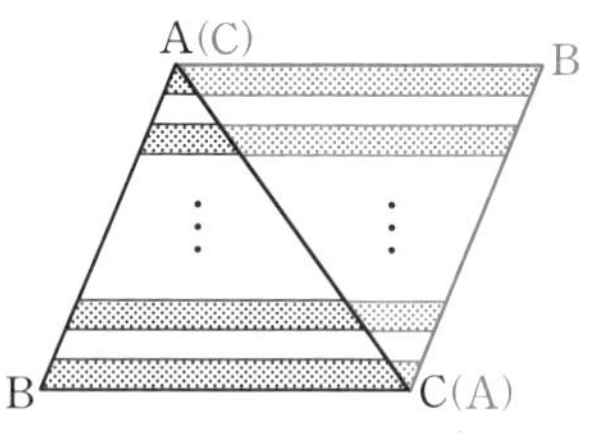

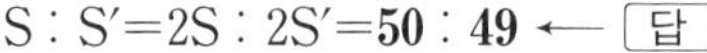

$$\mathrm{S} : \mathrm{S}' = 2\mathrm{S} : 2\mathrm{S}' = \mathbf{50 : 49}$$ ← [답]

Advice | 변 AB를 99등분한 점을 각각 $\mathrm{P}_1, \mathrm{P}_2, \cdots, \mathrm{P}_{98}$이라 하고, 이 점을 지나고 변 BC에 평행한 직선이 변 AC와 만나는 점을 각각 $\mathrm{Q}_1, \mathrm{Q}_2, \cdots, \mathrm{Q}_{98}$이라고 하자.

$\triangle \mathrm{AP}_1\mathrm{Q}_1 \backsim \triangle \mathrm{AP}_k\mathrm{Q}_k$이고 닮음비가 $1 : k$이므로 $\triangle \mathrm{AP}_1\mathrm{Q}_1 = a$라고 하면

$$\triangle \mathrm{AP}_k\mathrm{Q}_k = k^2 a$$

$$\therefore \square \mathrm{P}_k\mathrm{P}_{k+1}\mathrm{Q}_{k+1}\mathrm{Q}_k = (k+1)^2 a - k^2 a = (2k+1)a$$

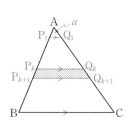

따라서 문제에서 삼각형을 분할한 도형의 넓이는 위에서부터 차례로

$a,\ 3a,\ 5a,\ 7a,\ \cdots,\ (2k+1)a,\ \cdots,\ 197a$ ⇦ 첫째항 a, 공차 $2a$

이 중에서 색칠한 부분의 넓이의 합은 홀수 번째 항의 합이고, 색칠하지 않은 부분의 넓이의 합은 짝수 번째 항의 합이다. 이를 계산해도 된다.

[유제] **12**-12. $\overline{\mathrm{AB}}=20$인 삼각형 ABC가 있다. 오른쪽 그림과 같이 변 CA를 30등분하는 점을 각각 $\mathrm{P}_1, \mathrm{P}_2, \cdots, \mathrm{P}_{29}$, 변 CB를 30등분하는 점을 각각 $\mathrm{Q}_1, \mathrm{Q}_2, \cdots, \mathrm{Q}_{29}$라 고 할 때, $\overline{\mathrm{P}_1\mathrm{Q}_1}+\overline{\mathrm{P}_2\mathrm{Q}_2}+\cdots+\overline{\mathrm{P}_{29}\mathrm{Q}_{29}}$의 값을 구하여라.

[답] **290**

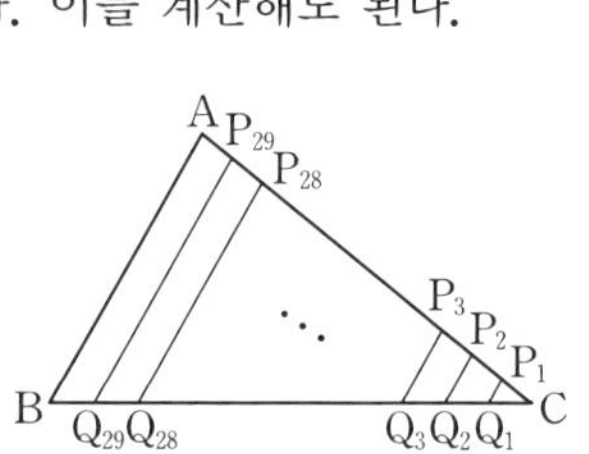

§4. 수열의 합과 일반항의 관계

기본정석

수열의 합과 일반항의 관계

수열 $\{a_n\}$의 첫째항부터 제 n항까지의 합을 S_n이라고 하면

$\boldsymbol{a_1=\mathrm{S}_1}$,

$\boldsymbol{a_n=\mathrm{S}_n-\mathrm{S}_{n-1}}$ (단, $\boldsymbol{n=2, 3, 4, \cdots}$)

Advice | $n=2, 3, 4, \cdots$일 때,

$a_1+a_2+a_3+\cdots+a_{n-1}+a_n=\mathrm{S}_n$ ……①

$a_1+a_2+a_3+\cdots+a_{n-1}\qquad=\mathrm{S}_{n-1}$ ……②

①−②하면 $a_n=\mathrm{S}_n-\mathrm{S}_{n-1}$ $(n=2, 3, 4, \cdots)$

한편 첫째항 a_1은 제1항까지의 합과 같으므로 $\boldsymbol{a_1=\mathrm{S}_1}$이다.

위의 관계는 등차수열뿐만 아니라 모든 수열에 적용된다.

*Note $a_n=\mathrm{S}_n-\mathrm{S}_{n-1}$은 $n\ge2$일 때 성립한다는 것에 주의해야 한다.

보기 1 수열 $\{a_n\}$의 첫째항부터 제 n항까지의 합 S_n이 $\mathrm{S}_n=n^2+2n$일 때, a_1, a_{10}을 구하여라.

연구 $a_1=\mathrm{S}_1=1^2+2\times1=\mathbf{3}$

$a_{10}=\mathrm{S}_{10}-\mathrm{S}_9=(10^2+2\times10)-(9^2+2\times9)=\mathbf{21}$

필수 예제 **12**-9 두 수열 $\{a_n\}$, $\{b_n\}$의 첫째항부터 제 n항까지의 합이 각각 n^2+p^2n, $2n^2+2pn$이다. $a_{10}=b_5$일 때, 상수 p의 값을 구하여라.

정석연구 합 S_n이 주어질 때, 제 n항 a_n은 다음 **정석**에 의하여 구한다.

정석 $\boldsymbol{a_1=\mathrm{S}_1,\ a_n=\mathrm{S}_n-\mathrm{S}_{n-1}\ (n=2, 3, 4, \cdots)}$

모범답안 $\mathrm{A}_n=n^2+p^2n$, $\mathrm{B}_n=2n^2+2pn$으로 놓으면

$a_{10}=\mathrm{A}_{10}-\mathrm{A}_9=(10^2+10p^2)-(9^2+9p^2)=19+p^2$,

$b_5=\mathrm{B}_5-\mathrm{B}_4=(2\times5^2+10p)-(2\times4^2+8p)=18+2p$

문제의 조건에서 $a_{10}=b_5$이므로 $19+p^2=18+2p$

$\therefore p^2-2p+1=0 \qquad \therefore \boldsymbol{p=1}$ ← 답

유제 **12**-13. 수열 $\{a_n\}$의 첫째항부터 제 n항까지의 합 S_n이 $\mathrm{S}_n=20n^2-5n-12$일 때, 2015는 제몇 항인가? 답 제**51**항

필수 예제 **12**-10 다음 물음에 답하여라.

(1) 첫째항부터 제 n항까지의 합 S_n이 $S_n=2n^2-25n$인 수열 $\{a_n\}$의 일반항 a_n을 구하여라.

(2) 첫째항부터 제 n항까지의 합 S_n이 $S_n=pn^2+qn+r$인 수열 $\{a_n\}$이 등차수열일 조건을 구하여라.

정석연구 S_n으로부터 a_n을 구할 때에는

정석 $\boldsymbol{a_1=S_1,\ a_n=S_n-S_{n-1}\ (n=2, 3, 4, \cdots)}$

을 이용한다.

특히 $a_n=S_n-S_{n-1}$에는 $n\ge2$라는 조건이 붙는다는 것에 주의해야 한다. 따라서

$n\ge2$일 때, $n=1$일 때

로 나누어 생각해야 한다.

모범답안 (1) $S_n=2n^2-25n$에서

$n\ge2$일 때 : $a_n=S_n-S_{n-1}$

$=(2n^2-25n)-\{2(n-1)^2-25(n-1)\}=4n-27$

$n=1$일 때 : $a_1=S_1=2-25=-23$

$a_1=-23$은 위의 $a_n=4n-27$에 $n=1$을 대입한 것과 같다.

$\therefore$ $\boldsymbol{a_n=4n-27\ (n=1, 2, 3, \cdots)}$ ← 답

(2) $S_n=pn^2+qn+r$에서

$n\ge2$일 때 : $a_n=S_n-S_{n-1}$

$=(pn^2+qn+r)-\{p(n-1)^2+q(n-1)+r\}$

$=2pn-p+q$ ……①

따라서 $a_2, a_3, a_4, \cdots$는 공차가 $2p$인 등차수열이다.

그러므로 $a_1, a_2, a_3, a_4, \cdots$가 등차수열일 조건은 $a_2-a_1=2p$

그런데 ①에서 $a_2=3p+q$이고, $a_1=S_1=p+q+r$이므로

$(3p+q)-(p+q+r)=2p$ $\therefore$ $\boldsymbol{r=0}$ ← 답

Advice | 일반적으로 $S_n=pn^2+qn+r$인 수열은

$r=0$이면 ⟹ 첫째항부터 등차수열을 이룬다.

$r\neq0$이면 ⟹ 둘째항부터 등차수열을 이룬다.

유제 **12**-14. 첫째항부터 제 n항까지의 합 S_n이 $S_n=2n^2+3n$인 수열 $\{a_n\}$은 어떤 수열인가? 답 첫째항이 **5**, 공차가 **4**인 등차수열

연습문제 12

기본 **12-1** 등차수열 $\{a_n\}$의 처음 다섯 항의 합이 15이고 곱이 1155일 때, 첫째항을 구하여라. 단, $\{a_n\}$의 각 항은 실수이다.

12-2 x에 관한 삼차방정식 $x^3-3x^2-6x+k=0$의 세 근이 등차수열을 이룰 때, 상수 k의 값과 세 근을 구하여라.

12-3 $\angle A=90°$인 직각삼각형 ABC의 꼭짓점 A에서 변 BC에 내린 수선의 발을 D라고 할 때, $\triangle$ABD, $\triangle$ACD, $\triangle$ABC의 넓이가 이 순서로 등차수열을 이룬다. 이때, 다음을 구하여라.

(1) $\triangle \text{ABD} : \triangle \text{ACD} : \triangle \text{ABC}$ (2) $\overline{\text{AB}} : \overline{\text{AC}} : \overline{\text{BC}}$

12-4 이차방정식 $x^2-5x+2=0$의 두 근의 등차중항과 조화중항을 두 근으로 하는 x에 관한 이차방정식을 구하여라.

12-5 첫째항이 -60이고 제17항이 -12인 등차수열 $\{a_n\}$이 있다.
$|a_1|+|a_2|+|a_3|+|a_4|+\cdots+|a_{30}|$의 값을 구하여라.

12-6 어떤 등차수열에서 제 m항이 $\dfrac{1}{n}$이고 제 n항이 $\dfrac{1}{m}$일 때, 이 수열의 첫째항부터 제 mn항까지의 합을 구하여라. 단, $m\neq n$이다.

12-7 세 자리 자연수에 대하여 다음 물음에 답하여라.

(1) 4로도 6으로도 나누어 떨어지는 수의 합을 구하여라.

(2) 4 또는 6으로 나누어 떨어지는 수의 합을 구하여라.

(3) 4로도 6으로도 나누어 떨어지지 않는 수의 합을 구하여라.

12-8 6과 서로소인 자연수를 작은 것부터 차례로 나열하여 얻은 수열의 첫째항부터 제100항까지의 합을 구하여라.

12-9 등차수열 $\{a_n\}$의 첫째항부터 제 n항까지의 합 S_n이 $S_n=pn^2+qn$일 때, 다음 물음에 답하여라.

(1) 이 등차수열의 첫째항이 14이고, 첫째항부터 제5항까지의 합과 첫째항부터 제10항까지의 합이 같을 때, 상수 p, q의 값을 구하여라.

(2) 위의 (1)의 등차수열에서 S_n이 최대일 때, n의 값과 이때의 최댓값을 구하여라.

12-10 수열 $\{a_n\}$의 첫째항부터 제 n항까지의 합을 S_n이라고 하자. 수열 $\{S_{2n-1}\}$은 공차가 -3인 등차수열이고, 수열 $\{S_{2n}\}$은 공차가 2인 등차수열이다. $a_2=1$일 때, a_8을 구하여라.

실력 **12-11** $\log 3$, $\frac{2}{3}\log 3^x$, $\log(3^x+1458)$이 이 순서로 등차수열을 이룰 때, x의 값과 공차 d를 구하여라. 단, x는 자연수이다.

12-12 다음을 증명하여라.

(1) 세 수 $\sqrt{3}$, $\sqrt{5}$, $\sqrt{7}$은 이 순서로 등차수열을 이루지 않는다.

(2) $\sqrt{3}$, $\sqrt{5}$, $\sqrt{7}$을 모두 항으로 가지는 등차수열은 존재하지 않는다.

12-13 x에 관한 사차방정식 $x^4-(3m+2)x^2+m^2=0$의 네 실근이 등차수열을 이룰 때, 네 실근을 구하여라. 단, m은 정수이다.

12-14 직각삼각형의 세 변의 길이가 등차수열을 이룰 때, 삼각형의 내접원의 반지름의 길이는 이 수열의 공차와 같음을 증명하여라.

12-15 $\overline{AB}>\overline{AC}$인 $\triangle ABC$에서 $\angle A$의 내각의 이등분선이 변 BC와 만나는 점을 D라 하고, $\angle A$의 외각의 이등분선이 변 BC의 연장선과 만나는 점을 E라고 할 때, $\overline{BD}$, $\overline{BC}$, $\overline{BE}$는 이 순서로 어떤 수열을 이루는가?

12-16 $1<n<100$인 자연수 n에 대하여 다음 S의 최솟값을 구하여라.

$$S=|n-1|+|n-2|+|n-3|+\cdots+|n-100|$$

12-17 공차가 양수인 등차수열의 첫째항부터 제 n항까지의 항 중에서 홀수 번째 항의 합이 72, 짝수 번째 항의 합이 60일 때, n의 값을 구하여라.

12-18 1에서 39까지의 홀수 중 서로 다른 10개를 뽑아 더하여 나올 수 있는 모든 값을 원소로 하는 집합을 A라고 할 때, A의 원소의 합을 구하여라.

12-19 3으로 나눈 나머지가 2이고 5로 나눈 나머지가 3인 모든 자연수를 작은 것부터 차례로 나열한 수열 $\{a_n\}$에 대하여 다음 물음에 답하여라.

(1) 첫째항 a_1을 구하여라.

(2) $a_{n+1}=a_n+15\,(n=1, 2, 3, \cdots)$임을 보여라.

(3) $\{a_n\}$의 항 중에서 세 자리 수의 개수와 이들의 합을 구하여라.

12-20 m, n은 자연수이고, $m<n$이다. m과 n 사이의 5를 분모로 하는 유리수 중에서 자연수가 아닌 것의 합을 구하여라.

12-21 몇 개의 연속한 자연수의 합이 1000일 때, 이 연속한 자연수를 구하여라.

12-22 좌표평면에서 네 점 $A(n, 0)$, $B(0, n)$, $C(-n, 0)$, $D(0, -n)$을 꼭짓점으로 하는 사각형 ABCD의 둘레 및 내부에 있는 점 $P(x, y)$의 개수를 구하여라. 단, x, y는 정수이고, n은 자연수이다.

13. 등비수열

§1. 등비수열의 일반항

기본정석

1 등비수열, 등비수열의 일반항

(1) 첫째항에 차례로 일정한 수를 곱하여 얻어지는 수열을 등비수열이라 하고, 곱하는 일정한 수를 공비라고 한다.

일반적으로 수열 a_1, a_2, a_3, $\cdots$, a_n, a_{n+1}, $\cdots$이 첫째항이 a, 공비가 r인 등비수열을 이룰 때,

$$a_1=a,$$
$$a_{n+1}\div a_n=r \text{ (단, } a_n\neq 0\text{이고, } n=1, 2, 3, \cdots) \quad \Leftarrow a_{n+1}=ra_n$$

가 성립한다.

(2) 첫째항이 a, 공비가 r인 등비수열의 일반항(제 n항)을 a_n이라고 하면

정석 $a_n=ar^{n-1}$

2 등비중항

0이 아닌 세 수 a, x, b가 이 순서로 등비수열을 이룰 때, x를 a와 b의 등비중항이라고 한다.

(1) a, x, b가 등비수열 $\iff x^2=ab \iff x=\pm\sqrt{ab}$

(2) 수열 $\{a_n\}$이 등비수열 $\iff (a_{n+1})^2=a_na_{n+2}$ $(n=1, 2, 3, \cdots)$

3 등차 · 등비 · 조화중항 사이의 관계

두 양수 a와 b의 등차중항을 A, 양의 등비중항을 G, 조화중항을 H라고 하면

$$\mathrm{A}=\frac{a+b}{2}, \quad \mathrm{G}=\sqrt{ab}, \quad \mathrm{H}=\frac{2ab}{a+b}$$

이고, A, G, H 사이에는 다음 관계가 성립한다.

(i) $\mathrm{A}\ge\mathrm{G}\ge\mathrm{H}$ (단, 등호는 $a=b$일 때 성립)

(ii) $\mathrm{AH}=\mathrm{G}^2$ 곧, A, G, H는 이 순서로 등비수열을 이룬다.

**Note* A는 산술평균, G는 기하평균, H는 조화평균이라고도 한다.

Advice | 등비수열의 일반항

이를테면 수열 1, 2, 4, 8, 16, $\cdots$ ……①

은 첫째항 1에 차례로 2를 곱하여 얻어진 것으로, 이와 같은 수열을 첫째항이 1, 공비가 2인 등비수열이라고 한다.

마찬가지로 수열 27, 9, 3, 1, $\cdots$ ……②

는 첫째항이 27, 공비가 $\dfrac{1}{3}$인 등비수열이라고 한다.

일반적으로 첫째항이 a, 공비가 r인 등비수열의 제 n항을 a_n이라고 하면

$$\begin{array}{cccccccc} a_1, & a_2, & a_3, & a_4, & \cdots, & a_{n-1}, & a_n, & \cdots \\ \| & \| & \| & \| & & \| & \| & \\ a, & ar, & ar^2, & ar^3, & \cdots, & ar^{n-2}, & ar^{n-1}, & \cdots \end{array}$$

(이웃하는 항 사이: $\times r$)

이므로 다음 사실을 알 수 있다.

정석 $\boldsymbol{a_n=ar^{n-1}}$, $\quad \boldsymbol{a_{n+1}\div a_n=r\ (a_n\neq 0)}$

수열 ①, ②의 일반항 a_n을 $a_n=ar^{n-1}$에 대입하여 구하면

①에서는 $a=1$, $r=2$이므로 $\quad a_n=1\times 2^{n-1}=2^{n-1}$

②에서는 $a=27$, $r=\dfrac{1}{3}$이므로 $\quad a_n=27\times\left(\dfrac{1}{3}\right)^{n-1}=3^{-n+4}$

* *Note* 1° 등비수열(Geometric Progression)을 **G.P.**로 나타내기도 한다.

2° 수열 2, 0, 0, 0, $\cdots$은 공비가 0인 등비수열, 수열 0, 0, 0, 0, $\cdots$은 공비가 임의의 수인 등비수열이라고 할 수 있다. 그런데 책에 따라서는 '각 항이 0이 아닌 수열 $\{a_n\}$에서 이웃하는 항의 비 $\dfrac{a_{n+1}}{a_n}$의 값이 일정할 때 이 수열을 등비수열이라 하고, 그 일정한 값을 공비라고 한다'고 정의하기도 한다. 이 정의에 의하면 위의 두 수열은 등비수열이라고 할 수 없다.

보기 1 다음 물음에 답하여라.

(1) 등비수열 -2, 4, -8, $\cdots$의 일반항 a_n을 구하여라.

(2) 첫째항이 4, 공비가 3인 등비수열에서 2916은 제몇 항인가?

(3) 첫째항이 1, 제6항이 32인 등비수열의 공비(실수)를 구하여라.

(4) 공비가 0.5, 제5항이 20인 등비수열의 첫째항을 구하여라.

연구 (1) 첫째항이 -2, 공비가 -2이므로 $\quad a_n=(-2)\times(-2)^{n-1}=\boldsymbol{(-2)^n}$

(2) 제 n항이 2916이라고 하면

$4\times 3^{n-1}=2916 \quad \therefore\ 3^{n-1}=3^6 \quad \therefore\ n=7 \quad \therefore$ 제**7**항

(3) 공비를 r라고 하면 $\quad 1\times r^{6-1}=32 \quad \therefore\ r^5=2^5 \quad \therefore\ r=\boldsymbol{2}$

(4) 첫째항을 a라고 하면 $\quad a\times 0.5^{5-1}=20 \quad \therefore\ a=\boldsymbol{320}$

필수 예제 13-1 제2항이 9, 제5항이 243이고, 공비가 실수인 등비수열 $\{a_n\}$에 대하여 다음 물음에 답하여라.

(1) 첫째항 a와 공비 r를 구하여라.

(2) 일반항 a_n을 구하여라.

(3) $\log_b a_1+\log_b a_2+\log_b a_3+\cdots+\log_b a_{10}=55$를 만족시키는 b의 값을 구하여라.

(4) 이 수열은 제몇 항에서 처음으로 10000보다 커지는가?
단, $\log 3=0.4771$로 계산한다.

정석연구 첫째항이 a, 공비가 r인 등비수열의 일반항 a_n은

정석 $a_n=ar^{n-1}$

이다. 우선 주어진 조건을 써서 a, r의 값을 구해 본다.

모범답안 (1) 문제의 조건에서 $a_2=9$, $a_5=243$이므로

$ar=9$ ……① $ar^4=243$ ……②

②÷①하면 $r^3=27$이고, r는 실수이므로 $r=3$

이 값을 ①에 대입하면 $a=3$ 답 $\boldsymbol{a=3,\ r=3}$

(2) $a_n=ar^{n-1}=3\times3^{n-1}=\boldsymbol{3^n}$ ← 답

(3) $\log_b a_1+\log_b a_2+\log_b a_3+\cdots+\log_b a_{10}$

$=\log_b(a_1\times a_2\times a_3\times\cdots\times a_{10})=\log_b(3\times3^2\times3^3\times\cdots\times3^{10})$

$=\log_b 3^{1+2+3+\cdots+10}=\log_b 3^{55}=55\log_b 3$

이므로 준 식은 $55\log_b 3=55$ $\therefore \log_b 3=1$ $\therefore$ $\boldsymbol{b=3}$ ← 답

(4) 제 n항에서 처음으로 10000보다 커진다고 하면 $3^n>10000$

$\therefore \log 3^n>\log 10000$ $\therefore n\log 3>4$

$\therefore n\times0.4771>4$ $\therefore n>8.3\times\times\times$ 답 제**9**항

유제 **13**-1. 첫째항과 공비가 모두 r인 등비수열 $\{a_n\}$이

$\log_3 a_1+\log_3 a_2+\log_3 a_3+\cdots+\log_3 a_{10}=165$

를 만족시킬 때, r의 값을 구하여라. 답 $\boldsymbol{r=27}$

유제 **13**-2. 첫째항이 2이고 공비가 1.1인 등비수열은 제몇 항에서 처음으로 10보다 커지는가?
단, $\log 1.1=0.0414$, $\log 2=0.3010$으로 계산한다. 답 제**18**항

유제 **13**-3. 제3항이 12, 제7항이 192이고, 공비가 양수인 등비수열 $\{a_n\}$에서 768은 제몇 항인가? 답 제**9**항

필수 예제 13-2 등차수열 $\{a_n\}$과 등비수열 $\{b_n\}$에 대하여 $c_n=a_n+b_n$ (단, $n=1, 2, 3, \cdots$)으로 놓으면 $c_1=2$, $c_2=5$, $c_3=17$이라고 한다. 이때, 수열 $\{c_n\}$의 일반항 c_n을 구하여라.

단, $\{b_n\}$의 첫째항과 공비는 모두 0이 아닌 정수이다.

정석연구 등차수열, 등비수열의 일반항은 다음과 같다.

정 석 수열 $\{a_n\}$이 등차수열일 때 $\Longrightarrow$ $a_n=a+(n-1)d$
수열 $\{a_n\}$이 등비수열일 때 $\Longrightarrow$ $a_n=ar^{n-1}$

모범답안 $\{a_n\}$의 첫째항을 a, 공차를 d라고 하면 $a_n=a+(n-1)d$
$\{b_n\}$의 첫째항을 b, 공비를 r라고 하면 $b_n=br^{n-1}$

$\therefore$ $c_n=a_n+b_n=a+(n-1)d+br^{n-1}$

$c_1=2$이므로 $a+b=2$ ……①
$c_2=5$이므로 $a+d+br=5$ ……②
$c_3=17$이므로 $a+2d+br^2=17$ ……③
②−①하면 $d+b(r-1)=3$ ……④
③−②하면 $d+br(r-1)=12$ ……⑤
⑤−④하면 $b(r-1)^2=9$

그런데 b, r는 정수이므로 $(r-1)^2$은 9의 약수이고 제곱수이다.

$\therefore$ $(r-1)^2=1, 9$ $\quad\therefore$ $r=2, 4, -2$ ($\because$ $r\neq0$)

(i) $r=2$일 때 $b=9$, $a=-7$, $d=-6$
(ii) $r=4$일 때 $b=1$, $a=1$, $d=0$
(iii) $r=-2$일 때 $b=1$, $a=1$, $d=6$

$\therefore$ $\boldsymbol{c_n=-6n-1+9\times2^{n-1}}$, $\boldsymbol{c_n=1+4^{n-1}}$, $\boldsymbol{c_n=6n-5+(-2)^{n-1}}$ ← 답

*Note b, r가 정수라는 조건을 활용하기 위하여 ③, ④, ⑤에서 a와 d부터 소거하여 연립방정식을 푼다.

유제 **13**-4. 등차수열 $\{a_n\}$과 등비수열 $\{b_n\}$에 대하여 $c_n=a_n+b_n$(단, $n=1, 2, 3, \cdots$)으로 놓으면 $c_1=2$, $c_2=4$, $c_3=7$, $c_4=12$라고 한다. 이때, 수열 $\{c_n\}$의 일반항 c_n을 구하여라. 답 $\boldsymbol{c_n=n+2^{n-1}}$

유제 **13**-5. 등차수열 $\{a_n\}$과 등비수열 $\{b_n\}$에 대하여 $c_n=\dfrac{a_n}{b_n}$ (단, $b_n\neq0$이고 $n=1, 2, 3, \cdots$)으로 놓으면

$$c_1=2,\quad c_2=1,\quad c_3=\frac{4}{9}$$

라고 한다. 이때, 등비수열 $\{b_n\}$의 공비를 구하여라. 답 $\boldsymbol{\dfrac{3}{2}, 3}$

필수 예제 13-3 다음 물음에 답하여라.

(1) 각 항이 양수인 수열 $\{a_n\}$이 등비수열이면 수열 $\{\log a_n\}$은 등차수열임을 보여라.

(2) 1이 아닌 세 양수 a, b, c와 0이 아닌 세 실수 x, y, z에 대하여 $a^x=b^y=c^z$이고 a, b, c가 이 순서로 등비수열을 이룰 때, x, y, z는 이 순서로 어떤 수열을 이루는가?

정석연구 수열 $\{a_n\}$이 등차수열, 등비수열일 조건은 다음과 같다.

정석 등차수열 $\iff$ $\boldsymbol{a_{n+1}-a_n=d}$ (일정) $\iff$ $\boldsymbol{2a_{n+1}=a_n+a_{n+2}}$
등비수열 $\iff$ $\boldsymbol{a_{n+1}\div a_n=r}$ (일정) $\iff$ $\boldsymbol{(a_{n+1})^2=a_n\times a_{n+2}}$

모범답안 (1) 수열 $\{a_n\}$이 등비수열이므로 공비를 r라고 하면

$$\frac{a_{n+1}}{a_n}=r \qquad \therefore \log\frac{a_{n+1}}{a_n}=\log r \qquad \therefore \log a_{n+1}-\log a_n=\log r$$

곧, $\log a_{n+1}-\log a_n$이 일정하므로 수열 $\{\log a_n\}$은 등차수열이다.

(2) $a^x=b^y=c^z=k(k>0,\ k\neq1)$로 놓으면 $a=k^{\frac{1}{x}}$, $b=k^{\frac{1}{y}}$, $c=k^{\frac{1}{z}}$

a, b, c가 이 순서로 등비수열을 이루므로 $b^2=ac$

$$\therefore k^{\frac{2}{y}}=k^{\frac{1}{x}}k^{\frac{1}{z}}=k^{\frac{1}{x}+\frac{1}{z}} \qquad \therefore \frac{2}{y}=\frac{1}{x}+\frac{1}{z}$$

따라서 $\dfrac{1}{x}$, $\dfrac{1}{y}$, $\dfrac{1}{z}$이 이 순서로 등차수열을 이루므로 x, y, z는 이 순서로 조화수열을 이룬다. 답 조화수열

**Note* $a^x=b^y=c^z$에서 각 변의 상용로그를 잡고 $k(k\neq0)$로 놓으면

$$x\log a=y\log b=z\log c=k \qquad \therefore x=\frac{k}{\log a},\ y=\frac{k}{\log b},\ z=\frac{k}{\log c}$$

a, b, c가 이 순서로 등비수열을 이루므로 $b^2=ac$

$$\therefore \frac{1}{x}+\frac{1}{z}=\frac{\log a+\log c}{k}=\frac{\log ac}{k}=\frac{\log b^2}{k}=\frac{2\log b}{k}=\frac{2}{y}$$

유제 **13**-6. 세 양수 a, b, c가 이 순서로 등비수열을 이룰 때, $\log\dfrac{1}{a}$, $\log\dfrac{1}{b}$, $\log\dfrac{1}{c}$은 이 순서로 어떤 수열을 이루는가? 답 등차수열

유제 **13**-7. $\log x$, $\log y$, $\log z$가 이 순서로 등차수열을 이룰 때, x, y, z는 이 순서로 어떤 수열을 이루는가? 답 등비수열

유제 **13**-8. $a^x=b^y=c^z$이고 x, y, z가 이 순서로 조화수열을 이룰 때, 세 양수 a, b, c는 이 순서로 어떤 수열을 이루는가? 답 등비수열

필수 예제 13-4 한 변의 길이가 2인 정삼각형의 종이를 오른쪽 그림과 같이 각 변의 중점을 이어서 정삼각형 네 개를 만든다. 그중 가운데의 정삼각형을 오려 내는 시행을 제1회 시행이라 하고, 이 일을 남은 정삼각형 세 개에 대하여 반복하는 시행을 제2회 시행이라고 하자.

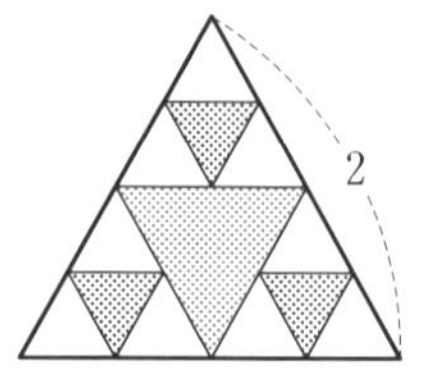

제10회 시행이 끝난 후, 남아 있는 종이의 넓이를 구하여라.

정석연구 한 변의 길이가 2인 정삼각형의 넓이는 $\dfrac{\sqrt{3}}{4}\times2^2=\sqrt{3}$

제1회 시행에서 정삼각형 4개 중 3개가 남으므로 남은 넓이 S_1은

$$S_1=\sqrt{3}\times\frac{3}{4}$$

제2회 시행에서도 남은 정삼각형 3개가 각각 4등분된 다음, 3개씩 남으므로 남은 넓이 S_2는

$$S_2=S_1\times\frac{3}{4}=\left(\sqrt{3}\times\frac{3}{4}\right)\times\frac{3}{4}=\sqrt{3}\times\left(\frac{3}{4}\right)^2$$

곧, 매회 시행 때마다 이전 넓이의 $\dfrac{3}{4}$이 남으므로 남은 넓이는 공비가 $\dfrac{3}{4}$인 등비수열을 이룬다. 따라서 이 수열의 제10항을 구하면 된다.

정석 동일 규칙 아래에서의 반복 시행 ⟹ 규칙성을 찾아라.

모범답안 제n회 시행이 끝난 후 남은 종이의 넓이를 S_n이라고 하자.

$S_1=\sqrt{3}\times\dfrac{3}{4}$이고, 매회 시행 때마다 이전 넓이의 $\dfrac{3}{4}$이 남으므로 수열 $\{S_n\}$은 첫째항이 $\sqrt{3}\times\dfrac{3}{4}$이고 공비가 $\dfrac{3}{4}$인 등비수열이다.

$$\therefore\ S_{10}=\left(\sqrt{3}\times\frac{3}{4}\right)\times\left(\frac{3}{4}\right)^{10-1}=\sqrt{3}\left(\frac{3}{4}\right)^{10} \longleftarrow \text{답}$$

유제 13-9. 한 변의 길이가 4인 정사각형의 종이에 오른쪽 그림과 같이 각 변에 평행한 두 개의 가로줄과 두 개의 세로줄을 넣어 크기가 같은 정사각형 9개를 만든다. 그중 가운데의 정사각형을 떼어 내는 시행을 제1회 시행이라 하고, 이 일을 남은 정사각형 8개에 대하여 반복하는 시행을 제2회 시행이라고 하자.

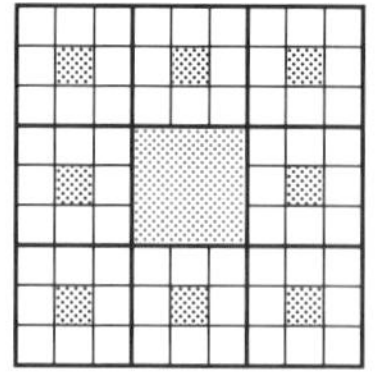

제20회 시행이 끝난 후, 남아 있는 종이의 넓이를 구하여라. 답 $\dfrac{2^{64}}{3^{40}}$

§2. 등비수열의 합

기본정석

등비수열의 합의 공식

첫째항이 a, 공비가 r인 등비수열의 제 n항까지의 합을 S_n이라고 하면

$r\neq1$일 때 $\quad S_n=\dfrac{a(r^n-1)}{r-1}$ 또는 $S_n=\dfrac{a(1-r^n)}{1-r}$

$r=1$일 때 $\quad S_n=na$

Advice | 등비수열의 첫째항을 a, 공비를 r, 첫째항부터 제 n항까지의 합을 S_n이라고 하면

$$S_n=a+ar+ar^2+\cdots+ar^{n-2}+ar^{n-1} \quad \cdots\cdots①$$

양변에 r를 곱하면

$$rS_n=ar+ar^2+ar^3+\cdots+ar^{n-1}+ar^n \quad \cdots\cdots②$$

①−②하면 $S_n-rS_n=a-ar^n$ 곧, $(1-r)S_n=a(1-r^n)$

$r\neq1$일 때 $\quad S_n=\dfrac{a(1-r^n)}{1-r}=\dfrac{a(r^n-1)}{r-1}$

$r=1$일 때 ①에서 $S_n=a+a+a+\cdots+a=na$

위의 S_n을 유도하는 방법 자체가 수열 문제의 해결에 이용되기도 하므로 합의 공식은 물론 공식을 유도하는 과정도 함께 기억해 두길 바란다.

보기 1 다음 등비수열의 첫째항부터 제 n항까지의 합 S_n을 구하여라.

(1) 1, 2, 4, 8, $\cdots$ (2) 0.3, 0.03, 0.003, $\cdots$

(3) 2, 2, 2, 2, $\cdots$

연구 $r>1$일 때 $\Longrightarrow S_n=\dfrac{a(r^n-1)}{r-1}$, $\quad r<1$일 때 $\Longrightarrow S_n=\dfrac{a(1-r^n)}{1-r}$

을 이용하면 중간 계산이 더 간편하다.

(1) $a=1$, $r=2$인 등비수열이므로

$$S_n=\frac{a(r^n-1)}{r-1}=\frac{1\times(2^n-1)}{2-1}=\mathbf{2^n-1}$$

(2) $a=0.3$, $r=0.1$인 등비수열이므로

$$S_n=\frac{a(1-r^n)}{1-r}=\frac{0.3(1-0.1^n)}{1-0.1}=\frac{1}{3}\left\{1-\left(\frac{1}{10}\right)^n\right\}$$

(3) $S_n=\underbrace{2+2+2+\cdots+2}_{n\text{개}}=\mathbf{2n}$

필수 예제 13-5 다음 등비수열의 합 S를 구하여라.

(1) $1-\frac{1}{3}+\left(\frac{1}{3}\right)^2-\left(\frac{1}{3}\right)^3+\cdots+\left(-\frac{1}{3}\right)^n$

(2) $1+i+i^2+i^3+\cdots+i^{50}$ (단, $i=\sqrt{-1}$)

(3) $x+\frac{x}{x+1}+\frac{x}{(x+1)^2}+\frac{x}{(x+1)^3}+\cdots+\frac{x}{(x+1)^{n-1}}$

정석연구 먼저 첫째항, 공비 및 제몇 항까지의 합인지를 조사한 다음

정석 $r\neq1$일 때 $S_n=\frac{a(r^n-1)}{r-1}=\frac{a(1-r^n)}{1-r}$, $r=1$일 때 $S_n=na$

를 이용한다. 특히 (3)에서는 다음에 주의하여라.

정석 $r=1$인 경우를 잊어서는 안 된다.

모범답안 (1) 첫째항이 1, 공비가 $-\frac{1}{3}$인 등비수열의 제 $n+1$항까지의 합이므로

$$S=\frac{1\times\left\{1-\left(-\frac{1}{3}\right)^{n+1}\right\}}{1-\left(-\frac{1}{3}\right)}=\frac{3}{4}\left\{1-\left(-\frac{1}{3}\right)^{n+1}\right\} \longleftarrow \boxed{답}$$

(2) 첫째항이 1, 공비가 i인 등비수열의 제51항까지의 합이므로

$$S=\frac{1\times(1-i^{51})}{1-i}=\frac{1-(i^2)^{25}i}{1-i}=\frac{1+i}{1-i}=\frac{(1+i)^2}{(1-i)(1+i)}=i \longleftarrow \boxed{답}$$

(3) 첫째항이 x, 공비가 $\frac{1}{x+1}$인 등비수열의 제 n항까지의 합이다.

(i) $\frac{1}{x+1}\neq1$, 곧 $x\neq0$일 때

$$S=\frac{x\left\{1-\frac{1}{(x+1)^n}\right\}}{1-\frac{1}{x+1}}=(x+1)\left\{1-\frac{1}{(x+1)^n}\right\}$$

(ii) $\frac{1}{x+1}=1$, 곧 $x=0$일 때 $S=0$이다.

이것은 (i)의 S를 만족시킨다. $\boxed{답}$ $S=(x+1)\left\{1-\frac{1}{(x+1)^n}\right\}$

유제 **13**-10. 다음 수열의 첫째항부터 제 n항까지의 합을 구하여라.

(1) $1, \sqrt{3}, 3, 3\sqrt{3}, \cdots$

(2) $2+\frac{1}{2}, 4+\frac{1}{4}, 6+\frac{1}{8}, 8+\frac{1}{16}, \cdots$

(3) $9, 99, 999, 9999, \cdots$

(4) $x, -x^2, x^3, -x^4, \cdots$

답 (1) $\frac{(\sqrt{3})^n-1}{\sqrt{3}-1}$ (2) $n^2+n+1-\frac{1}{2^n}$ (3) $\frac{10^{n+1}-10-9n}{9}$

(4) $x\neq-1$일 때 $\frac{x\{1-(-x)^n\}}{1+x}$, $x=-1$일 때 $-n$

필수 예제 13-6 수열 $\{a_n\}$에 대하여

$$a_1=1,\quad \frac{a_n+1}{a_{n+1}}=2\left(\frac{1}{a_n}+1\right),\quad a_n>0 \ (\text{단, } n=1, 2, 3, \cdots)$$

이 성립할 때,

$$1.999<a_1+a_2+a_3+\cdots+a_n<2$$

를 만족시키는 n의 최솟값을 구하여라. 단, $\log 2=0.3010$으로 계산한다.

정석연구 조건식의 양변에 a_na_{n+1}을 곱하여 정리하면 a_n과 a_{n+1} 사이의 관계식을 보다 간결하게 유도할 수 있다.

정리하면 $a_{n+1}=ra_n$의 꼴이므로 다음 **정석**을 이용하여라.

정석 $a_{n+1}=ra_n \iff$ 공비가 r인 등비수열

모범답안 조건식의 양변에 a_na_{n+1}을 곱하면

$$(a_n+1)a_n=2(a_n+1)a_{n+1} \quad \therefore (a_n+1)(a_n-2a_{n+1})=0$$

$a_n+1>0$이므로 $a_n-2a_{n+1}=0 \quad \therefore a_{n+1}=\dfrac{1}{2}a_n$

따라서 수열 $\{a_n\}$은 첫째항이 1, 공비가 $\dfrac{1}{2}$인 등비수열이므로 첫째항부터 제n항까지의 합을 S_n이라고 하면

$$S_n=\frac{1-\left(\frac{1}{2}\right)^n}{1-\frac{1}{2}}=2\left(1-\frac{1}{2^n}\right)$$

문제의 조건에서 $1.999<S_n<2$이므로

$$2-0.001<2\left(1-\frac{1}{2^n}\right)<2 \quad \therefore 0<\frac{1}{2^n}<\frac{1}{2000} \quad \therefore 2^n>2\times10^3$$

양변의 상용로그를 잡으면 $\log 2^n>\log(2\times10^3)$

$$\therefore n\log 2>\log 2+3 \quad \therefore n\times0.3010>0.3010+3 \quad \therefore n>10.9\times\times\times$$

n은 자연수이므로 최솟값은 **11** ← 답

유제 13-11. 등비수열 $\dfrac{1}{2}, \dfrac{1}{4}, \dfrac{1}{8}, \dfrac{1}{16}, \cdots$의 첫째항부터 제몇 항까지 더하면 1과의 차가 처음으로 0.0001보다 작아지는가?

단, $\log 2=0.3010$으로 계산한다. 답 제**14**항

유제 13-12. 수열 $\{a_n\}$에 대하여

$$a_1=2,\quad a_na_{n+1}-3a_n=3a_n^2-a_{n+1},\quad a_n>0 \ (\text{단, } n=1, 2, 3, \cdots)$$

이 성립한다. 이 수열의 첫째항부터 제n항까지의 합을 S_n이라고 할 때, $S_n>9999$를 만족시키는 n의 최솟값을 구하여라.

단, $\log 3=0.4771$로 계산한다. 답 **9**

필수 예제 13-7 첫째항이 a, 공비가 r인 등비수열이 있다. 이 수열의 첫째항부터 제 n항까지의 합은 80이고, 그중 최대항은 54이다. 또, 첫째항부터 제 $2n$항까지의 합은 6560이다.

이때, a, r의 값을 구하여라. 단, $a>0$, $r>0$, $r\neq1$이다.

정석연구 첫째항이 a, 공비가 r인 등비수열의 제 n항을 a_n, 첫째항부터 제 n항까지의 합을 S_n이라고 할 때, a_n과 S_n은 다음과 같다.

$$\textbf{정석}\quad a_n=ar^{n-1},\quad S_n=\frac{a(r^n-1)}{r-1}\ (r\neq1)$$

또, 첫째항이 양수인 등비수열에서, 이를테면

$$2,\ 4,\ 8,\ 16,\ \cdots$$

과 같이 $r>1$일 때에는 n이 커질수록 a_n이 커지고,

$$256,\ 128,\ 64,\ 32,\ \cdots$$

와 같이 $0<r<1$일 때에는 첫째항이 최대항이다.

모범답안 문제의 조건으로부터

$$\frac{a(r^n-1)}{r-1}=80\ \cdots①\qquad \frac{a(r^{2n}-1)}{r-1}=\frac{a(r^n-1)(r^n+1)}{r-1}=6560\ \cdots②$$

①을 ②에 대입하면 $80(r^n+1)=6560$ $\therefore r^n=81$ ……③

③을 ①에 대입하면 $a=r-1$ ……④

한편 문제의 조건에서 $a>0$이므로 $r-1>0$ $\therefore r>1$

따라서 첫째항부터 제 n항까지 중 최대항은 제 n항이다.

$$\therefore ar^{n-1}=54 \quad \therefore ar^n=54r$$

여기에 ③을 대입하면 $81a=54r$ $\therefore 3a=2r$ ……⑤

④, ⑤를 연립하여 풀면 $\boldsymbol{a=2,\ r=3}$ ← 답

유제 **13**-13. 첫째항부터 제 n항까지의 합이 24이고, 첫째항부터 제 $2n$항까지의 합이 30인 등비수열이 있다. 이 수열의 첫째항부터 제 $3n$항까지의 합을 구하여라. 답 $\dfrac{63}{2}$

유제 **13**-14. 첫째항부터 제10항까지의 합이 4이고, 제11항부터 제30항까지의 합이 48인 등비수열이 있다. 이 수열의 제31항부터 제60항까지의 합을 구하여라. 단, 공비는 실수이다. 답 **1404**

유제 **13**-15. 첫째항이 a, 공비가 r인 등비수열에서 첫째항부터 제 n항까지의 합이 31, 첫째항부터 제 $2n$항까지의 합이 1023이고, 이 수열의 각 항의 제곱을 항으로 하는 수열의 첫째항부터 제 n항까지의 합이 341이다.

이때, a, r, n의 값을 구하여라. 답 $\boldsymbol{a=1,\ r=2,\ n=5}$

필수 예제 13-8 다음 물음에 답하여라.

(1) 첫째항부터 제 n항까지의 합 S_n이 $S_n=10^n-1$인 수열 $\{a_n\}$의 일반항 a_n을 구하여라.

(2) 첫째항부터 제 n항까지의 합 S_n이 $S_n=pr^n+q$ (단, $r\neq0$)로 나타내어지는 수열 $\{a_n\}$이 등비수열일 조건을 구하여라.

정석연구 합 S_n을 주고서 일반항 a_n에 관하여 묻는 문제이다.

정석 S_n이 주어진 수열에서 a_n은

$$\Longrightarrow \boldsymbol{a_1=S_1,\ a_n=S_n-S_{n-1}\ (n=2,\ 3,\ 4,\ \cdots)}$$

임을 이용하여라.

모범답안 (1) $n\ge2$일 때

$$a_n=S_n-S_{n-1}$$
$$=(10^n-1)-(10^{n-1}-1)=10^n-10^{n-1}=9\times10^{n-1}$$

$n=1$일 때 $a_1=S_1=10^1-1=9$

$a_1=9$는 위의 $a_n=9\times10^{n-1}$에 $n=1$을 대입한 것과 같다.

따라서 일반항 a_n은 $\boldsymbol{a_n=9\times10^{n-1}\ (n=1,\ 2,\ 3,\ \cdots)}$ ← 답

(2) $S_n=pr^n+q$ $(r\neq0)$에서

$n\ge2$일 때 $a_n=S_n-S_{n-1}$

$$=(pr^n+q)-(pr^{n-1}+q)=p(r-1)r^{n-1} \qquad \cdots\cdots①$$

따라서 $a_2,\ a_3,\ a_4,\ \cdots$는 공비가 r인 등비수열이다.

그러므로 $a_1,\ a_2,\ a_3,\ \cdots$이 등비수열일 조건은

$$a_2\div a_1=r \quad 곧,\ a_2=ra_1$$

그런데 ①에서 $a_2=p(r-1)r$이고, $a_1=S_1=pr+q$이므로

$$p(r-1)r=r(pr+q) \qquad \therefore\ -pr=qr$$

$r\neq0$이므로 $\boldsymbol{q=-p}$ ← 답

Advice | $q=-p$일 때 $S_n=pr^n+q=pr^n-p=p(r^n-1)$

정석 $S_n=\boldsymbol{p(r^n-1)}$의 꼴 $\Longrightarrow$ 공비가 $\boldsymbol{r}$인 등비수열

유제 **13**-16. 첫째항부터 제 n항까지의 합 S_n이 $S_n=3\times2^n+k$인 수열 $\{a_n\}$이 있다. 이 수열이 등비수열이 되도록 상수 k의 값을 정하여라.

답 $\boldsymbol{k=-3}$

유제 **13**-17. 수열 $\{a_n\}$의 첫째항부터 제 n항까지의 합을 S_n이라고 하자.

$$(S_{n+1}-S_{n-1})^2=4(a_{n+1})^2, \quad a_{n+1}\neq a_n \quad (단,\ n=2,\ 3,\ 4,\ \cdots)$$

이고, $a_1=3$, $a_2=-1$일 때, a_{20}을 구하여라.

답 $-\dfrac{1}{3^{18}}$

필수 예제 13-9 1000만 원을 마련하기 위해 월이율 0.2%, 매월마다 복리로 계산하는 적금에 가입하려고 한다. 매월 최소한 얼마의 불입금을 내야 2년 후 만기일에 원리합계 총액이 1000만 원 이상이 되는가?

단, 적금의 만기일은 마지막 불입금을 낸 때로부터 한 달 후이다. 또, $1.002^{24}=1.049$로 계산하고, 천 원 미만은 올림한다.

정석연구 원금 a원을 월이율 r, 매월마다 복리로 계산하면

1개월 후의 원리합계는 $a+ar=a(1+r)$(원)

2개월 후의 원리합계는 $a(1+r)+a(1+r)r=a(1+r)^2$(원)

3개월 후의 원리합계는 $a(1+r)^2+a(1+r)^2r=a(1+r)^3$(원)

$\cdots\cdots$

같은 방법으로 계산하면 n개월 후의 원리합계는 $a(1+r)^n$원이다.

정석 원금을 a, 이율을 r, 기간을 n, 원리합계를 S라고 할 때,

복리법으로 $\Longrightarrow$ $S=a(1+r)^n$ ⇦ 등비수열

매월 초에 적립한 a원의 24개월 말의 원리합계는 아래 그림의 초록색 부분과 같다.

이를 모두 더한 것이 1000만 원 이상이 되는 a의 값을 구하면 된다.

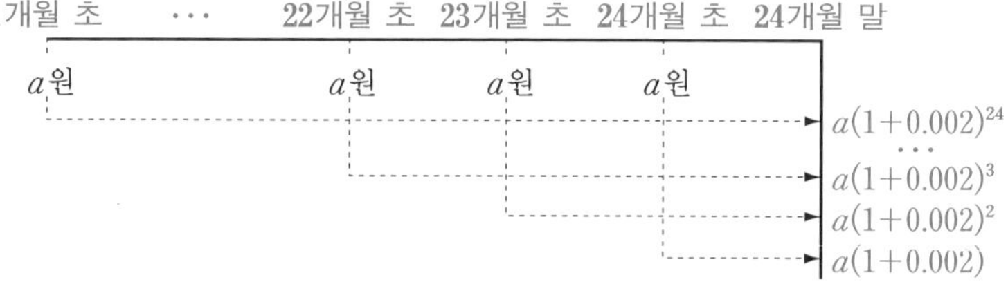

모범답안 매월 불입금을 a원이라고 할 때, 원리합계 총액이 1000만 원 이상이어야 하므로 $a\times1.002+a\times1.002^2+a\times1.002^3+\cdots+a\times1.002^{24}\geq10^7$

$\therefore \dfrac{a\times1.002\times(1.002^{24}-1)}{1.002-1}\geq10^7 \quad \therefore a\times1.002\times(1.002^{24}-1)\geq10^7\times0.002$

$$\therefore a\geq\frac{10^7\times0.002}{1.002\times(1.049-1)}=407348.\times\times\times$$

따라서 최소한 408000원을 불입해야 한다. 답 **408000원**

유제 **13**-18. 월이율 0.1%, 매월마다 복리로 계산하는 적금이 있다. 매월 100만 원씩 5년 동안 적립할 때, 만기일에 찾는 금액은 얼마인가?

단, 적금의 만기일은 마지막 불입금을 낸 때로부터 한 달 후이다. 또, $1.001^{60}=1.0618$로 계산하고, 만 원 미만은 버림한다. 답 **6186만 원**

필수 예제 13-10 월초에 A원을 빌리고, 한 달 후부터 매월마다 일정한 금액씩 갚아 n개월 동안에 모두 갚으려고 한다. 매월 얼마씩 갚아야 하는가? 단, 월이율 r, 매월마다 복리로 계산한다.

정석연구 이를테면 100만 원을 빌리고 이를 10개월 동안 갚기로 했다고 할 때, 매월 10만 원씩 갚으면 된다고 생각해서는 안 된다. 왜냐하면 빌린 돈 100만 원과 매월 갚는 돈에 대해서 이자도 생각해야 하기 때문이다.

이 문제에서 빌린 돈 A원의 n개월 후 원리합계는 $\mathrm{A}(1+r)^n$원이다. 또, 매월 갚아야 하는 일정한 금액을 x원이라고 하면 이 금액의 n개월 후 원리합계 총액은 아래 그림에서 초록색 부분을 모두 더한 값이다.

이 두 값이 같게 되는 x의 값을 구하면 된다.

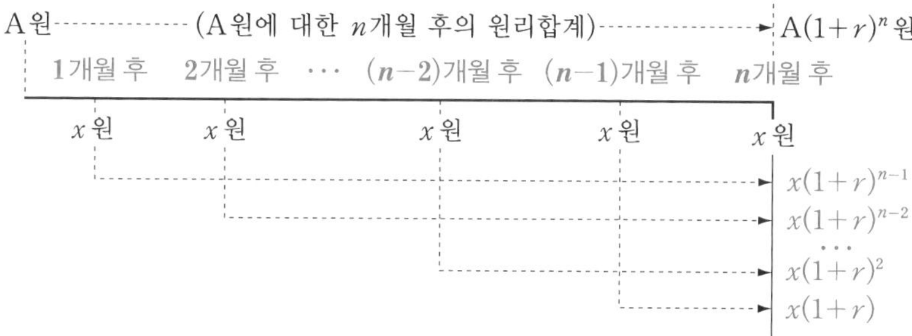

모범답안 A원에 대한 n개월 후의 원리합계는 $\mathrm{A}(1+r)^n$원 ……①

한편 매월마다 x원씩 갚았다고 할 때, 이들의 n개월 후 원리합계 총액은

$$x+x(1+r)+x(1+r)^2+\cdots+x(1+r)^{n-1}=\frac{x\{(1+r)^n-1\}}{(1+r)-1} \quad \cdots\cdots②$$

①과 ②는 같아야 하므로

$$\frac{x\{(1+r)^n-1\}}{r}=\mathrm{A}(1+r)^n \qquad \therefore\ x=\frac{\mathbf{A}\boldsymbol{r}(\mathbf{1}+\boldsymbol{r})^{\boldsymbol{n}}}{(\mathbf{1}+\boldsymbol{r})^{\boldsymbol{n}}-\mathbf{1}}\text{(원)} \longleftarrow \boxed{답}$$

Advice | 빌린 돈을 매월 일정한 금액씩 갚는 것을 **월부 상환**이라 하고, 이 일정한 금액을 **월부금**이라고 한다. 매년 갚는 경우에는 **연부 상환**, **연부금**이라고 한다. 이 문제는 빌린 돈 A원에 대한 월부금을 구하는 문제이다.

유제 **13**-19. 150만 원짜리 물건을 사는데 30만 원을 먼저 내고, 나머지 금액은 한 달 후부터 월이율 0.3%, 매월마다 복리로 1년 동안에 모두 갚기로 하였다. 이때, 월부금을 구하여라. 단, $1.003^{12}=1.037$로 계산하고, 천 원 미만은 올림한다.

답 **101000**원

필수 예제 13-11 금년부터 매년 말에 a원씩 n년간 계속해서 지급되는 연금이 있다. 이 연금을 금년 초에 한꺼번에 받는다면 얼마를 받아야 하는가? 단, 연이율 r, 1년마다 복리로 계산한다.

정석연구 일정한 금액이 일정한 시기마다 계속해서 지급될 때 이것을 연금이라고 한다. 그런데 이 연금은 장래에 받을 돈이므로 현재에 있어서는 그 가치가 다르다. 그래서 이와 같은 연금을 현재의 값으로 따져 얼마의 가치가 있는가를 생각해 본 것이 연금의 현가이다.

먼저 연금의 현가를 P원으로 놓으면 n년 후 원리합계는 $\mathrm{P}(1+r)^n$원이다. 또, 매년 받는 연금 a원의 n년 후 원리합계 총액은 아래 그림에서 초록색 부분을 모두 더한 값이다. 이 두 값을 같게 놓으면 P를 구할 수 있다.

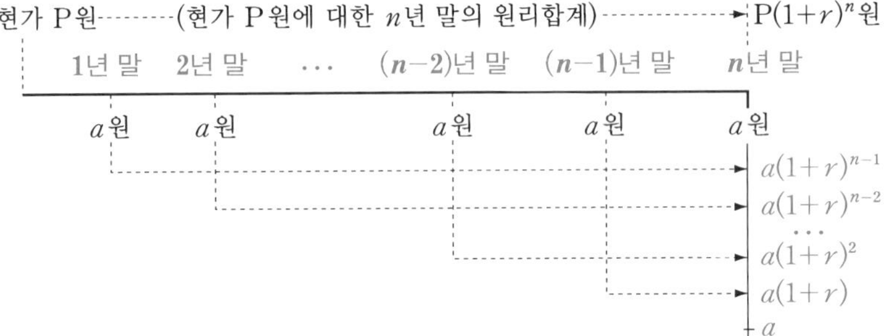

모범답안 연금의 현가를 P원이라고 하면

$$\mathrm{P}(1+r)^n=a+a(1+r)+a(1+r)^2+\cdots+a(1+r)^{n-1}$$

$$\therefore\ \mathrm{P}(1+r)^n=\frac{a\{(1+r)^n-1\}}{(1+r)-1}\qquad \therefore\ \mathrm{P}=\frac{a\{(1+r)^n-1\}}{r(1+r)^n}\text{(원)}$$ ← 답

Advice | $\mathrm{P}=\dfrac{a\{(1+r)^n-1\}}{r(1+r)^n}=\dfrac{a}{r}\left\{1-\dfrac{1}{(1+r)^n}\right\}$

에서 n의 값이 무한히 커지면 $\dfrac{1}{(1+r)^n}$의 값은 0에 가까워지므로 P는 $\dfrac{a}{r}$에 가까워진다. ⇦ 미적분

따라서 영원히 받을 수 있는 연금이 있다면 이와 같은 연금의 현가는 $\dfrac{a}{r}$원이라고 할 수 있다.

유제 **13**-20. 1년 후부터 매년 600만 원씩 20년간 받을 수 있는 연금을 일시불로 받으려고 한다. 연이율 2%, 1년마다 복리로 계산할 때, 연금의 현재 가치를 구하여라. 단, $1.02^{-20}=0.673$으로 계산한다. 답 **9810**만 원

연습문제 13

기본 **13-1** 서로 다른 세 수 x, y, z가 이 순서로 공비가 r인 등비수열을 이루고, x, $2y$, $3z$가 이 순서로 등차수열을 이룰 때, r의 값을 구하여라.

13-2 등비수열을 이루는 세 수가 있다. 이 세 수의 합은 28이고, 각 수의 제곱의 합은 336일 때, 이 세 수를 구하여라.

13-3 세 수 $a-1$, $b+1$, $3b+1$이 이 순서로 등차수열을 이루고, 세 수 b, $a-1$, $2-b$가 이 순서로 등비수열을 이룰 때, ab의 값을 구하여라.

13-4 인구가 매년 같은 비율로 증가하는 나라에서 10년간의 인구 증가율이 21%이면 5년간의 인구 증가율은 몇 %인가?

13-5 첫째항이 0이 아니고 공비가 실수 r(단, $r\neq1$)인 등비수열의 첫째항부터 제10항까지의 합은 첫째항부터 제5항까지의 합의 244배와 같다. r의 값을 구하여라.

13-6 첫째항이 2, 공비가 3인 등비수열의 제 m항부터 제 n항까지의 합이 720일 때, m과 n의 값을 구하여라. 단, $m<n$이다.

13-7 첫째항이 1이고 공비가 1보다 큰 실수 r인 등비수열의 첫째항부터 제 n항까지의 항 중에서 홀수 번째 항의 합이 341, 짝수 번째 항의 합이 170일 때, r와 n의 값을 구하여라.

13-8 $a=2^{10}$, $b=3^{10}$, $c=5^{10}$일 때, 다음 물음에 답하여라.

(1) ab의 양의 약수의 합을 a, b로 나타내어라.

(2) abc의 양의 약수 중 6과 15의 공배수의 합을 a, b, c로 나타내어라.

실력 **13-9** 세 양수 a, b, c는 이 순서로 등비수열을 이루고, 세 수 3^a, 9^b, 27^c은 이 순서로 등비수열을 이룬다. 두 수열의 공비가 같을 때, a, b, c의 값을 구하여라.

13-10 등비수열 $\{a_n\}$(단, $a_n>0$)에 대하여 수열 $\left\{\dfrac{1}{2a_n+a_{n+1}}\right\}$은 등비수열임을 보여라. 또, 수열 $\left\{\dfrac{1}{2a_n+a_{n+1}}\right\}$의 첫째항이 $\dfrac{1}{5}$, 공비가 2일 때, 수열 $\{a_n\}$의 첫째항과 공비를 구하여라.

13-11 이차함수 $f(x)=ax^2+bx+c$가 다음 세 조건을 만족시킬 때, $f(x)$를 구하여라. 단, $a>0$이다.

(가) $\dfrac{1}{a}$, $\dfrac{1}{b}$, $\dfrac{1}{c}$은 이 순서로 등차수열을 이룬다.

(나) a, c, b는 이 순서로 공비가 1이 아닌 등비수열을 이룬다.

(다) $-1\le x\le0$에서 $f(x)$의 최댓값은 -3이다.

13-12 x에 관한 삼차방정식 $x^3+px^2+qx+8=0$의 서로 다른 세 실근을 적당히 나열하면 등비수열을 이루고, 다시 적당히 나열하면 등차수열을 이룬다. 이때, 실수 p, q의 값을 구하여라.

13-13 수열 $\{a_n\}$(단, $a_n>0$)에 대하여 수열 $\{\mathrm{T}_n\}$을 $\mathrm{T}_n=\sqrt{a_na_{n+1}}$로 정의할 때, 다음 명제의 참, 거짓을 판별하여라.

(1) $\{a_n\}$이 등비수열이면 $\{\mathrm{T}_n\}$도 등비수열이다.

(2) $\{\mathrm{T}_n\}$이 등비수열이면 $\{a_{2n}\}$도 등비수열이다.

(3) $\{\mathrm{T}_n\}$이 등비수열이면 $\{a_n\}$도 등비수열이다.

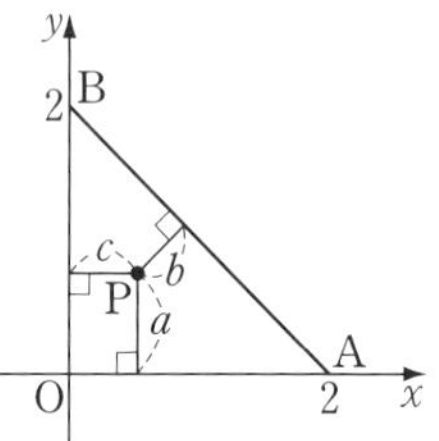

13-14 오른쪽 그림과 같이 세 점 O(0, 0), A(2, 0), B(0, 2)에 대하여 직각삼각형 OAB의 내부를 움직이는 점 P가 있다. 점 P에서 세 변 OA, AB, OB에 내린 수선의 길이를 각각 a, b, c라고 하자.

a, b, c가 이 순서로 등비수열을 이룰 때, 점 P의 자취의 길이를 구하여라.

13-15 공비가 실수인 등비수열 $\{a_n\}$의 첫째항부터 제3항까지의 합이 248이고, 제4항부터 제6항까지의 합이 31000이다.

이때, 수열 $\{\log a_n\}$의 첫째항부터 제7항까지의 합을 구하여라.

13-16 각 항이 0이 아닌 등비수열의 첫째항부터 제n항까지의 합을 S, 곱을 P, 역수의 합을 T라고 하면 $\mathrm{P}^2=\left(\dfrac{\mathrm{S}}{\mathrm{T}}\right)^n$임을 증명하여라.

단, 공비는 1이 아니다.

13-17 어느 직장인이 연봉의 일부를 매년 1월 1일 적립하기로 하였다. 적립할 금액은 연봉 인상률을 감안하여 매년 전년도보다 3%씩 증액하기로 하였다. 2019년 1월 1일부터 1000만 원을 적립하기 시작한다면 2028년 12월 31일까지 적립한 금액의 원리합계 총액은 얼마인가? 단, 연이율 3%, 1년마다 복리로 하고, $\log 1.03=0.0128$, $\log 1.34=0.1280$으로 계산한다.

13-18 자연수 n에 대하여 직선 $y=x$ 위의 점 P_n과 직선 $y=-ax$ (단, $a>1$) 위의 점 Q_n을 다음 규칙에 따라 정한다.

(가) 점 P_1의 좌표는 $(1, 1)$이다.

(나) 점 P_n을 지나고 y축에 수직인 직선이 직선 $y=-ax$와 만나는 점을 Q_n이라고 한다.

(다) 점 Q_n을 지나고 x축에 수직인 직선이 직선 $y=x$와 만나는 점을 P_{n+1}이라고 한다.

이때, $\overline{\mathrm{P}_1\mathrm{Q}_1}+\overline{\mathrm{P}_2\mathrm{Q}_2}+\overline{\mathrm{P}_3\mathrm{Q}_3}+\cdots+\overline{\mathrm{P}_{10}\mathrm{Q}_{10}}$을 a로 나타내어라.

14. 수열의 합

§1. 기호 $\sum$의 성질과 수열의 합

기본정석

1 기호 $\sum$의 뜻

$$a_1+a_2+a_3+\cdots+a_n=\sum_{k=1}^{n} a_k$$

좌변의 마지막 항의 번호 (n)
좌변의 제 k항 (a_k)
좌변의 처음 항의 번호 ($k=1$)

2 기호 $\sum$의 기본 성질

(1) $\sum_{k=1}^{n} ca_k=c\sum_{k=1}^{n} a_k$ (단, c는 k에 관계없는 상수)

(2) $\sum_{k=1}^{n} (a_k\pm b_k)=\sum_{k=1}^{n} a_k\pm\sum_{k=1}^{n} b_k$ (복부호동순)

(3) $\sum_{k=1}^{n} c=cn$ (단, c는 k에 관계없는 상수)

3 자연수의 거듭제곱의 합

(1) $\sum_{k=1}^{n} k=1+2+3+\cdots+n=\dfrac{n(n+1)}{2}$

(2) $\sum_{k=1}^{n} k^2=1^2+2^2+3^2+\cdots+n^2=\dfrac{n(n+1)(2n+1)}{6}$

(3) $\sum_{k=1}^{n} k^3=1^3+2^3+3^3+\cdots+n^3=\left\{\dfrac{n(n+1)}{2}\right\}^2=(1+2+3+\cdots+n)^2$

Advice 1° 기호 $\sum$의 뜻

수열의 합을 나타내는 데 기호 $\sum$('시그마' 라고 읽는다)를 사용하기로 한다. 이를테면

등차수열의 합 : $2+4+6+8+\cdots+2n$

은 제k항인 $2k$에 $k=1,\ 2,\ 3,\ 4,\ \cdots,\ n$을 대입한 값들의 합이다. 이때, $k=1$을 $\sum$의 아래에, n을 $\sum$의 위에, $2k$를 $\sum$의 오른쪽에 써서 다음과 같이 나타내기로 약속한다.

$$2+4+6+8+\cdots+2n=\sum_{k=1}^{n} 2k$$

이와 같은 약속에 따르면, 이를테면

$$1\times2+2\times3+3\times4+\cdots+n(n+1)=\sum_{k=1}^{n}k(k+1)$$

과 같이 나타낼 수 있다.

역으로 $\sum_{k=1}^{n}3k$는 $3k$의 k 대신 $k=1$부터 시작하여 마지막 $k=n$을 대입하여 이들을 모두 더한다는 뜻이므로

$$\sum_{k=1}^{n}3k=3\times1+3\times2+3\times3+3\times4+\cdots+3\times n$$

이다.

마찬가지로 $\sum_{k=2}^{n}3k$는 $3k$의 k 대신 $k=2$부터 시작하여 마지막 $k=n$을 대입하여 이들을 모두 더한다는 뜻이므로

$$\sum_{k=2}^{n}3k=3\times2+3\times3+3\times4+\cdots+3\times n$$

이다.

또, $\sum_{k=2}^{n}3k$의 항의 개수는 $n-1$인 것도 주의해야 한다. 다시 말하면, 기호 $\sum$ 위에 쓴 n은 항의 개수를 나타내는 것이 아니고, 마지막에 k 대신 n을 대입한다는 것을 나타낸다.

보기 1 다음 수열의 합을 기호 $\sum$를 사용하여 나타내어라.

(1) $2+4+6+8+\cdots+20$ (2) $3+9+27+81+\cdots+3^n$

연구 (1) $\displaystyle\sum_{k=1}^{10}2k$ (2) $\displaystyle\sum_{k=1}^{n}3^k$

보기 2 다음을 기호 $\sum$를 사용하지 않은 합의 꼴로 나타내어라.

(1) $\displaystyle\sum_{k=1}^{n}k^2$ (2) $\displaystyle\sum_{k=2}^{10}k^3$ (3) $\displaystyle\sum_{k=0}^{n}2^k$

연구 (1) $1^2+2^2+\cdots+n^2$ (2) $2^3+3^3+\cdots+10^3$ (3) $2^0+2^1+\cdots+2^n$

Advice 2° 기호 $\sum$의 기본 성질

c가 k에 관계없는 상수일 때, 기호 $\sum$의 뜻에 따라 다음 성질이 성립함을 알 수 있다.

(1) $\displaystyle\sum_{k=1}^{n}ca_k=ca_1+ca_2+ca_3+\cdots+ca_n=c(a_1+a_2+a_3+\cdots+a_n)=c\sum_{k=1}^{n}a_k$

(2) $$\begin{aligned}\sum_{k=1}^{n}(a_k\pm b_k)&=(a_1\pm b_1)+(a_2\pm b_2)+(a_3\pm b_3)+\cdots+(a_n\pm b_n)\\&=(a_1+a_2+a_3+\cdots+a_n)\pm(b_1+b_2+b_3+\cdots+b_n)\\&=\sum_{k=1}^{n}a_k\pm\sum_{k=1}^{n}b_k\ (\text{복부호동순})\end{aligned}$$

(3) $\displaystyle\sum_{k=1}^{n}c=\underbrace{c+c+c+\cdots+c}_{n\text{개}}=cn$

보기 3 다음 $\square$ 안에 알맞은 식을 써넣어라.

(1) $\sum_{k=1}^{n}(4k^2-3k+2)=4\sum_{k=1}^{n}\square-3\sum_{k=1}^{n}\square+2\times\square$

(2) $2\sum_{k=1}^{n}k^2-3\sum_{k=1}^{n}4^k-4n=\sum_{k=1}^{n}(\square)$

연구 (1) $\boldsymbol{k^2,\ k,\ n}$ (2) $\boldsymbol{2k^2-3\times4^k-4}$

보기 4 $\sum_{k=1}^{n}(k^4+1)-\sum_{k=1}^{n-1}(k^4-1)$을 구하여라.

연구 (준 식) $=\sum_{k=1}^{n-1}(k^4+1)+(n^4+1)-\sum_{k=1}^{n-1}(k^4-1)$

$=(n^4+1)+\sum_{k=1}^{n-1}\{(k^4+1)-(k^4-1)\}=(n^4+1)+\sum_{k=1}^{n-1}2$

$=n^4+1+2(n-1)=\boldsymbol{n^4+2n-1}$

Advice 3° 자연수의 거듭제곱의 합

(1) 1부터 n까지의 자연수의 합 $\sum_{k=1}^{n}k=1+2+3+\cdots+n$은 등차수열의 합의 공식 $S_n=\dfrac{n(a+l)}{2}$에 대입하면

정석 $\displaystyle\sum_{k=1}^{n}k=1+2+3+\cdots+n=\frac{n(n+1)}{2}$

이다.

(2) 등식 $(k+1)^3-k^3=3k^2+3k+1$의 k에 1, 2, 3, $\cdots$, n을 대입하면

$k=1$일 때 $2^3-1^3=3\times1^2+3\times1+1$

$k=2$일 때 $3^3-2^3=3\times2^2+3\times2+1$

$k=3$일 때 $4^3-3^3=3\times3^2+3\times3+1$

$\cdots\cdots$

$k=n$일 때 $(n+1)^3-n^3=3\times n^2+3\times n+1$

위의 n개의 식을 변변 더하면

$(n+1)^3-1^3=3(1^2+2^2+3^2+\cdots+n^2)+3(1+2+3+\cdots+n)+n$

$\therefore\ (n+1)^3-1=3\sum_{k=1}^{n}k^2+\dfrac{3}{2}n(n+1)+n$

$$\therefore\ \sum_{k=1}^{n}k^2=\frac{1}{3}\left\{(n+1)^3-1-\frac{3}{2}n(n+1)-n\right\}$$
$$=\frac{1}{6}\left\{2(n+1)^3-2(n+1)-3n(n+1)\right\}$$
$$=\frac{1}{6}(n+1)\left\{2(n+1)^2-2-3n\right\}$$
$$=\frac{1}{6}n(n+1)(2n+1)$$

따라서

정석 $\displaystyle\sum_{k=1}^{n} k^2=1^2+2^2+3^2+\cdots+n^2=\frac{n(n+1)(2n+1)}{6}$

(3) 등식 $(k+1)^4-k^4=4k^3+6k^2+4k+1$의 k에 1, 2, 3, $\cdots$, n을 대입하여 위와 같은 방법으로 하면 다음 공식도 유도할 수 있다.

정석 $\displaystyle\sum_{k=1}^{n} k^3=1^3+2^3+3^3+\cdots+n^3=\left\{\frac{n(n+1)}{2}\right\}^2$

보기 5 다음 합을 구하여라.

(1) $\displaystyle\sum_{k=1}^{10} k^2$ (2) $\displaystyle\sum_{k=1}^{5} k^3$ (3) $\displaystyle\sum_{k=1}^{100} (2k+2^k)$

(4) $\displaystyle\sum_{k=1}^{n} (k+2)(k-2)$ (5) $\displaystyle\sum_{k=1}^{n} (4k^3+6k^2-2k)$

연구 (1) $\displaystyle\sum_{k=1}^{10} k^2=\frac{10(10+1)(2\times10+1)}{6}=\mathbf{385}$ $\Leftarrow \displaystyle\sum_{k=1}^{n} k^2=\frac{n(n+1)(2n+1)}{6}$

(2) $\displaystyle\sum_{k=1}^{5} k^3=\left\{\frac{5(5+1)}{2}\right\}^2=15^2=\mathbf{225}$ $\Leftarrow \displaystyle\sum_{k=1}^{n} k^3=\left\{\frac{n(n+1)}{2}\right\}^2$

(3) $\displaystyle\sum_{k=1}^{100} (2k+2^k)=2\sum_{k=1}^{100} k+\sum_{k=1}^{100} 2^k=2\times\frac{100(100+1)}{2}+\frac{2(2^{100}-1)}{2-1}$

$=\mathbf{10098+2^{101}}$

(4) $\displaystyle\sum_{k=1}^{n} (k+2)(k-2)=\sum_{k=1}^{n} (k^2-4)=\sum_{k=1}^{n} k^2-\sum_{k=1}^{n} 4$

$\displaystyle=\frac{n(n+1)(2n+1)}{6}-4n=\boldsymbol{\frac{1}{6}n(2n^2+3n-23)}$

(5) $\displaystyle(\text{준 식})=\sum_{k=1}^{n} 4k^3+\sum_{k=1}^{n} 6k^2-\sum_{k=1}^{n} 2k=4\sum_{k=1}^{n} k^3+6\sum_{k=1}^{n} k^2-2\sum_{k=1}^{n} k$

$\displaystyle=4\times\left\{\frac{n(n+1)}{2}\right\}^2+6\times\frac{n(n+1)(2n+1)}{6}-2\times\frac{n(n+1)}{2}$

$=\{n(n+1)\}^2+n(n+1)(2n+1)-n(n+1)$

$=n(n+1)\{n(n+1)+2n+1-1\}=\boldsymbol{n^2(n+1)(n+3)}$

보기 6 다음 합을 구하여라.

$$2^2+4^2+6^2+8^2+\cdots+20^2$$

연구 먼저 주어진 수열의 합을 기호 $\sum$를 사용하여 나타낸 다음, 자연수의 거듭제곱의 합의 공식을 이용한다.

수열 2, 4, 6, 8, $\cdots$, 20은 첫째항이 2, 공차가 2인 등차수열이므로 일반항 a_n은 $a_n=2+(n-1)\times2=2n$이고, 20은 이 수열의 제 10항이다.

$\displaystyle\therefore\ (\text{준 식})=\sum_{k=1}^{10} (2k)^2=4\sum_{k=1}^{10} k^2=4\times\frac{10(10+1)(2\times10+1)}{6}=\mathbf{1540}$

필수 예제 14-1 두 수열 $\{a_n\}$, $\{b_n\}$에 대하여 다음 물음에 답하여라.

(1) $\sum_{k=1}^{15}(a_k+b_k)^2=100$, $\sum_{k=1}^{15}a_kb_k=30$일 때, $\sum_{k=1}^{15}(a_k^2+b_k^2+10)$의 값을 구하여라.

(2) $\sum_{k=1}^{n}a_k=3n^2+n$, $\sum_{k=1}^{n}a_kb_k=2n^3+2n^2$일 때, $\sum_{k=1}^{10}b_k$의 값을 구하여라.

정석연구 (1) 기호 $\sum$의 성질을 활용한다.

(2) 주어진 조건으로부터 a_n, a_nb_n을 구한다. 이때, 다음 **정석**을 이용한다.

정석 $\boldsymbol{a_1=S_1,\ a_n=S_n-S_{n-1}\ (n=2, 3, 4, \cdots)}$ ⇦ $S_n=\sum_{k=1}^{n}a_k$

모범답안 (1) (준 식)$=\sum_{k=1}^{15}\left\{(a_k+b_k)^2-2a_kb_k+10\right\}$

$$=\sum_{k=1}^{15}(a_k+b_k)^2-2\sum_{k=1}^{15}a_kb_k+\sum_{k=1}^{15}10$$

$$=100-2\times30+10\times15=\mathbf{190}$$ ← 답

(2) $\sum_{k=1}^{n}a_k=3n^2+n$에서

$n\ge2$일 때 $a_n=\sum_{k=1}^{n}a_k-\sum_{k=1}^{n-1}a_k=(3n^2+n)-\left\{3(n-1)^2+(n-1)\right\}$

$=6n-2$

$n=1$일 때 $a_1=\sum_{k=1}^{1}a_k=3\times1^2+1=4$이고, 이 값은 위의 $a_n=6n-2$ $(n=2, 3, 4, \cdots)$에 $n=1$을 대입한 것과 같다.

$\therefore\ a_n=6n-2\ (n=1, 2, 3, \cdots)$ ……①

$\sum_{k=1}^{n}a_kb_k=2n^3+2n^2$에서

$n\ge2$일 때 $a_nb_n=\sum_{k=1}^{n}a_kb_k-\sum_{k=1}^{n-1}a_kb_k=(2n^3+2n^2)-\left\{2(n-1)^3+2(n-1)^2\right\}$

$=6n^2-2n$

$n=1$일 때에도 성립하므로 $a_nb_n=n(6n-2)\ (n=1, 2, 3, \cdots)$ …②

①, ②에서 $b_n=n\ (n=1, 2, 3, \cdots)$

$$\therefore\ \sum_{k=1}^{10}b_k=\sum_{k=1}^{10}k=\frac{10(10+1)}{2}=\mathbf{55}$$ ← 답

*Note $\sum_{k=1}^{n}a_kb_k=a_1b_1+\cdots+a_nb_n$, $\left(\sum_{k=1}^{n}a_k\right)\left(\sum_{k=1}^{n}b_k\right)=(a_1+\cdots+a_n)(b_1+\cdots+b_n)$ 에서 알 수 있듯이 $\sum_{k=1}^{n}a_kb_k\ne\left(\sum_{k=1}^{n}a_k\right)\left(\sum_{k=1}^{n}b_k\right)$인 것에 주의해야 한다.

유제 **14**-1. $\sum_{k=1}^{4}a_k=4$, $\sum_{k=1}^{4}a_k^2=10$일 때, $\sum_{k=1}^{4}(2a_k-3)^2$의 값을 구하여라.

답 28

필수 예제 **14**-2 다음 수열의 첫째항부터 제 n항까지의 합을 구하여라.

(1) $1\times3,\ 2\times5,\ 3\times7,\ 4\times9,\ \cdots$ (2) $1^2,\ 4^2,\ 7^2,\ 10^2,\ \cdots$

(3) $2\times3\times1,\ 3\times4\times4,\ 4\times5\times7,\ 5\times6\times10,\ \cdots$

정석연구 주어진 수열이 등차수열도, 등비수열도 아니기 때문에 합을 구하는 일반적인 공식은 없다. 이와 같은 경우에는

정 의 $S_n=a_1+a_2+a_3+\cdots+a_n=\sum_{k=1}^{n}a_k$

인 것에 착안하여 다음 순서로 구한다.

정 석 여러 가지 수열의 합을 구하는 순서

첫째 — 제 k항 a_k를 구하고,

둘째 — a_k 앞에 기호 $\sum$를 붙여 $\sum_{k=1}^{n}a_k$를 계산한다.

모범답안 제 k항을 a_k, 첫째항부터 제 n항까지의 합을 S_n이라고 하자.

(1) $a_k=k(2k+1)=2k^2+k$이므로

$$S_n=\sum_{k=1}^{n}(2k^2+k)=2\sum_{k=1}^{n}k^2+\sum_{k=1}^{n}k$$
$$=2\times\frac{1}{6}n(n+1)(2n+1)+\frac{1}{2}n(n+1)=\boldsymbol{\frac{1}{6}n(n+1)(4n+5)} \longleftarrow \text{답}$$

(2) $a_k=(3k-2)^2=9k^2-12k+4$이므로

$$S_n=\sum_{k=1}^{n}(9k^2-12k+4)=9\sum_{k=1}^{n}k^2-12\sum_{k=1}^{n}k+\sum_{k=1}^{n}4$$
$$=9\times\frac{1}{6}n(n+1)(2n+1)-12\times\frac{1}{2}n(n+1)+4n$$
$$=\boldsymbol{\frac{1}{2}n(6n^2-3n-1)} \longleftarrow \text{답}$$

(3) $a_k=(k+1)(k+2)(3k-2)=3k^3+7k^2-4$이므로

$$S_n=\sum_{k=1}^{n}(3k^3+7k^2-4)=3\sum_{k=1}^{n}k^3+7\sum_{k=1}^{n}k^2-\sum_{k=1}^{n}4$$
$$=3\times\left\{\frac{1}{2}n(n+1)\right\}^2+7\times\frac{1}{6}n(n+1)(2n+1)-4n$$
$$=\boldsymbol{\frac{1}{12}n(9n^3+46n^2+51n-34)} \longleftarrow \text{답}$$

유제 **14**-2. 다음 수열의 첫째항부터 제 n항까지의 합을 구하여라.

(1) $1\times2,\ 2\times3,\ 3\times4,\ 4\times5,\ \cdots$ (2) $1^2,\ 3^2,\ 5^2,\ 7^2,\ \cdots$

(3) $1\times2\times3,\ 2\times3\times4,\ 3\times4\times5,\ 4\times5\times6,\ \cdots$

답 (1) $\boldsymbol{\frac{1}{3}n(n+1)(n+2)}$ (2) $\boldsymbol{\frac{1}{3}n(4n^2-1)}$ (3) $\boldsymbol{\frac{1}{4}n(n+1)(n+2)(n+3)}$

필수 예제 **14**-3 다음 수열의 합 S_n을 구하여라.

(1) $1+(1+r)+(1+r+r^2)+\cdots+(1+r+r^2+\cdots+r^{n-1})$

(2) $1\times(2n-1)+3\times(2n-3)+5\times(2n-5)+\cdots+(2n-3)\times3+(2n-1)\times1$

정석연구 (1) 각 항이 공비가 문자 r인 등비수열의 합이므로

$r\neq1$일 때, $r=1$일 때

로 나누어 제n항 a_n을 구해야 한다는 것에 주의한다.

(2) 각 항이 n으로 표현되어 있으므로 제n항 $(2n-1)\times1$은 일반항을 표현하는 데 적합하지 않다. 이런 경우 제k항을 생각해야 한다. 그리고

정의 $S_n=\sum_{k=1}^{n} a_k$

를 이용하여 나타낸 다음, 기호 $\sum$의 성질을 이용하여 합을 구한다.

모범답안 (1) $a_n=1+r+r^2+\cdots+r^{n-1}$으로 놓으면

(i) $r\neq1$일 때, $a_n=\dfrac{r^n-1}{r-1}$이므로

$$S_n=\sum_{k=1}^{n}\frac{r^k-1}{r-1}=\frac{1}{r-1}\sum_{k=1}^{n}(r^k-1)=\frac{1}{r-1}\left(\sum_{k=1}^{n}r^k-\sum_{k=1}^{n}1\right)$$

$$=\frac{1}{r-1}\left\{\frac{r(r^n-1)}{r-1}-n\right\}=\frac{1}{(r-1)^2}\left\{r(r^n-1)-n(r-1)\right\}$$

(ii) $r=1$일 때 $S_n=1+2+3+\cdots+n=\dfrac{1}{2}n(n+1)$

답 $r\neq1$일 때 $S_n=\dfrac{r(r^n-1)-n(r-1)}{(r-1)^2}$, $r=1$일 때 $S_n=\dfrac{n(n+1)}{2}$

(2) $a_k=(2k-1)\{2n-(2k-1)\}=-4k^2+4(n+1)k-(2n+1)$로 놓으면

$$S_n=\sum_{k=1}^{n}a_k=\sum_{k=1}^{n}\left\{-4k^2+4(n+1)k-(2n+1)\right\}$$

$$=-4\sum_{k=1}^{n}k^2+4(n+1)\sum_{k=1}^{n}k-n(2n+1)$$

$$=-4\times\frac{n(n+1)(2n+1)}{6}+4(n+1)\times\frac{n(n+1)}{2}-n(2n+1)$$

$$=\frac{1}{3}n(2n^2+1) \longleftarrow \text{답}$$

유제 **14**-3. 다음 수열의 합을 구하여라.

(1) $1+(1+2)+(1+2+3)+\cdots+(1+2+3+\cdots+n)$

(2) $1\times n+2\times(n-1)+3\times(n-2)+\cdots+(n-1)\times2+n\times1$

답 (1) $\dfrac{1}{6}n(n+1)(n+2)$ (2) $\dfrac{1}{6}n(n+1)(n+2)$

필수 예제 14-4 다음 물음에 답하여라.

(1) $\sum_{k=1}^{n} a_k = n^2+2n$일 때, $\sum_{k=1}^{n} ka_{3k}$를 구하여라.

(2) 수열 $\{a_n\}$의 첫째항부터 제 n항까지의 합 S_n이 $S_n=2n^3+3n^2-600n$일 때, $\sum_{n=1}^{20}|a_n|$의 값을 구하여라.

정석연구 $\sum_{k=1}^{n} a_k = a_1+a_2+\cdots+a_n=S_n$이라고 하면

정석 수열 $\{a_n\}$에서 S_n이 주어질 때

$\Longrightarrow$ $a_1=S_1$, $a_n=S_n-S_{n-1}$ $(n=2, 3, 4, \cdots)$

임을 이용하여 먼저 a_n을 구해 본다.

모범답안 (1) 첫째항부터 제 n항까지의 합을 S_n이라고 하면 조건식에서

$$S_n=n^2+2n \qquad \Leftarrow \sum_{k=1}^{n} a_k=S_n$$

$n\ge2$일 때 $a_n=S_n-S_{n-1}=(n^2+2n)-\{(n-1)^2+2(n-1)\}=2n+1$

$a_1=S_1=3$은 위의 식을 만족시키므로 $a_n=2n+1(n=1, 2, 3, \cdots)$

$$\therefore \sum_{k=1}^{n} ka_{3k}=\sum_{k=1}^{n} k(6k+1)=6\sum_{k=1}^{n} k^2+\sum_{k=1}^{n} k$$

$$=6\times\frac{n(n+1)(2n+1)}{6}+\frac{n(n+1)}{2}=\frac{n(n+1)(4n+3)}{2} \longleftarrow \text{답}$$

(2) $n\ge2$일 때 $a_n=S_n-S_{n-1}$

$$=(2n^3+3n^2-600n)-\{2(n-1)^3+3(n-1)^2-600(n-1)\}$$

$$=6n^2-601$$

$a_1=S_1=-595$는 위의 식을 만족시키므로 $a_n=6n^2-601(n=1, 2, 3, \cdots)$

$1\le n\le10$일 때 $a_n<0$, $n\ge11$일 때 $a_n>0$이므로

$$\sum_{n=1}^{20}|a_n|=\sum_{n=1}^{10}(-a_n)+\sum_{n=11}^{20}a_n=-S_{10}+(S_{20}-S_{10})=S_{20}-2S_{10}$$

$$=2\times20^3+3\times20^2-600\times20-2(2\times10^3+3\times10^2-600\times10)$$

$$=12600 \longleftarrow \text{답}$$

유제 **14**-4. $\sum_{k=1}^{n} a_k=n^2+1$일 때, $\sum_{k=1}^{2n} a_{2k}$를 구하여라. 답 $2n(4n+1)$

유제 **14**-5. $\sum_{k=1}^{n} a_k=\frac{n}{n+1}$일 때, $\sum_{k=1}^{n}\frac{1}{a_k}$을 구하여라.

답 $\frac{n(n+1)(n+2)}{3}$

유제 **14**-6. 수열 $\{a_n\}$이 다음을 만족시킬 때, $\sum_{k=1}^{n} a_k$를 구하여라.

$$a_1+2a_2+3a_3+\cdots+na_n=\frac{n(n+1)(2n+3)}{2}$$

답 $\frac{n(3n+7)}{2}$

필수 예제 14-5 다음을 n에 관한 식으로 나타내어라.

(1) $\displaystyle\sum_{i=1}^{n}\left(\sum_{k=i}^{n}k\right)$ (2) $\displaystyle\sum_{j=1}^{n}\left(\sum_{i=1}^{j}ij\right)$

정석연구 $\displaystyle\sum_{k=i}^{n}a_k=a_i+a_{i+1}+a_{i+2}+\cdots+a_n=\sum_{k=1}^{n}a_k-\sum_{k=1}^{i-1}a_k$

$\displaystyle\sum_{i=1}^{j}a_ib_j=a_1b_j+a_2b_j+\cdots+a_jb_j=(a_1+a_2+\cdots+a_j)b_j=b_j\sum_{i=1}^{j}a_i$

곧, 다음 성질을 이용하여 간단히 한다.

정석 $\displaystyle\sum_{k=i}^{n}a_k=\sum_{k=1}^{n}a_k-\sum_{k=1}^{i-1}a_k$

$\displaystyle\sum_{i=1}^{j}a_ib_j=b_j\sum_{i=1}^{j}a_i$ ⇦ b_j는 i에 관계없는 상수

모범답안 (1) $\displaystyle\sum_{k=i}^{n}k=\sum_{k=1}^{n}k-\sum_{k=1}^{i-1}k=\frac{1}{2}n(n+1)-\frac{1}{2}(i-1)i$이므로

$$(\text{준 식})=\frac{1}{2}\sum_{i=1}^{n}\{n(n+1)-i^2+i\}$$
$$=\frac{1}{2}\left\{\sum_{i=1}^{n}n(n+1)-\sum_{i=1}^{n}i^2+\sum_{i=1}^{n}i\right\}$$
$$=\frac{1}{2}\left\{n(n+1)\times n-\frac{1}{6}n(n+1)(2n+1)+\frac{1}{2}n(n+1)\right\}$$
$$=\frac{1}{6}n(n+1)(2n+1) \longleftarrow \boxed{\text{답}}$$

(2) $\displaystyle\sum_{i=1}^{j}ij=j\sum_{i=1}^{j}i=j\times\frac{1}{2}j(j+1)=\frac{1}{2}(j^3+j^2)$이므로

$$(\text{준 식})=\frac{1}{2}\sum_{j=1}^{n}(j^3+j^2)=\frac{1}{2}\left(\sum_{j=1}^{n}j^3+\sum_{j=1}^{n}j^2\right)$$
$$=\frac{1}{2}\left\{\frac{n^2(n+1)^2}{4}+\frac{1}{6}n(n+1)(2n+1)\right\}$$
$$=\frac{1}{24}n(n+1)(n+2)(3n+1) \longleftarrow \boxed{\text{답}}$$

유제 **14**-7. 다음을 간단히 하여라.

(1) $\displaystyle\sum_{m=1}^{4}\left\{\sum_{n=1}^{4}(2m-1)3^n\right\}$ (2) $\displaystyle\sum_{l=1}^{10}\left\{\sum_{k=1}^{10}(k+l)\right\}$ (3) $\displaystyle\sum_{m=1}^{n}\left\{\sum_{l=1}^{m}\left(\sum_{k=1}^{l}k\right)\right\}$

답 (1) **1920** (2) **1100** (3) $\frac{1}{24}n(n+1)(n+2)(n+3)$

유제 **14**-8. $m+n=13$, $mn=40$일 때, $\displaystyle\sum_{x=1}^{m}\left\{\sum_{y=1}^{n}(x+y)\right\}$의 값을 구하여라.

답 **300**

§2. 여러 가지 수열의 합

필수 예제 **14**-6 다음 물음에 답하여라.

(1) $\displaystyle\sum_{k=1}^{n}\frac{1}{\sqrt{k+2}+\sqrt{k}}$을 구하여라.

(2) 첫째항이 25이고 공차가 2인 등차수열 $\{a_n\}$에 대하여

$\displaystyle\sum_{k=1}^{100}\frac{1}{\sqrt{a_k}+\sqrt{a_{k+1}}}$의 값을 구하여라.

정석연구 분모를 유리화한 다음,

정석 양수와 음수가 반복되는 꼴은
⟹ 소거되는 규칙이 나타날 때까지 나열해 보아라.

모범답안 (1) (준 식)$\displaystyle=\sum_{k=1}^{n}\frac{\sqrt{k+2}-\sqrt{k}}{(k+2)-k}=\frac{1}{2}\sum_{k=1}^{n}\left(\sqrt{k+2}-\sqrt{k}\right)$

$$=\frac{1}{2}\left\{\left(\sqrt{3}-\sqrt{1}\right)+\left(\sqrt{4}-\sqrt{2}\right)+\left(\sqrt{5}-\sqrt{3}\right)+\left(\sqrt{6}-\sqrt{4}\right)+\cdots+\left(\sqrt{n+1}-\sqrt{n-1}\right)+\left(\sqrt{n+2}-\sqrt{n}\right)\right\}$$

$$=\frac{1}{2}\left(-\sqrt{1}-\sqrt{2}+\sqrt{n+1}+\sqrt{n+2}\right)$$

$$=\boldsymbol{\frac{1}{2}\left(\sqrt{n+1}+\sqrt{n+2}-1-\sqrt{2}\right)} \longleftarrow \text{답}$$

(2) (준 식)$\displaystyle=\sum_{k=1}^{100}\frac{\sqrt{a_k}-\sqrt{a_{k+1}}}{a_k-a_{k+1}}=-\frac{1}{2}\sum_{k=1}^{100}\left(\sqrt{a_k}-\sqrt{a_{k+1}}\right)$ ⇦ $a_{k+1}-a_k=2$

$$=-\frac{1}{2}\left\{\left(\sqrt{a_1}-\sqrt{a_2}\right)+\left(\sqrt{a_2}-\sqrt{a_3}\right)+\left(\sqrt{a_3}-\sqrt{a_4}\right)+\cdots+\left(\sqrt{a_{100}}-\sqrt{a_{101}}\right)\right\}$$

$$=-\frac{1}{2}\left(\sqrt{a_1}-\sqrt{a_{101}}\right)$$

문제의 조건으로부터 $a_1=25,\ a_{101}=25+(101-1)\times2=225$

$\therefore$ (준 식)$\displaystyle=-\frac{1}{2}\left(\sqrt{25}-\sqrt{225}\right)=\mathbf{5}$ ⟵ 답

유제 **14**-9. 다음 합을 구하여라.

(1) $\displaystyle\sum_{k=1}^{n}\frac{1}{\sqrt{k}+\sqrt{k+1}}$

(2) $\displaystyle\sum_{k=1}^{n}\frac{1}{\sqrt[3]{(k+1)^2}+\sqrt[3]{k(k+1)}+\sqrt[3]{k^2}}$

(3) $\displaystyle\sum_{n=1}^{15}\frac{1}{n\sqrt{n+1}+(n+1)\sqrt{n}}$

답 (1) $\boldsymbol{\sqrt{n+1}-1}$ (2) $\boldsymbol{\sqrt[3]{n+1}-1}$ (3) $\boldsymbol{\frac{3}{4}}$

필수 예제 **14**-7 다음 물음에 답하여라.

(1) $\displaystyle\sum_{k=1}^{n}\frac{1}{k(k+2)}$을 구하여라.

(2) $a_n=\displaystyle\sum_{k=1}^{n}k^2$일 때, $\mathrm{S}_n=\dfrac{3}{a_1}+\dfrac{5}{a_2}+\dfrac{7}{a_3}+\cdots+\dfrac{2n+1}{a_n}$을 구하여라.

정석연구 이와 같은 꼴의 수열의 합을 구할 때에는

$$\textbf{정석}\quad \frac{1}{\mathrm{AB}}=\frac{1}{\mathrm{B}-\mathrm{A}}\left(\frac{1}{\mathrm{A}}-\frac{1}{\mathrm{B}}\right)$$ ⇦ 실력 수학(하) p. 221

을 이용하여 각 항을 차의 꼴로 나타내 보면 이웃하는 항 사이에 소거되는 규칙을 찾을 수 있다.

모범답안 (1) $\dfrac{1}{k(k+2)}=\dfrac{1}{2}\left(\dfrac{1}{k}-\dfrac{1}{k+2}\right)$이므로

$$(\text{준 식})=\sum_{k=1}^{n}\frac{1}{2}\left(\frac{1}{k}-\frac{1}{k+2}\right)=\frac{1}{2}\sum_{k=1}^{n}\left(\frac{1}{k}-\frac{1}{k+2}\right)$$

$$=\frac{1}{2}\left\{\left(\frac{1}{1}-\frac{1}{3}\right)+\left(\frac{1}{2}-\frac{1}{4}\right)+\left(\frac{1}{3}-\frac{1}{5}\right)+\left(\frac{1}{4}-\frac{1}{6}\right)+\left(\frac{1}{5}-\frac{1}{7}\right)+\cdots+\left(\frac{1}{n-1}-\frac{1}{n+1}\right)+\left(\frac{1}{n}-\frac{1}{n+2}\right)\right\}$$

$$=\frac{1}{2}\left(1+\frac{1}{2}-\frac{1}{n+1}-\frac{1}{n+2}\right)=\boldsymbol{\frac{n(3n+5)}{4(n+1)(n+2)}}$$ ← 답

(2) $a_n=\dfrac{n(n+1)(2n+1)}{6}$이므로

$$\mathrm{S}_n=\sum_{k=1}^{n}\frac{2k+1}{a_k}=\sum_{k=1}^{n}\left\{(2k+1)\times\frac{6}{k(k+1)(2k+1)}\right\}$$

$$=6\sum_{k=1}^{n}\frac{1}{k(k+1)}=6\sum_{k=1}^{n}\left(\frac{1}{k}-\frac{1}{k+1}\right)$$

$$=6\left\{\left(\frac{1}{1}-\frac{1}{2}\right)+\left(\frac{1}{2}-\frac{1}{3}\right)+\left(\frac{1}{3}-\frac{1}{4}\right)+\left(\frac{1}{4}-\frac{1}{5}\right)+\cdots+\left(\frac{1}{n}-\frac{1}{n+1}\right)\right\}$$

$$=6\left(1-\frac{1}{n+1}\right)=\boldsymbol{\frac{6n}{n+1}}$$ ← 답

유제 **14**-10. 다음 수열의 합을 구하여라.

(1) $\dfrac{1}{1\times3}+\dfrac{1}{3\times5}+\dfrac{1}{5\times7}+\cdots+\dfrac{1}{(2n-1)(2n+1)}$

(2) $\dfrac{1}{3^2-1}+\dfrac{1}{5^2-1}+\dfrac{1}{7^2-1}+\cdots+\dfrac{1}{(2n+1)^2-1}$

답 (1) $\boldsymbol{\dfrac{n}{2n+1}}$ (2) $\boldsymbol{\dfrac{n}{4(n+1)}}$

필수 예제 14-8 다음 수열의 합 S를 구하여라.

(1) $S=1+3x+5x^2+7x^3+\cdots+(2n-1)x^{n-1}$

(2) $S=1+\dfrac{2}{3}+\dfrac{3}{3^2}+\dfrac{4}{3^3}+\dfrac{5}{3^4}+\cdots+\dfrac{n}{3^{n-1}}$

정석연구 (1) 등차수열 $1,\ 3,\ 5,\ 7,\ \cdots,\ 2n-1,$

등비수열 $1,\ x,\ x^2,\ x^3,\ \cdots,\ x^{n-1}$

의 대응하는 항끼리 곱하여 만든 수열의 합이다.

(2) 등차수열 $1, 2, 3, \cdots, n$과 등비수열 $1, \dfrac{1}{3}, \dfrac{1}{3^2}, \cdots, \dfrac{1}{3^{n-1}}$의 대응하는 항끼리 곱하여 만든 수열의 합이다.

정석 $\boldsymbol{S=1+3x+5x^2+\cdots+(2n-1)x^{n-1}}$ **꼴의 합은**

$\Longrightarrow$ $\boldsymbol{S-xS}$**를 만들어라**($\boldsymbol{x}$**는 등비수열의 공비**).

모범답안 (1) $S=1+3x+5x^2+\cdots+(2n-3)x^{n-2}+(2n-1)x^{n-1}$

$xS=\quad x+3x^2+5x^3+\quad\cdots\quad+(2n-3)x^{n-1}+(2n-1)x^n$

$\therefore\ (1-x)S=1+2x+2x^2+\cdots+2x^{n-1}-(2n-1)x^n$

$=2(1+x+x^2+\cdots+x^{n-1})-1-(2n-1)x^n$

$x\neq1$일 때 $(1-x)S=\dfrac{2(1-x^n)}{1-x}-1-(2n-1)x^n$

$\therefore\ S=\dfrac{2(1-x^n)}{(1-x)^2}-\dfrac{1+(2n-1)x^n}{1-x}$

$x=1$일 때 $S=1+3+5+7+\cdots+(2n-1)=n^2$

답 $\boldsymbol{x\neq1}$**일 때** $\boldsymbol{S=\dfrac{2(1-x^n)}{(1-x)^2}-\dfrac{1+(2n-1)x^n}{1-x}}$, $\boldsymbol{x=1}$**일 때** $\boldsymbol{S=n^2}$

(2) $S=1+\dfrac{2}{3}+\dfrac{3}{3^2}+\dfrac{4}{3^3}+\dfrac{5}{3^4}+\cdots+\dfrac{n-1}{3^{n-2}}+\dfrac{n}{3^{n-1}}$

$\dfrac{1}{3}S=\quad\dfrac{1}{3}+\dfrac{2}{3^2}+\dfrac{3}{3^3}+\dfrac{4}{3^4}+\dfrac{5}{3^5}+\cdots+\dfrac{n-1}{3^{n-1}}+\dfrac{n}{3^n}$

$\therefore\ \dfrac{2}{3}S=1+\dfrac{1}{3}+\dfrac{1}{3^2}+\dfrac{1}{3^3}+\cdots+\dfrac{1}{3^{n-1}}-\dfrac{n}{3^n}=\dfrac{1-(1/3)^n}{1-(1/3)}-\dfrac{n}{3^n}$

$=\dfrac{3\times3^n-3-2n}{2\times3^n}$ $\quad\therefore\ \boldsymbol{S=\dfrac{3^{n+1}-3-2n}{4\times3^{n-1}}}$ ← 답

유제 **14**-11. 다음 합을 구하여라.

(1) $\displaystyle\sum_{k=1}^{n}(k\times2^{k-1})$ (2) $\displaystyle\sum_{k=1}^{101}ki^k$ (단, $i=\sqrt{-1}$) (3) $\displaystyle\sum_{k=2}^{10}2^{k-2}(k-9)$

답 (1) $\boldsymbol{(n-1)\times2^n+1}$ (2) $\boldsymbol{50+51i}$ (3) **9**

§ 3. 계차수열

기본정석

1 계차와 계차수열

수열 $\{a_n\}$에서 $a_{n+1}-a_n$을 이 수열의 계차라 하고, 계차로 이루어지는 수열을 수열 $\{a_n\}$의 계차수열이라고 한다.

$\{\boldsymbol{a_n}\}$: $a_1,\ a_2,\ a_3,\ a_4,\ \cdots,\ a_{n-1},\ a_n,\ a_{n+1},\ \cdots$

$\{\boldsymbol{a_n}\}$의 계차수열 : $b_1,\ b_2,\ b_3,\ \cdots,\ b_{n-1},\ b_n,\ \cdots$

2 계차수열을 이용한 수열의 일반항

수열 $\{a_n\}$의 계차수열을 $\{b_n\}$이라고 하면

정석 $\boldsymbol{a_n=a_1+\sum_{k=1}^{n-1} b_k}$ ⇦ $b_n=a_{n+1}-a_n$

Advice 1° (고등학교 교육과정 밖의 내용) 계차수열은 고등학교 교육과정에서 제외된 내용이지만, 수열의 응용으로 다루어 본다.

2° 이를테면 수열 3, 5, 9, 15, 23, 33, $\cdots$은 등차수열이나 등비수열이 아니므로 바로 일반항을 구하기가 쉽지 않다. 그러나

$3,\ 5,\ 9,\ 15,\ 23,\ 33,\ \cdots$

$2,\ 4,\ 6,\ 8,\ 10,\ \cdots$

과 같이 이웃하는 항의 차가 등차수열임을 알면 일반항을 구할 수 있다.

일반적으로 수열 $\{a_n\}$과 계차수열 $\{b_n\}$ 사이에는

$\{a_n\} \longrightarrow a_1,\ a_2,\ a_3,\ a_4,\ \cdots,\ a_n,\ a_{n+1},\ \cdots$

$\{b_n\} \longrightarrow b_1,\ b_2,\ b_3,\ \cdots,\ b_n,\ \cdots$

인 관계가 있다. 따라서

$$a_1=a_1$$
$$a_2=a_1+b_1$$
$$a_3=a_2+b_2=(a_1+b_1)+b_2=a_1+(b_1+b_2)$$
$$a_4=a_3+b_3=(a_1+b_1+b_2)+b_3=a_1+(b_1+b_2+b_3)$$
$$\cdots\cdots$$
$$a_n=a_1+(b_1+b_2+b_3+\cdots+b_{n-1})=a_1+\sum_{k=1}^{n-1} b_k$$

**Note* 2의 식은 $n\ge2$일 때 성립하지만 이 책에서는 계산 결과가 $n\ge1$일 때부터 성립하는 경우만 다루며 이에 대하여 따로 언급하지 않기로 한다.

필수 예제 14-9 다음 수열의 제 n항 a_n과 첫째항부터 제 n항까지의 합 S_n을 구하여라.

(1) 1, 2, 5, 10, 17, $\cdots$ (2) 2, 3, 5, 9, 17, $\cdots$

정석연구 수열의 일반항을 바로 찾을 수 없으면 우선 계차수열을 구한 다음, 아래 **정석**을 이용한다.

> **정석** 수열 $\{a_n\}$의 계차수열을 $\{b_n\}$이라고 하면
>
> 일반항 $\Longrightarrow$ $a_n=a_1+\sum_{k=1}^{n-1} b_k$, 합 $\Longrightarrow$ $S_n=\sum_{k=1}^{n} a_k$

모범답안 주어진 수열 $\{a_n\}$의 계차수열을 $\{b_n\}$이라고 하자.

(1) $\{a_n\}$: 1, 2, 5, 10, 17, $\cdots$

$\{b_n\}$: 1, 3, 5, 7, $\cdots$ $\therefore$ $b_n=2n-1$

$$\therefore\ a_n=a_1+\sum_{k=1}^{n-1} b_k=1+\sum_{k=1}^{n-1}(2k-1)=1+2\sum_{k=1}^{n-1}k-\sum_{k=1}^{n-1}1$$

$$=1+(n-1)n-(n-1)=\boldsymbol{n^2-2n+2} \longleftarrow \text{답}$$

$$\therefore\ S_n=\sum_{k=1}^{n} a_k=\sum_{k=1}^{n}(k^2-2k+2)=\sum_{k=1}^{n}k^2-2\sum_{k=1}^{n}k+\sum_{k=1}^{n}2$$

$$=\frac{1}{6}n(n+1)(2n+1)-2\times\frac{1}{2}n(n+1)+2n$$

$$=\boldsymbol{\frac{1}{6}n(2n^2-3n+7)} \longleftarrow \text{답}$$

(2) $\{a_n\}$: 2, 3, 5, 9, 17, $\cdots$

$\{b_n\}$: 1, 2, 4, 8, $\cdots$ $\therefore$ $b_n=2^{n-1}$

$$\therefore\ a_n=a_1+\sum_{k=1}^{n-1} b_k=2+\sum_{k=1}^{n-1}2^{k-1}=2+\frac{1\times(2^{n-1}-1)}{2-1}=\boldsymbol{2^{n-1}+1} \longleftarrow \text{답}$$

$$\therefore\ S_n=\sum_{k=1}^{n} a_k=\sum_{k=1}^{n}(2^{k-1}+1)=\sum_{k=1}^{n}2^{k-1}+\sum_{k=1}^{n}1=\frac{1\times(2^n-1)}{2-1}+n$$

$$=\boldsymbol{2^n+n-1} \longleftarrow \text{답}$$

유제 14-12. 자연수를 오른쪽과 같이 배열할 때, 다음 물음에 답하여라.

1	2	4	7	11
3	5	8	12	
6	9	13		
10	14			
15				

(1) 1행의 수열 1, 2, 4, $\cdots$ 에서 제 n항과 첫째항부터 제 n항까지의 합을 구하여라.

(2) 대각선의 수열 1, 5, 13, $\cdots$ 에서 제 n항과 첫째항부터 제 n항까지의 합을 구하여라.

답 (1) $\boldsymbol{\dfrac{n^2-n+2}{2}}$, $\boldsymbol{\dfrac{n(n^2+5)}{6}}$ (2) $\boldsymbol{2n^2-2n+1}$, $\boldsymbol{\dfrac{n(2n^2+1)}{3}}$

필수 예제 14-10 오른쪽과 같이 홀수를 첫째 단에 1개, 둘째 단에 2개, 셋째 단에 3개, $\cdots$로 나열한다.

(1) n째 단의 첫 번째 수를 구하여라.

(2) 2019는 몇째 단의 몇 번째에 있는가?

(3) n째 단에 있는 수들의 합을 구하여라.

(4) 첫째 단부터 n째 단까지의 모든 수의 합을 구하여라.

```
        1
      3   5
    7   9   11
 13  15  17  19
 ..................
```

모범답안 (1) 각 단의 첫 번째 수로 만들어지는 수열은

$$1,\ 3,\ 7,\ 13,\ 21,\ \cdots$$
$$2,\ 4,\ 6,\ 8,\ \cdots$$

⇦ $b_n=2n$

이므로 n째 단의 첫 번째 수를 a_n이라고 하면

$$a_n=1+\sum_{k=1}^{n-1}2k=1+2\times\frac{(n-1)n}{2}=\boldsymbol{n^2-n+1} \longleftarrow \text{답}$$

(2) 2019가 n째 단에 있다고 하면 $a_n \le 2019 < a_{n+1}$

$$\therefore\ n^2-n+1\le 2019< n^2+n+1 \qquad \therefore\ (n-1)n\le 2018< n(n+1)$$

n은 자연수이고 $44\times 45=1980$, $45\times 46=2070$이므로 $n=45$(째 단)

한편 45째 단의 첫 번째 수는 $a_{45}=45^2-45+1=1981$이므로 45째 단의 수들은 첫째항이 1981, 공차가 2인 등차수열을 이룬다.

$2019=1981+(20-1)\times 2$이므로 **45째 단의 20번째** ← 답

(3) n째 단의 수들은 첫째항이 n^2-n+1, 공차가 2인 등차수열의 첫째항부터 제 n항까지이므로, 이 수들의 합을 s_n이라고 하면

$$s_n=\frac{n\{2(n^2-n+1)+(n-1)\times 2\}}{2}=\boldsymbol{n^3} \longleftarrow \text{답}$$

(4) $\displaystyle\sum_{k=1}^{n}s_k=\sum_{k=1}^{n}k^3=\left\{\boldsymbol{\frac{n(n+1)}{2}}\right\}^2$ ← 답

*Note (1) 첫째 단부터 $n-1$째 단까지의 수의 개수는

$$1+2+3+\cdots+(n-1)=\frac{n(n-1)}{2}$$

이므로 n째 단의 첫 번째 수는 수열 $\{2k-1\}$에서 $\dfrac{n(n-1)}{2}+1$째 수이다.

$$\therefore\ a_n=2\left\{\frac{n(n-1)}{2}+1\right\}-1=\boldsymbol{n^2-n+1}$$

유제 14-13. 다음 수열의 제 n항과 첫째항부터 제 n항까지의 합을 구하여라.

$1,\ 2+3,\ 4+5+6,\ 7+8+9+10,\ 11+12+13+14+15,\ \cdots$

답 $\boldsymbol{\frac{1}{2}n(n^2+1)},\ \boldsymbol{\frac{1}{8}n(n+1)(n^2+n+2)}$

필수 예제 14-11 오른쪽 그림과 같은 점열

$P_1(1, 1)$, $P_2(2, 1)$, $P_3(1, 2)$, $\cdots$

에 대하여 다음 물음에 답하여라.

(1) P_{100}의 좌표를 구하여라.

(2) P_k의 좌표가 $(28, 7)$일 때, k의 값을 구하여라.

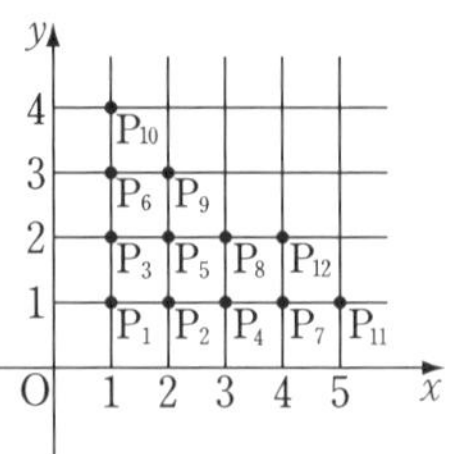

정석연구 x좌표와 y좌표의 합이 같은 점끼리 묶으면

$$(P_1),\ (P_2,\ P_3),\ (P_4,\ P_5,\ P_6),\ (P_7,\ P_8,\ P_9,\ P_{10}),\ \cdots$$

이다. 여기에서 각 묶음을 차례로 제1군, 제2군, 제3군, 제4군, $\cdots$이라고 하면 제n군에 속한 점은 모두 n개이고, 각 점의 좌표는 차례로

$$(n,\ 1),\ (n-1,\ 2),\ (n-2,\ 3),\ \cdots,\ (2,\ n-1),\ (1,\ n)$$

이다. (1)에서는 점 P_{100}이, (2)에서는 점 $P_k(28, 7)$이 제몇 군에 속하는가를 먼저 조사한다.

이와 같이 같은 성질을 가진 항끼리 묶어 하나의 군으로 생각하고 계산하면 편한 경우가 많다. 이러한 수열을 군수열이라고 한다.

정석 같은 성질을 가진 항끼리 묶어 군으로 나누어 본다.

모범답안 x좌표와 y좌표의 합이 $n+1$인 점의 모임을 제n군이라고 하자.

(1) 제n군까지의 점의 개수는 $1+2+3+4+\cdots+n=\dfrac{1}{2}n(n+1)$

따라서 P_{100}이 제n군에 속한다고 하면

$$\frac{1}{2}(n-1)n<100\le\frac{1}{2}n(n+1) \quad 곧,\ (n-1)n<200\le n(n+1)$$

n은 자연수이고 $13\times14=182$, $14\times15=210$이므로 $n=14$이다.

한편 제13군까지의 점의 개수는 $\dfrac{1}{2}\times13\times14=91$이므로 P_{100}은 제14군 $(P_{92},\ P_{93},\ P_{94},\ \cdots,\ P_{105})$의 9번째에 있다.

그런데 $P_{92}(14, 1)$이므로 P_{100}의 좌표는 **(6, 9)** ← 답

*Note 제14군에 속한 점은 $P_{92}(14, 1)$, $P_{93}(13, 2)$, $\cdots$, $P_{105}(1, 14)$이다.

(2) $28+7=35$이므로 $P_k(28, 7)$은 제34군의 7번째 점이다.

그런데 제33군까지의 점의 개수는 $1+2+3+\cdots+33=561$이므로

$k=561+7=\mathbf{568}$ ← 답

유제 **14**-14. 수열 $a,\ b,\ a^2,\ ab,\ b^2,\ a^3,\ a^2b,\ ab^2,\ b^3,\ \cdots$이 있다.

(1) $a^{18}b^5$은 제몇 항인가? (2) 제57항을 구하여라.

답 (1) 제**281**항 (2) $\boldsymbol{a^8b^2}$

필수 예제 14-12 20개의 직선으로 원의 내부를 분할할 때, 분할된 영역의 최대 개수와 최소 개수를 구하여라.

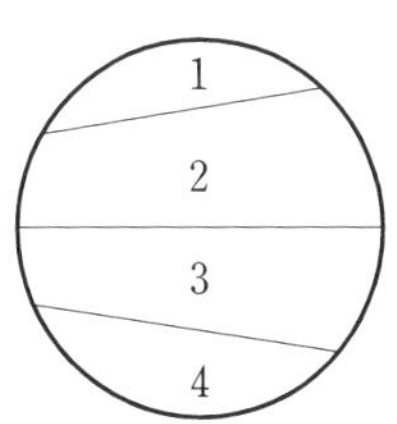

정석연구 영역의 개수가 최소가 되는 경우는 오른쪽 위의 그림과 같이 직선이 원의 내부에서 교점이 하나도 없이 그어질 때이다.

이 경우에는 직선이 1개이면 2개의 영역으로, 2개이면 3개의 영역으로, $\cdots$, 20개이면 $(20+1)$개의 영역으로 분할된다.

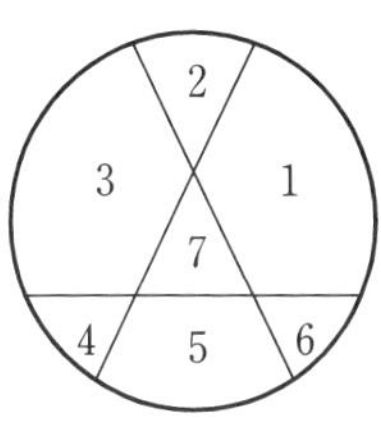

영역의 개수가 최대가 되는 경우는 오른쪽 아래 그림과 같이 원의 내부에서 두 직선끼리는 반드시 만나고, 또 어느 세 직선도 한 점에서 만나지 않도록 그어질 때이다.

이 경우에는 직선이 1개이면 2개의 영역으로, 2개이면 4개의 영역으로, 3개이면 7개의 영역으로, $\cdots$ 분할된다.

n개의 직선으로 원의 내부를 분할할 때, 분할된 영역의 최대 개수를 a_n이라 하고, 위와 같이 a_1, a_2, a_3, a_4, a_5, $\cdots$를 직접 세어 보면

$$\begin{array}{ccccccccccc} 2, & & 4, & & 7, & & 11, & & 16, & \cdots \\ & 2, & & 3, & & 4, & & 5, & & \cdots \end{array} \quad \Leftarrow b_n=n+1$$

이므로 a_{20}은 이 수열의 제20항임을 알 수 있다.

정석 규칙성이 나타날 때까지 처음 몇 항을 직접 구해 본다.

모범답안 영역의 최소 개수는 $20+1=21$

또, 영역의 최대 개수는 수열 2, 4, 7, 11, 16, $\cdots$의 제20항이므로

$$2+\sum_{k=1}^{19}(k+1)=2+\sum_{k=1}^{19}k+19=21+\frac{19\times20}{2}=211$$

답 최소 개수 : **21**, 최대 개수 : **211**

Advice | 일반적으로 평면 위에 n개의 직선을 그을 때, 나누어진 영역의 개수의 최솟값은 $n+1$, 최댓값은 $2+\sum_{k=1}^{n-1}(k+1)=\frac{1}{2}(n^2+n+2)$이다.

유제 **14**-15. 평면 위에 n개의 원이 있다. 두 원끼리는 반드시 두 점에서 만나고, 어느 세 원도 한 점에서 만나지 않을 때, 교점의 개수를 구하여라.

답 $\boldsymbol{n^2-n}$

연습문제 14

기본 **14-1** 공비가 양수인 등비수열 $\{a_n\}$이 모든 자연수 n에 대하여 $\sum_{k=1}^{n} a_{2k-1}=4^n-1$을 만족시킬 때, $\sum_{k=1}^{10} a_{2k}$의 값을 구하여라.

14-2 함수 $f(x)=\dfrac{x}{x-1}$에 대하여 다음 물음에 답하여라.

(1) $f(x)+f(2-x)$를 간단히 하여라. (2) $\sum_{k=1}^{100} f\left(\dfrac{2k}{101}\right)$의 값을 구하여라.

14-3 수열 $\{a_n\}$에서 $a_n=\sum_{k=1}^{n}\dfrac{1}{k}$일 때, $20a_{20}-(a_1+a_2+a_3+\cdots+a_{19})$의 값을 구하여라.

14-4 $\left(\sum_{k=1}^{20} kx^k\right)^2$의 전개식에서 x^{10}의 계수를 구하여라.

14-5 다음 합을 구하여라. 단, $[x]$는 x보다 크지 않은 최대 정수이다.

(1) $\sum_{n=1}^{100}\left[\sqrt{n}\right]$ (2) $\sum_{n=0}^{50}(-1)^{n+1}\tan\dfrac{n}{3}\pi$

14-6 1보다 큰 자연수 n으로 나누었을 때, 몫이 나머지와 같은 자연수를 모두 더한 값을 a_n이라고 하자. 이때, 다음 물음에 답하여라.

(1) a_2, a_3, a_4의 값을 구하여라.

(2) $a_n>500$을 만족시키는 자연수 n의 최솟값을 구하여라.

14-7 다음 수열의 첫째항부터 제 n항까지의 합을 구하여라.

$$\sqrt{3-2\sqrt{2}},\ \sqrt{5-2\sqrt{6}},\ \sqrt{7-2\sqrt{12}},\ \cdots,\ \sqrt{2n+1-2\sqrt{n^2+n}},\ \cdots$$

14-8 수열 $\{a_n\}$이 모든 자연수 n에 대하여 $\sum_{k=1}^{n}(a_{2k+1}-a_{2k-1})=3n+2$를 만족시킨다. $a_1=8$일 때, a_{21}을 구하여라.

14-9 첫째항이 3이고 각 항이 양수인 수열 $\{a_n\}$의 첫째항부터 제 n항까지의 합을 S_n이라고 하자. $\sum_{k=1}^{9}\dfrac{a_{k+1}}{S_kS_{k+1}}=\dfrac{1}{4}$일 때, S_{10}을 구하여라.

14-10 수열 $\{a_n\}$에서 $a_n=\dfrac{1}{n(n+1)}$일 때, $\sum_{k=1}^{n}(x-a_k)^2$이 최소가 되는 x를 구하여라.

14-11 다음 수열의 첫째항부터 제 n항까지의 합을 구하여라.

$$\frac{1}{2},\ \frac{1}{6},\ \frac{1}{12},\ \frac{1}{20},\ \frac{1}{30},\ \cdots$$

14-12 다음 수열에서 $\dfrac{3}{15}$은 몇 번째 항인가?

$$\frac{1}{1},\ \frac{2}{1},\ \frac{1}{2},\ \frac{3}{1},\ \frac{2}{2},\ \frac{1}{3},\ \frac{4}{1},\ \frac{3}{2},\ \frac{2}{3},\ \frac{1}{4},\ \cdots$$

14-13 첫째항부터 제 n항까지의 합 S_n이 $S_n=2n^2+3n+1$인 수열 $\{a_n\}$이 있다. 수열 $\{a_n\}$의 항을 (a_1), $(a_2,\ a_3)$, $(a_4,\ a_5,\ a_6)$, $\cdots$과 같이 군으로 나눌 때, 제8군의 합을 구하여라.

14-14 두 포물선

$y=ax^2+1$(단, $0<a<1$), $\quad y=x^2+2$

가 x축에 수직인 10개의 직선 $x=1$, $x=2$, $\cdots$, $x=10$과 만나서 생기는 선분의 길이의 합이 318일 때, 상수 a의 값을 구하여라.

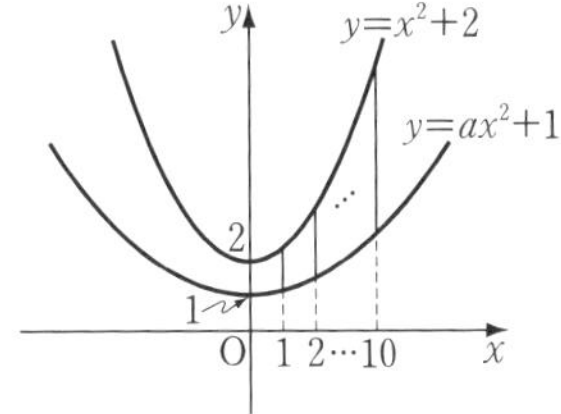

실력 **14-15** x_i, y_i(단, i는 자연수)가 실수일 때, 다음 부등식이 성립함을 증명하여라.

$$\left(\sum_{i=1}^{n} x_i y_i\right)^2 \le \left(\sum_{i=1}^{n} {x_i}^2\right)\left(\sum_{i=1}^{n} {y_i}^2\right)$$

14-16 자연수 n에 대하여 $\dfrac{n(n+1)}{2}$을 3으로 나눈 나머지를 a_n이라고 할 때, $\displaystyle\sum_{n=1}^{2020} a_n$의 값을 구하여라.

14-17 자연수 k를 $k=2^\alpha\times p$(단, α는 음이 아닌 정수, p는 홀수)로 나타낼 때, $a_k=\alpha$로 정의하자. $\displaystyle\sum_{k=1}^{100} a_k$의 값을 구하여라.

14-18 자연수 n의 일의 자리 수를 $f(n)$이라 하고, $a_n=f(n^2)-f(n)$이라고 하자. 이때, 다음 물음에 답하여라.

(1) $\displaystyle\sum_{n=1}^{10} a_n$, $\displaystyle\sum_{n=1}^{98} a_n$의 값을 구하여라.

(2) $a_n=0$이 되는 자연수 n을 작은 것부터 크기 순으로 나열한 수열을 b_1, b_2, b_3, $\cdots$이라고 할 때, b_{50}을 구하여라.

14-19 다음 수열의 합을 구하여라.

(1) 4, 44, 444, 4444, $\cdots$, (제 n항)

(2) 12, 121, 1212, 12121, $\cdots$, (제 $2n$항)

14-20 곡선 $y=\log_2 x$, x축 및 직선 $x=1025$로 둘러싸인 도형의 내부에 있고, x좌표와 y좌표가 모두 정수인 점의 개수를 구하여라.

14-21 10^4보다 큰 실수 x에 대하여 $\log x$의 정수부분을 $f(x)$라고 하자. 자연수 n에 대하여

$$2\{f(x)-3\}\log x=2\{f(x)\}^2-7f(x)+3n$$

을 만족시키는 서로 다른 모든 $f(x)$의 합을 a_n이라고 할 때, $\sum_{n=1}^{10} a_n$의 값을 구하여라.

14-22 다음 수열의 첫째항부터 제 n항까지의 합 S_n을 구하여라.

$$1^3,\quad -2^3,\quad 3^3,\quad -4^3,\quad 5^3,\quad -6^3,\quad \cdots$$

14-23 x가 실수일 때, $f(x)=\sum_{k=1}^{20}|x-2^k|$의 최솟값을 구하여라.

14-24 모든 항이 자연수인 수열 $\{a_n\}$에 대하여 $\left|a_n-\sqrt{n}\right|<\dfrac{1}{2}$일 때, $\sum_{k=1}^{90} a_k$의 값을 구하여라.

14-25 다음 수열의 첫째항부터 제 n항까지의 합을 구하여라.
단, 자연수 n에 대하여 $n!=n(n-1)(n-2)\times\cdots\times3\times2\times1$이다.

(1) $\dfrac{1}{1!\times3},\ \dfrac{1}{2!\times4},\ \dfrac{1}{3!\times5},\ \cdots$ (2) $\dfrac{2}{1^2\times3^2},\ \dfrac{4}{3^2\times5^2},\ \dfrac{6}{5^2\times7^2},\ \cdots$

(3) $\dfrac{9}{1\times2\times3},\ \dfrac{14}{2\times3\times4},\ \dfrac{19}{3\times4\times5},\ \cdots$

14-26 오른쪽에서 각 행은 등차수열로 k행의 첫째항은 2^{k-1}이고 공차는 2^k이다. 여기서 n행 n열의 수를 a_n으로 하는 수열 $\{a_n\}$에 대하여 다음을 구하여라.

1	3	5	7	⋯
2	6	10	14	⋯
4	12	20	28	⋯
8	24	40	56	⋯
	⋯			

(1) a_n (2) $\sum_{k=1}^{n} a_k$

14-27 2 이상의 자연수 n에 대하여 분모는 2^n의 꼴이고, 분자는 분모보다 작은 홀수로 이루어진 수열

$$\frac{1}{2^2},\ \frac{3}{2^2},\ \frac{1}{2^3},\ \frac{3}{2^3},\ \frac{5}{2^3},\ \frac{7}{2^3},\ \frac{1}{2^4},\ \frac{3}{2^4},\ \cdots$$

에서 제126항과 첫째항부터 제126항까지의 합을 구하여라.

14-28 오른쪽과 같은 규칙으로 수를 배열할 때, 다음 물음에 답하여라.

1	2	3	4	⋯
1	4	7	10	⋯
1	6	11	16	⋯
⋯	⋯	⋯	⋯	⋯

(1) 217은 모두 몇 번 나오는가?

(2) 5번 나오는 수 중에서 가장 작은 수를 구하여라.

15. 수학적 귀납법

§1. 수열의 귀납적 정의

기본정석

1 수열의 귀납적 정의

수열 $\{a_n\}$을

(i) 첫째항 (ii) 이웃하는 항 사이의 관계식(등식)

으로 정할 때, 이것을 수열 $\{a_n\}$의 귀납적 정의라 하고, (ii)의 관계식을 점화식이라고 한다.

2 기본적인 점화식

수열 $\{a_n\}$에서 모든 자연수 n에 대하여

(1) $a_{n+1}-a_n=d$ (일정) ⟹ 공차가 d인 등차수열

(2) $a_{n+1}\div a_n=r$ (일정) ⟹ 공비가 r인 등비수열

(3) $2a_{n+1}=a_n+a_{n+2}$ (또는 $a_{n+1}-a_n=a_{n+2}-a_{n+1}$) ⟹ 등차수열

(4) $(a_{n+1})^2=a_n\times a_{n+2}$ (또는 $a_{n+1}\div a_n=a_{n+2}\div a_{n+1}$) ⟹ 등비수열

(5) $\dfrac{2}{a_{n+1}}=\dfrac{1}{a_n}+\dfrac{1}{a_{n+2}}$ $\left(\text{또는 } \dfrac{1}{a_{n+1}}-\dfrac{1}{a_n}=\dfrac{1}{a_{n+2}}-\dfrac{1}{a_{n+1}}\right)$ ⟹ 조화수열

Advice 1° 수열의 귀납적 정의

이를테면 첫째항이 2, 공차가 3인 등차수열

$$\{a_n\} : 2,\ 5,\ 8,\ 11,\ 14,\ \cdots$$

에서는 다음과 같은 두 식이 성립한다.

(i) $a_1=2$ (ii) $a_{n+1}=a_n+3$ $(n=1,\ 2,\ 3,\ \cdots)$

역으로 이 두 관계식만 주어지면

$a_1=2$

$n=1$일 때 $a_2=a_1+3=2+3=5$

$n=2$일 때 $a_3=a_2+3=5+3=8$

$\cdots\cdots$

과 같이 (i)에 의해서 a_1이 정해지고, (ii)식의 n에 1, 2, 3, $\cdots$을 차례로 대입하면 제2항, 제3항, $\cdots$이 정해져서 수열 $\{a_n\}$을 얻는다.

이와 같이 수열 $\{a_n\}$을 (i), (ii)로 정할 때, 이것을 수열 $\{a_n\}$의 귀납적 정의라 하고, (ii)의 관계식을 **점화식**이라고 한다.

보기 1 다음과 같이 정의된 수열 $\{a_n\}$의 제2항부터 제5항까지 구하여라.

$$a_1=1, \quad a_{n+1}=3a_n+1 \text{ (단, } n=1, 2, 3, \cdots)$$

연구 $a_{n+1}=3a_n+1$의 n에 1, 2, 3, 4를 차례로 대입하면

$n=1$일 때 $a_2=3a_1+1=3\times1+1=\mathbf{4}$ ⇦ $a_1=1$

$n=2$일 때 $a_3=3a_2+1=3\times4+1=\mathbf{13}$ ⇦ $a_2=4$

$n=3$일 때 $a_4=3a_3+1=3\times13+1=\mathbf{40}$ ⇦ $a_3=13$

$n=4$일 때 $a_5=3a_4+1=3\times40+1=\mathbf{121}$ ⇦ $a_4=40$

Advice 2° 기본적인 점화식

기본적인 점화식에 대해서는 이미 등차수열, 등비수열, 조화수열 등에서 공부하였다.

이제 다음 **보기**에서 이를 정리하며 복습해 두자.

보기 2 다음과 같이 정의된 수열 $\{a_n\}$의 일반항 a_n을 구하여라.
단, n은 자연수이다.

(1) $a_1=3, \ a_{n+1}=a_n+2$

(2) $a_1=2, \ a_{n+1}=3a_n$

(3) $a_1=3, \ a_{n+1}=a_n$

(4) $a_1=2, \ \dfrac{1}{a_{n+1}}=\dfrac{1}{a_n}+3$

연구 (1) $a_{n+1}=a_n+2$에서 $a_{n+1}-a_n=2$이므로 공차가 2인 등차수열이다.
첫째항이 3이므로

$$a_n=3+(n-1)\times2=2n+1 \quad \text{곧,} \ \boldsymbol{a_n=2n+1}$$ ⇦ $a_n=a+(n-1)d$

(2) $a_{n+1}=3a_n$에서 $a_{n+1}\div a_n=3$이므로 공비가 3인 등비수열이다.
첫째항이 2이므로 $\boldsymbol{a_n=2\times3^{n-1}}$ ⇦ $a_n=ar^{n-1}$

(3) 첫째항이 3, 공비가 1인 등비수열이므로

$$a_n=3\times1^{n-1}=3 \quad \text{곧,} \ \boldsymbol{a_n=3}$$

(4) $\dfrac{1}{a_1}=\dfrac{1}{2}$, $\dfrac{1}{a_{n+1}}-\dfrac{1}{a_n}=3$이므로 수열 $\left\{\dfrac{1}{a_n}\right\}$은 공차가 3인 등차수열이다.
첫째항이 $\dfrac{1}{2}$이므로 $\dfrac{1}{a_n}=\dfrac{1}{2}+(n-1)\times3=\dfrac{6n-5}{2}$ $\therefore \ \boldsymbol{a_n=\dfrac{2}{6n-5}}$

**Note* (3) 첫째항이 3, 공차가 0인 등차수열이므로

$$a_n=3+(n-1)\times0=3 \quad \text{곧,} \ \boldsymbol{a_n=3}$$

(4) 조건식은 수열 $\{a_n\}$의 이웃하는 두 항의 역수의 차가 3(일정)이라는 것, 곧 각 항의 역수가 등차수열을 이룬다는 것이므로 수열 $\{a_n\}$은 조화수열이다.

필수 예제 15-1 다음과 같이 정의된 수열 $\{a_n\}$의 일반항 a_n을 구하여라.

(1) $a_1=1,\ a_2=4,\ 2a_{n+1}=a_n+a_{n+2}$ (단, $n=1, 2, 3, \cdots$)

(2) $a_1=3,\ a_2=-6,\ (a_{n+1})^2=a_na_{n+2}$ (단, $n=1, 2, 3, \cdots$)

(3) $a_1=2,\ a_{n+1}=\dfrac{a_n}{a_n+1}$ (단, $n=1, 2, 3, \cdots$)

정석연구 주어진 점화식의 n에 1, 2, 3, $\cdots$을 대입하여 각 항을 구해 보면 (1)은 첫째항이 1, 공차가 3인 등차수열이고, (2)는 첫째항이 3, 공비가 -2인 등비수열임을 추정할 수 있다.

그러나 이와 같은 문제는 주어진 점화식이 등차수열 또는 등비수열을 나타내는 기본적인 점화식임을 알면 굳이 여러 항을 구해 볼 필요가 없다.

정석 수열 $\{a_n\}$에서 $n=1, 2, 3, \cdots$일 때,

$\boldsymbol{2a_{n+1}=a_n+a_{n+2}\ (a_{n+1}-a_n=a_{n+2}-a_{n+1})}$ ⟹ 등차수열

$\boldsymbol{(a_{n+1})^2=a_n\times a_{n+2}\ (a_{n+1}\div a_n=a_{n+2}\div a_{n+1})}$ ⟹ 등비수열

한편 (3)의 각 항을 구해 보면 2, $\dfrac{2}{3}$, $\dfrac{2}{5}$, $\dfrac{2}{7}$, $\cdots$로 각 항의 역수가 등차수열을 이룸을 추정할 수 있다. 일반적으로는

정석 점화식이 분수식일 때

⟹ 양변의 역수를 잡아 수열 $\left\{\dfrac{1}{a_n}\right\}$의 일반항을 구해 본다.

모범답안 (1) $a_1=1,\ a_2=4$인 등차수열이고, 공차는 $a_2-a_1=3$이므로

$a_n=1+(n-1)\times3=3n-2$ 곧, $\boldsymbol{a_n=3n-2}$ ← 답

(2) $a_1=3,\ a_2=-6$인 등비수열이고, 공비는 $a_2\div a_1=-2$이므로

$\boldsymbol{a_n=3\times(-2)^{n-1}}$ ← 답

(3) $\dfrac{1}{a_1}=\dfrac{1}{2}$, $\dfrac{1}{a_{n+1}}=\dfrac{a_n+1}{a_n}=\dfrac{1}{a_n}+1$이므로 수열 $\left\{\dfrac{1}{a_n}\right\}$은 첫째항이 $\dfrac{1}{2}$, 공차가 1인 등차수열이다.

$\therefore\ \dfrac{1}{a_n}=\dfrac{1}{2}+(n-1)\times1=\dfrac{2n-1}{2}$ $\quad\therefore\ \boldsymbol{a_n=\dfrac{2}{2n-1}}$ ← 답

유제 **15**-1. 다음과 같이 정의된 수열 $\{a_n\}$의 일반항 a_n을 구하여라.

(1) $a_1=5,\ a_2=3,\ a_{n+1}-a_n=a_{n+2}-a_{n+1}$ (단, $n=1, 2, 3, \cdots$)

(2) $a_1=-2,\ a_2=6,\ a_{n+1}\div a_n=a_{n+2}\div a_{n+1}$ (단, $n=1, 2, 3, \cdots$)

(3) $a_1=1,\ 2a_na_{n+1}=a_n-a_{n+1}$ (단, $n=1, 2, 3, \cdots$)

답 (1) $\boldsymbol{a_n=-2n+7}$ (2) $\boldsymbol{a_n=-2\times(-3)^{n-1}}$ (3) $\boldsymbol{a_n=\dfrac{1}{2n-1}}$

필수 예제 15-2 다음과 같이 정의된 수열 $\{a_n\}$이 있다.

$$a_1=7,\ a_{n+1}=a_n+4n\ (단,\ n=1,\ 2,\ 3,\ \cdots)$$

(1) a_n을 구하여라. (2) $S_n=a_1+a_2+a_3+\cdots+a_n$을 구하여라.

정석연구 $a_{n+1}=a_n+4n$의 n에 1, 2, 3, $\cdots$을 대입하여 $a_2,\ a_3,\ a_4,\ \cdots$를 차례로 구하면

$$a_1=7$$

$n=1$일 때 $a_2=a_1+4\times1=7+4\times1=11$

$n=2$일 때 $a_3=a_2+4\times2=11+4\times2=19$

$n=3$일 때 $a_4=a_3+4\times3=19+4\times3=31$

$\cdots\cdots$

이므로 수열 $\{a_n\}$은

$\{a_n\}$: 7, 11, 19, 31, $\cdots$

$\{b_n\}$: 4, 8, 12, $\cdots$ ⇦ $b_n=4n$

과 같이 계차수열이 첫째항이 4, 공차가 4인 등차수열임을 알 수 있다.

$$\therefore\ a_n=a_1+\sum_{k=1}^{n-1}4k=7+4\times\frac{(n-1)n}{2}=\mathbf{2n^2-2n+7}$$

또는 다음 **정석**을 이용하여 일반항 a_n을 구할 수도 있다.

정석 $\boldsymbol{a_{n+1}=a_n+f(n)}$ 꼴의 점화식이 주어지면

⟹ $\boldsymbol{n}$에 **1, 2, 3, $\cdots$, $\boldsymbol{n-1}$**을 대입하고 변변 더한다.

모범답안 (1) $a_{n+1}=a_n+4n$의 n에 1, 2, 3, $\cdots$, $n-1$을 대입하고 변변 더하면 (오른쪽 참조)

$$a_n=a_1+4\{1+2+3+\cdots+(n-1)\}$$

$a_1=7$이므로

$$a_n=7+4\times\frac{(n-1)n}{2}=\mathbf{2n^2-2n+7}\ \longleftarrow\ \boxed{답}$$

$$\begin{aligned}\cancel{a_2}&=a_1+4\times1\\ \cancel{a_3}&=\cancel{a_2}+4\times2\\ \cancel{a_4}&=\cancel{a_3}+4\times3\\ &\cdots\\ +)\ a_n&=\cancel{a_{n-1}}+4\times(n-1)\\ \hline a_n&=a_1+4\{1+2+3+\cdots+(n-1)\}\end{aligned}$$

(2) $S_n=\sum_{k=1}^{n}a_k=\sum_{k=1}^{n}(2k^2-2k+7)$

$$=2\times\frac{n(n+1)(2n+1)}{6}-2\times\frac{n(n+1)}{2}+7n=\mathbf{\frac{1}{3}n(2n^2+19)}\ \longleftarrow\ \boxed{답}$$

유제 15-2. 다음과 같이 정의된 수열 $\{a_n\}$의 일반항 a_n을 구하여라.

$a_1=3,\ a_{n+1}=a_n+2^n\ (단,\ n=1,\ 2,\ 3,\ \cdots)$ 답 $\boldsymbol{a_n=2^n+1}$

필수 예제 15-3 다음과 같이 정의된 수열 $\{a_n\}$이 있다.

$$a_1=1,\ a_{n+1}=3^n a_n \text{ (단, } n=1, 2, 3, \cdots)$$

(1) a_n을 구하여라. (2) $T_n=a_1\times a_2\times a_3\times\cdots\times a_n$을 구하여라.

정석연구 $a_{n+1}=3^n a_n$의 n에 1, 2, 3, $\cdots$을 대입하면 수열 $\{a_n\}$은

$$\{a_n\}: 1,\ 3^1,\ 3^3,\ 3^6,\ 3^{10},\ \cdots$$

이때, 수열 $\{a_n\}$의 각 항의 밑을 3으로 생각하고 각 항의 지수가 이루는 수열을 $\{b_n\}$이라고 하면 수열 $\{b_n\}$은

$$\{b_n\}: 0,\quad 1,\quad 3,\quad 6,\quad 10,\ \cdots$$
$$\{c_n\}: \quad 1,\quad 2,\quad 3,\quad 4,\quad \cdots \qquad \Leftarrow c_n=n$$

과 같이 계차수열이 첫째항이 1, 공차가 1인 등차수열임을 알 수 있다.

$$\therefore\ b_n=0+\sum_{k=1}^{n-1}k=\frac{n(n-1)}{2} \qquad \therefore\ \boldsymbol{a_n=3^{\frac{1}{2}n(n-1)}}$$

일반적으로는 다음 **정석**을 이용하여 일반항 a_n을 구한다.

정석 $\boldsymbol{a_{n+1}=f(n)a_n}$ 꼴의 점화식이 주어지면
$\Longrightarrow$ $\boldsymbol{n}$에 **1, 2, 3, $\cdots$, $\boldsymbol{n-1}$**을 대입하고 변변 곱한다.

모범답안 (1) $a_{n+1}=3^n a_n$의 n에 1, 2, 3, $\cdots$, $n-1$을 대입하고 변변 곱하면 (오른쪽 참조)

$$a_n=a_1(3^1\times3^2\times3^3\times\cdots\times3^{n-1})$$

$a_1=1$이므로

$$a_n=3^{1+2+3+\cdots+(n-1)}$$
$$=\boldsymbol{3^{\frac{1}{2}n(n-1)}} \longleftarrow \boxed{답}$$

(오른쪽)

$$a_2=3^1\times a_1$$
$$a_3=3^2\times a_2$$
$$a_4=3^3\times a_3$$
$$\cdots$$
$$\times)\ a_n=3^{n-1}\times a_{n-1}$$
$$a_n=a_1(3^1\times3^2\times3^3\times\cdots\times3^{n-1})$$

(2) $b_n=\dfrac{1}{2}n(n-1)$로 놓으면

$$T_n=a_1\times a_2\times a_3\times\cdots\times a_n=3^{b_1}\times3^{b_2}\times3^{b_3}\times\cdots\times3^{b_n}=3^{b_1+b_2+b_3+\cdots+b_n}$$

이때, $\displaystyle\sum_{k=1}^{n}b_k=\sum_{k=1}^{n}\frac{1}{2}k(k-1)=\frac{1}{2}\sum_{k=1}^{n}(k^2-k)$

$$=\frac{1}{2}\left\{\frac{n(n+1)(2n+1)}{6}-\frac{n(n+1)}{2}\right\}=\frac{1}{6}n(n+1)(n-1)$$

$$\therefore\ \boldsymbol{T_n=3^{\frac{1}{6}n(n+1)(n-1)}} \longleftarrow \boxed{답}$$

유제 **15**-3. 다음과 같이 정의된 수열 $\{a_n\}$의 일반항 a_n을 구하여라.

$$a_1=2,\ a_{n+1}=\frac{n+1}{n+2}a_n \text{ (단, } n=1, 2, 3, \cdots)$$

답 $\boldsymbol{a_n=\dfrac{4}{n+1}}$

필수 예제 15-4 다음과 같이 정의된 수열 $\{a_n\}$이 있다.

$a_1=1,\ a_2=4,\ a_{n+2}-3a_{n+1}+2a_n=0$ (단, $n=1, 2, 3, \cdots$)

(1) a_n을 구하여라. (2) $S_n=a_1+a_2+a_3+\cdots+a_n$을 구하여라.

정석연구 $a_{n+2}=3a_{n+1}-2a_n$의 n에 1, 2, 3, $\cdots$을 대입하여 $a_3,\ a_4,\ a_5,\ \cdots$를 차례로 구하면

$n=1$일 때 $a_3=3a_2-2a_1=3\times4-2\times1=10$ ⇦ $a_2=4,\ a_1=1$

$n=2$일 때 $a_4=3a_3-2a_2=3\times10-2\times4=22$ ⇦ $a_3=10,\ a_2=4$

$n=3$일 때 $a_5=3a_4-2a_3=3\times22-2\times10=46$ ⇦ $a_4=22,\ a_3=10$

$\cdots\cdots$

이므로 수열 $\{a_n\}$은

$\{a_n\}$: 1, 4, 10, 22, 46, $\cdots$

$\{b_n\}$: 3, 6, 12, 24, $\cdots$ ⇦ $b_n=3\times2^{n-1}$

과 같이 계차수열이 첫째항이 3, 공비가 2인 등비수열임을 알 수 있다.

$$\therefore\ a_n=a_1+\sum_{k=1}^{n-1}(3\times2^{k-1})=1+\frac{3(2^{n-1}-1)}{2-1}=\mathbf{3\times2^{n-1}-2}$$

일반적으로는 다음과 같이 점화식을 변형하여 일반항 a_n을 구한다.

정석 $\boldsymbol{pa_{n+2}+qa_{n+1}+ra_n=0\ (p+q+r=0)}$ 꼴의 점화식이 주어지면

(i) $\boldsymbol{a_{n+2}-a_{n+1}=k(a_{n+1}-a_n)}$의 꼴로 변형한다.

(ii) 수열 $\{\boldsymbol{a_n}\}$의 계차수열은 첫째항이 $\boldsymbol{a_2-a_1}$, 공비가 $\boldsymbol{k}$인 등비수열임을 이용한다.

모범답안 (1) $a_{n+2}-3a_{n+1}+2a_n=0$에서 $a_{n+2}-a_{n+1}=2(a_{n+1}-a_n)$

따라서 수열 $\{a_n\}$의 계차수열은 첫째항이 $a_2-a_1=4-1=3$, 공비가 2인 등비수열이므로

$$a_n=a_1+\sum_{k=1}^{n-1}(3\times2^{k-1})=1+\frac{3(2^{n-1}-1)}{2-1}=\mathbf{3\times2^{n-1}-2} \longleftarrow \text{답}$$

(2) $$S_n=\sum_{k=1}^{n}a_k=\sum_{k=1}^{n}(3\times2^{k-1}-2)=\frac{3(2^n-1)}{2-1}-2n=\mathbf{3\times2^n-2n-3} \longleftarrow \text{답}$$

유제 15-4. 다음과 같이 정의된 수열 $\{a_n\}$의 일반항 a_n을 구하여라.

(1) $a_1=3,\ a_2=5,\ a_{n+2}-5a_{n+1}+4a_n=0$ (단, $n=1, 2, 3, \cdots$)

(2) $a_1=1,\ a_2=2,\ 2a_{n+2}-3a_{n+1}+a_n=0$ (단, $n=1, 2, 3, \cdots$)

답 (1) $\boldsymbol{a_n=\frac{1}{3}(2^{2n-1}+7)}$ (2) $\boldsymbol{a_n=3-\left(\frac{1}{2}\right)^{n-2}}$

필수 예제 15-5 다음과 같이 정의된 수열 $\{a_n\}$이 있다.

$$a_1=4,\ a_{n+1}=2a_n-3\ (\text{단, } n=1, 2, 3, \cdots)$$

(1) a_n을 구하여라. (2) $S_n=a_1+a_2+a_3+\cdots+a_n$을 구하여라.

정석연구 $a_{n+1}=2a_n-3$의 n에 1, 2, 3, 4, $\cdots$를 대입하면

$\{a_n\}$: 4, 5, 7, 11, 19, $\cdots$

$\{b_n\}$: 1, 2, 4, 8, $\cdots$ ⇦ $b_n=2^{n-1}$

로부터 a_n을 구할 수 있다.

일반적으로는 다음과 같이 점화식을 변형하여 일반항 a_n을 구한다.

정석 $\boldsymbol{a_{n+1}=pa_n+q}$ 꼴의 점화식이 주어지면

(i) $\boldsymbol{a_{n+1}-k=p(a_n-k)}$의 꼴로 변형한다.

(ii) 수열 $\{\boldsymbol{a_n-k}\}$는 공비가 $\boldsymbol{p}$인 등비수열임을 이용한다.

모범답안 (1) $a_{n+1}=2a_n-3$의 양변에서 3을 빼면

$$a_{n+1}-3=2a_n-3-3 \quad \therefore\ a_{n+1}-3=2(a_n-3)$$

따라서 수열 $\{a_n-3\}$은 첫째항이 $a_1-3=4-3=1$, 공비가 2인 등비수열이므로

$$a_n-3=1\times 2^{n-1} \quad \therefore\ \boldsymbol{a_n=2^{n-1}+3} \longleftarrow \text{답}$$

(2) $S_n=\sum_{k=1}^{n} a_k=\sum_{k=1}^{n}(2^{k-1}+3)=\sum_{k=1}^{n}2^{k-1}+\sum_{k=1}^{n}3=\dfrac{1\times(2^n-1)}{2-1}+3n$

$=\boldsymbol{2^n+3n-1} \longleftarrow$ 답

Advice 1° 빼는 수 3은 다음과 같은 방법으로 찾을 수 있다.

$a_{n+1}=2a_n-3$의 양변에서 k를 빼면

$$a_{n+1}-k=2a_n-3-k \quad \therefore\ a_{n+1}-k=2\left(a_n-\frac{3+k}{2}\right)$$

여기에서 $k=\dfrac{3+k}{2}$로 놓으면 $2k=3+k \quad \therefore\ k=3$

2° $a_{n+1}=2a_n-3$의 n에 $n+1$을 대입하면 $a_{n+2}=2a_{n+1}-3$

두 번째 식에서 첫 번째 식을 변변 빼면 $a_{n+2}-a_{n+1}=2(a_{n+1}-a_n)$

따라서 수열 $\{a_n\}$의 계차수열은 첫째항이 $a_2-a_1=5-4=1$, 공비가 2인 등비수열임을 이용할 수도 있다.

유제 **15**-5. $a_{n+1}=2a_n+1\,(n=1, 2, 3, \cdots)$, $a_{11}=3071$로 정의된 수열 $\{a_n\}$에 대하여 a_1을 구하여라. 또, $a_n=95$를 만족시키는 자연수 n의 값을 구하여라.

답 $\boldsymbol{a_1=2,\ n=6}$

필수 예제 15-6 평면을 n개의 원으로 나눌 때, 나누어진 평면의 개수의 최댓값을 a_n이라고 하자.

(1) a_n과 a_{n+1} 사이의 관계식을 구하여라. (2) a_n을 구하여라.

정석연구 (1)은 점화식을 세우는 문제이다. 일반적으로 반복 시행에 관한 문제는 점화식을 세워 해결하면 편한 경우가 많다.

이를테면 오른쪽 그림 i과 같이 두 원과 만나면서 두 원의 교점을 지나지 않게 세 번째 원(초록색 원)을 그리면 영역이 4개 더 생기고, 이때 가장 많은 영역으로 나누어진다.

그림 i

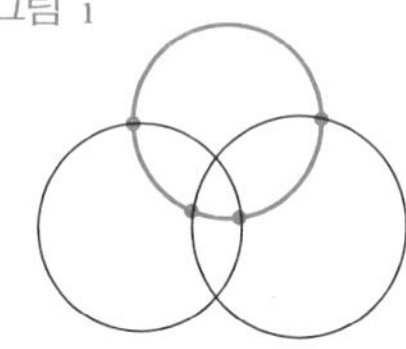

같은 방법으로 그림 ii와 같이 4번째 원(초록색 원)을 그리면 영역이 6개 더 생기고, 이때 가장 많은 영역으로 나누어진다.

그림 ii

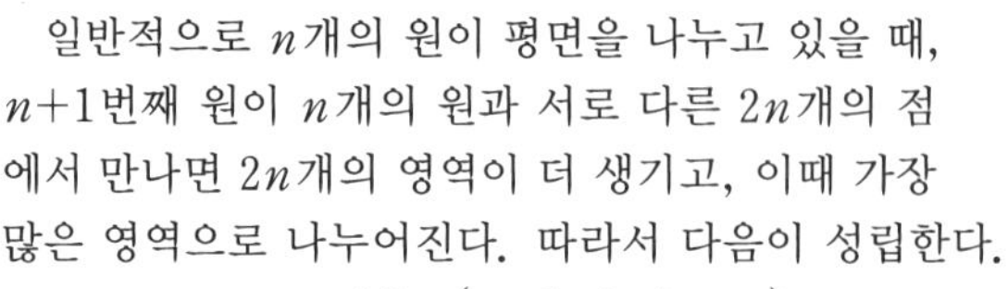

일반적으로 n개의 원이 평면을 나누고 있을 때, $n+1$번째 원이 n개의 원과 서로 다른 $2n$개의 점에서 만나면 $2n$개의 영역이 더 생기고, 이때 가장 많은 영역으로 나누어진다. 따라서 다음이 성립한다.

$$a_{n+1}=a_n+2n \quad (n=1,\ 2,\ 3,\ \cdots)$$

정석 반복 시행 문제 $\Longrightarrow$ 규칙을 찾아 점화식을 세워 본다.

모범답안 (1) **정석연구** 참조 답 $\boldsymbol{a_{n+1}=a_n+2n\ (n=1,\ 2,\ 3,\ \cdots)}$

(2) $a_{n+1}=a_n+2n$의 n에 1, 2, 3, $\cdots$, $n-1$을 대입하고 변변 더하면 (오른쪽 참조)

$$a_n=a_1+2\{1+2+3+\cdots+(n-1)\}$$

$a_1=2$이므로

$$a_n=2+2\times\frac{(n-1)n}{2}$$

$$=\boldsymbol{n^2-n+2} \longleftarrow \text{답}$$

$$\begin{aligned}\cancel{a_2}&=a_1+2\times1\\ \cancel{a_3}&=\cancel{a_2}+2\times2\\ \cancel{a_4}&=\cancel{a_3}+2\times3\\ &\cdots\\ +)\ a_n&=\cancel{a_{n-1}}+2\times(n-1)\\ \hline a_n&=a_1+2\{1+2+3+\cdots+(n-1)\}\end{aligned}$$

*Note **필수 예제 15-2**의 **정석연구**와 같이 계차수열을 이용할 수도 있다.

유제 **15**-6. 원의 내부를 n개의 직선으로 분할할 때, 분할된 영역의 개수의 최댓값을 a_n이라고 하자.

(1) a_n과 a_{n+1} 사이의 관계식을 구하여라. (2) a_n을 구하여라.

답 (1) $\boldsymbol{a_{n+1}=a_n+n+1\ (n=1,\ 2,\ 3,\ \cdots)}$ (2) $\boldsymbol{a_n=\frac{1}{2}(n^2+n+2)}$

필수 예제 **15**-7 계단을 오를 때 한 번에 한 계단 또는 두 계단을 오른다고 한다. n개의 계단을 오르는 서로 다른 방법의 수를 a_n이라고 할 때,

(1) a_n, a_{n+1}, a_{n+2} 사이의 관계식을 구하여라.

(2) a_8을 구하여라.

정석연구 (i) 계단이 1개일 때 : 한 번에 한 계단을 오르는 한 가지 경우뿐이므로 $a_1=1$이다.

(ii) 계단이 2개일 때 : 한 번에 한 계단씩 오르거나 한 번에 두 계단을 오르는 두 가지 경우가 있으므로 $a_2=2$이다.

(iii) 계단이 3개일 때 : 처음에 한 계단을 오르면 나머지 계단은 2개가 되고, 이 두 계단을 오르는 방법은 a_2가지이다.

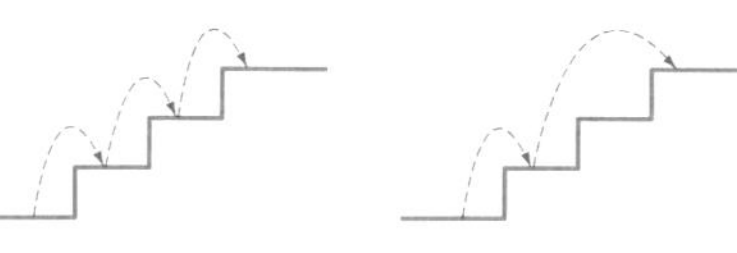

또, 처음에 두 계단을 오르면 나머지 계단은 1개가 되고, 이 한 계단을 오르는 방법은 a_1가지이다.

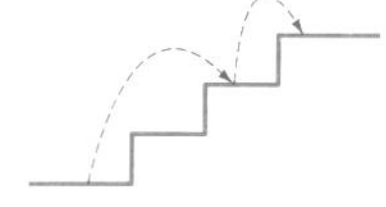

따라서 3개의 계단을 오르는 방법의 수 a_3은

$$a_3=a_2+a_1=2+1=3$$

모범답안 (1) $n+2$개의 계단을 오르는 서로 다른 방법의 수는 a_{n+2}이고, 이 방법의 수는 다음 두 경우로 나누어 생각할 수 있다.

(i) 처음에 한 계단을 오르는 경우 : 나머지 계단은 $n+1$개가 되고, 이 $n+1$개의 계단을 오르는 서로 다른 방법의 수는 a_{n+1}이다.

(ii) 처음에 두 계단을 오르는 경우 : 나머지 계단은 n개가 되고, 이 n개의 계단을 오르는 서로 다른 방법의 수는 a_n이다.

(i), (ii)에서 $\boldsymbol{a_{n+2}=a_{n+1}+a_n}$ **(n=1, 2, 3, ⋯)** ← 답

(2) $a_1=1$, $a_2=2$이므로 $a_{n+2}=a_{n+1}+a_n$의 n에 1, 2, 3, ⋯을 대입하면

$\{a_n\}$: 1, 2, 3, 5, 8, 13, 21, 34, ⋯ $\quad\therefore$ $\boldsymbol{a_8=34}$ ← 답

Advice | 자연수 n에 대하여 $a_{n+2}=a_{n+1}+a_n$을 만족시키는 수열 $\{a_n\}$을 **피보나치수열**이라고 한다.

유제 **15**-7. 흰 바둑돌과 검은 바둑돌이 합하여 n개 있다. 이 바둑돌 n개를 흰 바둑돌끼리는 이웃하지 않도록 일렬로 나열하는 방법의 수를 a_n이라고 할 때, 다음 물음에 답하여라.

(1) a_n, a_{n+1}, a_{n+2} 사이의 관계식을 구하여라.

(2) a_8을 구하여라.

답 (1) $\boldsymbol{a_{n+2}=a_{n+1}+a_n}$ **(n=1, 2, 3, ⋯)** (2) **55**

§2. 수학적 귀납법

기본정석

수학적 귀납법

명제 $p(n)$이 모든 자연수 n에 대하여 성립함을 증명하려면 다음 두 가지를 증명하면 된다.

정석 수학적 귀납법의 증명 형식

(i) $\boldsymbol{n=1}$일 때 명제 $\boldsymbol{p(n)}$이 성립한다.

(ii) $\boldsymbol{n=k}$일 때 명제 $\boldsymbol{p(n)}$이 성립한다고 가정하면
$\boldsymbol{n=k+1}$일 때에도 명제 $\boldsymbol{p(n)}$이 성립한다.

이와 같은 증명법을 **수학적 귀납법**이라고 한다.

Advice | 등차수열의 합의 공식을 이용하면 등식

$$1+3+5+7+\cdots+(2n-1)=n^2 \qquad \cdots\cdots①$$

을 얻을 수 있다.

이 등식이 성립함을 증명하는 데에는 여러 가지 방법이 있다. 그중 한 방법으로 수학적 귀납법을 공부해 보자.

만일 ①이 성립함을 증명함에 있어서

『 $n=1$일 때 (좌변)$=1$, (우변)$=1^2=1$ ∴ (좌변)$=$(우변)
$n=2$일 때 (좌변)$=1+3=4$, (우변)$=2^2=4$ ∴ (좌변)$=$(우변)
$n=3$일 때 (좌변)$=1+3+5=9$, (우변)$=3^2=9$ ∴ (좌변)$=$(우변)
$\cdots\cdots$
이므로 모든 자연수 n에 대하여 성립한다. 』

라고 하면 어떨까?

그러나 이와 같은 방법은 단지 n이 1, 2, 3인 몇 개의 경우에 대해서만 성립함을 보인 것일 뿐 모든 자연수에 대하여 성립함을 보인 것이 아니기 때문에 ①이 성립함을 보이는 증명이 될 수는 없다. 따라서 이와 같은 방법이 엄밀한 증명이 되기 위해서는 n에 자연수를 모두 대입하는 무한 과정을 대신할 수 있는 무엇인가가 필요하다. 결론부터 말하면

$\boldsymbol{n=k}$일 때 성립한다고 가정하면
$\Longrightarrow$ $\boldsymbol{n=k+1}$일 때에도 성립한다 $\cdots\cdots$②

라는 것을 증명하면 무한히 많은 자연수를 대입하는 과정을 대신할 수 있다.

곧, ②를 증명하면

$n=1$일 때 성립하면 그다음 수인 $n=2$일 때에도 성립한다
$n=2$일 때 성립하면 그다음 수인 $n=3$일 때에도 성립한다
$n=3$일 때 성립하면 그다음 수인 $n=4$일 때에도 성립한다
$\cdots\cdots$

를 모두 보인 것이 된다.

따라서 $n=1$일 때 성립한다는 것만 추가로 증명하면

$$n=2,\ 3,\ 4,\ \cdots$$

일 때, 곧 n이 자연수일 때 성립한다는 것을 증명한 것이 된다.

이상을 정리하면

(i) $\boldsymbol{n=1}$일 때 ①이 성립한다.
(ii) $\boldsymbol{n=k}$일 때 ①이 성립한다고 가정하면
$\boldsymbol{n=k+1}$일 때에도 ①이 성립한다.

를 증명하면 ①을 증명한 것이 된다.

다음 **보기**에서 이를 정리해 보자.

보기 1 n이 자연수일 때, 다음 등식이 성립함을 수학적 귀납법으로 증명하여라.

$$1+3+5+7+\cdots+(2n-1)=n^2 \qquad \cdots\cdots①$$

연구 (i) $\boldsymbol{n=1}$일 때 (좌변)$=1$, (우변)$=1^2=1$이므로 등식 ①이 성립한다.

(ii) $\boldsymbol{n=k\,(k\ge1)}$일 때 등식 ①이 성립한다고 가정하면

$$1+3+5+7+\cdots+(2k-1)=k^2$$ ⇦ 준 식에 $n=k$를 대입

이 등식이 성립한다는 가정하에 $n=k+1$일 때에도 등식 ①, 곧

$$1+3+5+7+\cdots+(2k-1)+(2k+1)=(k+1)^2$$

이 성립한다는 것을 보여야 한다는 것에 착안한다. 그러자면 $2k-1$의 다음 수인 $2k+1$을 양변에 더하면 된다.

이 식의 양변에 $2k+1$을 더하면

$$1+3+5+7+\cdots+(2k-1)+(\boldsymbol{2k+1})=k^2+(\boldsymbol{2k+1})$$

그런데 (우변)$=k^2+2k+1=(k+1)^2$이므로

$$1+3+5+7+\cdots+(2k-1)+(2k+1)=(k+1)^2$$

따라서 $\boldsymbol{n=k+1}$일 때에도 등식 ①이 성립한다.

(i), (ii)에 의하여 모든 자연수 n에 대하여 등식 ①이 성립한다.

필수 예제 15-8 n이 자연수일 때, 다음 등식이 성립함을 수학적 귀납법으로 증명하여라.

$$1\times2+2\times3+3\times4+\cdots+n(n+1)=\frac{1}{3}n(n+1)(n+2)$$

정석연구 수학적 귀납법의 증명 형식을 잘 익혀 두어야 한다.

정석 수학적 귀납법의 증명 형식

(i) $\boldsymbol{n=1}$일 때 명제 $\boldsymbol{p(n)}$이 성립한다.

(ii) $\boldsymbol{n=k}$일 때 명제 $\boldsymbol{p(n)}$이 성립하면 $\boldsymbol{n=k+1}$일 때에도 성립한다.

모범답안 $1\times2+2\times3+3\times4+\cdots+n(n+1)=\frac{1}{3}n(n+1)(n+2)$ ……①

(i) $n=1$일 때 (좌변)$=1\times2=2$, (우변)$=\frac{1}{3}\times1\times2\times3=2$

따라서 $n=1$일 때 등식 ①이 성립한다.

(ii) $n=k\,(k\ge1)$일 때 등식 ①이 성립한다고 가정하면

$$1\times2+2\times3+3\times4+\cdots+k(k+1)=\frac{1}{3}k(k+1)(k+2) \quad\cdots\cdots②$$

①의 n에 $n=k+1$을 대입하면

$1\times2+2\times3+\cdots+k(k+1)+(k+1)(k+2)=\frac{1}{3}(k+1)(k+2)(k+3)\cdots③$

이다. 이를 유도하면 $n=k+1$일 때에도 등식 ①이 성립한다는 것을 증명한 것이 된다. 이를 유도하기 위해서는 (②, ③의 좌변을 비교) ②의 양변에 $(k+1)(k+2)$를 더한 다음 우변을 정리하면 된다.

②의 양변에 $(k+1)(k+2)$를 더하면

$$\begin{aligned}1\times2+2\times3+3\times4+\cdots+k(k+1)+(k+1)(k+2)\\=\frac{1}{3}k(k+1)(k+2)+(k+1)(k+2)\\=\frac{1}{3}(k+1)(k+2)(k+3)\end{aligned}$$

따라서 $n=k+1$일 때에도 등식 ①이 성립한다.

(i), (ii)에 의하여 모든 자연수 n에 대하여 등식 ①이 성립한다.

유제 **15**-8. n이 자연수일 때, 다음 등식이 성립함을 수학적 귀납법으로 증명하여라.

(1) $2+4+6+\cdots+2n=n(n+1)$

(2) $1^2+2^2+3^2+\cdots+n^2=\frac{1}{6}n(n+1)(2n+1)$

(3) $\frac{1}{1\times2}+\frac{1}{2\times3}+\frac{1}{3\times4}+\cdots+\frac{1}{n(n+1)}=\frac{n}{n+1}$

필수 예제 15-9 $a\ge-1$일 때, 모든 자연수 n에 대하여 다음 부등식이 성립함을 수학적 귀납법으로 증명하여라.

$$(1+a)^n\ge1+na$$

정석연구 모든 자연수 n에 대하여 $(1+a)^n\ge1+na$
가 성립함을 수학적 귀납법으로 증명할 때에는 다음 순서를 따른다.

(i) $n=1$일 때 성립함을 보인다.

(ii) $n=k(k\ge1)$일 때 성립한다고 가정할 때, 곧 ⇦ n 대신 k를 대입

$$(1+a)^k\ge1+ka$$

가 성립한다고 가정할 때, 이로부터 $n=k+1$일 때, 곧

$$(1+a)^{k+1}\ge1+(k+1)a$$

가 성립함을 보인다.

정석 수학적 귀납법 ⟹ 증명 형식을 익히자!

모범답안 $(1+a)^n\ge1+na\ (a\ge-1)$ ……①

(i) $n=1$일 때 (좌변)$=1+a$, (우변)$=1+a$

곧, (좌변)=(우변)이므로 $n=1$일 때 부등식 ①이 성립한다.

(ii) $n=k(k\ge1)$일 때 부등식 ①이 성립한다고 가정하면

$$(1+a)^k\ge1+ka$$

$a\ge-1$에서 $1+a\ge0$이므로 양변에 $1+a$를 곱하면

$$(1+a)^k(1+a)\ge(1+ka)(1+a) \quad \text{곧, } (1+a)^{k+1}\ge(1+ka)(1+a)$$

여기에서 (우변)$=(1+ka)(1+a)=1+(k+1)a+ka^2\ge1+(k+1)a$이므로

$$(1+a)^{k+1}\ge1+(k+1)a$$

따라서 $n=k+1$일 때에도 부등식 ①이 성립한다.

(i), (ii)에 의하여 모든 자연수 n에 대하여 부등식 ①이 성립한다.

유제 **15**-9. 다음 부등식이 성립함을 수학적 귀납법으로 증명하여라.

(1) $3^n>n+1$ (단, n은 자연수)

(2) $n!>2^n$ (단, n은 $n\ge4$인 자연수이고, $n!=n(n-1)(n-2)\times\cdots\times2\times1$)

유제 **15**-10. 다음 물음에 답하여라.

(1) $0<a<1$이고 n이 2 이상인 자연수일 때, 부등식 $(1-a)^n>1-na$가 성립함을 수학적 귀납법으로 증명하여라.

(2) 두 수 0.99^{99}과 1.01^{-101}의 대소를 비교하여라.

답 (1) 생략 (2) $\mathbf{0.99^{99}>1.01^{-101}}$

연습문제 15

기본 **15-1** 수열 $\{a_n\}$을 다음과 같이 정의할 때, a_{1000}을 구하여라.

$$a_1=3, \quad a_{n+1}=\frac{7-a_n}{1-7a_n} \text{ (단, } n=1, 2, 3, \cdots)$$

15-2 수열 $\{a_n\}$을 다음과 같이 정의할 때, $\sum_{k=1}^{2019} a_k$의 값을 구하여라.

$$a_1=a_2=1, \quad a_{n+2}=(-1)^n a_n a_{n+1} \text{ (단, } n=1, 2, 3, \cdots)$$

15-3 다음과 같이 정의된 수열 $\{a_n\}$이 있다.

$$a_1=1, \quad a_{2n}=a_n+1, \quad a_{2n+1}=a_n-1 \text{ (단, } n=1, 2, 3, \cdots)$$

$b_n=a_{2^n}$, $c_n=a_{2^n+1}$이라고 할 때, $\sum_{k=1}^{10} b_k$, $\sum_{k=1}^{10} c_k$의 값을 구하여라.

15-4 수열 $\{a_n\}$의 첫째항부터 제 n항까지의 합을 S_n이라고 할 때,

$$a_1=1, \; a_2=3, \; 3S_{n+1}-S_{n+2}-2S_n=a_n \text{ (단, } n=1, 2, 3, \cdots)$$

인 관계가 성립한다. a_n과 S_n을 구하여라.

15-5 어떤 단세포 생물의 집단은 1분마다 30%가 죽고, 나머지는 각각 두 마리로 분열한다고 한다. 처음 10마리의 단세포 생물의 수가 처음으로 1000마리 이상이 되는 것은 몇 분 후인가? 단, $1.4^{13}=79.4$로 계산한다.

15-6 첫째항이 1, 공비가 $\frac{1}{2}$인 등비수열 $\{a_n\}$에 대하여

$$b_1=1, \quad b_{n+1}-b_n=\log_2 a_n \text{ (단, } n=1, 2, 3, \cdots)$$

으로 정의되는 수열 $\{b_n\}$의 일반항 b_n을 구하여라.

15-7 다음과 같이 정의된 수열 $\{a_n\}$의 일반항 a_n을 구하여라.

$$a_1=1, \quad a_{n+1}=\frac{a_n}{a_n+3} \text{ (단, } n=1, 2, 3, \cdots)$$

15-8 $a_1=2$인 수열 $\{a_n\}$의 첫째항부터 제 n항까지의 합을 S_n이라고 할 때,

$$3S_n=a_{n+1}-2 \text{ (단, } n=1, 2, 3, \cdots)$$

인 관계가 성립한다. 다음 물음에 답하여라.

(1) S_n과 S_{n+1} 사이의 관계식을 구하여라.

(2) S_n을 구하여라.　　(3) a_n을 구하여라.

15-9 좌표평면 위에 세 점 $P_1(1, 1)$, $P_2(-3, 2)$, $P_3(-2, 0)$이 있다. 자연수 n에 대하여 선분 P_nP_{n+1}의 중점과 선분 $P_{n+2}P_{n+3}$의 중점이 y축에 대하여 대칭이 되도록 점 $P_{n+3}\,(n\ge1)$을 정해 나갈 때, 점 P_{49}의 좌표를 구하여라.

15-10 수직선 위의 점 P_n을 다음 규칙에 따라 정한다.

[규칙 1] 점 P_1의 좌표는 2이고, 점 P_2의 좌표는 3이다.

[규칙 2] 점 P_{n+2}는 두 점 P_n, P_{n+1}에 대하여 선분 P_nP_{n+1}을 3 : 4로 외분하는 점이다.

이때, 점 P_7의 좌표를 구하여라.

15-11 16 % 소금물 100 g이 들어 있는 그릇이 있다. 이 그릇에서 소금물 50 g을 덜어 내고 8 % 소금물 50 g을 추가하는 시행을 몇 회 반복하면 처음으로 소금물의 농도가 8.1 % 이하가 되는가?

15-12 다음과 같이 정의된 수열 $\{a_n\}$의 일반항 a_n이 $a_n=3^n-1$임을 수학적 귀납법으로 증명하여라.

$$a_1=2, \quad a_{n+1}=3a_n+2 \text{ (단, } n=1, 2, 3, \cdots)$$

실력 **15**-13 수열 $\{a_n\}$의 첫째항부터 제 n항까지의 합을 S_n이라고 할 때,

$$a_1=1, \quad a_n(2S_n-1)=2S_n^2 \text{ (단, } n=2, 3, 4, \cdots)$$

인 관계가 성립한다. 이때, a_n (단, $n=2, 3, 4, \cdots$)을 구하여라.

15-14 다음과 같이 정의된 수열 $\{a_n\}$의 일반항 a_n을 구하여라.

$$a_1=1, \quad (n+1)a_n=na_{n+1}+2 \text{ (단, } n=1, 2, 3, \cdots)$$

15-15 다음과 같이 정의된 수열 $\{a_n\}$의 일반항 a_n을 구하여라.

$$a_1=4, \quad a_{n+1}=n\times 2^n+\sum_{k=1}^{n}\frac{a_k}{k} \text{ (단, } n=1, 2, 3, \cdots)$$

15-16 오른쪽 그림과 같은 모양의 4층 탑을 쌓을 때, 크기가 같은 44개의 정육면체가 필요하다. 이와 같은 규칙으로 n층 탑을 쌓을 때 필요한 정육면체의 개수를 a_n이라고 하자. 이때, a_n과 a_{n+1} 사이의 관계식과 a_{10}을 구하여라.

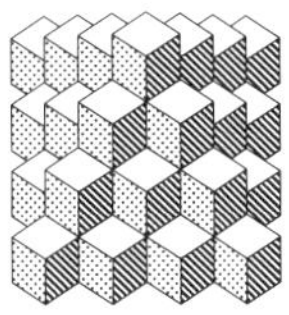

15-17 $a_1=1$인 수열 $\{a_n\}$의 첫째항부터 제 n항까지의 합을 S_n이라고 할 때, 모든 자연수 n에 대하여 $S_n=n^2a_n$인 관계가 성립한다.

(1) a_n과 a_{n+1} 사이의 관계식을 구하여라.

(2) a_n과 S_n을 구하여라.

15-18 다음과 같이 정의된 수열 $\{a_n\}$의 일반항 a_n을 구하여라.

$$a_1=2, \quad a_{n+1}=2\sqrt{a_n} \text{ (단, } n=1, 2, 3, \cdots)$$

15-19 2 L들이 세 개의 물통 A, B, C에 물이 각각 1 L, 2 L, 2 L 들어 있다. 첫 번째 시행에서 B의 물을 A에 부어 A와 B의 물의 양을 같게 하고, 두 번째 시행에서 C의 물을 B에 부어 B와 C의 물의 양을 같게 한다. 세 번째 시행에서 같은 방법으로 C와 A의 물의 양을 같게 한다. 이와 같은 작업을 반복할 때, n번째 시행에서 물을 주고 받지 않은 물통의 물의 양을 구하여라.

15-20 두 수열 $\{a_n\}$, $\{b_n\}$이 $a_1=1$, $b_1=0$이고, 모든 자연수 n에 대하여

$$a_{n+1}=\frac{5}{4}a_n-\frac{3}{4}b_n+1, \quad b_{n+1}=-\frac{3}{4}a_n+\frac{5}{4}b_n+1$$

을 만족시킬 때, a_n, b_n을 구하여라.

15-21 다음과 같이 정의된 수열 $\{a_n\}$에 대하여 아래 물음에 답하여라.

$$a_1=1,\ a_2=2,\ a_{n+2}=5a_{n+1}-6a_n \text{ (단, } n=1, 2, 3, \cdots)$$

(1) $a_{n+2}-pa_{n+1}=q(a_{n+1}-pa_n)$을 만족시키는 실수 p, q의 값을 구하여라.

(2) a_n을 구하여라.

15-22 모든 자연수 n에 대하여 다음 등식이 성립함을 수학적 귀납법으로 증명하여라.

$$\sum_{k=1}^{n}(5k-3)\left(\frac{1}{k}+\frac{1}{k+1}+\frac{1}{k+2}+\cdots+\frac{1}{n}\right)=\frac{n(5n+3)}{4}$$

15-23 다음 부등식이 성립함을 수학적 귀납법으로 증명하여라.

$$1+\frac{1}{2^2}+\frac{1}{3^2}+\cdots+\frac{1}{n^2}<2-\frac{1}{n} \text{ (단, } n=2, 3, 4, \cdots)$$

15-24 $x\ge0$일 때, 모든 자연수 n에 대하여 부등식

$$x^n-1\ge n(x-1)$$

이 성립함을 수학적 귀납법으로 증명하여라.

15-25 $a=4+\sqrt{15}$, $b=4-\sqrt{15}$에 대하여

$$f(n)=\frac{1}{2}(a^n+b^n)$$

으로 정의하자. 모든 자연수 n에 대하여 $f(n)$이 자연수임을 증명하여라.

15-26 모든 자연수 n에 대하여 $3^{2n}-2^n$은 7로 나누어 떨어짐을 수학적 귀납법으로 증명하여라.

15-27 다음과 같이 정의된 수열 $\{a_n\}$에서 a_{3m}(m은 자연수)은 2의 배수임을 수학적 귀납법으로 증명하여라.

$$a_1=1, \quad a_2=1, \quad a_{n+2}=a_{n+1}+a_n \text{ (단, } n=1, 2, 3, \cdots)$$

연습문제
풀이 및 정답

연습문제 풀이 및 정답

1-1. (1) $f(x)\times f(y)=a^x\times a^y=a^{x+y}$
$=f(x+y)$

(2) $f(x)\div f(y)=a^x\div a^y=a^{x-y}$
$=f(x-y)$

(3) $f(2x)=a^{2x}=(a^x)^2=\{f(x)\}^2$

(4) $\{f(x)\}^y=(a^x)^y=a^{xy}=f(xy)$

1-2. $\dfrac{5^{-999}}{2^{-2331}}=\dfrac{2^{2331}}{5^{999}}=\dfrac{2^{2331}}{\left(\dfrac{10}{2}\right)^{999}}=\dfrac{2^{2331}}{\dfrac{10^{999}}{2^{999}}}$

$=\dfrac{2^{2331+999}}{10^{999}}=\dfrac{2^{3330}}{10^{999}}=\left(\dfrac{2^{10}}{10^3}\right)^{333}$

그런데 $2^{10}>10^3$ $\quad\therefore\ \dfrac{2^{10}}{10^3}>1$

$\therefore\ \dfrac{5^{-999}}{2^{-2331}}>1 \quad \therefore\ \mathbf{5^{-999}>2^{-2331}}$

***Note** $\dfrac{5^{-999}}{2^{-2331}}=\dfrac{2^{2331}}{5^{999}}=\dfrac{(2^7)^{333}}{(5^3)^{333}}$

$=\left(\dfrac{2^7}{5^3}\right)^{333}=\left(\dfrac{128}{125}\right)^{333}>1$

$\therefore\ \mathbf{5^{-999}>2^{-2331}}$

1-3. $x^3+y^4=z^5$에 $x=2^{20n+8}$, $z=2^{12n+5}$을 대입하면

$2^{3(20n+8)}+y^4=2^{5(12n+5)}$

$\therefore\ y^4=2^{60n+25}-2^{60n+24}=2^{60n+24}(2-1)$
$=2^{60n+24}$

$\therefore\ y=2^{15n+6}$

$\therefore\ x^3y^{-16}z^{15}=2^{3(20n+8)}\times 2^{-16(15n+6)}$
$\times 2^{15(12n+5)}$
$=2^3=\mathbf{8}$

1-4. ㄱ. (거짓) $\sqrt{(\sqrt{a}\,)^{\sqrt{2}}}=\left(a^{\frac{\sqrt{2}}{2}}\right)^{\frac{1}{2}}$

$=a^{\frac{\sqrt{2}}{4}}=\left(2^{\sqrt{2}}\right)^{\frac{\sqrt{2}}{4}}$

$=2^{\frac{1}{2}}=\sqrt{2}$

ㄴ. (참) $a=2^{\sqrt{2}}$, $2\sqrt[5]{4}=2\times 2^{\frac{2}{5}}=2^{\frac{7}{5}}$

이고 $(\sqrt{2}\,)^2>\left(\dfrac{7}{5}\right)^2$이므로 $\sqrt{2}>\dfrac{7}{5}$

$\therefore\ 2^{\sqrt{2}}>2^{\frac{7}{5}} \quad \therefore\ a>2\sqrt[5]{4}$

ㄷ. (참) $2^a=2^{2^{\sqrt{2}}}$,

$a^2=(2^{\sqrt{2}})^2=2^{2\sqrt{2}}=2^{2^{\frac{3}{2}}}$이고

$(\sqrt{2}\,)^2<\left(\dfrac{3}{2}\right)^2$이므로 $2^{\sqrt{2}}<2^{\frac{3}{2}}$

$\therefore\ 2^a<a^2$ 　　 답 **ㄴ, ㄷ**

***Note** ㄴ, ㄷ에서 다음 지수의 대소 관계가 이용되었다.

$a^{\rm M}>a^{\rm N}$에서 M, N의 대소는

$\boldsymbol{a>1}$**일 때** $\boldsymbol{a^{\rm M}>a^{\rm N} \iff {\rm M}>{\rm N}}$

⇦ 부등호 방향이 그대로

$\boldsymbol{0<a<1}$**일 때** $\boldsymbol{a^{\rm M}>a^{\rm N} \iff {\rm M}<{\rm N}}$

⇦ 부등호 방향이 반대로

이 성질은 p. 42에서 공부하는 지수함수의 그래프의 성질로부터 보다 명확하게 알 수 있다.

1-5. $a^{2x}=5$에서 $a=5^{\frac{1}{2x}}$

$b^{3y}=5$에서 $b=5^{\frac{1}{3y}}$

$c^{4z}=5$에서 $c=5^{\frac{1}{4z}}$

$abc=\sqrt[6]{5}$이므로

$5^{\frac{1}{2x}+\frac{1}{3y}+\frac{1}{4z}}=5^{\frac{1}{6}}$

$\therefore\ \dfrac{1}{2x}+\dfrac{1}{3y}+\dfrac{1}{4z}=\dfrac{1}{6}$

양변에 12를 곱하면

$\dfrac{6}{x}+\dfrac{4}{y}+\dfrac{3}{z}=\mathbf{2}$

***Note** 위에서 다음 성질이 이용되었다.

$a>0$, $a\neq 1$일 때, 모든 실수 x에 대

하여 $a^x>0$이고,

$$a^{x_1}=a^{x_2} \iff x_1=x_2$$

이 성질은 p.42에서 공부하는 지수 함수의 그래프의 성질로부터 보다 명확하게 알 수 있다.

1-6. $\frac{4}{9}+x^2=\frac{4}{9}+\frac{1}{9}\left(2^{\frac{2}{n}}-2+2^{-\frac{2}{n}}\right)$

$$=\frac{1}{9}\left(2^{\frac{1}{n}}+2^{-\frac{1}{n}}\right)^2$$

$$\therefore \sqrt{\frac{4}{9}+x^2}=\frac{1}{3}\left(2^{\frac{1}{n}}+2^{-\frac{1}{n}}\right)$$

$$\therefore (\text{준 식})=\left\{\frac{3}{2}\left(\frac{2^{\frac{1}{n}}-2^{-\frac{1}{n}}}{3}+\frac{2^{\frac{1}{n}}+2^{-\frac{1}{n}}}{3}\right)\right\}^n$$

$$=\left(\frac{3}{2}\times\frac{2}{3}\times 2^{\frac{1}{n}}\right)^n=\mathbf{2}$$

1-7. $\mathrm{P}=x^{\frac{a^2}{(a-b)(c-a)}+\frac{b^2}{(b-c)(a-b)}+\frac{c^2}{(c-a)(b-c)}}$

지수를 간단히 하면

$$\frac{a^2(b-c)+b^2(c-a)+c^2(a-b)}{(a-b)(b-c)(c-a)}$$

$$=\frac{-(a-b)(b-c)(c-a)}{(a-b)(b-c)(c-a)}$$

$$=-1$$

$$\therefore \mathrm{P}=x^{-1}=\frac{\mathbf{1}}{\boldsymbol{x}}$$

1-8. $3^{\frac{n}{m}}$이 유리수라고 가정하면 $3^{\frac{n}{m}}>0$이므로 $3^{\frac{n}{m}}=\frac{b}{a}$를 만족시키는 서로소인 자연수 a, b가 존재한다.

곧, $b=3^{\frac{n}{m}}a$에서 $b^m=3^na^m$ …①

여기에서 b^m이 3의 배수이므로 b도 3의 배수이다.

$b=3k$(k는 자연수)라고 하면 ①에서

$(3k)^m=3^na^m$ $\quad\therefore 3^{m-n}k^m=a^m$

$m-n>0$이므로 a^m은 3의 배수이다. 따라서 a도 3의 배수이다.

따라서 a, b가 모두 3의 배수가 되어 a, b가 서로소라는 가정에 모순이다.

그러므로 $3^{\frac{n}{m}}$은 유리수가 아니다.

1-9. $\frac{y}{x}=t^{\frac{t}{t-1}}\div t^{\frac{1}{t-1}}=t^{\frac{t}{t-1}-\frac{1}{t-1}}=t$

또, $y=t^{\frac{t}{t-1}}=\left(t^{\frac{1}{t-1}}\right)^t=x^t$

$\therefore y=x^{\frac{y}{x}}$ $\quad\therefore \boldsymbol{y^x=x^y}$

1-10. $f(x)f(y)=(a^x-a^{-x})(a^y-a^{-y})$

$=a^{x+y}-a^{x-y}-a^{-(x-y)}+a^{-(x+y)}$

$=4$ ……①

$g(x)g(y)=(a^x+a^{-x})(a^y+a^{-y})$

$=a^{x+y}+a^{x-y}+a^{-(x-y)}+a^{-(x+y)}$

$=8$ ……②

①+②하면 $2(a^{x+y}+a^{-(x+y)})=12$

$\therefore \boldsymbol{g(x+y)=6}$

②−①하면 $2(a^{x-y}+a^{-(x-y)})=4$

$\therefore \boldsymbol{g(x-y)=2}$

1-11. $x^{3m}+x^{-3m}=(x^m)^3+(x^{-m})^3$

$=(x^m+x^{-m})^3-3(x^m+x^{-m})$

$=3^3-3\times3=18$

$x^{2m}-x^{-2m}=(x^m+x^{-m})(x^m-x^{-m})$

$=3(x^m-x^{-m})$

$\therefore \mathrm{P}=\frac{18+2}{3(x^m-x^{-m})}=\frac{20}{3(x^m-x^{-m})}$

그런데

$(x^m-x^{-m})^2=(x^m+x^{-m})^2-4$

$=3^2-4=5$

$\therefore |x^m-x^{-m}|=\sqrt{5}$

$\therefore$ $\boldsymbol{x^m>1}$**일 때** $\mathbf{P}=\frac{\mathbf{4\sqrt{5}}}{\mathbf{3}}$,

$\mathbf{0}<\boldsymbol{x^m}<\mathbf{1}$**일 때** $\mathbf{P}=-\frac{\mathbf{4\sqrt{5}}}{\mathbf{3}}$

1-12. $10^3\le mn^2<10^4$ ……①

$10^{-2}\le\frac{n}{m}<10^{-1}$ ……②

①, ②를 변끼리 곱하면

$10^3\times10^{-2}\le mn^2\times\frac{n}{m}<10^4\times10^{-1}$

$\therefore 10\le n^3<10^3$ $\quad\therefore \sqrt[3]{10}\le n<10$

따라서 n은 **1**자리 수

또, ②에서 $10<\frac{m}{n}\le10^2$

$\therefore\ 10^2<\dfrac{m^2}{n^2}\le 10^4$ ……③

①, ③을 변끼리 곱하면

$10^3\times10^2<mn^2\times\dfrac{m^2}{n^2}<10^4\times10^4$

$\therefore\ 10^5<m^3<10^8$ $\therefore\ 10^{\frac{5}{3}}<m<10^{\frac{8}{3}}$

따라서 m은

2자리 수 또는 3자리 수

****Note*** 이를테면

$m=99,\ n=8$일 때

$mn^2=6336,\ \dfrac{n}{m}=0.\dot{0}\dot{8}$

$m=100,\ n=9$일 때

$mn^2=8100,\ \dfrac{n}{m}=0.09$

1-13. $x^{\frac{1}{3}}=\mathrm{X},\ y^{\frac{1}{3}}=\mathrm{Y}\,(\mathrm{X}>0,\ \mathrm{Y}>0)$
로 놓으면

$\left(x^{\frac{2}{3}}+y^{\frac{2}{3}}\right)^3-\left\{(x+y)^{\frac{2}{3}}\right\}^3$

$=(\mathrm{X}^2+\mathrm{Y}^2)^3-(\mathrm{X}^3+\mathrm{Y}^3)^2$

$=\mathrm{X}^6+3\mathrm{X}^4\mathrm{Y}^2+3\mathrm{X}^2\mathrm{Y}^4+\mathrm{Y}^6$

$\quad-\mathrm{X}^6-2\mathrm{X}^3\mathrm{Y}^3-\mathrm{Y}^6$

$=\mathrm{X}^2\mathrm{Y}^2(3\mathrm{X}^2-2\mathrm{XY}+3\mathrm{Y}^2)$

$=\mathrm{X}^2\mathrm{Y}^2\left\{(\mathrm{X}-\mathrm{Y})^2+2(\mathrm{X}^2+\mathrm{Y}^2)\right\}>0$

$\therefore\ \boldsymbol{x^{\frac{2}{3}}+y^{\frac{2}{3}}>(x+y)^{\frac{2}{3}}}$

2-1. (밑)>0, (밑)$\neq1$이어야 하므로

$p>0,\ p\neq1$ ……①

진수는 양수이어야 하므로

$x^2+px+p>0$

모든 실수 x에 대하여 성립하려면

$\mathrm{D}=p^2-4p<0$ $\therefore\ 0<p<4$ ……②

①, ②의 공통 범위를 구하면

$\boldsymbol{0<p<1,\ 1<p<4}$

2-2. $0<a<1$에서 $10^0<10^a<10^1$

곧, $1<10^a<10$

10^a은 3으로 나눈 나머지가 2인 정수이므로 $10^a=2,\ 5,\ 8$

$\therefore\ a=\log2,\ \log5,\ \log8$

따라서 모든 a의 값의 합은

$\log2+\log5+\log8=\log(2\times5)+\log2^3$

$=\mathbf{1+3\log2}$

2-3. (1) (준 식)$=\log_2\left\{(1+\sqrt{2})^2-3\right\}$

$=\log_2\left(1+2\sqrt{2}+2-3\right)$

$=\log_2 2^{\frac{3}{2}}=\boldsymbol{\dfrac{3}{2}}$

(2) $\sqrt[4]{4+2\sqrt{3}}=\sqrt{\sqrt{4+2\sqrt{3}}}=\sqrt{\sqrt{3}+1}$

이므로

(준 식)$=\log_2\left(\sqrt{\sqrt{3}-1}\,\sqrt{\sqrt{3}+1}\right)$

$=\log_2\sqrt{3-1}=\log_2\sqrt{2}=\boldsymbol{\dfrac{1}{2}}$

(3) (준 식)$=(\log2+\log5)^3$

$-3\log2\times\log5\times(\log2+\log5)$

$+\log5\times3\log2$

$=(\log10)^3-3\log2\times\log5\times\log10$

$+3\log5\times\log2=\mathbf{1}$

2-4. 근과 계수의 관계로부터

$\alpha+\beta=5,\ \alpha\beta=5$

또, $\alpha>\beta$이므로 $d=\alpha-\beta>0$

$\therefore\ d=\alpha-\beta=\sqrt{(\alpha-\beta)^2}$

$=\sqrt{(\alpha+\beta)^2-4\alpha\beta}$

$=\sqrt{5^2-4\times5}=\sqrt{5}$

따라서

(준 식)$=\log_d\dfrac{(\alpha+2\beta)(\beta+2\alpha)}{11}$

$=\log_d\dfrac{(5+\beta)(5+\alpha)}{11}$

$=\log_d\dfrac{25+5(\alpha+\beta)+\alpha\beta}{11}$

$=\log_{\sqrt5}\dfrac{55}{11}=\log_{\sqrt5}5=\mathbf{2}$

2-5. $\log_2 12=k$로 놓으면 $2^k=12$

그런데 $2^3=8,\ 2^4=16$이므로

$3<k<4$ $\therefore\ x=3$

$\therefore\ y=\log_2 12-3=\log_2 12-\log_2 2^3$

$=\log_2\dfrac{12}{8}=\log_2\dfrac{3}{2}$

$\therefore\ 2^x=8,\ 2^y=\dfrac{3}{2}$

$$\therefore\ \frac{2^{x+y}-2^{x-y}}{4^x+1}=\frac{2^x\times2^y-2^x\times2^{-y}}{(2^x)^2+1}=\frac{8\times\frac{3}{2}-8\times\frac{2}{3}}{8^2+1}=\mathbf{\frac{4}{39}}$$

2-6. $\log_4 31=x$로 놓으면 $4^x=31$
그런데 $4^2=16,\ 4^3=64$이므로 $2<x<3$
한편 $4^{2.5}=(2^2)^{2.5}=2^5=32$이므로
$4^x<4^{2.5}\quad\therefore\ x<2.5$
곧, $2<x<2.5$이므로 가장 가까운 정수는 2이다. $\quad\therefore\ a=2$

$$\therefore\ (\text{준 식})=\log_2(\sqrt{1+a^3}+1)(\sqrt{1+a^3}-1)=\log_2(1+a^3-1)=\log_2 a^3=3\log_2 2=\mathbf{3}$$

2-7. 준 식에서
$\log_x 2+\log_x 4+\log_x 8=\log_x a$
$\therefore\ \log_x(2\times4\times8)=\log_x a$
$\therefore\ \mathbf{a=64}$

2-8. (1) (준 식)
$$=\left(\log_2 3+\frac{\log_2 9}{\log_2 4}\right)\left(\log_3 4+\frac{\log_3 2}{\log_3 9}\right)=2\log_2 3\times\frac{5}{2}\log_3 2=\mathbf{5}$$

(2) (준 식)
$$=\left(\log_2 a+2\times\frac{\log_2 b}{\log_2 4}\right)\times\frac{2\log_2 8}{\log_2 ab}=\log_2 ab\times\frac{6}{\log_2 ab}=\mathbf{6}$$

(3) (준 식)
$$=3\times\frac{\log_3 70}{\log_3 27}-\log_3 231-\log_3 5^3-2\times\frac{\log_3 22}{\log_3 9}+\log_3 55^2$$
$$=\log_3\left(70\times\frac{1}{231}\times\frac{1}{125}\times\frac{1}{22}\times55^2\right)=\log_3\frac{1}{3}=\mathbf{-1}$$

* ***Note*** $\boldsymbol{\log_{a^m} b^n=\dfrac{n}{m}\log_a b}$ 를 이용할 수도 있다.
이를테면 (1)의 경우
$\log_4 9=\log_{2^2}3^2=\dfrac{2}{2}\log_2 3=\log_2 3,$
$\log_3 4=\log_3 2^2=2\log_3 2,$
$\log_9 2=\log_{3^2}2=\dfrac{1}{2}\log_3 2$
이므로
$$(\text{준 식})=(\log_2 3+\log_2 3)\times\left(2\log_3 2+\frac{1}{2}\log_3 2\right)=2\log_2 3\times\frac{5}{2}\log_3 2=\mathbf{5}$$

2-9. (1) (준 식)
$$=\log\frac{2}{1}+\log\frac{3}{2}+\log\frac{4}{3}+\cdots+\log\frac{n+1}{n}$$
$$=\log\left(\frac{2}{1}\times\frac{3}{2}\times\frac{4}{3}\times\cdots\times\frac{n+1}{n}\right)=\mathbf{\log(n+1)}$$

(2) (준 식)
$$=\log_5\left(\frac{\log 3}{\log 2}\right)+\log_5\left(\frac{\log 4}{\log 3}\right)+\log_5\left(\frac{\log 5}{\log 4}\right)+\cdots+\log_5\left(\frac{\log 32}{\log 31}\right)$$
$$=\log_5\left(\frac{\log 3}{\log 2}\times\frac{\log 4}{\log 3}\times\frac{\log 5}{\log 4}\times\cdots\times\frac{\log 32}{\log 31}\right)$$
$$=\log_5\left(\frac{\log 32}{\log 2}\right)=\log_5\left(\frac{5\log 2}{\log 2}\right)=\log_5 5=\mathbf{1}$$

2-10. $\dfrac{3a}{\log_a b}=\dfrac{b}{2\log_b a}=\dfrac{3a+b}{3}=k$
로 놓으면
$3a=k\log_a b,\ b=2k\log_b a,$
$3a+b=3k$
$\therefore\ k\log_a b+2k\log_b a=3k$
$k\neq0$이므로 $\log_a b+2\log_b a=3$

$\therefore \log_a b + \dfrac{2}{\log_a b} = 3$

$\therefore (\log_a b)^2 - 3\log_a b + 2 = 0$

$\therefore (\log_a b - 1)(\log_a b - 2) = 0$

$1 < a < b$에서 $\log_a b \neq 1$이므로

$\boldsymbol{\log_a b = 2}$

*Note 실력 수학(하)의 p. 216에서 공부한 가비의 리를 쓰면 조건식에서 바로 $\log_a b + 2\log_b a = 3$을 얻을 수 있다.

2-11. (준 식)$= \dfrac{1}{2}\log_a a + 2\log_a b + 2\log_b a$

$= \dfrac{1}{2} + 2\left(\dfrac{\log b}{\log a} + \dfrac{\log a}{\log b}\right)$

$= \dfrac{1}{2} + 2\left\{\dfrac{(\log a)^2 + (\log b)^2}{\log a \times \log b}\right\}$

근과 계수의 관계로부터

$\log a + \log b = 3, \ \log a \times \log b = 1$

이므로

$(\log a)^2 + (\log b)^2 = (\log a + \log b)^2 - 2\log a \times \log b$

$= 3^2 - 2 \times 1 = 7$

$\therefore$ (준 식)$= \dfrac{1}{2} + 2 \times \dfrac{7}{1} = \boldsymbol{\dfrac{29}{2}}$

2-12. 준 식에서 밑을 c로 바꾸면

$\dfrac{1}{\log_c(a+b)} + \dfrac{1}{\log_c(a-b)}$

$= 2 \times \dfrac{1}{\log_c(a+b)} \times \dfrac{1}{\log_c(a-b)}$

양변에 $\log_c(a+b) \times \log_c(a-b)$를 곱하면 $\log_c(a-b) + \log_c(a+b) = 2$

$\therefore \log_c(a-b)(a+b) = 2$

$\therefore c^2 = (a-b)(a+b) \quad \therefore a^2 = b^2 + c^2$

따라서 이 삼각형은

빗변의 길이가 $\boldsymbol{a}$인 직각삼각형

*Note 조건을 만족시키는 삼각형은 빗변의 길이가 a인 직각삼각형 중에서

$a+b \neq 1, \ a-b \neq 1, \ c \neq 1$

인 삼각형이다.

2-13. $1 \le k < 3$ 일 때 $[\log_3 k] = 0$

$3 \le k < 3^2$일 때 $[\log_3 k] = 1$

$3^2 \le k < 3^3$일 때 $[\log_3 k] = 2$

$3^3 \le k < 3^4$일 때 $[\log_3 k] = 3$

$3^4 \le k \le 100$일 때 $[\log_3 k] = 4$

$\therefore$ (준 식)$= 0 \times 2 + 1 \times 6 + 2 \times 18 + 3 \times 54 + 4 \times 20 = \mathbf{284}$

2-14. (1) $\log_{10} 2$가 유리수라고 가정하면 $\log_{10} 2 > \log_{10} 1$에서 $\log_{10} 2 > 0$이므로

$\log_{10} 2 = \dfrac{n}{m}$

(m, n은 서로소인 자연수)

인 m, n이 존재한다.

$\therefore 10^{\frac{n}{m}} = 2 \quad \therefore 10^n = 2^m$

그런데 10^n은 5의 배수이지만 2^m은 5의 배수가 아니므로 모순이다.

따라서 $\log_{10} 2$는 유리수가 아니다.

(2) $p\log_{10} 2 + q(1 - \log_{10} 2) = 2$

$\therefore (p-q)\log_{10} 2 + q - 2 = 0$

$p-q$, $q-2$는 유리수이고, $\log_{10} 2$는 무리수이므로

$p - q = 0, \ q - 2 = 0$

$\therefore \boldsymbol{p = 2, \ q = 2}$

2-15. a, b가 같은 부호이므로

$a \neq 0, \ b \neq 0, \ \dfrac{a}{b} > 0$

조건식의 양변을 b^2으로 나누면

$\left(\dfrac{a}{b}\right)^2 - 2\left(\dfrac{a}{b}\right) - 9 = 0$

$\dfrac{a}{b} = x$로 놓으면 $x^2 - 2x - 9 = 0$

$x > 0$이므로 $x = 1 + \sqrt{10}$

$\therefore$ (준 식)$= \log \dfrac{a^2 + ab - 6b^2}{a^2 + 4ab + 15b^2}$

$= \log \dfrac{\left(\dfrac{a}{b}\right)^2 + \dfrac{a}{b} - 6}{\left(\dfrac{a}{b}\right)^2 + 4\left(\dfrac{a}{b}\right) + 15}$

$= \log \dfrac{x^2 + x - 6}{x^2 + 4x + 15} \quad \cdots\cdots①$

$$=\log\frac{1}{\sqrt{10}}=-\frac{1}{2}$$

***Note** ①에서 $x=1+\sqrt{10}$을 바로 대입해도 되고, $x^2=2x+9$를 이용하여 차수를 일차로 낮춘 다음 $x=1+\sqrt{10}$을 대입해도 된다.

2-16. $\log 5=1-\log 2$이므로 준 식은

$x^2+2(1-\log 2)x+1-2\log 2=0$

$\therefore\ (x+1)(x+1-2\log 2)=0$

$\therefore\ x=-1,\ 2\log 2-1$

$$\therefore\ 10^{\alpha}+10^{\beta}=10^{-1}+10^{2\log 2-1}=10^{-1}+10^{-1}\times 10^{\log 4}=\frac{1}{10}+\frac{4}{10}=\frac{1}{2}$$

2-17. $\log_7 2=\dfrac{b_1}{2}+\dfrac{b_2}{2^2}+\dfrac{b_3}{2^3}+\dfrac{b_4}{2^4}+\cdots$

이 식의 양변에 2를 곱하면

$$\log_7 2^2=b_1+\frac{b_2}{2}+\frac{b_3}{2^2}+\frac{b_4}{2^3}+\cdots$$

그런데 $\log_7 2^2<1$이므로 $\boldsymbol{b_1=0}$

$$\therefore\ \log_7 2^2=\frac{b_2}{2}+\frac{b_3}{2^2}+\frac{b_4}{2^3}+\cdots$$

다시 이 식의 양변에 2를 곱하면

$$\log_7 2^4=b_2+\frac{b_3}{2}+\frac{b_4}{2^2}+\cdots$$

그런데 $1<\log_7 2^4<2$이므로 $\boldsymbol{b_2=1}$

$$\therefore\ \log_7 2^4=1+\frac{b_3}{2}+\frac{b_4}{2^2}+\cdots$$

$$\therefore\ \log_7 16-1=\frac{b_3}{2}+\frac{b_4}{2^2}+\cdots$$

$$\therefore\ \log_7\frac{16}{7}=\frac{b_3}{2}+\frac{b_4}{2^2}+\cdots$$

다시 이 식의 양변에 2를 곱하면

$$\log_7\left(\frac{16}{7}\right)^2=b_3+\frac{b_4}{2}+\cdots$$

그런데 $\log_7\left(\dfrac{16}{7}\right)^2<1$이므로 $\boldsymbol{b_3=0}$

2-18. $xyz=\log_a b\times\log_b c\times\log_c a=1$

곧, $xyz=1\quad\therefore\ z=\dfrac{1}{xy}$

따라서

$$(\text{준 식})=\frac{x}{xy+x+1}+\frac{y}{y\times\frac{1}{xy}+y+1}+\frac{\frac{1}{xy}}{\frac{1}{xy}\times x+\frac{1}{xy}+1}$$

$$=\frac{x}{xy+x+1}+\frac{xy}{1+xy+x}+\frac{1}{x+1+xy}$$

$$=\frac{x+xy+1}{xy+x+1}=\mathbf{1}$$

2-19. 밑을 모두 5로 통일한다.

$\log_6 15=a$에서

$$\frac{\log_5 15}{\log_5 6}=a\qquad\therefore\ \frac{\log_5 3+1}{\log_5 2+\log_5 3}=a$$

$\therefore\ (a-1)\log_5 3+a\log_5 2-1=0\quad\cdots①$

$\log_{12}18=b$에서

$$\frac{\log_5 18}{\log_5 12}=b\qquad\therefore\ \frac{\log_5 2+2\log_5 3}{2\log_5 2+\log_5 3}=b$$

$\therefore\ (b-2)\log_5 3+(2b-1)\log_5 2=0\quad\cdots\cdots②$

①$\times(b-2)-$②$\times(a-1)$하여 정리하면

$$\log_5 2=\frac{2-b}{a+ab-2b+1}$$

이것을 ②에 대입하여 정리하면

$$\log_5 3=\frac{2b-1}{a+ab-2b+1}$$

$$\therefore\ \log_{25}24=\frac{\log_5 24}{\log_5 25}=\frac{1}{2}(\log_5 3+3\log_5 2)=\boldsymbol{\frac{5-b}{2(a+ab-2b+1)}}$$

2-20. $\log_y z=u,\ \log_z x=v$로 놓으면

$\log_z y=\dfrac{1}{u},\quad \log_x z=\dfrac{1}{v},$

$\log_y x=\log_y z\times\log_z x=uv,$

$\log_x y=\dfrac{1}{uv}$

$\therefore\ a=u+\dfrac{1}{u},\ b=v+\dfrac{1}{v},\ c=uv+\dfrac{1}{uv}$

$\therefore\ a^2+b^2+c^2-abc$

$=\left(u+\dfrac{1}{u}\right)^2+\left(v+\dfrac{1}{v}\right)^2+\left(uv+\dfrac{1}{uv}\right)^2$

$\quad -\left(u+\dfrac{1}{u}\right)\left(v+\dfrac{1}{v}\right)\left(uv+\dfrac{1}{uv}\right)$

$=\mathbf{4}$

2-21. $\log_a M-\log_a N=\log_b M-\log_b N$

$\therefore\ \log_a\dfrac{M}{N}=\log_b\dfrac{M}{N}$

$\therefore\ \dfrac{\log\dfrac{M}{N}}{\log a}=\dfrac{\log\dfrac{M}{N}}{\log b}$

$\therefore\ \left(\log\dfrac{M}{N}\right)(\log b-\log a)=0$

$\therefore\ \log\dfrac{M}{N}=0$ 또는 $\log b=\log a$

$\therefore$ **M=N 또는 $a=b$**

2-22. $\log_2\dfrac{n}{k}=m$ (m은 정수)이라 하면

$\dfrac{n}{k}=2^m \quad \therefore\ k=\dfrac{n}{2^m}$ ……①

(1) $n=10$일 때, $k=\dfrac{10}{2^m}=\dfrac{2\times5}{2^m}$

에서 k가 100 이하의 자연수이고, m이 정수이므로 가능한 2^m의 값은

$2,\ 2^0,\ 2^{-1},\ 2^{-2},\ 2^{-3}$

$\therefore$ $\boldsymbol{f(10)=5}$

$n=60$일 때, $k=\dfrac{60}{2^m}=\dfrac{2^2\times3\times5}{2^m}$

에서 k가 100 이하의 자연수이고, m이 정수이므로 가능한 2^m의 값은

$2^2,\ 2,\ 2^0 \quad \therefore$ $\boldsymbol{f(60)=3}$

$n=99$일 때, $k=\dfrac{99}{2^m}=\dfrac{3^2\times11}{2^m}$

에서 k가 100 이하의 자연수이고, m이 정수이므로 가능한 2^m의 값은 2^0

$\therefore$ $\boldsymbol{f(99)=1}$

(2) n이 짝수이면 ①에서 $2^m=2,\ 2^0$이 가능하므로 k의 값은 2개 이상이다.

$\therefore\ f(n)\ge2$

$1\le n<50$이고 n이 홀수이면 ①에서 $2^m=2^0,\ 2^{-1}$이 가능하므로 k의 값은 2개 이상이다.

$\therefore\ f(n)\ge2$

$n>50$이고 n이 홀수이면 ①에서 $2^m=2^0$만 가능하므로 k의 값은 1개이다. $\quad\therefore\ f(n)=1$

따라서 $f(n)=1$을 만족시키는 n의 개수는 **25**

2-23. $\log_u v=t$로 놓으면

$x=t+\dfrac{1}{t}$ …① $\quad y=t^2+\dfrac{1}{t^2}$ …②

②에서 $\quad y=\left(t+\dfrac{1}{t}\right)^2-2t\times\dfrac{1}{t}=x^2-2$

곧, $y=x^2-2$ ……③

그런데 ①에서 $t^2-xt+1=0$이고, t는 실수이므로 $D=x^2-4\ge0$

$\therefore\ x\le-2,\ x\ge2$ ……④

③, ④에서

$\boldsymbol{y=x^2-2\ (x\le-2,\ x\ge2)}$

2-24. $y=-(x-\log_2 a)^2$
$\qquad +(\log_2 a)^2+\log_2 b$

$1<a<16$이므로 $\quad 0<\log_2 a<4$

또, $0\le x\le4$

(i) $0<\log_2 a<2$, 곧 $1<a<4$일 때

$x=\log_2 a$에서 최대, $x=4$에서 최소

$\therefore\ (\log_2 a)^2+\log_2 b=5$ …①

$-16+8\log_2 a+\log_2 b=-4$ …②

①−②하면

$(\log_2 a)^2-8\log_2 a+7=0$

$\therefore\ \log_2 a=1,\ 7 \quad \therefore\ a=2,\ 2^7$

$1<a<4$이므로 $\quad a=2 \quad \therefore\ b=16$

(ii) $2\le\log_2 a<4$, 곧 $4\le a<16$일 때

$x=\log_2 a$에서 최대, $x=0$에서 최소

$\therefore\ (\log_2 a)^2+\log_2 b=5$ ……③

$\log_2 b=-4$ ……④

④에서 $b=2^{-4}$이므로 ③에서 $a=8$

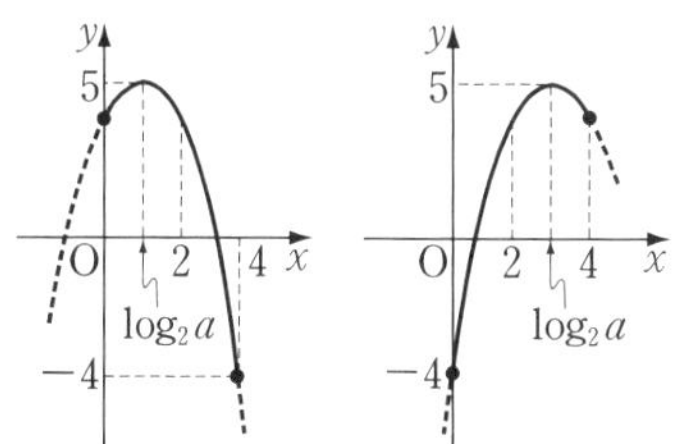

(i), (ii)에서

$\boldsymbol{a=2,\ b=16}$ 또는 $\boldsymbol{a=8,\ b=\frac{1}{16}}$

3-1. 문제의 조건으로부터

$1\le\log a<2,\ 2\le\log b<3,\ 3\le\log c<4$

변변 더하면 $6\le\log abc<9$

곧, $\log abc$의 정수부분이 6, 7, 8이므로 abc는

7자리 수 또는 **8**자리 수 또는 **9**자리 수

3-2. 문제의 조건으로부터

$6\le\log a^2<7 \quad \therefore\ 6\le2\log a<7$

$\therefore\ 3\le\log a<3.5 \quad \cdots\cdots①$

곧, $\log a$의 정수부분이 3이므로

$\boldsymbol{a}$는 **4**자리 수

또, $19\le\log ab^3<20$이므로

$19\le\log a+3\log b<20 \quad \cdots\cdots②$

②−①하면

$19-3.5<3\log b<20-3$

$\therefore\ 5.16\times\times<\log b<5.66\times\times$

곧, $\log b$의 정수부분이 5이므로

$\boldsymbol{b}$는 **6**자리 수

3-3. $\log A$의 정수부분과 소수부분을 각각 $n,\ \alpha$라고 하면 $n,\ \alpha,\ 3$이 삼차방정식

$2x^3-11x^2+ax+b=0$

의 세 근이므로 근과 계수의 관계로부터

$n+\alpha+3=\frac{11}{2} \quad \cdots\cdots①$

$n\times\alpha+\alpha\times3+3\times n=\frac{a}{2} \quad \cdots\cdots②$

$n\times\alpha\times3=-\frac{b}{2} \quad \cdots\cdots③$

①에서 $n+\alpha=\frac{5}{2}=2.5$

n은 정수이고, $0\le\alpha<1$이므로

$n=2,\ \alpha=0.5$

②, ③에 대입하면 $\boldsymbol{a=17,\ b=-6}$

3-4. $\log x$의 정수부분을 $n(n\ne0)$이라 하고, $\log x,\ \log x^2,\ \log x^3$의 소수부분을 각각 $\alpha,\ \beta,\ \gamma$라고 하면 문제의 조건으로부터

$\log x=n+\alpha \quad \cdots\cdots①$

$\log x^2=3n+\beta \quad \cdots\cdots②$

$\log x^3=5n+\gamma \quad \cdots\cdots③$

$\alpha+\beta+\gamma=2 \quad \cdots\cdots④$

①+②+③하면

$6\log x=9n+\alpha+\beta+\gamma$

여기에 ④를 대입하면

$6\log x=9n+2 \quad \cdots\cdots⑤$

①, ⑤에서 $\alpha=\frac{3n+2}{6}$

$\therefore\ 0\le\frac{3n+2}{6}<1 \quad \therefore\ -\frac{2}{3}\le n<\frac{4}{3}$

n은 0이 아닌 정수이므로 $n=1$

$\therefore\ \log x=\frac{11}{6} \quad \therefore\ \boldsymbol{x=10^{\frac{11}{6}}}$

3-5. $1\le n\le1000$이므로 $0\le f(n)\le3$

(i) $f(n)=0$일 때

$1\le n\le9$이므로 $2\le2n\le18$

$f(2n)=f(n)$에서 $2\le2n\le9$

$\therefore\ n=1,\ 2,\ 3,\ 4$

(ii) $f(n)=1$일 때

$10\le n\le99$이므로 $20\le2n\le198$

$f(2n)=f(n)$에서 $20\le2n\le99$

$\therefore\ n=10,\ 11,\ \cdots,\ 49$

(iii) $f(n)=2$일 때

같은 방법으로 구하면

$n=100,\ 101,\ \cdots,\ 499$

(iv) $f(n)=3$일 때 $n=1000$

(i)~(iv)에서 n의 개수는

$4+40+400+1=\boldsymbol{445}$

3-6. $\log x = f(x) + g(x)$

이때, $f(x)$는 정수, $0 \le g(x) < 1$

ㄱ. (참) (i) $x=1$일 때 $\log x = 0$이므로

$$f(1) = g(1) = 0$$

(ii) $f(x)$는 정수, $0 \le g(x) < 1$이므로

$f(x) = g(x)$이면

$$f(x) = g(x) = 0$$

$\therefore \log x = 0 \quad \therefore x = 1$

ㄴ. (참) $\log 50 = f(50) + g(50)$이므로

$$10^{f(50)} \times 10^{g(50)} = 10^{f(50)+g(50)} = 10^{\log 50} = 50$$

ㄷ. (참) $\log 10x = 1 + \log x$

$$= 1 + f(x) + g(x)$$

$f(x)$는 정수, $0 \le g(x) < 1$이므로

$$f(10x) = 1 + f(x),\ g(10x) = g(x)$$

$$\therefore f(10x)g(10x) = \{1 + f(x)\}g(x) = f(x)g(x) + g(x)$$

답 ㄱ, ㄴ, ㄷ

3-7. 농산물의 처음 가격을 a원이라고 하면 5번의 유통 과정을 거친 후의 농산물의 가격은

$$a(1+0.1)^5 = a \times 1.1^5 \text{(원)} \quad \cdots\cdots ①$$

$x = 1.1^5$으로 놓으면

$$\log x = \log 1.1^5 = 5\log 1.1 = 5 \times 0.0414 = 0.2070$$

$\log 1.61 = 0.2070$이므로 $x = 1.61$

따라서 ①에 대입하면 5번의 유통 과정을 거친 후의 농산물의 가격은 $1.61a$원이므로 처음 가격의

$$1.61 \times 100 = \mathbf{161\,(\%)}$$

3-8. $B = 14 + 0.6T + (0.4T - 12)v^{0.16}$

에서 $B = -25$, $T = -15$인 경우이므로

$$-25 = 14 + 0.6 \times (-15) + \{0.4 \times (-15) - 12\}v^{0.16}$$

$$\therefore 18v^{0.16} = 30 \quad \therefore v^{0.16} = \frac{30}{18} = \frac{10}{6}$$

양변의 상용로그를 잡으면

$$\log v^{0.16} = \log \frac{10}{6}$$

$$\therefore 0.16 \log v = 1 - (\log 2 + \log 3)$$

$$\therefore \log v = \frac{1 - (0.30 + 0.48)}{0.16} \fallingdotseq 1.38$$

주어진 표에서 $\log 2.4 = 0.38$이므로

$$v = \mathbf{24\,(km/h)}$$

3-9. $P_A = 20\log 255 - \log E_A \quad \cdots\cdots ①$

$P_B = 20\log 255 - \log E_B \quad \cdots\cdots ②$

①−②하면

$$P_A - P_B = \log E_B - \log E_A$$

$P_A - P_B = k$이므로 $k = \log \dfrac{E_B}{E_A}$

$$\therefore \frac{E_B}{E_A} = 10^k \quad \therefore E_A = 10^{-k}E_B$$

$$\therefore f(k) = \mathbf{10^{-k}}$$

3-10. x, y가 자연수이므로

$$\log x \ge 0,\ \log y \ge 0$$

m, n은 각각 $\log x$와 $\log y$의 정수부분이므로 음이 아닌 정수이다.

따라서 $m^2 + n^2 = 4$를 만족시키는 음이 아닌 정수 m, n의 순서쌍은

$$(m,\ n) = (0,\ 2),\ (2,\ 0)$$

(i) $m = 0$, $n = 2$일 때

x는 1자리 자연수이므로 9개,

y는 3자리 자연수이므로 900개

따라서 $(x,\ y)$의 개수는

$$9 \times 900 = 8100$$

(ii) $m = 2$, $n = 0$일 때

(i)과 같은 방법으로 하면

$(x,\ y)$의 개수는

$$900 \times 9 = 8100$$

(i), (ii)에서 $8100 + 8100 = \mathbf{16200}$

3-11. u는 정수부분이 3자리인 양수이므로 $\log u$의 정수부분은 2이다.

따라서 $\log u$의 소수부분을 α라고 하면

$$\log u = 2 + \alpha \ (0 \le \alpha < 1)$$

그런데 2와 α는 $x^2-ax+b=0$의 두 근이므로 근과 계수의 관계로부터

$2+\alpha=a$ …① $2\alpha=b$ …②

①, ②에서 α를 소거하면

$b=2(a-2)$

또, ①에서 $\alpha=a-2$이고, $0\le\alpha<1$이므로

$0\le a-2<1$ ∴ $2\le a<3$

따라서 a와 b의 관계식은

$b=2(a-2)\ (2\le a<3)$

이므로 점 (a, b)의 자취는 점 $(2, 0)$과 점 $(3, 2)$를 연결하는 선분이다. 단, 끝점 $(3, 2)$는 제외한다.

따라서 구하는 길이는

$\sqrt{(3-2)^2+(2-0)^2}=\boldsymbol{\sqrt{5}}$

3-12. x^2의 정수부분은 6자리 수이므로 $\log x^2$의 정수부분은 5이다.

∴ $5\le\log x^2<6$

∴ $\dfrac{5}{2}\le\log x<3$ ……①

$\log x^2$과 $\log\sqrt{x}$의 소수부분의 합이 1이므로 $\log x^2+\log\sqrt{x}$는 정수이다.

이때,

$$\log x^2+\log\sqrt{x}=2\log x+\frac{1}{2}\log x=\frac{5}{2}\log x$$

이고, ①에서

$$\frac{25}{4}\le\frac{5}{2}\log x<\frac{15}{2}$$

$\dfrac{5}{2}\log x$는 정수이므로

$\dfrac{5}{2}\log x=7$ ∴ $\log x=\dfrac{14}{5}$

∴ $\log\sqrt{x}=\dfrac{1}{2}\log x=\dfrac{7}{5}=1.4$

따라서 $\log\sqrt{x}$의 소수부분은 **0.4**

* ***Note*** $\log x^2$의 소수부분을 α라고 하면

$\log x^2=5+\alpha\ (0\le\alpha<1)$

∴ $\log x=\dfrac{5}{2}+\dfrac{\alpha}{2}$

∴ $\log\sqrt{x}=\dfrac{1}{2}\log x$

$$=\frac{1}{2}\left(\frac{5}{2}+\frac{\alpha}{2}\right)=\frac{5}{4}+\frac{\alpha}{4}$$

$$=1+\frac{1}{4}(1+\alpha)\quad\cdots\cdots①$$

$\dfrac{1}{4}\le\dfrac{1}{4}(1+\alpha)<\dfrac{1}{2}$이므로 $\log\sqrt{x}$의 소수부분은 $\dfrac{1}{4}(1+\alpha)$이다.

∴ $\alpha+\dfrac{1}{4}(1+\alpha)=1$ ∴ $\alpha=\dfrac{3}{5}$

①에서

$$\log\sqrt{x}=1+\frac{1}{4}\left(1+\frac{3}{5}\right)=\frac{7}{5}=1.4$$

따라서 $\log\sqrt{x}$의 소수부분은 **0.4**

3-13. $\log a=n+\alpha$ ……①

(n은 정수, $0\le\alpha<1$)로 놓으면

$\log 10a=\log 10+\log a=(n+1)+\alpha$,

$\log a^3=3\log a=3n+3\alpha$

(i) $0\le3\alpha<1$일 때

$\log a^3$의 정수부분은 $3n$이므로

$n+1=3n$ ∴ $n=\dfrac{1}{2}$ (모순)

(ii) $1\le3\alpha<2$일 때

$\log a^3$의 정수부분은 $3n+1$이므로

$n+1=3n+1$ ∴ $n=0$

①에서 $\log a=\alpha$이고, $\dfrac{1}{3}\le\alpha<\dfrac{2}{3}$이므로

$\dfrac{1}{3}\le\log a<\dfrac{2}{3}$ ∴ $10^{\frac{1}{3}}\le a<10^{\frac{2}{3}}$

(iii) $2\le3\alpha<3$일 때

$\log a^3$의 정수부분은 $3n+2$이므로

$n+1=3n+2$ ∴ $n=-\dfrac{1}{2}$ (모순)

(i), (ii), (iii)에서 $\boldsymbol{\sqrt[3]{10}\le a<\sqrt[3]{100}}$

3-14. $\log x=m+\alpha$

(m은 정수, $0\le\alpha<1$)라고 하면

$1\le x<100$이므로 $0\le\log x<2$에서

$m=0$ 또는 1

(i) $m=0$일 때, $\log x=\alpha$이므로

$$\log x^n=n\log x=n\alpha$$

$k=0,\ 1,\ \cdots,\ n-1$인 정수 k에 대하여

$$\frac{k}{n}\le\alpha<\frac{k+1}{n} \qquad \cdots\cdots①$$

일 때, $k\le n\alpha<k+1$이므로

$$f(x^n)=n\alpha-k$$

$f(x^n)+2f(x)=1$에서

$$n\alpha-k+2\alpha=1 \qquad \therefore\ \alpha=\frac{k+1}{n+2}$$

①에 대입하면 $\dfrac{k}{n}\le\dfrac{k+1}{n+2}<\dfrac{k+1}{n}$

$\dfrac{k}{n}\le\dfrac{k+1}{n+2}$이므로

$$k(n+2)-n(k+1)\le0 \qquad \therefore\ k\le\frac{n}{2}$$

$\therefore\ n=5$일 때 $k=0,\ 1,\ 2$

$n=6$일 때 $k=0,\ 1,\ 2,\ 3$

따라서 $m=0$일 때 조건을 만족시키는 x의 개수는 7

(ii) $m=1$일 때, $\log x=1+\alpha$이므로

$$\log x^n=n+n\alpha$$

(i)과 같은 방법으로 하면 $m=1$일 때 조건을 만족시키는 x의 개수는 7

(i), (ii)에서 $g(5)+g(6)=7+7=\mathbf{14}$

* ***Note*** (i), (ii)에서 $g(5)=6,\ g(6)=8$ 이다.

3-15. 조건 ㈏에서 $x,\ y$의 정수부분이 모두 n자리 수라고 하면

$$\log x=n-1+\alpha\ (0\le\alpha<1),$$
$$\log y=n-1+\beta\ (0\le\beta<1)$$

로 놓을 수 있다.

조건 ㈎에서 $2\log x+3\log y=12.4$이므로 $5n-5+2\alpha+3\beta=12.4$ $\cdots\cdots①$

한편 $[\log x]=n-1$

또, $\log\dfrac{1}{y}=-\log y=-n+1-\beta$이므로

$\beta=0$일 때 $\log\dfrac{1}{y}-\left[\log\dfrac{1}{y}\right]=0$

따라서 조건 ㈐에서 $\alpha=0$

이때, ①을 만족시키는 자연수 n은 없다.

$\beta\neq0$일 때

$$\log\frac{1}{y}-\left[\log\frac{1}{y}\right]=1-\beta$$

따라서 조건 ㈐에서

$$\alpha=1-\beta \qquad \cdots\cdots②$$

①에 대입하고 정리하면

$$5n+\beta=15.4$$

n은 정수이고, $0<\beta<1$이므로

$$n=3,\ \beta=0.4$$

②에서 $\alpha=0.6$

$\therefore\ \log x=2.6,\ \log y=2.4$

$\therefore\ \boldsymbol{x=10^{2.6},\ y=10^{2.4}}$

3-16. 부피의 비가 $4:3$이므로 두 구 A, B의 겉넓이의 비는

$$4^{\frac{2}{3}}:3^{\frac{2}{3}}$$

구 B의 겉넓이를 x라고 하면

$$4^{\frac{2}{3}}:3^{\frac{2}{3}}=27:x$$

$\therefore\ x\times4^{\frac{2}{3}}=27\times3^{\frac{2}{3}} \qquad \therefore\ x=3^{\frac{11}{3}}\div2^{\frac{4}{3}}$

$$\begin{aligned}\therefore\ \log x&=\frac{11}{3}\log3-\frac{4}{3}\log2\\&=\frac{11\times0.4771-4\times0.3010}{3}\\&\fallingdotseq1.3480=1+0.3480\\&=\log10+\log2.229\\&=\log22.29\end{aligned}$$

$\therefore\ x\fallingdotseq22.29$

소수 첫째 자리에서 반올림하면 **22**

* ***Note*** 닮음인 두 도형 A, B의

길이의 비(닮음비) $m:n$

$\Longleftrightarrow$ 넓이의 비 $m^2:n^2$

$\Longleftrightarrow$ 부피의 비 $m^3:n^3$

3-17. x초 후 206 °C가 되었다고 하자.

10초일 때와 20초일 때의 측정 온도를 이용하여 구한 열전도 계수는

$$\kappa=\text{C}\frac{\log20-\log10}{202-200}=\frac{\text{C}}{2}\log2$$

10초일 때와 x초일 때의 측정 온도를 이용하여 구한 열전도 계수는

$$\kappa=\mathrm{C}\frac{\log x-\log 10}{206-200}=\frac{\mathrm{C}}{6}\log\frac{x}{10}$$

$$\therefore\ \frac{\mathrm{C}}{2}\log 2=\frac{\mathrm{C}}{6}\log\frac{x}{10}$$

$\mathrm{C}>0$이므로 $\quad 3\log 2=\log\dfrac{x}{10}$

$$\therefore\ 2^3=\frac{x}{10}\qquad \therefore\ x=\mathbf{80}\,(\text{초})$$

4-1. (1) $3^{2g(x)+1}=3x^2\ (x>0)$

$$\therefore\ 2g(x)+1=\log_3 3x^2\ (x>0)$$

$$\therefore\ \boldsymbol{g(x)=\log_3 x}$$

(2) $f(x)=\log_3(2x+1)=t$로 놓으면

$$2x+1=3^t\qquad \therefore\ x=\frac{1}{2}(3^t-1)$$

$$\therefore\ g(t)=4\times\left\{\frac{1}{2}(3^t-1)\right\}^2$$

$$\therefore\ \boldsymbol{g(x)=(3^x-1)^2}$$

4-2. 오른쪽 그림에서

$2^a=5,$

$2^b=16$

이므로

$$2^{a+b}=2^a\times 2^b=5\times 16=\mathbf{80}$$

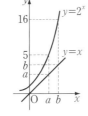

4-3. (1) $y=f(x)$에서 $2^x=t$로 놓으면 $t>0$이고,

$$y=\frac{t}{2-t}=-\frac{2}{t-2}-1$$

그래프를 그려 보면 치역은

$$\{\boldsymbol{y\mid y<-1}\ \textbf{또는}\ \boldsymbol{y>0}\}$$

(2) $y=\dfrac{2^x}{2-2^x}$이라고 하면

$$(2-2^x)y=2^x$$

$$\therefore\ 2^x=\frac{2y}{y+1}\qquad \therefore\ x=\log_2\frac{2y}{y+1}$$

x와 y를 바꾸면 $\quad y=\log_2\dfrac{2x}{x+1}$

$$\therefore\ \boldsymbol{f^{-1}(x)=\log_2\frac{2x}{x+1}}$$

(3) $$f(x)+f(2-x)=\frac{2^x}{2-2^x}+\frac{2^{2-x}}{2-2^{2-x}}=\frac{2^x}{2-2^x}+\frac{2^2}{2\times 2^x-2^2}=\frac{2^x-2}{2-2^x}=\mathbf{-1}$$

(4) (3)에서 $\quad f(-99)+f(101)=-1,$

$f(-9)+f(11)=-1$

$$\therefore\ (\text{준 식})=\mathbf{-2}$$

4-4. 직선 $x=2$에 대하여 서로 대칭이므로 $\ f(2)=g(2)\qquad \therefore\ a^{2b-1}=a^{1-2c}$

$$\therefore\ 2b-1=1-2c\qquad \therefore\ b+c=1$$

$f(4)=g(0),\ g(4)=f(0)$이므로

$$f(4)+g(4)=g(0)+f(0)=\frac{5}{2}$$

$$\therefore\ a+a^{-1}=\frac{5}{2}\qquad \therefore\ 2a^2-5a+2=0$$

$0<a<1$이므로 $\quad a=\dfrac{1}{2}$

$$\therefore\ \boldsymbol{a+b+c=\frac{3}{2}}$$

* ***Note*** $\ y=f(x)$의 그래프와 $y=g(x)$의 그래프가 직선 $x=2$에 대하여 서로 대칭이므로

$$f(2-x)=g(2+x)$$

$$\therefore\ a^{b(2-x)-1}=a^{1-c(2+x)}$$

$$\therefore\ b(2-x)-1=1-c(2+x)$$

$$\therefore\ (b-c)x-2(b+c-1)=0$$

x에 관한 항등식이므로

$b-c=0,\ -2(b+c-1)=0$

$$\therefore\ b=c=\frac{1}{2}$$

4-5. $y=f(x)$의 그래프는 아래 그림에서 꺾인 선이다.

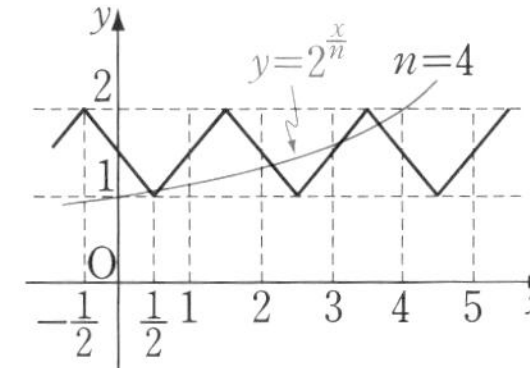

한편 $g(x)=2^{\frac{x}{n}}$이라고 하면 $g(0)=1$, $g(n)=2$이므로 그래프는 두 점 $(0,\ 1)$, $(n,\ 2)$를 지나는 곡선이다.

따라서 교점이 5개이려면 $\boldsymbol{n=4,\ 5}$

***Note** 교점이 5개이려면

$$g\left(\frac{7}{2}\right)<2<g\left(\frac{11}{2}\right) \quad \therefore\ 2^{\frac{7}{2n}}<2^1<2^{\frac{11}{2n}}$$

$$\therefore\ \frac{7}{2n}<1<\frac{11}{2n} \quad \therefore\ \frac{7}{2}<n<\frac{11}{2}$$

n은 자연수이므로 $\boldsymbol{n=4,\ 5}$

4-6. $x^{\log 2}=2^{\log x}$이므로

$$f(x)=2^{\log x}\times 2^{\log x}-4(2^{\log x}+2^{\log x})$$
$$=(2^{\log x})^2-8\times 2^{\log x}$$
$$=(2^{\log x}-4)^2-16$$

따라서 $2^{\log x}=4$, 곧 $\log x=2$일 때 최솟값을 가진다.

따라서 $\boldsymbol{x=100}$일 때 최솟값 $\boldsymbol{-16}$

4-7. $a>1,\ b>1,\ c>1$이므로

$$\log_a b>0,\ \log_b c>0,\ \log_c a>0$$

$\therefore$ (준 식)$\geq 3\sqrt[3]{\log_a b\times 2\log_b c\times 4\log_c a}$

$$=3\sqrt[3]{8}=6$$

(등호는 $a^2=b=c$일 때 성립)

따라서 준 식의 최솟값은 **6**

4-8. (준 식)$=\dfrac{\log_2\sqrt{x}}{\log_2 4}+\dfrac{1}{4}\times\dfrac{\log_2 y^{-1}}{\log_2 2^{-1}}$

$$=\frac{1}{2\times 2}\log_2 x+\frac{1}{4}\log_2 y$$
$$=\frac{1}{4}\log_2 xy$$

$x>0,\ y>0$이고 $16x+y=16$이므로 $16x+y\geq 2\sqrt{16x\times y}$에서

$$16\geq 8\sqrt{xy} \quad \therefore\ xy\leq 4$$

(등호는 $16x=y=8$, 곧 $x=\dfrac{1}{2},\ y=8$일 때 성립)

따라서 xy의 최댓값이 4이므로 준 식의 최댓값은 $\dfrac{1}{4}\log_2 4=\boldsymbol{\dfrac{1}{2}}$

4-9. (준 식)$=\log_3\dfrac{x^2-x+1}{x^2+x+1}$

이므로 $\dfrac{x^2-x+1}{x^2+x+1}=y$로 놓으면

$$(y-1)x^2+(y+1)x+y-1=0 \quad \cdots①$$

(i) $y-1\neq 0$일 때 ①은 x에 관한 이차방정식이고, x가 실수이므로

$$D=(y+1)^2-4(y-1)^2\geq 0$$
$$\therefore\ \frac{1}{3}\leq y\leq 3\ (y\neq 1) \quad \cdots\cdots②$$

(ii) $y-1=0$일 때 $x=0$ ……③

②, ③에서 $\dfrac{1}{3}\leq y\leq 3$

$$\therefore\ -1\leq\log_3 y\leq 1$$

따라서 최댓값 **1**, 최솟값 **−1**

4-10. $(g\circ g\circ g\circ g\circ g)(x)=-3$에서

$$f\circ(g\circ g\circ g\circ g\circ g)(x)=f(-3)$$

그런데 $f\circ g=\mathrm{I}$이므로

$$(g\circ g\circ g\circ g)(x)=f(-3)$$

같은 방법으로 하면

$$(g\circ g\circ g)(x)=(f\circ f)(-3)$$
$$\cdots\cdots$$
$$x=(f\circ f\circ f\circ f\circ f)(-3)$$

따라서

$$f(-3)=\frac{71}{5}-\frac{19}{15}\times(-3)=18$$
$$(f\circ f)(-3)=f\big(f(-3)\big)=f(18)$$
$$=1-2\log_3(18-9)=-3$$
$$(f\circ f\circ f)(-3)=f(-3)=18$$
$$(f\circ f\circ f\circ f)(-3)=f(18)=-3$$
$$(f\circ f\circ f\circ f\circ f)(-3)=f(-3)=18$$
$$\therefore\ \boldsymbol{x=18}$$

4-11. x좌표가 a인 점을 A, b인 점을 B라고 하자.

(1) (거짓) 직선 AB의 기울기는

$$\frac{f(b)-f(a)}{b-a}=\frac{(2^b-1)-(2^a-1)}{b-a}$$
$$=\frac{2^b-2^a}{b-a}$$

따라서 a, b가 오른쪽과 같은 경우 기울기가 1보다 작으므로

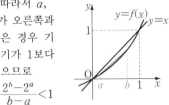

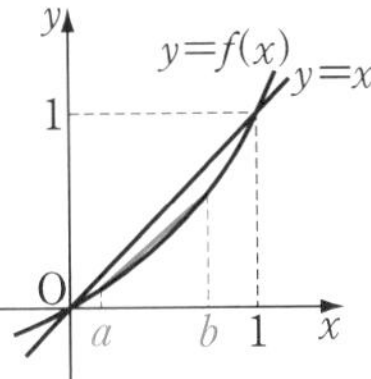

$$\frac{2^b-2^a}{b-a}<1$$

$$\therefore\ b-a>2^b-2^a$$

(2) (참)

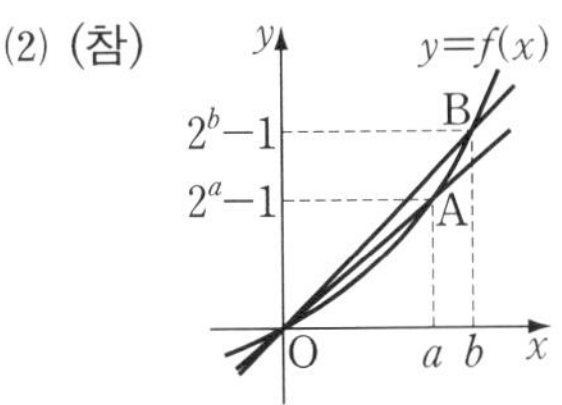

$(\overline{\mathrm{OA}}$의 기울기$)<(\overline{\mathrm{OB}}$의 기울기$)$

이므로 $\dfrac{2^a-1}{a}<\dfrac{2^b-1}{b}$

$$\therefore\ b(2^a-1)<a(2^b-1)$$

4-12.

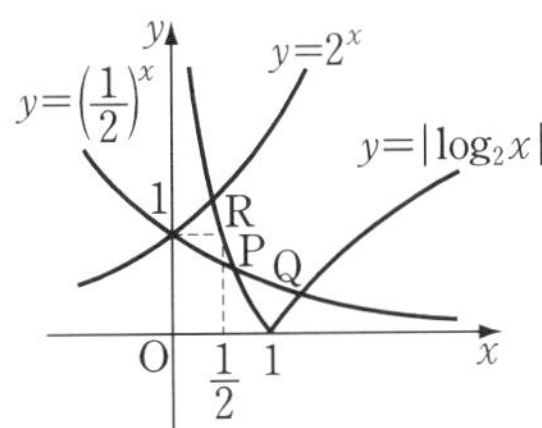

(1) (참) $f\left(\dfrac{1}{2}\right)=\left|\log_2\dfrac{1}{2}\right|=1$,

$$g\left(\frac{1}{2}\right)=\left(\frac{1}{2}\right)^{\frac{1}{2}}=\frac{1}{\sqrt{2}}$$

이므로 $f\left(\dfrac{1}{2}\right)>g\left(\dfrac{1}{2}\right)$

따라서 위의 그래프에서 $\dfrac{1}{2}<x_1<1$

(2) (참) $y=2^x$의 역함수는 $y=\log_2 x$이고, $y=\left(\dfrac{1}{2}\right)^x$의 역함수는 $y=-\log_2 x$이므로 두 곡선 $y=2^x$과 $y=-\log_2 x$의 교점 R와 두 곡선 $y=\log_2 x$와 $y=\left(\dfrac{1}{2}\right)^x$의 교점 Q는 직선 $y=x$에 대하여 대칭이다.

$$\therefore\ x_2=y_3,\ x_3=y_2 \qquad \cdots\cdots①$$

$$\therefore\ x_2y_2-x_3y_3=0$$

(3) (거짓) $\mathrm{S}(1,\ 0)$이라 하고, 직선 RS, PS의 기울기를 비교하면

$$\frac{y_3}{x_3-1}<\frac{y_1}{x_1-1}$$

①을 대입하면 $\dfrac{x_2}{y_2-1}<\dfrac{y_1}{x_1-1}$

$y_2<1$, $x_1<1$이므로

$$x_2(x_1-1)<y_1(y_2-1)$$

4-13. (i) $a\ge b$일 때 : 오른쪽 그림에서 $\overline{\mathrm{PQ}}$는 $t=1$일 때 최소이다.

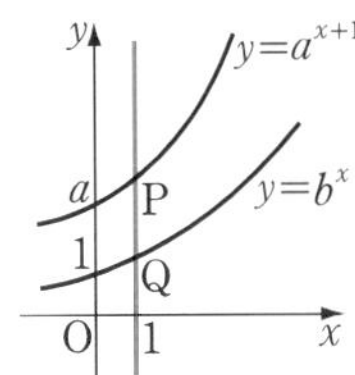

$t=1$일 때

$\overline{\mathrm{PQ}}=a^2-b$이므로 $a^2-b\le 10$

a, b는 2 이상 10 이하인 자연수이므로 가능한 $(a,\ b)$의 순서쌍은 $(2,\ 2)$, $(3,\ 2)$, $(3,\ 3)$의 3개이다.

(ii) $a<b$일 때 : $x>0$에서 $f(x)=a^{x+1}$과 $g(x)=b^x$의 그래프는 만난다.

① $a^2<b$이면 $f(1)<g(1)$이므로 교점의 x좌표는 1보다 작다.

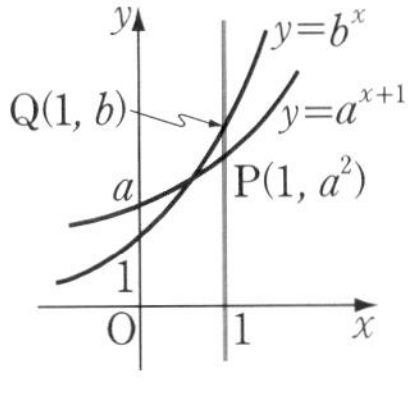

이때, 가능한 a는 2, 3이므로 $t=1$에서 $\overline{\mathrm{PQ}}=b-a^2\le 10$이다.

② $a^2\ge b$이면 두 그래프는 $x\ge 1$에서 만나므로 $\overline{\mathrm{PQ}}$의 최솟값은 0이다.

①, ②에서 $a<b$이면 항상 성립한다. 따라서 가능한 $(a,\ b)$의 순서쌍은

$a=2$일 때 $b=3,\ 4,\ \cdots,\ 10$의 8개,

$a=3$일 때 $b=4,\ 5,\ \cdots,\ 10$의 7개,

$\cdots\cdots$

$a=9$일 때 $b=10$의 1개

이므로 모두 36개이다.

(i), (ii)에서 구하는 개수는

$3+36=\mathbf{39}$

4-14. (1) $2^x+2^{-x}=t$로 놓으면

$$4^x+4^{-x}=(2^x)^2+(2^{-x})^2$$
$$=(2^x+2^{-x})^2-2\times2^x\times2^{-x}$$

이므로 $y=t^2-2-2at$

곧, $y=t^2-2at-2$

$2^x>0,\ 2^{-x}>0$이므로

$$t=2^x+2^{-x}\ge2\sqrt{2^x\times2^{-x}}=2$$

(등호는 $x=0$일 때 성립)

따라서 $y=(t-a)^2-a^2-2\ (t\ge2)$

에서

$\boldsymbol{a\ge2}$**일 때 최솟값** $\boldsymbol{-a^2-2}$,

$\boldsymbol{a<2}$**일 때 최솟값** $\boldsymbol{-4a+2}$

(2) $\log_2x+\log_x2=t$로 놓으면

$$(\log_2x)^2+(\log_x2)^2$$
$$=(\log_2x+\log_x2)^2-2\log_2x\times\log_x2$$
$$=t^2-2$$

이므로

$$y=t^2-2-2t-1=(t-1)^2-4$$

$x>1$이므로 $\log_2x>0,\ \log_x2>0$

$$\therefore\ t=\log_2x+\log_x2$$
$$\ge2\sqrt{\log_2x\times\log_x2}=2$$

(등호는 $x=2$일 때 성립)

따라서 $t=2$일 때 최솟값 $\mathbf{-3}$

4-15. $3^x=\mathrm{X},\ 2^y=\mathrm{Y}$로 놓으면 조건식은

$$\mathrm{X}^2+\mathrm{Y}^2=a^2 \quad\cdots\cdots①$$

또, $3^x+2^{2y+1}=\mathrm{X}+2\mathrm{Y}^2$

$$=\mathrm{X}+2(a^2-\mathrm{X}^2)$$
$$=-2\left(\mathrm{X}-\frac{1}{4}\right)^2+2a^2+\frac{1}{8}$$

그런데 $\mathrm{X}>0,\ \mathrm{Y}>0$이므로 ①에서

$$0<\mathrm{X}<a$$

따라서 $\boldsymbol{a>\frac{1}{4}}$ **일 때 최댓값** $\boldsymbol{2a^2+\frac{1}{8}}$,

$\boldsymbol{0<a\le\frac{1}{4}}$ **일 때 최댓값 없다.**

4-16. (1) $\log_ax+\dfrac{3}{\log_ax}-\dfrac{\log_ay}{\log_ax}=3$

$$\therefore\ (\log_ax)^2-3\log_ax-\log_ay+3=0$$

$x=a^t$일 때 $\log_ax=t$이므로

$$t^2-3t-\log_ay+3=0$$
$$\therefore\ \log_ay=t^2-3t+3$$
$$\therefore\ \boldsymbol{y=a^{t^2-3t+3}}$$

*__Note__ 조건식에 $x=a^t$을 대입하면

$$\log_aa^t+3\log_{a^t}a-\log_{a^t}y=3$$
$$\therefore\ t+\frac{3}{t}-\log_{a^t}y=3$$
$$\therefore\ \log_{a^t}y=t+\frac{3}{t}-3$$
$$\therefore\ y=a^{t\left(t+\frac{3}{t}-3\right)}=\boldsymbol{a^{t^2-3t+3}}$$

(2) $a>1$이므로 t^2-3t+3이 최소일 때 y는 최소이다. 그런데

$$t^2-3t+3=\left(t-\frac{3}{2}\right)^2+\frac{3}{4}\ (t\ge1)$$

이므로 $t=\dfrac{3}{2}$일 때 최솟값은 $\dfrac{3}{4}$이다.

$$\therefore\ a^{\frac{3}{4}}=8=2^3 \qquad \therefore\ \boldsymbol{a=16}$$

또, $x=a^t$에 $a=16,\ t=\dfrac{3}{2}$을 대입하면 $\boldsymbol{x=64}$

4-17. $\log x=\mathrm{X},\ \log y=\mathrm{Y}$로 놓으면 조건식에서

$$\frac{\mathrm{Y}}{\mathrm{X}}=\mathrm{X}+2\ (\mathrm{X}\ne0)$$
$$\therefore\ \mathrm{Y}=\mathrm{X}^2+2\mathrm{X} \quad\cdots\cdots①$$

또, $\log x^2y=2\log x+\log y$

$$=2\mathrm{X}+\mathrm{Y}=k \quad\cdots\cdots②$$

로 놓으면 ①, ②에서

$$\mathrm{X}^2+4\mathrm{X}-k=0$$

X는 0이 아닌 실수이므로

$$D/4=2^2+k\ge0 \qquad \therefore\ k\ge-4$$

따라서 $\log x^2y$의 최솟값은 -4이므로 x^2y의 최솟값은 $\mathbf{10^{-4}}$

4-18. $ab=100$에서

$$\log a+\log b=2 \qquad \cdots\cdots①$$

또, $\log x=t$로 놓으면

$y=(t-\log a)(t-\log b)$

$=t^2-(\log a+\log b)t+\log a\times\log b$

$=t^2-2t+\log a\times\log b$

$=(t-1)^2+\log a\times\log b-1$

따라서 y는 $t=1$일 때 최솟값 $\log a\times\log b-1$을 가진다.

문제의 조건으로부터

$$\log a\times\log b-1=-\frac{1}{4}$$

$$\therefore \log a\times\log b=\frac{3}{4} \qquad \cdots\cdots②$$

①, ②에서 $\log a$, $\log b$는 이차방정식 $u^2-2u+\dfrac{3}{4}=0$, 곧 $4u^2-8u+3=0$의 근이고, $\log a>\log b$이므로

$$\log a=\frac{3}{2},\ \log b=\frac{1}{2}$$

$$\therefore \boldsymbol{a=10\sqrt{10},\ b=\sqrt{10}}$$

4-19. $\log_x 2=\dfrac{1}{\log_2 x}$, $\log_y 2=\dfrac{1}{\log_2 y}$,

$$\frac{1}{\log_{xy}2}=\log_2 xy=\log_2 x+\log_2 y$$

이므로

$$(\text{준 식})=(\log_2 x+\log_2 y)\left(\frac{1}{\log_2 x}+\frac{1}{\log_2 y}\right)$$

$$=\frac{\log_2 x}{\log_2 y}+\frac{\log_2 y}{\log_2 x}+2$$

$\log_2 x>0$, $\log_2 y>0$이므로

$$\frac{\log_2 x}{\log_2 y}+\frac{\log_2 y}{\log_2 x}\ge 2\sqrt{\frac{\log_2 x}{\log_2 y}\times\frac{\log_2 y}{\log_2 x}}=2$$

(등호는 $x=y$일 때 성립)

따라서 최솟값은 **4**

4-20. $\log_2 x=\mathrm{X}$, $\log_3 y=\mathrm{Y}$로 놓으면 조건식에서

$$\mathrm{X}>0,\ \mathrm{Y}>0,\ \mathrm{X}+\mathrm{Y}=2$$

$$\therefore (\text{준 식})=\frac{1}{\log_2 x}+\frac{4}{\log_3 y}=\frac{1}{\mathrm{X}}+\frac{4}{\mathrm{Y}}$$

$\mathrm{X}>0$, $\mathrm{Y}>0$이므로

$$(\mathrm{X}+\mathrm{Y})\left(\frac{1}{\mathrm{X}}+\frac{4}{\mathrm{Y}}\right)=1+\frac{4\mathrm{X}}{\mathrm{Y}}+\frac{\mathrm{Y}}{\mathrm{X}}+4$$

$$\ge 2\sqrt{\frac{4\mathrm{X}}{\mathrm{Y}}\times\frac{\mathrm{Y}}{\mathrm{X}}}+5=9$$

(등호는 $\dfrac{4\mathrm{X}}{\mathrm{Y}}=\dfrac{\mathrm{Y}}{\mathrm{X}}$, 곧 $\mathrm{X}=\dfrac{2}{3}$, $\mathrm{Y}=\dfrac{4}{3}$일 때 성립)

$\mathrm{X}+\mathrm{Y}=2$이므로 $\dfrac{1}{\mathrm{X}}+\dfrac{4}{\mathrm{Y}}\ge\dfrac{9}{2}$

따라서 최솟값은 $\boldsymbol{\dfrac{9}{2}}$

5-1. (1) $(2^2\times3)^x(2\times3)^y=2^5\times3^2$

$$\therefore 2^{2x+y}\times3^{x+y}=2^5\times3^2$$

x, y는 정수이므로

$$2x+y=5,\ x+y=2$$

$$\therefore \boldsymbol{x=3,\ y=-1}$$

(2) (i) $x+2=0$, $x^2-x-1\neq0$일 때

$$x=-2$$

(ii) $x^2-x-1=1$일 때 $x^2-x-2=0$

$$\therefore x=-1,\ 2$$

(iii) $x^2-x-1=-1$이고, $x+2$가 짝수일 때 $x=0$

$$\therefore \boldsymbol{x=-2,\ -1,\ 0,\ 2}$$

***Note** $x^y=1$의 정수해는

(x는 0이 아닌 정수, $y=0$)

또는 ($x=1$, y는 정수)

또는 ($x=-1$, y는 짝수)

5-2. $3^x\left(3+\dfrac{1}{3}+\dfrac{1}{9}\right)=5^x\left(1+\dfrac{1}{5}+\dfrac{1}{25}\right)$

$$\therefore 3^x\times\frac{31}{9}=5^x\times\frac{31}{25}$$

$$\therefore \left(\frac{3}{5}\right)^x=\frac{9}{25}=\left(\frac{3}{5}\right)^2 \qquad \therefore \boldsymbol{x=2}$$

5-3. $a^{2x}\times a-2a^x\times a^2+a=0$

$$\therefore (a^x)^2-2a\times a^x+1=0 \quad \cdots\cdots①$$

이 방정식의 두 근을 α, β라고 하면 $a^x=t\ (t>0)$로 치환한 이차방정식 $t^2-2at+1=0$의 두 근은 a^α, a^β이다.

따라서 근과 계수의 관계로부터

$a^{\alpha}\times a^{\beta}=1 \quad \therefore\ a^{\alpha+\beta}=1$

$\therefore\ \alpha+\beta=\mathbf{0}$

***Note** ①에서 $a^x=a\pm\sqrt{a^2-1}$

$\therefore\ x=\log_a\left(a\pm\sqrt{a^2-1}\right)$

따라서 두 근의 합은

$\log_a\left(a+\sqrt{a^2-1}\right)+\log_a\left(a-\sqrt{a^2-1}\right)$
$=\log_a 1=\mathbf{0}$

5-4. $2^x+2^{-x}=t$로 놓으면

$4^x+4^{-x}=(2^x)^2+(2^{-x})^2$
$=(2^x+2^{-x})^2-2\times2^x\times2^{-x}$
$=t^2-2$

따라서 준 방정식은

$t^2-t-6=0 \quad \therefore\ t=-2,\ 3$

$t\ge2\sqrt{2^x\times2^{-x}}=2$이므로

$t=2^x+2^{-x}=3$

$\therefore\ (2^x)^2-3\times2^x+1=0$

이 방정식의 두 근이 α, β이므로 2^{α}, 2^{β}은 $2^x=s\,(s>0)$로 치환한 이차방정식 $s^2-3s+1=0$의 두 근이다.

따라서 근과 계수의 관계로부터

$\mathbf{2^{\alpha}+2^{\beta}=3}$

5-5. (1) $\left|\log_2|\log_2 x|\right|=1$

$\therefore\ \log_2|\log_2 x|=\pm1$

$\therefore\ |\log_2 x|=2,\ \dfrac{1}{2}$

$\therefore\ \log_2 x=\pm2,\ \pm\dfrac{1}{2}$

$\therefore\ \boldsymbol{x=4,\ \dfrac{1}{4},\ \sqrt{2},\ \dfrac{1}{\sqrt{2}}}$

(2) $\log_2 x+2=\mathrm{X}$로 놓으면

$2^{\log_4\mathrm{X}}=\mathrm{X} \quad \therefore\ \log_2\mathrm{X}=\log_4\mathrm{X}$

$\therefore\ \log_2\mathrm{X}=\dfrac{1}{2}\log_2\mathrm{X}$

$\therefore\ \log_2\mathrm{X}=0 \quad \therefore\ \mathrm{X}=1$

$\therefore\ \log_2 x+2=1 \quad \therefore\ \log_2 x=-1$

$\therefore\ \boldsymbol{x=\dfrac{1}{2}}$

(3) $\log_a\dfrac{1}{3}(x+1)+\dfrac{1}{2}\log_a(x+2)^2$
$=\log_a\dfrac{1}{3}$

$\therefore\ \dfrac{1}{3}(x+1)(x+2)=\dfrac{1}{3}$

진수 조건에서 $x>-1$이므로

$\boldsymbol{x=\dfrac{-3+\sqrt{5}}{2}}$

***Note** 밑의 조건에서 $a>0$, $a\neq1$이고, 진수 조건에서 $x>-1$이므로

$\log_{a^2}(x^2+4x+4)=\log_{a^2}(x+2)^2$
$=\log_a(x+2)$

(4) $\log_2 x=\mathrm{X}$로 놓으면

$\mathrm{X}^3+3\mathrm{X}=4\mathrm{X}^2+\mathrm{X}$

$\therefore\ \mathrm{X}(\mathrm{X}^2-4\mathrm{X}+2)=0$

$\therefore\ \mathrm{X}=0,\ 2+\sqrt{2},\ 2-\sqrt{2}$

곧, $\log_2 x=0,\ 2+\sqrt{2},\ 2-\sqrt{2}$

$\therefore\ \boldsymbol{x=1,\ 2^{2+\sqrt{2}},\ 2^{2-\sqrt{2}}}$

(5) $\log10^x+\log(1+2^x)=\log5^x+\log6$

$\therefore\ \log10^x(1+2^x)=\log(5^x\times6)$

$\therefore\ 10^x(1+2^x)=5^x\times6$

$5^x\neq0$이므로 양변을 5^x으로 나누면

$2^x(1+2^x)=6$

$\therefore\ (2^x)^2+2^x-6=0$

$\therefore\ (2^x+3)(2^x-2)=0$

$2^x+3>0$이므로 $2^x=2 \quad \therefore\ \boldsymbol{x=1}$

5-6. (1) $\log_{\sqrt{2}}(y-x)=4$에서

$(\sqrt{2})^4=y-x \quad \therefore\ y=x+4 \quad \cdots①$

이것을 $3^x2^y=576$에 대입하고 정리하면 $6^x=6^2 \quad \therefore\ \boldsymbol{x=2}$

①에 대입하면 $\boldsymbol{y=6}$

(2) $\log_{\sqrt{5}}(x-2y)=2$에서

$x-2y=5 \quad \cdots\cdots①$

$\log_2(x-5)=\log_4(2y+3)+1$에서

$\log_2(x-5)=\dfrac{1}{2}\log_2(2y+3)+\log_2 2$

$\therefore\ (x-5)^2=4(2y+3) \quad \cdots\cdots②$

①, ②에서 $x=3,\ 11$

그런데 $x=3$은 진수를 음수가 되게 하므로 해가 아니다.

$\therefore$ $\boldsymbol{x=11,\ y=3}$

5-7. (1) 양변의 상용로그를 잡으면

$$\log x+\log y=5,\ \log y\times\log x=6$$

$\log x$, $\log y$에 관하여 연립하여 풀면 $x\ge y>0$이므로

$$\log x=3,\ \log y=2$$

$\therefore$ $\boldsymbol{x=1000,\ y=100}$

(2) 양변의 상용로그를 잡으면

$$2(x+y)\log x=5\log y \quad \cdots\cdots①$$

$$2(x+y)\log y=5\log x \quad \cdots\cdots②$$

①−②하여 정리하면

$$\{2(x+y)+5\}(\log x-\log y)=0$$

$x+y>0$이므로

$$\log x-\log y=0 \quad \therefore\ x=y$$

이것을 ①에 대입하여 풀면

$\boldsymbol{x=1,\ y=1}$ 또는 $\boldsymbol{x=\dfrac{5}{4},\ y=\dfrac{5}{4}}$

(3) $y^2 10^{1+\log x}=10^{2+\log 5}$에서 양변의 상용로그를 잡으면

$$\log y^2+1+\log x=2+\log 5$$

$$\therefore\ \log xy^2=\log 50$$

$$\therefore\ xy^2=50 \quad \cdots\cdots①$$

$2^{2x+y}=8^{y-x}$에서 $2^{2x+y}=2^{3(y-x)}$

$$\therefore\ 2x+y=3(y-x)$$

$$\therefore\ 5x=2y \quad \cdots\cdots②$$

$x>0$이므로 ①, ②에서

$\boldsymbol{x=2,\ y=5}$

(4) $\dfrac{\log x}{1}=\dfrac{\log y}{2}=\dfrac{\log z}{-1}=k$로 놓으면

$$x=10^k,\ y=10^{2k},\ z=10^{-k}$$

이것을 $xyz=10$에 대입하면

$$10^{2k}=10 \quad \therefore\ 2k=1 \quad \therefore\ k=\frac{1}{2}$$

$\therefore$ $\boldsymbol{x=\sqrt{10},\ y=10,\ z=\dfrac{1}{\sqrt{10}}}$

5-8. 진수 조건에서

$$x>0,\ y>0,\ x>y$$

이때, 준 방정식은

$$\log_2 6(x-y)=\log_2 xy$$

$$\therefore\ 6(x-y)=xy$$

$$\therefore\ (x+6)(y-6)=-36$$

$x>y>0$이고 x, y는 정수이므로

$$(x+6,\ y-6)=(36,\ -1),\ (18,\ -2),\ (12,\ -3),\ (9,\ -4)$$

$\therefore$ $\boldsymbol{(x,\ y)=(30,\ 5),\ (12,\ 4),\ (6,\ 3),\ (3,\ 2)}$

5-9. 준 방정식의 두 근을 α, $\alpha^2(\alpha>0)$이라 하고, $\log x=t$로 놓으면 이차방정식 $t^2+at+a+2=0$의 두 근은 $\log\alpha$, $\log\alpha^2$이다.

따라서 근과 계수의 관계로부터

$$\log\alpha+\log\alpha^2=-a \quad \cdots\cdots①$$

$$\log\alpha\times\log\alpha^2=a+2$$

변변 더하면 $3\log\alpha+2(\log\alpha)^2=2$

$$\therefore\ (\log\alpha+2)(2\log\alpha-1)=0$$

$$\therefore\ \log\alpha=-2,\ \frac{1}{2}$$

①에서 $a=-3\log\alpha$이므로

$\boldsymbol{a=6,\ -\dfrac{3}{2}}$

5-10.

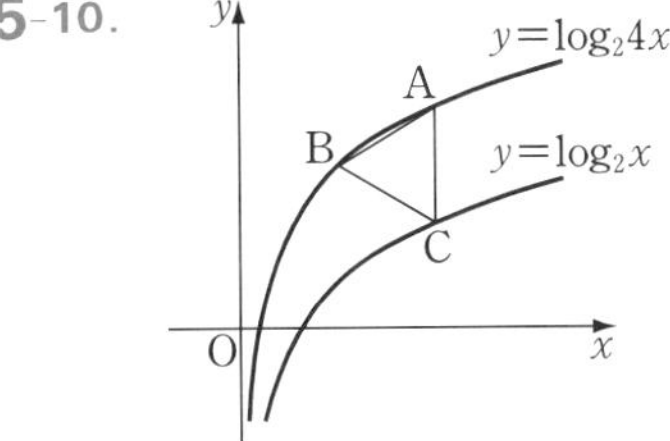

선분 AC가 y축에 평행하므로

$$\mathrm{A}(t,\ \log_2 4t),\ \mathrm{C}(t,\ \log_2 t)$$

로 놓을 수 있다. 이때,

$$\overline{\mathrm{AC}}=\log_2 4t-\log_2 t=\log_2\frac{4t}{t}=2$$

$\triangle$ABC가 정삼각형이므로 선분 AC의 중점을 M이라고 하면

$$\overline{\mathrm{AM}}=1,\ \overline{\mathrm{BM}}=\sqrt{3}$$

따라서 점 B의 좌표는

$(t-\sqrt{3},\ \log_2 4t-1)$ ……①

점 B는 곡선 $y=\log_2 4x$ 위의 점이므로

$\log_2 4t-1=\log_2 4(t-\sqrt{3})$

$\therefore\ \log_2 4t-\log_2 2=\log_2 4(t-\sqrt{3})$

$\therefore\ \log_2 2t=\log_2 4(t-\sqrt{3})$

$\therefore\ 2t=4(t-\sqrt{3})\quad \therefore\ t=2\sqrt{3}$

①에 대입하면 점 B의 좌표는

$(\sqrt{3},\ \log_2 4\sqrt{3})$

$\therefore\ q=\log_2 4\sqrt{3}\quad \therefore\ \boldsymbol{2^q=4\sqrt{3}}$

5-11. $x^2-4mx+m^2=0$의 두 근이 $\alpha,\ \beta$이므로 근과 계수의 관계로부터

$\alpha+\beta=4m$ …① $\alpha\beta=m^2$ …②

또, 조건식에서

$\log_m\alpha+\log_m\sqrt{\beta}=2$

$\therefore\ \log_m\alpha\sqrt{\beta}=2$

$\therefore\ \alpha\sqrt{\beta}=m^2$ ……③

②, ③에서 $\sqrt{\beta}=1\quad \therefore\ \beta=1$

②에 대입하면 $\alpha=m^2$

①에 대입하면 $m^2-4m+1=0$

$\therefore\ \boldsymbol{m=2\pm\sqrt{3}}$

*__Note__ $m=2\pm\sqrt{3}$에 대하여 $x^2-4mx+m^2=0$은 두 양의 실근을 가지고 $m>0,\ m\neq1$이므로 문제의 조건을 만족시킨다.

5-12. (1) $x+2\geq0$일 때

(준 식)

$\Longleftrightarrow\ 2^{x+2}-|2^{x+1}-1|=2^{x+1}+1$

$\Longleftrightarrow\ 2^{x+1}-1=|2^{x+1}-1|$

$\Longleftrightarrow\ 2^{x+1}-1\geq0$

$\Longleftrightarrow\ x\geq-1$

$x+2<0$일 때

$2^{-(x+2)}-|2^{x+1}-1|=2^{x+1}+1$

$2^{x+1}=t$로 놓으면 $t-1<0$이므로

$\dfrac{1}{2t}+(t-1)=t+1$

$\therefore\ \dfrac{1}{2t}=2\quad \therefore\ t=\dfrac{1}{4}$

$\therefore\ 2^{x+1}=2^{-2}\quad \therefore\ x=-3$

이상에서 $\boldsymbol{x=-3,\ x\geq-1}$

(2) $2^{x^2}3^x=2^4\times3^2$

$\Longleftrightarrow\ 2^{x^2-4}3^{x-2}=1$

$\Longleftrightarrow\ (2^{x+2}\times3)^{x-2}=1$

$\Longleftrightarrow\ 2^{x+2}\times3=1$ 또는 $x-2=0$

$\Longleftrightarrow\ 2^{x+2}=\dfrac{1}{3}$ 또는 $x=2$

$\therefore\ \boldsymbol{x=-2-\log_2 3,\ 2}$

*__Note__ 준 방정식에서 양변의 2를 밑으로 하는 로그를 잡아서 풀어도 된다.

(3) $2^x-4=a\ (a>-4)$,

$4^x-2=b\ (b>-2)$

로 놓으면 $a^3+b^3=(a+b)^3$

$\therefore\ ab(a+b)=0$

$\therefore\ a=0$ 또는 $b=0$ 또는 $a+b=0$

$a=0$일 때 $x=2$

$b=0$일 때 $x=\dfrac{1}{2}$

$a+b=0$일 때 $4^x+2^x-6=0$

$\therefore\ (2^x+3)(2^x-2)=0$

$2^x+3>0$이므로 $2^x=2\quad \therefore\ x=1$

이상에서 $\boldsymbol{x=\dfrac{1}{2},\ 1,\ 2}$

5-13. $3^n=(m+117)(m-117)$

그런데 3은 소수이므로

$m+117=3^k$ …① $m-117=3^l$ …②

($k,\ l$은 음이 아닌 정수이고,

$n=k+l,\ k>l$)

로 놓을 수 있다.

①−②하면 $2\times117=3^k-3^l$

$\therefore\ 3^l(3^{k-l}-1)=2\times3^2\times13$

$k,\ l$은 정수이므로

$l=2,\ 3^{k-l}-1=2\times13\quad \therefore\ k=5$

$\therefore\ n=k+l=5+2=\boldsymbol{7}$

②에서 $m=3^l+117=3^2+117=\boldsymbol{126}$

5-14. $4^x+5^x=9^x(4x-x^2)$ ……①

$9^x\neq0$이므로 양변을 9^x으로 나누면

$$\left(\frac{4}{9}\right)^x+\left(\frac{5}{9}\right)^x=4x-x^2$$

따라서 방정식 ①의 실근의 개수는 두 함수

$$y_1=\left(\frac{4}{9}\right)^x+\left(\frac{5}{9}\right)^x,\quad y_2=4x-x^2$$

의 그래프의 교점의 개수와 같다.

그런데 $y=\left(\frac{4}{9}\right)^x$, $y=\left(\frac{5}{9}\right)^x$은 모두 감소함수이므로 y_1은 감소함수이고, $x=0$일 때 $y_1=2$이다.

따라서 아래 그림에서 ①의 실근의 개수는 **2**

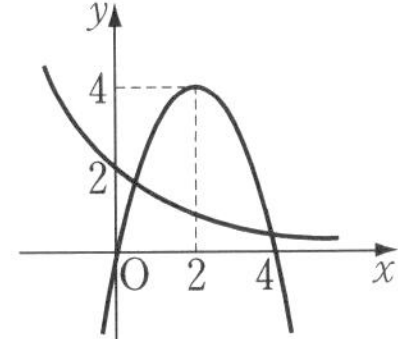

*Note 감소함수에 대해서는 수학 II에서 공부한다.

5-15. $(3^x)^2+2a\times3^x+2a^2+a-6=0$

이 방정식의 양의 실근을 α, 음의 실근을 β라 하고, $3^x=t\,(t>0)$로 놓으면 이차방정식

$$t^2+2at+2a^2+a-6=0 \quad \cdots\cdots①$$

의 두 근은 3^α, 3^β이다. 이때,

$$3^\alpha>1,\quad 0<3^\beta<1$$

따라서 방정식 ①이 1보다 큰 근 한 개와 0과 1 사이의 근 한 개를 가질 a의 값의 범위를 구하면 된다.

$$f(t)=t^2+2at+2a^2+a-6$$

이라고 하면

$$f(0)=2a^2+a-6>0,$$
$$f(1)=1+2a+2a^2+a-6<0$$
$$\therefore\ -\frac{5}{2}<a<-2$$

5-16.

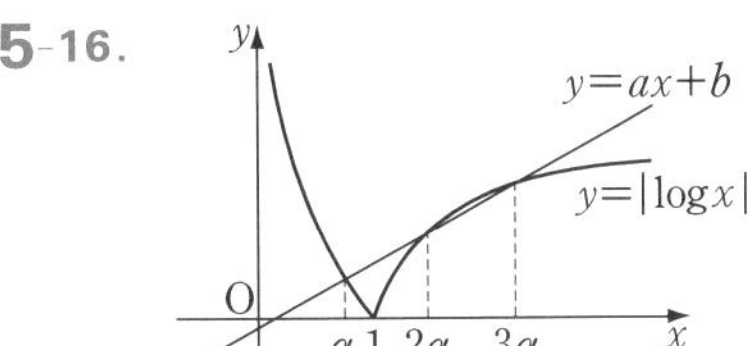

세 실근을 α, 2α, 3α라고 하면 $\alpha>0$이고, 곡선 $y=|\log x|$와 직선 $y=ax+b$가 위의 그림과 같이 만난다.

따라서 α는 곡선 $y=-\log x$와 직선 $y=ax+b$의 교점의 x좌표이고, 2α와 3α는 곡선 $y=\log x$와 직선 $y=ax+b$의 교점의 x좌표이다.

$$\therefore\ -\log\alpha=a\alpha+b \quad \cdots\cdots①$$
$$\log2\alpha=2a\alpha+b \quad \cdots\cdots②$$
$$\log3\alpha=3a\alpha+b \quad \cdots\cdots③$$

②−①하면 $\log2\alpha^2=a\alpha$ ……④

③−①하면 $\log3\alpha^2=2a\alpha$ ……⑤

④, ⑤에서 $2\log2\alpha^2=\log3\alpha^2$

$$\therefore\ 4\alpha^4=3\alpha^2$$

$\alpha>0$이므로 $\alpha=\dfrac{\sqrt{3}}{2}$

*Note 곡선 $y=|\log x|$와 직선 $y=ax+b$의 세 교점의 좌표를 각각

$(\alpha,\ -\log\alpha)$, $(2\alpha,\ \log2\alpha)$, $(3\alpha,\ \log3\alpha)$

로 놓을 수 있다.

이 세 점은 일직선 위에 있으므로

$$\frac{\log2\alpha-(-\log\alpha)}{2\alpha-\alpha}=\frac{\log3\alpha-\log2\alpha}{3\alpha-2\alpha}$$
$$\therefore\ \log2\alpha^2=\log\frac{3}{2}$$
$$\therefore\ 2\alpha^2=\frac{3}{2}\qquad\therefore\ \alpha=\frac{\sqrt{3}}{2}\ (\because\ \alpha>0)$$

5-17. (1) $2^x=\mathrm{X}$, $3^y=\mathrm{Y}$, $5^z=\mathrm{Z}$로 놓으면 $\mathrm{X}>0$, $\mathrm{Y}>0$, $\mathrm{Z}>0$이고, 준 식은

$$\mathrm{Z}-2\mathrm{XY}=-139 \quad \cdots\cdots①$$
$$\mathrm{X}^2+\mathrm{Y}^2+\mathrm{Z}=150 \quad \cdots\cdots②$$
$$\mathrm{X}+\mathrm{Z}=13 \quad \cdots\cdots③$$

②−①하면 $(X+Y)^2=289$

$X>0$, $Y>0$이므로

$X+Y=17$ ……④

③−①하면 $X+2XY=152$ ……⑤

④, ⑤에서

$X=8$, $Y=9$ $\therefore Z=5$

또는 $X=\frac{19}{2}$, $Y=\frac{15}{2}$ $\therefore Z=\frac{7}{2}$

$\therefore$ $\boldsymbol{x=3}$, $\boldsymbol{y=2}$, $\boldsymbol{z=1}$ **또는**

$\boldsymbol{x=\log_2\frac{19}{2}}$, $\boldsymbol{y=\log_3\frac{15}{2}}$, $\boldsymbol{z=\log_5\frac{7}{2}}$

(2) $2^x=X$, $\log xy=Y$로 놓으면 $X>0$이고, 준 식은

$X^2+Y^2=68$, $X+Y=10$

연립하여 풀면

$\begin{cases}X=2\\Y=8\end{cases}$ 또는 $\begin{cases}X=8\\Y=2\end{cases}$

$\therefore \begin{cases}2^x=2\\\log xy=8\end{cases}$ 또는 $\begin{cases}2^x=8\\\log xy=2\end{cases}$

$\therefore$ $\boldsymbol{x=1}$, $\boldsymbol{y=10^8}$ **또는** $\boldsymbol{x=3}$, $\boldsymbol{y=\frac{100}{3}}$

5-18. (1) $13\times2^x-2^y+24=0$ …①

$\log_3(y+2)=1+\log_3 x$ …②

②에서 $\log_3(y+2)=\log_3 3x$

$\therefore y=3x-2$ ……③

③을 ①에 대입하면

$13\times2^x-2^{3x-2}+24=0$

$\therefore 13\times2\times2^{x-1}-2\times2^{3(x-1)}+24=0$

여기에서 $2^{x-1}=t\,(t>0)$로 놓으면

$t^3-13t-12=0$

$\therefore (t+1)(t+3)(t-4)=0$

$t>0$이므로 $t=4$ $\therefore 2^{x-1}=4$

$\therefore x-1=2$ $\therefore$ $\boldsymbol{x=3}$

③에 대입하면 $\boldsymbol{y=7}$

(2) $x^2\log_2 y+y\log_4 x=2$ ……①

$\log_2 x+\log_4(\log_2 y)=\frac{1}{2}$ ……②

②에서 $\log_4 x^2+\log_4(\log_2 y)=\frac{1}{2}$

$\therefore \log_4(x^2\log_2 y)=\frac{1}{2}$

$\therefore x^2\log_2 y=2$ ……③

③을 ①에 대입하면 $y\log_4 x=0$

$y>1$이므로 $\log_4 x=0$ $\therefore$ $\boldsymbol{x=1}$

③에 대입하면 $\boldsymbol{y=4}$

***Note** ②에서 $\log_2 y>0$이므로

$y>1$

5-19. $\log_y z=A$, $\log_z x=B$, $\log_x y=C$로 놓으면

$ABC=1$ ……①

또, 첫 번째 식과 두 번째 식에서

$A+B+C=\frac{7}{2}$ ……②

$\frac{1}{A}+\frac{1}{B}+\frac{1}{C}=\frac{7}{2}$ ……③

③의 양변에 ABC를 곱하면

$AB+BC+CA=\frac{7}{2}$ ……④

따라서 ①, ②, ④에서 A, B, C는 삼차방정식

$2t^3-7t^2+7t-2=0$

의 세 근이다.

좌변을 인수분해하면

$(t-1)(t-2)(2t-1)=0$

이고, $x\le y\le z$에서

$A\ge1$, $B\le1$, $C\ge1$

이므로

$(A, B, C)=\left(1, \frac{1}{2}, 2\right), \left(2, \frac{1}{2}, 1\right)$

(i) $(A, B, C)=\left(1, \frac{1}{2}, 2\right)$일 때

$y=z$, $x=\sqrt{z}$, $y=x^2$

$xyz=2^{10}$에 대입하면

$x\times x^2\times x^2=2^{10}$ $\therefore x^5=4^5$

x는 양수이므로 $x=4$

$\therefore$ $\boldsymbol{x=4}$, $\boldsymbol{y=16}$, $\boldsymbol{z=16}$

(ii) $(A, B, C)=\left(2, \frac{1}{2}, 1\right)$일 때

같은 방법으로 하면

$\boldsymbol{x=4\sqrt{2},\ y=4\sqrt{2},\ z=32}$

5-20. $\log y$에 관한 이차방정식으로 보면 $\log y$는 실수이므로

$D/4=(2^x+2^{-x})^2-(2^{2x+1}+2^{-2x+1})\ge0$

$\therefore (2^x-2^{-x})^2\le0 \quad \therefore 2^x-2^{-x}=0$

$\therefore \boldsymbol{x=0}$

이때, $(\log y)^2+4\log y+4=0$

$\therefore (\log y+2)^2=0 \quad \therefore \log y=-2$

$\therefore \boldsymbol{y=\dfrac{1}{100}}$

* ***Note*** $(\log y)^2+2(2^x+2^{-x})\log y$
$+2(2^{2x}+2^{-2x})=0$

$(2^x\pm2^{-x})^2=2^{2x}\pm2+2^{-2x}$ (복부호동순) 이므로

$(\log y)^2+2(2^x+2^{-x})\log y$
$+(2^x+2^{-x})^2+(2^x-2^{-x})^2=0$

$\therefore (\log y+2^x+2^{-x})^2+(2^x-2^{-x})^2=0$

$\therefore \log y+2^x+2^{-x}=0$이고 $2^x-2^{-x}=0$

$2^x-2^{-x}=0$에서 $\boldsymbol{x=0}$

이때, $\log y+1+1=0 \quad \therefore \boldsymbol{y=\dfrac{1}{100}}$

5-21. 준 방정식에서 양변의 상용로그를 잡으면

$(1-\log x)\log x=\dfrac{1}{2}\log a$

$\therefore (\log x)^2-\log x+\dfrac{1}{2}\log a=0 \quad \cdots①$

준 방정식이 서로 다른 두 실근을 가지기 위해서는 $\log x$에 관한 이차방정식 ①이 서로 다른 두 실근을 가져야 하므로

$D=(-1)^2-2\log a>0 \quad \therefore \log a<\dfrac{1}{2}$

$\therefore \boldsymbol{0<a<\sqrt{10}}$

이때, 두 실근을 α, β라고 하면 $\log x=t$로 치환한 이차방정식

$t^2-t+\dfrac{1}{2}\log a=0$

의 두 근이 $\log\alpha$, $\log\beta$이므로

$\log\alpha+\log\beta=1$

$\therefore \log\alpha\beta=1 \quad \therefore \boldsymbol{\alpha\beta=10}$

5-22. $\log_2 x-\dfrac{1}{2}\log_2(x+a)=1$

$\therefore \log_2 x^2=\log_2 4(x+a)$

$\therefore x^2=4(x+a) \quad \cdots\cdots①$

$\therefore x^2-4x-4a=0 \quad \cdots\cdots②$

진수 조건에서 $x>0,\ x+a>0$

그런데 $x>0$일 때 $\dfrac{x^2}{4}>0$이므로 ①을 만족시키는 x는 $x+a>0$을 만족시킨다.

따라서 $x>0$에서 ②가 서로 다른 두 실근을 가질 조건을 찾으면 된다. 곧, ②가 서로 다른 두 양의 실근을 가져야 하므로

$D/4=(-2)^2-(-4a)>0,$

(두 근의 합)$=4>0,$

(두 근의 곱)$=-4a>0$

$\therefore \boldsymbol{-1<a<0}$

* ***Note*** $x>0$일 때 두 함수 $y=\dfrac{x^2}{4}$과 $y=x+a$의 그래프가 서로 다른 두 점에서 만날 조건을 찾아도 된다.

5-23. 공통근을 α라고 하면

$\alpha^2+\alpha\log2a+\log(a+1)=0 \quad \cdots①$

$\alpha^2+\alpha\log(a+1)+\log2a=0 \quad \cdots②$

①−②하면

$\{\log2a-\log(a+1)\}(\alpha-1)=0$

$\therefore \log2a=\log(a+1)$ 또는 $\alpha=1$

(i) $\log2a=\log(a+1)$일 때

$2a=a+1 \quad \therefore \boldsymbol{a=1}$

(ii) $\alpha=1$일 때 ①에서

$1+\log2a+\log(a+1)=0$

$\therefore \log20a(a+1)=0$

$\therefore 20a(a+1)=1$

$a>0$이므로 $\boldsymbol{a=\dfrac{-5+\sqrt{30}}{10}}$

6-1. (1) $(3^x)^3-9(3^x)^2+3^x-9>0$

$3^x=t\ (t>0)$로 놓으면

$t^3-9t^2+t-9>0$

$\therefore (t^2+1)(t-9)>0$

$t^2+1>0$이므로 $t>9$

$\therefore 3^x>9 \quad \therefore \boldsymbol{x>2}$

(2) 각 변의 상용로그를 잡으면

$\log a \le x\log a+(1-x)\log b \le \log b$

이므로

$\log a \le x\log a+(1-x)\log b$ ⋯①

$x\log a+(1-x)\log b \le \log b$ ⋯②

①에서 $(\log a-\log b)(x-1)\ge 0$

$0<a<b$이므로 $\log a-\log b<0$

$\therefore x\le 1$ ⋯⋯③

②에서 $(\log a-\log b)x\le 0$

$\therefore x\ge 0$ ⋯⋯④

③, ④의 공통 범위는 $\boldsymbol{0\le x\le 1}$

6-2. (1) 밑과 진수의 조건에서

$x-2>0,\ x-2\ne 1,\ 2x^2-11x+14>0$

$\therefore x>\frac{7}{2}$ ⋯⋯①

이때, 준 부등식은

$\log_{x-2}(2x^2-11x+14)>\log_{x-2}(x-2)^2$

①에서 $x-2>1$이므로

$2x^2-11x+14>(x-2)^2$

$\therefore x<2,\ x>5$ ⋯⋯②

①, ②의 공통 범위는 $\boldsymbol{x>5}$

(2) 진수 조건에서

$|x|>0,\ |x+1|>0$

$\therefore x\ne 0,\ x\ne -1$ ⋯⋯①

이때, 준 부등식은 $|x|>|x+1|$

$\therefore x^2>(x+1)^2 \quad \therefore x<-\frac{1}{2}$ ⋯②

①, ②의 공통 범위는

$\boldsymbol{x<-1,\ -1<x<-\frac{1}{2}}$

6-3. (진수)>0이므로

$\log\left\{\log\left(\log\frac{1}{x}\right)\right\}>0$

$\therefore \log\left(\log\frac{1}{x}\right)>1$

$\therefore \log\frac{1}{x}>10 \quad \therefore \frac{1}{x}>10^{10}$

$\therefore 0<x<\frac{1}{10^{10}}$

따라서 정의역은 $\{\boldsymbol{x\,|\,0<x<10^{-10}}\}$

6-4. $a^{x-1}<a^{2x+b}$에서

$a>1$이면 $x-1<2x+b$

$\therefore x>-b-1$

따라서 $x<2$가 해일 수 없다.

$0<a<1$이면 $x-1>2x+b$

$\therefore x<-b-1$

해가 $x<2$이므로 $-b-1=2$

$\therefore b=-3$

따라서 $\log_a(3x+6)>\log_a(x^2-4)$를 풀면 된다.

진수 조건에서

$3x+6>0$이고 $x^2-4>0$

$\therefore x>2$ ⋯⋯①

$0<a<1$이므로 $3x+6<x^2-4$

$\therefore x<-2,\ x>5$ ⋯⋯②

①, ②의 공통 범위는 $\boldsymbol{x>5}$

6-5. 양변의 2를 밑으로 하는 로그를 잡으면

$\log_2 x\times\log_2 x\ge\log_2 a+\log_2 x^2$

$\log_2 x=t$로 놓으면 t는 실수이고,

$t^2-2t-\log_2 a\ge 0$

모든 실수 t에 대하여 이 부등식이 항상 성립하려면

$D/4=1+\log_2 a\le 0 \quad \therefore \boldsymbol{0<a\le\frac{1}{2}}$

6-6. 처음 우라늄의 양을 a라 하고, 하루마다 남은 양의 $r\,(0<r<1)$배가 된다고 하면

$a\times r^7=\frac{1}{2}a \quad \therefore r=\left(\frac{1}{2}\right)^{\frac{1}{7}}=2^{-\frac{1}{7}}$

n일 후에 처음 양의 $\frac{1}{10}$ 이하가 된다고 하면

$a\times\left(2^{-\frac{1}{7}}\right)^n\le\frac{1}{10}a \quad \therefore 2^{-\frac{n}{7}}\le\frac{1}{10}$

양변의 상용로그를 잡으면

$$-\frac{n}{7}\log 2 \le -1$$

$$\therefore\ n \ge \frac{7}{\log 2} = \frac{7}{0.3010} = 23.2\times\times\times$$

따라서 **24일 후**

6-7. A의 올해 연봉을 a원이라고 하면

n년 후의 연봉은 $a(1+0.1)^n$(원)

n년 후의 물가 지수는 $(1+0.03)^n$

n년 후의 실질 연봉이 올해 실질 연봉의 2배 이상이 된다고 하면

$$\frac{a\times 1.1^n}{1.03^n} \ge 2a \qquad \therefore\ \left(\frac{1.1}{1.03}\right)^n \ge 2$$

양변의 상용로그를 잡으면

$$n(\log 1.1 - \log 1.03) \ge \log 2$$

$$\therefore\ n \ge \frac{0.3010}{0.0414-0.0128} = 10.5\times\times\times$$

따라서 약 **11년 후**이다.

6-8. 2000년 1월부터 n년 후에 초고령화 사회가 된다고 하면 n년 후 총인구와 65세 이상의 인구는 각각

$10^7\times(1+0.003)^n$, $5\times 10^5\times(1+0.04)^n$

이므로

$$\frac{5\times 10^5\times 1.04^n}{10^7\times 1.003^n} \ge 0.2$$

$$\therefore\ 1.04^n \ge 4\times 1.003^n$$

양변의 상용로그를 잡으면

$$n\log 1.04 \ge \log 4 + n\log 1.003$$

$$\therefore\ n(\log 1.04 - \log 1.003) \ge 2\log 2$$

$$\therefore\ n \ge \frac{2\times 0.3010}{0.0170-0.0013} = 38.3\times\times\times$$

따라서 **2038년도**

6-9. $x = x^{x^0}$, $x^x = x^{x^1}$이므로

(i) $0<x<1$일 때 $x^0 > x^x > x^1$

$$\therefore\ x^{x^0} < x^{x^x} < x^{x^1}$$

(ii) $x=1$일 때 $x = x^x = x^{x^x}$

(iii) $x>1$일 때 $0<1<x$이므로

$$x^0 < x^1 < x^x \qquad \therefore\ x^{x^0} < x^{x^1} < x^{x^x}$$

(i), (ii), (iii)에서

$0<x<1$일 때 $x < x^{x^x} < x^x$

$x=1$일 때 $x = x^x = x^{x^x}$

$x>1$일 때 $x < x^x < x^{x^x}$

6-10. A, B, C는 모두 양수이다.

(i) $\dfrac{A}{B} = \dfrac{a^a b^b c^c}{a^a b^c c^b} = \dfrac{b^{b-c}}{c^{b-c}} = \left(\dfrac{b}{c}\right)^{b-c}$

에서 $0<\dfrac{b}{c}<1$, $b-c<0$이므로

$$\frac{A}{B} > 1 \qquad \therefore\ B<A$$

(ii) $\dfrac{B}{C} = \dfrac{a^a b^c c^b}{a^b b^c c^a} = \dfrac{a^{a-b}}{c^{a-b}} = \left(\dfrac{a}{c}\right)^{a-b}$

에서 $0<\dfrac{a}{c}<1$, $a-b<0$이므로

$$\frac{B}{C} > 1 \qquad \therefore\ C<B$$

(i), (ii)에서 **C<B<A**

* ***Note*** $\log A - \log B$, $\log B - \log C$의 부호를 조사해도 된다.

6-11. 각 변의 상용로그를 잡아

$$x\log 2 = y\log 3 = z\log 5 = k$$

로 놓으면 $k>0$이고,

$$x = \frac{k}{\log 2},\ y = \frac{k}{\log 3},\ z = \frac{k}{\log 5}$$

$$\therefore\ 2x-3y = \frac{(\log 9 - \log 8)k}{\log 2\times\log 3} > 0,$$

$$2x-5z = \frac{(\log 25 - \log 32)k}{\log 2\times\log 5} < 0$$

$$\therefore\ \boldsymbol{3y<2x<5z}$$

6-12. $a>1$이므로

$1<\log_a b<2<\log_a c$에서

$$a<b<a^2<c$$

ㄱ. (거짓) $a=2$, $b=3$, $c=5$일 때

$$c<b^2$$

ㄴ. (참) $1<a<b<c$이므로

$$c^a<c^b$$

ㄷ. (거짓) $a\log c<c\log a$에서

$$\log c^a<\log a^c$$

이므로 c^a과 a^c의 대소를 비교해도 된다.

그런데 $a=1.1$, $c=2$일 때

$2^{1.1}>2>1.1^2$이므로 $c^a>a^c$이다.

ㄹ. (참) $b<a^2$에서 양변의 c를 밑으로 하는 로그를 잡으면

$$\log_c b<\log_c a^2=2\log_c a$$

$\log_c b>0$, $\log_c a>0$이므로

$\log_b c>\frac{1}{2}\log_a c$ $\therefore$ $2\log_b c>\log_a c$

답 ㄴ, ㄹ

6-13. $\log_a\frac{x+1}{x}>\log_b\frac{x+1}{x}>0$에서

$\frac{x+1}{x}=c$로 놓으면 $\log_a c>\log_b c>0$

$$\therefore \frac{1}{\log_c a}>\frac{1}{\log_c b}>0$$

곧, $0<\log_c a<\log_c b$

그런데 $c>1$이므로 $\mathbf{1<a<b}$

6-14. (1) (i) $0<x<\frac{1}{2}$일 때 ……①

$8x^2-5x-3<3x-4$ ……②

①, ②에서 $\frac{2-\sqrt{2}}{4}<x<\frac{1}{2}$

(ii) $x=\frac{1}{2}$일 때 성립하지 않는다.

(iii) $\frac{1}{2}<x<1$일 때 ……③

$8x^2-5x-3>3x-4$ ……④

③, ④에서 $\frac{2+\sqrt{2}}{4}<x<1$

(i), (ii), (iii)에서

$$\boldsymbol{\frac{2-\sqrt{2}}{4}<x<\frac{1}{2},\ \frac{2+\sqrt{2}}{4}<x<1}$$

(2) $(x^2+x+1)^x<(x^2+x+1)^0$

(i) $x^2+x+1<1$, 곧 $-1<x<0$일 때 $x>0$이므로 성립하지 않는다.

(ii) $x^2+x+1=1$, 곧 $x=-1$, 0일 때 $1<1$이므로 성립하지 않는다.

(iii) $x^2+x+1>1$, 곧 $x<-1$, $x>0$일 때 $x<0$ $\therefore$ $x<-1$

(i), (ii), (iii)에서 $\boldsymbol{x<-1}$

***Note** $x^2+x+1=\left(x+\frac{1}{2}\right)^2+\frac{3}{4}>0$

(3) $a^x=t\ (t>0)$로 놓으면

$$\frac{1}{a}t^2-\left(a^2+\frac{1}{a^2}\right)t+a\le0$$

$$\therefore\ (t-a^3)\left(t-\frac{1}{a}\right)\le0$$

(i) $0<a<1$일 때

$a^3<\frac{1}{a}$이므로 $a^3\le t\le\frac{1}{a}$

$\therefore$ $a^3\le a^x\le a^{-1}$ $\therefore$ $-1\le x\le3$

(ii) $a>1$일 때

$a^3>\frac{1}{a}$이므로 $\frac{1}{a}\le t\le a^3$

$\therefore$ $a^{-1}\le a^x\le a^3$ $\therefore$ $-1\le x\le3$

(i), (ii)에서 $\boldsymbol{-1\le x\le3}$

(4) (i) $0<x^2<1$일 때 ……①

$|3x+1|>(x^2)^{\frac{1}{2}}$

$\therefore$ $(3x+1)^2>x^2$ ……②

①, ②에서

$-1<x<-\frac{1}{2}$, $-\frac{1}{4}<x<0$, $0<x<1$

(ii) $x^2>1$일 때 ……③

$|3x+1|<(x^2)^{\frac{1}{2}}$

$\therefore$ $(3x+1)^2<x^2$ ……④

③, ④의 공통 범위는 없다.

(i), (ii)에서

$$\boldsymbol{-1<x<-\frac{1}{2},\ -\frac{1}{4}<x<0,\ 0<x<1}$$

6-15. (1) $2^x=\mathrm{X}$, $3^y=\mathrm{Y}$, $5^z=\mathrm{Z}$로 놓으면

$\mathrm{X}>0$, $\mathrm{Y}>0$, $\mathrm{Z}>0$이고, 준 식은

$2\mathrm{X}+\mathrm{Y}-\mathrm{Z}=10$ ……①

$8\mathrm{X}+\mathrm{Y}+5\mathrm{Z}=58$ ……②

①−②하면 $-6\mathrm{X}-6\mathrm{Z}=-48$

$\therefore$ $\mathrm{Z}=8-\mathrm{X}$

$\mathrm{Z}>0$이므로 $8-\mathrm{X}>0$

$\therefore$ $\mathrm{X}<8$ ……③

①×5+②하면 $18\mathrm{X}+6\mathrm{Y}=108$

$\therefore$ $\mathrm{Y}=18-3\mathrm{X}$

$\mathrm{Y}>0$이므로 $18-3\mathrm{X}>0$

$\therefore$ X<6 ……④

③, ④에서 0<X<6

$\therefore$ $\mathbf{0<2^x<6}$

(2) Y=18−3X, Z=8−X이므로

$4^x+3^{y-1}+5^z=X^2+\frac{1}{3}Y+Z$

$=X^2+(6-X)+(8-X)$

$=X^2-2X+14$

$=(X-1)^2+13$

0<X<6이므로

$13\le(X-1)^2+13<38$

$\therefore$ $\mathbf{13\le4^x+3^{y-1}+5^z<38}$

6-16. 양변의 상용로그를 잡으면

$\log x+(1+\log x)\log y=0$

또, $\log xy=k$라고 하면

$\log x+\log y=k$

$\log x=X$, $\log y=Y$로 놓으면

$X+(1+X)Y=0$, $X+Y=k$

Y를 소거하면 $X^2-kX-k=0$

X가 실수이므로

$D=k^2+4k\ge0$에서 $k\le-4$, $k\ge0$

$\therefore$ $\log xy\le-4$, $\log xy\ge0$

$\therefore$ $\mathbf{0<xy\le10^{-4}}$, $\mathbf{xy\ge1}$

6-17. 양변의 상용로그를 잡으면

$\log bx\times\log\frac{x}{a}=\log ab$

$\therefore$ $(\log b+\log x)(\log x-\log a)$

$=\log a+\log b$

$\log x=t$로 놓고 정리하면

$t^2-(\log a-\log b)t$

$-(\log a+\log b+\log a\times\log b)=0$

t가 실수이므로

$D=(\log a-\log b)^2$

$+4(\log a+\log b+\log a\times\log b)\ge0$

$\therefore$ $(\log a+\log b)^2+4(\log a+\log b)\ge0$

$\therefore$ $(\log ab)^2+4\log ab\ge0$

$\therefore$ $(\log ab)(\log ab+4)\ge0$

$\therefore$ $\log ab\le-4$, $\log ab\ge0$

$\therefore$ $\mathbf{0<ab\le10^{-4}}$, $\mathbf{ab\ge1}$

6-18. $y=2^x-n$은 $y=\log_2(x+n)$의 역함수이다. 따라서 $f(n)$은 부등식

$x\le\log_2(x+n)$

을 만족시키는 자연수 x의 개수와 같다.

$y=2^x-n$, $y=x$, $y=\log_2(x+n)$, $-n+1$, $-n$, O, x, y, $-n+1$, $-n$

$x\le\log_2(x+n)$에서

$2^x\le x+n$, 곧 $2^x-x\le n$

이므로 $g(x)=2^x-x$로 놓으면

$g(1)=1$, $g(2)=2$, $g(3)=5$,

$g(4)=12$, $g(5)=27$, $g(6)=58$

따라서 $2^x-x\le n$의 양의 정수해는

$n=1$일 때 $x=1$

$2\le n\le4$일 때 $x=1, 2$

$5\le n\le11$일 때 $x=1, 2, 3$

$12\le n\le26$일 때 $x=1, 2, 3, 4$

$27\le n\le30$일 때 $x=1, 2, 3, 4, 5$

이므로

$f(1)+f(2)+f(3)+\cdots+f(30)$

$=1\times1+3\times2+7\times3+15\times4+4\times5$

$=\mathbf{108}$

6-19. (1) $\frac{x^xy^y}{x^yy^x}=\frac{x^{x-y}}{y^{x-y}}=\left(\frac{x}{y}\right)^{x-y}$에서

$x\ge y$일 때 $\frac{x}{y}\ge1$, $x-y\ge0$

$\therefore$ $\left(\frac{x}{y}\right)^{x-y}\ge1$

$x<y$일 때 $0<\frac{x}{y}<1$, $x-y<0$

$\therefore$ $\left(\frac{x}{y}\right)^{x-y}>1$

$\therefore$ $\left(\frac{x}{y}\right)^{x-y}\ge1$ 곧, $\frac{x^xy^y}{x^yy^x}\ge1$

$\therefore\ x^xy^y \ge x^yy^x$

(등호는 $x=y$일 때 성립)

***Note** $\log x^xy^y - \log x^yy^x$

$=(x\log x + y\log y)$

$-(y\log x + x\log y)$

$=(x-y)(\log x - \log y)$

$x \ge y$이면 $\log x \ge \log y$,

$x < y$이면 $\log x < \log y$

$\therefore\ \log x^xy^y - \log x^yy^x \ge 0$

$\therefore\ x^xy^y \ge x^yy^x$

(등호는 $x=y$일 때 성립)

(2) (1)에 의하여

$a^ab^b \ge a^bb^a,\ b^bc^c \ge b^cc^b,\ c^ca^a \ge c^aa^c$

이므로 변끼리 곱하면

$(a^ab^bc^c)^2 \ge a^{b+c}b^{c+a}c^{a+b}$

양변에 $a^ab^bc^c$을 곱하면

$(a^ab^bc^c)^3 \ge (abc)^{a+b+c}$

$\therefore\ a^ab^bc^c \ge (abc)^{\frac{a+b+c}{3}}$

(등호는 $a=b=c$일 때 성립)

6-20. $\mathrm{B}-\mathrm{A}=(\log a + \log b)^2$

$-4\log a \times \log b$

$=(\log a - \log b)^2 \ge 0$

$\therefore\ \mathrm{B} \ge \mathrm{A}$

또, $a^2 < a^2+b^2 < 1$에서

$\log a^2 < \log(a^2+b^2) < 0$

$\therefore\ -\log a^2 > -\log(a^2+b^2) > 0$ …①

같은 방법으로 하면

$-\log b^2 > -\log(a^2+b^2) > 0$ …②

①×②하면

$(\log a^2)(\log b^2) > \{\log(a^2+b^2)\}^2$

$\therefore\ \mathrm{A} > \mathrm{C}$

$\therefore$ **C<A≤B** (등호는 $\boldsymbol{a=b}$일 때 성립)

6-21. $0 < \log x < 2$이므로

$\mathrm{A}-\mathrm{B}=\log x^2 - (\log x)^2$

$=(\log x)(2-\log x) > 0$

$\therefore\ \mathrm{A} > \mathrm{B}$

또, $1 < x \le 10$일 때 $0 < \log x \le 1$

$\therefore\ 0 < (\log x)^2 \le 1,\ \log(\log x) \le 0$

$\therefore\ \mathrm{B} > \mathrm{C}$ ……①

$10 < x < 100$일 때 $1 < \log x < 2$

$\therefore\ 1 < (\log x)^2 < 4,\ 0 < \log(\log x) < \log 2$

$\therefore\ \mathrm{B} > \mathrm{C}$ ……②

①, ②에서 B>C

$\therefore$ **C<B<A**

7-1.

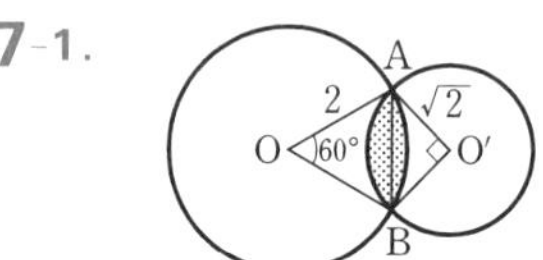

구하는 넓이를 S라고 하면

S=(부채꼴 OAB의 넓이)

+(부채꼴 O′AB의 넓이)

−(△OAB+△O′AB)

$=\frac{1}{2}\times 2^2 \times \frac{\pi}{3} + \frac{1}{2}\times(\sqrt{2})^2 \times \frac{\pi}{2}$

$-\left\{\frac{\sqrt{3}}{4}\times 2^2 + \frac{1}{2}\times(\sqrt{2})^2\right\}$

$=\boldsymbol{\frac{7}{6}\pi-(\sqrt{3}+1)}$

7-2.

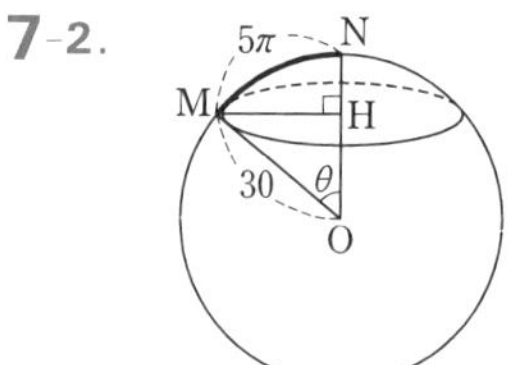

실의 다른 한쪽 끝을 M, 구의 중심을 O, M에서 $\overline{\mathrm{ON}}$에 내린 수선의 발을 H라고 하면 구하는 자취의 길이는 $\overline{\mathrm{MH}}$를 반지름으로 하는 원의 둘레의 길이이다.

$\angle\mathrm{NOM}=\theta$라고 하면

$30\theta=5\pi \quad \therefore\ \theta=\frac{\pi}{6}$

$\therefore\ \overline{\mathrm{MH}}=30\sin\frac{\pi}{6}=15$

따라서 구하는 자취의 길이는

$2\pi\times 15=\boldsymbol{30\pi}$

7-3. θ가 제4사분면의 각이므로

$\sin\theta<0,\ \cos\theta>0,\ \tan\theta<0$

$\therefore$ (준 식)$=|\sin\theta+\cos\theta+\tan\theta-\sin\theta+\cos\theta-\tan\theta|$

$=|2\cos\theta|=\mathbf{2\cos\theta}$

7-4. $\overline{\mathrm{OA}}=x$라고 하면 $\overline{\mathrm{OM}}=x+\dfrac{a}{2}$

$\therefore\ l=\left(x+\dfrac{a}{2}\right)\theta$ ……①

S=(부채꼴 OBB′의 넓이)
−(부채꼴 OAA′의 넓이)

$=\dfrac{1}{2}(x+a)^2\theta-\dfrac{1}{2}x^2\theta$

$=\dfrac{1}{2}x^2\theta+ax\theta+\dfrac{1}{2}a^2\theta-\dfrac{1}{2}x^2\theta$

$=a\left(x+\dfrac{a}{2}\right)\theta=al$ ($\because$ ①)

7-5. 반지름의 길이가 1인 원에서 부채꼴의 중심각의 크기를 θ, 호의 길이를 l이라고 하면

$l=1\times\theta$ 곧, $l=\theta$

따라서 원주각의 크기는 호의 길이의 $\dfrac{1}{2}$이다.

$\therefore\ \angle\mathrm{ABD}=\dfrac{1}{2}\overset{\frown}{\mathrm{ACD}},$

$\angle\mathrm{CDB}=\dfrac{1}{2}\overset{\frown}{\mathrm{CAB}},$

$\angle\mathrm{Q}=\dfrac{1}{2}\overset{\frown}{\mathrm{AC}}$

따라서 △BDP에서

$\angle\mathrm{P}+\angle\mathrm{Q}$

$=(\pi-\angle\mathrm{ABD}-\angle\mathrm{CDB})+\angle\mathrm{Q}$

$=\pi-\dfrac{1}{2}(\overset{\frown}{\mathrm{ACD}}+\overset{\frown}{\mathrm{CAB}})+\dfrac{1}{2}\overset{\frown}{\mathrm{AC}}$

$=\pi-\dfrac{1}{2}(2\pi+\overset{\frown}{\mathrm{AC}}-\overset{\frown}{\mathrm{BQD}})+\dfrac{1}{2}\overset{\frown}{\mathrm{AC}}$

$=\dfrac{1}{2}\overset{\frown}{\mathrm{BQD}}=\dfrac{1}{2}(0.29+0.31)$

$=\mathbf{0.30\,(rad)}$

****Note*** 주어진 그림에서 $\angle\mathrm{BAQ}=\alpha$, $\angle\mathrm{DCQ}=\beta$라고 하면

$\angle\mathrm{PAQ}=\pi-\alpha,\ \angle\mathrm{PCQ}=\pi-\beta$

□APCQ의 내각의 크기의 합은 2π이므로

$\angle\mathrm{P}+\angle\mathrm{Q}=2\pi-(\pi-\alpha)-(\pi-\beta)$

$=\alpha+\beta=\dfrac{1}{2}\overset{\frown}{\mathrm{BQ}}+\dfrac{1}{2}\overset{\frown}{\mathrm{QD}}$

$=\dfrac{1}{2}(0.29+0.31)$

$=\mathbf{0.30\,(rad)}$

7-6.

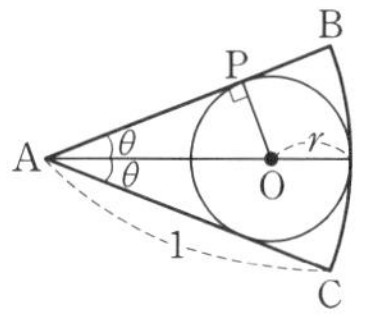

(1) 부채꼴에 내접하는 원의 중심을 O라고 하면 △OAP에서

$\overline{\mathrm{OA}}=1-r,\ \overline{\mathrm{OP}}=r$

이므로 $\sin\theta=\dfrac{r}{1-r}$

$\therefore\ \sin\theta-r\sin\theta=r$

$\therefore\ (\sin\theta+1)r=\sin\theta$

$\therefore\ \boldsymbol{r=\dfrac{\sin\theta}{\sin\theta+1}}$ ……①

(2) ①에 $\theta=30°$를 대입하면 $r=\dfrac{1}{3}$

따라서 내접원의 넓이를 S, 부채꼴의 넓이를 S′이라고 하면

$\mathrm{S}=\pi\times\left(\dfrac{1}{3}\right)^2=\dfrac{\pi}{9},$

$\mathrm{S}'=\dfrac{1}{2}\times1^2\times\left(2\times\dfrac{\pi}{6}\right)=\dfrac{\pi}{6}$

이므로

$\mathrm{S}:\mathrm{S}'=\dfrac{\pi}{9}:\dfrac{\pi}{6}=\mathbf{2:3}$

7-7.

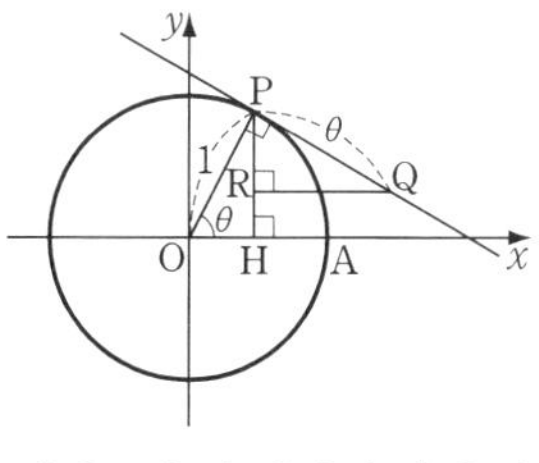

점 P에서 x축에 내린 수선의 발을 H,

점 Q에서 선분 PH에 내린 수선의 발을 R라 하고, $\angle\text{POH}=\theta$라고 하자.

$0<\theta<\frac{\pi}{2}$일 때

$\overline{\text{PQ}}=\widehat{\text{AP}}=1\times\theta=\theta$,

$\angle\text{QPR}=\frac{\pi}{2}-\angle\text{OPH}$

$=\frac{\pi}{2}-\left(\frac{\pi}{2}-\angle\text{POH}\right)=\theta$

$\therefore\ \overline{\text{QR}}=\theta\sin\theta,\ \overline{\text{PR}}=\theta\cos\theta$

한편 $\text{P}(\cos\theta, \sin\theta)$이므로 점 Q의 좌표는

$\text{Q}(\cos\theta+\theta\sin\theta,\ \sin\theta-\theta\cos\theta)$

$\theta=\frac{\pi}{3}$를 대입하면

$$\mathbf{Q}\left(\frac{1}{2}+\frac{\sqrt{3}}{6}\pi,\ \frac{\sqrt{3}}{2}-\frac{\pi}{6}\right)$$

*** *Note***

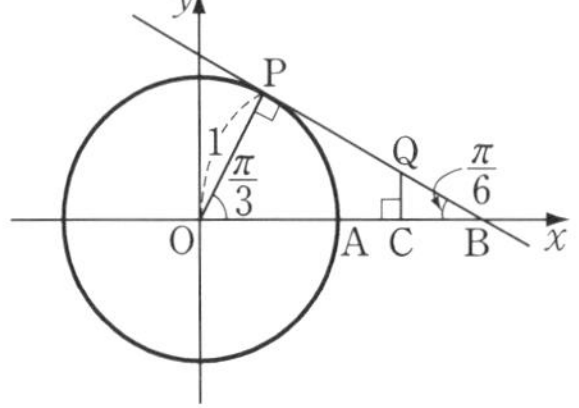

위의 그림과 같이 직선 PQ가 x축과 만나는 점을 B, 점 Q에서 x축에 내린 수선의 발을 C라고 하자.

△OBP는 직각삼각형이므로

$\angle\text{OBP}=\frac{\pi}{6},\ \overline{\text{BP}}=\sqrt{3},\ \overline{\text{OB}}=2$

따라서 점 Q의 좌표를 (x, y)라고 하면

$x=\overline{\text{OB}}-\overline{\text{BC}}=2-\overline{\text{BQ}}\cos\frac{\pi}{6}$ ……①

$y=\overline{\text{QC}}=\overline{\text{BQ}}\sin\frac{\pi}{6}$ ……②

이때,

$\overline{\text{BQ}}=\overline{\text{BP}}-\overline{\text{PQ}}=\overline{\text{BP}}-\widehat{\text{PA}}=\sqrt{3}-\frac{\pi}{3}$

이므로 ①, ②에 대입하여 점 Q의 좌표를 구하면

$$\mathbf{Q}\left(\frac{1}{2}+\frac{\sqrt{3}}{6}\pi,\ \frac{\sqrt{3}}{2}-\frac{\pi}{6}\right)$$

7-8.

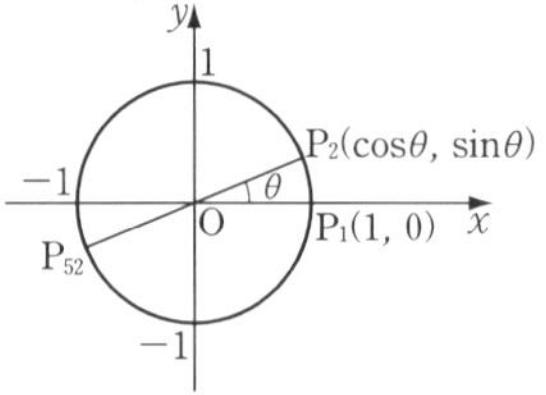

$\text{P}_2(\cos\theta, \sin\theta)$,

$\text{P}_{52}(\cos 51\theta, \sin 51\theta)$

는 원점에 대하여 대칭이므로

$\cos\theta+\cos 51\theta=0$

일반적으로

P_k와 P_{k+50} $(k=1, 2, \cdots, 50)$

은 원점에 대하여 대칭이므로

$\cos 2\theta+\cos 52\theta=0$

$\cos 3\theta+\cos 53\theta=0$

$\cdots\cdots$

$\cos 50\theta+\cos 100\theta=0$

$\therefore\ \cos\theta+\cos 2\theta+\cdots+\cos 99\theta+\cos 100\theta=0$

$\therefore\ \cos\theta+\cos 2\theta+\cdots+\cos 99\theta=-\cos 100\theta=-\cos 2\pi=\mathbf{-1}$

8-1. 양변에 $\sin\theta\cos\theta$를 곱하여 정리하면

$\sin\theta+\cos\theta=2\sqrt{2}\sin\theta\cos\theta$ …①

양변을 제곱하면

$1+2\sin\theta\cos\theta=8(\sin\theta\cos\theta)^2$

$\therefore\ 8(\sin\theta\cos\theta)^2-2\sin\theta\cos\theta-1=0$

$\therefore\ (4\sin\theta\cos\theta+1)(2\sin\theta\cos\theta-1)=0$

$0<\theta<\frac{\pi}{2}$이므로 $\sin\theta\cos\theta=\frac{1}{2}$

이것을 ①에 대입하면

$\sin\theta+\cos\theta=\sqrt{2}$

$\therefore\ \sin^3\theta+\cos^3\theta$

$=(\sin\theta+\cos\theta)\times(\sin^2\theta-\sin\theta\cos\theta+\cos^2\theta)$

$=\sqrt{2}\left(1-\frac{1}{2}\right)=\mathbf{\frac{\sqrt{2}}{2}}$

8-2. $\dfrac{\sin^2\theta}{a+\cos\theta}+\dfrac{\sin^2\theta}{a-\cos\theta}$

$=\dfrac{2a\sin^2\theta}{a^2-\cos^2\theta}$ ……①

$\tan\theta=\sqrt{\dfrac{1-a}{a}}$ 에서 $\tan^2\theta=\dfrac{1-a}{a}$

$\therefore\ \dfrac{1}{\cos^2\theta}=\tan^2\theta+1=\dfrac{1}{a}$

$\therefore\ \cos^2\theta=a$

$\therefore\ \sin^2\theta=1-\cos^2\theta=1-a$

이것을 ①에 대입하면

(준 식)$=\dfrac{2a(1-a)}{a^2-a}=\dfrac{2a(1-a)}{a(a-1)}$

$=\mathbf{-2}$

8-3. $\cos\theta\neq0$이므로 조건식의 분자, 분모를 $\cos\theta$로 나누면

$\dfrac{1+\tan\theta}{1-\tan\theta}=3$ $\therefore\ \tan\theta=\dfrac{\mathbf{1}}{\mathbf{2}}$

$0<\theta<\pi$이고 $\tan\theta>0$이므로

$0<\theta<\dfrac{\pi}{2}$

$\therefore\ \sin\theta=\dfrac{1}{\sqrt{5}},\ \cos\theta=\dfrac{2}{\sqrt{5}}$

$\therefore\ \sin\theta+\cos\theta=\dfrac{3}{\sqrt{5}}=\dfrac{\mathbf{3\sqrt{5}}}{\mathbf{5}}$

8-4. $\dfrac{x}{x-1}=\cos^2\theta$로 놓으면

$x=(x-1)\cos^2\theta$

$\therefore\ x(1-\cos^2\theta)=-\cos^2\theta$

$\therefore\ x\sin^2\theta=-\cos^2\theta$

$\sin\theta\neq0$이므로 $x=-\dfrac{\cos^2\theta}{\sin^2\theta}$

$\therefore\ f(\cos^2\theta)=f\left(\dfrac{x}{x-1}\right)=\dfrac{1}{x}$

$=-\dfrac{\sin^2\theta}{\cos^2\theta}=\boldsymbol{-\tan^2\theta}$

8-5. (1) $\sin(45^\circ-\mathrm{A})$

$=\sin\{90^\circ-(45^\circ+\mathrm{A})\}$

$=\cos(45^\circ+\mathrm{A})$

이므로

(준 식)$=\sin^2(45^\circ+\mathrm{A})+\cos^2(45^\circ+\mathrm{A})$

$=\mathbf{1}$

(2) $\sin63^\circ=\sin(90^\circ-27^\circ)=\cos27^\circ$

이므로

(준 식)$=\sin^2 27^\circ+\cos^2 27^\circ=\mathbf{1}$

(3) $\tan\left(\dfrac{\pi}{4}-\mathrm{A}\right)=\tan\left\{\dfrac{\pi}{2}-\left(\dfrac{\pi}{4}+\mathrm{A}\right)\right\}$

$=\dfrac{1}{\tan\left(\dfrac{\pi}{4}+\mathrm{A}\right)}$

이므로

(준 식)$=\tan\left(\dfrac{\pi}{4}+\mathrm{A}\right)\times\dfrac{1}{\tan\left(\dfrac{\pi}{4}+\mathrm{A}\right)}$

$=\mathbf{1}$

(4) $\tan\dfrac{5}{12}\pi=\tan\left(\dfrac{\pi}{2}-\dfrac{\pi}{12}\right)=\dfrac{1}{\tan\dfrac{\pi}{12}}$

이므로

(준 식)$=\tan\dfrac{\pi}{12}\times\dfrac{1}{\tan\dfrac{\pi}{12}}=\mathbf{1}$

8-6. (1) $\sin20^\circ=\sin(90^\circ-70^\circ)$

$=\cos70^\circ=\sqrt{1-\sin^2 70^\circ}$

$=\boldsymbol{\sqrt{1-a^2}}$

(2) $\cos\dfrac{3}{10}\pi=\cos\left(\dfrac{\pi}{2}-\dfrac{\pi}{5}\right)=\sin\dfrac{\pi}{5}$

$=\boldsymbol{a}$

8-7. (1) (준 식)$=\tan(90^\circ-10^\circ)$

$+\tan(90^\circ+10^\circ)$

$+\tan(180^\circ+10^\circ)$

$+\tan(360^\circ-10^\circ)$

$=\dfrac{1}{\tan10^\circ}-\dfrac{1}{\tan10^\circ}$

$+\tan10^\circ-\tan10^\circ$

$=\mathbf{0}$

(2) (준 식)$=(\sin^2 1^\circ+\sin^2 89^\circ)$

$+(\sin^2 2^\circ+\sin^2 88^\circ)+\cdots$

$+(\sin^2 44^\circ+\sin^2 46^\circ)$

$+\sin^2 45^\circ+\sin^2 90^\circ$

$$=(\sin^2 1°+\cos^2 1°)+(\sin^2 2°+\cos^2 2°)+\cdots+(\sin^2 44°+\cos^2 44°)+\sin^2 45°+\sin^2 90°$$

$$=\underbrace{1+1+\cdots+1}_{44\text{개}}+\frac{1}{2}+1=\boldsymbol{\frac{91}{2}}$$

8-8. $1-\cos^2\frac{A}{2}+4\cos\frac{A}{2}=2$

$$\therefore\ \cos^2\frac{A}{2}-4\cos\frac{A}{2}+1=0$$

근의 공식에서

$$\cos\frac{A}{2}=2\pm\sqrt{3}$$

$\left|\cos\frac{A}{2}\right|\le 1$이므로 $\cos\frac{A}{2}=2-\sqrt{3}$

$B+C=\pi-A$이므로

$$\sin\frac{B+C-2\pi}{2}=\sin\frac{\pi-A-2\pi}{2}=\sin\left(-\frac{\pi}{2}-\frac{A}{2}\right)=-\cos\frac{A}{2}=\boldsymbol{\sqrt{3}-2}$$

8-9.

점 A_5의 좌표를 $(x,\ y)$라고 하면

$$x=\cos\alpha-2\cos\left(\frac{\pi}{2}-\alpha\right)-3\cos\alpha+4\cos\left(\frac{\pi}{2}-\alpha\right)+5\cos\alpha$$

$$=\cos\alpha-2\sin\alpha-3\cos\alpha+4\sin\alpha+5\cos\alpha$$

$$=3\cos\alpha+2\sin\alpha$$

$$y=\sin\alpha+2\sin\left(\frac{\pi}{2}-\alpha\right)-3\sin\alpha-4\sin\left(\frac{\pi}{2}-\alpha\right)+5\sin\alpha$$

$$=\sin\alpha+2\cos\alpha-3\sin\alpha-4\cos\alpha+5\sin\alpha$$

$$=3\sin\alpha-2\cos\alpha$$

따라서 구하는 거리 $\overline{A_0A_5}$는

$$\sqrt{(3\cos\alpha+2\sin\alpha)^2+(3\sin\alpha-2\cos\alpha)^2}=\sqrt{9+4}=\boldsymbol{\sqrt{13}}$$

8-10. $\overline{OA}=1$이므로

$$(\text{준 식})=\frac{\overline{OP_1}}{\overline{OA}}\times\frac{\overline{OP_2}}{\overline{OA}}\times\cdots\times\frac{\overline{OP_{89}}}{\overline{OA}}$$

$$=\tan 1°\times\tan 2°\times\cdots\times\tan 89°$$

$$=\frac{\sin 1°}{\cos 1°}\times\frac{\sin 2°}{\cos 2°}\times\cdots\times\frac{\sin 89°}{\cos 89°}$$

$$=\frac{\sin 1°}{\sin 89°}\times\frac{\sin 2°}{\sin 88°}\times\cdots\times\frac{\sin 89°}{\sin 1°}$$

$$=\boldsymbol{1}$$

Note (준 식)$=\tan 1°\times\tan 2°\times\cdots\times\tan 88°\times\tan 89°$

$$=(\tan 1°\times\tan 89°)(\tan 2°\times\tan 88°)\times\cdots\times(\tan 44°\times\tan 46°)\times\tan 45°$$

$$=\left(\tan 1°\times\frac{1}{\tan 1°}\right)\left(\tan 2°\times\frac{1}{\tan 2°}\right)\times\cdots\times\left(\tan 44°\times\frac{1}{\tan 44°}\right)\times\tan 45°$$

$$=\boldsymbol{1}$$

8-11. $\left(\sin\theta-\frac{1}{\sin\theta}\right)^2$

$$=\sin^2\theta-2+\frac{1}{\sin^2\theta}$$

$$=\left(\sin\theta+\frac{1}{\sin\theta}\right)^2-4$$

$$=a^2-4$$

그런데 $0<\theta<\pi$에서

$$\sin\theta-\frac{1}{\sin\theta}=\frac{\sin^2\theta-1}{\sin\theta}=\frac{-\cos^2\theta}{\sin\theta}\le 0$$

$$\therefore\ \sin\theta-\frac{1}{\sin\theta}=\boldsymbol{-\sqrt{a^2-4}}$$

8-12. 조건식에서

$$\frac{\sin^4 x}{\sin^2 y}+\frac{(1-\sin^2 x)^2}{1-\sin^2 y}=1$$

양변에 $\sin^2 y(1-\sin^2 y)$를 곱하여 정리하면

$\sin^4 x-2\sin^2 x\sin^2 y+\sin^4 y=0$

$\therefore (\sin^2 x-\sin^2 y)^2=0$

$\therefore \sin^2 x=\sin^2 y$

$\therefore \cos^2 y=1-\sin^2 y=1-\sin^2 x$
$=\cos^2 x$

$\therefore \dfrac{\sin^4 y}{\sin^2 x}+\dfrac{\cos^4 y}{\cos^2 x}=\dfrac{\sin^4 y}{\sin^2 y}+\dfrac{\cos^4 y}{\cos^2 y}$
$=\sin^2 y+\cos^2 y=\mathbf{1}$

8-13. $\cos x+\cos^2 x=1$ ······①

로부터 $\cos x=1-\cos^2 x=\sin^2 x$이므로

(준 식)$=\sin^2 x+(\sin^2 x)^2+(\sin^2 x)^3$
$=\cos x+\cos^2 x+\cos^3 x$
$=\cos x+\cos x(\cos x+\cos^2 x)$
$=\cos x+(\cos x)\times 1$ ⇦ ①
$=2\cos x$

①에서 $\cos^2 x+\cos x-1=0$이므로 근의 공식에서

$\cos x=\dfrac{-1\pm\sqrt{5}}{2}$

$|\cos x|\le 1$이므로 $\cos x=\dfrac{-1+\sqrt{5}}{2}$

$\therefore$ (준 식)$=2\times\dfrac{-1+\sqrt{5}}{2}=\mathbf{-1+\sqrt{5}}$

8-14. (1) $\sin x+\cos x=k$로 놓고 양변을 제곱하면

$\sin^2 x+2\sin x\cos x+\cos^2 x=k^2$

$\therefore \sin x\cos x=\dfrac{k^2-1}{2}$ ······①

한편 조건식에서

$(\sin x+\cos x)$
$\times(\sin^2 x-\sin x\cos x+\cos^2 x)=-1$

$\therefore k\left(1-\dfrac{k^2-1}{2}\right)=-1$

$\therefore (k+1)^2(k-2)=0$

$k\neq 2$이므로 $k=-1$

$\therefore \boldsymbol{\sin x+\cos x=-1}$

***Note** $-1\le\sin x\le 1$이고 $-1\le\cos x\le 1$이지만, $\sin x=1$이고 $\cos x=1$인 x의 값은 없으므로 $k\neq 2$이다.

(2) ①에서 $k=-1$이므로

$\sin x\cos x=0$

$\therefore \sin^5 x+\cos^5 x$
$=(\sin^2 x+\cos^2 x)(\sin^3 x+\cos^3 x)$
$-\sin^2 x\cos^2 x(\sin x+\cos x)$
$=-1$

$\therefore \boldsymbol{\sin^5 x+\cos^5 x=-1}$

8-15. $\sin\theta-\cos\theta=\dfrac{1}{2}$의 양변을 제곱하여 정리하면

$\sin\theta\cos\theta=\dfrac{3}{8}$

$\therefore (\sin\theta+\cos\theta)^2$
$=\sin^2\theta+2\sin\theta\cos\theta+\cos^2\theta$
$=1+2\times\dfrac{3}{8}=\dfrac{7}{4}$

그런데 $0\le\theta\le\pi$에서

$\sin\theta+\cos\theta\ge\cos\theta\ge -1$

$\therefore \sin\theta+\cos\theta=\dfrac{\sqrt{7}}{2}$

$\therefore 2\sin^2\theta-1=\sin^2\theta+(\sin^2\theta-1)$
$=\sin^2\theta-\cos^2\theta$
$=(\sin\theta+\cos\theta)(\sin\theta-\cos\theta)$
$=\dfrac{\sqrt{7}}{2}\times\dfrac{1}{2}=\dfrac{\sqrt{7}}{4}$

따라서 주어진 이차방정식은 $x^2-2\sqrt{7}x+3=0$이고, 이 방정식의 두 근을 α, β라고 하면

$\alpha^2+\beta^2=(\alpha+\beta)^2-2\alpha\beta$
$=(2\sqrt{7})^2-2\times 3=\mathbf{22}$

8-16. $x\sin\theta+y\cos\theta=1$ ······①

$x\cos\theta-y\sin\theta=k$ ······②

로 놓으면 $①^2+②^2$에서

$x^2(\sin^2\theta+\cos^2\theta)+y^2(\cos^2\theta+\sin^2\theta)$
$=k^2+1$

$\therefore x^2+y^2=k^2+1$ ······③

그런데 P(x, y)는 원 $x^2+y^2=4$ 위의

점이므로

$$4=k^2+1 \quad \therefore\ k=\pm\sqrt{3}$$

8-17.

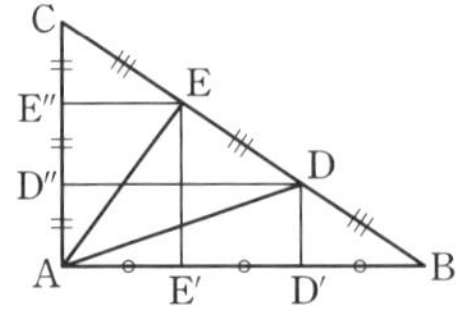

$\angle A=90°$인 직각삼각형 ABC의 빗변 BC의 삼등분점을 각각 D, E라 하고,

$$\overline{AD}=\cos\theta+\sin\theta,$$
$$\overline{AE}=\cos\theta-\sin\theta$$

라고 하자.

$\overline{AE'}=a$, $\overline{AD''}=b$라고 하면

△ADD′에서

$$(2a)^2+b^2=(\cos\theta+\sin\theta)^2 \quad \cdots ①$$

△AEE′에서

$$a^2+(2b)^2=(\cos\theta-\sin\theta)^2 \quad \cdots ②$$

①+②하면 $5(a^2+b^2)=2$

$$\therefore\ a^2+b^2=\frac{2}{5}$$

한편 △ABC에서

$$\overline{BC}^2=(3a)^2+(3b)^2=9(a^2+b^2)=\frac{18}{5}$$

$$\therefore\ \overline{BC}=\mathbf{\frac{3\sqrt{10}}{5}}$$

8-18.

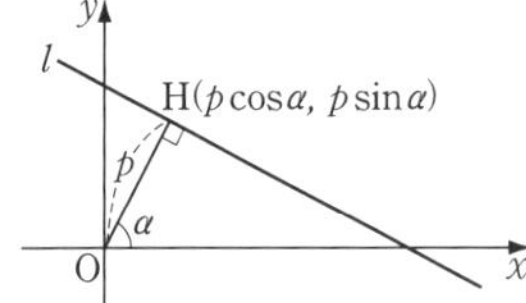

점 H의 좌표는

$$H(p\cos\alpha,\ p\sin\alpha)$$

직선 l이 좌표축에 평행하지 않을 때, l은 직선 OH에 수직이므로 l의 기울기는 $-\dfrac{\cos\alpha}{\sin\alpha}$

따라서 직선 l의 방정식은

$$y-p\sin\alpha=-\frac{\cos\alpha}{\sin\alpha}(x-p\cos\alpha)$$

$$\therefore\ y\sin\alpha-p\sin^2\alpha=-x\cos\alpha+p\cos^2\alpha$$

$$\therefore\ x\cos\alpha+y\sin\alpha=p \quad \cdots\cdots ①$$

직선 l이 y축에 평행할 때 $\alpha=0,\ \pi$이고, 이때 l의 방정식은 각각 $x=p$, $x=-p$이므로 ①을 만족시킨다.

또, 직선 l이 x축에 평행할 때 $\alpha=\dfrac{\pi}{2},\ \dfrac{3}{2}\pi$이고, 이때 l의 방정식은 각각 $y=p$, $y=-p$이므로 ①을 만족시킨다.

8-19. $\sin\theta+\cos\theta=\dfrac{a}{2}+\dfrac{1}{a}$의 양변을 제곱하여 정리하면

$$\sin\theta\cos\theta=\frac{1}{2}\left(\frac{a^2}{4}+\frac{1}{a^2}\right)$$

따라서 $\sin\theta$, $\cos\theta$는 t에 관한 다음 이차방정식의 두 근이다.

$$t^2-\left(\frac{a}{2}+\frac{1}{a}\right)t+\frac{1}{2}\left(\frac{a^2}{4}+\frac{1}{a^2}\right)=0 \quad \cdots\cdots ①$$

이 방정식의 두 근은 실수이므로

$$D=\left(\frac{a}{2}+\frac{1}{a}\right)^2-4\times\frac{1}{2}\left(\frac{a^2}{4}+\frac{1}{a^2}\right)$$
$$=-\left(\frac{a^2}{4}-1+\frac{1}{a^2}\right)$$
$$=-\left(\frac{a}{2}-\frac{1}{a}\right)^2\ge 0$$

$$\therefore\ \left(\frac{a}{2}-\frac{1}{a}\right)^2\le 0 \quad \therefore\ \frac{a}{2}-\frac{1}{a}=0$$

$a>0$이므로 $a=\sqrt{2}$

이때, ①은 중근을 가지므로

$$\sin\theta=\cos\theta \quad \therefore\ \tan\theta=\frac{\sin\theta}{\cos\theta}=1$$

$$\therefore\ \boldsymbol{a\tan\theta=\sqrt{2}}$$

8-20. $x=a+\cos\theta \quad \cdots\cdots ①$

$$y=\frac{a}{2}+\sin\theta \quad \cdots\cdots ②$$

라고 하자.

①에서 $\cos\theta=x-a$,

②에서 $\sin\theta=y-\dfrac{a}{2}$

이고, $\sin^2\theta+\cos^2\theta=1$이므로

$$(x-a)^2+\left(y-\frac{a}{2}\right)^2=1$$

따라서 점 (x, y)의 자취는 중심이 점 $\left(a, \frac{a}{2}\right)$, 반지름의 길이가 1인 원이다.

이 원이 원 $x^2+y^2=4$의 내부에 있어야 하므로

(두 원의 중심 사이의 거리)

$<$(두 원의 반지름의 길이의 차)

이다.

$$\therefore \sqrt{a^2+\frac{a^2}{4}}<2-1 \quad \therefore a^2<\frac{4}{5}$$

$$\therefore -\frac{\mathbf{2\sqrt{5}}}{\mathbf{5}}<\boldsymbol{a}<\frac{\mathbf{2\sqrt{5}}}{\mathbf{5}}$$

9-1. 최댓값, 최솟값, 주기의 순으로

(1) **2, −2, 2π**

(2) **$\sqrt{2}$, $-\sqrt{2}$, π**

(3) 없다, 없다, **2π**

(4) **1, 0, π**

(5) **1, 0, $\frac{\pi}{2}$**

(6) 없다, **0, $\frac{\pi}{3}$**

9-2. (i) $\boldsymbol{a=3}$

(ii) 주기 : $\frac{2\pi}{b}=\pi \quad \therefore \boldsymbol{b=2}$

(iii) 점 $\left(\frac{\pi}{6}, 3\right)$이 그래프 위의 점이므로

$$3\cos\left(\frac{2}{6}\pi+c\right)=3$$

$$\therefore \cos\left(\frac{\pi}{3}+c\right)=1$$

$-\pi<c\le\pi$이므로

$$-\frac{2}{3}\pi<\frac{\pi}{3}+c\le\frac{4}{3}\pi$$

$$\therefore \frac{\pi}{3}+c=0 \quad \therefore \boldsymbol{c=-\frac{\pi}{3}}$$

9-3. 최댓값이 5이므로

$$a+b=5 \qquad \cdots\cdots ①$$

$f\left(\frac{\pi}{3}\right)=\frac{7}{2}$이므로

$$a\sin\frac{\pi}{3p}+b=\frac{7}{2} \qquad \cdots\cdots ②$$

주기가 4π이므로

$$2\pi\div\frac{1}{p}=4\pi \quad \therefore \boldsymbol{p=2}$$

이 값을 ②에 대입하여 정리하면

$$a+2b=7 \qquad \cdots\cdots ③$$

①, ③을 연립하여 풀면

$$\boldsymbol{a=3,\ b=2}$$

9-4. $y=\sin\frac{\pi}{3}x$, $y=\cos\frac{\pi}{2}x$, $y=\sin\pi x$, $y=\cos 2\pi x$, $y=\sin 3\pi x$의 주기는 각각

$$\frac{2\pi}{\frac{\pi}{3}}=6,\ \frac{2\pi}{\frac{\pi}{2}}=4,\ \frac{2\pi}{\pi}=2,$$

$$\frac{2\pi}{2\pi}=1,\ \frac{2\pi}{3\pi}=\frac{2}{3}$$

여기에서 6, 4, 2, 1의 최소공배수는 12이고, $12\div\frac{2}{3}=18$(자연수)이므로 주어진 함수 $f(x)$의 주기는 **12**

9-5. f는 x축의 방향으로 $\frac{\pi}{2}$만큼, y축의 방향으로 2만큼의 평행이동이고, g는 x축에 대한 대칭이동이다.

(1) f에 의하여 $\quad y-2=\sin\left(x-\frac{\pi}{2}\right)$

$$\therefore y=-\cos x+2$$

다시 g에 의하여 $\quad -y=-\cos x+2$

$$\therefore \boldsymbol{y=\cos x-2}$$

(2) 같은 방법으로 하면

$$\boldsymbol{y=\cos 2x-2}$$

(3) 같은 방법으로 하면

$$\boldsymbol{y=-3\tan 2x-2}$$

9-6. $-1\le\sin x\le1$이고 $a<0$이므로

$$-a\ge a\sin x\ge a$$

$$\therefore b-a\ge a\sin x+b\ge b+a$$

$$\therefore \mathrm{A}=\{y\,|\,b+a\le y\le b-a\}$$

또, $g(x)=1-\sin^2 x-2\sin x$에서 $\sin x=t$로 놓으면 $-1\le t\le1$이고,

$$-t^2-2t+1=-(t+1)^2+2$$

$\therefore\ \mathrm{B}=\{y\,|\,-2\le y\le 2\}$

A $b+a$ $b-a$
B -2 2
A−B 2 4

따라서 주어진 조건을 만족시키려면

$b+a=-2,\ b-a=4$

$\therefore\ \boldsymbol{a=-3,\ b=1}$

9-7.

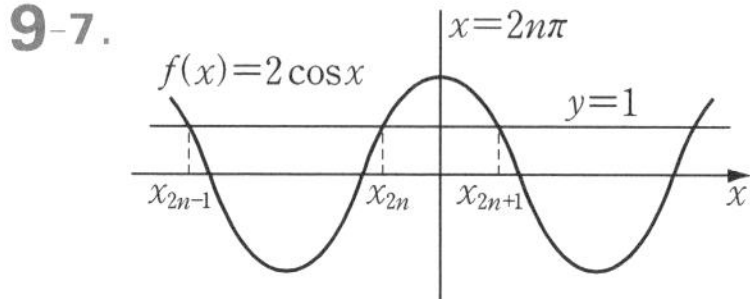

x_{2n}과 x_{2n+1}은 직선 $x=2n\pi$에 대하여 대칭이므로

$$\frac{x_{2n}+x_{2n+1}}{2}=2n\pi$$

$\therefore\ x_{2n}+x_{2n+1}=4n\pi$

$\therefore\ f(x_{2n-1}+x_{2n}+x_{2n+1})$
$=f(4n\pi+x_{2n-1})$
$=2\cos(4n\pi+x_{2n-1})$
$=2\cos x_{2n-1}=\boldsymbol{1}$

9-8. (1) $\sin x=t$로 놓으면

$$y=\left|t-\frac{1}{2}\right|-3\ (-1\le t\le 1)$$

$\therefore$ 최댓값 $\boldsymbol{-\dfrac{3}{2}}$, 최솟값 $\boldsymbol{-3}$

(2) $\cos x=t$로 놓으면

$$y=2-|3t+1|\ (-1\le t\le 1)$$

$\therefore$ 최댓값 **2**, 최솟값 $\boldsymbol{-2}$

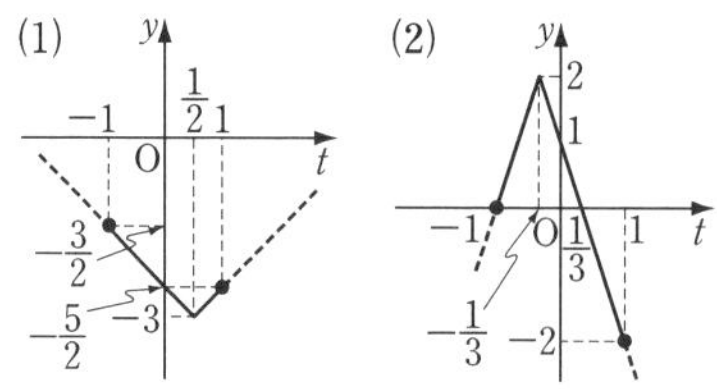

9-9. $\alpha+\beta=\pi-\gamma$이므로

(준 식)$=\sin^2(2\pi-\gamma)+\cos\gamma$
$=\sin^2\gamma+\cos\gamma$
$=1-\cos^2\gamma+\cos\gamma$
$=-\cos^2\gamma+\cos\gamma+1$

$\cos\gamma=t$로 놓으면

(준 식)$=-t^2+t+1$

$$=-\left(t-\frac{1}{2}\right)^2+\frac{5}{4}\quad\cdots\cdots①$$

한편 $a^2+b^2=3ab\cos\gamma$에서

$$t=\frac{a^2+b^2}{3ab}=\frac{1}{3}\left(\frac{a}{b}+\frac{b}{a}\right)$$

$$\ge\frac{1}{3}\times 2\sqrt{\frac{a}{b}\times\frac{b}{a}}=\frac{2}{3}$$

(등호는 $a=b$일 때 성립)

따라서 ①에서 $t=\dfrac{2}{3}$일 때

최댓값은 $\boldsymbol{\dfrac{11}{9}}$

9-10. $x=2\cos\theta+1$에서

$$\cos\theta=\frac{x-1}{2}\quad\cdots\cdots①$$

$$y=2\sin^2\theta-\frac{2}{\tan^2\theta+1}$$
$=2\sin^2\theta-2\cos^2\theta$
$=2(1-\cos^2\theta)-2\cos^2\theta$
$=2-4\cos^2\theta$

이 식에 ①을 대입하여 정리하면

$$y=-(x-1)^2+2$$

$0\le\theta\le 2\pi$일 때 $-1\le\cos\theta\le 1$이므로 ①에서 $-1\le x\le 3$

그런데 $\cos\theta=0$이면 $\tan\theta$가 정의되지 않으므로 $x\ne 1$

따라서 구하는 자취의 방정식은

$\boldsymbol{y=-(x-1)^2+2\ (-1\le x<1,\ 1<x\le 3)}$

9-11. 단위원에서는 호의 길이가 각의 크기와 같으므로 t초 후 점 P, Q의 좌표는 각각

$$\left(\cos\frac{\pi}{2}t,\ \sin\frac{\pi}{2}t\right),\ \left(\cos\frac{\pi}{3}t,\ \sin\frac{\pi}{3}t\right)$$

이다. 또, 두 점은 한 원 위의 점이므로 x

축에 이르는 거리가 같으면 y축에 이르는 거리도 같다.

따라서 $y_1=\sin\frac{\pi}{2}t$, $y_2=\sin\frac{\pi}{3}t$라고 할 때, $|y_1|=|y_2|$가 되는 점의 개수를 구하면 된다.

함수 y_1, y_2의 주기는 각각 4, 6이고, $0<t\le12$에서 $|y_1|$, $|y_2|$의 그래프를 그리면 아래와 같으므로 교점은 10개이다.

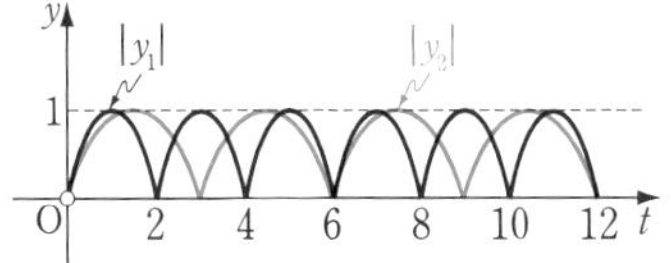

따라서 구하는 횟수는

$$10\times\frac{120}{12}=\mathbf{100}$$

***Note** $x_1=\cos\frac{\pi}{2}t$, $x_2=\cos\frac{\pi}{3}t$라고 할 때, $|x_1|$, $|x_2|$의 그래프의 교점의 개수를 구해도 된다.

9-12. 주어진 조건을 만족시키는 함수 $y=f(x)$의 그래프는 아래 그림과 같다.

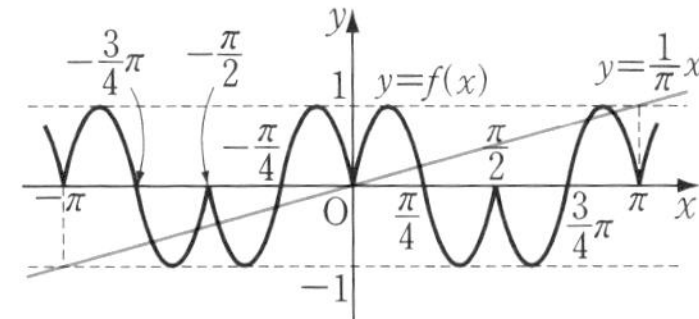

위의 그림에서 함수 $y=f(x)$의 그래프와 직선 $y=\frac{1}{\pi}x$가 만나는 점의 개수는 8이다. 답 8

9-13. $y=(1-\sin^2x)+2a\sin x+b$

$\quad=-\sin^2x+2a\sin x+b+1$

$\sin x=t$로 놓으면 $-1\le t\le1$이고,

$y=-t^2+2at+b+1$

$\quad=-(t-a)^2+a^2+b+1$

여기에서

$a\le-1$, $-1<a\le0$, $0<a\le1$, $a>1$

일 때로 나누어 생각하면(**필수 예제 9-6** 참조)

$$\begin{cases}\boldsymbol{a=1-\sqrt{3}}\\ \boldsymbol{b=4+2\sqrt{3}}\end{cases}\ \text{또는}\ \begin{cases}\boldsymbol{a=-1+\sqrt{3}}\\ \boldsymbol{b=4+2\sqrt{3}}\end{cases}$$

9-14. (1) $\sin x=t$로 놓으면 $-1\le t\le1$이고,

$$y=\frac{3t+1}{3t-1}=\frac{2}{3t-1}+1\ \left(t\ne\frac{1}{3}\right)$$

그래프를 그려서 조사하면 주어진 함수의 치역은

$$\left\{\boldsymbol{y}\,\middle|\,\boldsymbol{y\le\frac{1}{2}}\ \text{또는}\ \boldsymbol{y\ge2}\right\}$$

(2) $y=\dfrac{2\sin x-(1-\sin^2x)+3}{\sin x+2}$

$\quad=\dfrac{\sin^2x+2\sin x+2}{\sin x+2}$

$\sin x+2=t$로 놓으면 $1\le t\le3$이고,

$$y=\frac{(t-2)^2+2(t-2)+2}{t}$$

$$=\frac{t^2-2t+2}{t}=t+\frac{2}{t}-2$$

그래프를 그려서 조사하면

$t=3$일 때 최댓값 $\frac{5}{3}$를 가진다.

또, $t>0$일 때

$$y\ge2\sqrt{t\times\frac{2}{t}}-2=2\sqrt{2}-2$$

(등호는 $t=\sqrt{2}$일 때 성립)

이므로 최솟값 $2\sqrt{2}-2$를 가진다.

따라서 주어진 함수의 치역은

$$\left\{\boldsymbol{y}\,\middle|\,\boldsymbol{2\sqrt{2}-2\le y\le\frac{5}{3}}\right\}$$

9-15. (1) $\cos x=\mathrm{X}$, $\sin x=\mathrm{Y}$로 놓으면

$$\mathrm{X}^2+\mathrm{Y}^2=1 \qquad \cdots\cdots①$$

이때, $y=\dfrac{\mathrm{Y}+3}{\mathrm{X}-4}$에서

$$\mathrm{Y}+3=y(\mathrm{X}-4) \qquad \cdots\cdots②$$

XY 평면에서 원 ①과 직선 ②가 만나므로 원점과 직선 ② 사이의 거리가 반지름의 길이 1보다 작거나 같다.

$\therefore \dfrac{|-4y-3|}{\sqrt{y^2+(-1)^2}} \le 1 \quad \therefore \dfrac{|4y+3|}{\sqrt{y^2+1}} \le 1$

$|4y+3| \ge 0$, $\sqrt{y^2+1}>0$이므로

$$(4y+3)^2 \le y^2+1$$

$$\therefore 15y^2+24y+8 \le 0$$

$$\therefore \frac{-12-2\sqrt{6}}{15} \le y \le \frac{-12+2\sqrt{6}}{15}$$

$\therefore$ 최댓값 $\mathbf{\dfrac{-12+2\sqrt{6}}{15}}$,

최솟값 $\mathbf{\dfrac{-12-2\sqrt{6}}{15}}$

(2) $\sin^2 x=a$, $\cos^2 x=b$로 놓으면

$a+b=1 \ (a\ge 0,\ b\ge 0) \quad \cdots\cdots ①$

이고,

$$y=\frac{a^2+2}{a+1}+\frac{b^2+2}{b+1}$$

$$=a-1+\frac{3}{a+1}+b-1+\frac{3}{b+1}$$

$$=-1+\frac{3(b+1+a+1)}{(a+1)(b+1)}$$

$$=-1+\frac{9}{ab+2}$$

$\dfrac{a+b}{2} \ge \sqrt{ab}$ 에서 $\dfrac{1}{2} \ge \sqrt{ab}$ ⇦ ①

$$\therefore ab \le \frac{1}{4}$$

$\left(\text{등호는 } a=b=\dfrac{1}{2}\text{ 일 때 성립}\right)$

따라서 y는 $ab=\dfrac{1}{4}$일 때 최소이고,

최솟값은 $-1+\dfrac{9}{\dfrac{1}{4}+2}=\mathbf{3}$

9-16. $0 \le x \le \pi$일 때

$$-1 \le \cos x \le 1, \ 0 \le \sin x \le 1$$

이고, $\dfrac{\pi}{4}<1<\dfrac{\pi}{2}$이다.

(1) $-1 \le t \le 1$에서 t의 값이 증가할 때 $\sin t$의 값은 증가한다.

따라서

최댓값은 $f(0)=\mathbf{\sin 1}$,

최솟값은 $f(\pi)=\sin(-1)=\mathbf{-\sin 1}$

(2) $0 \le t \le 1$에서 t의 값이 증가할 때 $\cos t$의 값은 감소한다.

따라서

최댓값은 $g(0)=g(\pi)=\cos 0=\mathbf{1}$,

최솟값은 $g\left(\dfrac{\pi}{2}\right)=\mathbf{\cos 1}$

(3) $\dfrac{\pi}{4}<1<\dfrac{\pi}{2}$이므로

$\dfrac{1}{\sqrt{2}}<\sin 1<1$, $\dfrac{1}{\sqrt{2}}>\cos 1>0$

$\therefore \mathbf{-\sin 1<\cos 1<\sin 1<1}$

Note

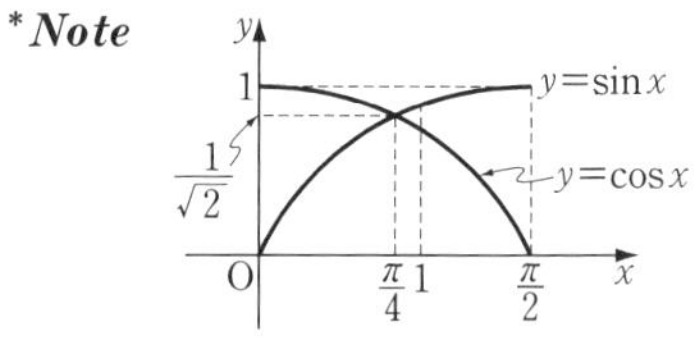

9-17. (1) 일반적으로 f의 정의역이 f^{-1}의 치역이고, f의 치역이 f^{-1}의 정의역이다.

그런데 $-1 \le f(x) \le 1$이므로 $y=g(x)$의 정의역은

$$\{\boldsymbol{x} \mid \mathbf{-1 \le \boldsymbol{x} \le 1}\}$$

(2) $y=\sin x \left(-\dfrac{\pi}{2} \le x \le \dfrac{\pi}{2}\right)$의 그래프를 직선 $y=x$에 대하여 대칭이동한 곡선(아래 그림의 실선)이다.

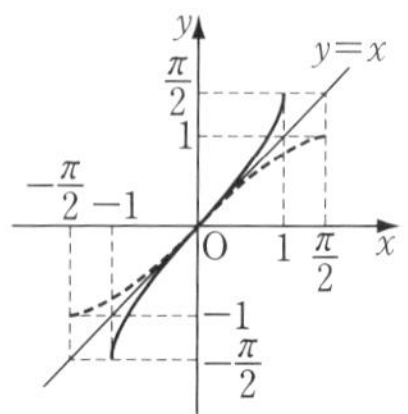

(3) $g(0)=\mathbf{0}$, $g\left(\dfrac{1}{2}\right)=\boldsymbol{\dfrac{\pi}{6}}$,

$g\left(\dfrac{1}{\sqrt{2}}\right)=\boldsymbol{\dfrac{\pi}{4}}$, $g(1)=\boldsymbol{\dfrac{\pi}{2}}$

(4) $f(x)$의 역함수가 $g(x)$이므로

$f\big(g(x)\big)=x \quad \therefore \sin g(x)=x$

그런데

$\sin^2 g(x)+\cos^2 g(x)=1$

이므로 $\cos^2 g(x)=1-x^2$ ……①

한편 $-\frac{\pi}{2}\le g(x)\le\frac{\pi}{2}$ 에서

$0\le\cos g(x)\le 1$

이므로 ①은 $\boldsymbol{\cos g(x)=\sqrt{1-x^2}}$

10-1. (1) $0\le 2x<4\pi$이므로

$2x=\frac{7}{6}\pi,\ \frac{11}{6}\pi,\ \frac{19}{6}\pi,\ \frac{23}{6}\pi$

$\therefore\ \boldsymbol{x=\frac{7}{12}\pi,\ \frac{11}{12}\pi,\ \frac{19}{12}\pi,\ \frac{23}{12}\pi}$

(2) $0\le\frac{x}{2}<\pi$이므로 $\frac{x}{2}=\frac{\pi}{4}$

$\therefore\ \boldsymbol{x=\frac{\pi}{2}}$

(3) $\frac{\pi}{3}\le x+\frac{\pi}{3}<\frac{7}{3}\pi$이므로

$x+\frac{\pi}{3}=\frac{3}{4}\pi,\ \frac{9}{4}\pi$

$\therefore\ \boldsymbol{x=\frac{5}{12}\pi,\ \frac{23}{12}\pi}$

(4) $\frac{1}{\sqrt{2}}\times\frac{\sqrt{3}}{2}\times\tan x=\frac{3}{2\sqrt{2}}$

$\therefore\ \tan x=\sqrt{3}$ $\therefore\ \boldsymbol{x=\frac{\pi}{3},\ \frac{4}{3}\pi}$

(5) $0\le x<2\pi$에서 $-1\le\cos x\le 1$

$\therefore\ -\pi\le\pi\cos x\le\pi$

따라서 $\cos(\pi\cos x)=0$에서

$\pi\cos x=\pm\frac{\pi}{2}$ $\therefore\ \cos x=\pm\frac{1}{2}$

$\therefore\ \boldsymbol{x=\frac{\pi}{3},\ \frac{2}{3}\pi,\ \frac{4}{3}\pi,\ \frac{5}{3}\pi}$

10-2. (1) $\frac{3\sin x}{\cos x}+\frac{\cos x}{\sin x}=\frac{5}{\sin x}$

양변에 $\sin x\cos x$를 곱하면

$3\sin^2 x+\cos^2 x=5\cos x$

$\therefore\ 3(1-\cos^2 x)+\cos^2 x=5\cos x$

$\therefore\ (\cos x+3)(2\cos x-1)=0$

$\cos x+3\ne 0$이므로

$\cos x=\frac{1}{2}$ $\therefore\ \boldsymbol{x=\frac{\pi}{3}}$

(2) $\sin^2 x-\cos^2 x+\sin x-\cos x=0$에서

$(\sin x-\cos x)(\sin x+\cos x+1)=0$

$0<x<\frac{\pi}{2}$일 때,

$\sin x+\cos x+1\ne 0$이므로

$\sin x-\cos x=0$ $\therefore\ \sin x=\cos x$

$\therefore\ \tan x=1$ $\therefore\ \boldsymbol{x=\frac{\pi}{4}}$

10-3. (1) 진수는 양수이므로

$\sin x>0,\ \cos x>0$ $\therefore\ 0<x<\frac{\pi}{2}$

이때, 준 방정식은

$2\log\sin x+\log 2=\log\cos x+\log 3$

$\therefore\ \log(2\sin^2 x)=\log(3\cos x)$

$\therefore\ 2\sin^2 x=3\cos x$

$\therefore\ 2(1-\cos^2 x)=3\cos x$

$\therefore\ (2\cos x-1)(\cos x+2)=0$

$\cos x+2>0$이므로 $2\cos x-1=0$

$\therefore\ \cos x=\frac{1}{2}$

$0<x<\frac{\pi}{2}$이므로 $\boldsymbol{x=\frac{\pi}{3}}$

(2) 밑은 1이 아닌 양수이고, 진수는 양수이므로

$\sin x>0,\ \sin x\ne 1,\ \cos x>0,$

$\cos x\ne 1,\ \tan x>0$

$\therefore\ 0<x<\frac{\pi}{2}$

또,

$\log_{\cos x}\tan x=\log_{\cos x}\frac{\sin x}{\cos x}$

$=\log_{\cos x}\sin x-1$

이므로 준 방정식은

$\log_{\sin x}\cos x+\log_{\cos x}\sin x-1=1$

$\log_{\sin x}\cos x=t$로 놓으면

$t+\frac{1}{t}-2=0$ $\therefore\ t^2-2t+1=0$

$\therefore\ t=1$ $\therefore\ \log_{\sin x}\cos x=1$

$\therefore\ \cos x=\sin x$ $\therefore\ \tan x=1$

$0<x<\frac{\pi}{2}$이므로 $\boldsymbol{x=\frac{\pi}{4}}$

10-4. (1) 주어진 방정식의 실근의 개수

는 두 함수 $y=\sin\pi x$, $y=\dfrac{3}{10}x$의 그래프의 교점의 개수와 같다.

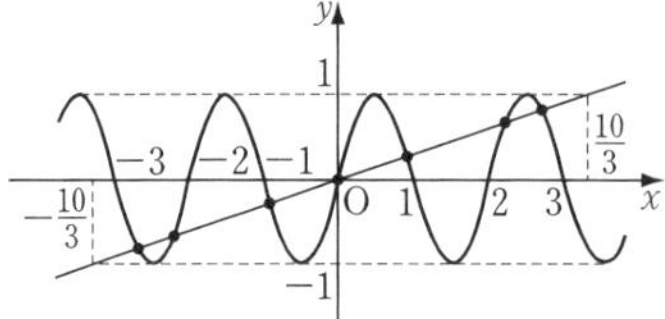

그런데 위의 그림과 같이 두 그래프는 서로 다른 7개의 점에서 만난다.

따라서 실근의 개수는 **7**

(2) 주어진 방정식의 실근의 개수는 두 함수 $y=\sin x$와 $y=\dfrac{1}{10\pi^2}x^2$의 그래프의 교점의 개수와 같다.

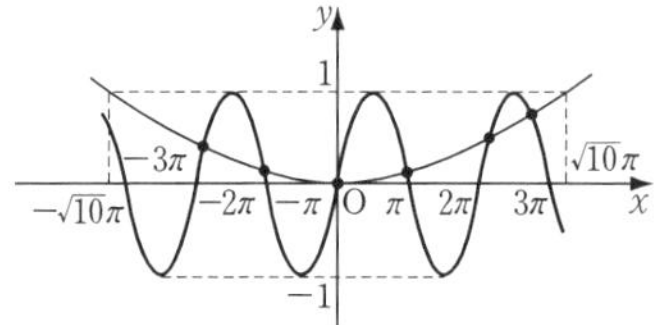

그런데 위의 그림과 같이 두 그래프는 서로 다른 6개의 점에서 만난다.

따라서 실근의 개수는 **6**

***Note** $|\sin x|\le 1$이므로

(1)에서는 $\left|\dfrac{3}{10}x\right|\le 1$

곧, $-\dfrac{10}{3}\le x\le \dfrac{10}{3}$

(2)에서는 $\left|\dfrac{1}{10\pi^2}x^2\right|\le 1$

곧, $-\sqrt{10}\pi\le x\le\sqrt{10}\pi$

에서만 생각하면 된다.

10-5. $\dfrac{r\sin\theta}{r\cos\theta}=\dfrac{5}{5\sqrt{3}}$에서

$\tan\theta=\dfrac{1}{\sqrt{3}}$ $\quad\therefore\ \boldsymbol{\theta=\dfrac{\pi}{6}}$

$r\sin\theta=5$에 대입하면 $\quad\boldsymbol{r=10}$

***Note** 두 식을 각각 제곱하여 더하면

$r^2=100 \quad \therefore\ r=\pm 10$

그런데

$r\cos\theta=5\sqrt{3}$, $-\dfrac{\pi}{2}<\theta<\dfrac{\pi}{2}$

에서 $r>0$이므로 $\quad\boldsymbol{r=10}$

$\therefore\ \sin\theta=\dfrac{1}{2}\quad\therefore\ \boldsymbol{\theta=\dfrac{\pi}{6}}$

10-6. 삼차방정식의 근과 계수의 관계로부터

$1+\sin\theta+\cos\theta=0$ $\cdots$①

$\sin\theta+\sin\theta\cos\theta+\cos\theta=p$ $\cdots$②

$\sin\theta\cos\theta=-q$ $\cdots$③

①에서 $\sin\theta+\cos\theta=-1$ $\cdots$④

양변을 제곱하여 정리하면

$\sin\theta\cos\theta=0$ $\cdots$⑤

②, ③에 대입하면 $\quad\boldsymbol{p=-1,\ q=0}$

또, ④, ⑤에서

$\sin\theta=0,\ \cos\theta=-1$

또는 $\sin\theta=-1,\ \cos\theta=0$

$\therefore\ \boldsymbol{\theta=\pi,\ \dfrac{3}{2}\pi}$

10-7. $\mathrm{X}=\dfrac{2-\sin\theta+i\cos\theta}{\cos\theta+i\sin\theta}$의 분자, 분모에 $\cos\theta-i\sin\theta$를 곱하면

(분모)$=\cos^2\theta-i^2\sin^2\theta=1$,

(분자)$=(2-\sin\theta)\cos\theta-i^2\cos\theta\sin\theta$
$\qquad+i(\cos^2\theta-2\sin\theta+\sin^2\theta)$
$\quad=2\cos\theta+i(1-2\sin\theta)$

$\therefore\ \mathrm{X}=2\cos\theta+i(1-2\sin\theta)$

$\therefore\ \mathrm{X}^2=4\cos^2\theta+4\cos\theta(1-2\sin\theta)i$
$\qquad-(1-2\sin\theta)^2$

따라서 X^2이 실수이려면

$\cos\theta(1-2\sin\theta)=0$

$\therefore\ \cos\theta=0$ 또는 $\sin\theta=\dfrac{1}{2}$

$\therefore\ \boldsymbol{\theta=\dfrac{\pi}{2},\ \dfrac{\pi}{6},\ \dfrac{5}{6}\pi}$

***Note** 다음을 이용해도 된다.

$\boldsymbol{z=a+bi}$($\boldsymbol{a, b}$는 실수)일 때

$\boldsymbol{z^2}$이 실수 $\iff$ $\boldsymbol{ab=0}$

10-8. (1) $2\cos x > \dfrac{3\sin x}{\cos x}$

$0<x<\dfrac{\pi}{2}$ 에서 $\cos x>0$이므로

$$2\cos^2 x > 3\sin x$$

$$\therefore\ 2(1-\sin^2 x) > 3\sin x$$

$$\therefore\ (2\sin x-1)(\sin x+2)<0$$

$\sin x+2>0$이므로 $\sin x<\dfrac{1}{2}$

$$\therefore\ \boldsymbol{0<x<\dfrac{\pi}{6}}$$

(2) $\sin^4 x-\cos^4 x<0$

$$\therefore\ (\sin^2 x+\cos^2 x)(\sin^2 x-\cos^2 x)<0$$

$$\therefore\ \sin^2 x-\cos^2 x<0$$

$$\therefore\ \sin^2 x-(1-\sin^2 x)<0$$

$$\therefore\ 2\sin^2 x-1<0$$

$$\therefore\ -\dfrac{1}{\sqrt{2}}<\sin x<\dfrac{1}{\sqrt{2}}$$

$$\therefore\ \boldsymbol{0<x<\dfrac{\pi}{4},\ \dfrac{3}{4}\pi<x<\pi}$$

(3) $\sin^2 x+2\sin x-\cos x\sin x$
$-2\cos x>0$

$$\therefore\ \sin x(\sin x+2)-\cos x(\sin x+2)>0$$

$$\therefore\ (\sin x+2)(\sin x-\cos x)>0$$

$\sin x+2>0$이므로 $\sin x>\cos x$

$$\therefore\ \boldsymbol{\dfrac{\pi}{4}<x<\dfrac{5}{4}\pi}$$

10-9. $\cos x=t$로 놓으면 $-1\le t\le 1$

이고, $\left|t+\dfrac{1}{2}\right|+|t|\le\dfrac{1}{2}$

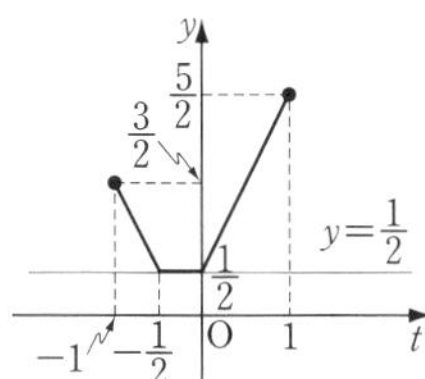

$-1\le t\le 1$에서 $y=\left|t+\dfrac{1}{2}\right|+|t|$의 그래프는 위의 그림과 같으므로 $y\le\dfrac{1}{2}$일 때 $-\dfrac{1}{2}\le t\le 0$

$$\therefore\ -\dfrac{1}{2}\le\cos x\le 0$$

$$\therefore\ \boldsymbol{\dfrac{\pi}{2}\le x\le\dfrac{2}{3}\pi,\ \dfrac{4}{3}\pi\le x\le\dfrac{3}{2}\pi}$$

10-10. $0<\sin\alpha\le 1,\ 0<\sin\beta\le 1$ 이므로 삼각형의 세 변의 길이가 될 조건은

$$1<\sin\alpha+\sin\beta$$

그런데 $\sin\beta=\sin(\pi-\alpha)=\sin\alpha$ 이므로

$$1<\sin\alpha+\sin\alpha=2\sin\alpha$$

$$\therefore\ \sin\alpha>\dfrac{1}{2}\qquad\therefore\ \boldsymbol{\dfrac{\pi}{6}<\alpha<\dfrac{5}{6}\pi}$$

****Note*** $a,\ b,\ c$가 삼각형의 세 변의 길이를 나타낼 조건은

$$|b-c|<a<b+c$$

이고, 특히 가장 긴 변의 길이가 a일 때에는 $a<b+c$만으로 충분하다.

10-11. $D/4=\tan^2\theta-(\sqrt{3}\tan\theta-1)$

$$=\left(\tan\theta-\dfrac{\sqrt{3}}{2}\right)^2+\dfrac{1}{4}>0$$

이므로 주어진 방정식은 θ의 값에 관계없이 항상 서로 다른 두 실근을 가진다.

$f(x)=x^2-2x\tan\theta+\sqrt{3}\tan\theta-1$로 놓으면

$f(0)=\sqrt{3}\tan\theta-1>0$ …①

$f(1+\sqrt{3})=(1+\sqrt{3})^2$
$-2(1+\sqrt{3})\tan\theta$
$+\sqrt{3}\tan\theta-1>0$ …②

축 : $0<\tan\theta<1+\sqrt{3}$ …③

①, ②, ③에서 $\dfrac{1}{\sqrt{3}}<\tan\theta<\sqrt{3}$

$$\therefore\ \boldsymbol{\dfrac{\pi}{6}<\theta<\dfrac{\pi}{3}}$$

10-12. (1) $\cos\theta=t$로 놓으면

$$-1\le t\le 1$$

이때, $t^2-3t-a+9\ge 0$을 만족시키는 a의 값의 범위를 구하면 된다.

$f(t)=t^2-3t-a+9$라고 하면

$$f(t)=\left(t-\frac{3}{2}\right)^2+\frac{27}{4}-a$$

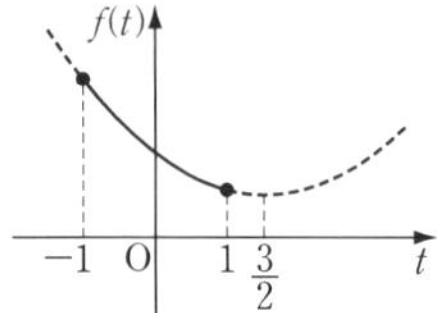

$-1\le t\le 1$이므로 $f(t)$는 $t=1$일 때 최소이고, 최솟값 $f(1)$은

$$f(1)=1-3-a+9\ge 0$$

이어야 한다. $\therefore$ $\boldsymbol{a\le 7}$

(2) $\sin\theta=t$로 놓으면 $-1\le t\le 1$

준 부등식은

$$(1-t^2)+(a+2)t-(2a+1)\ge 0$$

$$\therefore (t-2)(t-a)\le 0$$

$t-2<0$이므로 $t-a\ge 0$ $\therefore$ $t\ge a$

$-1\le t\le 1$인 모든 t에 대하여 성립해야 하므로 $\boldsymbol{a\le -1}$

10-13. $\sqrt{2}\sin y=\sin x$ ……①

$\sqrt{3}\tan y=\tan x$ ……②

②에서 $\dfrac{\sqrt{3}\sin y}{\cos y}=\dfrac{\sin x}{\cos x}$

$\therefore$ $\sqrt{3}\sin y\cos x=\sin x\cos y$

①의 $\sin x=\sqrt{2}\sin y$를 대입하면

$$\sqrt{3}\sin y\cos x=\sqrt{2}\sin y\cos y$$

$\sin y\ne 0$이므로

$$\sqrt{2}\cos y=\sqrt{3}\cos x \quad\text{……③}$$

①^2+③^{2}하면 $2=\sin^2 x+3\cos^2 x$

$\therefore$ $2=1-\cos^2 x+3\cos^2 x$

$\therefore$ $\cos^2 x=\dfrac{1}{2}$ $\therefore$ $\cos x=\pm\dfrac{1}{\sqrt{2}}$

$0<x<\dfrac{\pi}{2}$이므로 $\boldsymbol{x=\dfrac{\pi}{4}}$

①에 대입하면 $\sin y=\dfrac{1}{2}$

$0<y<\dfrac{\pi}{2}$이므로 $\boldsymbol{y=\dfrac{\pi}{6}}$

10-14. 준 방정식에서

$4a(1-\sin^2 x)+(4a+2)\sin x-a+1=0$

$\sin x=t$로 놓으면

$$4at^2-2(2a+1)t-3a-1=0 \cdots ①$$

한편 $0\le x\le \dfrac{5}{6}\pi$일 때 x에 관한 방정식 $\sin x=t$가 오직 하나의 실근을 가질 t의 값의 범위는

$$0\le t<\frac{1}{2},\ t=1 \quad\text{……②}$$

따라서 ②의 범위에서 ①이 오직 하나의 실근을 가질 a의 값의 범위를 구하면 된다.

그런데 ①에서

$$D/4=(2a+1)^2-4a(-3a-1)$$
$$=(4a+1)^2\ge 0$$

$a=-\dfrac{1}{4}$일 때 ①은 중근 $t=-\dfrac{1}{2}$을 가지지만 이 값은 ②의 범위에 속하지 않는다. $\therefore$ $a\ne -\dfrac{1}{4}$ ……③

$f(t)=4at^2-2(2a+1)t-3a-1$로 놓으면 방정식 $f(t)=0$이

(i) $t=1$을 근으로 가질 때

$f(1)=0$ $\therefore$ $a=-1$ ……④

이때, $f(t)=-4t^2+2t+2$
$=-2(2t+1)(t-1)$

이므로 ②의 범위에서 방정식 $f(t)=0$의 근은 $t=1$뿐이다.

(ii) $0\le t<\dfrac{1}{2}$에서 하나의 실근을 가질 때

$$f(0)f\left(\frac{1}{2}\right)\le 0\text{이고 } f\left(\frac{1}{2}\right)\ne 0$$

$\therefore$ $(3a+1)(4a+2)\le 0,\ 4a+2\ne 0$

$\therefore$ $-\dfrac{1}{2}<a\le -\dfrac{1}{3}$ ……⑤

③, ④, ⑤에서

$$\boldsymbol{a=-1,\ -\frac{1}{2}<a\le -\frac{1}{3}}$$

10-15. 준 방정식을 i에 관해 정리하면

$$(x^2+x\sin^2\theta-1)$$
$$+(x^2-x\cos^2\theta+\tan^2\theta)i=0$$

이 방정식이 실근을 가지므로 실근을 α

라고 하면

$(\alpha^2+\alpha\sin^2\theta-1)$

$+(\alpha^2-\alpha\cos^2\theta+\tan^2\theta)i=0$

$\alpha^2+\alpha\sin^2\theta-1,\ \alpha^2-\alpha\cos^2\theta+\tan^2\theta$ 가 실수이므로

$\alpha^2+\alpha\sin^2\theta-1=0$ ……①

$\alpha^2-\alpha\cos^2\theta+\tan^2\theta=0$ ……②

①−②하면

$(\sin^2\theta+\cos^2\theta)\alpha=\tan^2\theta+1$

$\therefore\ \alpha=\dfrac{1}{\cos^2\theta}$ ……③

이것을 ②에 대입하면

$\dfrac{1}{\cos^4\theta}-\dfrac{1}{\cos^2\theta}\times\cos^2\theta+\dfrac{\sin^2\theta}{\cos^2\theta}=0$

$\therefore\ 1-\cos^4\theta+\sin^2\theta\cos^2\theta=0$

$\therefore\ 1-\cos^4\theta+(1-\cos^2\theta)\cos^2\theta=0$

좌변을 정리하고 인수분해하면

$(2\cos^2\theta+1)(\cos^2\theta-1)=0$

$2\cos^2\theta+1>0$이므로 $\cos^2\theta=1$

$\therefore\ \cos\theta=\pm1\quad\therefore\ \boldsymbol{\theta=\pi}$

③에서 $\alpha=\mathbf{1}$

10-16. $x^2+x\cos\theta+\sin\theta=0$ …①

$x^2+x\sin\theta+\cos\theta=0$ …②

방정식 ①, ②의 공통근을 α라고 하면

$\alpha^2+\alpha\cos\theta+\sin\theta=0$ …③

$\alpha^2+\alpha\sin\theta+\cos\theta=0$ …④

③−④하면 $(\cos\theta-\sin\theta)(\alpha-1)=0$

$\therefore\ \cos\theta-\sin\theta=0$ 또는 $\alpha=1$

(i) $\cos\theta-\sin\theta=0$일 때

$\sin\theta=\cos\theta$에서 $\theta=\dfrac{\pi}{4},\ \dfrac{5}{4}\pi$

그런데 $\theta=\dfrac{\pi}{4}$일 때 ①, ②의 근은 허근이므로 적합하지 않다.

(ii) $\alpha=1$일 때

③에 대입하면 $1+\cos\theta+\sin\theta=0$

$\therefore\ \sin\theta=-1-\cos\theta$ ……⑤

$\sin^2\theta+\cos^2\theta=1$이므로

$(-1-\cos\theta)^2+\cos^2\theta=1$

$\therefore\ 2\cos\theta(\cos\theta+1)=0$

$\therefore\ \cos\theta=0,\ -1$

$\therefore\ \theta=\dfrac{\pi}{2},\ \pi,\ \dfrac{3}{2}\pi$

여기서 $\theta=\dfrac{\pi}{2}$는 ⑤를 만족시키지 않으므로 $\theta=\pi,\ \dfrac{3}{2}\pi$

이때, ①, ②는 모두 실근 1을 가지므로 적합하다.

(i), (ii)에서 $\boldsymbol{\theta=\pi,\ \dfrac{5}{4}\pi,\ \dfrac{3}{2}\pi}$

10-17. 두 양의 실근을 가지므로

(i) $D/4=\cos^2\theta-(\sin^2\theta-\sin\theta+1)\ge0$

$\therefore\ (1-\sin^2\theta)-(\sin^2\theta-\sin\theta+1)\ge0$

$\therefore\ \sin\theta(2\sin\theta-1)\le0$

$\therefore\ 0\le\sin\theta\le\dfrac{1}{2}$

$\therefore\ 0\le\theta\le\dfrac{\pi}{6},\ \dfrac{5}{6}\pi\le\theta\le\pi$

(ii) (두 근의 합)$=-2\cos\theta>0$

$\therefore\ \cos\theta<0\quad\therefore\ \dfrac{\pi}{2}<\theta\le\pi$

(iii) (두 근의 곱)$=\sin^2\theta-\sin\theta+1$

$=\left(\sin\theta-\dfrac{1}{2}\right)^2+\dfrac{3}{4}>0$

이 식은 항상 성립한다.

(i), (ii), (iii)에서 $\boldsymbol{\dfrac{5}{6}\pi\le\theta\le\pi}$

10-18. $\sin\theta=t$로 놓으면 $-1\le t\le1$

이때, 부등식 $t^2-2at-a^2+3\ge0$이 항상 성립해야 한다.

$f(t)=t^2-2at-a^2+3$

$=(t-a)^2-2a^2+3$

으로 놓으면

(i) $a<-1$일 때

$f(t)$는 $t=-1$일 때 최소이므로

$f(-1)=1+2a-a^2+3\ge0$

$\therefore\ a^2-2a-4\le0$

$\therefore\ 1-\sqrt{5}\le a\le1+\sqrt{5}$

$a<-1$이므로 $1-\sqrt{5}\le a<-1$

(ii) $-1\le a<1$일 때

$f(t)$는 $t=a$일 때 최소이므로

$$f(a)=-2a^2+3\ge 0$$

$$\therefore\ -\sqrt{\frac{3}{2}}\le a\le\sqrt{\frac{3}{2}}$$

$-1\le a<1$이므로 $-1\le a<1$

(iii) $a\ge 1$일 때

$f(t)$는 $t=1$일 때 최소이므로

$$f(1)=1-2a-a^2+3\ge 0$$

$$\therefore\ a^2+2a-4\le 0$$

$$\therefore\ -1-\sqrt{5}\le a\le -1+\sqrt{5}$$

$a\ge 1$이므로 $1\le a\le -1+\sqrt{5}$

(i), (ii), (iii)에서

$$\mathbf{1-\sqrt{5}\le a\le -1+\sqrt{5}}$$

10-19. 두 식에서 y를 소거하면

$$x^2+2x\cos\theta+1=x$$

$$\therefore\ x^2+(2\cos\theta-1)x+1=0\ \cdots①$$

①이 서로 다른 두 실근을 가지므로

$$D=(2\cos\theta-1)^2-4>0$$

$$\therefore\ (2\cos\theta+1)(2\cos\theta-3)>0$$

$2\cos\theta-3<0$이므로 $2\cos\theta+1<0$

$$\therefore\ \cos\theta<-\frac{1}{2}\quad\cdots\cdots②$$

한편 ①의 두 근을 α, $\beta\,(\alpha>\beta)$라고 하면 직선과 포물선의 교점의 좌표는

$$(\alpha,\ \alpha),\ (\beta,\ \beta)$$

이 두 점 사이의 거리를 l이라고 하면

$$l^2=(\alpha-\beta)^2+(\alpha-\beta)^2=2(\alpha-\beta)^2$$
$$=2(\alpha+\beta)^2-8\alpha\beta$$
$$=2(1-2\cos\theta)^2-8\times 1$$
$$=8\left(\cos\theta-\frac{1}{2}\right)^2-8$$

②에서 $-1\le\cos\theta<-\frac{1}{2}$이므로 l^2의 최댓값은 $\cos\theta=-1$일 때 10이다.

따라서 최댓값 $\boldsymbol{\sqrt{10}}$, $\boldsymbol{\theta=\pi}$

10-20. (1) $x\sin\theta=\sin^2\theta+1\ \cdots\cdots①$

$$y\sin^2\theta=\sin^4\theta+1\ \cdots\cdots②$$

$\sin\theta=0$이라고 하면 ①, ②에 모순이므로 $\sin\theta\ne 0$이다.

①의 양변을 $\sin\theta$로 나누면

$$x=\sin\theta+\frac{1}{\sin\theta}\quad\cdots\cdots③$$

②의 양변을 $\sin^2\theta$으로 나누면

$$y=\sin^2\theta+\frac{1}{\sin^2\theta}$$
$$=\left(\sin\theta+\frac{1}{\sin\theta}\right)^2-2$$
$$=x^2-2$$

한편 ③에서 $\sin\theta=t$로 놓으면

$$x=t+\frac{1}{t},\ -1\le t\le 1,\ t\ne 0$$

$\therefore\ x\ge 2$ 또는 $x\le -2$ 곧, $|x|\ge 2$

$$\therefore\ \boldsymbol{y=x^2-2\ (|x|\ge 2)}$$

(2) $0<\theta\le\frac{\pi}{2}$일 때 $0<\sin\theta\le 1$

이므로 $0<t\le 1$이고, 이때 $x\ge 2$이다.

따라서 점 $(x,\ y)$의 자취는

포물선 $\boldsymbol{y=x^2-2}$의 $\boldsymbol{x\ge 2}$인 부분

Note $x=t+\frac{1}{t}$에서

$-1\le t\le 1\ (t\ne 0)$일 때의 x의 범위와 $0<t\le 1$일 때의 x의 범위는 각각 그래프를 그려서 찾는다.

10-21. (1) $P_1(x_1,\ y_1)$, $P_2(x_2,\ y_2)$, $P_3(x_3,\ y_3)$, $P_4(x_4,\ y_4)$라고 하면

$$x_1=\overline{OP_1}\cos\theta=\cos\theta,$$

$$x_2=x_1-\overline{P_1P_2}\cos\frac{\pi}{3}=\cos\theta-\frac{1}{2}a,$$

$$x_3=x_2-a=\cos\theta-\frac{3}{2}a,$$

$$x_4=x_3-\overline{P_3P_4}\sin\frac{\pi}{6}$$
$$=\cos\theta-\frac{3}{2}a-2a\times\frac{1}{2}$$
$$=\cos\theta-\frac{5}{2}a,$$

$$y_1=\overline{OP_1}\sin\theta=\sin\theta,$$

$$y_2=y_1+\overline{P_1P_2}\sin\frac{\pi}{3}=\sin\theta+\frac{\sqrt{3}}{2}a,$$

$$y_3=y_2=\sin\theta+\frac{\sqrt{3}}{2}a,$$

$$y_4=y_3-\overline{\mathrm{P_3P_4}}\cos\frac{\pi}{6}$$
$$=\sin\theta+\frac{\sqrt{3}}{2}a-2a\times\frac{\sqrt{3}}{2}$$
$$=\sin\theta-\frac{\sqrt{3}}{2}a$$
$$\therefore\ \mathbf{P_4\left(\cos\theta-\frac{5}{2}a,\ \sin\theta-\frac{\sqrt{3}}{2}a\right)}$$

(2) $\cos\theta-\frac{5}{2}a=-2,\ \sin\theta-\frac{\sqrt{3}}{2}a=0$

에서

$$\cos\theta=\frac{5}{2}a-2,\ \sin\theta=\frac{\sqrt{3}}{2}a$$

$\cos^2\theta+\sin^2\theta=1$이므로

$$\left(\frac{5}{2}a-2\right)^2+\left(\frac{\sqrt{3}}{2}a\right)^2=1$$
$$\therefore\ a=1,\ \frac{3}{7}$$

$a=1$일 때 $\cos\theta=\frac{1}{2}$ $\quad\therefore\ \theta=\frac{\pi}{3}$

$a=\frac{3}{7}$일 때 $\cos\theta=-\frac{13}{14}$

$0<\theta<\frac{\pi}{2}$에서 $\cos\theta>0$이므로 이 값은 적합하지 않다.

$$\therefore\ \boldsymbol{a=1,\ \theta=\frac{\pi}{3}}$$

11-1. (i) $2\sin(\mathrm{A}+\mathrm{B})\sin\mathrm{C}=1$에서

$$2\sin(180°-\mathrm{C})\sin\mathrm{C}=1$$
$$\therefore\ 2\sin^2\mathrm{C}=1\quad\therefore\ \sin^2\mathrm{C}=\frac{1}{2}$$

$\sin\mathrm{C}>0$이므로 $\sin\mathrm{C}=\frac{1}{\sqrt{2}}$

$$\therefore\ \mathbf{C=45°,\ 135°}$$

(ii) 사인법칙으로부터 $\frac{c}{\sin\mathrm{C}}=2\times4$

$$\therefore\ c=8\sin\mathrm{C}=8\times\frac{1}{\sqrt{2}}=\mathbf{4\sqrt{2}}$$

11-2. $\log_2\sin\mathrm{A}-\log_2\cos\mathrm{B}-\log_2\sin\mathrm{C}$

$$=\log_2\frac{\sin\mathrm{A}}{\cos\mathrm{B}\sin\mathrm{C}}\quad\cdots\cdots①$$

사인법칙에서 $\frac{a}{\sin\mathrm{A}}=\frac{c}{\sin\mathrm{C}}$이므로

$$\frac{\sin\mathrm{A}}{\sin\mathrm{C}}=\frac{a}{c}\quad\cdots\cdots②$$

△ABC가 이등변삼각형이므로

$$\cos\mathrm{B}=\frac{\frac{1}{2}\overline{\mathrm{BC}}}{\overline{\mathrm{AB}}}=\frac{a}{2c}\quad\cdots\cdots③$$

②, ③을 ①에 대입하면

$$\log_2\left(\frac{2c}{a}\times\frac{a}{c}\right)=\log_2 2=\mathbf{1}$$

***Note** 코사인법칙을 써서 $\cos\mathrm{B}$를 a, b, c로 나타내어 풀 수도 있다.

11-3. $\angle\mathrm{APB}=\theta$라고 하자.

△ABP에서

$$\frac{\overline{\mathrm{AB}}}{\sin\theta}=2\mathrm{R_1}\quad\therefore\ \mathrm{R_1}=\frac{2}{\sin\theta}$$

또, △ACP에서

$$\frac{\overline{\mathrm{AC}}}{\sin(180°-\theta)}=2\mathrm{R_2}\quad\therefore\ \mathrm{R_2}=\frac{3}{\sin\theta}$$
$$\therefore\ \mathrm{R_1}:\mathrm{R_2}=\frac{2}{\sin\theta}:\frac{3}{\sin\theta}=\mathbf{2:3}$$

11-4.

A, B, C, P, Q, $2x$, 14, 60°, x

$\overline{\mathrm{BQ}}=x$라고 하면 $\overline{\mathrm{AP}}=2x$이고,

$$0<x<7\quad\cdots\cdots①$$

이때, △BPQ에서

$$\overline{\mathrm{PQ}}^2=(14-2x)^2+x^2-2(14-2x)x\cos60°$$
$$=7x^2-70x+196$$
$$=7(x-5)^2+21$$

①의 범위에서 $x=5$일 때 $\overline{\mathrm{PQ}}^2$의 최솟값은 21이다.

따라서 $\overline{\mathrm{PQ}}$의 최솟값은 $\mathbf{\sqrt{21}}$

11-5. (1) $a=2k,\ b=3k,\ c=4k$로 놓으면

$$\cos\mathrm{A}=\frac{(3k)^2+(4k)^2-(2k)^2}{2\times3k\times4k}=\mathbf{\frac{7}{8}}$$
$$\sin\mathrm{A}=\sqrt{1-\cos^2\mathrm{A}}$$
$$=\sqrt{1-\left(\frac{7}{8}\right)^2}=\mathbf{\frac{\sqrt{15}}{8}}$$

$$\tan A=\frac{\sin A}{\cos A}=\frac{\sqrt{15}}{7}$$

(2) $b+c=4k$, $c+a=5k$, $a+b=6k$로 놓고, a, b, c를 k로 나타내면

$$a=\frac{7}{2}k,\ b=\frac{5}{2}k,\ c=\frac{3}{2}k$$

$$\therefore\ \cos A=\frac{\left(\frac{5}{2}k\right)^2+\left(\frac{3}{2}k\right)^2-\left(\frac{7}{2}k\right)^2}{2\times\frac{5}{2}k\times\frac{3}{2}k}$$

$$=-\frac{1}{2}\qquad\therefore\ \mathbf{A=120^\circ}$$

(3) 각 변을 6으로 나누면

$$\frac{\sin A}{1}=\frac{\sin B}{\sqrt{3}}=\frac{\sin C}{2}$$

$$\therefore\ a:b:c=\sin A:\sin B:\sin C$$

$$=1:\sqrt{3}:2$$

$a=k$, $b=\sqrt{3}k$, $c=2k$로 놓으면

$$\cos A=\frac{(\sqrt{3}k)^2+(2k)^2-k^2}{2\times\sqrt{3}k\times2k}=\frac{\sqrt{3}}{2}$$

$$\therefore\ \mathbf{A=30^\circ}$$

11-6. $\triangle$ABC의 넓이를 S라고 하면

$$S=\frac{1}{2}\times a\times\overline{AD}=\frac{1}{2}\times b\times\overline{BE}$$

$$=\frac{1}{2}\times c\times\overline{CF}\qquad\cdots\cdots①$$

$$\therefore\ \overline{AD}=\frac{2S}{a},\ \overline{BE}=\frac{2S}{b},\ \overline{CF}=\frac{2S}{c}$$

$\frac{2S}{a}:\frac{2S}{b}:\frac{2S}{c}=4:3:2$에서

$$\frac{1}{a}:\frac{1}{b}:\frac{1}{c}=4:3:2$$

$$\therefore\ a:b:c=\frac{1}{4}:\frac{1}{3}:\frac{1}{2}$$

$$=3:4:6$$

$a=3k$, $b=4k$, $c=6k$로 놓으면

$$\cos\theta=\frac{c^2+a^2-b^2}{2ca}$$

$$=\frac{(6k)^2+(3k)^2-(4k)^2}{2\times6k\times3k}=\mathbf{\frac{29}{36}}$$

****Note*** ①에서 $\overline{AD}=4l$, $\overline{BE}=3l$, $\overline{CF}=2l$로 놓고 풀어도 된다.

11-7. 삼각형의 결정 조건에서

$$|a-c|<b<a+c\qquad\therefore\ 1<b<3$$

코사인법칙으로부터

$$\cos C=\frac{2^2+b^2-1^2}{2\times2\times b}=\frac{b^2+3}{4b}$$

$$=\frac{1}{4}\left(b+\frac{3}{b}\right)$$

$$\geq\frac{1}{4}\times2\sqrt{b\times\frac{3}{b}}=\frac{\sqrt{3}}{2}$$

$\left(\text{등호는 } b=\frac{3}{b}\text{, 곧 } b=\sqrt{3}\text{일 때 성립}\right)$

$$\therefore\ \mathbf{0^\circ<C\leq30^\circ}$$

****Note***

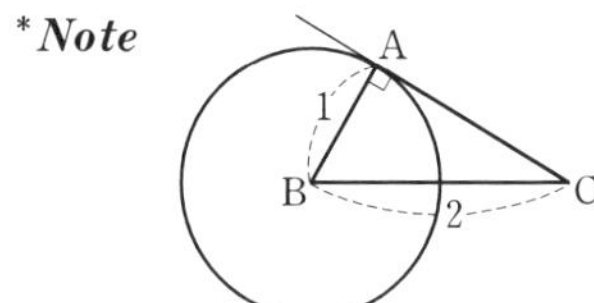

꼭짓점 A는 중심이 점 B이고 반지름의 길이가 1인 원주 위에 있다.

따라서 각 C의 크기가 최대인 경우는 변 AC가 이 원에 접할 때이다.

$$\therefore\ \mathbf{0^\circ<C\leq30^\circ}$$

11-8.

(1) $\overline{AD}\,/\!/\,\overline{BC}$이므로

$$\angle ACB=\angle CAD$$

$\overline{AC}=x$로 놓고, $\triangle$ABC와 $\triangle$ACD에 코사인법칙을 쓰면

$$\cos(\angle ACB)=\frac{11^2+x^2-5^2}{2\times11\times x},$$

$$\cos(\angle CAD)=\frac{5^2+x^2-7^2}{2\times5\times x}$$

$$\therefore\ \frac{11^2+x^2-5^2}{2\times11\times x}=\frac{5^2+x^2-7^2}{2\times5\times x}$$

$$\therefore\ x^2=124$$

$x>0$이므로 $x=\mathbf{2\sqrt{31}}$

(2) $\cos(\angle ACB)=\dfrac{11^2+(2\sqrt{31})^2-5^2}{2\times11\times2\sqrt{31}}$

$=\dfrac{5}{\sqrt{31}}$

$\therefore\ \sin(\angle ACB)=\dfrac{\sqrt{6}}{\sqrt{31}}$

$\therefore\ \overline{AH}=\overline{AC}\sin(\angle ACB)$

$=2\sqrt{31}\times\dfrac{\sqrt{6}}{\sqrt{31}}=\mathbf{2\sqrt{6}}$

(3) $\square ABCD=\dfrac{1}{2}\times(5+11)\times2\sqrt{6}$

$=\mathbf{16\sqrt{6}}$

**Note* (1) 꼭짓점 A를 지나고 변 CD에 평행한 직선이 변 BC와 만나는 점을 E라고 하면 $\overline{EC}=5$이므로

$\overline{BE}=6,\ \overline{AE}=\overline{DC}=7$

△ABE에 코사인법칙을 쓰면

$\cos B=\dfrac{5^2+6^2-7^2}{2\times5\times6}=\dfrac{1}{5}$

△ABC에 코사인법칙을 쓰면

$\overline{AC}^2=5^2+11^2-2\times5\times11\cos B$

$=124$

$\therefore\ \overline{AC}=\mathbf{2\sqrt{31}}$

(2) $\sin B=\sqrt{1-\cos^2 B}=\dfrac{2\sqrt{6}}{5}$

△ABH에서

$\overline{AH}=5\sin B=\mathbf{2\sqrt{6}}$

11-9. 외접원의 반지름의 길이를 R라고 하면

$2+2+3+5=2\pi R\quad \therefore\ R=\dfrac{6}{\pi}$

외접원의 중심을 O라고 하면 중심각의 크기는 호의 길이에 정비례하므로

$\angle AOB=\dfrac{\pi}{3},\ \angle BOC=\dfrac{\pi}{3},$

$\angle COD=\dfrac{\pi}{2},\ \angle DOA=\dfrac{5}{6}\pi$

따라서

$\square ABCD=\triangle AOB+\triangle BOC+\triangle COD+\triangle DOA$

$=\dfrac{1}{2}R^2\sin\dfrac{\pi}{3}+\dfrac{1}{2}R^2\sin\dfrac{\pi}{3}+\dfrac{1}{2}R^2\sin\dfrac{\pi}{2}+\dfrac{1}{2}R^2\sin\dfrac{5}{6}\pi$

$=\mathbf{\dfrac{9}{\pi^2}(3+2\sqrt{3})}$

11-10. (1) △ABC와 △ADC에 코사인법칙을 쓰면

$\overline{AC}^2=1^2+2^2-2\times1\times2\cos B$

$=5-4\cos B\quad\cdots\cdots①$

$\overline{AC}^2=4^2+3^2-2\times4\times3\cos D$

$=25-24\cos(180^\circ-B)$

$=25+24\cos B\quad\cdots\cdots②$

①×6+②에서 $7\overline{AC}^2=55$

$\therefore\ \overline{AC}=\mathbf{\sqrt{\dfrac{55}{7}}}$

(2) (1)의 결과를 ①에 대입하면

$\dfrac{55}{7}=5-4\cos B\quad \therefore\ \cos B=-\dfrac{5}{7}$

$\therefore\ \sin B=\sqrt{1-\cos^2 B}=\mathbf{\dfrac{2\sqrt{6}}{7}}$

(3) 사인법칙으로부터

$\dfrac{\overline{AB}}{\sin(\angle ACB)}=\dfrac{\overline{AC}}{\sin B}$

$\therefore\ \sin(\angle ACB)=\dfrac{\overline{AB}}{\overline{AC}}\times\sin B$

$=\sqrt{\dfrac{7}{55}}\times\dfrac{2\sqrt{6}}{7}=\mathbf{\dfrac{2\sqrt{6}}{\sqrt{385}}}$

(4) $\square ABCD=\triangle ABC+\triangle ADC$

$=\dfrac{1}{2}\times\overline{AB}\times\overline{BC}\times\sin B+\dfrac{1}{2}\times\overline{CD}\times\overline{DA}\times\sin(180^\circ-B)$

$=\dfrac{1}{2}\times1\times2\sin B+\dfrac{1}{2}\times3\times4\sin B$

$=7\sin B=\mathbf{2\sqrt{6}}$

11-11.

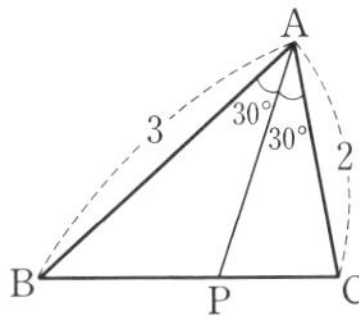

(i) 코사인법칙으로부터

$\overline{BC}^2=3^2+2^2-2\times3\times2\cos60°=7$

$\therefore$ $\mathbf{\overline{BC}=\sqrt{7}}$

(ii) $\overline{AP}=x$로 놓으면

$\triangle ABC=\triangle ABP+\triangle ACP$

이므로

$\frac{1}{2}\times3\times2\sin60°=\frac{1}{2}\times3\times x\sin30°$

$+\frac{1}{2}\times2\times x\sin30°$

$\therefore$ $\frac{3\sqrt{3}}{2}=\frac{3x}{4}+\frac{2x}{4}$ $\quad\therefore$ $x=\frac{6\sqrt{3}}{5}$

$\therefore$ $\mathbf{\overline{AP}=\frac{6\sqrt{3}}{5}}$

(iii) $\overline{BP}=y$로 놓으면

$\overline{BP}:\overline{PC}=\overline{AB}:\overline{AC}$

이므로

$y:(\sqrt{7}-y)=3:2$

$\therefore$ $y=\frac{3\sqrt{7}}{5}$ $\quad\therefore$ $\mathbf{\overline{BP}=\frac{3\sqrt{7}}{5}}$

11-12.

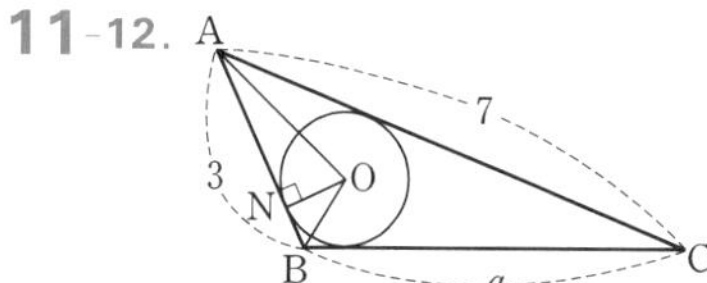

(1) $\triangle ABC$에서

$3^2+a^2-2\times3\times a\cos120°=7^2$

$\therefore$ $(a+8)(a-5)=0$

$a>0$이므로 $\mathbf{a=5}$

(2) $S=\frac{1}{2}\times3\times a\sin120°$

$=\frac{1}{2}\times3\times5\times\frac{\sqrt{3}}{2}=\mathbf{\frac{15\sqrt{3}}{4}}$

(3) $r=\dfrac{2\times\frac{15\sqrt{3}}{4}}{5+7+3}=\mathbf{\frac{\sqrt{3}}{2}}$,

$R=\dfrac{5\times7\times3}{4\times\frac{15\sqrt{3}}{4}}=\mathbf{\frac{7\sqrt{3}}{3}}$

*Note 필수 예제 11-10을 참조하여라.

(4) 내접원과 변 AB의 접점을 N이라고 하자.

$\frac{\overline{ON}}{\overline{BO}}=\sin60°$에서

$\overline{BO}=r\times\frac{1}{\sin60°}$

$=\frac{\sqrt{3}}{2}\times\frac{2}{\sqrt{3}}=1$

$\triangle AOB$에 코사인법칙을 쓰면

$\overline{AO}^2=3^2+1^2-2\times3\times1\times\cos60°=7$

$\therefore$ $\mathbf{\overline{AO}=\sqrt{7}}$

11-13.

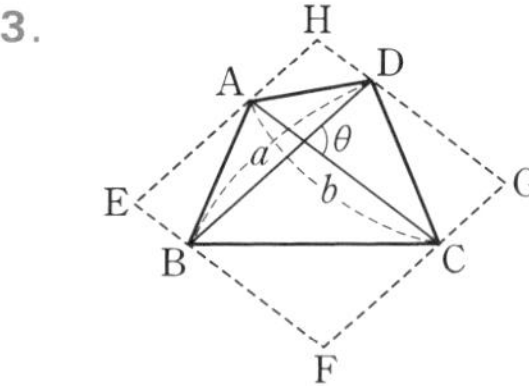

(1) 위의 그림과 같이 사각형 ABCD의 꼭짓점 A, B, C, D를 지나고 대각선과 평행한 직선을 그어 사각형 EFGH를 만들면 사각형 EFGH는 평행사변형이고,

$\overline{HE}=a$, $\overline{FE}=b$, $\angle HEF=\theta$

이다.

$\therefore$ $S=\square ABCD=\frac{1}{2}\square EFGH$

$=\triangle EFH=\mathbf{\frac{1}{2}ab\sin\theta}$

(2) $a+b=4$에서 $b=4-a$이므로

$0<a<4$

또, $\theta=60°$이므로

$S=\frac{1}{2}ab\sin\theta$

$=\frac{1}{2}a(4-a)\sin60°$

$=-\frac{\sqrt{3}}{4}(a^2-4a)$

$=-\frac{\sqrt{3}}{4}(a-2)^2+\sqrt{3}$

따라서 $a=b=2$일 때 S는 최대이

고, 최댓값은 $\sqrt{3}$

Note 산술평균과 기하평균의 관계를 이용하여 구해도 된다.

11-14.

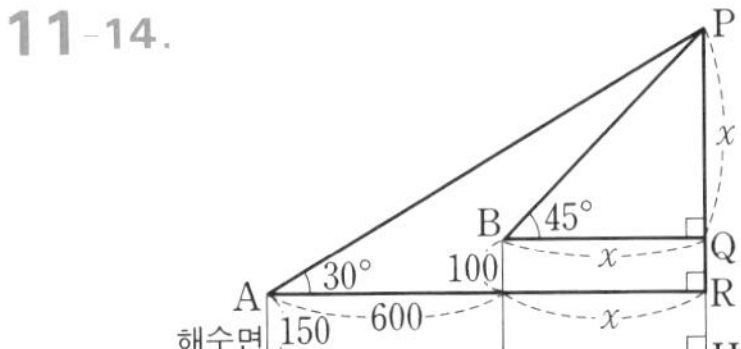

$\angle PBQ=45°$이므로 $\triangle PBQ$는 직각이등변삼각형이다.

따라서 $\overline{PQ}=x$로 놓으면 $\overline{BQ}=x$이므로 $\triangle PAR$에서

$$\frac{\overline{PR}}{\overline{AR}}=\tan 30° \quad \therefore \ \frac{x+100}{600+x}=\frac{1}{\sqrt{3}}$$

$$\therefore \ \sqrt{3}x+100\sqrt{3}=600+x$$

$$\therefore \ x=250\sqrt{3}+150$$

$$\therefore \ \overline{PH}=\overline{PQ}+\overline{QH}$$
$$=(250\sqrt{3}+150)+250$$
$$=\mathbf{250\sqrt{3}+400\,(m)}$$

11-15.

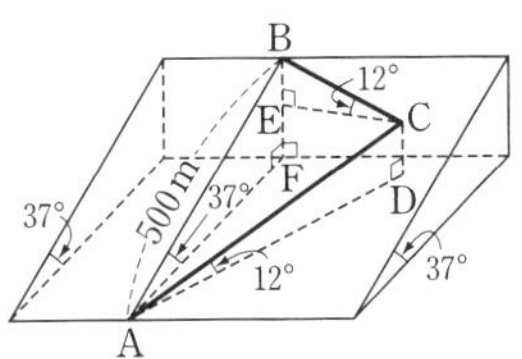

위의 그림에서

$$\overline{CD}=\overline{AC}\sin 12°=0.2\overline{AC},$$
$$\overline{BE}=\overline{BC}\sin 12°=0.2\overline{BC},$$
$$\overline{BF}=\overline{AB}\sin 37°=0.6\overline{AB}$$
$$=0.6\times 500=300$$

그런데

$\overline{BF}=\overline{BE}+\overline{EF}$, 곧 $\overline{BF}=\overline{BE}+\overline{CD}$

이므로

$$300=0.2\overline{BC}+0.2\overline{AC}$$

$$\therefore \ \overline{BC}+\overline{AC}=\frac{300}{0.2}=\mathbf{1500\,(m)}$$

11-16.

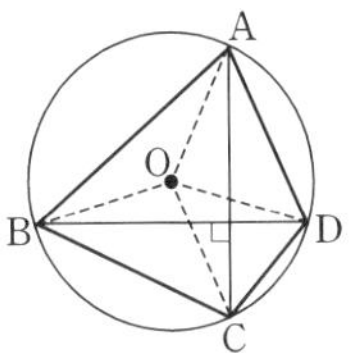

$$\angle AOB+\angle COD$$
$$=2\angle ADB+2\angle CAD$$
$$=2(\angle ADB+\angle CAD)$$
$$=2\times\frac{\pi}{2}=\pi$$

$\therefore \ \angle AOB+\angle COD=\pi$ ……①

또, 주어진 조건에서

$\angle AOB=3\angle COD$ ……②

①, ②에서

$$\angle COD=\frac{\pi}{4} \quad \therefore \ \angle CAD=\frac{\pi}{8}$$

원 O의 반지름의 길이를 R라고 하면 $\triangle ACD$에서

$$\frac{10}{\sin\frac{\pi}{8}}=2R \quad \therefore \ R=\frac{5}{\sin\frac{\pi}{8}}$$

따라서 구하는 넓이는

$$\pi\left(\frac{5}{\sin\frac{\pi}{8}}\right)^2=\pi\left(\frac{10}{\sqrt{2-\sqrt{2}}}\right)^2$$
$$=\mathbf{50(2+\sqrt{2})\pi}$$

11-17. (1) 아래 그림과 같이 점 A가 원점에 오도록 좌표축을 잡는다.

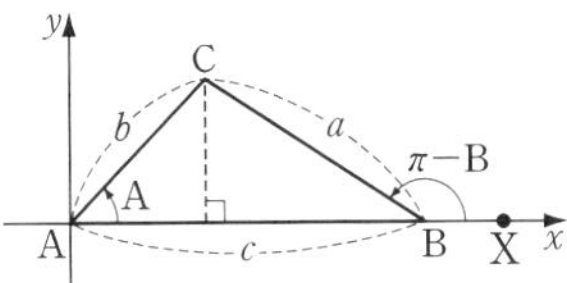

(i) 반직선 AB를 시초선, 반직선 AC를 동경으로 생각하면

$C(b\cos A,\ b\sin A)$ ……①

(ii) B를 꼭짓점, 반직선 BX를 시초선, 반직선 BC를 동경으로 생각하면

$C\big(c+a\cos(\pi-B),\ a\sin(\pi-B)\big)$

곧, $C(c-a\cos B,\ a\sin B)$ …②

①, ②에서 점 C의 y좌표가 같아야 하므로

$$b\sin A=a\sin B$$

$$곧,\ \frac{a}{\sin A}=\frac{b}{\sin B}$$

같은 방법으로 하면

$$\frac{b}{\sin B}=\frac{c}{\sin C}$$

$$\therefore\ \frac{a}{\sin A}=\frac{b}{\sin B}=\frac{c}{\sin C}$$

***Note** 이와 같이 좌표를 이용하여 제일 코사인법칙도 증명할 수 있다.

곧, ①, ②에서 점 C의 x좌표가 같아야 하므로

$$b\cos A=c-a\cos B$$

$$\therefore\ c=a\cos B+b\cos A$$

(2) 아래 그림과 같이 점 A가 원점에 오도록 좌표축을 잡는다.

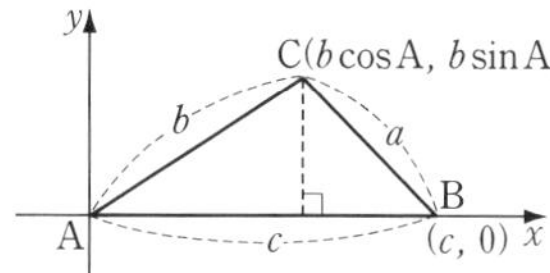

$$a^2=(b\cos A-c)^2+(b\sin A)^2$$
$$=b^2\cos^2 A-2bc\cos A+c^2+b^2\sin^2 A$$
$$=b^2+c^2-2bc\cos A$$

11-18. (1) $\dfrac{\sin A\sin^2 B}{\cos A}=\dfrac{\sin B\sin^2 A}{\cos B}$

$\therefore\ \sin A\cos A=\sin B\cos B$

$\therefore\ \dfrac{a}{2R}\times\dfrac{b^2+c^2-a^2}{2bc}=\dfrac{b}{2R}\times\dfrac{c^2+a^2-b^2}{2ca}$

$\therefore\ (a^2-b^2)(a^2+b^2-c^2)=0$

$\therefore$ $\boldsymbol{a=b}$**인 이등변삼각형**

또는 $\mathbf{C=90^\circ}$인 직각삼각형

(2) $\dfrac{b}{2R}\left(a-c\times\dfrac{c^2+a^2-b^2}{2ca}\right)$

$$=\frac{a}{2R}\left(b-c\times\frac{b^2+c^2-a^2}{2bc}\right)$$

$\therefore\ b^2(a^2-c^2+b^2)=a^2(b^2-c^2+a^2)$

$\therefore\ (a+b)(a-b)(a^2+b^2-c^2)=0$

$a+b\neq0$이므로

$$a=b\ 또는\ a^2+b^2=c^2$$

$\therefore$ $\boldsymbol{a=b}$**인 이등변삼각형**

또는 $\mathbf{C=90^\circ}$인 직각삼각형

***Note** 제일 코사인법칙을 써서 다음과 같이 풀 수도 있다.

준 식에 $a=b\cos C+c\cos B$, $b=c\cos A+a\cos C$를 대입하면

$$b\sin B\cos C=a\sin A\cos C$$

$\therefore\ \cos C(b\sin B-a\sin A)=0$

$\cos C=0$일 때

$\mathbf{C=90^\circ}$인 직각삼각형

$b\sin B=a\sin A$일 때

$$b\times\frac{b}{2R}=a\times\frac{a}{2R}$$

$\therefore$ $\boldsymbol{a=b}$**인 이등변삼각형**

(3) $b^2(1-\cos^2 C)+c^2(1-\cos^2 B)$

$$=2bc\cos B\cos C$$

$\therefore\ b^2+c^2=b^2\cos^2 C+2bc\cos B\cos C+c^2\cos^2 B$

$\therefore\ b^2+c^2=(b\cos C+c\cos B)^2$

$\therefore\ b^2+c^2=a^2$

$\therefore$ **$\mathbf{A=90^\circ}$인 직각삼각형**

(4) $\dfrac{2\cos A-1}{\sin A}=\dfrac{2\times\dfrac{b^2+c^2-a^2}{2bc}-1}{\dfrac{a}{2R}}$

$$=\frac{2R}{abc}(b^2+c^2-a^2-bc)$$

같은 방법으로 하면

$\dfrac{2\cos B-1}{\sin B}=\dfrac{2R}{abc}(c^2+a^2-b^2-ca)$,

$\dfrac{2\cos C-1}{\sin C}=\dfrac{2R}{abc}(a^2+b^2-c^2-ab)$

따라서 준 방정식은

$\dfrac{2R}{abc}(a^2+b^2+c^2-ab-bc-ca)=0$

$\therefore\ (a-b)^2+(b-c)^2+(c-a)^2=0$

$\therefore\ a=b=c \quad \therefore$ 정삼각형

11-19. (1) 준 식의 양변에 $(a+b)(c+a)$를 곱하면

$$c(c+a)+b(a+b)=(a+b)(c+a)$$

전개하여 정리하면

$$a^2=b^2+c^2-bc \quad \cdots\cdots①$$

$$\therefore\ \cos A=\frac{b^2+c^2-a^2}{2bc}=\frac{bc}{2bc}=\frac{1}{2}$$

$$\therefore\ \mathbf{A=60°}$$

(2) $A=60°,\ a=\sqrt{7}\,c$이므로

$\dfrac{a}{\sin A}=\dfrac{c}{\sin C}$에서

$$\frac{\sqrt{7}\,c}{\sin 60°}=\frac{c}{\sin C} \quad \therefore\ \mathbf{\sin C=\frac{\sqrt{21}}{14}}$$

$a=\sqrt{7}\,c$를 ①에 대입하여 정리하면

$$(b-3c)(b+2c)=0$$

$b+2c>0$이므로 $\ b=3c$

$\dfrac{b}{\sin B}=\dfrac{c}{\sin C}$에서

$$\frac{3c}{\sin B}=\frac{c}{\sin C} \quad \therefore\ \mathbf{\sin B=\frac{3\sqrt{21}}{14}}$$

11-20.

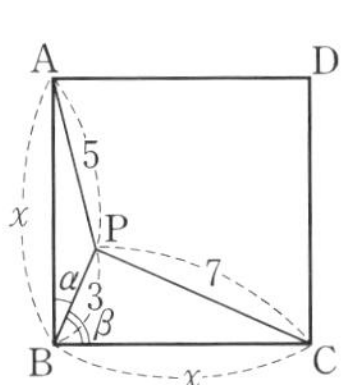

한 변의 길이를 x라고 하면

$$\cos\alpha=\frac{9+x^2-25}{2\times3\times x}>0 \quad \cdots\cdots①$$

$$\cos\beta=\frac{9+x^2-49}{2\times3\times x}>0$$

한편 $\cos\beta=\cos(90°-\alpha)=\sin\alpha$이므로

$$\sin\alpha=\frac{9+x^2-49}{2\times3\times x}>0 \quad \cdots\cdots②$$

①^2+②^{2}하면

$$1=\left(\frac{9+x^2-25}{2\times3\times x}\right)^2+\left(\frac{9+x^2-49}{2\times3\times x}\right)^2$$

$\therefore\ x^4-74x^2+928=0 \quad \therefore\ x^2=16,\ 58$

①, ②에서 $x^2>40$이므로

$$x^2=58 \quad \therefore\ x=\mathbf{\sqrt{58}}$$

11-21. △ABP에서

$$\overline{AB}^2=2^2+(\sqrt{2})^2-2\times2\times\sqrt{2}\cos45°=2$$

$\therefore\ \overline{AB}=\sqrt{2} \quad \therefore\ \angle ABP=90°$

따라서 주어진 조건을 만족시키는 점 P의 위치는 아래 그림과 같다.

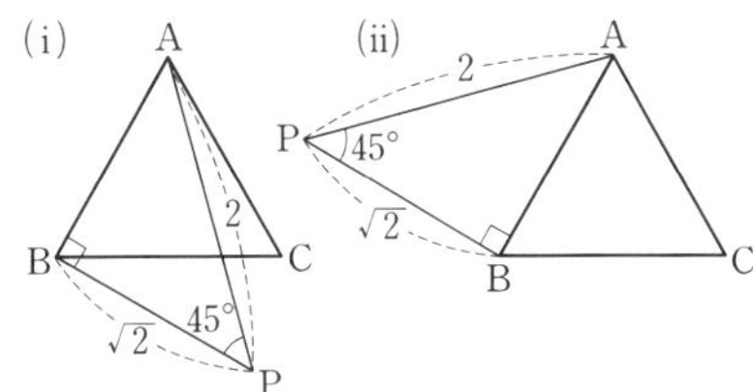

위의 그림 (i)에서 $\angle PBC=30°$이므로 △BCP에서

$$\overline{PC}^2=(\sqrt{2})^2+(\sqrt{2})^2-2\times\sqrt{2}\times\sqrt{2}\cos30°=4-2\sqrt{3}$$

$\therefore\ \overline{PC}=\sqrt{3}-1$

위의 그림 (ii)에서 $\angle PBC=150°$이므로 △BCP에서

$$\overline{PC}^2=(\sqrt{2})^2+(\sqrt{2})^2-2\times\sqrt{2}\times\sqrt{2}\cos150°=4+2\sqrt{3}$$

$\therefore\ \overline{PC}=\sqrt{3}+1$

따라서 $\ \mathbf{\overline{PC}=\sqrt{3}-1,\ \sqrt{3}+1}$

11-22.

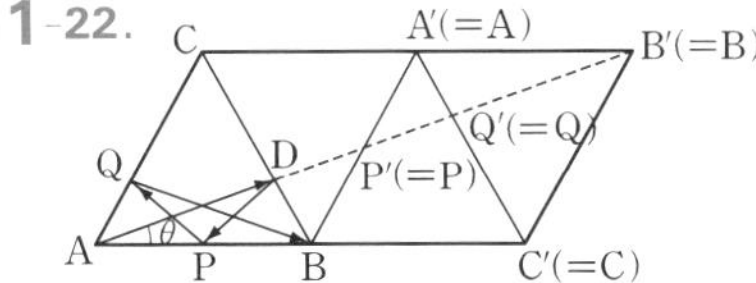

위의 그림에서 빛이 이동하는 경로는

$$\overline{AD}\longrightarrow\overline{DP}\longrightarrow\overline{PQ}\longrightarrow\overline{QB}$$

이고, 이 경로의 길이는 선분 AB′의 길이와 같다.

$\triangle AC'B'$에 코사인법칙을 쓰면

$\overline{AB'}^2=2^2+1^2-2\times2\times1\times\cos120°=7$

$\therefore\ \overline{AB'}=\sqrt{7}$

$\triangle AC'B'$에 사인법칙을 쓰면

$$\frac{\overline{B'C'}}{\sin\theta}=\frac{\overline{AB'}}{\sin120°}$$

$$\therefore\ \sin\theta=\frac{\overline{B'C'}\sin120°}{\overline{AB'}}=\frac{\sqrt{3}}{2\sqrt{7}}=\mathbf{\frac{\sqrt{21}}{14}}$$

****Note*** 점 B′에서 직선 AC′에 내린 수선의 발을 H라고 하면 $\triangle ABC$는 한 변의 길이가 1인 정삼각형이므로

$$\overline{B'H}=\frac{\sqrt{3}}{2}$$

$$\therefore\ \sin\theta=\frac{\overline{B'H}}{\overline{AB'}}=\frac{\frac{\sqrt{3}}{2}}{\sqrt{7}}=\mathbf{\frac{\sqrt{21}}{14}}$$

11-23.

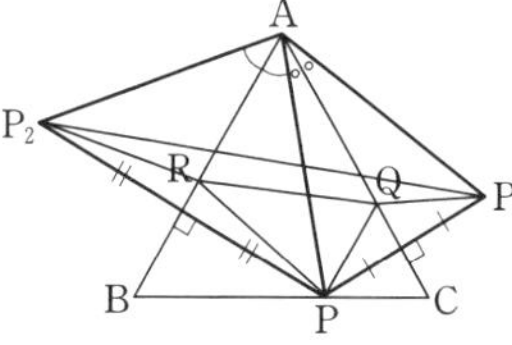

점 P의 변 AC에 대한 대칭점을 P_1, 변 AB에 대한 대칭점을 P_2라고 하자.

$$\overline{PQ}+\overline{QR}+\overline{RP}=\overline{P_1Q}+\overline{QR}+\overline{RP_2}$$
$$\geq\overline{P_1P_2}$$

그런데 $\overline{AP}=x$라고 하면

$$\overline{AP_1}=\overline{AP_2}=x$$

$\angle P_1AP_2=2\angle A=120°$이므로

$\triangle AP_2P_1$에 코사인법칙을 쓰면

$$\overline{P_1P_2}^2=x^2+x^2-2\times x\times x\cos120°$$
$$=3x^2$$

$\therefore\ \overline{P_1P_2}=\sqrt{3}\,x$

그런데 $x=\overline{AP}\geq\overline{AH}=4$이므로 $\overline{P_1P_2}$의 최솟값은 $4\sqrt{3}$

따라서 $\overline{PQ}+\overline{QR}+\overline{RP}$의 최솟값은

$\mathbf{4\sqrt{3}}$

11-24. (1) 사인법칙으로부터

$$\frac{\overline{BC}}{\sin60°}=2\times2$$

$$\therefore\ \overline{BC}=4\times\frac{\sqrt{3}}{2}=\mathbf{2\sqrt{3}}$$

(2) $\overline{AB}=x$, $\overline{AC}=y$로 놓으면

$$\triangle ABC=\frac{1}{2}xy\sin60°=\sqrt{3}$$

$\therefore\ xy=4$

또, $\overline{BC}^2=x^2+y^2-2xy\cos60°$에서

$(2\sqrt{3})^2=x^2+y^2-xy$

$\therefore\ (x+y)^2=3xy+12$

$xy=4$이므로 $(x+y)^2=24$

$x+y>0$이므로

$x+y=\sqrt{24}=2\sqrt{6}$

$$\therefore\ \overline{AB}+\overline{BC}+\overline{CA}=\overline{AB}+\overline{CA}+\overline{BC}$$
$$=2\sqrt{6}+2\sqrt{3}$$
$$=\mathbf{2(\sqrt{6}+\sqrt{3})}$$

11-25.

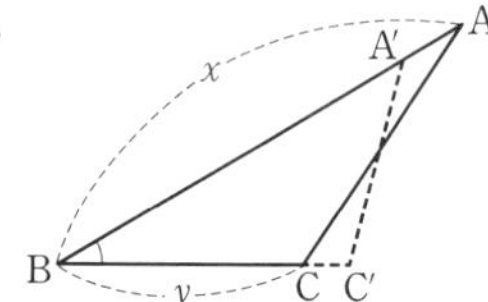

위의 그림에서 $\overline{AB}=x$, $\overline{BC}=y$라고 하면

$$\triangle ABC=\frac{1}{2}xy\sin B$$

또, 선분 AB의 길이를 10% 줄인 선분 A′B의 길이와 선분 BC의 길이를 p% 늘인 선분 BC′의 길이는 각각

$$\overline{A'B}=\left(1-\frac{10}{100}\right)x=\frac{9}{10}x,$$

$$\overline{BC'}=\left(1+\frac{p}{100}\right)y=\frac{100+p}{100}y$$

따라서

$$\triangle A'BC'=\frac{1}{2}\times\frac{9}{10}x\times\frac{100+p}{100}y\times\sin B$$

$\triangle ABC=\triangle A'BC'$이려면

$$\frac{1}{2}xy\sin B=\frac{9(100+p)}{2000}xy\sin B$$

$$\therefore\ \boldsymbol{p}=\mathbf{\frac{100}{9}}$$

11-26.

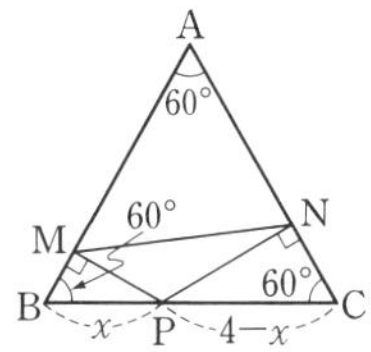

(1) $\angle A+\angle MPN=180°$

$\angle A=60°$이므로 $\quad \angle \mathbf{MPN=120°}$

(2) $\overline{BP}=x$로 놓으면 $0<x<4$이고,

$\overline{PM}=\overline{BP}\sin 60°=\dfrac{\sqrt{3}}{2}x$,

$\overline{PN}=\overline{PC}\sin 60°=\dfrac{\sqrt{3}}{2}(4-x)$

$\therefore \triangle PMN=\dfrac{1}{2}\times\overline{PM}\times\overline{PN}\times\sin 120°$

$=\dfrac{1}{2}\times\dfrac{\sqrt{3}}{2}x\times\dfrac{\sqrt{3}}{2}(4-x)\times\dfrac{\sqrt{3}}{2}$

$=\dfrac{3\sqrt{3}}{16}x(4-x)$

$=-\dfrac{3\sqrt{3}}{16}(x-2)^2+\dfrac{3\sqrt{3}}{4}$

따라서 $x=2$일 때 최대이고,

최댓값은 $\boldsymbol{\dfrac{3\sqrt{3}}{4}}$

* ***Note*** $\triangle ABC=\triangle ABP+\triangle APC$ 이므로

$\dfrac{\sqrt{3}}{4}\times 4^2=\dfrac{1}{2}\times 4\times\overline{PM}+\dfrac{1}{2}\times 4\times\overline{PN}$

$\therefore \overline{PM}+\overline{PN}=2\sqrt{3}$

이때,

$\triangle PMN=\dfrac{1}{2}\times\overline{PM}\times\overline{PN}\times\sin 120°$

$=\dfrac{\sqrt{3}}{4}\times\overline{PM}\times\overline{PN}$

따라서 산술평균과 기하평균의 관계로부터 $\overline{PM}=\overline{PN}=\sqrt{3}$일 때 $\triangle PMN$의 최댓값은 $\boldsymbol{\dfrac{3\sqrt{3}}{4}}$

11-27. $\triangle PBC$에서 $\angle BPC=\theta$라 하면

$\dfrac{1}{2}xy\sin\theta=\dfrac{1}{2}\times 2\times 1 \quad \therefore xy=\dfrac{2}{\sin\theta}$

한편 점 P가 점 A에 있을 때,

$\sin\theta=\dfrac{2}{\sqrt{2^2+1^2}}=\dfrac{2}{\sqrt{5}}$

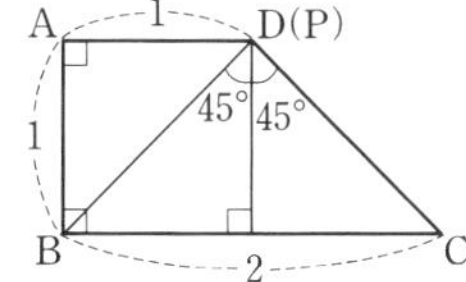

점 P가 점 D에 있을 때, 위의 그림에서 $\angle BPC=\theta=90°$이므로 $\quad \sin\theta=1$

$\therefore \dfrac{2}{\sqrt{5}}\le\sin\theta\le 1$

$\therefore 2\le\dfrac{2}{\sin\theta}\le\sqrt{5} \qquad \therefore 2\le xy\le\sqrt{5}$

따라서 최댓값 $\boldsymbol{\sqrt{5}}$, 최솟값 **2**

11-28.

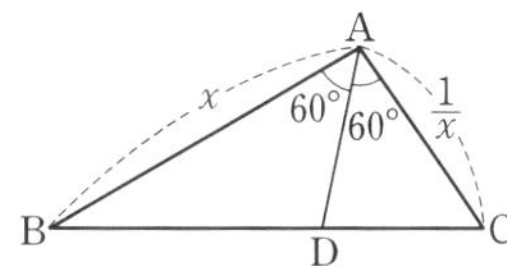

(1) $\overline{AB}=x$이므로 $\quad \overline{AC}=\dfrac{1}{x}$

$\triangle ABD+\triangle ACD=\triangle ABC$이므로

$\dfrac{1}{2}\times x\times\overline{AD}\times\sin 60°+\dfrac{1}{2}\times\dfrac{1}{x}\times\overline{AD}\times\sin 60°$

$=\dfrac{1}{2}\times x\times\dfrac{1}{x}\times\sin 120°$

$\therefore \left(x+\dfrac{1}{x}\right)\overline{AD}=1$

$\therefore \overline{AD}=\dfrac{1}{x+\dfrac{1}{x}}=\boldsymbol{\dfrac{x}{x^2+1}}$

(2) $x+\dfrac{1}{x}\ge 2\sqrt{x\times\dfrac{1}{x}}=2$이므로

$\overline{AD}\le\dfrac{1}{2}$이다.

따라서 $\overline{AD}$의 최댓값은 $\boldsymbol{\dfrac{1}{2}}$

등호는 $x=\dfrac{1}{x}$일 때 성립하므로

$x^2=1$에서 $\quad \boldsymbol{x=1}$ $(\because x>0)$

11-29.

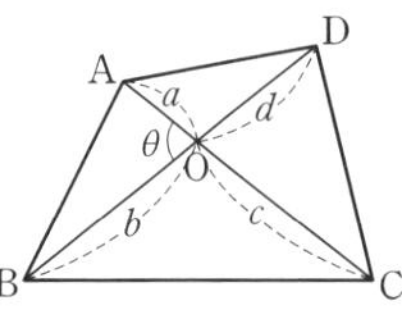

$\overline{OA}=a$, $\overline{OB}=b$, $\overline{OC}=c$, $\overline{OD}=d$, $\angle AOB=\theta$라고 하자.

$$\triangle ABO=\frac{1}{2}ab\sin\theta=4 \quad \cdots\cdots ①$$

$$\triangle CDO=\frac{1}{2}cd\sin\theta=9 \quad \cdots\cdots ②$$

사각형 ABCD의 넓이를 S라고 하면

$$\begin{aligned} S&=\frac{1}{2}(a+c)(b+d)\sin\theta \\ &=\frac{1}{2}ab\sin\theta+\frac{1}{2}cd\sin\theta \\ &\qquad +\frac{1}{2}ad\sin\theta+\frac{1}{2}bc\sin\theta \\ &\ge 4+9+2\sqrt{\frac{1}{4}abcd\sin^2\theta} \end{aligned}$$

그런데 ①×②에서

$$\frac{1}{4}abcd\sin^2\theta=36$$

이므로 $S\ge 13+2\sqrt{36}=25$

(등호는 $ad\sin\theta=bc\sin\theta$ 곧, $ad=bc$일 때 성립)

따라서 S의 최솟값은 **25**

11-30. $s=\frac{1}{2}(a+b+c)=\frac{1}{2}(8+12)=10$

따라서 헤론의 공식에서 △ABC의 넓이 S는

$$\begin{aligned} S&=\sqrt{10(10-8)(10-b)(10-c)} \\ &=\sqrt{20\{100-10(b+c)+bc\}} \\ &=\sqrt{20(100-10\times 12+bc)} \\ &=\sqrt{20(bc-20)} \\ &=\sqrt{20\{b(12-b)-20\}} \\ &=\sqrt{-20(b-6)^2+20\times 16} \end{aligned}$$

한편 $8+b>c$, $8+c>b$이고, $c=12-b$이므로 $2<b<10$

이 범위에서 S는 $b=6$일 때 최대이고, 최댓값은 $\sqrt{20\times 16}=\mathbf{8\sqrt{5}}$

11-31. △PAB에서 $\angle APB=25^\circ$이므로 사인법칙을 쓰면

$$\frac{\overline{PB}}{\sin 122^\circ}=\frac{900}{\sin 25^\circ}$$

$$\therefore \overline{PB}=\frac{900\sin 58^\circ}{\sin 25^\circ}=\frac{900\times 0.8}{0.4}=1800$$

또, △QAB에서 $\angle AQB=59^\circ$이므로 사인법칙을 쓰면

$$\frac{\overline{QB}}{\sin 28^\circ}=\frac{900}{\sin 59^\circ}$$

$$\therefore \overline{QB}=\frac{900\sin 28^\circ}{\sin 59^\circ}=\frac{900\times 0.5}{0.9}=500$$

따라서 △PBQ에서 $\angle PBQ=60^\circ$이므로 코사인법칙을 쓰면

$$\begin{aligned} \overline{PQ}^2&=\overline{PB}^2+\overline{QB}^2 \\ &\qquad -2\times\overline{PB}\times\overline{QB}\times\cos(\angle PBQ) \\ &=1800^2+500^2-2\times 1800\times 500\times\frac{1}{2} \\ &=2590000 \end{aligned}$$

$$\therefore \overline{PQ}=100\sqrt{259}=100\times 16.1=\mathbf{1610\,(m)}$$

* ***Note*** 선분 AP, AQ의 길이를 구하여 △PAQ에 코사인법칙을 쓰는 방법을 생각할 수도 있다.

여기서는 문제에서 주어진 삼각함수의 값을 이용하기 위해서 △PBQ에서 생각하였다.

11-32.

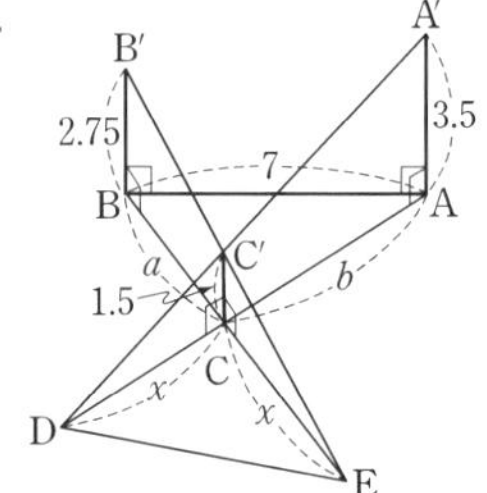

위의 그림에서 $\overline{BC}=a$, $\overline{AC}=b$라고 하자.

$\triangle AA'D$에서 $\overline{AA'} /\!/ \overline{CC'}$이므로 그림자의 길이를 x m라고 하면

$$\frac{x+b}{x}=\frac{3.5}{1.5} \quad \therefore 1+\frac{b}{x}=\frac{7}{3}$$

$$\therefore b=\frac{4}{3}x$$

$\triangle BB'E$에서 $\overline{BB'} /\!/ \overline{CC'}$이므로

$$\frac{x+a}{x}=\frac{2.75}{1.5} \quad \therefore 1+\frac{a}{x}=\frac{11}{6}$$

$$\therefore a=\frac{5}{6}x$$

$\triangle ABC$에 코사인법칙을 쓰면

$$\overline{AB}^2=\overline{CB}^2+\overline{CA}^2-2\times\overline{CB}\times\overline{CA}\times\cos 60^\circ$$

$$\therefore 7^2=\left(\frac{5}{6}x\right)^2+\left(\frac{4}{3}x\right)^2-2\times\frac{5}{6}x\times\frac{4}{3}x\times\frac{1}{2}$$

$$\therefore x^2=36 \quad \therefore x=\mathbf{6\,(m)}$$

11-33.

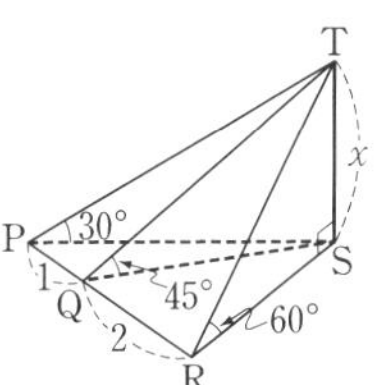

위의 그림에서

$$\frac{x}{\overline{PS}}=\tan 30^\circ \quad \therefore \overline{PS}=\sqrt{3}\,x$$

같은 방법으로 하면

$$\overline{QS}=x,\ \overline{RS}=\frac{x}{\sqrt{3}}$$

$\triangle RPS$에 코사인법칙을 쓰면

$$(\sqrt{3}\,x)^2=3^2+\left(\frac{x}{\sqrt{3}}\right)^2-2\times3\times\frac{x}{\sqrt{3}}\cos(\angle PRS)\ \cdots①$$

$\triangle RQS$에 코사인법칙을 쓰면

$$x^2=2^2+\left(\frac{x}{\sqrt{3}}\right)^2-2\times2\times\frac{x}{\sqrt{3}}\cos(\angle PRS)\ \cdots②$$

①×2−②×3하면

$$3x^2=6-\frac{x^2}{3} \quad \therefore x^2=\frac{9}{5}$$

$x>0$이므로 $\quad x=\sqrt{\dfrac{9}{5}}=\mathbf{\dfrac{3\sqrt{5}}{5}\,(km)}$

11-34. 산의 높이를 x m라고 하면

$$x=\overline{AQ}\tan 15^\circ=\overline{BQ}\tan 15^\circ=\overline{CQ}\tan 15^\circ$$

$$\therefore \overline{AQ}=\overline{BQ}=\overline{CQ}$$

따라서 세 점 A, B, C는 점 Q를 중심으로 하는 한 원 위에 있다.

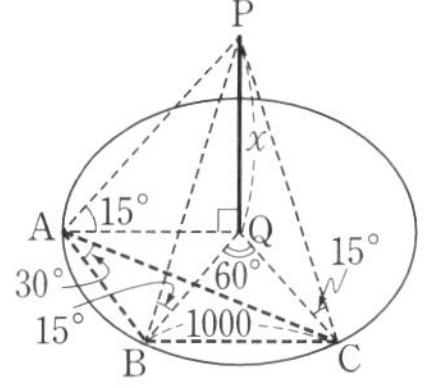

그런데 $\angle BAC=30^\circ$이고, $\angle BAC$는 원주각, $\angle BQC$는 중심각이므로

$$\angle BQC=60^\circ$$

따라서 $\triangle BQC$는 정삼각형이므로

$$\overline{BQ}=1000$$

그러므로 $\triangle PBQ$에서

$$x=1000\tan 15^\circ=\mathbf{1000(2-\sqrt{3})\,(m)}$$

* ***Note*** $\triangle ABC$에서 $A=30^\circ$, $\overline{BC}=1000$이므로 사인법칙으로부터

$$\frac{1000}{\sin 30^\circ}=2\overline{BQ} \quad \therefore \overline{BQ}=1000$$

12-1. 공차를 d라고 하면 처음 다섯 항은

$$a_3-2d,\ a_3-d,\ a_3,\ a_3+d,\ a_3+2d$$

이므로

$$(a_3-2d)+(a_3-d)+a_3+(a_3+d)+(a_3+2d)=15\ \cdots①$$

$$(a_3-2d)(a_3-d)a_3\times(a_3+d)(a_3+2d)=1155\ \cdots②$$

①에서 $\quad 5a_3=15 \quad \therefore a_3=3$

②에서 $\quad a_3(a_3{}^2-4d^2)(a_3{}^2-d^2)=1155$

$a_3=3$을 대입하고 정리하면

$$(d^2-16)(4d^2+19)=0$$

d는 실수이므로 $d=\pm 4$

$$\therefore\ a_1=a_3-2d=\mathbf{-5,\ 11}$$

12-2. 세 근을 $a-d$, a, $a+d$라고 하면 근과 계수의 관계로부터

$$(a-d)+a+(a+d)=3 \qquad \cdots①$$
$$(a-d)a+a(a+d)+(a+d)(a-d)=-6 \cdots②$$
$$(a-d)a(a+d)=-k \qquad \cdots③$$

①에서 $a=1$

②에 대입하면 $d=\pm 3$

③에 대입하면 $\boldsymbol{k=8}$

또, 세 근은 $\mathbf{-2,\ 1,\ 4}$

***Note** $a=1$이 삼차방정식의 근이므로

$$1^3-3\times1^2-6\times1+k=0 \quad \therefore\ \boldsymbol{k=8}$$

12-3. (1)

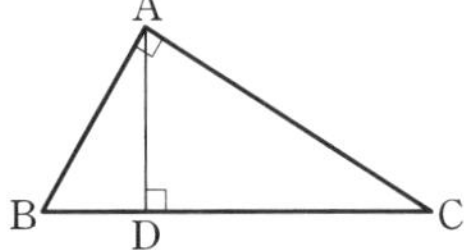

$\triangle ABD=S_1$, $\triangle ACD=S_2$, $\triangle ABC=S_3$

이라고 하면 문제의 조건으로부터

$$2S_2=S_1+S_3 \qquad \cdots\cdots①$$
$$S_1+S_2=S_3 \qquad \cdots\cdots②$$

②를 ①에 대입하면

$$2S_2=S_1+(S_1+S_2) \quad \therefore\ S_2=2S_1$$
$$\therefore\ S_3=S_1+S_2=3S_1$$
$$\therefore\ S_1:S_2:S_3=\mathbf{1:2:3}$$

(2) $\triangle ABD$, $\triangle ACD$, $\triangle ABC$는 닮은 삼각형이고, 닮음비의 제곱의 비는 넓이의 비와 같으므로

$$\overline{AB}^2:\overline{AC}^2:\overline{BC}^2=S_1:S_2:S_3=1:2:3$$
$$\therefore\ \overline{AB}:\overline{AC}:\overline{BC}=\mathbf{1:\sqrt{2}:\sqrt{3}}$$

12-4. $x^2-5x+2=0$의 두 근을 α, β라고 하면 근과 계수의 관계로부터

$$\alpha+\beta=5,\ \alpha\beta=2$$
$$\therefore\ (\text{등차중항})=\frac{\alpha+\beta}{2}=\frac{5}{2},$$
$$(\text{조화중항})=\frac{2\alpha\beta}{\alpha+\beta}=\frac{2\times2}{5}=\frac{4}{5}$$

따라서 구하는 이차방정식은

$$x^2-\left(\frac{5}{2}+\frac{4}{5}\right)x+\frac{5}{2}\times\frac{4}{5}=0$$
$$\therefore\ \mathbf{10x^2-33x+20=0}$$

12-5. 공차를 d라고 하면

$$-60+(17-1)d=-12 \quad \therefore\ d=3$$
$$\therefore\ a_n=-60+(n-1)\times3=3n-63$$

따라서 $a_n<0$인 n의 범위는

$$3n-63<0 \quad \therefore\ n<21$$

곧, 제20항까지가 음수인 수열이므로 구하는 합을 S라고 하면

$$S=S_{30}+2|S_{20}|$$

그런데

$$S_{30}=\frac{30\{2\times(-60)+(30-1)\times3\}}{2}=-495$$
$$S_{20}=\frac{20\{2\times(-60)+(20-1)\times3\}}{2}=-630$$
$$\therefore\ S=-495+2|-630|=\mathbf{765}$$

12-6. 첫째항을 a, 공차를 d라고 하면

$$a+(m-1)d=\frac{1}{n},\ a+(n-1)d=\frac{1}{m}$$

두 식을 a, d에 관하여 연립하여 풀면

$$a=\frac{1}{mn},\ d=\frac{1}{mn}$$

따라서 구하는 합 S_{mn}은

$$S_{mn}=\frac{mn}{2}\left\{2\times\frac{1}{mn}+(mn-1)\times\frac{1}{mn}\right\}=\boldsymbol{\frac{1}{2}(mn+1)}$$

12-7. 세 자리 자연수 중 자연수 n으로 나누어 떨어지는 수의 합을 $S_{(n)}$이라고 하자.

(1) 구하는 합은 4와 6의 최소공배수인 12로 나누어 떨어지는 수의 합이다.

$100 \le 12n \le 999$에서

$$8\frac{1}{3} \le n \le 83\frac{1}{4}$$

n은 자연수이므로 $9 \le n \le 83$

$n=9$일 때 $12n=108$,

$n=83$일 때 $12n=996$

이고, $83-8=75$이므로

$$S_{(12)}=\frac{75(108+996)}{2}=\mathbf{41400}$$

(2) (1)과 같은 방법으로 하면

$$S_{(4)}=\frac{225(100+996)}{2}=123300$$

$$S_{(6)}=\frac{150(102+996)}{2}=82350$$

4 또는 6으로 나누어 떨어지는 수의 합은

$$S_{(4)}+S_{(6)}-S_{(12)}$$
$$=123300+82350-41400$$
$$=\mathbf{164250}$$

(3) 4로도 6으로도 나누어 떨어지지 않는 수의 합은

(세 자리 자연수 전체의 합)

$-$(4 또는 6으로 나누어 떨어지는 수의 합)

그런데 세 자리 자연수 전체의 합은

$$100+101+102+\cdots+999$$
$$=\frac{900}{2}(100+999)=494550$$

따라서 구하는 합은

$$494550-164250=\mathbf{330300}$$

12-8. 6과 서로소인 자연수를 작은 것부터 차례로 나열하면

$$1,\ 5,\ 7,\ 11,\ 13,\ 17,\ \cdots$$

이 수열의 첫째항부터 제100항까지의 합을 S라 하고, 홀수 번째 항과 짝수 번째 항을 각각 묶어서 계산하면

$$S=\{1+7+13+\cdots+(\text{제}99\text{항})\}$$
$$+\{5+11+17+\cdots+(\text{제}100\text{항})\}$$

$$=\frac{50\{2\times1+(50-1)\times6\}}{2}$$
$$+\frac{50\{2\times5+(50-1)\times6\}}{2}$$
$$=7400+7600=\mathbf{15000}$$

12-9. (1) $S_n=pn^2+qn$에서

$S_1=a_1=14$이므로 $p+q=14$

$S_5=S_{10}$이므로

$$p\times5^2+q\times5=p\times10^2+q\times10$$

두 식을 연립하여 풀면

$$\boldsymbol{p=-1,\ q=15}$$

(2) $S_n=-n^2+15n=-\left(n-\frac{15}{2}\right)^2+\frac{225}{4}$

n은 자연수이므로 $\boldsymbol{n=7}$ 또는 $\boldsymbol{n=8}$ 일 때 최대이고, 이때 $S_7=S_8=\mathbf{56}$

****Note*** $n \ge 2$일 때

$$a_n=S_n-S_{n-1}$$
$$=(-n^2+15n)$$
$$-\{-(n-1)^2+15(n-1)\}$$
$$=-2n+16$$

$a_n>0$인 n의 범위는

$$-2n+16>0 \quad \therefore\ n<8$$

이때, $a_7>0$, $a_8=0$이므로

$\boldsymbol{n=7}$ 또는 $\boldsymbol{n=8}$

일 때 S_n이 최대이다.

12-10. 수열 $\{S_{2n-1}\}$은 공차가 -3인 등차수열이므로

$$S_{2n-1}=S_1+(n-1)\times(-3)$$
$$=-3n+3+S_1$$

또, 수열 $\{S_{2n}\}$은 공차가 2인 등차수열이므로

$$S_{2n}=S_2+(n-1)\times2=2n-2+S_2$$

$$\therefore\ a_8=S_8-S_7$$
$$=(2\times4-2+S_2)-\{(-3)\times4+3+S_1\}$$
$$=15+S_2-S_1=15+a_2=\mathbf{16}$$

12-11. 주어진 세 수가 등차수열을 이루므로

$$2\times\frac{2}{3}\log 3^x=\log 3+\log(3^x+1458)$$

$$\therefore\ 3^{\frac{4}{3}x}=3(3^x+1458)$$

우변이 자연수이므로 좌변도 자연수가 되려면 $x=3k$(k는 자연수) 꼴이어야 한다. 곧,

$$3^{4k}=3(3^{3k}+1458)=3^{3k+1}+3^7\times 2$$

$$\therefore\ 3^{4k}-3^{3k+1}=3^7\times 2$$

$$\therefore\ 3^{3k+1}(3^{k-1}-1)=3^7\times 2$$

k는 자연수이므로

$$3^{3k+1}=3^7,\ 3^{k-1}-1=2$$

$$\therefore\ 3k+1=7,\ k-1=1$$

$$\therefore\ k=2 \quad \therefore\ x=3k=\mathbf{6}$$

$$\therefore\ d=\frac{2}{3}\log 3^6-\log 3=\mathbf{3\log 3}$$

12-12. (1) 등차수열을 이룬다고 가정하면

$$\sqrt{5}-\sqrt{3}=\sqrt{7}-\sqrt{5}$$

$$\therefore\ 2\sqrt{5}=\sqrt{3}+\sqrt{7}$$

양변을 제곱하여 정리하면 $5=\sqrt{21}$

이것은 모순이므로 $\sqrt{3}$, $\sqrt{5}$, $\sqrt{7}$은 이 순서로 등차수열을 이루지 않는다.

(2) $\sqrt{3}$, $\sqrt{5}$, $\sqrt{7}$이 공차가 d인 어떤 등차수열의 세 항이라고 가정하면 어떤 정수 m, n에 대하여

$$\sqrt{5}-\sqrt{3}=md,\ \sqrt{7}-\sqrt{5}=nd$$

라고 나타낼 수 있다.

두 식에서 d를 소거하여 정리하면

$$(m+n)\sqrt{5}=m\sqrt{7}+n\sqrt{3}$$

양변을 제곱하여 정리하면

$$5(m+n)^2-7m^2-3n^2=2mn\sqrt{21}$$

$mn\neq 0$이므로 위의 식의 좌변은 정수이고, 우변은 무리수이다.

이것은 모순이므로 $\sqrt{3}$, $\sqrt{5}$, $\sqrt{7}$을 모두 항으로 가지는 등차수열은 존재하지 않는다.

12-13. 네 실근을

$$a-3d,\ a-d,\ a+d,\ a+3d$$

라고 하면 네 실근의 합은 0이므로

$$4a=0 \quad \therefore\ a=0$$

따라서 네 실근은 $-3d$, $-d$, d, $3d$이고, 사차방정식은

$$(x+3d)(x+d)(x-d)(x-3d)=0$$

$$\therefore\ x^4-10d^2x^2+9d^4=0$$

준 방정식과 동류항의 계수를 비교하면

$$10d^2=3m+2,\ 9d^4=m^2$$

d를 소거하고 정리하면

$$19m^2-108m-36=0$$

$$\therefore\ (19m+6)(m-6)=0$$

m은 정수이므로 $m=6$

$$\therefore\ 9d^4=36 \quad \therefore\ d=\pm\sqrt{2}$$

따라서 구하는 네 실근은

$$-\mathbf{3\sqrt{2}},\ -\mathbf{\sqrt{2}},\ \mathbf{\sqrt{2}},\ \mathbf{3\sqrt{2}}$$

* ***Note*** α, β, γ, δ를 네 근으로 하는 사차방정식은

$$(x-\alpha)(x-\beta)(x-\gamma)(x-\delta)=0$$

곧, $x^4-(\alpha+\beta+\gamma+\delta)x^3+\cdots=0$

따라서 $x^4+ax^2+b=0$ 꼴의 사차방정식의 네 근의 합은

$$\alpha+\beta+\gamma+\delta=0$$

12-14. 세 변의 길이를

$$a-d,\ a,\ a+d\ (a>d>0)$$

라고 하면 피타고라스 정리로부터

$$(a+d)^2=a^2+(a-d)^2$$

$$\therefore\ a^2=4ad \quad \therefore\ a=4d$$

따라서 세 변의 길이는 $3d$, $4d$, $5d$이다.

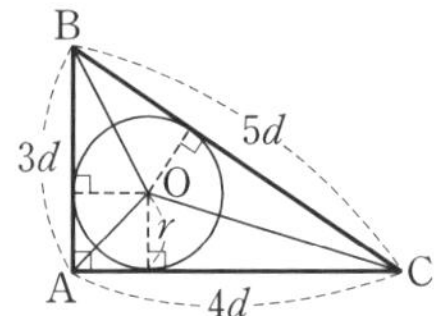

이 삼각형의 내접원의 반지름의 길이를 r라고 하면 위의 그림에서

$$\triangle\mathrm{AOB}+\triangle\mathrm{AOC}+\triangle\mathrm{BOC}=\triangle\mathrm{ABC}$$

이므로

$$\frac{1}{2}\times 3d\times r+\frac{1}{2}\times 4d\times r+\frac{1}{2}\times 5d\times r$$
$$=\frac{1}{2}\times 3d\times 4d$$
$$\therefore\ 12dr=12d^2 \quad \therefore\ r=d$$

곧, 내접원의 반지름의 길이는 공차와 같다.

12-15.

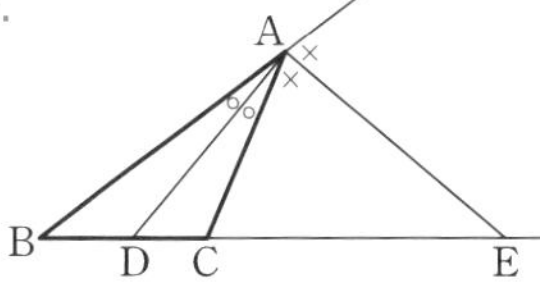

각의 이등분선의 성질에 의하여
$$\overline{AB}:\overline{AC}=\overline{BD}:\overline{DC}=\overline{BE}:\overline{CE}$$
$\overline{BD}=x$, $\overline{BC}=y$, $\overline{BE}=z$로 놓으면 $\overline{BD}:\overline{DC}=\overline{BE}:\overline{CE}$에서
$$x:(y-x)=z:(z-y)$$
$$\therefore\ x(z-y)=z(y-x)$$
$$\therefore\ 2zx=xy+yz$$
양변을 xyz로 나누면 $\dfrac{2}{y}=\dfrac{1}{z}+\dfrac{1}{x}$

따라서 조화수열을 이룬다.

12-16. $1<n<100$이므로
$$S=\{(n-1)+(n-2)+\cdots+2+1\}$$
$$+\{1+2+\cdots+(100-n)\}$$
$$=\frac{1}{2}(n-1)n+\frac{1}{2}(100-n)(101-n)$$
$$=n^2-101n+5050 \qquad \cdots\cdots ①$$
이것은 $n=\dfrac{101}{2}=50.5$일 때 최소이다.

그런데 n은 자연수이므로 $n=50$ 또는 $n=51$일 때 S의 값이 최소이다.

따라서 ①에 $n=50$(또는 $n=51$)을 대입하면 최솟값은
$$50^2-101\times 50+5050=\mathbf{2500}$$

* ***Note*** 이를테면 $n=30$이라고 가정하면
$$S=(30-1)+(30-2)+\cdots$$
$$+(30-28)+(30-29)+(30-30)$$
$$+(31-30)+(32-30)+\cdots$$
$$+(99-30)+(100-30)$$
$$=(30-1)+(30-2)+\cdots$$
$$+2+1+0+1+2+\cdots$$
$$+(99-30)+(100-30)$$
이 되고, 이것을 일반화하여 간단히 한 것이 위의 ①식이다.

12-17. 공차가 양수이고, 홀수 번째 항의 합이 짝수 번째 항의 합보다 크므로 n은 홀수이다.

첫째항을 a, 공차를 d, $n=2m-1$(m은 자연수)이라고 하자.

홀수 번째 항의 합에서
$$\frac{m\{2a+(m-1)\times 2d\}}{2}=72$$
$$\therefore\ m\{a+(m-1)d\}=72 \quad \cdots①$$
짝수 번째 항의 합에서
$$\frac{(m-1)\{2(a+d)+(m-2)\times 2d\}}{2}=60$$
$$\therefore\ (m-1)\{a+(m-1)d\}=60 \cdots②$$
②÷①하면 $\dfrac{m-1}{m}=\dfrac{5}{6}$ $\quad\therefore\ m=6$
$$\therefore\ n=2m-1=\mathbf{11}$$

12-18. A의 원소 중 가장 작은 수는
$$1+3+5+\cdots+19=\frac{10(1+19)}{2}=100$$
가장 큰 수는
$$21+23+25+\cdots+39=\frac{10(21+39)}{2}$$
$$=300$$
따라서 A의 원소를 작은 수부터 차례로 나열하면 첫째항이 100이고 공차가 2인 등차수열을 이룬다.

이때, 제 n항이 300이므로
$$300=100+(n-1)\times 2 \quad \therefore\ n=101$$
따라서 A의 원소의 합은
$$\frac{101(100+300)}{2}=\mathbf{20200}$$

12-19. 5로 나눈 나머지가 3인 자연수는

$5m+3$ (m은 음이 아닌 정수)

이고, 여기에서 m은

$3q,\ 3q+1,\ 3q+2$

(q는 음이 아닌 정수)

중의 어느 하나로 나타내어지므로 이것을 $5m+3$의 m에 대입하여 정리하면

$15q+3,\ 15q+8,\ 15q+13$

이 중에서 3으로 나눈 나머지가 2인 것은 $15q+8$뿐이다.

(1) $15q+8$에서 $q=0$일 때이므로

$$\boldsymbol{a_1=8}$$

(2) $a_n=15(n-1)+8$이므로 공차가 15인 등차수열이다.

$\therefore\ a_{n+1}=a_n+15\ (n=1,\ 2,\ 3,\ \cdots)$

(3) $100\le 15(n-1)+8\le 999$

$\therefore\ 7.1\times\times\times\le n\le 67.0\times\times\times$

n은 자연수이므로 n의 개수는

$67-7=\mathbf{60}$

$a_8=113,\ a_{67}=998$이므로 세 자리 수의 합은

$$\frac{60(113+998)}{2}=\mathbf{33330}$$

12-20. m과 $m+1$ 사이에는

$m+\dfrac{1}{5},\ m+\dfrac{2}{5},\ m+\dfrac{3}{5},$

$m+\dfrac{4}{5}$의 합 : $4m+2$

$m+1$과 $m+2$ 사이에는

$m+1+\dfrac{1}{5},\ m+1+\dfrac{2}{5},\ m+1+\dfrac{3}{5},$

$m+1+\dfrac{4}{5}$의 합 : $4(m+1)+2$

$m+2$와 $m+3$ 사이에는

$m+2+\dfrac{1}{5},\ m+2+\dfrac{2}{5},\ m+2+\dfrac{3}{5},$

$m+2+\dfrac{4}{5}$의 합 : $4(m+2)+2$

이와 같이 하면 마지막의 $n-1$과 n 사이에는

$n-1+\dfrac{1}{5},\ n-1+\dfrac{2}{5},\ n-1+\dfrac{3}{5},$

$n-1+\dfrac{4}{5}$의 합 : $4(n-1)+2$

따라서 첫째항이 $4m+2$, 제 $n-m$항이 $4(n-1)+2$인 등차수열이므로 구하는 합은

$$\frac{(n-m)\{(4m+2)+4(n-1)+2\}}{2}=\boldsymbol{2(n^2-m^2)}$$

***Note** $k+\dfrac{1}{5}$ 꼴, $k+\dfrac{2}{5}$ 꼴, $k+\dfrac{3}{5}$ 꼴, $k+\dfrac{4}{5}$ 꼴(k는 자연수)의 합을 각각 구한 다음, 다시 더해도 된다.

12-21. $m,\ n$을 자연수라고 할 때

$m+(m+1)+\cdots+(m+n)=1000$

$\therefore\ \dfrac{(n+1)\{m+(m+n)\}}{2}=1000$

$\therefore\ (n+1)(n+2m)=2^4\times 5^3$

여기서

$(n+1)+(n+2m)=2n+2m+1$

은 홀수이므로 $n+1,\ n+2m$ 중 하나는 홀수, 다른 하나는 짝수이다.

가능한 $2^4\times5^3$의 홀수와 짝수의 곱은

$$2^4\times5^3=1\times(2^4\times5^3)=5\times(2^4\times5^2)$$
$$=5^2\times(2^4\times5)=5^3\times2^4$$

그런데 $2\le n+1<n+2m$이므로

$(n+1,\ n+2m)=(16,\ 125),\ (25,\ 80),\ (5,\ 400)$

$\therefore\ (n,\ m)=(15,\ 55),\ (24,\ 28),\ (4,\ 198)$

$\therefore$ **(55, 56, ⋯, 70)** 또는 **(28, 29, ⋯, 52)** 또는 **(198, 199, ⋯, 202)**

12-22.

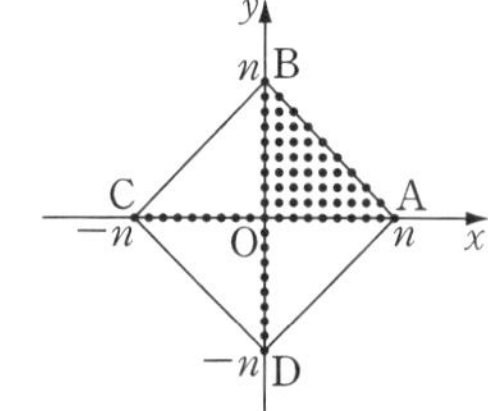

위의 그림에서 제1사분면의 격자점의 개수는

$$1+2+3+\cdots+(n-1)=\frac{1}{2}n(n-1)$$

제2, 3, 4사분면의 격자점에 대해서도 마찬가지이다.

또, x축 위의 격자점으로서 양의 부분의 점의 개수는 n, 음의 부분의 점의 개수는 n이고, y축 위의 격자점에 대해서도 마찬가지이다.

여기에 원점도 생각하면 x축, y축 위의 격자점의 개수는 $4n+1$이다.

이상으로부터 점 $\mathrm{P}(x, y)$의 개수는

$$4\times\frac{1}{2}n(n-1)+4n+1=\mathbf{2n^2+2n+1}$$

13-1. x, y, z가 이 순서로 공비가 r인 등비수열을 이루므로

$$y=xr,\ \ z=xr^2 \qquad \cdots\cdots①$$

x, $2y$, $3z$가 이 순서로 등차수열을 이루므로

$$2\times2y=x+3z$$

①을 대입하면 $4xr=x+3xr^2$

$$\therefore\ x(r-1)(3r-1)=0$$

그런데 x, y, z가 서로 다른 수이므로

$$x\neq0,\ \ r\neq1 \qquad \therefore\ \boldsymbol{r=\frac{1}{3}}$$

13-2. 세 수를 a, ar, ar^2이라고 하면

$$a+ar+ar^2=28 \qquad \cdots\cdots①$$

$$a^2+a^2r^2+a^2r^4=336 \qquad \cdots\cdots②$$

②에서

$$a^2(1+r+r^2)(1-r+r^2)=336\cdots③$$

③÷①하면 $a(1-r+r^2)=12 \quad \cdots④$

④÷①하면 $\dfrac{1-r+r^2}{1+r+r^2}=\dfrac{12}{28}=\dfrac{3}{7}$

$$\therefore\ r=2,\ \frac{1}{2} \qquad \therefore\ a=4,\ 16$$

따라서 세 수는 **4, 8, 16**

13-3. $a-1$, $b+1$, $3b+1$이 이 순서로 등차수열을 이루므로

$$2(b+1)=(a-1)+(3b+1)$$

$$\therefore\ a+b=2 \qquad \cdots\cdots①$$

b, $a-1$, $2-b$가 이 순서로 등비수열을 이루므로

$$(a-1)^2=b(2-b)$$

$$\therefore\ a^2+b^2=2(a+b)-1=3 \quad \cdots②$$

$a^2+b^2=(a+b)^2-2ab$이므로 ①, ②를 대입하면

$$3=4-2ab \qquad \therefore\ \boldsymbol{ab=\frac{1}{2}}$$

13-4. 첫해의 인구를 a라 하고, 1년마다의 인구 증가율을 r라고 하면 10년 후의 인구는 $a(1+r)^{10}$이다.

문제의 조건으로부터

$$a(1+r)^{10}=a\left(1+\frac{21}{100}\right)$$

$$\therefore\ (1+r)^{10}=\frac{121}{100}$$

이때, 5년 후의 인구는

$$a(1+r)^5=a\left\{(1+r)^{10}\right\}^{\frac{1}{2}}$$

$$=a\left(\frac{121}{100}\right)^{\frac{1}{2}}=a\left(1+\frac{10}{100}\right)$$

따라서 5년간의 인구 증가율은 **10 %**

13-5. 첫째항을 a라고 하면 문제의 조건으로부터

$$\frac{a(r^{10}-1)}{r-1}=244\times\frac{a(r^5-1)}{r-1}$$

$$\therefore\ (r^5+1)(r^5-1)=244(r^5-1)$$

r는 실수이고 $r\neq1$이므로

$$r^5+1=244 \qquad \therefore\ r^5=3^5$$

$$\therefore\ \boldsymbol{r=3}$$

13-6. 주어진 수열의 합은 첫째항이 $2\times3^{m-1}$, 공비가 3인 등비수열의 첫째항부터 제 $n-(m-1)$항까지의 합과 같으므로

$$\frac{2\times3^{m-1}\{3^{n-(m-1)}-1\}}{3-1}=720$$

$$\therefore\ 3^{m-1}(3^{n-m+1}-1)=3^2\times2^4\times5$$

m, n은 자연수이므로

$$3^{m-1}=3^2,\ 3^{n-m+1}-1=2^4\times5$$
$$\therefore\ 3^{m-1}=3^2,\ 3^{n-m+1}=3^4$$
$$\therefore\ m-1=2,\ n-m+1=4$$
$$\therefore\ \boldsymbol{m=3,\ n=6}$$

13-7. 첫째항이 1이고 공비가 1보다 큰 실수이며, 홀수 번째 항의 합이 짝수 번째 항의 합보다 크므로 n은 홀수이다.

따라서 $n=2m+1$ (m은 자연수)이라고 하면

$$1+r^2+r^4+\cdots+r^{2m}=341 \quad \cdots①$$
$$r+r^3+r^5+\cdots+r^{2m-1}=170 \cdots②$$

①에서

$$r^2+r^4+r^6+\cdots+r^{2m}=340 \quad \cdots③$$

②$\times r-$③하면

$$0=170r-340 \qquad \therefore\ \boldsymbol{r=2}$$

이때, ②에서 $\dfrac{2(2^{2m}-1)}{2^2-1}=170$

$$\therefore\ 2^{2m}=2^8 \qquad \therefore\ m=4$$
$$\therefore\ \boldsymbol{n}=2m+1=\boldsymbol{9}$$

13-8. (1) $ab=2^{10}\times3^{10}$의 양의 약수는 $2^l\times3^m$(단, l, m은 10 이하의 음이 아닌 정수) 꼴이므로, 구하는 합은

$$(1+2+2^2+\cdots+2^{10})\times(1+3+3^2+\cdots+3^{10})$$
$$=\frac{1\times(2^{11}-1)}{2-1}\times\frac{1\times(3^{11}-1)}{3-1}$$
$$=\boldsymbol{\frac{1}{2}(2a-1)(3b-1)}$$

(2) $abc=2^{10}\times3^{10}\times5^{10}$의 양의 약수는 $2^l\times3^m\times5^n$(단, l, m, n은 10 이하의 음이 아닌 정수) 꼴이고, 6과 15의 공배수는 $30(=2\times3\times5)$의 배수이므로

$$1\le l\le10,\ 1\le m\le10,\ 1\le n\le10$$

따라서 구하는 합은

$$(2+2^2+2^3+\cdots+2^{10})\times(3+3^2+3^3+\cdots+3^{10})\times(5+5^2+5^3+\cdots+5^{10})$$
$$=\frac{2(2^{10}-1)}{2-1}\times\frac{3(3^{10}-1)}{3-1}\times\frac{5(5^{10}-1)}{5-1}$$
$$=\boldsymbol{\frac{15}{4}(a-1)(b-1)(c-1)}$$

****Note*** 자연수 N이 $\mathrm{N}=a^\alpha b^\beta$과 같이 소인수분해될 때, N의 양의 약수의 합은

$$(1+a+a^2+\cdots+a^\alpha)\times(1+b+b^2+\cdots+b^\beta)$$

이고, 이 값은 등비수열의 합의 공식으로 계산할 수 있다.

13-9. a, b, c가 이 순서로 등비수열을 이루므로 공비를 $r\,(r>0)$라고 하면

$$b=ar,\ c=ar^2 \qquad \cdots\cdots①$$

이때, 3^a, 3^{2b}, 3^{3c}은

$$3^a,\ 3^{2ar},\ 3^{3ar^2} \qquad \cdots\cdots②$$

②에서 세 수가 이 순서로 등비수열을 이루므로

$$(3^{2ar})^2=3^a\times3^{3ar^2} \quad ⇦ \text{등비중항}$$
$$\therefore\ 3^{4ar}=3^{a+3ar^2} \qquad \therefore\ 4ar=a+3ar^2$$
$$\therefore\ a(3r^2-4r+1)=0$$
$$\therefore\ a(r-1)(3r-1)=0$$

$a>0$이므로 $r=1,\ \dfrac{1}{3}$

$r=1$일 때, ②의 공비는 3^a이므로

$$3^a=1 \quad \therefore\ a=0 \text{ (모순)}$$

$r=\dfrac{1}{3}$일 때, ②의 공비는 $3^{-\frac{1}{3}a}$이므로

$$3^{-\frac{1}{3}a}=\frac{1}{3} \qquad \therefore\ -\frac{1}{3}a=-1$$
$$\therefore\ \boldsymbol{a=3}$$

①에서 $\boldsymbol{b=1,\ c=\dfrac{1}{3}}$

13-10. $b_n=\dfrac{1}{2a_n+a_{n+1}}$로 놓자.

수열 $\{a_n\}$의 첫째항을 a, 공비를 r라고 하면 $a_n=ar^{n-1}$

$$\therefore\ \frac{b_{n+1}}{b_n}=\frac{2a_n+a_{n+1}}{2a_{n+1}+a_{n+2}}$$
$$=\frac{2ar^{n-1}+ar^n}{2ar^n+ar^{n+1}}=\frac{1}{r}$$

따라서 수열 $\{b_n\}$은 등비수열이다. 이때, 수열 $\{b_n\}$의 공비가 2이므로

$$\frac{1}{r}=2 \quad \therefore\ r=\mathbf{\frac{1}{2}}$$

$b_1=\frac{1}{5}$이므로

$$\frac{1}{2a_1+a_2}=\frac{1}{2a+ar}=\frac{1}{5}$$

$$\therefore\ a=\mathbf{2}$$

13-11. 조건 (가)에서

$$\frac{2}{b}=\frac{1}{a}+\frac{1}{c} \qquad \cdots\cdots①$$

조건 (나)에서 공비를 r라고 하면

$$c=ar,\ b=ar^2\ (r\neq1) \qquad \cdots\cdots②$$

②를 ①에 대입하면

$$\frac{2}{ar^2}=\frac{1}{a}+\frac{1}{ar} \quad \therefore\ r^2+r-2=0$$

$$\therefore\ (r+2)(r-1)=0$$

$r\neq1$이므로 $r=-2$

②에 대입하면 $c=-2a,\ b=4a$

$$\therefore\ f(x)=ax^2+4ax-2a$$
$$=a(x+2)^2-6a\ (a>0)$$

조건 (다)에서

$$f(0)=-3 \quad \therefore\ a=\frac{3}{2}$$

$$\therefore\ b=6,\ c=-3$$

$$\therefore\ \boldsymbol{f(x)=\frac{3}{2}x^2+6x-3}$$

13-12. 등비수열을 이루므로 서로 다른 세 실근을 $a,\ ar,\ ar^2$이라고 하면

$$a\neq0,\ r\neq1$$

근과 계수의 관계로부터

$$a\times ar\times ar^2=(ar)^3=-8$$

$a,\ r$가 실수이므로

$$ar=-2 \qquad \cdots\cdots①$$

(i) $a,\ ar,\ ar^2$이 이 순서로 등차수열을 이룰 때 $2ar=a+ar^2$

$$\therefore\ a(r-1)^2=0$$

$a\neq0,\ r\neq1$이므로 부적합하다.

(ii) $ar,\ a,\ ar^2$이 이 순서로 등차수열을 이룰 때 $2a=ar+ar^2$

$$\therefore\ a(r-1)(r+2)=0$$

$a\neq0,\ r\neq1$이므로 $r=-2$

①에서 $a=1$이므로 세 근은

$$1,\ -2,\ 4$$

(iii) $a,\ ar^2,\ ar$가 이 순서로 등차수열을 이룰 때 $2ar^2=a+ar$

$$\therefore\ a(2r+1)(r-1)=0$$

$a\neq0,\ r\neq1$이므로 $r=-\frac{1}{2}$

①에서 $a=4$이므로 세 근은

$$4,\ -2,\ 1$$

(ii), (iii)에서 세 근은 $1,\ -2,\ 4$이므로 근과 계수의 관계로부터

$$p=-(1-2+4)=\mathbf{-3},$$
$$q=1\times(-2)+(-2)\times4+4\times1=\mathbf{-6}$$

13-13. (1) (참) 수열 $\{a_n\}$의 공비를 r $(r>0)$라고 하면

$$\frac{T_{n+1}}{T_n}=\frac{\sqrt{a_{n+1}a_{n+2}}}{\sqrt{a_na_{n+1}}}=\sqrt{\frac{a_{n+2}}{a_n}}=r$$

따라서 수열 $\{T_n\}$은 공비가 r인 등비수열이다.

(2) (참) 수열 $\{T_n\}$의 공비를 r라고 하면

$\frac{T_{n+1}}{T_n}=r$에서

$$\frac{\sqrt{a_{n+1}a_{n+2}}}{\sqrt{a_na_{n+1}}}=\sqrt{\frac{a_{n+2}}{a_n}}=r$$

$$\therefore\ \frac{a_{n+2}}{a_n}=r^2$$

따라서 $\frac{a_{2(n+1)}}{a_{2n}}=\frac{a_{2n+2}}{a_{2n}}=r^2$이므로 수열 $\{a_{2n}\}$은 공비가 r^2인 등비수열이다.

(3) (거짓) 이를테면 수열 $\{a_n\}$이

$$1,\ 2,\ 3,\ 2\times3,\ 3^2,\ 2\times3^2,\ 3^3,\ 2\times3^3,\ \cdots$$

이면 수열 $\{T_n\}$은 등비수열이지만 수열 $\{a_n\}$은 등비수열이 아니다.

13-14. $\triangle OAB=\triangle POA+\triangle PAB+\triangle PBO$이므로

$$\frac{1}{2}\times2\times2=\frac{1}{2}\times2a+\frac{1}{2}\times2\sqrt{2}b+\frac{1}{2}\times2c$$

$$\therefore\ a+\sqrt{2}b+c=2 \qquad \cdots\cdots①$$

또, a, b, c가 이 순서로 등비수열을 이루므로

$$b^2=ac \qquad \cdots\cdots②$$

①에서의 $b=\dfrac{2-a-c}{\sqrt{2}}$를 ②에 대입하면

$$\left(\frac{2-a-c}{\sqrt{2}}\right)^2=ac$$

$$\therefore\ a^2+c^2-4a-4c+4=0$$

$$\therefore\ (c-2)^2+(a-2)^2=4$$

따라서 점 $\mathrm{P}(c,\ a)$는 중심이 점 $(2,\ 2)$이고 반지름의 길이가 2인 원 위의 점이다.

이때, 점 P는 $\triangle$OAB의 내부의 점이므로 자취의 길이는

$$2\pi\times2\times\frac{1}{4}=\boldsymbol{\pi}$$

13-15. 등비수열 $\{a_n\}$의 첫째항을 a, 공비를 r라고 하면

$$a+ar+ar^2=248 \qquad \cdots\cdots①$$

$$ar^3+ar^4+ar^5=31000 \qquad \cdots\cdots②$$

②÷①하면 $r^3=125$

r는 실수이므로 $r=5$

①에 대입하면 $a=8$

$$\therefore\ a_n=8\times5^{n-1}$$

$$\therefore\ \log a_n=\log(8\times5^{n-1})$$

$$=\log8+(n-1)\log5$$

곧, 수열 $\{\log a_n\}$은 첫째항이 $\log8$, 공차가 $\log5$인 등차수열이다.

따라서 구하는 합은

$$\frac{7\{2\log8+(7-1)\log5\}}{2}=\frac{7}{2}\log10^6$$

$$=\mathbf{21}$$

* ***Note*** $\{\log a_n\}$의 첫째항부터 제 7항까지의 합은

$$\log a+\log ar+\log ar^2+\cdots+\log ar^6$$

$$=\log a^7r^{1+2+\cdots+6}=\log a^7r^{21}$$

$$=7\log ar^3=7\log(8\times5^3)$$

$$=7\log10^3=\mathbf{21}$$

13-16. 첫째항을 a, 공비를 r라고 하면

$$\mathrm{S}=\frac{a(r^n-1)}{r-1},$$

$$\mathrm{T}=\frac{\dfrac{1}{a}\left(\dfrac{1}{r^n}-1\right)}{\dfrac{1}{r}-1}=\frac{r^n-1}{ar^{n-1}(r-1)}$$

$$=\frac{\mathrm{S}}{a^2r^{n-1}}$$

$$\therefore\ \left(\frac{\mathrm{S}}{\mathrm{T}}\right)^n=(a^2r^{n-1})^n=a^{2n}r^{n(n-1)}$$

한편

$$\mathrm{P}=a\times ar\times ar^2\times\cdots\times ar^{n-1}$$

$$=a^nr^{1+2+\cdots+(n-1)}$$

$$=a^nr^{\frac{n(n-1)}{2}}$$

$$\therefore\ \mathrm{P}^2=a^{2n}r^{n(n-1)} \qquad \therefore\ \mathrm{P}^2=\left(\frac{\mathrm{S}}{\mathrm{T}}\right)^n$$

13-17. 2019년 1월 1일에 적립한 금액은 1000만 원이고, 이 금액의 2028년 말의 원리합계는(이하 단위는 만 원)

$$1000\times1.03^{10}$$

2020년 1월 1일에 적립한 금액은 1000×1.03이고, 이 금액의 2028년 말의 원리합계는

$$1000\times1.03\times1.03^9=1000\times1.03^{10}$$

$$\cdots$$

2028년 1월 1일에 적립한 금액은 1000×1.03^9이고, 이 금액의 2028년 말의 원리합계는

$$1000\times1.03^9\times1.03=1000\times1.03^{10}$$

따라서 원리합계 총액은

$$1000\times1.03^{10}\times10=10000\times1.03^{10}$$

여기에서 $x=1.03^{10}$으로 놓으면

$$\log x=10\log1.03=10\times0.0128$$

$$=0.1280$$

문제의 조건에서 $\log1.34=0.1280$이므

로 $x=1.34$

따라서 구하는 원리합계 총액은

$10000\times1.34=\mathbf{13400}$(만 원)

13-18.

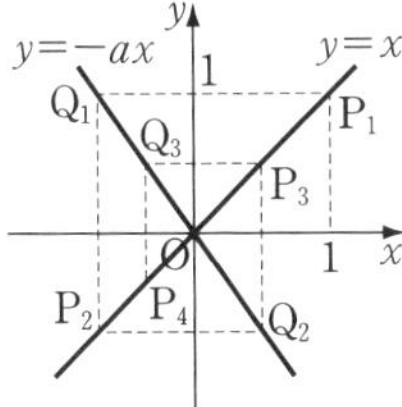

$P_1(1,\ 1)$, $Q_1\left(-\dfrac{1}{a},\ 1\right)$,

$P_2\left(-\dfrac{1}{a},\ -\dfrac{1}{a}\right)$, $Q_2\left(\dfrac{1}{a^2},\ -\dfrac{1}{a}\right)$,

$P_3\left(\dfrac{1}{a^2},\ \dfrac{1}{a^2}\right)$, $Q_3\left(-\dfrac{1}{a^3},\ \dfrac{1}{a^2}\right)$,

$\cdots$

이므로

$\overline{P_1Q_1}=1+\dfrac{1}{a}$,

$\overline{P_2Q_2}=\dfrac{1}{a}+\dfrac{1}{a^2}=\dfrac{1}{a}\left(1+\dfrac{1}{a}\right)$,

$\overline{P_3Q_3}=\dfrac{1}{a^2}+\dfrac{1}{a^3}=\dfrac{1}{a^2}\left(1+\dfrac{1}{a}\right)$,

$\cdots$

따라서 수열 $\{\overline{P_nQ_n}\}$은 첫째항이 $1+\dfrac{1}{a}$, 공비가 $\dfrac{1}{a}$인 등비수열이다.

$$\therefore\ (\text{준 식})=\frac{\left(1+\dfrac{1}{a}\right)\left\{1-\left(\dfrac{1}{a}\right)^{10}\right\}}{1-\dfrac{1}{a}}$$

$$=\boldsymbol{\frac{a+1}{a-1}\left(1-\frac{1}{a^{10}}\right)}$$

14-1. $\displaystyle\sum_{k=1}^{n}a_{2k-1}=4^n-1$에

$n=1$을 대입하면 $a_1=3$

$n=2$를 대입하면 $a_1+a_3=15$

$\therefore\ a_3=12$

공비를 $r\,(r>0)$라고 하면

$a_3=3\times r^2=12$

$r>0$이므로 $r=2$

따라서 $a_n=3\times2^{n-1}$이므로

$$\sum_{k=1}^{10}a_{2k}=\sum_{k=1}^{10}(3\times2^{2k-1})=\sum_{k=1}^{10}(6\times4^{k-1})$$

$$=\frac{6(4^{10}-1)}{4-1}=\mathbf{2^{21}-2}$$

14-2. (1) $f(x)+f(2-x)$

$$=\frac{x}{x-1}+\frac{2-x}{(2-x)-1}$$

$$=\frac{x}{x-1}+\frac{x-2}{x-1}$$

$$=\frac{2x-2}{x-1}=\mathbf{2}$$

(2) (1)에 의하여

$$f\left(\frac{2}{101}\right)+f\left(\frac{200}{101}\right)=2$$

$$f\left(\frac{4}{101}\right)+f\left(\frac{198}{101}\right)=2$$

$\cdots$

$$f\left(\frac{100}{101}\right)+f\left(\frac{102}{101}\right)=2$$

$$\therefore\ \sum_{k=1}^{100}f\left(\frac{2k}{101}\right)=2\times50=\mathbf{100}$$

14-3. $(\text{준 식})=a_{20}+(a_{20}-a_1)+(a_{20}-a_2)+(a_{20}-a_3)+\cdots+(a_{20}-a_{19})$

$$=\left(1+\frac{1}{2}+\frac{1}{3}+\frac{1}{4}+\cdots+\frac{1}{20}\right)+\left(\frac{1}{2}+\frac{1}{3}+\frac{1}{4}+\cdots+\frac{1}{20}\right)+\left(\frac{1}{3}+\frac{1}{4}+\cdots+\frac{1}{20}\right)+\cdots+\frac{1}{20}$$

$$=1+\frac{1}{2}\times2+\frac{1}{3}\times3+\cdots+\frac{1}{20}\times20$$

$=\mathbf{20}$

14-4. $\left(\displaystyle\sum_{k=1}^{20}kx^k\right)^2=\left(\displaystyle\sum_{k=1}^{20}kx^k\right)\left(\displaystyle\sum_{k=1}^{20}kx^k\right)$

$=(x+2x^2+3x^3+\cdots+20x^{20})\times(x+2x^2+3x^3+\cdots+20x^{20})$

에서 x^{10}항은

$x\times9x^9+2x^2\times8x^8+3x^3\times7x^7$
$+\cdots+9x^9\times x$
$=(1\times9+2\times8+3\times7+\cdots+9\times1)x^{10}$

따라서 x^{10}의 계수는

$$\sum_{k=1}^{9}k(10-k)=\sum_{k=1}^{9}(-k^2+10k)=-\frac{9\times10\times19}{6}+10\times\frac{9\times10}{2}=\mathbf{165}$$

14-5. (1) $1\le n<2^2$일 때 $[\sqrt{n}\,]=1$

$2^2\le n<3^2$일 때 $[\sqrt{n}\,]=2$

$3^2\le n<4^2$일 때 $[\sqrt{n}\,]=3$

$\cdots$

$9^2\le n<10^2$일 때 $[\sqrt{n}\,]=9$

$n=100$일 때 $[\sqrt{n}\,]=10$

$$\therefore \sum_{n=1}^{100}\left[\sqrt{n}\,\right]=1\times3+2\times5+3\times7+\cdots+9\times19+10$$
$$=\sum_{k=1}^{9}k(2k+1)+10$$
$$=2\times\frac{9\times10\times19}{6}+\frac{9\times10}{2}+10$$
$$=\mathbf{625}$$

(2) $a_n=(-1)^{n+1}\tan\frac{n}{3}\pi$라고 하자.

k가 정수일 때,

$n=6k,\ 6k+3$이면 $a_n=0$

$n=6k+1,\ 6k+2$이면 $a_n=\sqrt{3}$

$n=6k+4,\ 6k+5$이면 $a_n=-\sqrt{3}$

$$\therefore (\text{준 식})=\sum_{n=0}^{47}(-1)^{n+1}\tan\frac{n}{3}\pi+\sum_{n=48}^{50}(-1)^{n+1}\tan\frac{n}{3}\pi$$
$$=0+\left(0+\sqrt{3}+\sqrt{3}\right)$$
$$=\mathbf{2\sqrt{3}}$$

14-6. (1) n으로 나눈 몫과 나머지가 모두 0인 자연수는 없다.

2로 나눈 몫과 나머지가 1인 자연수는 $2\times1+1=3$

$\therefore\ \boldsymbol{a_2=3}$

3으로 나눈 몫과 나머지가 각각 1, 2인 자연수는

$3\times1+1=4,\ 3\times2+2=8$

$\therefore\ \boldsymbol{a_3}=4+8=\mathbf{12}$

4로 나눈 몫과 나머지가 각각 1, 2, 3인 자연수는

$4\times1+1=5,\ 4\times2+2=10,$
$4\times3+3=15$

$\therefore\ \boldsymbol{a_4}=5+10+15=\mathbf{30}$

(2) n으로 나눈 몫과 나머지가 각각 $k(k=1,\ 2,\ \cdots,\ n-1)$인 자연수는

$n\times1+1,\ n\times2+2,\ \cdots,\ nk+k,$
$\cdots,\ n(n-1)+n-1$

$$\therefore\ a_n=\sum_{k=1}^{n-1}(nk+k)=(n+1)\sum_{k=1}^{n-1}k=(n+1)\times\frac{(n-1)n}{2}$$

$a_n>500$에서 $\dfrac{(n-1)n(n+1)}{2}>500$

$\therefore\ (n-1)n(n+1)>1000$

이때, $9\times10\times11=990,$
$10\times11\times12=1320$

이므로 n의 최솟값은 **11**

14-7. 제 n항을 a_n, 첫째항부터 제 n항까지의 합을 S_n이라고 하면

$$a_n=\sqrt{2n+1-2\sqrt{n(n+1)}}$$
$$=\sqrt{(n+1)+n-2\sqrt{n(n+1)}}$$
$$=\sqrt{(\sqrt{n+1}-\sqrt{n}\,)^2}$$
$$=\sqrt{n+1}-\sqrt{n}$$
$$\therefore\ S_n=\left(\sqrt{2}-1\right)+\left(\sqrt{3}-\sqrt{2}\right)+\left(\sqrt{4}-\sqrt{3}\right)+\cdots+\left(\sqrt{n+1}-\sqrt{n}\right)$$
$$=\boldsymbol{\sqrt{n+1}-1}$$

14-8. 준 식에 $n=10$을 대입하면

$$\sum_{k=1}^{10}(a_{2k+1}-a_{2k-1})=3\times10+2=32$$

이때,

$$\sum_{k=1}^{10}(a_{2k+1}-a_{2k-1})=(a_3-a_1)+(a_5-a_3)+(a_7-a_5)+\cdots+(a_{21}-a_{19})$$
$$=a_{21}-a_1$$

이므로 $a_{21}-a_1=32$

$\therefore\ a_{21}=a_1+32=8+32=\mathbf{40}$

***Note** 준 식의 좌변을 정리하면

$a_{2n+1}-a_1=3n+2$

$\therefore\ a_{2n+1}=3n+10$

$n=10$을 대입하면 $a_{21}=\mathbf{40}$

14-9. $\dfrac{a_{k+1}}{S_kS_{k+1}}=\dfrac{S_{k+1}-S_k}{S_kS_{k+1}}=\dfrac{1}{S_k}-\dfrac{1}{S_{k+1}}$

이므로

$$\sum_{k=1}^{9}\frac{a_{k+1}}{S_kS_{k+1}}=\left(\frac{1}{S_1}-\frac{1}{S_2}\right)+\left(\frac{1}{S_2}-\frac{1}{S_3}\right)+\left(\frac{1}{S_3}-\frac{1}{S_4}\right)+\cdots+\left(\frac{1}{S_9}-\frac{1}{S_{10}}\right)$$
$$=\frac{1}{S_1}-\frac{1}{S_{10}}$$

$S_1=a_1=3$이므로 $\dfrac{1}{3}-\dfrac{1}{S_{10}}=\dfrac{1}{4}$

$\therefore\ \mathbf{S_{10}=12}$

14-10. (준 식)$=\displaystyle\sum_{k=1}^{n}(x^2-2xa_k+a_k{}^2)$

$$=nx^2-2\left(\sum_{k=1}^{n}a_k\right)x+\sum_{k=1}^{n}a_k{}^2$$

따라서 $x=\dfrac{1}{n}\displaystyle\sum_{k=1}^{n}a_k$일 때 최소이고, 이때

$$x=\frac{1}{n}\sum_{k=1}^{n}\frac{1}{k(k+1)}$$
$$=\frac{1}{n}\sum_{k=1}^{n}\left(\frac{1}{k}-\frac{1}{k+1}\right)$$
$$=\frac{1}{n}\left(1-\frac{1}{n+1}\right)=\mathbf{\frac{1}{n+1}}$$

14-11. $2,\ 6,\ 12,\ 20,\ 30,\ \cdots,\ a_n,\ \cdots$

$\quad 4,\ 6,\ 8,\ 10,\ \cdots$

$$\therefore\ a_n=2+\sum_{k=1}^{n-1}(2k+2)$$
$$=2+2\times\frac{(n-1)n}{2}+2(n-1)$$
$$=n(n+1)$$

$$\therefore\ \sum_{k=1}^{n}\frac{1}{k(k+1)}=\sum_{k=1}^{n}\left(\frac{1}{k}-\frac{1}{k+1}\right)$$
$$=1-\frac{1}{n+1}=\mathbf{\frac{n}{n+1}}$$

***Note** 구하는 합은

$$\frac{1}{1\times2}+\frac{1}{2\times3}+\frac{1}{3\times4}+\cdots+\frac{1}{n(n+1)}$$
$$=\left(1-\frac{1}{2}\right)+\left(\frac{1}{2}-\frac{1}{3}\right)+\left(\frac{1}{3}-\frac{1}{4}\right)+\cdots+\left(\frac{1}{n}-\frac{1}{n+1}\right)$$
$$=1-\frac{1}{n+1}=\mathbf{\frac{n}{n+1}}$$

14-12. 분자, 분모의 합이 같은 것끼리 묶어 군으로 나누면

$$\left(\frac{1}{1}\right),\ \left(\frac{2}{1},\ \frac{1}{2}\right),\ \left(\frac{3}{1},\ \frac{2}{2},\ \frac{1}{3}\right),\ \left(\frac{4}{1},\ \frac{3}{2},\ \frac{2}{3},\ \frac{1}{4}\right),\ \cdots$$

따라서 $\dfrac{3}{15}$은 제17군의 15번째 수이고, 제16군까지의 항의 개수는

$$1+2+3+\cdots+16=\frac{16\times17}{2}=136$$

$\therefore\ 136+15=\mathbf{151}$(**번째 항**)

14-13. 제1군 첫째항부터 제7군 마지막 항까지 항의 개수는

$$1+2+3+\cdots+7=28$$

제1군 첫째항부터 제8군 마지막 항까지 항의 개수는

$$1+2+3+\cdots+8=36$$

따라서 제1군 첫째항부터 제7군 마지막 항까지 모든 항의 합은

$$S_{28}=2\times28^2+3\times28+1$$

제1군 첫째항부터 제8군 마지막 항까지 모든 항의 합은

$$S_{36}=2\times36^2+3\times36+1$$

$\therefore\ S_{36}-S_{28}=\mathbf{1048}$

14-14. $0<a<1$일 때, 모든 x에 대하여

$(x^2+2)-(ax^2+1)=(1-a)x^2+1>0$

$\therefore\ x^2+2>ax^2+1$

따라서 선분의 길이의 합은

$$\sum_{x=1}^{10}\{(x^2+2)-(ax^2+1)\}$$
$$=(1-a)\sum_{x=1}^{10}x^2+1\times10$$
$$=(1-a)\times\frac{10\times11\times21}{6}+10$$
$$=395-385a$$

$395-385a=318$이므로 $\boldsymbol{a=\frac{1}{5}}$

14-15. 모든 실수 t에 대하여

$(x_it-y_i)^2=x_i^2t^2-2x_iy_it+y_i^2\geq0$

이므로

$$\sum_{i=1}^{n}(x_it-y_i)^2=\left(\sum_{i=1}^{n}x_i^2\right)t^2-2\left(\sum_{i=1}^{n}x_iy_i\right)t+\sum_{i=1}^{n}y_i^2\geq0$$

이 부등식은 t에 관한 절대부등식이다.

(i) $\sum_{i=1}^{n}x_i^2\neq0$일 때

$$\mathrm{D}/4=\left(\sum_{i=1}^{n}x_iy_i\right)^2-\left(\sum_{i=1}^{n}x_i^2\right)\left(\sum_{i=1}^{n}y_i^2\right)\leq0$$

$$\therefore\ \left(\sum_{i=1}^{n}x_iy_i\right)^2\leq\left(\sum_{i=1}^{n}x_i^2\right)\left(\sum_{i=1}^{n}y_i^2\right)$$

등호는 $\frac{y_1}{x_1}=\frac{y_2}{x_2}=\cdots=\frac{y_n}{x_n}$일 때 성립한다. 단, $x_i=0$이면 $y_i=0$이다.

(ii) $\sum_{i=1}^{n}x_i^2=0$일 때

$x_1^2+x_2^2+x_3^2+\cdots+x_n^2=0$

곧, $x_1=x_2=x_3=\cdots=x_n=0$

이므로 주어진 부등식은 성립한다.

14-16. $\frac{n(n+1)}{2}$은 자연수 1부터 n까지의 합이므로 a_n은

$1,\ 2,\ 3,\ 4,\ 5,\ \cdots,\ n$

을 각각 3으로 나눈 나머지

$1,\ 2,\ 0,\ 1,\ 2,\ 0,\ \cdots$

의 합을 3으로 나눈 나머지와 같다.

따라서

$a_1=1,\ a_2=0,\ a_3=0,\ a_4=1,\ a_5=0,\ \cdots$

곧, $a_{3k-2}=1,\ a_{3k-1}=a_{3k}=0$

(k는 자연수)

그런데 $2020=3\times673+1$이므로

$$\sum_{n=1}^{2020}a_n=673\times1+a_{2020}=\mathbf{674}$$

14-17. k가 홀수이면 $k=2^0\times k$이므로

$a_k=0$

k가 4의 배수가 아닌 2의 배수이면

$a_k=1$

k가 8의 배수가 아닌 4의 배수이면

$a_k=2$

$\cdots$

따라서 음이 아닌 정수 n에 대하여 k가 2^{n+1}의 배수가 아닌 2^n의 배수이면 $a_k=n$이다.

100까지의 자연수 중

2의 배수는 50개, 4의 배수는 25개,
8의 배수는 12개, 16의 배수는 6개,
32의 배수는 3개, 64의 배수는 1개

이므로

$$\sum_{k=1}^{100}a_k=(50-25)\times1+(25-12)\times2+(12-6)\times3+(6-3)\times4+(3-1)\times5+1\times6$$
$$=\mathbf{97}$$

Note $$\sum_{k=1}^{100}a_k=\left[\frac{100}{2}\right]+\left[\frac{100}{2^2}\right]+\left[\frac{100}{2^3}\right]+\cdots+\left[\frac{100}{2^6}\right]$$
$$=50+25+12+6+3+1$$
$$=\mathbf{97}$$

단, $[x]$는 x보다 크지 않은 최대 정수이다.

14-18. (1) $$\sum_{n=1}^{10}a_n=\sum_{n=1}^{10}f(n^2)-\sum_{n=1}^{10}f(n)$$
$$=(1+4+9+6+5+6+9+4+1+0)-(1+2+3+\cdots+9+0)$$
$$=45-45=\mathbf{0}$$

또, 두 자리 자연수를 $10a+b$

(a, b는 정수, $0<a\le9$, $0\le b\le9$)

라고 하면

$$f\big((10a+b)^2\big)=f(b^2),$$
$$f(10a+b)=f(b)$$

곧, 십의 자리 수에는 관계없다.

$$\therefore \sum_{n=1}^{98} a_n=\sum_{n=1}^{100} a_n-\sum_{n=99}^{100} a_n$$
$$=10\sum_{n=1}^{10} a_n-\{(1-9)+(0-0)\}$$
$$=10\times0+8=\mathbf{8}$$

(2) $a_n=0$, 곧 $f(n^2)=f(n)$이 되는 n을 작은 것부터 차례로 쓰면 수열 $\{b_n\}$은 다음과 같다.

1, 5, 6, 10, 11, 15, 16, 20, 21, $\cdots$

제50항은 짝수 번째 항이고, 짝수 번째 항은

5, 10, 15, 20, $\cdots$

으로 첫째항이 5, 공차가 5인 등차수열이므로

$$b_{50}=5+(25-1)\times5=\mathbf{125}$$

14-19. (1) $4=4\times1$,

$44=4\times11=4(1+10)$,

$444=4\times111=4(1+10+10^2)$,

$\cdots$

따라서 제 n항을 a_n, 첫째항부터 제 n항까지의 합을 S_n이라고 하면

$$a_n=4(1+10+10^2+\cdots+10^{n-1})$$
$$=4\times\frac{10^n-1}{10-1}=\frac{4}{9}(10^n-1)$$
$$\therefore S_n=\sum_{k=1}^{n} a_k=\sum_{k=1}^{n}\frac{4}{9}(10^k-1)$$
$$=\frac{4}{9}\left\{\frac{10(10^n-1)}{10-1}-n\right\}$$
$$=\mathbf{\frac{4(10^{n+1}-9n-10)}{81}}$$

***Note** 4, 44, 444, 4444, $\cdots$ (차: 40, 400, 4000, $\cdots$)

$$\therefore a_n=4+\sum_{k=1}^{n-1}(40\times10^{k-1})$$
$$=\frac{4}{9}(10^n-1)$$

(2) 주어진 수열의 첫째항부터 제 $2n$항까지 중에서 홀수 번째 항의 합을 S_1, 짝수 번째 항의 합을 S_2라고 하자.

$$S_1=12+1212+\cdots+1212\cdots12$$
$$=12(1+101+\cdots+101\cdots01)$$
$$=12\{1+(10^2+1)+(10^4+10^2+1)+\cdots+(10^{2n-2}+10^{2n-4}+\cdots+1)\}$$
$$=12\sum_{k=1}^{n}\frac{10^{2k}-1}{10^2-1}$$
$$=\frac{4}{33}\sum_{k=1}^{n}(10^{2k}-1)$$
$$=\frac{4}{33}\left\{\frac{10^2(10^{2n}-1)}{10^2-1}-n\right\}$$
$$=\frac{400}{33\times99}(10^{2n}-1)-\frac{4}{33}n,$$
$$S_2=121+12121+\cdots+1212\cdots121$$
$$=(120+12120+\cdots+1212\cdots120)+n$$
$$=10S_1+n$$

이므로 구하는 합을 S라고 하면

$$S=S_1+S_2=S_1+(10S_1+n)$$
$$=11S_1+n$$
$$=\frac{400}{297}(10^{2n}-1)-\frac{4}{3}n+n$$
$$=\mathbf{\frac{400}{297}(10^{2n}-1)-\frac{n}{3}}$$

14-20.

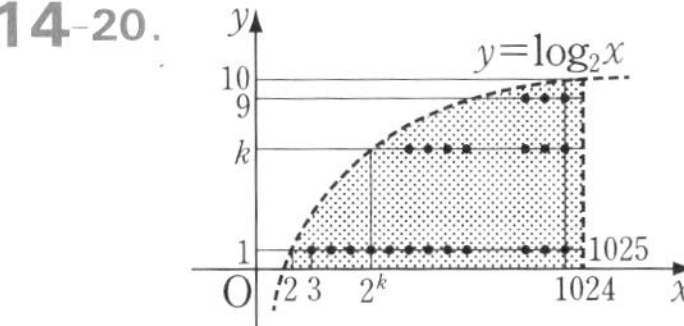

곡선 $y=\log_2 x$와 직선 $y=k$의 교점의 x좌표는 $\log_2 x=k$에서 $x=2^k$

그런데 직선 $y=k(1\le k\le9)$ 위의 점으로 x, y좌표가 모두 정수인 점은

$(2^k+1,\ k),\ (2^k+2,\ k),\ \cdots,\ (1024,\ k)$

이므로, 그 개수는 $1024-2^k$

따라서 구하는 점의 개수는

$$\sum_{k=1}^{9}(1024-2^k)=1024\times 9-\frac{2(2^9-1)}{2-1}$$
$$=\mathbf{8194}$$

14-21. $x>10^4$에서 $\log x>4$이므로

$$f(x)\geq 4$$

$\log x$의 소수부분을 $g(x)$라고 하면 $0\leq g(x)<1$이고

$$\log x=f(x)+g(x)$$

주어진 조건으로부터

$$2\{f(x)-3\}\{f(x)+g(x)\}$$
$$=2\{f(x)\}^2-7f(x)+3n$$
$$\therefore\ g(x)=\frac{3n-f(x)}{2f(x)-6}$$

이때, $0\leq g(x)<1$이므로

$$0\leq\frac{3n-f(x)}{2f(x)-6}<1$$

$f(x)\geq 4$에서 $2f(x)-6>0$이므로

$$0\leq 3n-f(x)<2f(x)-6$$
$$\therefore\ n+2<f(x)\leq 3n$$
$$\therefore\ a_n=\sum_{k=1}^{3n}k-\sum_{k=1}^{n+2}k$$
$$=\frac{3n(3n+1)}{2}-\frac{(n+2)(n+3)}{2}$$
$$=4n^2-n-3$$
$$\therefore\ \sum_{n=1}^{10}a_n=\sum_{n=1}^{10}(4n^2-n-3)$$
$$=4\times\frac{10\times 11\times 21}{6}-\frac{10\times 11}{2}-3\times 10$$
$$=\mathbf{1455}$$

14-22. (i) $n=2m$(m은 자연수)일 때

$$S_{2m}=\sum_{k=1}^{m}\{(2k-1)^3-(2k)^3\}$$
$$=\sum_{k=1}^{m}(-12k^2+6k-1)$$
$$=-12\times\frac{1}{6}m(m+1)(2m+1)+6\times\frac{1}{2}m(m+1)-m$$
$$=-m^2(4m+3)\qquad\cdots\cdots①$$

(ii) $n=2m+1$(m은 자연수)일 때

$$S_{2m+1}=S_{2m}+(2m+1)^3$$
$$=-m^2(4m+3)+(2m+1)^3$$
$$=(m+1)^2(4m+1)\qquad\cdots\cdots②$$

(iii) $n=1$일 때 $S_1=1$ $\qquad\cdots\cdots③$

①, ②, ③으로부터 구하는 합은

n이 짝수일 때 $\boldsymbol{-\frac{1}{4}n^2(2n+3)}$,

n이 홀수일 때 $\boldsymbol{\frac{1}{4}(n+1)^2(2n-1)}$

***Note** 위의 답은 ①에서는 $n=2m$을, ②에서는 $n=2m+1$을 대입한 것이다.

14-23. $f(x)=|x-2|+|x-2^2|+|x-2^3|+\cdots+|x-2^{20}|$

따라서 $f(x)$는 $2^{10}\leq x\leq 2^{11}$일 때 최소이고, 최솟값은

$$f(2^{10})=(2^{10}-2)+(2^{10}-2^2)+(2^{10}-2^3)+\cdots+(2^{10}-2^{10})$$
$$+(2^{11}-2^{10})+(2^{12}-2^{10})+\cdots+(2^{20}-2^{10})$$
$$=-(2+2^2+2^3+\cdots+2^{10})+(2^{11}+2^{12}+2^{13}+\cdots+2^{20})$$
$$=-\frac{2(2^{10}-1)}{2-1}+\frac{2^{11}(2^{10}-1)}{2-1}$$
$$=\mathbf{2(2^{10}-1)^2}$$

***Note** $f(x)$의 최솟값을 구할 때에는 $f(2^{10})$ 대신 $f(2^{11})$의 값을 구해도 된다.

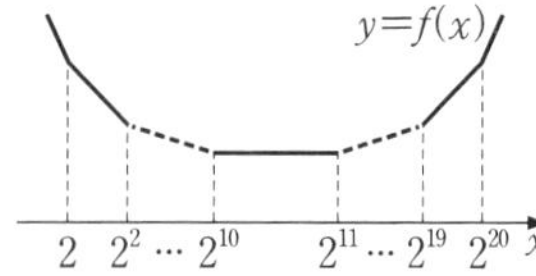

14-24. $a_n=k$(k는 자연수)라고 하면

$$k-\frac{1}{2}<\sqrt{n}<k+\frac{1}{2}$$
$$\therefore\ k^2-k+\frac{1}{4}<n<k^2+k+\frac{1}{4}$$

그런데 n은 자연수이므로 $a_n=k$를 만

족시키는 n은 k^2-k+1부터 k^2+k까지 모두 $2k$개이다. 따라서

$k=1$일 때 $n=1, 2$ (곧, $a_1=a_2=1$)

$k=2$일 때 $n=3, 4, 5, 6$
(곧, $a_3=a_4=a_5=a_6=2$)

$k=3$일 때 $n=7, \cdots, 12$ (2×3개)

$\cdots$

$k=9$일 때 $n=73, \cdots, 90$ (2×9개)

$$\therefore \sum_{k=1}^{90} a_k=1\times2+2\times4+3\times6+\cdots+9\times18$$
$$=\sum_{k=1}^{9}(k\times2k)=2\times\frac{9\times10\times19}{6}$$
$$=\mathbf{570}$$

14-25. 제 n항을 a_n, 첫째항부터 제 n항까지의 합을 S_n이라고 하자.

(1) $$a_n=\frac{1}{n!(n+2)}=\frac{n+1}{(n+2)!}$$
$$=\frac{n+2-1}{(n+2)!}=\frac{1}{(n+1)!}-\frac{1}{(n+2)!}$$
이므로
$$S_n=\sum_{k=1}^{n}a_k$$
$$=\left(\frac{1}{2!}-\frac{1}{3!}\right)+\left(\frac{1}{3!}-\frac{1}{4!}\right)+\left(\frac{1}{4!}-\frac{1}{5!}\right)+\cdots+\left\{\frac{1}{(n+1)!}-\frac{1}{(n+2)!}\right\}$$
$$=\boldsymbol{\frac{1}{2}-\frac{1}{(n+2)!}}$$

(2) $$a_n=\frac{2n}{(2n-1)^2(2n+1)^2}=\frac{a}{(2n-1)^2}+\frac{b}{(2n+1)^2}$$
로 놓고 우변을 통분한 다음, 양변의 분자를 비교하면
$$2n=4(a+b)n^2+4(a-b)n+a+b$$
$$\therefore a+b=0,\ 4(a-b)=2$$
$$\therefore a=\frac{1}{4},\ b=-\frac{1}{4}$$
$$\therefore S_n=\sum_{k=1}^{n}a_k$$
$$=\frac{1}{4}\sum_{k=1}^{n}\left\{\frac{1}{(2k-1)^2}-\frac{1}{(2k+1)^2}\right\}$$
$$=\frac{1}{4}\left\{\frac{1}{1^2}-\frac{1}{(2n+1)^2}\right\}$$
$$=\boldsymbol{\frac{n(n+1)}{(2n+1)^2}}$$

(3) $$a_n=\frac{5n+4}{n(n+1)(n+2)}=\frac{a}{n(n+1)}+\frac{b}{(n+1)(n+2)}$$
로 놓고 우변을 통분한 다음, 양변의 분자를 비교하면
$$5n+4=(a+b)n+2a$$
$$\therefore a+b=5,\ 2a=4$$
$$\therefore a=2,\ b=3$$
$$\therefore S_n=\sum_{k=1}^{n}a_k$$
$$=\sum_{k=1}^{n}\left\{\frac{2}{k(k+1)}+\frac{3}{(k+1)(k+2)}\right\}$$
$$=\sum_{k=1}^{n}\frac{2}{k(k+1)}+\sum_{k=1}^{n}\frac{3}{(k+1)(k+2)}$$
$$=2\left(1-\frac{1}{n+1}\right)+3\left(\frac{1}{2}-\frac{1}{n+2}\right)$$
$$=\boldsymbol{\frac{n(7n+11)}{2(n+1)(n+2)}}$$

14-26. (1) n행은 첫째항이 2^{n-1}, 공차가 2^n인 등차수열이므로
$$a_n=2^{n-1}+(n-1)\times2^n$$
$$=\boldsymbol{(2n-1)\times2^{n-1}}$$

(2) $S=\sum_{k=1}^{n}a_k$로 놓고, p. 196에서와 같이 $S-2S$를 계산하면
$$-S=1+2(2+2^2+\cdots+2^{n-1})-(2n-1)\times2^n$$
$$=2(1+2+2^2+\cdots+2^{n-1})-1-(2n-1)\times2^n$$
$$=2\times\frac{2^n-1}{2-1}-1-(2n-1)\times2^n$$
$$\therefore S=\boldsymbol{(2n-3)\times2^n+3}$$

14-27. 주어진 수열을

$$\left(\frac{1}{2^2},\ \frac{3}{2^2}\right),\ \left(\frac{1}{2^3},\ \frac{3}{2^3},\ \frac{5}{2^3},\ \frac{7}{2^3}\right),\ \cdots$$

과 같이 분모가 같은 것끼리 군으로 나누면 제 n군은 분모가 2^{n+1}이고, 분자는 차례로 홀수 $1,\ 3,\ 5,\ \cdots,\ 2^{n+1}-1$이며, 항의 개수는 $2^{n+1}\div 2=2^n$인 수열이다.

따라서 제 n군까지의 항의 개수는

$$2+2^2+2^3+\cdots+2^n=\frac{2(2^n-1)}{2-1}=2^{n+1}-2$$

따라서 제 126항이 제 k군에 속한다고 하면 $2^k-2<126\le 2^{k+1}-2$에서

$$2^k<128\le 2^{k+1} \qquad \therefore\ k=6$$

따라서 제 126항은 제 6군에 속한다.

그런데 제 6군까지의 항의 개수는 $2^{6+1}-2=126$이므로 제 126항은 제 6군의 마지막 항이다.

따라서 제 126항은 $\dfrac{2^7-1}{2^7}=\mathbf{\dfrac{127}{128}}$

또, 제 n군의 합을 a_n이라고 하면

$$a_n=\frac{1}{2^{n+1}}\sum_{k=1}^{2^n}(2k-1)=\frac{1}{2^{n+1}}\left\{2\times\frac{2^n(2^n+1)}{2}-2^n\right\}=2^{n-1}$$

제 126항까지의 합은 제 1군부터 제 6군까지의 합이므로

$$\sum_{n=1}^{6}a_n=\sum_{n=1}^{6}2^{n-1}=\frac{1\times(2^6-1)}{2-1}=\mathbf{63}$$

14-28. (1) m행의 수는 공차가 $2m-1$인 등차수열을 이루므로 m행 n열의 수는 $1+(n-1)(2m-1)$이다.

$1+(n-1)(2m-1)=217$로 놓으면

$$(2m-1)(n-1)=216$$

그런데 $216=2^3\times 3^3$이고, $2m-1$이 홀수이므로

$$(2m-1,\ n-1)=(1,\ 216),\ (3,\ 72),\ (9,\ 24),\ (27,\ 8)$$

$$\therefore\ (m,\ n)=(1,\ 217),\ (2,\ 73),\ (5,\ 25),\ (14,\ 9)$$

따라서 217은 모두 **4**번 나온다.

(2) m행 n열의 수를 a라고 하면

$$1+(n-1)(2m-1)=a$$

곧, $(2m-1)(n-1)=a-1$

이 식을 만족시키는 자연수 $m,\ n$의 순서쌍 $(m,\ n)$이 5개인 가장 작은 자연수 $a-1$을 찾으면 이때의 a가 구하는 수이다.

$2m-1$이 홀수이므로 $a-1$은 홀수인 양의 약수를 5개 가져야 하고, 이 중에서 가장 작은 수는 3^4이다.

$$\therefore\ a-1=3^4 \qquad \therefore\ a=\mathbf{82}$$

15-1. $a_{n+1}=\dfrac{7-a_n}{1-7a_n}$, $a_1=3$에서

$$a_2=\frac{7-a_1}{1-7a_1}=\frac{7-3}{1-7\times 3}=-\frac{1}{5},$$

$$a_3=\frac{7-a_2}{1-7a_2}=\frac{7-\left(-\frac{1}{5}\right)}{1-7\times\left(-\frac{1}{5}\right)}=3,$$

$$a_4=\frac{7-a_3}{1-7a_3}=\frac{7-3}{1-7\times 3}=-\frac{1}{5},$$

$$a_5=\frac{7-a_4}{1-7a_4}=\frac{7-\left(-\frac{1}{5}\right)}{1-7\times\left(-\frac{1}{5}\right)}=3,$$

$$\cdots$$

$$\therefore\ a_1=a_3=a_5=\cdots=3,\quad a_2=a_4=a_6=\cdots=-\frac{1}{5}$$

$$\therefore\ \mathbf{a_{1000}=-\frac{1}{5}}$$

****Note*** 점화식을 변형하면

$$a_{n+2}=\frac{7-a_{n+1}}{1-7a_{n+1}}=\frac{7-\dfrac{7-a_n}{1-7a_n}}{1-7\times\dfrac{7-a_n}{1-7a_n}}=\frac{7(1-7a_n)-(7-a_n)}{(1-7a_n)-7(7-a_n)}=a_n$$

곧, $a_{n+2}=a_n$이다.

15-2. 수열 $\{a_n\}$의 항을 나열하면

$$1,\ 1,\ -1,\ -1,\ -1,\ 1,$$
$$1,\ 1,\ -1,\ -1,\ -1,\ 1,\ \cdots$$

이므로 제1항부터 제6항까지가 반복된다.

그런데 $a_1+a_2+\cdots+a_6=0$이고, $2019=6\times336+3$이므로

$$\sum_{k=1}^{2019}a_k=\sum_{k=1}^{2016}a_k+a_{2017}+a_{2018}+a_{2019}$$
$$=0+1+1+(-1)=\mathbf{1}$$

15-3. $a_{2^k}=a_{2\times2^{k-1}}=a_{2^{k-1}}+1$

$$=a_{2\times2^{k-2}}+1=a_{2^{k-2}}+2$$
$$=\cdots$$
$$=a_{2^{k-k}}+k=a_1+k=k+1,$$
$$a_{2^k+1}=a_{2\times2^{k-1}+1}=a_{2^{k-1}}-1$$
$$=\{(k-1)+1\}-1=k-1$$

이므로

$$\sum_{k=1}^{10}b_k=\sum_{k=1}^{10}(k+1)=\frac{10\times11}{2}+10=\mathbf{65},$$
$$\sum_{k=1}^{10}c_k=\sum_{k=1}^{10}(k-1)=\frac{10\times11}{2}-10=\mathbf{45}$$

15-4. 준 식에서

$$2(S_{n+1}-S_n)-(S_{n+2}-S_{n+1})=a_n$$
$$\therefore\ 2a_{n+1}-a_{n+2}=a_n$$
$$\therefore\ 2a_{n+1}=a_n+a_{n+2}$$

또, $a_2-a_1=3-1=2$

따라서 수열 $\{a_n\}$은 첫째항이 1, 공차가 2인 등차수열이다.

$$\therefore\ a_n=1+(n-1)\times2=\mathbf{2n-1},$$
$$S_n=\frac{n\{2\times1+(n-1)\times2\}}{2}=\boldsymbol{n^2}$$

15-5. n분 후의 단세포 생물의 수를 a_n이라고 하면

$$a_{n+1}=2(a_n-0.3a_n)$$
$$\therefore\ a_{n+1}=1.4a_n$$

따라서 수열 $\{a_n\}$은 첫째항이 $a_1=1.4\times10=14$, 공비가 1.4인 등비수열이므로

$$a_n=14\times1.4^{n-1}=10\times1.4^n$$

그런데 $a_n\ge1000$, 곧 $1.4^n\ge100$인 n의 범위는

$1.4^{13}=79.4$, $1.4^{14}=1.4^{13}\times1.4=111.16$

이므로 $n\ge14$ $\quad\therefore$ **14분 후**

15-6. $a_n=1\times\left(\dfrac{1}{2}\right)^{n-1}=\left(\dfrac{1}{2}\right)^{n-1}$이므로

$$\log_2 a_n=(n-1)\log_2\frac{1}{2}=-n+1$$

따라서 조건식은

$$b_{n+1}-b_n=-n+1$$

이 식의 n에 1, 2, 3, $\cdots$, $n-1$을 대입하고 변변 더하면

$$b_n-b_1=-\{1+2+3+\cdots+(n-2)\}$$
$$\therefore\ b_n=1-\frac{(n-2)(n-1)}{2}$$
$$=-\boldsymbol{\frac{1}{2}n(n-3)}$$

15-7. 조건식의 양변의 역수를 잡으면

$$\frac{1}{a_{n+1}}=\frac{a_n+3}{a_n}\quad \text{곧,}\ \frac{1}{a_{n+1}}=1+\frac{3}{a_n}$$

여기에서 $\dfrac{1}{a_n}=b_n$으로 놓으면

$$b_{n+1}=1+3b_n$$
$$\therefore\ b_{n+1}+\frac{1}{2}=3\left(b_n+\frac{1}{2}\right)$$

따라서 수열 $\left\{b_n+\dfrac{1}{2}\right\}$은 첫째항이 $b_1+\dfrac{1}{2}=\dfrac{3}{2}$, 공비가 3인 등비수열이다.

$$\therefore\ b_n+\frac{1}{2}=\frac{3}{2}\times3^{n-1}$$
$$\therefore\ b_n=\frac{1}{2}(3^n-1)\quad \therefore\ \boldsymbol{a_n=\frac{2}{3^n-1}}$$

15-8. (1) $a_{n+1}=S_{n+1}-S_n$이므로 주어진 조건식은

$$3S_n=S_{n+1}-S_n-2$$
$$\therefore\ \mathbf{S_{n+1}=4S_n+2\ (n=1,\ 2,\ 3,\ \cdots)}$$

(2) $S_{n+1}+\dfrac{2}{3}=4\left(S_n+\dfrac{2}{3}\right)$

따라서 수열 $\left\{S_n+\dfrac{2}{3}\right\}$는 첫째항이

$S_1+\frac{2}{3}=a_1+\frac{2}{3}=\frac{8}{3}$, 공비가 4인 등비수열이므로

$$S_n+\frac{2}{3}=\frac{8}{3}\times 4^{n-1}$$

$$\therefore\ \mathbf{S_n=\frac{1}{3}(2^{2n+1}-2)}$$

(3) $n\geq 2$일 때

$$\begin{aligned}a_n&=S_n-S_{n-1}\\&=\frac{1}{3}(2^{2n+1}-2)-\frac{1}{3}(2^{2n-1}-2)\\&=\frac{1}{3}(2^{2n+1}-2^{2n-1})\\&=\frac{1}{3}(2^2\times 2^{2n-1}-2^{2n-1})=2^{2n-1}\end{aligned}$$

이것은 $a_1=2$를 만족시키므로

$$\mathbf{a_n=2^{2n-1}\ (n=1,\ 2,\ 3,\ \cdots)}$$

***Note** $3S_n=a_{n+1}-2$
$(n=1,\ 2,\ 3,\ \cdots)$ ……①
$3S_{n-1}=a_n-2\ (n=2,\ 3,\ 4,\ \cdots)$ ……②
$n\geq 2$일 때, ①−②하면
$3(S_n-S_{n-1})=a_{n+1}-a_n$
$\therefore\ 3a_n=a_{n+1}-a_n$ $\quad\therefore\ a_{n+1}=4a_n$
한편 ①에서
$3S_1=a_2-2$ $\quad\therefore\ 3a_1=a_2-2$
$\therefore\ a_2=8$ $\quad\therefore\ a_2=4a_1$
$\therefore\ a_{n+1}=4a_n\ (n=1,\ 2,\ 3,\ \cdots)$
$\therefore\ a_n=2\times 4^{n-1}=\mathbf{2^{2n-1}}$

15-9. $P_n(x_n,\ y_n)$이라고 하면 주어진 조건에서

$$\frac{x_n+x_{n+1}}{2}=-\frac{x_{n+2}+x_{n+3}}{2}\quad\cdots①$$

$$\frac{y_n+y_{n+1}}{2}=\frac{y_{n+2}+y_{n+3}}{2}\quad\cdots②$$

$x_1=1,\ x_2=-3,\ x_3=-2$이므로 ①의 n에 $n=1,\ 2,\ 3,\ \cdots$을 대입하여 수열 $\{x_n\}$의 각 항을 구하면

$$1,\ -3,\ -2,\ 4,\ 1,\ -3,\ -2,\ 4,\ \cdots$$

곧, 제1항부터 제4항까지가 반복된다.

따라서 $x_{49}=x_1=1$

$y_1=1,\ y_2=2,\ y_3=0$이므로 ②의 n에 $n=1,\ 2,\ 3,\ \cdots$을 대입하여 수열 $\{y_n\}$의 각 항을 구하면

$$1,\ 2,\ 0,\ 3,\ -1,\ 4,\ -2,\ 5,\ \cdots$$

곧, 홀수 번째 항은 공차가 -1인 등차수열을 이루고, 짝수 번째 항은 공차가 1인 등차수열을 이룬다.

$\therefore\ y_{2n-1}=-n+2,\ y_{2n}=n+1$
$\therefore\ y_{49}=y_{2\times 25-1}=-25+2=-23$

$$\therefore\ \mathbf{P_{49}(1,\ -23)}$$

15-10. 점 P_n의 좌표를 a_n이라고 하면

$$a_1=2,\ a_2=3$$

두 점 $P_n(a_n)$, $P_{n+1}(a_{n+1})$에 대하여 선분 P_nP_{n+1}을 $3:4$로 외분하는 점이 $P_{n+2}(a_{n+2})$이므로

$$a_{n+2}=\frac{3a_{n+1}-4a_n}{3-4}$$

$$\therefore\ a_{n+2}+3a_{n+1}-4a_n=0$$
$$(n=1,\ 2,\ 3,\ \cdots)\quad\cdots\cdots①$$

①에서 $a_{n+2}-a_{n+1}=-4(a_{n+1}-a_n)$이므로 수열 $\{a_n\}$의 계차수열은 첫째항이 $a_2-a_1=1$, 공비가 -4인 등비수열이다.

$$\begin{aligned}\therefore\ a_n&=a_1+\sum_{k=1}^{n-1}(-4)^{k-1}\\&=2+\frac{1-(-4)^{n-1}}{1-(-4)}=\frac{11-(-4)^{n-1}}{5}\end{aligned}$$

$$\therefore\ a_7=\frac{11-(-4)^6}{5}=\mathbf{-817}$$

***Note** ①의 n에 1, 2, 3, 4, 5를 차례로 대입하여 a_7을 구해도 된다.

15-11. 주어진 시행을 n회 반복한 후 소금물의 농도를 $a_n(\%)$이라고 하면

$$a_1=\frac{1}{100}\left(50\times\frac{16}{100}+50\times\frac{8}{100}\right)\times 100$$
$$=12$$

이고,

$$a_{n+1}=\frac{1}{100}\left(50\times\frac{a_n}{100}+50\times\frac{8}{100}\right)\times 100$$

$\therefore\ a_{n+1}=\frac{1}{2}a_n+4\ (n=1,\ 2,\ 3,\ \cdots)$ ……①

①의 양변에서 8을 빼면

$$a_{n+1}-8=\frac{1}{2}(a_n-8)$$

따라서 수열 $\{a_n-8\}$은 첫째항이 $a_1-8=4$, 공비가 $\frac{1}{2}$인 등비수열이므로

$$a_n-8=4\times\left(\frac{1}{2}\right)^{n-1}$$

$$\therefore\ a_n=\left(\frac{1}{2}\right)^{n-3}+8$$

이때, $a_n\le 8.1$에서 $\left(\frac{1}{2}\right)^{n-3}+8\le 8.1$

$\therefore\ \left(\frac{1}{2}\right)^{n-3}\le 0.1\quad \therefore\ 2^{n-3}\ge 10$

n은 자연수이므로 $n-3\ge 4$

$\therefore\ n\ge 7\quad \therefore$ **7회**

15-12. $a_n=3^n-1$ ……①

(i) $n=1$일 때

(좌변)$=a_1=2$, (우변)$=3^1-1=2$

이므로 ①이 성립한다.

(ii) $n=k(k\ge 1)$일 때 ①이 성립한다고 가정하면 $a_k=3^k-1$

이때, $a_{k+1}=3a_k+2$에서

$$a_{k+1}=3(3^k-1)+2=3^{k+1}-1$$

따라서 $n=k+1$일 때에도 ①이 성립한다.

(i), (ii)에 의하여 모든 자연수 n에 대하여 ①이 성립한다.

15-13. $n\ge 2$일 때 $a_n=S_n-S_{n-1}$이므로

$$(S_n-S_{n-1})(2S_n-1)=2S_n^2$$

$$\therefore\ S_{n-1}-S_n=2S_{n-1}S_n$$

양변을 S_nS_{n-1}로 나누면

$$\frac{1}{S_n}-\frac{1}{S_{n-1}}=2$$

또, $\frac{1}{S_1}=\frac{1}{a_1}=1$

따라서 수열 $\left\{\frac{1}{S_n}\right\}$은 첫째항이 1, 공차가 2인 등차수열이므로

$$\frac{1}{S_n}=1+(n-1)\times 2=2n-1$$

$$\therefore\ S_n=\frac{1}{2n-1}\ (n=1,\ 2,\ 3,\ \cdots)$$

$$\therefore\ a_n=S_n-S_{n-1}=\frac{1}{2n-1}-\frac{1}{2n-3}$$

$$=\boldsymbol{-\frac{2}{(2n-1)(2n-3)}}$$

$$\boldsymbol{(n=2,\ 3,\ 4,\ \cdots)}$$

15-14. 점화식의 양변을 $n(n+1)$로 나누면

$$\frac{a_n}{n}=\frac{a_{n+1}}{n+1}+\frac{2}{n(n+1)}$$

$\frac{a_n}{n}=b_n$으로 놓고 정리하면

$$b_{n+1}-b_n=\frac{-2}{n(n+1)}$$

이 식의 n에 1, 2, 3, $\cdots$, $n-1$을 대입하고 변변 더하면

$$b_n=b_1-\sum_{k=1}^{n-1}\frac{2}{k(k+1)}$$

$$=1-2\sum_{k=1}^{n-1}\left(\frac{1}{k}-\frac{1}{k+1}\right)$$

$$=1-2\left(1-\frac{1}{n}\right)=-1+\frac{2}{n}$$

$$\therefore\ a_n=nb_n=\boldsymbol{-n+2}$$

15-15. $a_{n+1}=n\times 2^n+\sum_{k=1}^{n}\frac{a_k}{k}$ …①

$a_n=(n-1)\times 2^{n-1}+\sum_{k=1}^{n-1}\frac{a_k}{k}$ …②

①−②하면

$$a_{n+1}-a_n=(n+1)\times 2^{n-1}+\frac{a_n}{n}$$

$$\therefore\ a_{n+1}=\frac{(n+1)a_n}{n}+(n+1)\times 2^{n-1}$$

$$(n=2,\ 3,\ 4,\ \cdots)$$

양변을 $n+1$로 나누면

$$\frac{a_{n+1}}{n+1}=\frac{a_n}{n}+2^{n-1}$$

$\frac{a_n}{n}=b_n$으로 놓으면

$$b_{n+1}=b_n+2^{n-1}\ (n=2,\ 3,\ 4,\ \cdots)$$

한편 ①에서 $a_2=2+a_1=6$이므로

$b_2=\dfrac{6}{2}=3$이고,

$$b_{n+1}-b_n=2^{n-1}\ (n=2,\ 3,\ 4,\ \cdots)$$

이므로

$$b_n=b_2+\sum_{k=1}^{n-2}2^k=3+\frac{2(2^{n-2}-1)}{2-1}$$
$$=2^{n-1}+1\ (n=2,\ 3,\ 4,\ \cdots)$$

$$\therefore\ \boldsymbol{a_n}=\begin{cases}\mathbf{4} & (\boldsymbol{n}=\mathbf{1})\\ \boldsymbol{n}(\mathbf{2}^{\boldsymbol{n}-1}+\mathbf{1}) & (\boldsymbol{n}=\mathbf{2},\ \mathbf{3},\ \mathbf{4},\ \cdots)\end{cases}$$

15-16.

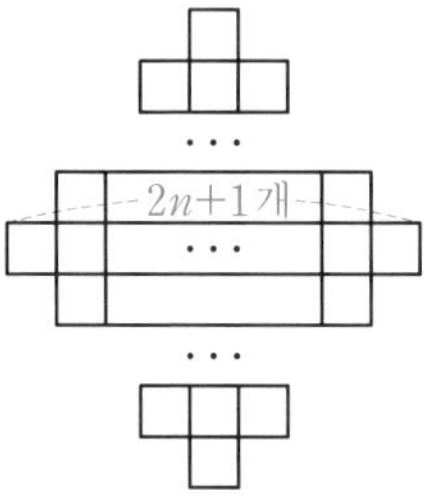

2n+1개

n층 탑의 맨 아래층에 위와 같은 모양의 정육면체를 한 층 더 쌓으면 $n+1$층 탑이 된다.

이때, 필요한 정육면체의 개수는

$$1+3+5+\cdots+(2n-1)+(2n+1)$$
$$+(2n-1)+\cdots+5+3+1$$
$$=2\sum_{k=1}^{n}(2k-1)+2n+1$$
$$=2\left\{2\times\frac{n(n+1)}{2}-n\right\}+2n+1$$
$$=2n^2+2n+1$$

$$\therefore\ \boldsymbol{a_{n+1}=a_n+2n^2+2n+1}$$
$$(\boldsymbol{n}=\mathbf{1},\ \mathbf{2},\ \mathbf{3},\ \cdots)$$

따라서 $a_{n+1}-a_n=2n^2+2n+1$이고, $a_1=1$이므로

$$a_{10}=a_1+\sum_{k=1}^{9}(2k^2+2k+1)$$
$$=1+2\times\frac{9\times10\times19}{6}+2\times\frac{9\times10}{2}+9$$
$$=\mathbf{670}$$

***Note** 만일 문제에서 위에서부터 n번째 층에 있는 정육면체의 개수를 x_n이라고 하면 $n+1$번째 층에는 n번째 층의 정육면체의 개수와 $4n$개의 정육면체를 합한 것만큼 있으므로

$$x_{n+1}=x_n+4n \quad \therefore\ x_{n+1}-x_n=4n$$

$$\therefore\ x_n=x_1+\sum_{k=1}^{n-1}4k=1+4\times\frac{(n-1)n}{2}$$
$$=2n^2-2n+1$$

$$\therefore\ a_{10}=\sum_{k=1}^{10}x_k=\sum_{k=1}^{10}(2k^2-2k+1)$$
$$=2\times\frac{10\times11\times21}{6}$$
$$-2\times\frac{10\times11}{2}+10$$
$$=\mathbf{670}$$

15-17. (1) $a_{n+1}=S_{n+1}-S_n$

$$=(n+1)^2a_{n+1}-n^2a_n$$

$$\therefore\ (n^2+2n)a_{n+1}=n^2a_n$$

$$\therefore\ \boldsymbol{a_{n+1}=\frac{n}{n+2}a_n}\ (\boldsymbol{n}=\mathbf{1},\ \mathbf{2},\ \mathbf{3},\ \cdots)$$

(2) 위의 점화식의 n에 $1,\ 2,\ 3,\ \cdots,\ n-1$을 대입하고 변변 곱하면

$$a_n=a_1\left(\frac{1}{3}\times\frac{2}{4}\times\cdots\times\frac{n-2}{n}\times\frac{n-1}{n+1}\right)$$
$$=1\times\frac{1\times2}{n(n+1)}=\boldsymbol{\frac{2}{n(n+1)}}$$

$$\therefore\ S_n=\sum_{k=1}^{n}a_k=2\sum_{k=1}^{n}\frac{1}{k(k+1)}$$
$$=2\sum_{k=1}^{n}\left(\frac{1}{k}-\frac{1}{k+1}\right)$$
$$=2\left(1-\frac{1}{n+1}\right)=\boldsymbol{\frac{2n}{n+1}}$$

***Note** 준 식에서

$$S_n=n^2(S_n-S_{n-1})\ (n=2,\ 3,\ 4,\ \cdots)$$
$$\therefore\ (n^2-1)S_n=n^2S_{n-1}$$

이 식의 n에 $2,\ 3,\ 4,\ \cdots,\ n$을 대입하고 변변 곱하여 S_n을 구할 수도 있다.

15-18. $a_n>0$이므로 점화식에서 양변의 2를 밑으로 하는 로그를 잡으면

$$\log_2 a_{n+1}=\frac{1}{2}\log_2 a_n+1$$

$$\therefore\ \log_2 a_{n+1}-2=\frac{1}{2}(\log_2 a_n-2)$$

따라서 수열 $\{\log_2 a_n - 2\}$는 첫째항이 $\log_2 a_1 - 2 = 1 - 2 = -1$, 공비가 $\frac{1}{2}$인 등비수열이므로

$$\log_2 a_n - 2 = -1 \times \left(\frac{1}{2}\right)^{n-1}$$

$$\therefore \log_2 a_n = 2 - \left(\frac{1}{2}\right)^{n-1}$$

$$\therefore \boldsymbol{a_n = 2^{2-\left(\frac{1}{2}\right)^{n-1}}}$$

15-19. n번째 시행에서 물을 주고 받지 않은 물통의 물의 양을 a_n(L)이라 하자.

물의 양의 합계는 $1+2+2=5$(L)이므로 n번째 시행에서 물을 주고 받은 두 물통의 물의 양은 각각 $\frac{1}{2}(5-a_n)$(L)이다.

$n+1$번째 시행에서 물을 주고 받지 않은 물통의 물의 양 a_{n+1}은 n번째 시행에서 물을 주고 받은 물통 중 하나의 물의 양이므로

$$a_{n+1} = \frac{1}{2}(5-a_n)$$

$$곧, \ a_{n+1} = -\frac{1}{2}a_n + \frac{5}{2}$$

$$\therefore a_{n+1} - \frac{5}{3} = -\frac{1}{2}\left(a_n - \frac{5}{3}\right)$$

따라서 수열 $\left\{a_n - \frac{5}{3}\right\}$는 첫째항이 $a_1 - \frac{5}{3} = 2 - \frac{5}{3} = \frac{1}{3}$, 공비가 $-\frac{1}{2}$인 등비수열이므로

$$a_n - \frac{5}{3} = \frac{1}{3}\left(-\frac{1}{2}\right)^{n-1}$$

$$\therefore a_n = \boldsymbol{\frac{1}{3}\left(-\frac{1}{2}\right)^{n-1} + \frac{5}{3}} \textbf{(L)}$$

15-20. $a_{n+1} = \frac{5}{4}a_n - \frac{3}{4}b_n + 1 \quad \cdots ①$

$b_{n+1} = -\frac{3}{4}a_n + \frac{5}{4}b_n + 1 \quad \cdots ②$

①－②하면

$$a_{n+1} - b_{n+1} = 2(a_n - b_n)$$

따라서 수열 $\{a_n - b_n\}$은 첫째항이 $a_1 - b_1 = 1$, 공비가 2인 등비수열이므로

$$a_n - b_n = 2^{n-1} \quad \cdots\cdots ③$$

①＋②하면

$$a_{n+1} + b_{n+1} = \frac{1}{2}(a_n + b_n) + 2$$

$$\therefore a_{n+1} + b_{n+1} - 4 = \frac{1}{2}(a_n + b_n - 4)$$

따라서 수열 $\{a_n + b_n - 4\}$는 첫째항이 $a_1 + b_1 - 4 = -3$, 공비가 $\frac{1}{2}$인 등비수열이므로

$$a_n + b_n - 4 = -3\left(\frac{1}{2}\right)^{n-1}$$

$$\therefore a_n + b_n = 4 - 3\left(\frac{1}{2}\right)^{n-1} \quad \cdots ④$$

(③＋④)÷2하면 $\boldsymbol{a_n = 2^{n-2} - \frac{3}{2^n} + 2}$

(④－③)÷2하면 $\boldsymbol{b_n = -2^{n-2} - \frac{3}{2^n} + 2}$

15-21. (1) $a_{n+2} = 5a_{n+1} - 6a_n \quad \cdots\cdots ①$

또, $a_{n+2} - pa_{n+1} = q(a_{n+1} - pa_n)$

에서 $a_{n+2} = (p+q)a_{n+1} - pqa_n$

①과 비교하면

$$p+q=5, \ pq=6$$

$\therefore$ $\boldsymbol{p=2, \ q=3}$ **또는** $\boldsymbol{p=3, \ q=2}$

(2) $p=2$, $q=3$인 경우 ①식은

$$a_{n+2} - 2a_{n+1} = 3(a_{n+1} - 2a_n)$$

따라서 수열 $\{a_{n+1} - 2a_n\}$은 첫째항이 $a_2 - 2a_1 = 2 - 2 = 0$, 공비가 3인 등비수열이므로

$$a_{n+1} - 2a_n = 0 \times 3^{n-1} \quad \therefore a_{n+1} = 2a_n$$

$$\therefore a_n = a_1 \times 2^{n-1} = 1 \times 2^{n-1}$$

$$곧, \ \boldsymbol{a_n = 2^{n-1}}$$

***Note** 1° $p=3$, $q=2$인 경우 ①식은

$$a_{n+2} - 3a_{n+1} = 2(a_{n+1} - 3a_n)$$

따라서 수열 $\{a_{n+1} - 3a_n\}$은 첫째항이 $a_2 - 3a_1 = 2 - 3 = -1$, 공비가 2인 등비수열이므로

$$a_{n+1} - 3a_n = -1 \times 2^{n-1}$$

$$\therefore a_{n+1} - 2^n = 3(a_n - 2^{n-1})$$

따라서 수열 $\{a_n - 2^{n-1}\}$은 첫째항이 $a_1 - 2^{1-1} = 1 - 1 = 0$, 공비가 3인

등비수열이므로

$a_n-2^{n-1}=0\times3^{n-1}\quad\therefore\ a_n=2^{n-1}$

이와 같이 같은 결과를 얻는다. 어느 경우든 간단한 쪽을 택하여 a_n을 구하면 된다.

*Note 2° $pa_{n+2}+qa_{n+1}+ra_n=0$ 꼴의 점화식은 $p+q+r=0$일 때에는

$$a_{n+2}-a_{n+1}=k(a_{n+1}-a_n)$$

의 꼴로 변형하여 a_n을 구하지만, $p+q+r\neq0$일 때에는 위의 문제와 같은 방법으로 a_n을 구한다.

15-22. (i) $n=1$일 때

(좌변)$=2$, (우변)$=2$

이므로 준 등식이 성립한다.

(ii) $n=m(m\ge1)$일 때 준 등식이 성립한다고 가정하면

$$\sum_{k=1}^{m}(5k-3)\left(\frac{1}{k}+\frac{1}{k+1}+\cdots+\frac{1}{m}\right)=\frac{m(5m+3)}{4}$$

이때,

$$\sum_{k=1}^{m+1}(5k-3)\left(\frac{1}{k}+\frac{1}{k+1}+\cdots+\frac{1}{m+1}\right)$$
$$=\sum_{k=1}^{m}(5k-3)\left(\frac{1}{k}+\frac{1}{k+1}+\cdots+\frac{1}{m+1}\right)+\frac{5(m+1)-3}{m+1}$$
$$=\sum_{k=1}^{m}(5k-3)\left(\frac{1}{k}+\frac{1}{k+1}+\cdots+\frac{1}{m}\right)+\frac{1}{m+1}\sum_{k=1}^{m}(5k-3)+\frac{5(m+1)-3}{m+1}$$
$$=\frac{m(5m+3)}{4}+\frac{1}{m+1}\sum_{k=1}^{m+1}(5k-3)$$
$$=\frac{m(5m+3)}{4}+\frac{5m+4}{2}$$
$$=\frac{(m+1)(5m+8)}{4}$$
$$=\frac{(m+1)\{5(m+1)+3\}}{4}$$

따라서 $n=m+1$일 때에도 준 등식이 성립한다.

(i), (ii)에 의하여 모든 자연수 n에 대하여 준 등식이 성립한다.

15-23. (i) $n=2$일 때

(좌변)$=1+\dfrac{1}{2^2}=\dfrac{5}{4}$,

(우변)$=2-\dfrac{1}{2}=\dfrac{3}{2}$

이므로 준 부등식이 성립한다.

(ii) $n=k(k\ge2)$일 때 준 부등식이 성립한다고 가정하면

$$1+\frac{1}{2^2}+\frac{1}{3^2}+\cdots+\frac{1}{k^2}<2-\frac{1}{k}$$
$$\therefore\ 1+\frac{1}{2^2}+\cdots+\frac{1}{k^2}+\frac{1}{(k+1)^2}<2-\frac{1}{k}+\frac{1}{(k+1)^2}$$

그런데

$$\left(2-\frac{1}{k+1}\right)-\left\{2-\frac{1}{k}+\frac{1}{(k+1)^2}\right\}=\frac{1}{k(k+1)^2}>0$$
$$\therefore\ 2-\frac{1}{k}+\frac{1}{(k+1)^2}<2-\frac{1}{k+1}$$
$$\therefore\ 1+\frac{1}{2^2}+\cdots+\frac{1}{(k+1)^2}<2-\frac{1}{k+1}$$

따라서 $n=k+1$일 때에도 준 부등식이 성립한다.

(i), (ii)에 의하여 $n\ge2$인 모든 자연수 n에 대하여 준 부등식이 성립한다.

15-24. (i) $n=1$일 때

(좌변)$=x-1$, (우변)$=x-1$

이므로 준 부등식이 성립한다.

(ii) $n=k(k\ge1)$일 때 준 부등식이 성립한다고 가정하면

$$x^k-1\ge k(x-1)$$

이때,

$$(x^{k+1}-1)-(k+1)(x-1)$$
$$=x^{k+1}-kx+k-x$$
$$=x(x^k-1)-k(x-1)$$

$\geq x\times k(x-1)-k(x-1)$

$=k(x-1)^2\geq 0$

$\therefore\ x^{k+1}-1\geq(k+1)(x-1)$

따라서 $n=k+1$일 때에도 준 부등식이 성립한다.

(i), (ii)에 의하여 모든 자연수 n에 대하여 준 부등식이 성립한다.

15-25. (i) $f(1)=\frac{1}{2}(a+b)=4$,

$f(2)=\frac{1}{2}(a^2+b^2)=31$

이므로 $f(1)$, $f(2)$는 자연수이다.

(ii) $a=4+\sqrt{15}$에서

$a-4=\sqrt{15}\quad \therefore\ (a-4)^2=15$

$\therefore\ a^2-8a+1=0\quad\cdots\cdots①$

$b=4-\sqrt{15}$에서

$b-4=-\sqrt{15}\quad \therefore\ (b-4)^2=15$

$\therefore\ b^2-8b+1=0\quad\cdots\cdots②$

①, ②의 양변에 각각 a^n, b^n을 곱하여 정리하면

$a^{n+2}-8a^{n+1}+a^n=0$,

$b^{n+2}-8b^{n+1}+b^n=0$

변변 더하면

$a^{n+2}+b^{n+2}=8(a^{n+1}+b^{n+1})-(a^n+b^n)$

양변을 2로 나누면

$f(n+2)=8f(n+1)-f(n)$

$f(n+2)>0$이므로 $f(n)$, $f(n+1)$이 자연수이면 $f(n+2)$도 자연수이다.

(i), (ii)에 의하여 모든 자연수 n에 대하여 $f(n)$은 자연수이다.

15-26. (i) $n=1$일 때 $3^2-2^1=7$이므로 7로 나누어 떨어진다.

(ii) $n=k(k\geq 1)$일 때 성립한다고 가정하면, 곧 $3^{2k}-2^k$이 7로 나누어 떨어진다고 가정하면

$3^{2(k+1)}-2^{k+1}=3^2\times 3^{2k}-2\times 2^k$

$=9\times 3^{2k}-9\times 2^k+7\times 2^k$

$=9(3^{2k}-2^k)+7\times 2^k$

도 7로 나누어 떨어지므로 $n=k+1$일 때에도 7로 나누어 떨어진다.

(i), (ii)에 의하여 모든 자연수 n에 대하여 $3^{2n}-2^n$은 7로 나누어 떨어진다.

15-27. a_{3m}은 2의 배수이다. $\cdots\cdots①$

(i) $m=1$일 때

$a_3=a_2+a_1=1+1=2$

이므로 ①이 성립한다.

(ii) $m=k(k\geq 1)$일 때 ①이 성립한다고 가정하면, 곧 a_{3k}가 2의 배수라고 가정하면

$a_{3(k+1)}=a_{3k+3}=a_{3k+2}+a_{3k+1}$

$=(a_{3k+1}+a_{3k})+a_{3k+1}$

$=2a_{3k+1}+a_{3k}$

에서 $2a_{3k+1}$이 2의 배수이고, a_{3k}도 2의 배수이므로 $a_{3(k+1)}$은 2의 배수이다.

따라서 $m=k+1$일 때에도 ①이 성립한다.

(i), (ii)에 의하여 모든 자연수 m에 대하여 ①이 성립한다.

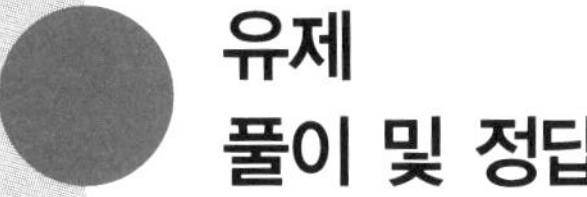

유제 풀이 및 정답

유제 풀이 및 정답

1-1. (1) $\sqrt[4]{17\pm2\sqrt{72}}=\sqrt{\sqrt{17\pm2\sqrt{72}}}$
$=\sqrt{\sqrt{9}\pm\sqrt{8}}=\sqrt{3\pm2\sqrt{2}}$
$=\sqrt{2}\pm1$ (복부호동순)
$\therefore$ (준 식)$=(\sqrt{2}+1)+(\sqrt{2}-1)$
$=\mathbf{2\sqrt{2}}$

(2) (준 식)$=\sqrt{\sqrt{a^2a\sqrt{a}}}=\sqrt{\sqrt{a^3\sqrt{a}}}$
$=\sqrt{\sqrt{\sqrt{a^6a}}}=\sqrt[8]{\boldsymbol{a^7}}$

(3) (준 식)$=\sqrt[4]{\sqrt[3]{a^3a\sqrt{a}}}=\sqrt[4]{\sqrt[3]{a^4\sqrt{a}}}$
$=\sqrt[4]{\sqrt[3]{\sqrt{a^8a}}}=\sqrt[24]{a^9}$
$=\sqrt[8]{\boldsymbol{a^3}}$

(4) (준 식)$=\dfrac{\sqrt[6]{a}}{\sqrt[8]{a}}\times\dfrac{\sqrt[8]{a}}{\sqrt[12]{a}}=\dfrac{\sqrt[6]{a}}{\sqrt[12]{a}}=\dfrac{\sqrt[12]{a^2}}{\sqrt[12]{a}}$
$=\sqrt[12]{\boldsymbol{a}}$

(5) (준 식)$=\dfrac{\sqrt[15]{x}}{\sqrt[12]{x}}\times\dfrac{\sqrt[12]{x}}{\sqrt[20]{x}}\times\dfrac{\sqrt[20]{x}}{\sqrt[15]{x}}=\mathbf{1}$

1-2. $\sqrt{x}+\dfrac{1}{\sqrt{x}}=\sqrt{7}$ ……①

(1) ①의 양변을 제곱하면
$x+2+\dfrac{1}{x}=7 \quad \therefore\ x+\dfrac{1}{x}=\mathbf{5}$

(2) $x+\dfrac{1}{x}=5$의 양변을 제곱하면
$x^2+2+\dfrac{1}{x^2}=25 \quad \therefore\ x^2+\dfrac{1}{x^2}=23$
$\therefore\ \dfrac{x^2+x^{-2}-2}{x+x^{-1}+2}=\dfrac{23-2}{5+2}=\mathbf{3}$

(3) ①의 양변을 세제곱하면
$x\sqrt{x}+3\left(\sqrt{x}+\dfrac{1}{\sqrt{x}}\right)+\dfrac{1}{x\sqrt{x}}=7\sqrt{7}$
$\therefore\ x\sqrt{x}+\dfrac{1}{x\sqrt{x}}=\mathbf{4\sqrt{7}}$

1-3. $\left(x^{\frac{1}{2}}+x^{-\frac{1}{2}}\right)^2=x+2+x^{-1}=6$
$x^{\frac{1}{2}}+x^{-\frac{1}{2}}>0$이므로
$x^{\frac{1}{2}}+x^{-\frac{1}{2}}=\sqrt{\mathbf{6}}$

1-4. (1) $\left(\dfrac{1}{e^3}\right)^{-4x}=(e^{-3})^{-4x}=e^{12x}$
$=(e^{2x})^6=3^6=\mathbf{729}$

(2) 분자, 분모에 e^x을 곱하면
$\dfrac{e^x-e^{-x}}{e^x+e^{-x}}=\dfrac{e^{2x}-1}{e^{2x}+1}=\dfrac{3-1}{3+1}=\dfrac{\mathbf{1}}{\mathbf{2}}$

(3) 분자, 분모에 e^x을 곱하면
$\dfrac{e^{3x}-e^{-3x}}{e^x-e^{-x}}=\dfrac{e^{4x}-e^{-2x}}{e^{2x}-1}=\dfrac{3^2-\dfrac{1}{3}}{3-1}=\dfrac{\mathbf{13}}{\mathbf{3}}$

*__Note__ (3)은 다음과 같이 인수분해를 이용해도 된다.
$\dfrac{e^{3x}-e^{-3x}}{e^x-e^{-x}}=\dfrac{(e^x-e^{-x})(e^{2x}+1+e^{-2x})}{e^x-e^{-x}}$
$=e^{2x}+1+e^{-2x}=\dfrac{\mathbf{13}}{\mathbf{3}}$

1-5. $a^{-2}=5$에서 $a^2=\dfrac{1}{5}$
분자, 분모에 a를 곱하면
$\dfrac{a^3-a^{-3}}{a^3+a^{-3}}=\dfrac{a^4-a^{-2}}{a^4+a^{-2}}=\dfrac{\left(\dfrac{1}{5}\right)^2-5}{\left(\dfrac{1}{5}\right)^2+5}=-\dfrac{\mathbf{62}}{\mathbf{63}}$

1-6. (1) 분자, 분모에 a^{2x}을 곱하면
(준 식)$=\dfrac{a^{8x}+a^{-4x}}{a^{4x}+1}=\dfrac{2^2+2^{-1}}{2+1}=\dfrac{\mathbf{3}}{\mathbf{2}}$

(2) $a^{2x}=\sqrt{2}-1$에서
$a^{-2x}=\dfrac{1}{\sqrt{2}-1}=\sqrt{2}+1$
분자, 분모에 a^x을 곱하면

$$(\text{준 식})=\frac{a^{6x}+a^{-4x}}{a^{2x}+1}=\frac{(\sqrt{2}-1)^3+(\sqrt{2}+1)^2}{(\sqrt{2}-1)+1}=\frac{7\sqrt{2}-4}{\sqrt{2}}=\mathbf{7-2\sqrt{2}}$$

1-7. $f(k)=\dfrac{a^k-a^{-k}}{a^k+a^{-k}}=\dfrac{a^{2k}-1}{a^{2k}+1}=\dfrac{1}{2}$

$\therefore\ a^{2k}-1=\dfrac{1}{2}(a^{2k}+1)\quad \therefore\ a^{2k}=3$

$\therefore\ f(2k)=\dfrac{a^{2k}-a^{-2k}}{a^{2k}+a^{-2k}}=\dfrac{3-\frac{1}{3}}{3+\frac{1}{3}}=\mathbf{\dfrac{4}{5}}$

2-1. (1) $\log_2(\sin 45°)=x$로 놓으면

$2^x=\sin 45°=\dfrac{1}{\sqrt{2}}=2^{-\frac{1}{2}}$

$\therefore\ x=-\mathbf{\dfrac{1}{2}}$

(2) $\log_4 32=x$로 놓으면 $4^x=32$

$\therefore\ 2^{2x}=2^5\quad \therefore\ x=\dfrac{5}{2}$

$\log_{0.1}100=y$로 놓으면 $0.1^y=100$

$\therefore\ (10^{-1})^y=10^2\quad \therefore\ y=-2$

$\therefore\ (\text{준 식})=\dfrac{5}{2}\times(-2)=\mathbf{-5}$

(3) $\log_8 2^5=x$로 놓으면 $8^x=2^5$

$\therefore\ (2^3)^x=2^5\quad \therefore\ x=\dfrac{5}{3}$

$\log_7\left(\dfrac{1}{49}\right)^{\frac{1}{3}}=y$로 놓으면

$7^y=\left(\dfrac{1}{49}\right)^{\frac{1}{3}}=(7^{-2})^{\frac{1}{3}}\quad \therefore\ y=-\dfrac{2}{3}$

$\therefore\ (\text{준 식})=\dfrac{5}{3}+\left(-\dfrac{2}{3}\right)=\mathbf{1}$

(4) $\log_{10}\dfrac{10^6+10^5}{11}=x$로 놓으면

$10^x=\dfrac{10^6+10^5}{11}\quad \therefore\ 10^x=\dfrac{10^5(10+1)}{11}$

$\therefore\ 10^x=10^5\quad \therefore\ x=\mathbf{5}$

****Note*** 로그의 성질 (p. 21)을 이용하면

(1) $\log_2\dfrac{1}{\sqrt{2}}=\log_2 2^{-\frac{1}{2}}=-\dfrac{1}{2}\log_2 2=\mathbf{-\dfrac{1}{2}}$

(2) $\log_{2^2}2^5\times\log_{10^{-1}}10^2=\dfrac{5}{2}\times\dfrac{2}{-1}=\mathbf{-5}$

(3) $\log_{2^3}2^5+\log_7 7^{-\frac{2}{3}}=\dfrac{5}{3}-\dfrac{2}{3}=\mathbf{1}$

2-2. (1) $\log_6(\log_{64}x)=-1$에서

$\log_{64}x=6^{-1}\quad \therefore\ \log_{64}x=\dfrac{1}{6}$

$\therefore\ \boldsymbol{x}=64^{\frac{1}{6}}=(2^6)^{\frac{1}{6}}=\mathbf{2}$

(2) $\log_x 625=4$에서

$x^4=625\quad \therefore\ x^4=5^4$

$x>0$이므로 $\boldsymbol{x=5}$

(3) $4\log_{x^2}2=x$에서 $\log_{x^2}2=\dfrac{x}{4}$

$\therefore\ (x^2)^{\frac{x}{4}}=2\quad \therefore\ x^{\frac{x}{2}}=2$

양변을 제곱하면 $x^x=2^2\quad \therefore\ \boldsymbol{x=2}$

2-3. (i) $\log_3(\log_4(\log_5 x))=0$에서

$\log_4(\log_5 x)=3^0=1$

$\therefore\ \log_5 x=4^1=4\quad \therefore\ \boldsymbol{x=5^4}$

(ii) $\log_4(\log_5(\log_3 y))=0$에서

$\log_5(\log_3 y)=4^0=1$

$\therefore\ \log_3 y=5^1=5\quad \therefore\ \boldsymbol{y=3^5}$

(iii) $\log_5(\log_3(\log_4 z))=0$에서

$\log_3(\log_4 z)=5^0=1$

$\therefore\ \log_4 z=3^1=3\quad \therefore\ \boldsymbol{z=4^3=2^6}$

2-4. 근과 계수의 관계로부터

$\alpha+\beta=3,\ \alpha\beta=1$

$$\therefore\ \frac{\beta}{\alpha^2+1}+\frac{\alpha}{\beta^2+1}=\frac{\beta(\beta^2+1)+\alpha(\alpha^2+1)}{(\alpha^2+1)(\beta^2+1)}=\frac{(\alpha+\beta)^3-3\alpha\beta(\alpha+\beta)+\alpha+\beta}{(\alpha\beta)^2+(\alpha+\beta)^2-2\alpha\beta+1}=\frac{3^3-3\times1\times3+3}{1+3^2-2\times1+1}=\frac{7}{3}$$

따라서

$$\log_{\frac{3}{7}}\left(\frac{\beta}{\alpha^2+1}+\frac{\alpha}{\beta^2+1}\right)=\log_{\frac{3}{7}}\frac{7}{3}=k$$

로 놓으면

$$\left(\frac{3}{7}\right)^k=\frac{7}{3} \quad \therefore\ k=\mathbf{-1}$$

2-5. $x=\dfrac{(\sqrt{2}-1)^2}{(\sqrt{2}+1)(\sqrt{2}-1)}=3-2\sqrt{2}$

에서 $x-3=-2\sqrt{2}$

양변을 제곱하고 정리하면

$$x^2-6x+1=0$$

$\therefore\ x^2-6x+10=(x^2-6x+1)+9=9$

따라서 $\log_3(x^2-6x+10)=\log_3 9=k$

로 놓으면 $3^k=9$

$\therefore\ 3^k=3^2 \quad \therefore\ k=\mathbf{2}$

2-6. $\log_2 12=\log_2(2^2\times3)$

$=2\log_2 2+\log_2 3=2+\log_2 3$

$\log_2 12=a$에서 $2+\log_2 3=a$

$\therefore\ \log_2 3=a-2$

$\therefore\ \log_2 9=\log_2 3^2=2\log_2 3=\mathbf{2(a-2)}$

2-7. $\log_{10}1.4=\log_{10}\dfrac{2\times7}{10}$

$=\log_{10}2+\log_{10}7-1=a$

$\therefore\ \log_{10}2+\log_{10}7=a+1 \quad \cdots\cdots①$

$\log_{10}3.5=\log_{10}\dfrac{7}{2}$

$=\log_{10}7-\log_{10}2=b$

$\therefore\ -\log_{10}2+\log_{10}7=b \quad \cdots\cdots②$

①+②하면 $2\log_{10}7=a+b+1$

$\therefore\ \log_{10}7=\mathbf{\dfrac{1}{2}(a+b+1)}$

2-8. $a^4b^3=1$에서 양변의 a를 밑으로 하는 로그를 잡으면

$\log_a a^4b^3=\log_a 1 \quad \therefore\ 4+3\log_a b=0$

$\therefore\ \log_a b=-\dfrac{4}{3}$

$\therefore\ \log_a a^5b^6=5+\log_a b^6=5+6\log_a b$

$=5+6\times\left(-\dfrac{4}{3}\right)=\mathbf{-3}$

2-9. (1) (준 식)$=\log_2\left\{(2^2)^{\frac{3}{4}}\times2^{\frac{5}{2}}\right\}^{\frac{1}{2}}$

$=\log_2\left(2^{\frac{3}{2}}\times2^{\frac{5}{2}}\right)^{\frac{1}{2}}$

$=\log_2(2^4)^{\frac{1}{2}}=\log_2 2^2$

$=\mathbf{2}$

(2) (준 식)$=\log_{10}\left(2\times\sqrt{15}\times\dfrac{1}{\sqrt{0.6}}\right)$

$=\log_{10}10=\mathbf{1}$

(3) (준 식)$=\log_a\left(\dfrac{x^2}{y^3}\right)^3+\log_a\left(\dfrac{y^2}{x^3}\right)^2$

$-\log_a\left(\dfrac{1}{y}\right)^5$

$=\log_a\left(\dfrac{x^6}{y^9}\times\dfrac{y^4}{x^6}\div\dfrac{1}{y^5}\right)$

$=\log_a 1=\mathbf{0}$

(4) (분자)$=\dfrac{1}{2}(\log_8 2+4\log_8 3+\log_8 5)$

$+\dfrac{1}{2}(\log_8 2+2\log_8 3-\log_8 5)$

$+\dfrac{1}{6}$

$=\dfrac{1}{2}+3\log_8 3$

(분모)$=2\log_8 3+\log_8 7-\log_8 7+\log_8 2$

$=\dfrac{1}{3}+2\log_8 3$

$\therefore$ (준 식)$=\dfrac{\frac{1}{2}+3\log_8 3}{\frac{1}{3}+2\log_8 3}$

$=\dfrac{\frac{1}{2}(1+6\log_8 3)}{\frac{1}{3}(1+6\log_8 3)}=\mathbf{\dfrac{3}{2}}$

(5) (준 식)$=\sqrt{\log_{10}(10\times2)-\sqrt{\log_{10}2^4}}$

$=\sqrt{1+\log_{10}2-2\sqrt{\log_{10}2}}$

$=\sqrt{\left(1-\sqrt{\log_{10}2}\right)^2}$

$=\mathbf{1-\sqrt{\log_{10}2}}$

*Note $1<2<10$에서

$\log_{10}1<\log_{10}2<\log_{10}10$

$\therefore\ 0<\log_{10}2<1$

$\therefore\ 0<\sqrt{\log_{10}2}<1$

$\therefore\ 1-\sqrt{\log_{10}2}>0$

2-10. $67^x=27$에서 양변의 3을 밑으로 하는 로그를 잡으면

$\log_3 67^x=\log_3 27 \quad \therefore\ x\log_3 67=3$

$\therefore\ x=\dfrac{3}{\log_3 67}$

$603^y=81$에서 양변의 3을 밑으로 하는 로그를 잡으면

$\log_3 603^y=\log_3 81 \quad \therefore\ y\log_3 603=4$

$\therefore\ y=\dfrac{4}{\log_3 603}$

$\therefore\ \dfrac{3}{x}-\dfrac{4}{y}=\log_3 67-\log_3 603$

$=\log_3\dfrac{67}{603}=\log_3\dfrac{1}{9}=\mathbf{-2}$

***Note** $67^x=27=3^3$에서

$67=3^{\frac{3}{x}}$ ……①

$603^y=81=3^4$에서 $603=3^{\frac{4}{y}}$ …②

①÷②하면 $3^{\frac{3}{x}-\frac{4}{y}}=\dfrac{1}{9}=3^{-2}$

$\therefore\ \boldsymbol{\dfrac{3}{x}-\dfrac{4}{y}=-2}$

2-11. $5^x=2^y=\sqrt{10^z}$에서 각 변의 상용로그를 잡고 $k(k\neq0)$로 놓으면

$\log 5^x=\log 2^y=\log\sqrt{10^z}=k$

$\therefore\ x\log 5=y\log 2=\dfrac{z}{2}\log 10=k$

$\therefore\ x=\dfrac{k}{\log 5},\ y=\dfrac{k}{\log 2},\ z=\dfrac{2k}{\log 10}=2k$

$\therefore$ (준 식)$=\dfrac{\log 5}{k}+\dfrac{\log 2}{k}-\dfrac{2}{2k}=\mathbf{0}$

2-12. $a^x=b^y=c^z=8$에서 각 변의 2를 밑으로 하는 로그를 잡으면

$\log_2 a^x=\log_2 b^y=\log_2 c^z=\log_2 8$

$\therefore\ x\log_2 a=y\log_2 b=z\log_2 c=3$

$\therefore\ x=\dfrac{3}{\log_2 a},\ y=\dfrac{3}{\log_2 b},\ z=\dfrac{3}{\log_2 c}$

$\therefore$ (준 식)$=\dfrac{\log_2 a+\log_2 b+\log_2 c}{3}$

$=\dfrac{\log_2 abc}{3}=\dfrac{\log_2 8}{3}=\dfrac{3}{3}=\mathbf{1}$

2-13. $g\big(f(x)\big)=g(\log_a x)=a^{2\log_a x}$

$=a^{\log_a x^2}=\boldsymbol{x^2}$

2-14. (1) $2\log_3 4+\log_3 5-3\log_3 2$

$=\log_3 16+\log_3 5-\log_3 8$

$=\log_3 10$

$\therefore$ (준 식)$=3^{\log_3 10}=\mathbf{10}$

(2) $\log(\log 3)+\log\left(1+\dfrac{\log 2}{\log 3}\right)$

$=\log\left\{\log 3\times\left(1+\dfrac{\log 2}{\log 3}\right)\right\}$

$=\log(\log 3+\log 2)$

$=\log(\log 6)$

$\therefore$ (준 식)$=10^{\log(\log 6)}=\mathbf{\log 6}$

2-15. $a^{\log_b c}=c^{\log_b a}$이므로

$5^{\log_3 2}=2^{\log_3 5}$ 답 ②

***Note** 일반적으로는 다음 두 가지 방법으로 구한다.

(i) $\log_3 5^{\log_3 2}=\log_3 2\times\log_3 5$

$=\log_3 5\times\log_3 2$

$=\log_3 2^{\log_3 5}$

$\therefore\ 5^{\log_3 2}=2^{\log_3 5}$

(ii) $5^{\log_3 2}=5^{\frac{\log_5 2}{\log_5 3}}=(5^{\log_5 2})^{\frac{1}{\log_5 3}}=2^{\log_3 5}$

2-16. $\log_9 4=\log_{3^2}2^2=\log_3 2$,

$\log_8 27=\log_{2^3}3^3=\log_2 3$

$\therefore\ x=3^{\frac{1}{2}\log_3 2}=3^{\log_3\sqrt{2}}=\sqrt{2}$,

$y=2^{\log_2 3}=3$

$\therefore\ x^2+y^2=(\sqrt{2})^2+3^2=\mathbf{11}$

2-17. $10^x=a,\ 10^y=b$에서

$\log a=x,\ \log b=y$

(1) $\log_a b=\dfrac{\log b}{\log a}=\boldsymbol{\dfrac{y}{x}}$

(2) $(\text{준 식})=\dfrac{\log a+\log b}{\log a}-\dfrac{4\log a}{\log a+\log b}$

$=\dfrac{x+y}{x}-\dfrac{4x}{x+y}$

$=\boldsymbol{\dfrac{-3x^2+2xy+y^2}{x(x+y)}}$

2-18. $\log_2 3=a$에서

$\dfrac{1}{\log_3 2}=a \quad \therefore \log_3 2=\dfrac{1}{a}$

$\therefore \log_{66}44=\dfrac{\log_3 44}{\log_3 66}=\dfrac{\log_3(2^2\times11)}{\log_3(2\times3\times11)}$

$=\dfrac{2\log_3 2+\log_3 11}{\log_3 2+\log_3 3+\log_3 11}$

$=\dfrac{2\times\dfrac{1}{a}+b}{\dfrac{1}{a}+1+b}=\boldsymbol{\dfrac{2+ab}{1+a+ab}}$

3-1. (1) ① $\log 2^{100}=100\log 2$

$=100\times0.3010$

$=30.10$

곧, $\log 2^{100}$의 정수부분이 30이므로 2^{100}은 **31자리 수**

② $\log 5^{20}=20\log 5=20(1-\log 2)$

$=20(1-0.3010)=13.98$

곧, $\log 5^{20}$의 정수부분이 13이므로 5^{20}은 **14자리 수**

③ $\log 1.25^{100}=100\log\dfrac{10}{8}$

$=100(1-3\log 2)$

$=100(1-3\times0.3010)$

$=9.7$

곧, $\log 1.25^{100}$의 정수부분이 9이므로 1.25^{100}의 정수부분은 **10자리 수**

④ $\log(\tan 60°)^{100}=100\log\sqrt{3}$

$=50\log 3$

$=50\times0.4771$

$=23.855$

곧, $\log(\tan 60°)^{100}$의 정수부분이 23이므로 $(\tan 60°)^{100}$은 **24자리 수**

(2) ① $\log 5^{-30}=-30\log 5$

$=-30(1-\log 2)$

$=-30(1-0.3010)$

$=-21+0.03$

따라서 소수 **21째 자리**에서 처음으로 0이 아닌 숫자가 나타난다.

② $\log\dfrac{1}{3^{20}}=-20\log 3=-20\times0.4771$

$=-10+0.458$

따라서 소수 **10째 자리**에서 처음으로 0이 아닌 숫자가 나타난다.

③ $\log\sqrt[5]{0.0009}=\dfrac{1}{5}\log\dfrac{9}{10000}$

$=\dfrac{1}{5}(2\log 3-4)$

$=\dfrac{1}{5}(2\times0.4771-4)$

$=-1+0.39084$

따라서 소수 **첫째 자리**에서 처음으로 0이 아닌 숫자가 나타난다.

④ $\log(\sin 60°)^{100}=\log\left(\dfrac{\sqrt{3}}{2}\right)^{100}$

$=100\left(\dfrac{1}{2}\log 3-\log 2\right)$

$=100\left(\dfrac{1}{2}\times0.4771-0.3010\right)$

$=-6.245=-7+0.755$

따라서 소수 **7째 자리**에서 처음으로 0이 아닌 숫자가 나타난다.

3-2. 7^{100}은 85자리 수이므로

$84\le\log 7^{100}<85$

$\therefore 84\le100\log 7<85$

$\therefore 0.84\le\log 7<0.85 \quad \cdots\cdots①$

또, 11^{100}은 105자리 수이므로

$104\le\log 11^{100}<105$

$\therefore 104\le100\log 11<105$

$\therefore 1.04\le\log 11<1.05 \quad \cdots\cdots②$

(1) ①의 각 변에 25를 곱하면

$25\times0.84\le25\log 7<25\times0.85$

$\therefore\ 21 \le \log 7^{25} < 21.25$

따라서 7^{25}은 **22**자리 수

(2) ①+②하면

$1.88 \le \log 7 + \log 11 < 1.90$

$\therefore\ 1.88 \le \log 77 < 1.90$

각 변에 20을 곱하면

$20\times 1.88 \le 20\log 77 < 20\times 1.90$

$\therefore\ 37.6 \le \log 77^{20} < 38$

따라서 77^{20}은 **38**자리 수

3-3. (1) n^{39}이 92자리 수이므로

$91 \le \log n^{39} < 92$

$\therefore\ 91 \le 39\log n < 92$

$\therefore\ \dfrac{91}{39} \le \log n < \dfrac{92}{39}$ ……①

$\therefore\ 2.33\times\times \le \log n < 2.35\times\times$

따라서 n은 **3**자리 수

(2) ①의 각 변에 -28을 곱하면

$-28\times\dfrac{91}{39} \ge -28\log n > -28\times\dfrac{92}{39}$

$\therefore\ -65.3\times\times \ge \log n^{-28} > -66.0\times\times$

$\therefore\ -67+0.9\times\times < \log n^{-28}$

$\le -66+0.6\times\times$

따라서 $\log n^{-28}$의 정수부분은 -67 또는 -66이므로 n^{-28}은 **소수 67째 자리 또는 소수 66째 자리**에서 처음으로 0이 아닌 숫자가 나타난다.

3-4. $10<x<100$이므로 $\log x$의 정수부분은 1이다.

따라서 $\log x$의 소수부분을 α라 하면

$\log x = 1+\alpha\ (0<\alpha<1)$ ……①

$\therefore\ \log x^3 = 3\log x = 3(1+\alpha) = 3+3\alpha$

(i) $0<\alpha<\dfrac{1}{3}$일 때, $\log x^3$의 소수부분은 3α이므로

$\alpha = 3\alpha \quad \therefore\ \alpha=0$

이것은 조건에 적합하지 않다.

(ii) $\dfrac{1}{3}\le\alpha<\dfrac{2}{3}$일 때, $\log x^3$의 소수부분은 $3\alpha-1$이므로

$\alpha=3\alpha-1 \quad \therefore\ \alpha=\dfrac{1}{2}$

①에 대입하면 $\log x = 1+\dfrac{1}{2}$

$\therefore\ x=10\sqrt{10}$

(iii) $\dfrac{2}{3}\le\alpha<1$일 때, $\log x^3$의 소수부분은 $3\alpha-2$이므로

$\alpha=3\alpha-2 \quad \therefore\ \alpha=1$

이것은 조건에 적합하지 않다.

따라서 $\boldsymbol{x=10\sqrt{10}}$

****Note*** $\log x^3-\log x=2\log x$는 정수이고, $10<x<100$에서

$1<\log x<2$

$\therefore\ 2<2\log x<4 \quad \therefore\ 2\log x=3$

$\therefore\ \log x=\dfrac{3}{2} \quad \therefore\ \boldsymbol{x=10\sqrt{10}}$

3-5. 단리법으로 계산한 원리합계를 S_1, 복리법으로 계산한 원리합계를 S_2라고 하자.

원금 1억 원을 연이율 2%로 30년 동안 예금했으므로

$S_1=1\times(1+30\times0.02)=1.6$(억 원),

$S_2=1\times(1+0.02)^{30}=1.02^{30}$(억 원)

$x=1.02^{30}$으로 놓으면

$\log x=\log 1.02^{30}=30\log 1.02$

$=30\times0.0086=0.2580$

문제의 조건에서 $\log 1.81=0.2580$이므로 $x=1.81$

$\therefore\ S_2=1.81$(억 원)

따라서 원리합계는

단리법 : **1**억 **6**천만 원,

복리법 : **1**억 **8**천 **1**백만 원

3-6. 2003년도의 노동과 자본의 투입량을 각각 a, b라 하고, 산업 생산량을 t라고 하면

$t=2a^{\alpha}b^{1-\alpha}$ ……①

이때, 문제의 조건으로부터 2016년도

의 노동과 자본의 투입량은 각각 $2a$, $4b$ 이고, 산업 생산량은 $2.5t$ 이므로

$$2.5t=2(2a)^{\alpha}(4b)^{1-\alpha}$$

$$\therefore\ 2.5t=2a^{\alpha}b^{1-\alpha}2^{\alpha}4^{1-\alpha}$$

$$=2a^{\alpha}b^{1-\alpha}2^{2-\alpha}=t\times 2^{2-\alpha} \quad \Leftarrow ①$$

$$\therefore\ 2^{2-\alpha}=2.5$$

양변의 상용로그를 잡으면

$$(2-\alpha)\log 2=\log 2.5$$

$$\therefore\ 2-\alpha=\frac{\log 2.5}{\log 2}$$

$$\therefore\ \alpha=2-\frac{\log 2.5}{\log 2}=2-\frac{1-2\log 2}{\log 2}$$

$$=2-\frac{1-2\times 0.3}{0.3}=\boldsymbol{\frac{2}{3}}$$

4-1. 곡선 $y=\log_2(x+3)$을 직선 $y=x$에 대하여 대칭이동하면

$$x=\log_2(y+3) \qquad \therefore\ y=2^x-3$$

이것을 x축의 방향으로 2만큼, y축의 방향으로 -3만큼 평행이동하면

$$y-(-3)=2^{x-2}-3 \qquad \therefore\ \boldsymbol{y=2^{x-2}-6}$$

4-2. $y=\log_2(6x-24)=\log_2 2(3x-12)$

$$=\log_2 2+\log_2 3(x-4)$$

곧, $y-1=\log_2 3(x-4)$

이므로 곡선 $y=\log_2 3x$를 x축의 방향으로 4만큼, y축의 방향으로 1만큼 평행이동한 것이다.

$$\therefore\ \boldsymbol{m=4,\ n=1}$$

****Note*** 곡선 $y=\log_2 3x$를 평행이동하면

$$y-n=\log_2 3(x-m)$$

따라서 이 식과 $y=\log_2(6x-24)$가 일치할 조건을 찾아도 된다.

4-3. (1) $|y|=2^x$에서

$y\ge 0$일 때 $y=2^x$,

$y<0$일 때 $y=-2^x$

여기에서 $y=-2^x$과 $y=2^x$의 그래프는 x축에 대하여 대칭이다.

(2) $|y|=\log_{\frac{1}{2}}|x|$에서 x 대신 $-x$, y 대신 $-y$를 대입해도 같은 식이므로 이 식의 그래프는 곡선

$$y=\log_{\frac{1}{2}}x \ (x>0,\ y\ge 0)$$

와 이 곡선을 x축, y축, 원점에 대하여 대칭이동한 것과 같다.

(3) $y_1=2^x$, $y_2=-2^{-x}$으로 놓으면 $y=\dfrac{1}{2}(y_1+y_2)$이므로 y는 y_1과 y_2의 평균이다. 따라서 먼저 y_1, y_2의 그래프를 그리고, x축에 수직인 직선이 두 그래프와 만나는 두 점을 잇는 선분의 중점을 잡아서 연결하면 된다.

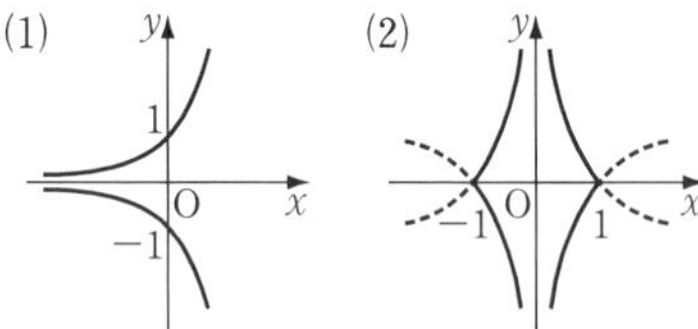

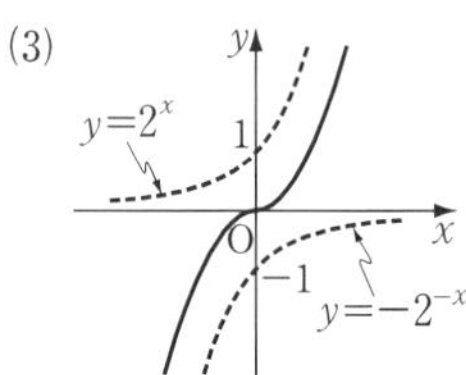

4-4. (1) $y=1+\log_{10}(x-2)$에서

$$y-1=\log_{10}(x-2)$$

$$\therefore\ x-2=10^{y-1} \qquad \therefore\ x=10^{y-1}+2$$

x와 y를 바꾸면 $\boldsymbol{y=10^{x-1}+2}$

(2) $y=\log_2\dfrac{1}{x+1}$에서 $\dfrac{1}{x+1}=2^y$

$$\therefore\ x+1=2^{-y} \qquad \therefore\ x=2^{-y}-1$$

x와 y를 바꾸면 $\boldsymbol{y=2^{-x}-1}$

(3) $y=\dfrac{2^x-2^{-x}}{2^x+2^{-x}}=\dfrac{2^{2x}-1}{2^{2x}+1}$

$$\therefore\ y\times 2^{2x}+y=2^{2x}-1$$

$$\therefore\ 2^{2x}=\frac{1+y}{1-y} \qquad \therefore\ 2x=\log_2\frac{1+y}{1-y}$$

x와 y를 바꾸면 $\boldsymbol{y=\dfrac{1}{2}\log_2\dfrac{1+x}{1-x}}$

*Note (1) 정의역 : X={x | $x>2$}
치　역 : Y={y | y는 실수}
(2) 정의역 : X={x | $x>-1$}
치　역 : Y={y | y는 실수}
(3) 정의역 : X={x | x는 실수}
치　역 : Y={y | $-1<y<1$}

4-5. 평행이동한 곡선은 각각

$$y=10^{x-k},\ y=\log_{10}x+k$$

의 그래프이다. 그런데 두 함수는 서로 역함수이고 증가함수이므로, 두 함수의 그래프의 교점은 곡선 $y=\log_{10}x+k$와 직선 $y=x$의 교점과 같다.

따라서 방정식

$$\log_{10}x+k=x \qquad \cdots\cdots①$$

의 두 실근을 α, $\beta(0<\alpha<\beta)$라고 하면 교점의 좌표는 (α, α), (β, β)이다.

두 점 사이의 거리가 $\sqrt{2}$이므로

$$\sqrt{2}(\beta-\alpha)=\sqrt{2}$$

$$\therefore\ \beta-\alpha=1 \qquad \cdots\cdots②$$

또, α, β가 방정식 ①의 해이므로

$$\log_{10}\alpha+k=\alpha,\ \log_{10}\beta+k=\beta \quad \cdots\cdots③$$

변변 빼면 $\log_{10}\dfrac{\alpha}{\beta}=\alpha-\beta$

②를 대입하면

$$\log_{10}\frac{\alpha}{\beta}=-1 \qquad \therefore\ \frac{\alpha}{\beta}=\frac{1}{10}$$

$\beta=10\alpha$이므로 ②와 연립하여 풀면

$$\alpha=\frac{1}{9},\ \beta=\frac{10}{9}$$

③에 대입하면 $\boldsymbol{k=\dfrac{1}{9}+2\log_{10}3}$

*Note 1° 증가함수에 대해서는 수학 Ⅱ 에서 공부한다.

2° α, β는 방정식 $10^{x-k}=x$의 해이기도 하므로

$$10^{\alpha-k}=\alpha \qquad \cdots\cdots④$$

$$10^{\beta-k}=\beta \qquad \cdots\cdots⑤$$

②에서 $\beta=\alpha+1$이므로 ⑤에 대입하면

$$10\times10^{\alpha-k}=\alpha+1$$

$$\therefore\ 10\alpha=\alpha+1 \qquad \therefore\ \alpha=\frac{1}{9}$$

④에 대입하면 $10^{\frac{1}{9}-k}=\dfrac{1}{9}$

$$\therefore\ \frac{1}{9}-k=\log_{10}\frac{1}{9}$$

$$\therefore\ \boldsymbol{k=\frac{1}{9}+2\log_{10}3}$$

4-6. 세 직선 l, m, n의 기울기를 각각 p, q, r라고 하면

$$p=\frac{\log(a+1)}{a},\ q=\frac{\log(b+1)}{b},$$

$$r=\frac{\log(b+1)-\log(a+1)}{b-a}=\frac{\log\dfrac{b+1}{a+1}}{b-a}$$

$r<q<p$이므로

$$\frac{\log\dfrac{b+1}{a+1}}{b-a}<\frac{\log(b+1)}{b}<\frac{\log(a+1)}{a}$$

$$\therefore\ \log\left(\frac{b+1}{a+1}\right)^{\frac{1}{b-a}}<\log(b+1)^{\frac{1}{b}}<\log(a+1)^{\frac{1}{a}}$$

$$\therefore\ \boldsymbol{\left(\frac{b+1}{a+1}\right)^{\frac{1}{b-a}}<(b+1)^{\frac{1}{b}}<(a+1)^{\frac{1}{a}}}$$

4-7. (1) $y=2^x3^{-x}=\left(\dfrac{2}{3}\right)^x$에서 밑이 1보다 작으므로

$x=-3$일 때 최댓값 $\boldsymbol{\dfrac{27}{8}}$,
$x=0$일 때 최솟값 **1**

(2) $y=\log_2(x-1)$에서 밑이 1보다 크므로

$x=5$일 때 최댓값 **2**,
$x=3$일 때 최솟값 **1**

4-8. (1) $\left(\dfrac{1}{2}\right)^x=t$로 놓으면

$$y=t^2-8t+10=(t-4)^2-6$$

또, $-3\le x\le0$에서 $1\le t\le8$

따라서

$t=8(x=-3)$일 때 최댓값 **10**,
$t=4(x=-2)$일 때 최솟값 **−6**

(2) $y=(\log_2 8+\log_2 x)^2+\log_2 2x$
$=(\log_2 x+3)^2+\log_2 x+1$

에서 $\log_2 x=t$로 놓으면

$$y=(t+3)^2+t+1=\left(t+\frac{7}{2}\right)^2-\frac{9}{4}$$

또, $1\le x\le 8$에서 $0\le t\le 3$

따라서

$t=3(x=8)$일 때 최댓값 **40**,

$t=0(x=1)$일 때 최솟값 **10**

4-9. (1) $x>0$, $y>0$이므로 양변의 상용로그를 잡으면

$$\log y=\log(100x^{\log x})=2+\log x^{\log x}$$
$$=(\log x)^2+2$$

따라서 $\log x=0$일 때 $\log y$의 최솟값은 2이고, 최댓값은 없다.

따라서 y의 최솟값 **100**,

최댓값 **없다.**

(2) $x>0$, $y>0$이므로 양변의 상용로그를 잡으면

$$\log y=\log\left(\sqrt[3]{\frac{x^5}{10}}\div x^{\log x}\right)$$
$$=\frac{5}{3}\log x-\frac{1}{3}-\log x\times\log x$$
$$=-\left(\log x-\frac{5}{6}\right)^2+\frac{13}{36}$$

따라서 $\log x=\frac{5}{6}$일 때 $\log y$의 최댓값은 $\frac{13}{36}$이고, 최솟값은 없다.

따라서 y의 최댓값 $\mathbf{10^{\frac{13}{36}}}$,

최솟값 **없다.**

4-10. $xy=100$에서 $x>1$, $y>1$이므로 양변의 상용로그를 잡으면

$$\log x+\log y=2$$

$\log x=\mathrm{X}$, $\log y=\mathrm{Y}$로 놓으면

$$\mathrm{X}+\mathrm{Y}=2 \quad \therefore \mathrm{Y}=2-\mathrm{X}$$

$x>1$, $y>1$이므로

$$\mathrm{X}>0,\ \mathrm{Y}>0 \quad \therefore 0<\mathrm{X}<2$$

따라서 $z=x^{\log y}$이라고 하면

$$\log z=\log x^{\log y}=\log y\times\log x$$
$$=\mathrm{XY}=\mathrm{X}(2-\mathrm{X})$$
$$=-(\mathrm{X}-1)^2+1$$

따라서 $\mathrm{X}=1$일 때 $\log z$의 최댓값이 1이므로 z의 최댓값은 **10**

4-11. $xy=1024=2^{10}$에서

$$\log_2 x+\log_2 y=10$$

$\log_2 x=\mathrm{X}$, $\log_2 y=\mathrm{Y}$로 놓으면

$$\mathrm{X}+\mathrm{Y}=10 \quad \therefore \mathrm{Y}=10-\mathrm{X}$$

한편 $x\ge 2$, $y\ge 2$이므로

$$\mathrm{X}\ge 1,\ \mathrm{Y}\ge 1 \quad \therefore 1\le \mathrm{X}\le 9$$

이때,

$$(\text{준 식})=(\log_2 x+2\log_2 y)(\log_2 x)+1$$
$$=(\mathrm{X}+2\mathrm{Y})\mathrm{X}+1=(20-\mathrm{X})\mathrm{X}+1$$
$$=-(\mathrm{X}-10)^2+101$$

따라서 $\mathrm{X}=9$일 때 최댓값 **100**,

$\mathrm{X}=1$일 때 최솟값 **20**

4-12. $2x+y-2=0$에서 $y=-2x+2$이므로 $9^x+3^y=3^{2x}+3^{-2x+2}$

그런데 $3^{2x}>0$, $3^{-2x+2}>0$이므로

$$9^x+3^y\ge 2\sqrt{3^{2x}\times 3^{-2x+2}}=2\sqrt{3^2}=6$$

(등호는 $2x=y=1$, 곧 $x=\frac{1}{2}$, $y=1$일 때 성립)

따라서 최솟값은 **6**

4-13. $\log_3 x+\log_3 y=2$에서

$$\log_3 xy=2 \quad \therefore xy=9$$

그런데 $x>0$, $y>0$이므로

$$2x+3y\ge 2\sqrt{2x\times 3y}=2\sqrt{6xy}=6\sqrt{6}$$

(등호는 $2x=3y=3\sqrt{6}$, 곧 $x=\frac{3\sqrt{6}}{2}$, $y=\sqrt{6}$일 때 성립)

따라서 최솟값은 $\mathbf{6\sqrt{6}}$

4-14. $1<x<100$이므로

$$\log x>0,\ \log\frac{100}{x}>0$$

$$\therefore \log x+\log\frac{100}{x}\ge 2\sqrt{\log x\times\log\frac{100}{x}}$$

그런데

$$\log x+\log\frac{100}{x}=\log\left(x\times\frac{100}{x}\right)=2$$

이므로

$$2\ge2\sqrt{\log x\times\log\frac{100}{x}}$$

$$\therefore \log x\times\log\frac{100}{x}\le1$$

(등호는 $x=10$일 때 성립)

따라서 y의 최댓값은 **1**

*Note $y=(\log x)(2-\log x)$
$=-(\log x)^2+2\log x$
$=-(\log x-1)^2+1$

$1<x<100$에서 $0<\log x<2$이므로
$\log x=1$일 때 최댓값은 **1**

5-1. (1) $(2^{-1})^{x-7}=2^4$ $\therefore 2^{-x+7}=2^4$
$\therefore -x+7=4$ $\therefore$ $\boldsymbol{x=3}$

(2) $(3^{-2})^x=3\times3^{\frac{1}{4}}$ $\therefore 3^{-2x}=3^{\frac{5}{4}}$
$\therefore -2x=\dfrac{5}{4}$ $\therefore$ $\boldsymbol{x=-\dfrac{5}{8}}$

(3) $3^{x^2+1-(x-1)}=3^4$ $\therefore 3^{x^2-x+2}=3^4$
$\therefore x^2-x+2=4$ $\therefore$ $\boldsymbol{x=-1,\ 2}$

(4) $\left(\sqrt{x}\right)^x=x^{\frac{1}{2}x}$이므로 $x^{\sqrt{x}}=x^{\frac{1}{2}x}$
$x\ne1$일 때 $\sqrt{x}=\dfrac{1}{2}x$
$\therefore x=\dfrac{1}{4}x^2$ $\therefore x(x-4)=0$
$x>0$이므로 $x=4$
$x=1$일 때 준 식은 $1^{\sqrt{1}}=(\sqrt{1})^1$이므로 성립한다. $\therefore$ $\boldsymbol{x=1,\ 4}$

(5) $x-3\ne0$일 때 $x-2=5$ $\therefore x=7$
$x-3=0$일 때 준 식은 $1^0=5^0$이므로 성립한다. $\therefore$ $\boldsymbol{x=3,\ 7}$

5-2. (1) $(2^x)^3+2(2^x)^2-80\times2^x=0$
$2^x=t\ (t>0)$로 놓으면
$t^3+2t^2-80t=0$
$\therefore t(t+10)(t-8)=0$
$t>0$이므로 $t=8$
$\therefore 2^x=8$ $\therefore$ $\boldsymbol{x=3}$

(2) $4(2^x)^2+4\times2^x-3=0$
$2^x=t\ (t>0)$로 놓으면
$4t^2+4t-3=0$
$t>0$이므로 $t=\dfrac{1}{2}$ $\therefore 2^x=\dfrac{1}{2}$
$\therefore$ $\boldsymbol{x=-1}$

(3) $2^x-8\times2^{-x}=2$
$2^x=t\ (t>0)$로 놓으면
$t-8t^{-1}=2$ $\therefore t^2-2t-8=0$
$t>0$이므로 $t=4$ $\therefore 2^x=4$
$\therefore$ $\boldsymbol{x=2}$

(4) $\sqrt{3^x}+2\left(\sqrt{3^x}\right)^{-1}=3$
$\sqrt{3^x}=t\ (t>0)$로 놓으면
$t+2t^{-1}=3$ $\therefore t^2-3t+2=0$
$\therefore t=1,\ 2$
$t=1$일 때 $\sqrt{3^x}=1$ $\therefore 3^x=1$
$\therefore x=0$
$t=2$일 때 $\sqrt{3^x}=2$ $\therefore 3^x=4$
$\therefore x=\log_3 4=2\log_3 2$
$\therefore$ $\boldsymbol{x=0,\ 2\log_3 2}$

(5) $2(a^x)^2-5a^x-3=0$
$a^x=t\ (t>0)$로 놓으면
$2t^2-5t-3=0$
$t>0$이므로 $t=3$ $\therefore a^x=3$
$\therefore$ $\boldsymbol{x=\log_a 3}$

(6) $2-\sqrt{3}=\dfrac{1}{2+\sqrt{3}}=(2+\sqrt{3})^{-1}$
$(2+\sqrt{3})^x=t\ (t>0)$로 놓으면
$(2-\sqrt{3})^x=t^{-1}$이고, 준 방정식은
$t+t^{-1}=4$ $\therefore t^2-4t+1=0$
$\therefore t=2\pm\sqrt{3}$
$\therefore (2+\sqrt{3})^x=2\pm\sqrt{3}$ $\therefore$ $\boldsymbol{x=\pm1}$

5-3. $2^x=t\ (t>0)$로 놓으면 $2^{-x}=t^{-1}$이므로
$t-t^{-1}=2$ $\therefore t^2-2t-1=0$
$t>0$이므로 $t=1+\sqrt{2}$
$\therefore 8^x=(2^x)^3=t^3=(1+\sqrt{2})^3$
$\boldsymbol{=7+5\sqrt{2}}$

5-4. (1) $x+y=3$에서 $y=3-x$ …①

①을 $3^x+3^y=12$에 대입하면

$3^x+3^{3-x}=12$

$3^x=t\,(t>0)$로 놓으면

$t+27t^{-1}=12$ ∴ $t^2-12t+27=0$

∴ $t=3,\ 9$ ∴ $3^x=3,\ 9$

∴ $x=1,\ 2$

①에 대입하면 $y=2,\ 1$

∴ $\boldsymbol{x=1,\ y=2}$ **또는** $\boldsymbol{x=2,\ y=1}$

(2) $2^{9-8x}=8^{y-5}$에서 $2^{9-8x}=(2^3)^{y-5}$

∴ $9-8x=3y-15$ ……①

$3^y=9^{x-3}$에서 $3^y=(3^2)^{x-3}$

∴ $y=2x-6$ ……②

①, ②를 연립하여 풀면

$\boldsymbol{x=3,\ y=0}$

(3) $2^x5^y=1$에서 양변의 상용로그를 잡으면 $x\log2+y\log5=0$ ……①

$5^{x+1}2^y=2$에서 양변의 상용로그를 잡으면

$(x+1)\log5+y\log2=\log2$ …②

②$\times\log5-$①$\times\log2$하면

$(x+1)(\log5)^2-x(\log2)^2=\log2\times\log5$

∴ $x=\dfrac{\log2\times\log5-(\log5)^2}{(\log5)^2-(\log2)^2}$

$=\dfrac{-\log5}{\log5+\log2}$

$=-\log5$ ……③

③을 ①에 대입하면 $y=\log2$

∴ $\boldsymbol{x=-\log5,\ y=\log2}$

5-5. $2^x+2^{-x}=t$로 놓으면 $t\ge2$이고,

$4^x+4^{-x}=(2^x)^2+(2^{-x})^2=t^2-2$

이므로 준 방정식은

$6t^2-35t+50=0$ ∴ $t=\dfrac{5}{2},\ \dfrac{10}{3}$

$2^x+2^{-x}=\dfrac{5}{2}$일 때

$2(2^x)^2-5\times2^x+2=0$

∴ $(2\times2^x-1)(2^x-2)=0$

∴ $2^x=\dfrac{1}{2},\ 2$ ∴ $\boldsymbol{x=\pm1}$

$2^x+2^{-x}=\dfrac{10}{3}$일 때

같은 방법으로 하면 $\boldsymbol{x=\pm\log_2 3}$

5-6. $2^x=t$로 놓으면 $t>0$이고, 준 방정식은 $t^2+2at+3-2a=0$

이것이 서로 다른 두 양의 실근을 가지면 준 방정식은 서로 다른 두 실근을 가지므로

$D/4=a^2-(3-2a)>0$,

(두 근의 합)$=-2a>0$,

(두 근의 곱)$=3-2a>0$

∴ $\boldsymbol{a<-3}$

5-7. $4^{x+a}-2^{x+b}+2^{2a+2}=0$에서

$4^a(2^x)^2-2^b2^x+2^{2a+2}=0$ ……①

$2^x=t$로 놓으면 $t>0$이고,

$4^at^2-2^bt+2^{2a+2}=0$ ……②

①을 만족시키는 실근이 하나뿐이므로 ②의 양의 실근은 하나뿐이다.

그런데 방정식 ②의 두 근의

(합)$=\dfrac{2^b}{4^a}>0$, (곱)$=\dfrac{2^{2a+2}}{4^a}>0$

이므로 이 방정식은 중근을 가져야 한다.

∴ $D=(-2^b)^2-4\times4^a\times2^{2a+2}=0$

∴ $2^{2b}=2^{4a+4}$ ∴ $b=2a+2$

이때, ②의 t의 값은

$t=2^x=-\dfrac{-2^b}{2\times4^a}=2^b\times2^{-1}\times2^{-2a}$

$=2^{b-2a-1}=2$ ∴ $\boldsymbol{x=1}$

5-8. (1) $\log_3(x-3)=\dfrac{1}{2}\log_3(x-1)$

∴ $2\log_3(x-3)=\log_3(x-1)$

∴ $(x-3)^2=x-1$

∴ $(x-2)(x-5)=0$ ∴ $x=2,\ 5$

그런데 $x=2$는 진수를 음수가 되게 하므로 해가 아니다. ∴ $\boldsymbol{x=5}$

(2) $2\log\sqrt{5x+5}+\log(2x-1)=2$

$\therefore \log(5x+5)(2x-1)=2$

$\therefore (5x+5)(2x-1)=100$

$\therefore (2x+7)(x-3)=0$

$\therefore x=-\frac{7}{2},\ 3$

그런데 $x=-\frac{7}{2}$은 진수를 음수가 되게 하므로 해가 아니다. $\therefore$ $\boldsymbol{x=3}$

(3) $\log_2 x=\mathrm{X}$로 놓으면 $\log_x 2=\frac{1}{\mathrm{X}}$이므로 준 방정식은

$$2\mathrm{X}-\frac{3}{\mathrm{X}}+5=0$$

$\therefore 2\mathrm{X}^2+5\mathrm{X}-3=0 \quad \therefore \mathrm{X}=-3,\ \frac{1}{2}$

$\therefore \log_2 x=-3,\ \frac{1}{2} \quad \therefore \boldsymbol{x=\frac{1}{8},\ \sqrt{2}}$

(4) $2\log_9(\log_7 8)=\log_3(\log_7 8)$, $9^{\log_9 2}=2$이므로 준 방정식은

$\log_3(\log_2 x)+\log_3(\log_7 8)=2$

$\therefore \log_3(\log_2 x\times\log_7 8)=2$

$\therefore \log_2 x\times\log_7 8=9$

$\therefore \log_2 x=9\times\frac{1}{\log_7 8}=9\times\frac{\log_2 7}{\log_2 8}$

$=3\log_2 7$

$\therefore \boldsymbol{x=7^3=343}$

5-9. (1) 준 방정식에서 양변의 3을 밑으로 하는 로그를 잡으면

$\log_3 x^{\log_3 x-2}=\log_3 27$

$\therefore (\log_3 x-2)\log_3 x=3$

$\therefore (\log_3 x+1)(\log_3 x-3)=0$

$\therefore \log_3 x=-1,\ 3 \quad \therefore \boldsymbol{x=\frac{1}{3},\ 27}$

(2) 준 방정식에서 $x^{2\log x}=100x^3$

양변의 상용로그를 잡으면

$\log x^{2\log x}=\log 100x^3$

$\therefore 2\log x\times\log x=\log 100+\log x^3$

$\therefore 2(\log x)^2-3\log x-2=0$

$\therefore \log x=2,\ -\frac{1}{2} \quad \therefore \boldsymbol{x=100,\ \frac{1}{\sqrt{10}}}$

(3) 준 방정식에서 양변의 상용로그를 잡으면

$\log 10^{3\log x}=\log(2x+1)$

$\therefore 3\log x\times\log 10=\log(2x+1)$

$\therefore \log x^3=\log(2x+1)$

$\therefore x^3=2x+1$

$\therefore (x+1)(x^2-x-1)=0$

$x>0$이므로 $\boldsymbol{x=\frac{1+\sqrt{5}}{2}}$

* ***Note*** $10^{3\log x}=10^{\log x^3}=x^3$을 이용해도 된다. 이때, 로그의 진수 조건에 주의해야 한다.

(4) $2^{\log x}=t\ (t>0)$로 놓으면 $x^{\log 2}=t$이므로

$t\times t-3t-2t+4=0 \quad \therefore t=1,\ 4$

$\therefore 2^{\log x}=1,\ 4 \quad \therefore \log x=0,\ 2$

$\therefore \boldsymbol{x=1,\ 100}$

5-10. (1) $x-2y=8$에서

$x=2y+8$ ……①

$\log x+\log y=1$에서 $\log xy=1$

$\therefore xy=10$ ……②

①, ②를 연립하여 풀면

$x=-2,\ y=-5$ 또는 $x=10,\ y=1$

그런데 $x=-2,\ y=-5$일 때 진수는 음수가 되므로 $\boldsymbol{x=10,\ y=1}$

(2) $\log_x 3=\mathrm{X}$, $\log_y 3=\mathrm{Y}$로 놓으면

$\mathrm{X}+2\mathrm{Y}=3,\ 3\mathrm{X}-\mathrm{Y}=2$

$\therefore \mathrm{X}=1,\ \mathrm{Y}=1$

$\therefore \log_x 3=1,\ \log_y 3=1$

$\therefore \boldsymbol{x=3,\ y=3}$

(3) 첫 번째 식을 변형하면

$$\frac{2\log y}{\log x}-\frac{\log x}{\log y}+1=0$$

$\log x=\mathrm{X}$, $\log y=\mathrm{Y}$로 놓으면

$$\frac{2\mathrm{Y}}{\mathrm{X}}-\frac{\mathrm{X}}{\mathrm{Y}}+1=0,\ \mathrm{XY}=8$$

연립하여 풀면

$\mathrm{X}=4,\ \mathrm{Y}=2$ 또는 $\mathrm{X}=-4,\ \mathrm{Y}=-2$

$\therefore \log x=4,\ \log y=2$

또는 $\log x=-4$, $\log y=-2$

$\therefore$ $\boldsymbol{x=10^4}$, $\boldsymbol{y=10^2}$

또는 $\boldsymbol{x=10^{-4}}$, $\boldsymbol{y=10^{-2}}$

5-11. $\log(x+y)-1$,

$\log x+\log y-\log 24$

는 실수이므로

$\log(x+y)-1=0$,

$\log x+\log y-\log 24=0$

$\therefore$ $x+y=10$, $xy=24$

연립하여 풀면

$\boldsymbol{x=4}$, $\boldsymbol{y=6}$ **또는** $\boldsymbol{x=6}$, $\boldsymbol{y=4}$

이때, 진수는 모두 양수이다.

5-12. 준 방정식은 $\log x+\dfrac{a}{\log x}=b$

$\therefore$ $(\log x)^2-b\log x+a=0$

이 방정식의 두 근을 α, β라고 하면 $\log x=t$로 치환한 이차방정식

$t^2-bt+a=0$ ……①

의 두 근은 $\log\alpha$, $\log\beta$이다.

(i) a를 a'으로 잘못 보았다고 하면

$t^2-bt+a'=0$ ……②

의 두 근은 $\log 100$, $\log 100$

곧, 2, 2

(ii) b를 b'으로 잘못 보았다고 하면

$t^2-b't+a=0$ ……③

의 두 근은 $\log\sqrt{1000}$, $\log 100$

곧, $\dfrac{3}{2}$, 2

①, ②에서 두 근의 합은 같으므로

$\log\alpha+\log\beta=4$ ……④

①, ③에서 두 근의 곱은 같으므로

$\log\alpha\times\log\beta=3$ ……⑤

④, ⑤를 연립하여 풀면

$\begin{cases}\log\alpha=1\\ \log\beta=3\end{cases}$ 또는 $\begin{cases}\log\alpha=3\\ \log\beta=1\end{cases}$

$\therefore$ $\begin{cases}\alpha=10\\ \beta=1000\end{cases}$ 또는 $\begin{cases}\alpha=1000\\ \beta=10\end{cases}$

$\therefore$ $\boldsymbol{x=10,\ 1000}$

6-1. (1) $\left(\dfrac{5}{2}\right)^{3x}<\left(\dfrac{5}{2}\right)^{-4}$ $\therefore$ $3x<-4$

$\therefore$ $\boldsymbol{x<-\dfrac{4}{3}}$

(2) $\left(\dfrac{1}{2}\right)^4\le\left(\dfrac{1}{2}\right)^{3x}<\left(\dfrac{1}{2}\right)^2$

$\therefore$ $4\ge 3x>2$ $\therefore$ $\boldsymbol{\dfrac{2}{3}<x\le\dfrac{4}{3}}$

6-2. (1) 각 변의 상용로그를 잡으면

$(n+12)\log 2<10<n\log 3$

$(n+12)\log 2<10$에서 $n+12<\dfrac{10}{\log 2}$

$\therefore$ $n<21.2\times\times\times$ ……①

$10<n\log 3$에서 $n>\dfrac{10}{\log 3}$

$\therefore$ $n>20.9\times\times\times$ ……②

①, ②에서 정수 n은 $\boldsymbol{n=21}$

(2) 각 변의 상용로그를 잡으면

$\log 4000<n\log\dfrac{5}{4}<\log 5000$

그런데

$\log 4000=\log(2^2\times 10^3)$

$=2\log 2+3=3.6020$

$\log\dfrac{5}{4}=\log\dfrac{10}{2^3}=1-3\log 2=0.0970$

$\log 5000=\log\dfrac{10^4}{2}=4-\log 2=3.6990$

$\therefore$ $3.6020<0.0970n<3.6990$

$\therefore$ $\dfrac{3.6020}{0.0970}<n<\dfrac{3.6990}{0.0970}$

$\therefore$ $37.1\times\times\times<n<38.1\times\times\times$

n은 정수이므로 $\boldsymbol{n=38}$

6-3. 주어진 조건에서 $10^{10}\le 8^n<10^{11}$

각 변의 상용로그를 잡으면

$10\le 3n\log 2<11$

$\therefore$ $\dfrac{10}{3\times 0.3}\le n<\dfrac{11}{3\times 0.3}$

$\therefore$ $11.1\times\times\times\le n<12.2\times\times\times$

n은 자연수이므로 $\boldsymbol{n=12}$

6-4. (1) 진수는 양수이므로

$x^2-19>0$, $x-5>0$

$\therefore\ x>5$ ……①

또, 주어진 부등식은

$\log_a(x^2-19)<\log_a 5(x-5)$

(i) $a>1$일 때 $x^2-19<5(x-5)$

$\therefore\ 2<x<3$ ……②

①, ②의 공통 범위는 없다.

(ii) $0<a<1$일 때 $x^2-19>5(x-5)$

$\therefore\ x<2,\ x>3$ ……③

①, ③의 공통 범위는 $x>5$

(i), (ii)에서

$a>1$일 때 해가 없다.

$0<a<1$일 때 $x>5$

(2) 로그의 밑은 1이 아닌 양수이므로

$x\neq1,\ x>0$ ……①

또, 주어진 부등식은

$\log_x 2>\log_x x^2$

(i) $x>1$일 때 $2>x^2$

$\therefore\ -\sqrt{2}<x<\sqrt{2}$

$x>1$이므로 $1<x<\sqrt{2}$ ……②

①, ②의 공통 범위는 $1<x<\sqrt{2}$

(ii) $0<x<1$일 때 $2<x^2$

$\therefore\ x<-\sqrt{2},\ x>\sqrt{2}$

이것은 $0<x<1$을 만족시키지 않는다.

(i), (ii)에서 **$1<x<\sqrt{2}$**

6-5. (1) $x>0$이므로 양변의 상용로그를 잡으면 $\log x^x<\log(2x)^{2x}$

$\therefore\ x\log x<2x\log 2x$

$\therefore\ x(2\log 2x-\log x)>0$

$\therefore\ x\log 4x>0$

$x>0$이므로 $\log 4x>0$

$\therefore\ 4x>1 \quad \therefore\ x>\dfrac{1}{4}$

(2) $\log_2 3x=\dfrac{\log_3 3x}{\log_3 2}$이고 $\log_3 2>0$이므로 준 부등식의 양변에 $\log_3 2$를 곱하여 정리하면

$(\log_3 x+\log_3 2)(\log_3 x+1)\leq\log_3 2$

$\therefore\ (\log_3 x)^2+(\log_3 2+1)\log_3 x\leq0$

$\therefore\ (\log_3 x)(\log_3 x+\log_3 6)\leq0$

$\therefore\ -\log_3 6\leq\log_3 x\leq0$

$\therefore\ \dfrac{1}{6}\leq x\leq1$

(3) 진수는 양수이므로 $x>0$

이때, 준 부등식의 양변은 모두 양수이므로 양변의 상용로그를 잡으면

$\log x^{\log x}<\log 1000x^2$

$\therefore\ (\log x)^2<3+2\log x$

$\therefore\ (\log x+1)(\log x-3)<0$

$\therefore\ -1<\log x<3 \quad \therefore\ \dfrac{1}{10}<x<1000$

6-6. $D/4=(\log_2 a-8)^2-(\log_2 a)^2$

$=-16(\log_2 a-4)$

(1) $D/4=0$에서 $\log_2 a=4$

$\therefore\ a=16$

(2) $D/4>0$에서 $\log_2 a<4$

$\therefore\ 0<a<16$

(3) $D/4<0$에서 $\log_2 a>4$

$\therefore\ a>16$

(4) $D/4\leq0$에서 $\log_2 a\geq4$

$\therefore\ a\geq16$

6-7. 현재의 인구를 a명이라고 하면 n년 후의 인구는 $a(1+0.05)^n$명이다.

이것이 현재의 인구의 2배 이상이려면

$a(1+0.05)^n\geq2a$ 곧, $1.05^n\geq2$

양변의 상용로그를 잡으면

$\log 1.05^n\geq\log 2 \quad \therefore\ n\log 1.05\geq\log 2$

$\therefore\ n\geq\dfrac{\log 2}{\log 1.05}=\dfrac{0.3010}{0.0212}=14.1\times\times\times$

따라서 **15년 후**

6-8. 30분이 n번 지난 후의 박테리아의 개수는 100×2^n개이다.

이것이 1억 개 이상이 되려면

$100\times2^n\geq10^8$ 곧, $2^n\geq10^6$

양변의 상용로그를 잡으면

$\log 2^n\geq\log 10^6 \quad \therefore\ n\log 2\geq6$

$\therefore\ n \ge \dfrac{6}{\log 2} = \dfrac{6}{0.3010} = 19.9\times\times\times$

따라서 30분이 20번 지난 후이므로

10시간 후

6-9. 1회 여과할 때마다 유해 물질의 80 %가 남으므로 n회 여과하여 5 % 이하가 되려면 $0.8^n \le 0.05$이다.

양변의 상용로그를 잡으면

$\log 0.8^n \le \log 0.05$

$\therefore\ n\log\dfrac{2^3}{10} \le \log\dfrac{1}{2\times10}$

$\therefore\ n(3\log 2-1) \le -(\log 2+1)$

$\therefore\ n(3\times0.3010-1) \le -(0.3010+1)$

$\therefore\ n \ge 13.4\times\times\times$

따라서 **14회**

6-10. (1) $\log\left(\dfrac{3}{2}\right)^{30} = 30(\log 3-\log 2) = 5.283$

$\log\left(\dfrac{5}{3}\right)^{22} = 22(\log 5-\log 3) = 22(1-\log 2-\log 3) = 4.8818$

$\therefore\ \log\left(\dfrac{3}{2}\right)^{30} > \log\left(\dfrac{5}{3}\right)^{22}$

$\therefore\ \left(\dfrac{\mathbf{3}}{\mathbf{2}}\right)^{30} > \left(\dfrac{\mathbf{5}}{\mathbf{3}}\right)^{22}$

(2) $\log\sqrt[7]{8} = \dfrac{3}{7}\log 2 = 0.129$

$\log\sqrt[6]{5} = \dfrac{1}{6}\log 5 = \dfrac{1}{6}(1-\log 2) = 0.1165$

$\log\sqrt[5]{6} = \dfrac{1}{5}\log 6 = \dfrac{1}{5}(\log 2+\log 3) = 0.15562$

$\therefore\ \log\sqrt[6]{5} < \log\sqrt[7]{8} < \log\sqrt[5]{6}$

$\therefore\ \sqrt[6]{\mathbf{5}} < \sqrt[7]{\mathbf{8}} < \sqrt[5]{\mathbf{6}}$

6-11. $\mathrm{A} = \log_2 a + \log_2 b = \log_2 ab$

$\mathrm{B} = 2\{\log_2(a+b) - \log_2 2\} = \log_2\left(\dfrac{a+b}{2}\right)^2$

$\mathrm{C} = 2\{\log_2 2 + \log_2 ab - \log_2(a+b)\} = \log_2\left(\dfrac{2ab}{a+b}\right)^2$

$\dfrac{a+b}{2} \ge \sqrt{ab} \ge \dfrac{2ab}{a+b}$이므로

B≥A≥C (등호는 $\boldsymbol{a=b}$일 때 성립)

6-12. $a>1>b>0$이므로

$\log a > 0,\ \log b < 0$

또, $ab>1$이므로 $\log ab > 0$

$\mathrm{A}-\mathrm{B} = \dfrac{\log b}{\log a^2} - \dfrac{\log b^2}{\log a} = \dfrac{\log b}{2\log a} - \dfrac{2\log b}{\log a} = -\dfrac{3\log b}{2\log a} > 0$

$\mathrm{B}-\mathrm{C} = \dfrac{\log b^2}{\log a} - \dfrac{\log a^2}{\log b} = \dfrac{2(\log b+\log a)(\log b-\log a)}{\log a\times\log b} > 0$ $\quad\therefore\ \mathbf{C<B<A}$

6-13. (i) $a>b>c>1$이므로

$\mathrm{A} = \log_b c < \log_b b = 1 \quad \therefore\ \mathrm{A}<1$

$\mathrm{B} = \log_c a > \log_c c = 1 \quad \therefore\ \mathrm{B}>1$

$\mathrm{C} = \log_a b < \log_a a = 1 \quad \therefore\ \mathrm{C}<1$

(ii) $\mathrm{C}-\mathrm{A} = \dfrac{\log b}{\log a} - \dfrac{\log c}{\log b} = \dfrac{(\log b)^2 - \log a\times\log c}{\log a\times\log b}$

그런데 $b^2=ac$에서

$\log b = \dfrac{1}{2}(\log a + \log c)$

이므로 대입하여 정리하면

$\mathrm{C}-\mathrm{A} = \dfrac{(\log a-\log c)^2}{4\log a\times\log b} > 0$

(i), (ii)에서 **A<C<B**

6-14. $0<x<x^2$에서 $x>1$

$y>0,\ x<y^2<x^2$에서 $\sqrt{x}<y<x$

$\therefore\ 1<\sqrt{x}<y<x$

$\therefore\ 0<\log_x y<1,\ \log_y x>1$

곧, $0<C<1$, $D>1$이고

$A=1+\log_y\sqrt{x}>1$ ($\because \log_y\sqrt{x}>0$),

$B=2-\log_x y>1$

또,

$$2A-2D=\log_y y^2x-\log_y x^2$$
$$=\log_y\frac{y^2}{x}>0\left(\because \frac{y^2}{x}>1\right)$$
$$D-B=\log_y x-(2-\log_x y)$$
$$=\log_x y+\frac{1}{\log_x y}-2$$
$$=\left(\sqrt{\log_x y}-\frac{1}{\sqrt{\log_x y}}\right)^2>0$$
$$\therefore \mathbf{C<B<D<A}$$

7-1. 부채꼴의 반지름의 길이를 r, 넓이를 S라고 하면 호의 길이는 $80-2r$이므로

$$S=\frac{1}{2}r(80-2r)=-r^2+40r$$
$$=-(r-20)^2+400\ (0<r<40)$$

따라서 $r=20$일 때 S의 최댓값은 400이다.

∴ **반지름 20 cm, 넓이 400 cm²**

7-2. 부채꼴의 반지름의 길이를 r, 호의 길이를 l, 넓이를 S, 둘레의 길이를 k라고 하면

$$2r+l=k \quad \therefore l=k-2r \quad \cdots ①$$
$$\therefore S=\frac{1}{2}rl=\frac{1}{2}r(k-2r)$$
$$=-\left(r-\frac{k}{4}\right)^2+\frac{k^2}{16}\left(0<r<\frac{k}{2}\right)$$

따라서 $r=\frac{k}{4}$일 때 최대이다.

이때, ①에서

$$l=k-2\times\frac{k}{4}=\frac{k}{2}$$
$$\therefore r:l=\frac{k}{4}:\frac{k}{2}=\mathbf{1:2}$$

****Note*** $r>0$, $l>0$이므로

$$k=2r+l\ge2\sqrt{2rl}$$
$$\therefore S=\frac{1}{2}rl\le\frac{k^2}{16}$$

등호는 $2r=l$일 때 성립하고, 이때 S가 최대이므로 $r:l=\mathbf{1:2}$

7-3. 부채꼴의 중심각의 크기를 θ, 반지름의 길이를 r라고 하자.

(1) 부채꼴의 둘레의 길이는 $r\theta+2r$이므로 문제의 조건으로부터

$$r\theta+2r=\pi r \quad \therefore \theta=\boldsymbol{\pi}-\mathbf{2(rad)}$$

(2) $\frac{1}{2}r^2\theta=\frac{1}{2}\times2^2\times(\pi-2)$

$$=\mathbf{2\boldsymbol{\pi}-4(cm^2)}$$

7-4. 둔각의 크기를 θ라고 하면

$$6\theta-\theta=2n\pi\ (n\text{은 정수})$$
$$\therefore \theta=\frac{2n}{5}\pi$$

그런데 $\frac{\pi}{2}<\theta<\pi$이므로

$$\frac{\pi}{2}<\frac{2n}{5}\pi<\pi \quad \therefore \frac{5}{4}<n<\frac{5}{2}$$

n은 정수이므로 $n=2$

$$\therefore \theta=\frac{2n}{5}\pi=\mathbf{\frac{4}{5}\boldsymbol{\pi}}$$

7-5. 두 일반각의 차를 구하면

$$(360°\times n+90°)-\{180°\times(2m-1)-90°\}$$
$$=360°\times(n-m+1)$$

m, n이 정수이므로 $n-m+1$은 정수이다. 따라서

$360°\times n+90°$와 $180°\times(2m-1)-90°$의 동경은 일치한다.

7-6. $\overline{AC}=a$로 놓으면 △ADC에서

$$\overline{AD}=2a,\ \overline{CD}=\sqrt{3}a$$

또, ∠BAD=15°이므로

$$\overline{BD}=\overline{AD}=2a$$

직각삼각형 ABC에서

$$\overline{AB}^2=\overline{AC}^2+\overline{BC}^2=a^2+(2a+\sqrt{3}a)^2$$
$$=(8+4\sqrt{3})a^2$$

$\overline{AB}>0$이므로

$$\overline{AB}=\sqrt{8+4\sqrt{3}}a=(\sqrt{6}+\sqrt{2})a$$

따라서

$$\sin 15° = \frac{\overline{\mathrm{AC}}}{\overline{\mathrm{AB}}} = \frac{a}{(\sqrt{6}+\sqrt{2})a}$$
$$= \frac{\sqrt{6}-\sqrt{2}}{4}$$

$$\cos 15° = \frac{\overline{\mathrm{BC}}}{\overline{\mathrm{AB}}} = \frac{(2+\sqrt{3})a}{(\sqrt{6}+\sqrt{2})a}$$
$$= \frac{\sqrt{6}+\sqrt{2}}{4}$$

$$\tan 15° = \frac{\overline{\mathrm{AC}}}{\overline{\mathrm{BC}}} = \frac{a}{(2+\sqrt{3})a}$$
$$= 2-\sqrt{3}$$

7-7. (1) $\angle \mathrm{DBC} = \angle \mathrm{ABD}$
$= \angle \mathrm{A} = 36°$

이므로

$\overline{\mathrm{BC}} = \overline{\mathrm{BD}} = \overline{\mathrm{AD}} = 1$

또,

$\triangle \mathrm{ABC} \backsim \triangle \mathrm{BCD}$

이므로

$\overline{\mathrm{AB}} : \overline{\mathrm{BC}} = \overline{\mathrm{BC}} : \overline{\mathrm{CD}}$

따라서 $\overline{\mathrm{AC}} = x$라고 하면

$x : 1 = 1 : (x-1) \quad \therefore\ x^2 - x - 1 = 0$

$x > 0$이므로 $\quad x = \dfrac{1+\sqrt{5}}{2}$

(2) 변 BC의 중점을 M이라고 하면 직각삼각형 ABM에서

$$\cos 72° = \frac{\overline{\mathrm{BM}}}{\overline{\mathrm{AB}}} = \frac{1}{2x} = \frac{\sqrt{5}-1}{4}$$

7-8. ① $-1200° = 360° \times (-3) - 120°$

이므로 $-1200°$와 $-120°$의 동경은 일치한다.

$\therefore\ \sin(-1200°) = \sin(-120°)$
$= -\dfrac{\sqrt{3}}{2}$

② $585° = 360° + 225°$이므로 $585°$와 $225°$의 동경은 일치한다.

$\therefore\ \cos 585° = \cos 225° = -\dfrac{1}{\sqrt{2}}$

③ $\dfrac{8}{3}\pi = 2\pi + \dfrac{2}{3}\pi$이므로 $\dfrac{8}{3}\pi$와 $\dfrac{2}{3}\pi$의 동경은 일치한다.

$\therefore\ \sin\dfrac{8}{3}\pi = \sin\dfrac{2}{3}\pi = \dfrac{\sqrt{3}}{2}$

④ $\dfrac{31}{6}\pi = 4\pi + \dfrac{7}{6}\pi$이므로 $\dfrac{31}{6}\pi$와 $\dfrac{7}{6}\pi$의 동경은 일치한다.

$\therefore\ \tan\dfrac{31}{6}\pi = \tan\dfrac{7}{6}\pi = \dfrac{1}{\sqrt{3}}$

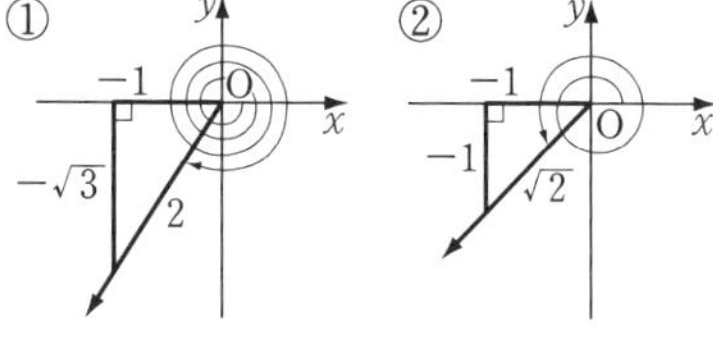

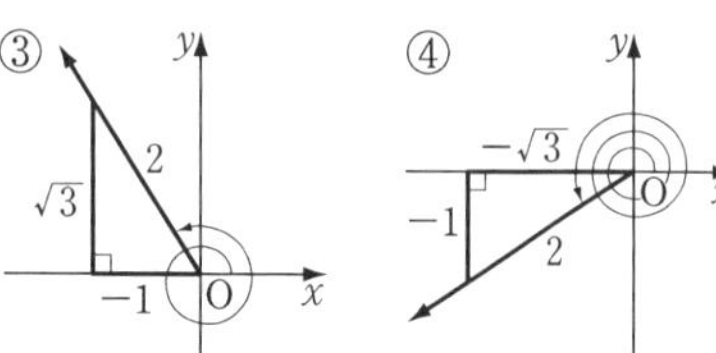

8-1. (1) $(\sin\theta + \cos\theta)^2 + (\sin\theta - \cos\theta)^2$
$= (\sin^2\theta + 2\sin\theta\cos\theta + \cos^2\theta)$
$\quad + (\sin^2\theta - 2\sin\theta\cos\theta + \cos^2\theta)$
$= (1 + 2\sin\theta\cos\theta) + (1 - 2\sin\theta\cos\theta)$
$= 2$

(2) $\cos^4\theta - \sin^4\theta$
$= (\cos^2\theta + \sin^2\theta)(\cos^2\theta - \sin^2\theta)$
$= \cos^2\theta - \sin^2\theta = (1 - \sin^2\theta) - \sin^2\theta$
$= 1 - 2\sin^2\theta$

(3) $1 + \tan^2\theta = 1 + \dfrac{\sin^2\theta}{\cos^2\theta}$

$$= \frac{\cos^2\theta + \sin^2\theta}{\cos^2\theta} = \frac{1}{\cos^2\theta} \quad \cdots ①$$

$$1 + \frac{1}{\tan^2\theta} = 1 + \frac{\cos^2\theta}{\sin^2\theta}$$
$$= \frac{\sin^2\theta + \cos^2\theta}{\sin^2\theta} = \frac{1}{\sin^2\theta} \quad \cdots ②$$

이므로

$(좌변)=\cos^2\theta\times\sin^2\theta\times\dfrac{1}{\cos^2\theta}\times\dfrac{1}{\sin^2\theta}$
$=1$

(4) $(좌변)=\left(\sin^2\theta-2+\dfrac{1}{\sin^2\theta}\right)$
$+\left(\cos^2\theta-2+\dfrac{1}{\cos^2\theta}\right)$
$-\left(\tan^2\theta-2+\dfrac{1}{\tan^2\theta}\right)$
$=(\sin^2\theta+\cos^2\theta)$
$+\left(\dfrac{1}{\cos^2\theta}-\tan^2\theta\right)$
$+\left(\dfrac{1}{\sin^2\theta}-\dfrac{1}{\tan^2\theta}\right)-2$
$=1+1+1-2=1$

***Note** ①, ②를 이용하였다.

(5) (좌변)
$=\dfrac{(1+\sin\theta-\cos\theta)^2+(1+\sin\theta+\cos\theta)^2}{(1+\sin\theta+\cos\theta)(1+\sin\theta-\cos\theta)}$
$=\dfrac{2(1+2\sin\theta+\sin^2\theta+\cos^2\theta)}{1+2\sin\theta+\sin^2\theta-\cos^2\theta}$
$=\dfrac{4(1+\sin\theta)}{2\sin\theta(1+\sin\theta)}=\dfrac{2}{\sin\theta}$

8-2. $\sin\theta+\cos\theta=\dfrac{1}{3}$ 의 양변을 제곱하면
$\sin^2\theta+2\sin\theta\cos\theta+\cos^2\theta=\dfrac{1}{9}$
$\therefore\ \sin\theta\cos\theta=-\dfrac{4}{9}$

(1) $(준\ 식)=\dfrac{\sin\theta}{\cos\theta}+\dfrac{\cos\theta}{\sin\theta}$
$=\dfrac{\sin^2\theta+\cos^2\theta}{\sin\theta\cos\theta}$
$=\dfrac{1}{\sin\theta\cos\theta}=-\boldsymbol{\dfrac{9}{4}}$

(2) $(준\ 식)=\dfrac{1}{\cos\theta}\left(\dfrac{\sin\theta}{\cos\theta}+\dfrac{\cos^2\theta}{\sin^2\theta}\right)$
$=\dfrac{\sin\theta}{\cos^2\theta}+\dfrac{\cos\theta}{\sin^2\theta}$
$=\dfrac{\sin^3\theta+\cos^3\theta}{(\sin\theta\cos\theta)^2}$

그런데
$\sin^3\theta+\cos^3\theta=(\sin\theta+\cos\theta)^3$
$-3\sin\theta\cos\theta(\sin\theta+\cos\theta)$
$=\left(\dfrac{1}{3}\right)^3-3\times\left(-\dfrac{4}{9}\right)\times\dfrac{1}{3}=\dfrac{13}{27}$
$(\sin\theta\cos\theta)^2=\left(-\dfrac{4}{9}\right)^2=\dfrac{16}{81}$
$\therefore\ (준\ 식)=\dfrac{13/27}{16/81}=\boldsymbol{\dfrac{39}{16}}$

***Note** $\sin^3\theta+\cos^3\theta$의 값을 다음과 같이 구할 수도 있다.
$\sin^3\theta+\cos^3\theta=(\sin\theta+\cos\theta)$
$\times(\sin^2\theta-\sin\theta\cos\theta+\cos^2\theta)$
$=\dfrac{1}{3}\left\{1-\left(-\dfrac{4}{9}\right)\right\}=\dfrac{13}{27}$

8-3. (1) $(\sin\theta+\cos\theta)^2$
$=\sin^2\theta+\cos^2\theta+2\sin\theta\cos\theta$
$=1+2\times\dfrac{1}{4}=\dfrac{3}{2}$
$\therefore\ \sin\theta+\cos\theta=\pm\sqrt{\dfrac{3}{2}}=\pm\boldsymbol{\dfrac{\sqrt{6}}{2}}$

(2) $(\sin\theta-\cos\theta)^2$
$=\sin^2\theta+\cos^2\theta-2\sin\theta\cos\theta$
$=1-2\times\dfrac{1}{4}=\dfrac{1}{2}$
$\therefore\ \sin\theta-\cos\theta=\pm\sqrt{\dfrac{1}{2}}=\pm\boldsymbol{\dfrac{\sqrt{2}}{2}}$

(3) $\sin^3\theta+\cos^3\theta=(\sin\theta+\cos\theta)$
$\times(\sin^2\theta-\sin\theta\cos\theta+\cos^2\theta)$
$=\left(\pm\dfrac{\sqrt{6}}{2}\right)\left(1-\dfrac{1}{4}\right)=\pm\boldsymbol{\dfrac{3\sqrt{6}}{8}}$

(4) $\sin^4\theta+\cos^4\theta$
$=(\sin^2\theta+\cos^2\theta)^2-2\sin^2\theta\cos^2\theta$
$=1^2-2\times\left(\dfrac{1}{4}\right)^2=\boldsymbol{\dfrac{7}{8}}$

(5) $\tan\theta+\dfrac{1}{\tan\theta}=\dfrac{\sin\theta}{\cos\theta}+\dfrac{\cos\theta}{\sin\theta}$
$=\dfrac{\sin^2\theta+\cos^2\theta}{\sin\theta\cos\theta}$
$=\dfrac{1}{\sin\theta\cos\theta}=\mathbf{4}$

(6) $\tan^3\theta+\dfrac{1}{\tan^3\theta}$

$=\left(\tan\theta+\dfrac{1}{\tan\theta}\right)^3$

$\quad-3\tan\theta\times\dfrac{1}{\tan\theta}\times\left(\tan\theta+\dfrac{1}{\tan\theta}\right)$

$=4^3-3\times1\times4=\mathbf{52}$

8-4. 근과 계수의 관계로부터

$\sin\theta+\cos\theta=p$ ……①

$\sin\theta\cos\theta=\dfrac{p^2-2}{4}$ ……②

①의 양변을 제곱하여 정리하면

$\sin\theta\cos\theta=\dfrac{1}{2}(p^2-1)$ ……③

②와 ③에서 $\dfrac{p^2-2}{4}=\dfrac{1}{2}(p^2-1)$

$\therefore p^2=0 \quad \therefore \boldsymbol{p=0}$

또, $\tan\theta$, $\dfrac{1}{\tan\theta}$ 을 두 근으로 하는 x에 관한 이차방정식은

$x^2-\left(\tan\theta+\dfrac{1}{\tan\theta}\right)x+\tan\theta\times\dfrac{1}{\tan\theta}=0$

그런데

$\tan\theta+\dfrac{1}{\tan\theta}=\dfrac{\sin\theta}{\cos\theta}+\dfrac{\cos\theta}{\sin\theta}$

$=\dfrac{1}{\sin\theta\cos\theta}=\dfrac{4}{p^2-2}$

$=-2$

이므로 $\boldsymbol{x^2+2x+1=0}$

8-5. $\sin\theta+\cos\theta=\dfrac{\sqrt{2}}{2}$ 의 양변을 제곱하여 정리하면

$\sin\theta\cos\theta=-\dfrac{1}{4}$

(1) $x^2-(\sin^2\theta+\cos^2\theta)x+\sin^2\theta\cos^2\theta=0$

$\therefore x^2-x+\dfrac{1}{16}=0$

$\therefore \boldsymbol{16x^2-16x+1=0}$

(2) $x^2-(\sin^3\theta+\cos^3\theta)x+\sin^3\theta\cos^3\theta=0$

여기서

$\sin^3\theta+\cos^3\theta=(\sin\theta+\cos\theta)$

$\quad\times(\sin^2\theta-\sin\theta\cos\theta+\cos^2\theta)$

$=\dfrac{\sqrt{2}}{2}\left\{1-\left(-\dfrac{1}{4}\right)\right\}=\dfrac{5\sqrt{2}}{8}$

$\sin^3\theta\cos^3\theta=\left(-\dfrac{1}{4}\right)^3=-\dfrac{1}{64}$

$\therefore x^2-\dfrac{5\sqrt{2}}{8}x-\dfrac{1}{64}=0$

$\therefore \boldsymbol{64x^2-40\sqrt{2}\,x-1=0}$

(3) $x^2-\left(\tan\theta+\dfrac{1}{\tan\theta}\right)x$

$\quad+\tan\theta\times\dfrac{1}{\tan\theta}=0$

여기서

$\tan\theta+\dfrac{1}{\tan\theta}=\dfrac{1}{\sin\theta\cos\theta}=-4$

$\therefore \boldsymbol{x^2+4x+1=0}$

8-6. $\sin^2\theta=1-\cos^2\theta=1-\left(\dfrac{12}{13}\right)^2=\left(\dfrac{5}{13}\right)^2$

$\therefore \sin\theta=\pm\dfrac{5}{13}$

$\therefore \tan\theta=\dfrac{\sin\theta}{\cos\theta}=\dfrac{\pm5/13}{12/13}=\pm\dfrac{5}{12}$

$\therefore \boldsymbol{\sin\theta=\pm\dfrac{5}{13},\ \tan\theta=\pm\dfrac{5}{12}}$

(복부호동순)

***Note** $\cos\theta>0$이므로 θ는 제1사분면의 각 또는 제4사분면의 각이다.

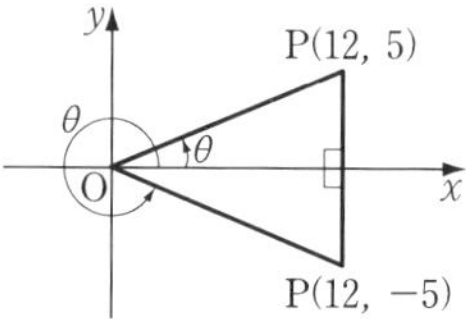

위의 그림에서 θ가 제1사분면의 각일 때

$\boldsymbol{\sin\theta=\dfrac{5}{13},\ \tan\theta=\dfrac{5}{12}}$

또, θ가 제4사분면의 각일 때

$\boldsymbol{\sin\theta=-\dfrac{5}{13},\ \tan\theta=-\dfrac{5}{12}}$

8-7. $\tan^2\theta+1=\dfrac{1}{\cos^2\theta}$ 에서

$\dfrac{1}{\cos^2\theta}=\left(\dfrac{3}{4}\right)^2+1=\dfrac{25}{16}$

θ가 제3사분면의 각이므로

$$\frac{1}{\cos\theta}=-\frac{5}{4} \qquad \therefore \ \boldsymbol{\cos\theta=-\frac{4}{5}}$$

또,

$$\sin^2\theta=1-\cos^2\theta=1-\left(-\frac{4}{5}\right)^2=\frac{9}{25}$$

θ가 제3사분면의 각이므로

$$\boldsymbol{\sin\theta=-\frac{3}{5}}$$

***Note**

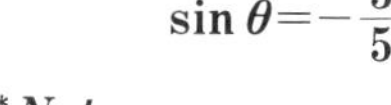

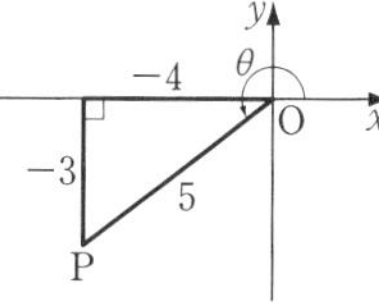

θ가 제3사분면의 각이므로 위의 그림에서

$$\boldsymbol{\sin\theta=-\frac{3}{5},\ \cos\theta=-\frac{4}{5}}$$

8-8. $2\sin\theta=1-\cos\theta$

양변을 제곱하면

$$4\sin^2\theta=1-2\cos\theta+\cos^2\theta$$

$\therefore \ 4(1-\cos^2\theta)=1-2\cos\theta+\cos^2\theta$

$\therefore \ 5\cos^2\theta-2\cos\theta-3=0$

$\therefore \ (5\cos\theta+3)(\cos\theta-1)=0$

그런데 $90^\circ\le\theta\le180^\circ$이므로

$\cos\theta-1<0$이다. $\quad\therefore \ \boldsymbol{\cos\theta=-\frac{3}{5}}$

$$\therefore \ \boldsymbol{\sin\theta=\frac{4}{5},\ \tan\theta=-\frac{4}{3}}$$

8-9. $\cos\theta=0$이면 $1+\sin^2\theta=0$이 되어 준 방정식은 성립하지 않는다.

따라서 $\cos\theta\ne0$이므로 준 방정식의 양변을 $\cos^2\theta$로 나누면

$$\frac{1}{\cos^2\theta}+\frac{\sin^2\theta}{\cos^2\theta}=\frac{3\sin\theta\cos\theta}{\cos^2\theta}$$

$\therefore \ \tan^2\theta+1+\tan^2\theta=3\tan\theta$

$\therefore \ 2\tan^2\theta-3\tan\theta+1=0$

$\therefore \ (2\tan\theta-1)(\tan\theta-1)=0$

$$\therefore \ \boldsymbol{\tan\theta=\frac{1}{2},\ 1}$$

8-10. (1) $\sin\theta=\frac{x}{3},\ \cos\theta=\frac{y}{3}$

$\sin^2\theta+\cos^2\theta=1$이므로

$$\frac{x^2}{9}+\frac{y^2}{9}=1 \qquad \therefore \ \boldsymbol{x^2+y^2=9}$$

(2) $\cos\theta=\frac{x-4}{3},\ \sin\theta=\frac{y-5}{3}$

$\cos^2\theta+\sin^2\theta=1$이므로

$$\frac{(x-4)^2}{9}+\frac{(y-5)^2}{9}=1$$

$$\therefore \ \boldsymbol{(x-4)^2+(y-5)^2=9}$$

8-11. (1) $x+y=2\sin\theta$,

$x-y=-2\cos\theta$

$\sin^2\theta+\cos^2\theta=1$이므로

$$\left(\frac{x+y}{2}\right)^2+\left(\frac{x-y}{-2}\right)^2=1$$

$$\therefore \ \boldsymbol{x^2+y^2=2}$$

***Note** $x^2=(\sin\theta-\cos\theta)^2$,

$y^2=(\sin\theta+\cos\theta)^2$

$\therefore \ x^2+y^2=2(\sin^2\theta+\cos^2\theta)=2$

(2) $x\sin\theta+\cos\theta=1 \qquad \cdots\cdots①$

$y\sin\theta-\cos\theta=1 \qquad \cdots\cdots②$

①+②하면

$(x+y)\sin\theta=2$

①$\times y-$②$\times x$하면

$(x+y)\cos\theta=y-x$

이때, $x+y\ne0$이므로

$$\sin\theta=\frac{2}{x+y},\ \cos\theta=\frac{y-x}{x+y}$$

$\sin^2\theta+\cos^2\theta=1$이므로

$$\left(\frac{2}{x+y}\right)^2+\left(\frac{y-x}{x+y}\right)^2=1$$

$$\therefore \ \boldsymbol{xy=1}$$

***Note** $\sin\theta\ne0$이므로

$$x=\frac{1-\cos\theta}{\sin\theta},\ y=\frac{1+\cos\theta}{\sin\theta}$$

$$\therefore \ xy=\frac{1-\cos^2\theta}{\sin^2\theta}=\frac{\sin^2\theta}{\sin^2\theta}=1$$

8-12. (1) $\tan225^\circ=\tan(90^\circ\times2+45^\circ)$

$=\tan45^\circ=1$

$\cos 405° = \cos(90° \times 4 + 45°)$
$= \cos 45° = \dfrac{1}{\sqrt{2}}$

$\tan 765° = \tan(90° \times 8 + 45°)$
$= \tan 45° = 1$

$\sin 675° = \sin(90° \times 7 + 45°)$
$= -\cos 45° = -\dfrac{1}{\sqrt{2}}$

$\therefore$ (준 식)$=1 \times \dfrac{1}{\sqrt{2}} + 1 \times \left(-\dfrac{1}{\sqrt{2}}\right)$
$= \mathbf{0}$

***Note** p. 97의 주기 공식과 음각 공식을 이용하여 다음과 같이 풀어도 된다.

$\tan 225° = \tan(180° + 45°)$
$= \tan 45° = 1$

$\cos 405° = \cos(360° + 45°)$
$= \cos 45° = \dfrac{1}{\sqrt{2}}$

$\tan 765° = \tan(180° \times 4 + 45°)$
$= \tan 45° = 1$

$\sin 675° = \sin(360° \times 2 - 45°)$
$= \sin(-45°)$
$= -\sin 45° = -\dfrac{1}{\sqrt{2}}$

$\therefore$ (준 식)$=1 \times \dfrac{1}{\sqrt{2}} + 1 \times \left(-\dfrac{1}{\sqrt{2}}\right)$
$= \mathbf{0}$

(2) $\sin 510° = \sin(90° \times 5 + 60°)$
$= \cos 60° = \dfrac{1}{2}$

$\cos 480° = \cos(90° \times 5 + 30°)$
$= -\sin 30° = -\dfrac{1}{2}$

$\therefore$ (준 식)$= \dfrac{\dfrac{\sqrt{3}}{2} - \left(-\dfrac{\sqrt{3}}{2}\right)}{\dfrac{1}{2} - \left(-\dfrac{1}{2}\right)} = \boldsymbol{\sqrt{3}}$

(3) $\sin \dfrac{8}{3}\pi = \sin\left(\dfrac{5}{2}\pi + \dfrac{\pi}{6}\right)$
$= \cos \dfrac{\pi}{6} = \dfrac{\sqrt{3}}{2}$

$\cos \dfrac{31}{6}\pi = \cos\left(\dfrac{10}{2}\pi + \dfrac{\pi}{6}\right)$
$= -\cos \dfrac{\pi}{6} = -\dfrac{\sqrt{3}}{2}$

$\tan\left(-\dfrac{7}{4}\pi\right) = -\tan \dfrac{7}{4}\pi$
$= -\tan\left(\dfrac{3}{2}\pi + \dfrac{\pi}{4}\right)$
$= \dfrac{1}{\tan \dfrac{\pi}{4}} = 1$

$\therefore$ (준 식)$= \dfrac{\sqrt{3}}{2} - \dfrac{\sqrt{3}}{2} + 1 = \mathbf{1}$

8-13. (1) $\sin(90° + \theta) = \cos\theta$
$\sin(90° - \theta) = \cos\theta$
$\sin(180° - \theta) = \sin\theta$

$\therefore$ (준 식)$= \sin^2\theta + \cos^2\theta$
$+ \cos^2\theta + \sin^2\theta$
$= \mathbf{2}$

(2) $\cos\left(\dfrac{\pi}{2} + \theta\right) = -\sin\theta$
$\cos(\pi + \theta) = -\cos\theta$
$\cos\left(\dfrac{3}{2}\pi + \theta\right) = \sin\theta$

$\therefore$ (준 식)$= \cos^2\theta + \sin^2\theta$
$+ \cos^2\theta + \sin^2\theta$
$= \mathbf{2}$

(3) (준 식)$= (a+b) \times \dfrac{1}{\tan\theta} \times (-\tan\theta)$
$+ (a-b)\left(-\dfrac{1}{\tan\theta}\right) \times \tan\theta$
$= -(a+b) - (a-b) = \boldsymbol{-2a}$

(4) (준 식)$= \dfrac{1+\sin\theta}{\cos\theta}$
$+ \dfrac{\cos\theta}{1+\sin\theta} - \dfrac{2}{\cos\theta}$
$= \dfrac{(1+\sin\theta)^2 + \cos^2\theta - 2(1+\sin\theta)}{\cos\theta(1+\sin\theta)}$
$= \mathbf{0}$

8-14. $n=2k$ (k는 양의 정수)일 때

(준 식)$= \sin\left\{10k\pi + (-1)^{2k}\dfrac{\pi}{6}\right\}$

$=\sin\frac{\pi}{6}=\frac{1}{2}$

$n=2k+1$(k는 음이 아닌 정수)일 때

$(\text{준 식})=\sin\left\{10k\pi+5\pi+(-1)^{2k+1}\frac{\pi}{6}\right\}$

$=\sin\left(5\pi-\frac{\pi}{6}\right)=\sin\frac{\pi}{6}=\frac{1}{2}$

$\therefore$ (준 식)$=\mathbf{\frac{1}{2}}$

8-15. $n=2k$(k는 정수)일 때

$(\text{준 식})=\cos\left\{2k\pi+(-1)^{2k}\frac{\pi}{3}\right\}$

$=\cos\frac{\pi}{3}=\frac{1}{2}$

$n=2k+1$(k는 정수)일 때

$(\text{준 식})=\cos\left\{(2k+1)\pi+(-1)^{2k+1}\frac{\pi}{3}\right\}$

$=\cos\left(\pi-\frac{\pi}{3}\right)=-\cos\frac{\pi}{3}=-\frac{1}{2}$

$\therefore$ (준 식)$=\mathbf{\frac{(-1)^n}{2}}$

9-1. (1) $y-1=\sin 2x$

따라서 $y=\sin 2x$의 그래프를 y축의 방향으로 1만큼 평행이동한 것이다.

최댓값 : 2, 최솟값 : 0,

주기 : $\frac{2\pi}{2}=\pi$

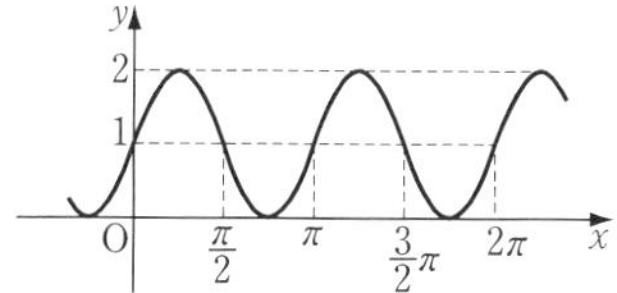

(2) $y=\frac{1}{2}\cos 3\left(x-\frac{\pi}{3}\right)$

따라서 $y=\frac{1}{2}\cos 3x$의 그래프를 x축의 방향으로 $\frac{\pi}{3}$만큼 평행이동한 것이다.

최댓값 : $\frac{1}{2}$, 최솟값 : $-\frac{1}{2}$,

주기 : $\frac{2}{3}\pi$

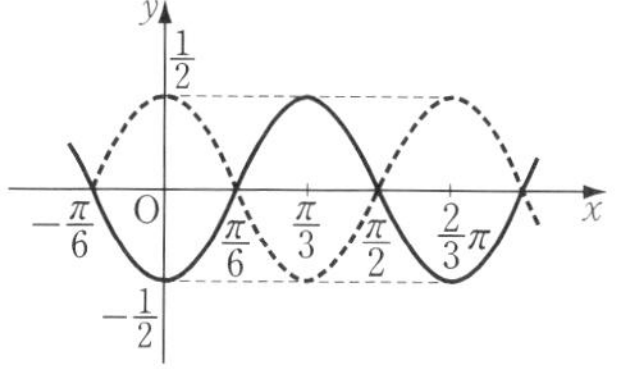

* ***Note*** $\cos(3x-\pi)=-\cos 3x$ 이므로 $y=-\frac{1}{2}\cos 3x$의 그래프를 그려도 된다.

9-2. (1) $x\ge0$일 때

$y=\sin x+\sin x=2\sin x$

$x<0$일 때

$y=\sin x+\sin(-x)$

$=\sin x-\sin x=0$

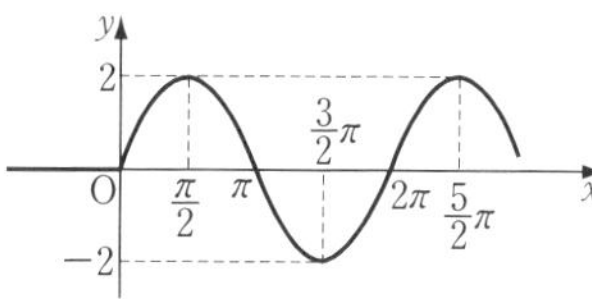

(2) $\cos x\ge0$일 때

$y=\cos x+\cos x=2\cos x$

$\cos x<0$일 때

$y=\cos x-\cos x=0$

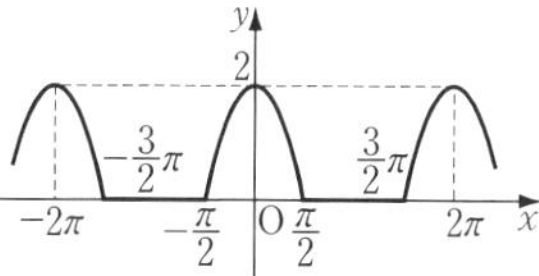

9-3. $y=\sin\pi x$의 주기는 $\frac{2\pi}{\pi}=2$이므로 그래프는 아래와 같다.

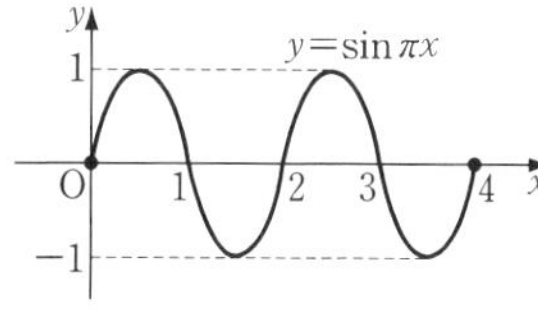

따라서 $y=[\sin\pi x]$의 그래프는 다음

과 같다.

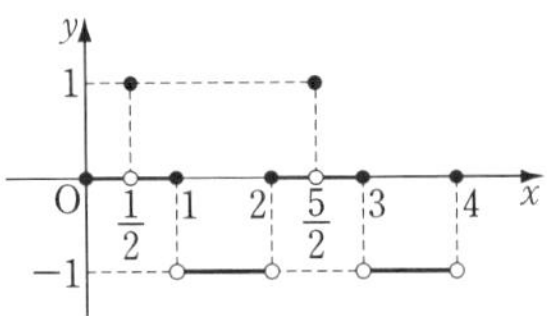

9-4. $(g\circ f)(x)=g\big(f(x)\big)=g(1+2\sin x)$
$=\langle 1+2\sin x\rangle$

그런데 $-1\le\sin x\le 1$이므로

$-1\le 1+2\sin x\le 3$

$\therefore\ \langle 1+2\sin x\rangle=0,\ 1,\ 2,\ 3,\ 4$

따라서 치역은 $\{\mathbf{0, 1, 2, 3, 4}\}$

***Note** 정의에 의하면 $\langle -1\rangle=0$, $\langle -0.6\rangle=0$, $\langle 2.3\rangle=3$, $\langle 3\rangle=4$이다.

9-5. $0\le x<2\pi$일 때 $f(x)=x$

$2\pi\le x<4\pi$일 때 $f(x)=x-2\pi$

$\cdots\cdots$

$2n\pi\le x<2(n+1)\pi$ (n은 정수)일 때

$f(x)=x-2n\pi$

$\therefore\ (g\circ f)(x)=g\big(f(x)\big)=g(x-2n\pi)$
$=\sin(x-2n\pi)=\sin x$

따라서 $y=(g\circ f)(x)$의 그래프는 $y=\sin x$의 그래프와 같다.

(그래프는 생략)

9-6. $f(x)$의 주기가 2이므로

$f(4.5)=f(0.5+2\times 2)=f(0.5)$

$-1\le x\le 1$에서 $f(x)=x^2-1$이므로

$f(0.5)=0.5^2-1=\mathbf{-0.75}$

9-7. (1) $y=2\cos^2 x-4\sin x+3$
$=2(1-\sin^2 x)-4\sin x+3$
$=-2\sin^2 x-4\sin x+5$

$\sin x=t$로 놓으면

$y=-2t^2-4t+5=-2(t+1)^2+7$

그런데 $0\le x\le\pi$이므로 $0\le t\le 1$

$\therefore$ 최댓값 **5**, 최솟값 **−1**

(2) $y=\sin^2\left(\frac{\pi}{2}+x\right)+\sqrt{3}\sin(\pi-x)+1$
$=\cos^2 x+\sqrt{3}\sin x+1$
$=-\sin^2 x+\sqrt{3}\sin x+2$

$\sin x=t$로 놓으면

$y=-t^2+\sqrt{3}t+2$
$=-\left(t-\frac{\sqrt{3}}{2}\right)^2+\frac{11}{4}$

그런데 $0\le x\le\pi$이므로 $0\le t\le 1$

$\therefore$ 최댓값 $\mathbf{\frac{11}{4}}$, 최솟값 **2**

9-8. $y=\cos^2\theta+a\sin\theta-2$
$=-\sin^2\theta+a\sin\theta-1$

$\sin\theta=t$로 놓으면 $0\le t\le 1$이고,

$y=-t^2+at-1$
$=-\left(t-\frac{a}{2}\right)^2+\frac{a^2}{4}-1$

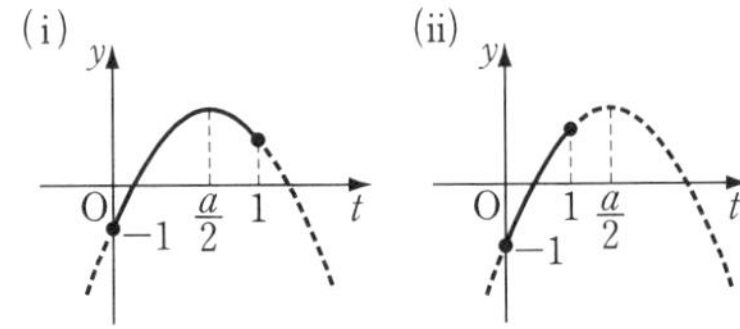

(i) $0<\frac{a}{2}<1$, 곧 $0<a<2$일 때

y의 최댓값은 꼭짓점의 y좌표이므로

$\frac{a^2}{4}-1=3\quad\therefore\ a=\pm 4$

이것은 $0<a<2$에 모순이다.

(ii) $\frac{a}{2}\ge 1$, 곧 $a\ge 2$일 때

y는 $t=1$일 때 최대이므로

$-1+a-1=3\quad\therefore\ a=5$

이것은 주어진 조건을 만족시킨다.

(i), (ii)에서 $\mathbf{a=5}$

***Note** $0<\frac{a}{2}<1$일 때 $\frac{a^2}{4}-1<0$이므로 (i)의 경우 실제 그래프는 t축 아래쪽에 존재한다.

10-1. (1) $2(1-\cos^2 x)+3\cos x=0$

$\therefore\ (2\cos x+1)(\cos x-2)=0$

$\cos x-2\neq0$이므로 $\cos x=-\dfrac{1}{2}$

$\therefore\ \boldsymbol{x=\dfrac{2}{3}\pi}$

(2) 준 방정식의 양변에 $\tan x$를 곱하고 정리하면

$$\tan^2 x-2\tan x+1=0$$

$\therefore\ (\tan x-1)^2=0 \quad \therefore\ \tan x=1$

$\therefore\ \boldsymbol{x=\dfrac{\pi}{4}}$

10-2. $\sin x=a$, $\cos x=b$로 놓으면

$a^2+b^2=1 \quad \cdots\cdots①$

또, 준 방정식에서

$a+b=1 \quad \cdots\cdots②$

①, ②를 연립하여 풀면

$a=0,\ b=1$ 또는 $a=1,\ b=0$

$\therefore\ \sin x=0,\ \cos x=1$

또는 $\sin x=1,\ \cos x=0$

$0\le x\le\pi$에서 $\boldsymbol{x=0,\ \dfrac{\pi}{2}}$

10-3. (1) $\cos\left(\dfrac{\pi}{2}-3x\right)=\cos 2x$에서

$\dfrac{\pi}{2}-3x=2n\pi\pm2x$ (n은 정수)

$\therefore\ x=-\dfrac{2n}{5}\pi+\dfrac{\pi}{10},\ -2n\pi+\dfrac{\pi}{2}$

$0<x<2\pi$이므로

$x=\dfrac{\pi}{10},\ \dfrac{2}{5}\pi+\dfrac{\pi}{10},\ \dfrac{4}{5}\pi+\dfrac{\pi}{10},$

$\dfrac{6}{5}\pi+\dfrac{\pi}{10},\ \dfrac{8}{5}\pi+\dfrac{\pi}{10},\ \dfrac{\pi}{2}$

$\therefore\ \boldsymbol{x=\dfrac{\pi}{10},\ \dfrac{\pi}{2},\ \dfrac{9}{10}\pi,\ \dfrac{13}{10}\pi,\ \dfrac{17}{10}\pi}$

* ***Note*** $\sin 3x=\sin\left(\dfrac{\pi}{2}-2x\right)$를 풀어도 된다.

(2) $n\pi+x-\dfrac{\pi}{5}=\dfrac{\pi}{10}-x$ (n은 정수)

$\therefore\ x=-\dfrac{n}{2}\pi+\dfrac{3}{20}\pi$

$0<x<2\pi$이므로

$\boldsymbol{x=\dfrac{3}{20}\pi,\ \dfrac{13}{20}\pi,\ \dfrac{23}{20}\pi,\ \dfrac{33}{20}\pi}$

10-4. $4\cos^2 x+2a\cos x-1=0 \quad \cdots\cdots①$

에서 $\cos x=t$로 놓으면

$4t^2+2at-1=0 \quad \cdots\cdots②$

한편 $0<x<\dfrac{\pi}{2}$에서 $0<\cos x<1$이므로 $0<t<1$

따라서 ①이 실근을 가지기 위해서는 $0<t<1$에서 ②가 실근을 가져야 한다.

곧, $f(t)=4t^2+2at-1$로 놓을 때, $y=f(t)$의 그래프가 $0<t<1$에서 t축과 적어도 한 점에서 만나야 한다.

그런데

$f(0)=-1$

이므로 오른쪽 그림에서

$f(1)=4+2a-1>0$

$\therefore\ \boldsymbol{a>-\dfrac{3}{2}}$

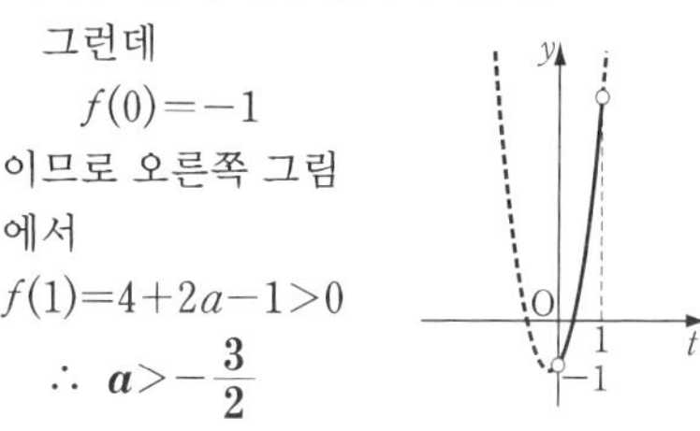

10-5. (1) 아래 그림에서 $y_1=\sin x$의 그래프가 $y_2=\cos x$의 그래프보다 위쪽에 있지 않은 x의 범위를 구하는 것과 같다.

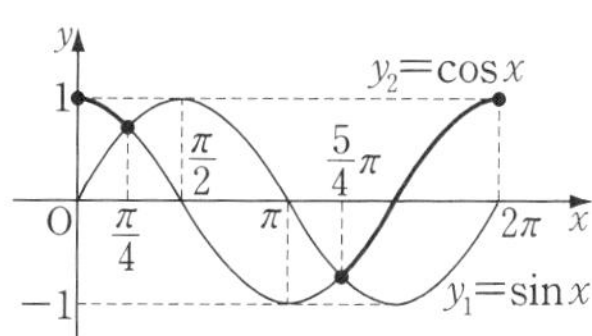

$\therefore\ \boldsymbol{0\le x\le\dfrac{\pi}{4},\ \dfrac{5}{4}\pi\le x\le2\pi}$

(2) $\cos^2 x>1-\sin x$에서

$1-\sin^2 x>1-\sin x$

$\therefore\ \sin x(\sin x-1)<0$

$\therefore\ 0<\sin x<1$

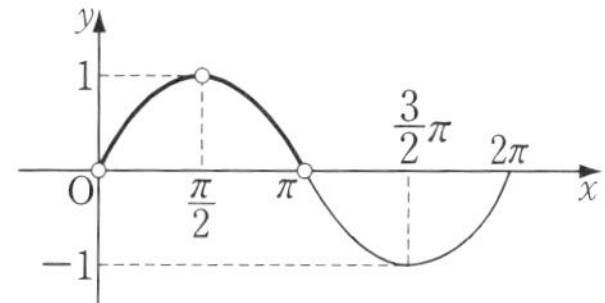

$\therefore\ \boldsymbol{0<x<\frac{\pi}{2},\ \frac{\pi}{2}<x<\pi}$

10-6. $f(x)=x^2+(2\cos\theta+1)x+1=0$ 의 판별식을 D라고 하면

(1) $D=(2\cos\theta+1)^2-4$
$=(2\cos\theta+3)(2\cos\theta-1)\ge 0$
그런데 $2\cos\theta+3>0$이므로
$\cos\theta\ge\frac{1}{2}$
$0\le\theta\le 2\pi$이므로
$\boldsymbol{0\le\theta\le\frac{\pi}{3},\ \frac{5}{3}\pi\le\theta\le 2\pi}$

(2) $D=(2\cos\theta+3)(2\cos\theta-1)=0$
그런데 $2\cos\theta+3\ne 0$이므로
$\cos\theta=\frac{1}{2}$
$0\le\theta\le 2\pi$이므로 $\boldsymbol{\theta=\frac{\pi}{3},\ \frac{5}{3}\pi}$

(3) $D=(2\cos\theta+3)(2\cos\theta-1)<0$
그런데 $2\cos\theta+3>0$ 이므로
$\cos\theta<\frac{1}{2}$
$0\le\theta\le 2\pi$이므로 $\boldsymbol{\frac{\pi}{3}<\theta<\frac{5}{3}\pi}$

11-1. 사인법칙으로부터
$\sin A=\frac{a}{2R},\quad \sin B=\frac{b}{2R},$
$\sin C=\frac{c}{2R}$ ……①

(1) 준 식에 ①을 대입하면
$\left(\frac{a}{2R}\right)^2+\left(\frac{b}{2R}\right)^2=\left(\frac{c}{2R}\right)^2$
$\therefore\ a^2+b^2=c^2$
$\therefore$ **C=90°인 직각삼각형**

(2) 준 식에 ①을 대입하면
$a\left(\frac{a}{2R}\right)^2=b\left(\frac{b}{2R}\right)^2$
$\therefore\ a^3=b^3\quad \therefore\ a=b$
$\therefore$ ***a*=*b*인 이등변삼각형**

(3) 준 식에 ①을 대입하면
$a\times\frac{a}{2R}=b\times\frac{b}{2R}=c\times\frac{c}{2R}$
$\therefore\ a^2=b^2=c^2\quad \therefore\ a=b=c$
$\therefore$ 정삼각형

(4) 준 식에서
$(1-\sin^2 B)+(1-\sin^2 C)$
$-(1-\sin^2 A)=1$
$\therefore\ \sin^2 A=\sin^2 B+\sin^2 C$
①을 대입하면
$\left(\frac{a}{2R}\right)^2=\left(\frac{b}{2R}\right)^2+\left(\frac{c}{2R}\right)^2$
$\therefore\ a^2=b^2+c^2$
$\therefore$ **A=90°인 직각삼각형**

11-2. 중근을 가지므로
$D/4=\sin^2 B-\sin A\left(\sin A+\frac{\sin^2 C}{\sin A}\right)$
$=0$
$\therefore\ \sin^2 B=\sin^2 A+\sin^2 C$
사인법칙으로부터
$\left(\frac{b}{2R}\right)^2=\left(\frac{a}{2R}\right)^2+\left(\frac{c}{2R}\right)^2$
$\therefore\ b^2=a^2+c^2$
$\therefore$ **B=90°인 직각삼각형**

11-3. (1) $A=180°-(105°+30°)=45°$
$\frac{a}{\sin A}=\frac{b}{\sin B}$이므로
$b=\frac{a\sin B}{\sin A}=\frac{2\sin 105°}{\sin 45°}$
$=\frac{2\sin 75°}{\sin 45°}=\sqrt{3}+1$
$\frac{a}{\sin A}=\frac{c}{\sin C}$이므로
$c=\frac{a\sin C}{\sin A}=\frac{2\sin 30°}{\sin 45°}=\sqrt{2}$
$\therefore\ \boldsymbol{A=45°,\ b=\sqrt{3}+1,\ c=\sqrt{2}}$

(2) $\frac{b}{\sin B}=\frac{c}{\sin C}$이므로
$\frac{1}{\sin 15°}=\frac{\sqrt{3}+1}{\sin C}\quad \therefore\ \sin C=\frac{\sqrt{2}}{2}$
$\therefore\ C=45°$ 또는 $135°$
(i) $C=45°$인 경우
$A=180°-(15°+45°)=120°$

$\dfrac{a}{\sin A}=\dfrac{c}{\sin C}$ 이므로

$a=\dfrac{c\sin A}{\sin C}=\dfrac{(\sqrt{3}+1)\sin 120^\circ}{\sin 45^\circ}$

$=\dfrac{\sqrt{6}+3\sqrt{2}}{2}$

(ii) $C=135^\circ$인 경우

$A=180^\circ-(15^\circ+135^\circ)=30^\circ$

$\dfrac{a}{\sin A}=\dfrac{c}{\sin C}$ 이므로

$a=\dfrac{c\sin A}{\sin C}=\dfrac{(\sqrt{3}+1)\sin 30^\circ}{\sin 135^\circ}$

$=\dfrac{\sqrt{6}+\sqrt{2}}{2}$

$\therefore$ $\mathbf{A=30^\circ,\ C=135^\circ,\ }\boldsymbol{a}=\dfrac{\sqrt{6}+\sqrt{2}}{2}$

또는

$\mathbf{A=120^\circ,\ C=45^\circ,\ }\boldsymbol{a}=\dfrac{\sqrt{6}+3\sqrt{2}}{2}$

11-4. (1) 코사인법칙으로부터

$a^2=(\sqrt{3}+1)^2+1^2$

$-2\times(\sqrt{3}+1)\times 1\times\cos 30^\circ$

$=2+\sqrt{3}$

$\therefore$ $a=\sqrt{2+\sqrt{3}}=\dfrac{\sqrt{4+2\sqrt{3}}}{\sqrt{2}}$

$=\dfrac{\sqrt{3}+1}{\sqrt{2}}=\dfrac{\sqrt{6}+\sqrt{2}}{2}$

또, 사인법칙으로부터

$\dfrac{\sqrt{3}+1}{\sin B}=\dfrac{(\sqrt{6}+\sqrt{2})/2}{\sin 30^\circ}$

$\therefore$ $\sin B=(\sqrt{3}+1)\sin 30^\circ$

$\times\dfrac{2}{\sqrt{6}+\sqrt{2}}=\dfrac{1}{\sqrt{2}}$

$\therefore$ $B=45^\circ$ 또는 $B=135^\circ$

그런데 $b>c$이므로 $B>C$

$\therefore$ $B=135^\circ$

$\therefore$ $C=180^\circ-(30^\circ+135^\circ)=15^\circ$

$\therefore$ $\boldsymbol{a}=\dfrac{\sqrt{6}+\sqrt{2}}{2}$, $\mathbf{B=135^\circ,\ C=15^\circ}$

(2) 코사인법칙으로부터

$\cos C=\dfrac{(\sqrt{3}+1)^2+4-6}{2\times(\sqrt{3}+1)\times 2}=\dfrac{1}{2}$

$\therefore$ $C=60^\circ$

$\cos B=\dfrac{6+(\sqrt{3}+1)^2-4}{2\times\sqrt{6}\times(\sqrt{3}+1)}=\dfrac{1}{\sqrt{2}}$

$\therefore$ $B=45^\circ$

$\therefore$ $A=180^\circ-(60^\circ+45^\circ)=75^\circ$

$\therefore$ $\mathbf{A=75^\circ,\ B=45^\circ,\ C=60^\circ}$

11-5. (1) 준 식에서

$2\times\dfrac{b}{2R}\times\dfrac{a^2+b^2-c^2}{2ab}=\dfrac{a}{2R}$

$\therefore$ $a^2+b^2-c^2=a^2$

$\therefore$ $b^2=c^2$ $\quad\therefore$ $b=c$

$\therefore$ $\boldsymbol{b=c}$**인 이등변삼각형**

(2) 준 식에서

$a\times\dfrac{b^2+c^2-a^2}{2bc}+b\times\dfrac{c^2+a^2-b^2}{2ca}$

$=c\times\dfrac{a^2+b^2-c^2}{2ab}$

$\therefore$ $a^2(b^2+c^2-a^2)+b^2(c^2+a^2-b^2)$

$=c^2(a^2+b^2-c^2)$

a에 관하여 정리하면

$a^4-2b^2a^2+b^4-c^4=0$

$\therefore$ $a^4-2b^2a^2+(b^2+c^2)(b^2-c^2)=0$

$\therefore$ $(a^2-b^2-c^2)(a^2-b^2+c^2)=0$

$\therefore$ $a^2=b^2+c^2$ 또는 $b^2=a^2+c^2$

따라서

$\mathbf{A=90^\circ}$ **또는** $\mathbf{B=90^\circ}$**인 직각삼각형**

(3) 준 식에서 $\quad c=2a\times\dfrac{c^2+a^2-b^2}{2ca}$

$\therefore$ $a^2=b^2$ $\quad\therefore$ $a=b$

$\therefore$ $\boldsymbol{a=b}$**인 이등변삼각형**

(4) 준 식에서

$(a-b)\left(\dfrac{c}{2R}\right)^2=a\left(\dfrac{a}{2R}\right)^2-b\left(\dfrac{b}{2R}\right)^2$

$\therefore$ $c^2(a-b)=a^3-b^3$

$\therefore$ $(a-b)(c^2-a^2-ab-b^2)=0$

$\therefore$ $a=b$ 또는 $c^2=a^2+ab+b^2$

$c^2=a^2+ab+b^2$일 때, 코사인법칙

$c^2=a^2+b^2-2ab\cos C$

와 비교하면

$-2\cos C=1 \quad \therefore \cos C=-\dfrac{1}{2}$

$\therefore C=120°$

$\therefore$ **$a=b$인 이등변삼각형**

또는 C=120°인 삼각형

11-6. 최소각은 최소변, 곧 길이가 $2\sqrt{6}$인 변의 대각이므로, 그 각의 크기를 θ라고 하면

$$\cos\theta=\frac{(6+2\sqrt{3})^2+(4\sqrt{3})^2-(2\sqrt{6})^2}{2\times(6+2\sqrt{3})\times4\sqrt{3}}$$

$$=\frac{\sqrt{3}}{2} \quad \therefore \theta=\mathbf{30°}$$

11-7. $\left(\sqrt{a^2-ab+b^2}\right)^2-a^2$

$=-ab+b^2=b(b-a)<0$

$\left(\sqrt{a^2-ab+b^2}\right)^2-b^2$

$=a^2-ab=a(a-b)>0$

$\therefore b<\sqrt{a^2-ab+b^2}<a$

따라서 길이가 $\sqrt{a^2-ab+b^2}$인 변의 대각이 크기가 중간인 각이다.

그 각의 크기를 θ라고 하면

$$\cos\theta=\frac{a^2+b^2-\left(\sqrt{a^2-ab+b^2}\right)^2}{2ab}$$

$$=\frac{1}{2} \quad \therefore \theta=\mathbf{60°}$$

11-8. 각 변의 길이는 모두 양수이므로

$x^2-x+1>0,\ x^2-2x>0,\ 2x-1>0$

$\therefore x>2$ ……①

①의 범위에서

$(x^2-x+1)-(x^2-2x)=x+1>0,$

$(x^2-x+1)-(2x-1)=x^2-3x+2$

$=(x-2)(x-1)>0$

따라서 최대변의 길이는 x^2-x+1이므로 이 변의 대각의 크기를 θ라고 하면

$$\cos\theta=\frac{(x^2-2x)^2+(2x-1)^2-(x^2-x+1)^2}{2(x^2-2x)(2x-1)}$$

$$=-\frac{1}{2} \quad \therefore \theta=\mathbf{120°}$$

***Note** $(x^2-2x)+(2x-1)-(x^2-x+1)$

$=x-2$

이므로 $x>2$일 때

$(x^2-2x)+(2x-1)>x^2-x+1$

이 성립한다.

11-9. △ABC에서

$$\cos B=\frac{6^2+7^2-5^2}{2\times6\times7}=\frac{5}{7}$$

(1) △ABM에 코사인법칙을 쓰면

$$\overline{AM}^2=6^2+\left(\frac{7}{2}\right)^2-2\times6\times\frac{7}{2}\cos B$$

$$=\frac{73}{4}$$

$$\therefore \overline{\mathbf{AM}}=\frac{\sqrt{73}}{2}\,\mathbf{(cm)}$$

(2) $\overline{AB}:\overline{AC}=\overline{BD}:\overline{DC}$이므로 $\overline{BD}=x$로 놓으면

$6:5=x:(7-x) \quad \therefore x=\dfrac{42}{11}$

△ABD에 코사인법칙을 쓰면

$$\overline{AD}^2=6^2+\left(\frac{42}{11}\right)^2-2\times6\times\frac{42}{11}\cos B$$

$$=\frac{2160}{121}$$

$$\therefore \overline{\mathbf{AD}}=\frac{12\sqrt{15}}{11}\,\mathbf{(cm)}$$

***Note** (1)에서는 중선정리

$$\overline{\mathbf{AB}}^2+\overline{\mathbf{AC}}^2=2\left(\overline{\mathbf{AM}}^2+\overline{\mathbf{BM}}^2\right)$$

을 이용해도 된다. ⇦ 수학(하)

11-10. (1) $\overline{AB}:\overline{BC}=\overline{AD}:\overline{DC}=1:2$

이므로 $\overline{AD}=x$로 놓으면

$\overline{DC}=2x \quad \therefore \overline{AC}=3x$

또, $\overline{AB}=c$라고 하면 $\overline{BC}=2c$

△ABC에 코사인법칙을 쓰면

$(3x)^2=c^2+(2c)^2-2\times c\times2c\cos60°$

$\therefore 3x^2=c^2$

$x>0,\ c>0$이므로 $c=\sqrt{3}x$

$\therefore \overline{AB}:\overline{AC}=c:3x=\sqrt{3}x:3x$

$=\mathbf{1:\sqrt{3}}$

(2) $\overline{AB}:\overline{AC}=1:\sqrt{3}$ 이고 $B=60°$ 이므로 $\mathbf{A=90°}$

***Note** (2)에서는 한 각의 크기가 60°인 직각삼각형의 성질을 이용했으나, 일반적으로 다음과 같이 푼다.

$\triangle ABC$에 코사인법칙을 쓰면

$$\cos A=\frac{\overline{AC}^2+\overline{AB}^2-\overline{BC}^2}{2\times\overline{AC}\times\overline{AB}}$$
$$=\frac{(3x)^2+(\sqrt{3}x)^2-(2\sqrt{3}x)^2}{2\times 3x\times\sqrt{3}x}$$
$$=0 \quad \therefore \mathbf{A=90°}$$

11-11. (1) $C=180°-(45°+60°)=\mathbf{75°}$

사인법칙으로부터

$$\frac{a}{\sin 45°}=\frac{b}{\sin 60°}$$
$$\therefore \sqrt{2}b=\sqrt{3}a \quad \cdots\cdots ①$$

또, $c=a\cos B+b\cos A$ 이므로

$$8=\frac{1}{2}a+\frac{\sqrt{2}}{2}b$$
$$\therefore \sqrt{2}b+a=16 \quad \cdots\cdots ②$$

①, ②에서

$$\boldsymbol{a=8(\sqrt{3}-1),\ b=4(3\sqrt{2}-\sqrt{6})}$$

(2) $\triangle ABC=\frac{1}{2}bc\sin A$

$$=\frac{1}{2}\times 4(3\sqrt{2}-\sqrt{6})\times 8\times\frac{\sqrt{2}}{2}$$
$$=\mathbf{16(3-\sqrt{3})}$$

11-12. (1) $C=180°-(60°+45°)=\mathbf{75°}$

사인법칙으로부터

$$a=2R\sin A,\ b=2R\sin B$$

이고, $R=4$이므로

$$a=2\times 4\sin 60°=\mathbf{4\sqrt{3}},$$
$$b=2\times 4\sin 45°=\mathbf{4\sqrt{2}},$$
$$c=a\cos B+b\cos A$$
$$=4\sqrt{3}\cos 45°+4\sqrt{2}\cos 60°$$
$$=\mathbf{2(\sqrt{6}+\sqrt{2})}$$

(2) $\triangle ABC=\frac{1}{2}ac\sin B$

$$=\frac{1}{2}\times 4\sqrt{3}\times 2(\sqrt{6}+\sqrt{2})\sin 45°$$
$$=\mathbf{4(3+\sqrt{3})}$$

11-13.

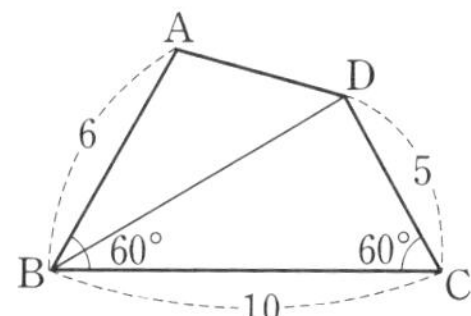

$\overline{BC}:\overline{CD}=2:1$이고 $\angle C=60°$이므로 $\triangle BCD$는 $\angle BDC=90°$인 직각삼각형이다. 따라서

$$\overline{BD}=\sqrt{10^2-5^2}=5\sqrt{3},$$
$$\angle DBC=30°$$

또, $\angle ABD=60°-\angle DBC=30°$

$$\therefore \square ABCD=\triangle ABD+\triangle BCD$$
$$=\frac{1}{2}\times 6\times 5\sqrt{3}\sin 30°+\frac{1}{2}\times 5\times 5\sqrt{3}$$
$$=\mathbf{20\sqrt{3}}$$

***Note** 1° 한 각의 크기가 60°인 직각삼각형의 성질을 이용하여 선분 BD의 길이와 $\angle DBC$의 크기를 구했다.

그러나 일반적으로는 다음과 같이 구한다.

$$\overline{BD}^2=10^2+5^2-2\times 10\times 5\cos 60°$$
$$=75 \quad \therefore \overline{BD}=5\sqrt{3}$$

또, $\dfrac{5\sqrt{3}}{\sin 60°}=\dfrac{5}{\sin(\angle DBC)}$에서

$$\sin(\angle DBC)=\frac{1}{2}$$
$$\therefore \angle DBC=30°$$

2° 두 변 AB, DC의 연장선이 만나는 점을 E라고 하면 $\triangle EBC$는 한 변의 길이가 10인 정삼각형이다.

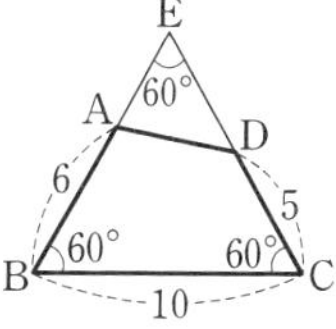

$\overline{AE}=4$, $\overline{ED}=5$, $\angle E=60°$이므로

$\square ABCD=\triangle EBC-\triangle EAD$

$=\dfrac{\sqrt{3}}{4}\times 10^2-\dfrac{1}{2}\times 4\times 5\sin 60°$

$=\mathbf{20\sqrt{3}}$

11-14. (1) $\angle CAD=45°$이므로

$\triangle ACD$에 사인법칙을 쓰면

$\dfrac{4}{\sin 45°}=\dfrac{\overline{AC}}{\sin 60°}$ $\quad\therefore\ \overline{AC}=\mathbf{2\sqrt{6}}$

$\triangle ABC$에 코사인법칙을 쓰면

$\overline{AB}^2=3^2+(2\sqrt{6})^2-2\times 3\times 2\sqrt{6}\cos 30°$

$=33-18\sqrt{2}$

$\therefore\ \overline{AB}=\sqrt{33-18\sqrt{2}}=\sqrt{33-2\sqrt{162}}$

$=\mathbf{3\sqrt{3}-\sqrt{6}}$

$\triangle ACD$에 제일 코사인법칙을 쓰면

$\overline{AD}=\overline{AC}\times\cos 45°+\overline{CD}\times\cos 60°$

$=2\sqrt{6}\times\dfrac{1}{\sqrt{2}}+4\times\dfrac{1}{2}=\mathbf{2\sqrt{3}+2}$

(2) $\square ABCD=\triangle ABC+\triangle ACD$

$=\dfrac{1}{2}\times 3\times 2\sqrt{6}\sin 30°$

$\quad+\dfrac{1}{2}\times 4\times(2\sqrt{3}+2)\sin 60°$

$=3\sqrt{6}\times\dfrac{1}{2}+2(2\sqrt{3}+2)\times\dfrac{\sqrt{3}}{2}$

$=\mathbf{\dfrac{1}{2}(12+3\sqrt{6}+4\sqrt{3})}$

11-15.

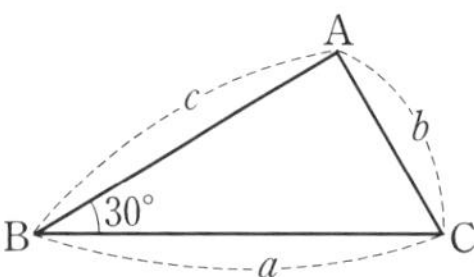

$\triangle ABC=4$에서 $\quad\dfrac{1}{2}ac\sin 30°=4$

$\therefore\ ac=16 \qquad\cdots\cdots①$

$\triangle ABC$에 코사인법칙을 쓰면

$b^2=a^2+c^2-2ac\cos 30°$

$=a^2+c^2-\sqrt{3}\,ac$

$\ge 2\sqrt{a^2c^2}-\sqrt{3}\,ac$

$=(2-\sqrt{3})ac=16(2-\sqrt{3})$

따라서 $a=c$일 때 b^2은 최소이다.

이때, ①에서 $\quad a=c=4$

$\therefore\ \overline{AB}+\overline{BC}=a+c=\mathbf{8}$

***Note** $\quad b^2=a^2+c^2-\sqrt{3}\,ac$

$=(a-c)^2+(2-\sqrt{3})ac$

$=(a-c)^2+16(2-\sqrt{3})$

임을 이용하여 $a=c$일 때 b^2이 최소임을 보여도 된다.

11-16.

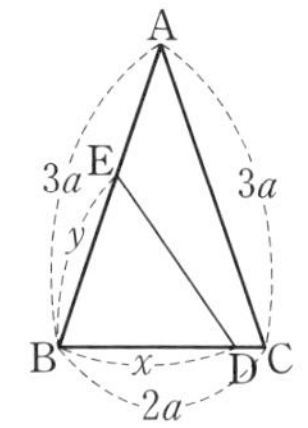

$\overline{BD}=x$, $\overline{BE}=y$라고 하면

$\triangle BED=\dfrac{1}{2}\triangle BAC$로부터

$\dfrac{1}{2}xy\sin B=\dfrac{1}{2}\times\dfrac{1}{2}\times 2a\times 3a\sin B$

$\therefore\ xy=3a^2 \qquad\cdots\cdots①$

$\triangle BED$에 코사인법칙을 쓰면

$\overline{DE}^2=x^2+y^2-2xy\cos B$

한편 $\triangle ABC$에 코사인법칙을 쓰면

$\cos B=\dfrac{(3a)^2+(2a)^2-(3a)^2}{2\times 3a\times 2a}=\dfrac{1}{3}$

$\therefore\ \overline{DE}^2=x^2+y^2-\dfrac{2}{3}xy$

$\ge 2\sqrt{x^2y^2}-\dfrac{2}{3}xy=2xy-\dfrac{2}{3}xy$

$=\dfrac{4}{3}xy=4a^2 \qquad ⇦\ ①$

따라서 $x=y=\sqrt{3}\,a$일 때 $\overline{DE}^2$은 최소이고, 최솟값은 $4a^2$이므로 $\overline{DE}$의 최솟값은 $\mathbf{2a}$

11-17.

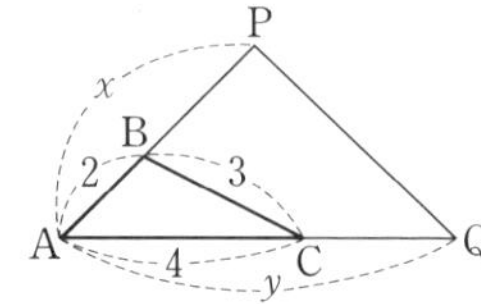

$\overline{AP}=x$, $\overline{AQ}=y$라고 하면
$\triangle APQ=2\triangle ABC$로부터

$$\frac{1}{2}xy\sin A=2\times\frac{1}{2}\times2\times4\sin A$$

$$\therefore\ xy=16 \qquad \cdots\cdots①$$

$\triangle APQ$에 코사인법칙을 쓰면

$$\overline{PQ}^2=x^2+y^2-2xy\cos A$$

한편 $\triangle ABC$에 코사인법칙을 쓰면

$$\cos A=\frac{4^2+2^2-3^2}{2\times4\times2}=\frac{11}{16}$$

$$\therefore\ \overline{PQ}^2=x^2+y^2-\frac{11}{8}xy$$

$$\geq 2\sqrt{x^2y^2}-\frac{11}{8}xy=2xy-\frac{11}{8}xy$$

$$=\frac{5}{8}xy=10 \qquad \Leftarrow ①$$

따라서 $x=y=4$일 때 $\overline{PQ}^2$은 최소이고, 최솟값은 10이므로 $\overline{PQ}$의 최솟값은

$$\mathbf{\sqrt{10}}$$

11-18. 헤론의 공식에서

$$s=\frac{5+6+7}{2}=9$$

이므로 넓이를 S라고 하면

$$S=\sqrt{9(9-5)(9-6)(9-7)}=6\sqrt{6}$$

$$\therefore\ \boldsymbol{r}=\frac{2S}{a+b+c}=\mathbf{\frac{2\sqrt{6}}{3}},$$

$$\mathbf{R}=\frac{abc}{4S}=\mathbf{\frac{35\sqrt{6}}{24}}$$

11-19. $a=2k$, $b=3k$, $c=4k$로 놓자.
헤론의 공식에서

$$s=\frac{2k+3k+4k}{2}=\frac{9}{2}k$$

이므로 넓이를 S라고 하면

$$S=\sqrt{\frac{9}{2}k\times\frac{5}{2}k\times\frac{3}{2}k\times\frac{1}{2}k}$$

$$=\frac{3\sqrt{15}}{4}k^2 \qquad \cdots\cdots①$$

내접원의 반지름의 길이가 2이므로

$$S=\frac{1}{2}\times2\times2k+\frac{1}{2}\times2\times3k+\frac{1}{2}\times2\times4k$$

$$=9k \qquad \cdots\cdots②$$

①, ②에서 $\dfrac{3\sqrt{15}}{4}k^2=9k$

$k\neq0$이므로 $k=\dfrac{4\sqrt{15}}{5}$

$$\therefore\ S=\mathbf{\frac{36\sqrt{15}}{5}}$$

11-20.

비행기의 위치를 P, 비행기 바로 밑의 지점을 H라 하고, $\overline{PH}=x$라고 하자.

$\triangle PBH$에서 $\angle PBH=30^\circ$이므로

$$\overline{BH}=\sqrt{3}x$$

$\triangle PAH$에서 $\angle PAH=45^\circ$이므로

$$\overline{AH}=x$$

한편 $\triangle BAH$에서 $\angle BAH=90^\circ$이므로

$$\overline{BH}^2=\overline{AB}^2+\overline{AH}^2$$

$$\therefore\ (\sqrt{3}x)^2=500^2+x^2 \qquad \therefore\ x^2=\frac{500^2}{2}$$

$$\therefore\ x=\mathbf{250\sqrt{2}\ (m)}$$

11-21. P 바로 밑의 지점을 O라고 하자.

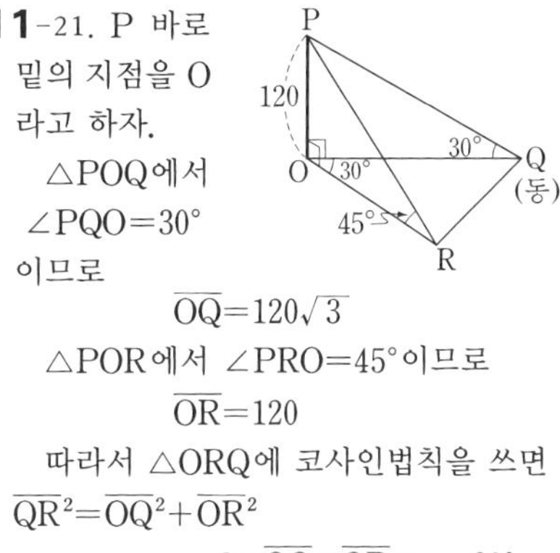

$\triangle POQ$에서 $\angle PQO=30^\circ$이므로

$$\overline{OQ}=120\sqrt{3}$$

$\triangle POR$에서 $\angle PRO=45^\circ$이므로

$$\overline{OR}=120$$

따라서 $\triangle ORQ$에 코사인법칙을 쓰면

$$\overline{QR}^2=\overline{OQ}^2+\overline{OR}^2-2\times\overline{OQ}\times\overline{OR}\times\cos30^\circ$$

$$=(120\sqrt{3})^2+120^2-2\times120\sqrt{3}\times120\times\frac{\sqrt{3}}{2}$$

$$=120^2 \qquad \therefore\ \mathbf{\overline{QR}=120\,(m)}$$

11-22. 선박 A의 속력은

$$2\overline{PQ}=24\sqrt{2}\ (\text{km/h})$$

선박 B가 북에서 동으로 $x°$의 항로로 진행하여 t시간 후에 선박 A와 R에서 만난다고 하면

$$\overline{QR}=24\sqrt{2}\,t,\quad \overline{OR}=48t$$

△OQR에 사인법칙을 쓰면

$$\frac{24\sqrt{2}\,t}{\sin x°}=\frac{48t}{\sin 135°}\qquad \therefore\ \sin x°=\frac{1}{2}$$

$$\therefore\ x°=30°\qquad \therefore\ \text{북 } \mathbf{30°}\text{ 동}$$

11-23. 주어진 팔각형에는 길이가 3인 변과 길이가 2인 변이 이웃한 부분이 반드시 존재한다. 그 부분을 나타낸 것이 아래 그림의 사각형 OABC이다.

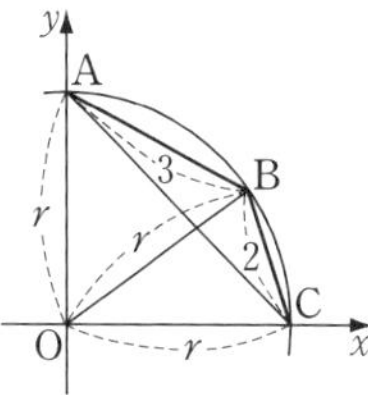

원에 내접하는 사각형의 대각의 크기의 합은 180°이므로 호 ABC에 대한 원주각의 크기를 α라고 하면

$$\alpha+\angle ABC=180°$$

그런데 $\alpha=\frac{1}{2}\angle AOC=45°$이므로

$$\angle ABC=135°$$

$$\therefore\ \triangle ABC=\frac{1}{2}\times\overline{AB}\times\overline{BC}\times\sin 135°$$
$$=\frac{1}{2}\times3\times2\times\frac{1}{\sqrt{2}}$$
$$=\frac{3\sqrt{2}}{2}$$

또, 원의 반지름의 길이를 r라고 하면

$$\overline{AC}=\sqrt{2}\,r,\quad \triangle AOC=\frac{1}{2}r^2$$

△ABC에 코사인법칙을 쓰면

$$\overline{AC}^2=\overline{AB}^2+\overline{BC}^2-2\times\overline{AB}\times\overline{BC}\times\cos(\angle ABC)$$

$$\therefore\ 2r^2=3^2+2^2-2\times3\times2\times\left(-\frac{1}{\sqrt{2}}\right)$$
$$=13+6\sqrt{2}$$

따라서 구하는 팔각형의 넓이는

$$4\square OABC=4(\triangle AOC+\triangle ABC)$$
$$=4\left(\frac{r^2}{2}+\frac{3\sqrt{2}}{2}\right)$$
$$=2r^2+6\sqrt{2}=\mathbf{13+12\sqrt{2}}$$

11-24.

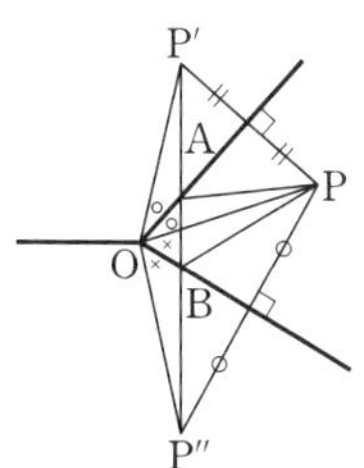

위의 그림과 같이 강변에 대하여 점 P의 대칭점을 각각 P′, P″이라고 할 때, 직선 P′P″이 강변과 만나는 점을 각각 A, B라고 하면 $\overline{PA}+\overline{AB}+\overline{BP}$가 최소이고, 최소의 길이는 $\overline{P'P''}$이다.

그림에서 ∠AOB=75°이고,

$$\angle AOP=\angle AOP',$$
$$\angle BOP=\angle BOP''$$

$$\therefore\ \angle P'OP''=2\angle AOB=2\times75°=150°$$

또, $\overline{OP'}=\overline{OP''}=\overline{OP}=30$

$$\therefore\ \overline{P'P''}^2=30^2+30^2-2\times30\times30\cos150°$$
$$=2\times30^2+30^2\sqrt{3}$$
$$=30^2(2+\sqrt{3})$$

$$\therefore\ \overline{P'P''}=30\sqrt{2+\sqrt{3}}$$
$$=\mathbf{15(\sqrt{6}+\sqrt{2})\ (km)}$$

12-1. 첫째항을 a, 공차를 d라고 하자.

$a_2+a_6=0$이므로

$(a+d)+(a+5d)=0\qquad \therefore\ a+3d=0$

$a_3=1$이므로 $\quad a+2d=1$

연립하여 풀면 $\quad \mathbf{a=3,\ d=-1}$

12-2. 첫째항을 a, 공차를 d라고 하자.

$a_5=5$이므로 $\quad a+4d=5\qquad \cdots\cdots①$

$a_3 : a_9 = 4 : 7$이므로

$(a+2d) : (a+8d) = 4 : 7$

$\therefore\ a = 6d \qquad \cdots\cdots ②$

①, ②를 연립하여 풀면

$a = \mathbf{3},\ d = \mathbf{\frac{1}{2}}$

12-3. 첫째항을 a, 공차를 d라고 하자.

$a_8 + a_{14} = 24$이므로

$(a+7d) + (a+13d) = 24$

$\therefore\ a + 10d = 12 \qquad \cdots\cdots ①$

$a_5 + a_{19} = 68$이므로

$(a+4d) + (a+18d) = 68$

$\therefore\ a + 11d = 34 \qquad \cdots\cdots ②$

①, ②를 연립하여 풀면

$a = -208,\ d = 22$

$a_k = -10$이므로

$-208 + (k-1) \times 22 = -10$

$\therefore\ \boldsymbol{k = 10}$

12-4. 수열 $\{a_n\}$은 첫째항이 3, 공차가 7인 등차수열이므로

$a_n = 3 + (n-1) \times 7 = 7n - 4$

수열 $\{b_n\}$은 첫째항이 5, 공차가 4인 등차수열이므로

$b_m = 5 + (m-1) \times 4 = 4m + 1$

$a_n = b_m$으로 놓으면 $7n - 4 = 4m + 1$

$\therefore\ 7(n-3) = 4(m-4)$

여기에서 7과 4는 서로소이므로

$n - 3 = 4k$

곧, $n = 4k + 3\ (k = 0, 1, 2, \cdots)$

으로 놓을 수 있다. 이때,

$7n - 4 = 7(4k+3) - 4$

$= 28k + 17\ (k = 0, 1, 2, \cdots)$

이것은 첫째항이 17, 공차가 28인 등차수열이므로 구하는 수열의 일반항은

$17 + (n-1) \times 28 = \boldsymbol{28n - 11}$

12-5. 1, x, y가 이 순서로 등차수열을 이루므로 $2x = 1 + y \qquad \cdots\cdots ①$

x, y, z가 이 순서로 등차수열을 이루므로 $2y = x + z \qquad \cdots\cdots ②$

또, 조건에서

$x^2 + 2y^2 - z^2 = 6 \qquad \cdots\cdots ③$

①, ②에서 y, z를 x에 관한 식으로 나타내면

$y = 2x - 1,\ z = 3x - 2 \qquad \cdots\cdots ④$

③에 대입하고 정리하면 $\boldsymbol{x = 2}$

④에 대입하면 $\boldsymbol{y = 3,\ z = 4}$

****Note*** 공차를 d라고 하면

$x = 1 + d,\ y = 1 + 2d,\ z = 1 + 3d$

이것을 $x^2 + 2y^2 - z^2 = 6$에 대입하고 정리하면 $d = 1$

$\therefore\ \boldsymbol{x = 2,\ y = 3,\ z = 4}$

12-6. $\dfrac{1}{b+c}$, $\dfrac{1}{c+a}$, $\dfrac{1}{a+b}$이 이 순서로 등차수열을 이루므로

$$\frac{2}{c+a} = \frac{1}{b+c} + \frac{1}{a+b}$$

양변에 $(a+b)(b+c)(c+a)$를 곱하면

$$2(a+b)(b+c) = (a+b)(c+a) + (b+c)(c+a)$$

$\therefore\ 2b^2 = a^2 + c^2$

따라서 a^2, b^2, c^2도 이 순서로 등차수열을 이룬다.

12-7. a, b, c와 b^2, c^2, a^2이 각각 이 순서로 등차수열을 이루므로

$2b = a + c \qquad \cdots\cdots ①$

$2c^2 = b^2 + a^2 \qquad \cdots\cdots ②$

①에서 $c = 2b - a$

②에 대입하면 $2(2b-a)^2 = a^2 + b^2$

$\therefore\ (a-b)(a-7b) = 0$

a, b, c는 서로 다른 세 정수이므로

$a = 7b$

$0 < a < 10$이므로 $\boldsymbol{b = 1,\ a = 7}$

①에 대입하면 $\boldsymbol{c = -5}$

12-8. 조건식의 양변을 $a_n a_{n+1}$로 나누면

$$2=\frac{1}{a_{n+1}}-\frac{1}{a_n}$$

따라서 수열 $\left\{\frac{1}{a_n}\right\}$은 첫째항이 $\frac{1}{a_1}=1$, 공차가 2인 등차수열이다.

$$\therefore \frac{1}{a_n}=1+(n-1)\times2=2n-1$$

$$\therefore \boldsymbol{a_n=\frac{1}{2n-1}}$$

* ***Note*** 조건식에서

$$a_{n+1}(2a_n+1)=a_n$$

이므로 $a_n\neq0$이면 $a_{n+1}\neq0$이다.

이때, $a_1=1\neq0$이므로

$$a_2\neq0,\ a_3\neq0,\ \cdots$$

곧, 모든 자연수 n에 대하여 $a_n\neq0$이므로 조건식의 양변을 a_na_{n+1}로 나누어 풀었다.

12-9. 첫째항부터 제 n항까지의 합을 S_n이라고 하자.

(1) 첫째항이 $\frac{2}{3}$, 공차가 1인 등차수열이므로

$$S_{10}=\frac{10\left\{2\times\frac{2}{3}+(10-1)\times1\right\}}{2}=\boldsymbol{\frac{155}{3}}$$

(2) $2-\sqrt{3},\ 2,\ 2+\sqrt{3},\ \cdots$

따라서 첫째항이 $2-\sqrt{3}$, 공차가 $\sqrt{3}$인 등차수열이므로

$$S_{10}=\frac{10\left\{2(2-\sqrt{3})+(10-1)\times\sqrt{3}\right\}}{2}$$
$$=\boldsymbol{20+35\sqrt{3}}$$

(3) $\log10=1$,

$\log20=1+\log2$,

$\log40=1+2\log2,\ \cdots$

따라서 첫째항이 1, 공차가 $\log2$인 등차수열이므로

$$S_{10}=\frac{10\left\{2\times1+(10-1)\times\log2\right\}}{2}$$
$$=\boldsymbol{10+45\log2}$$

(4) 첫째항이 7, 공차가 -3인 등차수열이므로 -80을 제 n항이라고 하면

$$7+(n-1)\times(-3)=-80 \quad \therefore n=30$$

$$\therefore S_{30}=\frac{30\{7+(-80)\}}{2}=\boldsymbol{-1095}$$

(5) $S_n=5+10+15+\cdots+5n$

$$=5(1+2+3+\cdots+n)$$
$$=5\times\frac{n(1+n)}{2}=\boldsymbol{\frac{5}{2}n(n+1)}$$

12-10. 20은 첫째항이 -8, 공차가 d인 등차수열의 제 $n+2$항이므로

$$-8+\{(n+2)-1\}d=20 \quad \cdots\cdots①$$

또, 첫째항부터 제 $n+2$항까지의 합이 48이므로

$$\frac{(n+2)(-8+20)}{2}=48 \quad \therefore \boldsymbol{n=6}$$

①에 대입하면 $\boldsymbol{d=4}$

12-11. (1) 공차를 d라고 하면

$$a_7=50+6d,\ a_{27}=50+26d$$

이므로

$$\frac{21\{(50+6d)+(50+26d)\}}{2}=42$$

$$\therefore d=-3$$

$$\therefore a_n=50+(n-1)\times(-3)=53-3n$$

$a_n<0$인 n의 범위를 구하면

$$a_n=53-3n<0$$

$$\therefore n>17.6\times\times\times \quad \therefore \text{제}\boldsymbol{18}\text{항}$$

(2) $\cdots>a_{16}>a_{17}>0>a_{18}>\cdots$

이므로 첫째항부터 제**17**항까지의 합이 최대이고, 최댓값은

$$\frac{17\{2\times50+(17-1)\times(-3)\}}{2}=\boldsymbol{442}$$

12-12.

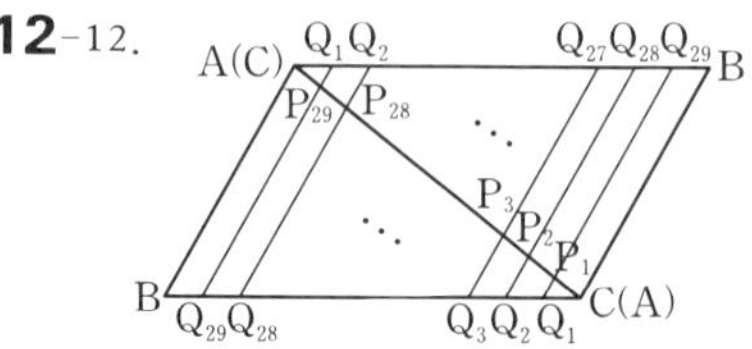

위의 그림과 같이 △ABC를 두 개 붙

이면 평행사변형이므로

$$\overline{P_1Q_1}+\overline{P_{29}Q_{29}}=\overline{P_2Q_2}+\overline{P_{28}Q_{28}}$$
$$=\cdots$$
$$=\overline{P_{29}Q_{29}}+\overline{P_1Q_1}$$
$$=\overline{AB}=20$$

$\therefore$ (준 식)$=\dfrac{20\times29}{2}=$**290**

***Note** 수열 $\{\overline{P_nQ_n}\}$은 첫째항과 공차가 모두 $\dfrac{1}{30}\overline{AB}=\dfrac{2}{3}$인 등차수열이므로

$$(\text{준 식})=\frac{29\left\{2\times\frac{2}{3}+(29-1)\times\frac{2}{3}\right\}}{2}$$
$$=\mathbf{290}$$

12-13. $n\geq2$일 때

$$a_n=S_n-S_{n-1}$$
$$=(20n^2-5n-12)$$
$$-\{20(n-1)^2-5(n-1)-12\}$$
$$=40n-25$$

제 n항이 2015라고 하면

$40n-25=2015 \quad \therefore n=51$

$\therefore$ 제 **51**항

12-14. $n\geq2$일 때

$$a_n=S_n-S_{n-1}$$
$$=2n^2+3n-\{2(n-1)^2+3(n-1)\}$$
$$=4n+1 \quad \cdots\cdots①$$

$n=1$일 때 $a_1=S_1=2+3=5$

이때, $a_1=5$는 ①의 $a_n=4n+1$에 $n=1$을 대입한 것과 같다.

$\therefore a_n=4n+1 \ (n=1, 2, 3, \cdots)$

따라서 수열 $\{a_n\}$은

첫째항이 5, 공차가 4인 등차수열

13-1. $\log_3 r+\log_3 r^2+\cdots+\log_3 r^{10}$

$$=\log_3(r\times r^2\times\cdots\times r^{10})$$
$$=\log_3 r^{1+2+\cdots+10}$$
$$=\log_3 r^{55}=55\log_3 r$$

이므로 준 식은

$55\log_3 r=165 \quad \therefore \log_3 r=3$

$\therefore$ $\boldsymbol{r=27}$

13-2. 제 n항에서 처음으로 10보다 커진다고 하면

$$2\times1.1^{n-1}>10$$

양변의 상용로그를 잡으면

$$\log2+(n-1)\log1.1>1$$

$\therefore (n-1)\times0.0414>1-0.3010$

$\therefore n>17.8\times\times\times \quad \therefore$ 제**18**항

13-3. 첫째항을 a, 공비를 r라고 하면 $a_3=12$, $a_7=192$이므로

$ar^2=12 \ \cdots①\qquad ar^6=192 \ \cdots②$

②÷①하면 $r^4=16$

$r>0$이므로 $r=2$

이 값을 ①에 대입하면 $a=3$

제 n항이 768이라고 하면

$3\times2^{n-1}=768 \quad \therefore 2^{n-1}=2^8$

$\therefore n=9 \quad \therefore$ 제**9**항

13-4. 등차수열 $\{a_n\}$의 첫째항을 a, 공차를 d라 하고, 등비수열 $\{b_n\}$의 첫째항을 b, 공비를 r라고 하면

$$a_n=a+(n-1)d,\ b_n=br^{n-1}$$
$$\therefore c_n=a+(n-1)d+br^{n-1}$$

$c_1=2$, $c_2=4$, $c_3=7$, $c_4=12$이므로

$a+b=2 \quad \cdots\cdots①$

$a+d+br=4 \quad \cdots\cdots②$

$a+2d+br^2=7 \quad \cdots\cdots③$

$a+3d+br^3=12 \quad \cdots\cdots④$

②−①하면 $d+b(r-1)=2 \quad \cdots⑤$

③−②하면 $d+br(r-1)=3 \quad \cdots⑥$

④−③하면 $d+br^2(r-1)=5 \quad \cdots⑦$

⑥−⑤하면 $b(r-1)^2=1 \quad \cdots⑧$

⑦−⑥하면 $br(r-1)^2=2 \quad \cdots⑨$

⑨÷⑧하면 $r=2 \quad \therefore b=1$

①, ②에 대입하면 $a=1$, $d=1$

$$\therefore c_n=1+(n-1)\times1+1\times2^{n-1}$$
$$=\boldsymbol{n+2^{n-1}}$$

13-5. 등차수열 $\{a_n\}$의 첫째항을 a, 공차를 d라 하고, 등비수열 $\{b_n\}$의 첫째항을 b, 공비를 r라고 하면

$$a_n=a+(n-1)d,\ \ b_n=br^{n-1}$$

$$\therefore\ c_n=\frac{a+(n-1)d}{br^{n-1}}$$

$c_1=2,\ c_2=1,\ c_3=\dfrac{4}{9}$이므로

$$\frac{a}{b}=2\ \ \cdots①\qquad \frac{a+d}{br}=1\ \ \cdots②$$

$$\frac{a+2d}{br^2}=\frac{4}{9}\qquad \cdots\cdots③$$

①에서의 $a=2b$를 ②에 대입하여 정리하면 $d=br-2b$

$a=2b,\ d=br-2b$를 ③에 대입하여 정리하면

$$9\{2b+2(br-2b)\}=4br^2$$

$b\neq0$이므로 $2r^2-9r+9=0$

$$\therefore\ r=\frac{3}{2},\ 3$$

13-6. $a,\ b,\ c$가 이 순서로 등비수열을 이루므로 $b^2=ac$

곧, $\dfrac{1}{b^2}=\dfrac{1}{ac}$이므로

$$\log\frac{1}{b^2}=\log\frac{1}{ac}$$

$$\therefore\ 2\log\frac{1}{b}=\log\frac{1}{a}+\log\frac{1}{c}$$

따라서 $\log\dfrac{1}{a},\ \log\dfrac{1}{b},\ \log\dfrac{1}{c}$은 이 순서로 등차수열을 이룬다.

****Note*** $a,\ b,\ c$가 이 순서로 등비수열을 이루므로 공비를 r라고 하면

$$b=ar,\ \ c=ar^2$$

$$\therefore\ \log\frac{1}{a}=-\log a,$$

$$\log\frac{1}{b}=-\log b=-\log ar=-\log a-\log r,$$

$$\log\frac{1}{c}=-\log c=-\log ar^2=-\log a-2\log r$$

따라서 $\log\dfrac{1}{a},\ \log\dfrac{1}{b},\ \log\dfrac{1}{c}$은 이 순서로 등차수열을 이룬다.

13-7. $\log x,\ \log y,\ \log z$가 이 순서로 등차수열을 이루므로

$$2\log y=\log x+\log z$$

$$\therefore\ \log y^2=\log xz\qquad \therefore\ y^2=xz$$

따라서 $x,\ y,\ z$는 이 순서로 등비수열을 이룬다.

13-8. $a^x=b^y=c^z=k\ (>0)$로 놓으면

$$a=k^{\frac{1}{x}},\ \ b=k^{\frac{1}{y}},\ \ c=k^{\frac{1}{z}}$$

$x,\ y,\ z$가 이 순서로 조화수열을 이루므로

$$\frac{2}{y}=\frac{1}{x}+\frac{1}{z}$$

$$\therefore\ k^{\frac{2}{y}}=k^{\frac{1}{x}+\frac{1}{z}}=k^{\frac{1}{x}}k^{\frac{1}{z}}\qquad \therefore\ b^2=ac$$

따라서 $a,\ b,\ c$는 이 순서로 등비수열을 이룬다.

****Note*** $a^x=b^y=c^z$에서 각 변의 상용로그를 잡고 $k(k\neq0)$로 놓으면

$$x\log a=y\log b=z\log c=k$$

$$\therefore\ x=\frac{k}{\log a},\ \ y=\frac{k}{\log b},\ \ z=\frac{k}{\log c}$$

$x,\ y,\ z$가 이 순서로 조화수열을 이루므로

$$\frac{2}{y}=\frac{1}{x}+\frac{1}{z}$$

$$\therefore\ \frac{2\log b}{k}=\frac{\log a}{k}+\frac{\log c}{k}$$

$$\therefore\ b^2=ac$$

곧, $a,\ b,\ c$는 이 순서로 등비수열을 이룬다.

한편 $k=0$인 경우 $a=b=c=1$이므로 이때에도 $a,\ b,\ c$는 이 순서로 등비수열을 이룬다.

따라서 $a,\ b,\ c$는 이 순서로 등비수열을 이룬다.

13-9. 제 n회 시행이 끝난 후 남은 종이

의 넓이를 S_n이라고 하자.

$S_1=16\times\frac{8}{9}$이고, 매회 시행 때마다 이전 넓이의 $\frac{8}{9}$이 남으므로 수열 $\{S_n\}$은 첫째항이 $16\times\frac{8}{9}$, 공비가 $\frac{8}{9}$인 등비수열이다.

$$\therefore\ S_{20}=\left(16\times\frac{8}{9}\right)\times\left(\frac{8}{9}\right)^{20-1}=\mathbf{\frac{2^{64}}{3^{40}}}$$

13-10. 첫째항부터 제 n항까지의 합을 S_n이라고 하자.

(1) 첫째항이 1, 공비가 $\sqrt{3}$인 등비수열이므로

$$S_n=\mathbf{\frac{(\sqrt{3})^n-1}{\sqrt{3}-1}}$$

(2) $$S_n=\left(2+\frac{1}{2}\right)+\left(4+\frac{1}{4}\right)+\left(6+\frac{1}{8}\right)+\cdots+\left\{2n+\left(\frac{1}{2}\right)^n\right\}$$
$$=(2+4+6+\cdots+2n)+\left\{\frac{1}{2}+\frac{1}{4}+\frac{1}{8}+\cdots+\left(\frac{1}{2}\right)^n\right\}$$
$$=\frac{n(2+2n)}{2}+\frac{\frac{1}{2}\left\{1-\left(\frac{1}{2}\right)^n\right\}}{1-\frac{1}{2}}$$
$$=\mathbf{n^2+n+1-\frac{1}{2^n}}$$

(3) $$S_n=9+99+999+\cdots+(\text{제 } n\text{항})$$
$$=(10-1)+(10^2-1)+(10^3-1)+\cdots+(10^n-1)$$
$$=(10+10^2+10^3+\cdots+10^n)-n$$
$$=\frac{10(10^n-1)}{10-1}-n$$
$$=\mathbf{\frac{10^{n+1}-10-9n}{9}}$$

(4) 첫째항이 x, 공비가 $-x$인 등비수열이다.

(i) $-x\neq1$, 곧 $x\neq-1$일 때

$$S_n=\frac{x\{1-(-x)^n\}}{1-(-x)}=\frac{x\{1-(-x)^n\}}{1+x}$$

(ii) $-x=1$, 곧 $x=-1$일 때

$$S_n=\underbrace{-1-1-\cdots-1}_{n\text{개}}=-n$$

$\therefore$ $\boldsymbol{x\neq-1}$**일 때** $\mathbf{\frac{x\{1-(-x)^n\}}{1+x}}$,
$\boldsymbol{x=-1}$**일 때** $\boldsymbol{-n}$

13-11. 첫째항부터 제 n항까지의 합을 S_n이라고 하면

$$S_n=\frac{\frac{1}{2}\left\{1-\left(\frac{1}{2}\right)^n\right\}}{1-\frac{1}{2}}=1-\left(\frac{1}{2}\right)^n$$

$S_n<1$이므로 문제의 조건에서

$$1-\left\{1-\left(\frac{1}{2}\right)^n\right\}<0.0001$$

$$\therefore\ \left(\frac{1}{2}\right)^n<0.0001 \qquad \therefore\ 2^n>10000$$

양변의 상용로그를 잡으면

$$\log 2^n>\log 10000 \qquad \therefore\ n\log 2>4$$
$$\therefore\ n\times0.3010>4 \qquad \therefore\ n>13.2\times\times\times$$

$\therefore$ 제**14**항

13-12. 주어진 조건식에서

$$(a_n+1)a_{n+1}-3(a_n+1)a_n=0$$
$$\therefore\ (a_n+1)(a_{n+1}-3a_n)=0$$

$a_n+1>0$이므로 $\quad a_{n+1}=3a_n$

따라서 수열 $\{a_n\}$은 첫째항이 2, 공비가 3인 등비수열이다.

$$\therefore\ S_n=\frac{2(3^n-1)}{3-1}=3^n-1$$

문제의 조건에서 $S_n>9999$이므로

$$3^n>10000$$

양변의 상용로그를 잡으면

$$\log 3^n>\log 10000 \qquad \therefore\ n\log 3>4$$
$$\therefore\ n\times0.4771>4 \qquad \therefore\ n>8.3\times\times\times$$

n은 자연수이므로 최솟값은 **9**

13-13. 첫째항을 a, 공비를 r, 첫째항부터 제 n항까지의 합을 S_n이라고 하자.

$S_n=24$, $S_{2n}=30$에서 $r\neq1$이므로

$$\frac{a(r^n-1)}{r-1}=24 \quad \cdots\cdots①$$

$$\frac{a(r^{2n}-1)}{r-1}=30 \quad \cdots\cdots②$$

②÷①하면

$$r^n+1=\frac{30}{24} \quad \therefore\ r^n=\frac{1}{4}$$

$$\therefore\ S_{3n}=\frac{a(r^{3n}-1)}{r-1}$$

$$=\frac{a(r^n-1)(r^{2n}+r^n+1)}{r-1}$$

$$=24\left\{\left(\frac{1}{4}\right)^2+\frac{1}{4}+1\right\}=\mathbf{\frac{63}{2}}$$

13-14. 첫째항을 a, 공비를 r, 첫째항부터 제 n항까지의 합을 S_n이라고 하자.

$S_{10}=4$, $S_{30}=4+48=52$에서 $r\neq1$이므로

$$\frac{a(r^{10}-1)}{r-1}=4 \quad \cdots\cdots①$$

$$\frac{a(r^{30}-1)}{r-1}=52 \quad \cdots\cdots②$$

②÷①하면 $r^{20}+r^{10}+1=13$

$$\therefore\ (r^{10}-3)(r^{10}+4)=0$$

$r^{10}+4>0$이므로 $r^{10}=3$

$$\therefore\ S_{60}=\frac{a(r^{60}-1)}{r-1}=\frac{a(r^{30}-1)(r^{30}+1)}{r-1}$$

$$=52(3^3+1)=1456$$

$$\therefore\ S_{60}-S_{30}=1456-52=\mathbf{1404}$$

13-15. 첫째항부터 제 n항까지의 합을 S_n이라고 하자.

$S_n=31$, $S_{2n}=1023$에서 $r\neq1$이므로

$$\frac{a(r^n-1)}{r-1}=31 \quad \cdots\cdots①$$

$$\frac{a(r^{2n}-1)}{r-1}=1023 \quad \cdots\cdots②$$

또, 이 수열의 각 항의 제곱을 항으로 하는 수열은 첫째항이 a^2, 공비가 r^2인 등비수열이므로 첫째항부터 제 n항까지의 합은

$$\frac{a^2\{(r^2)^n-1\}}{r^2-1}=341 \quad \cdots\cdots③$$

②÷①하면 $r^n+1=33$

$$\therefore\ r^n=32 \quad \cdots\cdots④$$

①에 대입하면 $a=r-1$ ……⑤

③÷②하면 $\frac{a}{r+1}=\frac{1}{3}$ ……⑥

⑤, ⑥을 연립하여 풀면 $\boldsymbol{a=1,\ r=2}$

④에서 $2^n=32$ $\therefore\ \boldsymbol{n=5}$

13-16. $n\geq2$일 때

$$a_n=S_n-S_{n-1}$$
$$=(3\times2^n+k)-(3\times2^{n-1}+k)$$
$$=3\times2^{n-1} \quad \cdots\cdots①$$

따라서 a_2, a_3, a_4, $\cdots$는 공비가 2인 등비수열이다.

그러므로 a_1, a_2, a_3, $\cdots$이 등비수열일 조건은

$$a_2\div a_1=2 \quad 곧,\ a_2=2a_1$$

그런데 ①에서

$a_2=6$이고, $a_1=S_1=6+k$이므로

$$6=2(6+k) \quad \therefore\ \boldsymbol{k=-3}$$

***Note** $a_1=S_1=6+k$와 ①에 $n=1$을 대입한 값이 같음을 이용하여 풀 수도 있다. 곧,

$$6+k=3\times2^{1-1} \quad \therefore\ \boldsymbol{k=-3}$$

13-17. $S_{n+1}-S_{n-1}=a_{n+1}+a_n$이므로

$$(a_{n+1}+a_n)^2=4(a_{n+1})^2$$

$$\therefore\ (3a_{n+1}+a_n)(a_{n+1}-a_n)=0$$

$a_{n+1}\neq a_n$이므로

$$a_{n+1}=-\frac{1}{3}a_n\ (n=2,\ 3,\ 4,\ \cdots)$$

그런데 $a_2=-\frac{1}{3}a_1$이므로 수열 $\{a_n\}$은 첫째항부터 공비가 $-\frac{1}{3}$인 등비수열을 이룬다.

$$\therefore\ a_{20}=3\times\left(-\frac{1}{3}\right)^{19}=\mathbf{-\frac{1}{3^{18}}}$$

13-18. 만기일에 찾는 금액을 S만 원이라고 하면

$S=100(1.001+1.001^2+1.001^3+\cdots+1.001^{60})$

$=100\times\dfrac{1.001(1.001^{60}-1)}{1.001-1}$

$=100\times\dfrac{1.001(1.0618-1)}{0.001}$

$\fallingdotseq$**6186**(만 원)

13-19. 120만 원에 대한 1년, 곧 12개월 후의 원리합계는

120×1.003^{12}(만 원) ……①

한편 한 달 후부터 매월마다 x만 원씩 갚았다고 할 때, 이들의 12개월 후의 원리합계 총액은

$x(1+1.003+1.003^2+\cdots+1.003^{11})$

$=\dfrac{x(1.003^{12}-1)}{1.003-1}$(만 원) …②

①과 ②는 같아야 하므로

$120\times1.003^{12}=\dfrac{x(1.003^{12}-1)}{0.003}$

$\therefore\ x=\dfrac{120\times1.003^{12}\times0.003}{1.003^{12}-1}$

$=\dfrac{120\times1.037\times0.003}{1.037-1}$

$\fallingdotseq10.09$(만 원)

곧, **101000**원이다.

13-20. 연금의 현재 가치를 P만 원이라고 하면

$P\times1.02^{20}=600(1+1.02+1.02^2+\cdots+1.02^{19})$

$=\dfrac{600(1.02^{20}-1)}{1.02-1}$

$\therefore\ P=\dfrac{600(1.02^{20}-1)}{0.02\times1.02^{20}}$

$=\dfrac{600(1-1.02^{-20})}{0.02}$

$=\dfrac{600(1-0.673)}{0.02}=$**9810**(만 원)

14-1. (준 식)$=\sum_{k=1}^{4}(4a_k^2-12a_k+9)$

$=4\sum_{k=1}^{4}a_k^2-12\sum_{k=1}^{4}a_k+\sum_{k=1}^{4}9$

$=4\times10-12\times4+9\times4=$**28**

14-2. 제 k항을 a_k, 첫째항부터 제 n항까지의 합을 S_n이라고 하자.

(1) $a_k=k(k+1)=k^2+k$이므로

$S_n=\sum_{k=1}^{n}(k^2+k)$

$=\dfrac{1}{6}n(n+1)(2n+1)+\dfrac{1}{2}n(n+1)$

$=\boldsymbol{\dfrac{1}{3}n(n+1)(n+2)}$

(2) $a_k=(2k-1)^2=4k^2-4k+1$이므로

$S_n=\sum_{k=1}^{n}(4k^2-4k+1)$

$=4\times\dfrac{1}{6}n(n+1)(2n+1)-4\times\dfrac{1}{2}n(n+1)+n$

$=\boldsymbol{\dfrac{1}{3}n(4n^2-1)}$

(3) $a_k=k(k+1)(k+2)=k^3+3k^2+2k$ 이므로

$S_n=\sum_{k=1}^{n}(k^3+3k^2+2k)$

$=\left\{\dfrac{1}{2}n(n+1)\right\}^2+3\times\dfrac{1}{6}n(n+1)(2n+1)+2\times\dfrac{1}{2}n(n+1)$

$=\boldsymbol{\dfrac{1}{4}n(n+1)(n+2)(n+3)}$

14-3. 수열의 합을 S_n이라고 하자.

(1) $a_n=1+2+3+\cdots+n$으로 놓으면

$a_n=\sum_{k=1}^{n}k=\dfrac{n(n+1)}{2}=\dfrac{1}{2}(n^2+n)$

$\therefore\ S_n=\sum_{k=1}^{n}a_k=\sum_{k=1}^{n}\dfrac{1}{2}(k^2+k)$

$=\dfrac{1}{2}\left\{\dfrac{n(n+1)(2n+1)}{6}+\dfrac{n(n+1)}{2}\right\}$

$=\boldsymbol{\dfrac{1}{6}n(n+1)(n+2)}$

(2) $a_k=k\{n-(k-1)\}=(n+1)k-k^2$
으로 놓으면

$$S_n=\sum_{k=1}^{n}a_k=\sum_{k=1}^{n}\{(n+1)k-k^2\}$$
$$=(n+1)\times\frac{n(n+1)}{2}-\frac{n(n+1)(2n+1)}{6}$$
$$=\boldsymbol{\frac{1}{6}n(n+1)(n+2)}$$

14-4. 첫째항부터 제 n항까지의 합을 S_n이라고 하면 조건식에서

$$S_n=n^2+1$$

$n\geq2$일 때

$$a_n=S_n-S_{n-1}$$
$$=(n^2+1)-\{(n-1)^2+1\}$$
$$=2n-1 \qquad \cdots\cdots①$$

$$\therefore\ a_{2k}=2\times2k-1$$
$$=4k-1\ (k=1,\ 2,\ 3,\ \cdots)$$

$$\therefore\ \sum_{k=1}^{2n}a_{2k}=\sum_{k=1}^{2n}(4k-1)$$
$$=4\times\frac{2n(2n+1)}{2}-2n$$
$$=\boldsymbol{2n(4n+1)}$$

****Note*** $\sum_{k=1}^{2n}a_{2k}=a_2+a_4+\cdots+a_{4n}$
이므로 ①에서 a_1은 확인하지 않아도 된다.

14-5. 첫째항부터 제 n항까지의 합을 S_n이라고 하면 조건식에서

$$S_n=\frac{n}{n+1}$$

$n\geq2$일 때

$$a_n=S_n-S_{n-1}$$
$$=\frac{n}{n+1}-\frac{n-1}{n}=\frac{1}{n(n+1)}$$

또, $a_1=S_1=\frac{1}{2}$이고, 이것은 위의 식을 만족시킨다.

$$\therefore\ a_n=\frac{1}{n(n+1)}\ (n=1,\ 2,\ 3,\ \cdots)$$

$$\therefore\ \sum_{k=1}^{n}\frac{1}{a_k}=\sum_{k=1}^{n}k(k+1)=\sum_{k=1}^{n}(k^2+k)$$
$$=\frac{n(n+1)(2n+1)}{6}+\frac{n(n+1)}{2}$$
$$=\boldsymbol{\frac{n(n+1)(n+2)}{3}}$$

14-6. $S_n=a_1+2a_2+3a_3+\cdots+na_n$
으로 놓으면 $n\geq2$일 때

$$na_n=S_n-S_{n-1}$$
$$=\frac{n(n+1)(2n+3)}{2}-\frac{(n-1)n(2n+1)}{2}$$
$$=n(3n+2)$$
$$\therefore\ a_n=3n+2\ (n=2,\ 3,\ 4,\ \cdots)$$

또, $a_1=S_1=\frac{1\times2\times5}{2}=5$이고, 이것은 위의 식을 만족시킨다.

$$\therefore\ a_n=3n+2\ (n=1,\ 2,\ 3,\ \cdots)$$
$$\therefore\ \sum_{k=1}^{n}a_k=\sum_{k=1}^{n}(3k+2)$$
$$=3\times\frac{n(n+1)}{2}+2n$$
$$=\boldsymbol{\frac{n(3n+7)}{2}}$$

14-7. (1) $\sum_{n=1}^{4}(2m-1)3^n$

$$=(2m-1)\times\frac{3(3^4-1)}{3-1}$$
$$=120(2m-1)$$
$$\therefore\ (\text{준 식})=\sum_{m=1}^{4}(240m-120)$$
$$=240\times\frac{4\times5}{2}-120\times4$$
$$=\boldsymbol{1920}$$

(2) $\sum_{k=1}^{10}(k+l)=\frac{10\times11}{2}+10l=10l+55$

$$\therefore\ (\text{준 식})=\sum_{l=1}^{10}(10l+55)$$
$$=10\times\frac{10\times11}{2}+55\times10$$
$$=\boldsymbol{1100}$$

(3) $\sum_{k=1}^{l}k=\frac{l(l+1)}{2}=\frac{1}{2}(l^2+l)$

이므로

$$\sum_{l=1}^{m}\left(\sum_{k=1}^{l}k\right)=\sum_{l=1}^{m}\frac{1}{2}(l^2+l)$$
$$=\frac{1}{2}\left\{\frac{m(m+1)(2m+1)}{6}+\frac{m(m+1)}{2}\right\}$$
$$=\frac{m(m+1)(m+2)}{6}$$

$$\therefore \text{(준 식)}=\sum_{m=1}^{n}\frac{m(m+1)(m+2)}{6}$$
$$=\frac{1}{6}\sum_{m=1}^{n}(m^3+3m^2+2m)$$
$$=\frac{1}{6}\left[\left\{\frac{n(n+1)}{2}\right\}^2+3\times\frac{n(n+1)(2n+1)}{6}+2\times\frac{n(n+1)}{2}\right]$$
$$=\mathbf{\frac{1}{24}n(n+1)(n+2)(n+3)}$$

***Note** (1)은 다음과 같이 풀 수도 있다.

$$\text{(준 식)}=\sum_{m=1}^{4}(2m-1)\times\sum_{n=1}^{4}3^n$$
$$=\left(2\times\frac{4\times5}{2}-4\right)\times\frac{3(3^4-1)}{3-1}$$
$$=\mathbf{1920}$$

14-8. $\text{(준 식)}=\sum_{x=1}^{m}\left(\sum_{y=1}^{n}x+\sum_{y=1}^{n}y\right)$

$$=\sum_{x=1}^{m}\left\{xn+\frac{n(n+1)}{2}\right\}$$
$$=n\times\frac{m(m+1)}{2}+\frac{n(n+1)}{2}\times m$$
$$=\frac{mn}{2}(m+n+2)$$
$$=\frac{40}{2}\times(13+2)=\mathbf{300}$$

14-9. (1) $\frac{1}{\sqrt{k}+\sqrt{k+1}}=\sqrt{k+1}-\sqrt{k}$

이므로

$$\text{(준 식)}=\sum_{k=1}^{n}\left(\sqrt{k+1}-\sqrt{k}\right)$$
$$=\left(\sqrt{2}-1\right)+\left(\sqrt{3}-\sqrt{2}\right)+\cdots+\left(\sqrt{n+1}-\sqrt{n}\right)$$
$$=\mathbf{\sqrt{n+1}-1}$$

(2) $a_k=\frac{1}{\sqrt[3]{(k+1)^2}+\sqrt[3]{k(k+1)}+\sqrt[3]{k^2}}$

로 놓고 분모, 분자에 $\sqrt[3]{k+1}-\sqrt[3]{k}$를 곱하면

$$a_k=\frac{\sqrt[3]{k+1}-\sqrt[3]{k}}{\left(\sqrt[3]{k+1}\right)^3-\left(\sqrt[3]{k}\right)^3}$$
$$=\sqrt[3]{k+1}-\sqrt[3]{k}$$

이므로

$$\text{(준 식)}=\sum_{k=1}^{n}\left(\sqrt[3]{k+1}-\sqrt[3]{k}\right)$$
$$=\left(\sqrt[3]{2}-\sqrt[3]{1}\right)+\left(\sqrt[3]{3}-\sqrt[3]{2}\right)+\cdots+\left(\sqrt[3]{n+1}-\sqrt[3]{n}\right)$$
$$=\mathbf{\sqrt[3]{n+1}-1}$$

(3) $\frac{1}{n\sqrt{n+1}+(n+1)\sqrt{n}}$

$$=\frac{n\sqrt{n+1}-(n+1)\sqrt{n}}{-n(n+1)}$$
$$=\frac{1}{\sqrt{n}}-\frac{1}{\sqrt{n+1}}$$

이므로

$$\text{(준 식)}=\sum_{n=1}^{15}\left(\frac{1}{\sqrt{n}}-\frac{1}{\sqrt{n+1}}\right)$$
$$=\left(\frac{1}{1}-\frac{1}{\sqrt{2}}\right)+\left(\frac{1}{\sqrt{2}}-\frac{1}{\sqrt{3}}\right)+\cdots+\left(\frac{1}{\sqrt{15}}-\frac{1}{\sqrt{16}}\right)$$
$$=1-\frac{1}{\sqrt{16}}=\mathbf{\frac{3}{4}}$$

14-10. (1) $\frac{1}{(2n-1)(2n+1)}$

$$=\frac{1}{2}\left(\frac{1}{2n-1}-\frac{1}{2n+1}\right)$$

이므로

$$\text{(준 식)}=\frac{1}{2}\sum_{k=1}^{n}\left(\frac{1}{2k-1}-\frac{1}{2k+1}\right)$$
$$=\frac{1}{2}\left\{\left(\frac{1}{1}-\frac{1}{3}\right)+\left(\frac{1}{3}-\frac{1}{5}\right)+\left(\frac{1}{5}-\frac{1}{7}\right)+\cdots\right.$$

$$+\left(\frac{1}{2n-1}-\frac{1}{2n+1}\right)\Big\}$$

$$=\frac{1}{2}\left(1-\frac{1}{2n+1}\right)=\boldsymbol{\frac{n}{2n+1}}$$

(2) $\dfrac{1}{(2n+1)^2-1}=\dfrac{1}{4n(n+1)}$

$$=\frac{1}{4}\left(\frac{1}{n}-\frac{1}{n+1}\right)$$

이므로

(준 식)$=\dfrac{1}{4}\displaystyle\sum_{k=1}^{n}\left(\frac{1}{k}-\frac{1}{k+1}\right)$

$$=\frac{1}{4}\Big\{\left(\frac{1}{1}-\frac{1}{2}\right)+\left(\frac{1}{2}-\frac{1}{3}\right)+\left(\frac{1}{3}-\frac{1}{4}\right)+\cdots+\left(\frac{1}{n}-\frac{1}{n+1}\right)\Big\}$$

$$=\frac{1}{4}\left(1-\frac{1}{n+1}\right)=\boldsymbol{\frac{n}{4(n+1)}}$$

14-11. (1) $S=\displaystyle\sum_{k=1}^{n}(k\times 2^{k-1})$이라고 하면

$$S=1\times2^0+2\times2^1+3\times2^2+\cdots+n\times2^{n-1}$$

$$2S=1\times2^1+2\times2^2+3\times2^3+\cdots+n\times2^{n}$$

변변 빼면

$$-S=1+2+2^2+\cdots+2^{n-1}-n\times2^n$$

$$\therefore\ S=-\frac{2^n-1}{2-1}+n\times2^n$$

$$=\boldsymbol{(n-1)\times2^n+1}$$

(2) $S=\displaystyle\sum_{k=1}^{101}ki^k$이라고 하면

$$S=i+2i^2+3i^3+\cdots+101i^{101}$$

$$iS=i^2+2i^3+3i^4+\cdots+101i^{102}$$

변변 빼면

$$(1-i)S=i+i^2+i^3+\cdots+i^{101}-101i^{102}$$

$$=\frac{i(1-i^{101})}{1-i}-101i^{102}$$

$$=\frac{i-i^{102}}{1-i}-101i^{102}$$

그런데 $i^{102}=(i^2)^{51}=(-1)^{51}=-1$이므로

$$S=\frac{i+1}{(1-i)^2}+\frac{101}{1-i}$$

$$=\frac{i-1}{2}+\frac{101(1+i)}{2}=\boldsymbol{50+51i}$$

(3) $S=\displaystyle\sum_{k=2}^{10}2^{k-2}(k-9)$라고 하면

$$S=-7\times2^0-6\times2^1-5\times2^2-\cdots+1\times2^8$$

$$2S=-7\times2^1-6\times2^2-5\times2^3-\cdots+1\times2^9$$

변변 빼면

$$-S=-7+2^1+2^2+\cdots+2^8-2^9$$

$$=-7+\frac{2(2^8-1)}{2-1}-2^9=-9$$

$$\therefore\ S=\boldsymbol{9}$$

14-12. 주어진 수열을 $\{a_n\}$, 수열 $\{a_n\}$의 계차수열을 $\{b_n\}$이라고 하자. 또, 수열 $\{a_n\}$의 첫째항부터 제 n항까지의 합을 S_n이라고 하자.

(1) $\{a_n\}$: 1, 2, 4, 7, 11, $\cdots$

$\{b_n\}$: 1, 2, 3, 4, $\cdots$

$\therefore\ b_n=n$

$$\therefore\ a_n=a_1+\sum_{k=1}^{n-1}b_k=1+\sum_{k=1}^{n-1}k$$

$$=1+\frac{(n-1)n}{2}=\boldsymbol{\frac{n^2-n+2}{2}}$$

$$\therefore\ S_n=\sum_{k=1}^{n}\frac{k^2-k+2}{2}$$

$$=\frac{1}{2}\Big\{\frac{n(n+1)(2n+1)}{6}-\frac{n(n+1)}{2}+2n\Big\}$$

$$=\boldsymbol{\frac{n(n^2+5)}{6}}$$

(2) $\{a_n\}$: 1, 5, 13, 25, $\cdots$

$\{b_n\}$: 4, 8, 12, $\cdots$

$\therefore\ b_n=4n$

$$\therefore\ a_n=a_1+\sum_{k=1}^{n-1}b_k=1+\sum_{k=1}^{n-1}4k$$

$$=1+4\times\frac{(n-1)n}{2}$$

$$=\boldsymbol{2n^2-2n+1}$$

$\therefore\ S_n=\sum_{k=1}^{n}(2k^2-2k+1)$

$=2\times\frac{n(n+1)(2n+1)}{6}-2\times\frac{n(n+1)}{2}+n$

$=\boldsymbol{\frac{n(2n^2+1)}{3}}$

14-13. 주어진 수열을 $\{a_n\}$이라고 하면 $a_1, a_2, a_3, a_4, \cdots$의 첫 번째 수로 만들어지는 수열은

$$\underbrace{1,\ 2,}_{1}\ \underbrace{\ ,4,}_{2}\ \underbrace{\ ,7,}_{3}\ \underbrace{\ ,11,}_{4}\ \cdots$$

따라서 a_n의 첫 번째 수는

$1+\sum_{k=1}^{n-1}k=1+\frac{(n-1)n}{2}=\frac{n^2-n+2}{2}$

따라서 a_n은 첫째항이 $\frac{n^2-n+2}{2}$, 공차가 1인 등차수열의 첫째항부터 제n항까지의 합이므로

$$a_n=\frac{n\left\{2\times\frac{n^2-n+2}{2}+(n-1)\times1\right\}}{2}$$

$=\boldsymbol{\frac{1}{2}n(n^2+1)}$

또, 수열 $\{a_n\}$의 첫째항부터 제n항까지의 합을 S_n이라고 하면

$S_n=\sum_{k=1}^{n}a_k=\sum_{k=1}^{n}\frac{1}{2}(k^3+k)$

$=\frac{1}{2}\left[\left\{\frac{n(n+1)}{2}\right\}^2+\frac{n(n+1)}{2}\right]$

$=\boldsymbol{\frac{1}{8}n(n+1)(n^2+n+2)}$

14-14. a, b에 대하여 차수가 n인 식을 묶어 제n군으로 생각한다.

(1) $a^{18}b^5$은 a, b에 대하여 차수가 23이므로 제23군에 속한다.

제22군까지의 항의 개수는

$2+3+4+\cdots+23=\frac{22(2+23)}{2}=275$

그런데 제23군은 $a^{23}, a^{22}b, a^{21}b^2, \cdots$이므로 $a^{18}b^5$은 6번째 항이다.

따라서 $275+6=281$이므로 $a^{18}b^5$은 **제281항**

(2) 제n군까지의 항의 개수는

$2+3+4+\cdots+(n+1)=\frac{n(n+3)}{2}$

$\frac{n(n+3)}{2}\le57$인 자연수 n의 최댓값은 9이고, 이때

$\frac{9\times(9+3)}{2}=54$

따라서 제57항은 제10군의 3번째 항이므로 $\boldsymbol{a^8b^2}$

***Note** 제57항이 제n군에 속한다고 하면

$\frac{(n-1)(n+2)}{2}<57\le\frac{n(n+3)}{2}$

n은 자연수이므로 $n=10$

14-15. 원이 1개, 2개, 3개, $\cdots$일 때의 교점의 개수를 각각 세어 보면

$$\underbrace{0,\ 2,}_{2}\ \underbrace{\ ,6,}_{4}\ \underbrace{\ ,12,}_{6}\ \underbrace{\ ,20,}_{8}\ \cdots$$

과 같이 계차가 공차 2인 등차수열을 이룬다.

따라서 구하는 교점의 개수는 이 수열의 제n항이므로

$0+\sum_{k=1}^{n-1}2k=2\times\frac{(n-1)n}{2}=\boldsymbol{n^2-n}$

15-1. (1) $a_1=5,\ a_2=3$인 등차수열이고, 공차는 $a_2-a_1=-2$이므로

$a_n=5+(n-1)\times(-2)=-2n+7$

곧, $\boldsymbol{a_n=-2n+7}$

(2) $a_1=-2,\ a_2=6$인 등비수열이고, 공비는 $a_2\div a_1=-3$이므로

$\boldsymbol{a_n=-2\times(-3)^{n-1}}$

(3) 조건식의 양변을 a_na_{n+1}로 나누면

$2=\frac{1}{a_{n+1}}-\frac{1}{a_n}$

따라서 수열 $\left\{\frac{1}{a_n}\right\}$은 첫째항이 1, 공차가 2인 등차수열이므로

$$\frac{1}{a_n}=1+(n-1)\times2=2n-1$$

$$\therefore\ \boldsymbol{a_n=\frac{1}{2n-1}}$$

15-2. $a_{n+1}=a_n+2^n$의 n에 1, 2, 3, $\cdots$, $n-1$을 대입하면

$$a_2=a_1+2^1$$
$$a_3=a_2+2^2$$
$$a_4=a_3+2^3$$
$$\cdots$$
$$a_n=a_{n-1}+2^{n-1}$$

변변 더하면

$$a_n=a_1+(2^1+2^2+2^3+\cdots+2^{n-1})$$
$$=3+\frac{2(2^{n-1}-1)}{2-1}=2^n+1$$
$$\therefore\ \boldsymbol{a_n=2^n+1}$$

***Note** $a_{n+1}-a_n=2^n$이므로 수열 $\{a_n\}$의 계차수열의 제 n항은 2^n이다.

$$\therefore\ a_n=a_1+\sum_{k=1}^{n-1}2^k$$
$$=3+\frac{2(2^{n-1}-1)}{2-1}=\boldsymbol{2^n+1}$$

15-3. $a_{n+1}=\frac{n+1}{n+2}a_n$의 n에 1, 2, 3, $\cdots$, $n-1$을 대입하면

$$a_2=\frac{2}{3}a_1$$
$$a_3=\frac{3}{4}a_2$$
$$a_4=\frac{4}{5}a_3$$
$$\cdots$$
$$a_n=\frac{n}{n+1}a_{n-1}$$

변변 곱하면

$$a_n=a_1\left(\frac{2}{3}\times\frac{3}{4}\times\frac{4}{5}\times\cdots\times\frac{n}{n+1}\right)$$
$$=\frac{2a_1}{n+1}$$

$a_1=2$이므로 $\boldsymbol{a_n=\frac{4}{n+1}}$

15-4. (1) $a_{n+2}-5a_{n+1}+4a_n=0$에서

$$a_{n+2}-a_{n+1}=4(a_{n+1}-a_n)$$

따라서 수열 $\{a_n\}$의 계차수열은 첫째항이 $a_2-a_1=2$, 공비가 4인 등비수열이므로

$$a_n=a_1+\sum_{k=1}^{n-1}(2\times4^{k-1})$$
$$=3+\frac{2(4^{n-1}-1)}{4-1}=\boldsymbol{\frac{1}{3}(2^{2n-1}+7)}$$

(2) $2a_{n+2}-3a_{n+1}+a_n=0$에서

$$2(a_{n+2}-a_{n+1})=a_{n+1}-a_n$$
$$\therefore\ a_{n+2}-a_{n+1}=\frac{1}{2}(a_{n+1}-a_n)$$

따라서 수열 $\{a_n\}$의 계차수열은 첫째항이 $a_2-a_1=1$, 공비가 $\frac{1}{2}$인 등비수열이므로

$$a_n=a_1+\sum_{k=1}^{n-1}\left\{1\times\left(\frac{1}{2}\right)^{k-1}\right\}$$
$$=1+\frac{1-\left(\frac{1}{2}\right)^{n-1}}{1-\frac{1}{2}}=\boldsymbol{3-\left(\frac{1}{2}\right)^{n-2}}$$

15-5. $a_{n+1}=2a_n+1$의 양변에서 -1을 빼면, 곧 양변에 1을 더하면

$$a_{n+1}+1=2(a_n+1)$$

따라서 수열 $\{a_n+1\}$은 첫째항이 a_1+1, 공비가 2인 등비수열이므로

$$a_n+1=(a_1+1)\times2^{n-1}$$
$$\therefore\ a_n=(a_1+1)\times2^{n-1}-1$$

$a_{11}=3071$이므로

$(a_1+1)\times2^{10}-1=3071$ $\therefore\ \boldsymbol{a_1=2}$

$$\therefore\ a_n=3\times2^{n-1}-1$$

이때, $a_n=95$이면

$3\times2^{n-1}-1=95$ $\therefore\ \boldsymbol{n=6}$

***Note** $a_{n+1}=2a_n+1$ ……①

n에 $n+1$을 대입하면

$a_{n+2}=2a_{n+1}+1$ ……②

②−①하면

$$a_{n+2}-a_{n+1}=2(a_{n+1}-a_n)$$

따라서 수열 $\{a_n\}$의 계차수열은 첫째항이 $a_2-a_1=(2a_1+1)-a_1=a_1+1$, 공비가 2인 등비수열이므로

$$a_n=a_1+\sum_{k=1}^{n-1}\{(a_1+1)\times 2^{k-1}\}$$
$$=a_1+\frac{(a_1+1)(2^{n-1}-1)}{2-1}$$
$$=(a_1+1)\times 2^{n-1}-1$$

15-6. (1) n개의 직선이 원의 내부를 분할하고 있을 때 $n+1$번째 직선이 원의 내부에서 n개의 직선과 서로 다른 n개의 점에서 만나면 $n+1$개의 영역이 더 생기고, 이때 가장 많은 영역으로 분할된다.

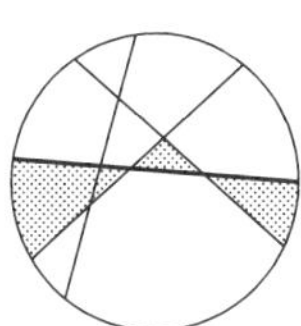

$$\therefore\ \boldsymbol{a_{n+1}=a_n+n+1}$$
$$(\boldsymbol{n=1,\ 2,\ 3,\ \cdots})$$

(2) 원의 내부를 1개의 직선으로 분할하면 분할된 영역은 2개이므로 $a_1=2$

또, 수열 $\{a_n\}$의 계차수열의 제 n항은 $n+1$이므로

$$a_n=a_1+\sum_{k=1}^{n-1}(k+1)$$
$$=2+\frac{(n-1)n}{2}+n-1$$
$$=\boldsymbol{\frac{1}{2}(n^2+n+2)}$$

15-7. (1) 바둑돌 $n+2$개를 일렬로 나열하는데 맨 처음에 흰 바둑돌이 놓인 경우와 검은 바둑돌이 놓인 경우로 나눌 수 있다.

(i) 맨 처음에 흰 바둑돌이 놓인 경우 : 두 번째에는 반드시 검은 바둑돌이 와야 하고, 나머지 바둑돌 n개를 규칙에 따라 나열하면 되므로 a_n가지

(ii) 맨 처음에 검은 바둑돌이 놓인 경우 : 나머지 바둑돌 $n+1$개를 나열하면 되므로 a_{n+1}가지

(i), (ii)에서

$$\boldsymbol{a_{n+2}=a_{n+1}+a_n\ (n=1,\ 2,\ 3,\ \cdots)}$$

(2) $a_1=2$, $a_2=3$이므로 $a_{n+2}=a_{n+1}+a_n$의 n에 1, 2, 3, $\cdots$을 대입하면

$\{a_n\}$: 2, 3, 5, 8, 13, 21, 34, 55, $\cdots$

$$\therefore\ \boldsymbol{a_8=55}$$

15-8. (1) $2+4+6+\cdots+2n$

$=n(n+1)$ $\quad\cdots\cdots$①

(i) $n=1$일 때

(좌변)$=2$, (우변)$=1\times 2=2$

따라서 $n=1$일 때 등식 ①이 성립한다.

(ii) $n=k\,(k\ge 1)$일 때 등식 ①이 성립한다고 가정하면

$$2+4+6+\cdots+2k=k(k+1)$$

양변에 $2(k+1)$을 더하면

$$2+4+6+\cdots+2k+2(k+1)$$
$$=k(k+1)+2(k+1)$$
$$=(k+1)(k+2)$$

따라서 $n=k+1$일 때에도 등식 ①이 성립한다.

(i), (ii)에 의하여 모든 자연수 n에 대하여 등식 ①이 성립한다.

(2) $1^2+2^2+3^2+\cdots+n^2$

$=\frac{1}{6}n(n+1)(2n+1)$ $\quad\cdots$②

(i) $n=1$일 때

(좌변)$=1$, (우변)$=\frac{1}{6}\times 1\times 2\times 3=1$

따라서 $n=1$일 때 등식 ②가 성립한다.

(ii) $n=k(k\geq 1)$일 때 등식 ②가 성립한다고 가정하면

$$1^2+2^2+3^2+\cdots+k^2=\frac{1}{6}k(k+1)(2k+1)$$

양변에 $(k+1)^2$을 더하면

$$\begin{aligned}1^2+2^2+3^2+\cdots+k^2+(k+1)^2&=\frac{1}{6}k(k+1)(2k+1)+(k+1)^2\\&=\frac{1}{6}(k+1)(k+2)(2k+3)\\&=\frac{1}{6}(k+1)\{(k+1)+1\}\times\{2(k+1)+1\}\end{aligned}$$

따라서 $n=k+1$일 때에도 등식 ②가 성립한다.

(i), (ii)에 의하여 모든 자연수 n에 대하여 등식 ②가 성립한다.

(3) $\dfrac{1}{1\times2}+\dfrac{1}{2\times3}+\cdots+\dfrac{1}{n(n+1)}=\dfrac{n}{n+1}$ ……③

(i) $n=1$일 때

$$(\text{좌변})=\frac{1}{1\times2}=\frac{1}{2},\quad (\text{우변})=\frac{1}{1+1}=\frac{1}{2}$$

따라서 $n=1$일 때 등식 ③이 성립한다.

(ii) $n=k(k\geq 1)$일 때 등식 ③이 성립한다고 가정하면

$$\frac{1}{1\times2}+\frac{1}{2\times3}+\cdots+\frac{1}{k(k+1)}=\frac{k}{k+1}$$

양변에 $\dfrac{1}{(k+1)(k+2)}$을 더하면

$$\begin{aligned}\frac{1}{1\times2}+\frac{1}{2\times3}+\cdots+\frac{1}{(k+1)(k+2)}&=\frac{k}{k+1}+\frac{1}{(k+1)(k+2)}\\&=\frac{k+1}{k+2}\end{aligned}$$

따라서 $n=k+1$일 때에도 등식 ③이 성립한다.

(i), (ii)에 의하여 모든 자연수 n에 대하여 등식 ③이 성립한다.

15-9. (1) $3^n>n+1$ ……①

(i) $n=1$일 때

$$(\text{좌변})=3,\ (\text{우변})=2$$

이므로 부등식 ①이 성립한다.

(ii) $n=k(k\geq 1)$일 때 부등식 ①이 성립한다고 가정하면 $3^k>k+1$

양변에 3을 곱하면

$$3\times3^k>3k+3$$

$k\geq 1$일 때 $3k+3>k+2$이므로

$$3^{k+1}>(k+1)+1$$

따라서 $n=k+1$일 때에도 부등식 ①이 성립한다.

(i), (ii)에 의하여 모든 자연수 n에 대하여 부등식 ①이 성립한다.

(2) $n!>2^n$ ……②

(i) $n=4$일 때

$$(\text{좌변})=4!=24,\ (\text{우변})=2^4=16$$

이므로 부등식 ②가 성립한다.

(ii) $n=k(k\geq 4)$일 때 부등식 ②가 성립한다고 가정하면 $k!>2^k$

양변에 $k+1$을 곱하면

$$(k+1)\times k!>(k+1)\times2^k$$

그런데 $k\geq 4$이면

$$(k+1)2^k>2\times2^k=2^{k+1}$$

이므로 $(k+1)!>2^{k+1}$

따라서 $n=k+1$일 때에도 부등식 ②가 성립한다.

(i), (ii)에 의하여 $n\geq 4$인 모든 자연수 n에 대하여 부등식 ②가 성립한다.

* ***Note*** $n\geq a$ (a는 자연수)인 자연수 n에 대하여 명제 $p(n)$이 성립함을 증명하려면 다음을 증명하면 된다.

(i) $n=a$일 때 성립한다.

(ii) $n=k\,(k\geq a)$일 때 성립한다고 하면 $n=k+1$일 때에도 성립한다.

15-10. (1) $(1-a)^n>1-na$ ……①

(i) $n=2$일 때

$(\text{좌변})=(1-a)^2=1-2a+a^2$,

$(\text{우변})=1-2a$

이고 $a^2>0$이므로 $n=2$일 때 부등식 ①이 성립한다.

(ii) $n=k\,(k\ge2)$일 때 부등식 ①이 성립한다고 가정하면

$$(1-a)^k>1-ka$$

$0<a<1$에서 $1-a>0$이므로 양변에 $1-a$를 곱하면

$$(1-a)^k(1-a)>(1-ka)(1-a)$$

여기에서

$$\begin{aligned}(\text{우변})&=(1-ka)(1-a)\\&=1-(k+1)a+ka^2\\&>1-(k+1)a\ (\because\ ka^2>0)\end{aligned}$$

$\therefore\ (1-a)^{k+1}>1-(k+1)a$

따라서 $n=k+1$일 때에도 부등식 ①이 성립한다.

(i), (ii)에 의하여 2 이상인 모든 자연수 n에 대하여 부등식 ①이 성립한다.

(2) $a=0.01$로 놓으면

$\mathrm{A}=0.99^{99}=(1-a)^{99}$,

$\mathrm{B}=1.01^{-101}=\dfrac{1}{(1+a)^{101}}$

이므로

$$\begin{aligned}\frac{\mathrm{A}}{\mathrm{B}}&=(1-a)^{99}(1+a)^{101}\\&=(1-a^2)^{100}\times\frac{1+a}{1-a}\\&>(1-100a^2)\times\frac{1+a}{1-a}\quad \Leftarrow (1)\\&=(1-a)\times\frac{1+a}{1-a}\\&=1+a>1\end{aligned}$$

$\therefore\ \mathrm{A}>\mathrm{B}$

$\therefore\ \mathbf{0.99^{99}>1.01^{-101}}$

****Note*** $1-100a^2=1-100\times0.01^2$
$=1-0.01$
$=1-a$

상용로그표(1)

수	0	1	2	3	4	5	6	7	8	9	1	2	3	4	5	6	7	8	9
1.0	.0000	.0043	.0086	.0128	.0170	.0212	.0253	.0294	.0334	.0374	4	8	12	17	21	25	29	33	37
1.1	.0414	.0453	.0492	.0531	.0569	.0607	.0645	.0682	.0719	.0755	4	8	11	15	19	23	26	30	34
1.2	.0792	.0828	.0864	.0899	.0934	.0969	.1004	.1038	.1072	.1106	3	7	10	14	17	21	24	28	31
1.3	.1139	.1173	.1206	.1239	.1271	.1303	.1335	.1367	.1399	.1430	3	6	10	13	16	19	23	26	29
1.4	.1461	.1492	.1523	.1553	.1584	.1614	.1644	.1673	.1703	.1732	3	6	9	12	15	18	21	24	27
1.5	.1761	.1790	.1818	.1847	.1875	.1903	.1931	.1959	.1987	.2014	3	6	8	11	14	17	20	22	25
1.6	.2041	.2068	.2095	.2122	.2148	.2175	.2201	.2227	.2253	.2279	3	5	8	11	13	16	18	21	24
1.7	.2304	.2330	.2355	.2380	.2405	.2430	.2455	.2480	.2504	.2529	2	5	7	10	12	15	17	20	22
1.8	.2553	.2577	.2601	.2625	.2648	.2672	.2695	.2718	.2742	.2765	2	5	7	9	12	14	16	19	21
1.9	.2788	.2810	.2833	.2856	.2878	.2900	.2923	.2945	.2967	.2989	2	4	7	9	11	13	16	18	20
2.0	.3010	.3032	.3054	.3075	.3096	.3118	.3139	.3160	.3181	.3201	2	4	6	8	11	13	15	17	19
2.1	.3222	.3243	.3263	.3284	.3304	.3324	.3345	.3365	.3385	.3404	2	4	6	8	10	12	14	16	18
2.2	.3424	.3444	.3464	.3483	.3502	.3522	.3541	.3560	.3579	.3598	2	4	6	8	10	12	14	15	17
2.3	.3617	.3636	.3655	.3674	.3692	.3711	.3729	.3747	.3766	.3784	2	4	6	7	9	11	13	15	17
2.4	.3802	.3820	.3838	.3856	.3874	.3892	.3909	.3927	.3945	.3962	2	4	5	7	9	11	12	14	16
2.5	.3979	.3997	.4014	.4031	.4048	.4065	.4082	.4099	.4116	.4133	2	3	5	7	9	10	12	14	15
2.6	.4150	.4166	.4183	.4200	.4216	.4232	.4249	.4265	.4281	.4298	2	3	5	7	8	10	11	13	15
2.7	.4314	.4330	.4346	.4362	.4378	.4393	.4409	.4425	.4440	.4456	2	3	5	6	8	9	11	13	14
2.8	.4472	.4487	.4502	.4518	.4533	.4548	.4564	.4579	.4594	.4609	2	3	5	6	8	9	11	12	14
2.9	.4624	.4639	.4654	.4669	.4683	.4698	.4713	.4728	.4742	.4757	1	3	4	6	7	9	10	12	13
3.0	.4771	.4786	.4800	.4814	.4829	.4843	.4857	.4871	.4886	.4900	1	3	4	6	7	9	10	11	13
3.1	.4914	.4928	.4942	.4955	.4969	.4983	.4997	.5011	.5024	.5038	1	3	4	6	7	8	10	11	12
3.2	.5051	.5065	.5079	.5092	.5105	.5119	.5132	.5145	.5159	.5172	1	3	4	5	7	8	9	11	12
3.3	.5185	.5198	.5211	.5224	.5237	.5250	.5263	.5276	.5289	.5302	1	3	4	5	6	8	9	10	12
3.4	.5315	.5328	.5340	.5353	.5366	.5378	.5391	.5403	.5416	.5428	1	3	4	5	6	8	9	10	11
3.5	.5441	.5453	.5465	.5478	.5490	.5502	.5514	.5527	.5539	.5551	1	2	4	5	6	7	9	10	11
3.6	.5563	.5575	.5587	.5599	.5611	.5623	.5635	.5647	.5658	.5670	1	2	4	5	6	7	8	10	11
3.7	.5682	.5694	.5705	.5717	.5729	.5740	.5752	.5763	.5775	.5786	1	2	3	5	6	7	8	9	10
3.8	.5798	.5809	.5821	.5832	.5843	.5855	.5866	.5877	.5888	.5899	1	2	3	5	6	7	8	9	10
3.9	.5911	.5922	.5933	.5944	.5955	.5966	.5977	.5988	.5999	.6010	1	2	3	4	5	7	8	9	10
4.0	.6021	.6031	.6042	.6053	.6064	.6075	.6085	.6096	.6107	.6117	1	2	3	4	5	7	8	9	10
4.1	.6128	.6138	.6149	.6160	.6170	.6180	.6191	.6201	.6212	.6222	1	2	3	4	5	6	7	8	9
4.2	.6232	.6243	.6253	.6263	.6274	.6284	.6294	.6304	.6314	.6325	1	2	3	4	5	6	7	8	9
4.3	.6335	.6345	.6355	.6365	.6375	.6385	.6395	.6405	.6415	.6425	1	2	3	4	5	6	7	8	9
4.4	.6435	.6444	.6454	.6464	.6474	.6484	.6493	.6503	.6513	.6522	1	2	3	4	5	6	7	8	9
4.5	.6532	.6542	.6551	.6561	.6571	.6580	.6590	.6599	.6609	.6618	1	2	3	4	5	6	7	8	9
4.6	.6628	.6637	.6646	.6656	.6665	.6675	.6684	.6693	.6702	.6712	1	2	3	4	5	6	7	7	8
4.7	.6721	.6730	.6739	.6749	.6758	.6767	.6776	.6785	.6794	.6803	1	2	3	4	5	5	6	7	8
4.8	.6812	.6821	.6830	.6839	.6848	.6857	.6866	.6875	.6884	.6893	1	2	3	4	4	5	6	7	8
4.9	.6902	.6911	.6920	.6928	.6937	.6946	.6955	.6964	.6972	.6981	1	2	3	4	4	5	6	7	8
5.0	.6990	.6998	.7007	.7016	.7024	.7033	.7042	.7050	.7059	.7067	1	2	3	3	4	5	6	7	8
5.1	.7076	.7084	.7093	.7101	.7110	.7118	.7126	.7135	.7143	.7152	1	2	3	3	4	5	6	7	8
5.2	.7160	.7168	.7177	.7185	.7193	.7202	.7210	.7218	.7226	.7235	1	2	2	3	4	5	6	7	7
5.3	.7243	.7251	.7259	.7267	.7275	.7284	.7292	.7300	.7308	.7316	1	2	2	3	4	5	6	6	7
5.4	.7324	.7332	.7340	.7348	.7356	.7364	.7372	.7380	.7388	.7396	1	2	2	3	4	5	6	6	7

상용로그표 (2)

수	0	1	2	3	4	5	6	7	8	9	1	2	3	4	5	6	7	8	9
5.5	.7404	.7412	.7419	.7427	.7435	.7443	.7451	.7459	.7466	.7474	1	2	2	3	4	5	5	6	7
5.6	.7482	.7490	.7497	.7505	.7513	.7520	.7528	.7536	.7543	.7551	1	2	2	3	4	5	5	6	7
5.7	.7559	.7566	.7574	.7582	.7589	.7597	.7604	.7612	.7619	.7627	1	2	2	3	4	5	5	6	7
5.8	.7634	.7642	.7649	.7657	.7664	.7672	.7679	.7686	.7694	.7701	1	1	2	3	4	4	5	6	7
5.9	.7709	.7716	.7723	.7731	.7738	.7745	.7752	.7760	.7767	.7774	1	1	2	3	4	4	5	6	7
6.0	.7782	.7789	.7796	.7803	.7810	.7818	.7825	.7832	.7839	.7846	1	1	2	3	4	4	5	6	6
6.1	.7853	.7860	.7868	.7875	.7882	.7889	.7896	.7903	.7910	.7917	1	1	2	3	4	4	5	6	6
6.2	.7924	.7931	.7938	.7945	.7952	.7959	.7966	.7973	.7980	.7987	1	1	2	3	3	4	5	6	6
6.3	.7993	.8000	.8007	.8014	.8021	.8028	.8035	.8041	.8048	.8055	1	1	2	3	3	4	5	5	6
6.4	.8062	.8069	.8075	.8082	.8089	.8096	.8102	.8109	.8116	.8122	1	1	2	3	3	4	5	5	6
6.5	.8129	.8136	.8142	.8149	.8156	.8162	.8169	.8176	.8182	.8189	1	1	2	3	3	4	5	5	6
6.6	.8195	.8202	.8209	.8215	.8222	.8228	.8235	.8241	.8248	.8254	1	1	2	3	3	4	5	5	6
6.7	.8261	.8267	.8274	.8280	.8287	.8293	.8299	.8306	.8312	.8319	1	1	2	3	3	4	5	5	6
6.8	.8325	.8331	.8338	.8344	.8351	.8357	.8363	.8370	.8376	.8382	1	1	2	3	3	4	4	5	6
6.9	.8388	.8395	.8401	.8407	.8414	.8420	.8426	.8432	.8439	.8445	1	1	2	2	3	4	4	5	6
7.0	.8451	.8457	.8463	.8470	.8476	.8482	.8488	.8494	.8500	.8506	1	1	2	2	3	4	4	5	6
7.1	.8513	.8519	.8525	.8531	.8537	.8543	.8549	.8555	.8561	.8567	1	1	2	2	3	4	4	5	5
7.2	.8573	.8579	.8585	.8591	.8597	.8603	.8609	.8615	.8621	.8627	1	1	2	2	3	4	4	5	5
7.3	.8633	.8639	.8645	.8651	.8657	.8663	.8669	.8675	.8681	.8686	1	1	2	2	3	4	4	5	5
7.4	.8692	.8698	.8704	.8710	.8716	.8722	.8727	.8733	.8739	.8745	1	1	2	2	3	4	4	5	5
7.5	.8751	.8756	.8762	.8768	.8774	.8779	.8785	.8791	.8797	.8802	1	1	2	2	3	3	4	5	5
7.6	.8808	.8814	.8820	.8825	.8831	.8837	.8842	.8848	.8854	.8859	1	1	2	2	3	3	4	5	5
7.7	.8865	.8871	.8876	.8882	.8887	.8893	.8899	.8904	.8910	.8915	1	1	2	2	3	3	4	4	5
7.8	.8921	.8927	.8932	.8938	.8943	.8949	.8954	.8960	.8965	.8971	1	1	2	2	3	3	4	4	5
7.9	.8976	.8982	.8987	.8993	.8998	.9004	.9009	.9015	.9020	.9025	1	1	2	2	3	3	4	4	5
8.0	.9031	.9036	.9042	.9047	.9053	.9058	.9063	.9069	.9074	.9079	1	1	2	2	3	3	4	4	5
8.1	.9085	.9090	.9096	.9101	.9106	.9112	.9117	.9122	.9128	.9133	1	1	2	2	3	3	4	4	5
8.2	.9138	.9143	.9149	.9154	.9159	.9165	.9170	.9175	.9180	.9186	1	1	2	2	3	3	4	4	5
8.3	.9191	.9196	.9201	.9206	.9212	.9217	.9222	.9227	.9232	.9238	1	1	2	2	3	3	4	4	5
8.4	.9243	.9248	.9253	.9258	.9263	.9269	.9274	.9279	.9284	.9289	1	1	2	2	3	3	4	4	5
8.5	.9294	.9299	.9304	.9309	.9315	.9320	.9325	.9330	.9335	.9340	1	1	2	2	3	3	4	4	5
8.6	.9345	.9350	.9355	.9360	.9365	.9370	.9375	.9380	.9385	.9390	1	1	2	2	3	3	4	4	5
8.7	.9395	.9400	.9405	.9410	.9415	.9420	.9425	.9430	.9435	.9440	0	1	1	2	2	3	3	4	4
8.8	.9445	.9450	.9455	.9460	.9465	.9469	.9474	.9479	.9484	.9489	0	1	1	2	2	3	3	4	4
8.9	.9494	.9499	.9504	.9509	.9513	.9518	.9523	.9528	.9533	.9538	0	1	1	2	2	3	3	4	4
9.0	.9542	.9547	.9552	.9557	.9562	.9566	.9571	.9576	.9581	.9586	0	1	1	2	2	3	3	4	4
9.1	.9590	.9595	.9600	.9605	.9609	.9614	.9619	.9624	.9628	.9633	0	1	1	2	2	3	3	4	4
9.2	.9638	.9643	.9647	.9652	.9657	.9661	.9666	.9671	.9675	.9680	0	1	1	2	2	3	3	4	4
9.3	.9685	.9689	.9694	.9699	.9703	.9708	.9713	.9717	.9722	.9727	0	1	1	2	2	3	3	4	4
9.4	.9731	.9736	.9741	.9745	.9750	.9754	.9759	.9763	.9768	.9773	0	1	1	2	2	3	3	4	4
9.5	.9777	.9782	.9786	.9791	.9795	.9800	.9805	.9809	.9814	.9818	0	1	1	2	2	3	3	4	4
9.6	.9823	.9827	.9832	.9836	.9841	.9845	.9850	.9854	.9859	.9863	0	1	1	2	2	3	3	4	4
9.7	.9868	.9872	.9877	.9881	.9886	.9890	.9894	.9899	.9903	.9908	0	1	1	2	2	3	3	4	4
9.8	.9912	.9917	.9921	.9926	.9930	.9934	.9939	.9943	.9948	.9952	0	1	1	2	2	3	3	4	4
9.9	.9956	.9961	.9965	.9969	.9974	.9978	.9983	.9987	.9991	.9996	0	1	1	2	2	3	3	3	4

삼각함수표

θ	$\sin\theta$	$\cos\theta$	$\tan\theta$	θ	$\sin\theta$	$\cos\theta$	$\tan\theta$
0°	0.0000	1.0000	0.0000	45°	0.7071	0.7071	1.0000
1°	0.0175	0.9998	0.0175	46°	0.7193	0.6947	1.0355
2°	0.0349	0.9994	0.0349	47°	0.7314	0.6820	1.0724
3°	0.0523	0.9986	0.0524	48°	0.7431	0.6691	1.1106
4°	0.0698	0.9976	0.0699	49°	0.7547	0.6561	1.1504
5°	0.0872	0.9962	0.0875	50°	0.7660	0.6428	1.1918
6°	0.1045	0.9945	0.1051	51°	0.7771	0.6293	1.2349
7°	0.1219	0.9925	0.1228	52°	0.7880	0.6157	1.2799
8°	0.1392	0.9903	0.1405	53°	0.7986	0.6018	1.3270
9°	0.1564	0.9877	0.1584	54°	0.8090	0.5878	1.3764
10°	0.1736	0.9848	0.1763	55°	0.8192	0.5736	1.4281
11°	0.1908	0.9816	0.1944	56°	0.8290	0.5592	1.4826
12°	0.2079	0.9781	0.2126	57°	0.8387	0.5446	1.5399
13°	0.2250	0.9744	0.2309	58°	0.8480	0.5299	1.6003
14°	0.2419	0.9703	0.2493	59°	0.8572	0.5150	1.6643
15°	0.2588	0.9659	0.2679	60°	0.8660	0.5000	1.7321
16°	0.2756	0.9613	0.2867	61°	0.8746	0.4848	1.8040
17°	0.2924	0.9563	0.3057	62°	0.8829	0.4695	1.8807
18°	0.3090	0.9511	0.3249	63°	0.8910	0.4540	1.9626
19°	0.3256	0.9455	0.3443	64°	0.8988	0.4384	2.0503
20°	0.3420	0.9397	0.3640	65°	0.9063	0.4226	2.1445
21°	0.3584	0.9336	0.3839	66°	0.9135	0.4067	2.2460
22°	0.3746	0.9272	0.4040	67°	0.9205	0.3907	2.3559
23°	0.3907	0.9205	0.4245	68°	0.9272	0.3746	2.4751
24°	0.4067	0.9135	0.4452	69°	0.9336	0.3584	2.6051
25°	0.4226	0.9063	0.4663	70°	0.9397	0.3420	2.7475
26°	0.4384	0.8988	0.4877	71°	0.9455	0.3256	2.9042
27°	0.4540	0.8910	0.5095	72°	0.9511	0.3090	3.0777
28°	0.4695	0.8829	0.5317	73°	0.9563	0.2924	3.2709
29°	0.4848	0.8746	0.5543	74°	0.9613	0.2756	3.4874
30°	0.5000	0.8660	0.5774	75°	0.9659	0.2588	3.7321
31°	0.5150	0.8572	0.6009	76°	0.9703	0.2419	4.0108
32°	0.5299	0.8480	0.6249	77°	0.9744	0.2250	4.3315
33°	0.5446	0.8387	0.6494	78°	0.9781	0.2079	4.7046
34°	0.5592	0.8290	0.6745	79°	0.9816	0.1908	5.1446
35°	0.5736	0.8192	0.7002	80°	0.9848	0.1736	5.6713
36°	0.5878	0.8090	0.7265	81°	0.9877	0.1564	6.3138
37°	0.6018	0.7986	0.7536	82°	0.9903	0.1392	7.1154
38°	0.6157	0.7880	0.7813	83°	0.9925	0.1219	8.1443
39°	0.6293	0.7771	0.8098	84°	0.9945	0.1045	9.5144
40°	0.6428	0.7660	0.8391	85°	0.9962	0.0872	11.4301
41°	0.6561	0.7547	0.8693	86°	0.9976	0.0698	14.3007
42°	0.6691	0.7431	0.9004	87°	0.9986	0.0523	19.0811
43°	0.6820	0.7314	0.9325	88°	0.9994	0.0349	28.6363
44°	0.6947	0.7193	0.9657	89°	0.9998	0.0175	57.2900
45°	0.7071	0.7071	1.0000	90°	1.0000	0.0000	∞

찾 아 보 기

실력 수학의 정석

수학 I

1966년 초판 발행
총개정 제12판 발행

지 은 이 홍 성 대 (洪 性 大)

도 운 이 남 진 영
박 재 희

발 행 인 홍 상 욱

발 행 소 **성지출판(주)**

06743 서울특별시 서초구 강남대로 202
등록 1997.6.2. 제22-1152호
전화 02-574-6700(영업부), 6400(편집부)
Fax 02-574-1400, 1358

인쇄 : 동화인쇄공사 · 제본 : 광성문화사

ISBN 979-11-5620-030-7 53410

수학의 정석 시리즈

홍성대 지음

개정 교육과정에 따른

수학의 정석 시리즈 안내

기본 수학의 정석 수학(상)
기본 수학의 정석 수학(하)
기본 수학의 정석 수학 I
기본 수학의 정석 수학 II
기본 수학의 정석 미적분
기본 수학의 정석 확률과 통계
기본 수학의 정석 기하

실력 수학의 정석 수학(상)
실력 수학의 정석 수학(하)
실력 수학의 정석 수학 I
실력 수학의 정석 수학 II
실력 수학의 정석 미적분
실력 수학의 정석 확률과 통계
실력 수학의 정석 기하